Thomas Paine

Die politischen Werke

Zweiter Band

Verlag
der
Wissenschaften

Thomas Paine

Die politischen Werke

Zweiter Band

ISBN/EAN: 9783957003669

Auflage: 1

Erscheinungsjahr: 2015

Erscheinungsort: Norderstedt, Deutschland

Hergestellt in Europa, USA, Kanada, Australien, Japan
Verlag der Wissenschaften in Hansebooks GmbH, Norderstedt

Die

Politischen Werke

von

Thomas Paine.

Zweiter Band.

———— ✦ ————

Philadelphia:

Verlag von Maaß und Cursch.

1852.

Gemeingut.

Eine Prüfung der Ansprüche Virginiens auf das unbewohnte
westliche Territorium und des Rechts der Vereinigten
Staaten auf dasselbe, nebst

Vorschlägen zu Auslegung eines neuen Staates,

der als Fond zu Weiterführung des Krieges oder Abbezahlung
der Nationalschuld verwendet werden soll.

Geschrieben im Jahre 1780.

Vorrede.

Die folgenden Seiten behandeln einen Gegenstand, der bisher
wenig verstanden worden, aber von größter Wichtigkeit für die
Vereinigten Staaten ist.

Sie enthalten eine Untersuchung der Ansprüche Virginiens
auf das unbewohnte westliche Territorium und des Rechts der
Vereinigten Staaten auf dasselbe, sowie Umrisse eines Plans
besagte Ländereien zur Gründung eines neuen Staats zu benutzen und aus ihrem Verkauf einen Fond zur Betreibung des
Kriegs oder Abbezahlung der Nationalschuld zu bilden.

Der Leser wird im Verlaufe dieser Abhandlung finden, daß
sie durchdacht, deutlich und, soweit ich urtheilen kann, vollkommen wahr ist. Ich habe mich bestrebt, allen Stoff, den ich erhalten konnte, hell zu beleuchten, und solche Schlüsse daraus zu ziehen, wie sie der Gegenstand erforderte. In Verfolg derselben
habe ich mich als den Anwalt für die Rechte der Staaten betrachtet, und mir dabei keine andere Freiheiten erlaubt, als sich ein
jeder Advocat für die Sache seines Clienten erlauben würde,
oder sollte.

Ich gestehe offen, daß die Achtung, welche ich für den Charakter
Virginiens gefaßt hatte und noch bewahre, jene Ausfälle der Ein-
bildungskraft bei mir verhinderte, welche man sich mit Recht und
Vortheil gegen einen Feind erlaubt, welche aber gegen einen
Freund unedel sind.

Wenn ich zum Nachtheil der Absichten oder Ansprüche Virginiens Etwas ausgelassen, oder mich in Etwas geirrt habe, so
werde ich dies mit Vergnügen berichtigen, oder sollte der Gegenstand es verlangen, daß noch Etwas beigefügt wird, so werde ich
dies eben so freudig unternehmen, da ich vollständig überzeugt
bin, daß das vorzüglichste Mittel, die Einigkeit zu bewahren und
die Freundschaft dauernd zu machen, darin besteht, vorliegende
Fragen genau discutiren zu suchen bis sie gehörig verstanden
worden sind.   Der Autor.

Gemein = Gut.

Wenn wir das Glück der Staaten Amerika's, eines durch den andern, und das vereinigte Interesse derselben ins Auge fassen, oder die umfangreichen Folgen betrachten, die daraus entstehen, wenn jedem Einzelnen und Allem in jeder Sache, die gerecht, vernünftig und ehrbar ist, eine genaue Aufmerksamkeit geschenkt wird, oder wenn wir die Uebel, welche der Nichtbeachtung dieser Grundsätze folgen müssen, erwägen: so soll und kann kein Zweifel zurückbleiben, daß die Macht des Rechts und des gegenseitigen Wohlwollens in allen allgemeinen Fragen entschieden vorherrschen muß.

Die Hand der Vorsehung hat uns ein gemeinschaftliches Loos bereitet, und die Unabhängigkeit Amerika's durch die einmüthige Zustimmung der einzelnen Theile zu Stande gebracht, welche auf einmal in der Zeit, der Art und den Umständen zusammentraf. Nicht das überwiegende Interesse eines Theils, auf Kosten des Ganzen, hat diesen zu der Maßregel bewogen; Virginien und Maryland mögen zwar in der That voraussehen können, daß ihre Stapelwaare, der Tabak, wenn er nicht mehr von Britannien monopolisirt wurde, auswärts höhere Preise tragen würde, denn da die Abgabe auf Tabak in England dreimal so hoch war, als der erste Ankaufspreis vom Pflanzer, und da sie jetzt nicht länger genöthigt sind, ihn unter denselben Verbindlichkeiten und in der beschränkten Weise, wie früher, zu versenden, so ist es leicht einzusehen, daß der Artikel in Folge der veränderten Handelsumstände größeren Nutzen für sie abwerfen wird, wie es auch jetzt schon täglich geschieht.

Aber da dies eine natürliche Folge der Freiheit und Unabhängigkeit ist, deren wir Alle theilhaftig sind, so ist dies ein Vortheil, zu welchem sie berechtigt sind, und zu dem die übrigen Staaten Ihnen Glück wünschen können, ohne den Wunsch in sich zu fühlen, ihn zu vermindern, sondern eher, ihn auszudehnen. Zu dem vergrößerten Glücke eines Andern beizutragen, durch dieselben Mittel, welche unser eigenes verursachen, ist ein angenehmer Gedanke; und je werthvoller ein Ausfuhrartikel wird, desto mehr Reichthümer werden in den Continent gebracht und in demselben verbreitet werden.

Dennoch haben jene beiden Staaten hierin einen Vortheil von der Unabhängigkeit Amerika's, der durch die örtlichen Verhältnisse der andern bedeutend zu Gunsten der erstgenannten ausfällt; und von den beiden Staaten gehört er noch mehr Virginien als Maryland an, weil der Hauptartikel eines beträchtlichen Theiles von Maryland Mehl ist, welches eben so wohl in Europa, wie in Amerika erzeugt wird und nur dadurch einen auswärtigen Markt erhalten kann, daß es billiger, oder im höchsten Falle nach den Marktpreisen des Auslands verkauft wird; aber der Tabak behauptet seinen eigenen Preis. Er ist keine Pflanze, welche überall wächst, wie der Waizen. Es gibt wenige Bodenarten und Climate, wo er mit Vortheil gezogen

(4)

werden kann; und vor seinem Anbau in Virginien und Maryland war der
Preis desselben 14 bis 16 Schillinge Sterling das Pfund in England. *)
Aber die Lage der unbewohnten westlichen Territorien von Amerika ist in Be=
zug auf Handelsverhältnisse sehr verschieden von der irgend eines der übrigen
Staaten. Gerade diese Ländereien wurden als der Fond betrachtet, aus
welchem die Schulden Amerika's im Verlaufe der Jahre bezahlt werden
würden; man glaubte darauf ein gemeinschaftliches Anrecht zu haben, und
erst seit Kurzem wurden Ansprüche gemacht, welche das Gegentheil be=
haupten.

Man sollte immer voraussehen, daß Schwierigkeiten und Streitigkeiten
in Gemeinden entstehen werden; die Opposition der Interessen, wirklich
oder eingebildet, die Verschiedenheit der Beurtheilung, die entgegengesetzten
Gemüthsarten, kurz die ganze Natur des Menschen nach seiner besonderen
Fähigkeit ist zum Streite geneigt; aber sein Drang nach Vergesellschaftung
macht, daß entweder ein Recht, welches, wenn bewiesen, den Streit endigt, oder
daß die Vernünftigkeit einer Maßregel da, wo kein bestimmtes Recht ge=
funden werden kann, die Sache entscheidet oder ausgleicht.

Da ich häufig Gelegenheit haben werde, das Wort „Recht" zu gebrau=
chen, so wünsche ich, in meiner Definition desselben richtig verstanden zu
werden. Der Ausdruck wird in verschiedenen Bedeutungen gebraucht, und
die Gewohnheit hat ihn in vielen derselben seiner wahren Bedeutung gerade
entgegengesetzt angewendet. Wir sind so natürlich dazu geneigt, unserer
eigenen Sache die möglichst größte Kraft zu geben, daß wir jeden Anspruch,
sei er gegründet auf was er wolle, ein Recht nennen; und deshalb steht der
Ausdruck der Gerechtigkeit und der Vernunft häufig entgegen.

Nachdem Theodor vor nicht vielen Jahren durch die bloße Wahl der Cor=
sikaner, um den Genuesern besser widerstehen zu können, zum Könige ge=
wählt worden war, ging er nach England, stürzte sich daselbst in Schulden
und kam ins Gefängniß. Hieraus durch seine Insolvent=Erklärung ent=
lassen, trat er, was er sein Königreich Corsika nannte, als einen Theil
seines persönlichen Eigenthums zum Nutzen seiner Creditoren ab; Einige
mögen dies später einen Freibrief nennen, oder mit einem moderneren Na=
men bezeichnen, und darauf das gründen, was sie ein Recht auf die Ober=
herrschaft und das Eigenthum Corsika's nennen. Aber verabscheut die Ge=
rechtigkeit nicht eine solche Handlungsweise, sowohl seiner= wie ihrerseits,
unter dem geschändeten Namen eines Rechtes, und muß dieselbe nicht,
wo sie auch erzählt wird, Gelächter erregen?

Ein Recht, um es in der That zu sein, muß in sich selbst recht sein; den=
noch haben viele Dinge den Namen von Rechten erhalten, die ursprünglich
auf Unrecht gegründet sind. Dieser Art sind alle Rechte aus bloßer Er=
oberung, Macht oder Gewalt. In den ruhigen Augenblicken des Nach=
denkens müssen wir zugeben, daß die Art und Weise, auf welche solch ein
Recht erlangt wird, jenem Geist der allgemeinen Gerechtigkeit, welcher über
alle Menschen gleichmäßig herrschen sollte, nicht eben angemessen ist.

Es liegt Etwas in der Gründung eines solchen Rechts, was uns wün=
schen läßt, so leise als möglich darüber hinwegzugehen, und so wenig, als
nur immer sein kann, über dasselbe zu sprechen. Aber bei einem R e ch t,

---

*) Siehe Sir Dalby Thomas' geschichtlichen Bericht des Wachsthums und Emporkom=
mens der westindischen Colonien.

das auf Recht gegründet ist, wird das Gemüth freudig auf den Gegenstand gebracht, es fühlt keine Gewissensbisse, leidet keinen Kummer, thut seinen Neigungen keine Gewalt an und sieht auf seinem geraden Wege nichts Rauhes und Hartes, das künstlich geglättet zu werden erheischte.

Von dieser Einleitung gehe ich zu der Prüfung der Ansprüche Virginiens über; erstens in Bezug des Rechts, zweitens in Bezug der Vernünftigkeit und zuletzt in Bezug der daraus entstehenden Folgen.

Der Name Virginien hatte ursprünglich eine andere Bedeutung, als jetzt; er stand statt dem Worte Nordamerika und scheint ein Name gewesen zu sein, der alle englischen Ansiedlungen oder Colonien auf dem Continente in sich begriff, und durch welchen keine einzelne, zum Unterschiede von den übrigen, bezeichnet werden sollte; Alles, was südlich von der Chesapeake bis hinunter an den mexikanischen Meerbusen lag, wurde Süd-Virginien genannt, und Alles, was nördlich lag, Nord-Virginien, nach einer ähnlichen Unterscheidungslinie, wie wir jetzt den ganzen Continent Nord- und Süd-Amerika nennen.*)

Der erste Freibrief oder das erste Patent wurde dem Sir Walter Raleigh durch die Königin Elisabeth von England im Jahre 1583 gegeben, und derselbe enthielt weder einen Namen noch eine Grenze. Nach der Rückkehr Sir Walters wurde der Name Virginien dem ganzen Lande, einschließlich der jetzigen Vereinigten Staaten, gegeben; folglich kann das gegenwärtige Virginien, weder als Provinz, noch als Staat, auf die westlichen Territorien unter diesem Patent ausschließliche Ansprüche aufstellen, und zwar aus zwei Gründen: erstens, weil die Worte des Patents lauten: An Sir Walter Raleigh und alle Personen, die er ernennen würde, sie selbst und ihre Nachfolger, was eine Successionslinie ist, in welcher Virginien nicht zu stehen behauptet; und zweitens, weil sich eine Vorfrage erheben würde, nämlich: Wer ist unter dem Namen Virginien in diesem Patente zu verstehen? und die Antwort würde sein: Alle Einwohner von Amerika, von Neu-England bis Florida. Dieses Patent würde daher ihre ausschließlichen Ansprüche zu nichte machen und die dreizehn Staaten zusammengenommen mit dem Rechte belehnen.

Aber es geschah unglücklicher Weise, daß die Ansiedler unter diesem Patente theils durch schlechte Aufführung, durch die Feindseligkeit der Indianer und durch andere Calamitäten das Unternehmen aufgaben, und daß das Patent erlosch. Nach diesem gab Jakob I., welcher im Jahre 1602 Elisabeth nachfolgte, ein neues Patent heraus, welches ich zunächst beschreiben werde.

Dieses Patent war von dem früheren in dem wesentlichen Punkte verschieden, daß es Grenzen feststellte, während das frühere keine hatte. Das erstere bezweckte die Beförderung von Entdeckungen, wo solche gemacht werden könnten, und aus diesem Grunde waren keine Grenzen darin angegeben; das zweite wurde ertheilt, um bereits entdecktes Land anzusiedeln, was gleichfalls den Grund angibt, warum Grenzen gezogen wurden.

In diesem Patente waren zwei Compagnien incorporirt, genannt die Süd-Virginische und Nord-Virginische Gesellschaft, oder auch die London- und Plymouth-Compagnie.

Die Süd-Virginische oder London-Gesellschaft bestand hauptsächlich aus Londoner Abenteurern; die Nord-Virginische oder Plymouth-Compagnie

---

*) Oldmixon's Geschichte von Virginien.

war aus Abenteurern von Plymouth in Devonshire und andern Personen aus dem westlichen Theile Englands zusammengesetzt.

Obgleich sie sich nicht beisammen niederlassen sollten, so war ihnen doch erlaubt, sich ihre Niederlassungen irgendwo an der Küste von Amerika, damals Virginien genannt, zwischen dem 34. und 45. Breitengrade zu wählen, also in einer Ausdehnung von 760 Meilen. Die Süd-Compagnie sollte nicht unter den 34. und die Nord-Compagnie nicht über den 45. Grad hinausgehen. Das Patent bestimmte ferner, daß, sobald dieselben ihre Wahl getroffen hätten, jede Compagnie auf 50 Meilen Wegs an der Küste und 100 Meilen in das Innere des Landes beschränkt werden solle, so daß die Bewilligung an jede Compagnie 100 Quadratmeilen und nicht mehr betrug. Die Nord-Virginische Compagnie siedelte sich im Osten an, veränderte im Jahre 1614 den Namen und nannte jenen Theil Neu-England; die Süd-Virginische oder London-Compagnie siedelte sich nahe bei Kap Henry an.

Dies kann daher nicht das Patent unbegrenzter Ausdehnung sein, und das aus zwei Gründen: erstens weil die Grenzen beschrieben sind, nämlich ein Viereck von 100 Meilen; und zweitens, weil es zwei Compagnien mit dem gleichen Rechte gab, welche im nämlichen Patente eingeschlossen waren.

Drei Jahre hernach, d. h. im Jahre 1609, wandte sich die Süd-Virginische Compagnie um neue Ermächtigungen an die Krone von England, die ihr in einem neuen Patent bewilligt und wodurch die Grenzen der Bewilligung erweitert wurden; und dies ist der Freibrief oder das Patent, worauf Einzelne der jetzigen Virginier ihre Ansprüche auf unbegrenztes Territorium gründen.

Der erste Gedanke, der sich uns über die Erweiterung der Bewilligung aufdrängt, ist der, daß man annehmen muß, dieselbe habe in einem vernünftigen Verhältniß zu der früheren gestanden, an deren Stelle sie trat. Die erstere konnte nicht größer sein, als ein Quadrat von 100 Meilen; und diese neue, welche statt derselben bewilligt wurde, und zwar innerhalb eines Zeitraums von drei Jahren und durch dieselbe Person, Jakob I., welcher wahrlich niemals wegen Verschwendung oder Freigebigkeit berühmt war, kann, wenn man Zeit und Umstände der Bewilligung überblickt, nicht die Vermuthung für sich haben, eine sehr übertriebene und außerordentliche gewesen zu sein. Wenn ein Quadrat von 100 Meilen nicht groß genug war, so war noch einmal so viel wohl Alles, was erwartet oder nachgesucht werden konnte; aber anzunehmen, daß Derjenige, welcher vorsichtig genug war, der ersten Bewilligung mäßige Grenzen zu setzen, in der so kurzen Zeit von 3 Jahren dieselbe durch eine andere von viel Millionen mal größerer Ausdehnung zu nichte machen sollte, dies ist im Angesicht der Sachlage eine durch die Umstände bewiesene unhaltbare Voraussetzung. Ob dieses Patent oder dieser Freibrief zur Zeit, als die Revolution begann, existirte oder nicht, ist eine Sache, von der ich später sprechen werde; ich beschränke mich hier auf die Grenzen, welche das besagte Patent oder der Freibrief vorschreibt. Die Worte sind folgende: „Beginnend bei dem Kap oder der Landspitze, genannt Kap oder Point Komfort, von da immer entlang der Meeresküste 200 Meilen **nördlich**, und von dem besagten Kap oder Point Komfort immer entlang der Seeküste 200 Meilen **südlich**; und all der Raum, oder Umfang von Land, welcher von der Seeküste, oder dem

vorgenannten Bezirk, durch das ganze Land, von Meer zu Meer, **west=**
lich und nordwestlich liegt."

Die erste Bemerkung, welche ich über die Worte dieser Bewilligung ma=
chen werde, ist die, daß sie ungewiß, dunkel und unverständlich sind, und
daß sie zu einer solchen Verschiedenheit einander widersprechender Meinungen
construirt werden können, daß sie zuletzt gar keine Meinung übrig behalten.

Ob die 200 Meilen auf beiden Seiten des Kaps Komfort in einer ge=
raden Linie liegen, oder ob sie dadurch bestimmt werden sollten, daß sie der
bezeichnenden Linie der Küste folgten, d. h. „immer der Meeresküste ent=
lang" nach Innen und Außen, wie die Küste liegt, dies kann jetzt nicht
mehr klar bestimmt werden, weil, da die Möglichkeit beider Meinungen
behauptet, und nichts als Vermuthung vorgebracht werden kann, etwas
Positives nicht aufzufinden ist. So viel kann man indessen sagen, daß,
wäre es die Absicht gewesen, eine gerade Linie zu bilden, so hätte das Wort
g e r a d e eingeschaltet werden müssen, welches die Sache klar gemacht hätte;
aber da eine Folgerung zum Vortheil dessen, was nicht da steht, nicht wohl
zum Nachtheil dessen, was wirklich dasteht, gezogen werden kann, so spricht
das weggelassene Wort negativ zu Gunsten der Küsten=Einschnitts=Linie,
oder dafür, daß die 400 Meilen nach den Windungen der Küste, d. h.
g a n z d e r S e e k ü s t e e n t l a n g, berechnet werden sollen.

Aber was mit den Worten „West = und Nordwest" gemeint ist,
bleibt noch unverständlicher. Ob sie eine West= und eine Nordwest=Linie
bedeuten, oder ob sie auf die allgemeine Lage des Landes zum atlantischen
Meere angewendet sind, ohne Bezug auf Linien, kann wieder nicht ent=
schieden werden. Aber wenn man annimmt, es seien noch zu ziehende
Linien darunter verstanden, so entsteht daraus eine neue Schwierigkeit, größer
als alle übrigen, nämlich: an welchem Ende der Küstenstrecke soll diese
West= und Nordwest=Linie ihren Anfang nehmen, da der Unterschied in dem
Inhalt der Verwilligung, welcher durch deren Abänderung verursacht wurde,
mehrere hundert Millionen Acker ausmacht, und eine weit größere Menge
Land, als alle dreizehn vereinigte Staaten zusammen enthalten, entweder
ein= oder ausschließt.

Kurz, es ist keine Grenze in dieser Verwilligung klar, fest und genau be=
stimmt. Die Küstenlinie ist ungewiß, und da sie die Basis ist, nach wel=
cher die anderen gezogen werden sollen, so macht sie das Ganze ungewiß.
Aber wenn sogar diese Linie, nach irgend einer Annahme, als feststehend
zugegeben würde, so würden die andern Grenzen immer noch auf Voraus=
setzung beruhen, bis man am Ende sagen könnte, es gibt gar keine Grenze,
und folgerichtig auch keinen Freibrief, denn Worte, welche Nichts besagen,
geben auch Nichts.

Die Anwälte für die Ansprüche Virginiens, welche sich auf diese Zwei=
deutigkeiten stützen, haben die Verwilligung dahin erklärt:

Vierhundert Meilen an der Seeküste, und von dem Südpunkt eine West=
linie bis zur großen Südsee (stillen Ocean), und von dem Nordpunkt eine
Nordwestlinie bis zur besagten Südsee. Die Figur, welche diese Linien
beschreiben, wäre nachstehende:

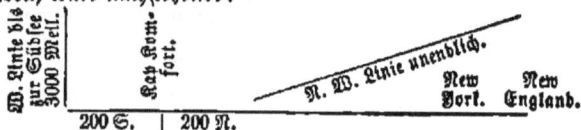

W. Linie bis zur Südsee 3000 Meil. | Kap Komfort. | N. W. Linie unendlich. | New York. | New England.

200 S. | 200 N.

Aber warum, frage ich, kann die West-Landlinie nicht an jedem anderen Punkte eben so gut wie am Südpunkte beginnen? Die Verwilligung oder das Patent sagt nicht, von welchem Punkte sie beginnen soll, und es ist auch nicht klar, daß eine Linie mit den Worten beabsichtigt ist; aber auch zugegeben, daß es so wäre, aus welchen Gründen machen die Beanspruchenden diese Wahl? Die Antwort ist, denke ich, leicht zu geben, nämlich, weil es die ihnen günstigste Auslegung ist, welche sie möglicherweise machen können; da sie einen viele tausendmal größeren Strich Landes begreift, als irgend eine andere Auslegung. Aber dies ist, obgleich für sie ein sehr guter, für uns ein sehr schlechter Grund, und wenn er auch hinreichend ist, den Beanspruchenden Hoffnung zu machen, so ist er doch nicht genügend, ihre Ansprüche zu schützen; besonders gegen eben das Volk, welches, um die Parteilichkeit bei der Wahl der Anspruchmachenden zu bestätigen, seine eigenen Rechte und Ansprüche hintansetzen muß.

Warum wird die westliche Landlinie nicht vom nördlichen Ende der Küstenlinie und die Nordwestlinie vom Südende derselben gezogen? Es ist einiger Grund vorhanden, warum diese Bestimmung, und keiner, warum die andere gemacht werden soll.

I. Weil, wenn die Linie von 200 Meilen auf jeder Seite vom Kap Komfort dadurch entworfen wird, daß sie der beabsichtigten Küstenlinie folgt, was der bezweckte Sinn der Worte zu sein scheint, und eine Westlinie vom nördlichen Ende und eine Nordwestlinie vom südlichen Ende gezogen wird, so werden sich diese Linien alle vereinigen (was durch den anderen Entwurf nie geschehen kann) und ein vollständiges Dreieck bilden, dessen Flächenraum ungefähr 20 oder 30 Millionen Acker oder etwas größer als Pennsylvanien sein wird; und

II. Weil diese Construction der Linien der in der Bewilligung ausgedrückten Reihenfolge der Richtungslinien, angemessen ist; denn die zuerst erwähnte Küstenlinie, welche nördlich vom Kap Komfort liegt, und die zuerst erwähnte Landlinie, welche die Westlinie ist, stehen in einem gewissen Zahlenverhältniß, indem sie beziehungsweise zuerst erwähnt sind, woraus hervorgeht, daß die Westlinie vom Nord- und nicht vom Südpunkt ausgezogen werden soll; folglich stehen die zwei letzterwähnten Linien im nämlichen Zahlenverhältnisse, und dies bedeutet wieder, daß die Nordwest-Linie vom Süd-Punkt und nicht vom Nord-Punkt ausgezogen werden sollte. Aber daß die Anspruchmachenden die vorgeschriebene Ordnung der Linien umwerfen und, der Bedeutung zuwider, die erst erwähnte der einen (Nord- und Südrichtung) mit der letzterwähnten der anderen (Richtung) verbinden und dadurch ein formloses Ungeheuer hervorbringen sollten, wofür es sowohl in Bezug auf Ausdehnung des Bodens, als auf Souveränetät, weder einen Namen noch eine Parallele in der Welt gibt; dies ist eine Construction, die nicht gehalten werden kann.

Die Figur, welche entsteht, wenn man der Ordnung der Linien folgt, steht hier unten.

NB. Wenn der Leser noch einmal auf die Worte des Patents auf Seite 17 blicken würde, so würde er das erwähnte Zahlenverhältniß bemerken, wenn er darauf achtet, daß die ersterwähnte Küstenlinie und die ersterwähnte Landlinie durch große, und die beiden letzterwähnten durch kleine Buchstaben bezeichnet sind, was ich deshalb gethan habe, um die Erklärung deutlich zu machen.

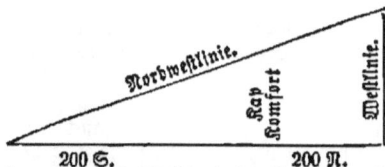

Norbweftlinie.

Kap Komfort

Weftlinie.

200 S.　　　　200 N.

Ich glaube, baß, wenn 400 Meilen baburch abgemeffen werben, baß fie ben Biegungen irgenb eines Seeufers folgen, bie beiben äußerften Linien nicht mehr als 300 Meilen auseinanber liegen werben. Um beshalb ben Inhalt eines Dreiecks zu finben, beffen Bafis 300 Meilen ift, fo multipli= cire man bie Bafis mit ber halben Höhe, welche in biefem Falle bie Weft= linie ift, unb bas Probukt wirb fein:

　　　　300 Meilen Länge ber Bafis,
　　　　150 Meilen halbe Höhe (als rechtwinkliches Dreieck) genommen,

　　15,000
　　30,000
　———————
　　45,000 Inhalt ber Verwilligung in Quabratmeilen,
　　　640 Acker gleich einer Quabratmeile,

1,800,000
27,000,000
——————————
28,800,000 Inhalt in Quabrat-Ackern.

Niemanb wirb fagen wollen, baß biefe Erklärung nicht ebenfo unpar= teiifch ift (wenn nicht noch mehr), felbft ben Worten nach, als irgenb eine anbere, bie gemacht werben kann, weil fie nicht allein burch bie genauen Worte bes Patents, ber Verwilligung ober bes Freibriefs, ober wie bas Ding fonft genannt werben mag, fonbern auch burch bie barin enthaltene Meinung gerechtfertigt wirb; gleichfalls ift ihr Inhalt von ber Art, baß man glauben kann, er fei zu geben beabfichtigt worben, wogegen bie Erklä= rung ber Beanfpruchenben ohne Grenzen ift unb beshalb gegen alle Ver= nunft ftreitet. Doch wer kann nach allebem fagen, welchen genauen Sinn bie Worte unb Ausbrücke haben follten, bie fo zufammenhanglos unb einer folchen Verfchiebenheit wiberfprechenber Auslegung fähig finb?

Wäre bie Orbnung ber Linien anbers gewefen, als fie in bem Patent ift, fo würbe bas Vernünftige ber Sache bie Art unb Weife beftimmt haben, wie biefelben hätten verbunben werben follen: aber ba bie Anfprüche auf Unvernunft gegründet finb, unb biefe Unvernunft fich burch bie Verfetzung ber Linien aufrecht zu erhalten ftrebt, fo bleibt nicht einmal ein Scheingrunb übrig, auf welchen fich bie Anfprüche ftützen können.

Vielleicht werben Diejenigen, welche in ber Erklärung ber Beanfpruchen= ben intereffirt finb, fagen, baß, ba von ber Südfee gefprochen ift, bie Li= nien, um letztere zu erreichen, ihrer Erklärung nach laufen müffen.

Hierauf erwibere ich: Erftens, baß bamals Niemanb wußte, wie weit es vom atlantifchen Meer bis an bie Südfee ift, fonbern baß bie Entfernung, wie ich fogleich zeigen werbe, für ganz klein gehalten wurbe; unb

Zweitens, baß bie ungewiffe unb zweibeutige Art, in welcher bie Südfee angeführt ift (benn fie ift nicht mit Namen genannt, fonbern es heißt nur

„von Meer zu Meer"), dazu dient, das Patent undeutlich zu machen, und nicht dazu, es zu erläutern; und da kein Recht auf eine Zweideutigkeit, sondern nur auf einen Beweis, der von aller Zweideutigkeit frei ist, gegründet werden kann, so kann deshalb die anspielende Einleitung „von Meer zu Meer" dem Anspruche nicht von Nutzen sein.

In diesem Patent sind ebenfalls zwei Länder, gerade so wie zwei Meere zweideutig erwähnt, als: all der „Raum oder Umfang von Land, welcher von der Seeküste des besagten Bezirks durch das ganze Land hindurch von Meer zu Meer liegt."

Hierauf bemerke ich, daß die beiden hier erwähnten Länder den Anschein eines größeren und eines kleineren haben, oder den eines größeren, aus welchem das kleinere genommen werden soll: und der Ausdruck „von Meer zu Meer" kann so verstanden werden, als ob er sich beschreibend auf das Land hindurch, und nicht auf den „Raum oder Umfang des Landes beziehe, welches der Compagnie patentirt wurde", auf dieselbe Weise, in welcher ein früheres Patent eine größere Strecke von 706 Meilen Ausdehnung beschrieb, aus welcher eine kleinere oder ein Quadrat von hundert Meilen gewählt werden sollte.

Aber anzunehmen, weil die Südsee dunkel erwähnt ist (wie weit sie auch entfernt sein mag, was damals Niemand wußte, oder zu welchem Zwecke sie sonst angeführt worden sein mag), daß dieselbe deshalb zu einer festen bestimmten Grenze gemacht werden müsse, und zwar ohne Rücksicht auf die Vernünftigkeit in Angemessenheit der Sache, oder auf die Ordnung der Linien, was die einzige Andeutung ist, welche das Patent uns zum Ziehen der Linien gibt, dies wäre wahrlich eine Voraussetzung, die Allem, was vernünftig ist, widerspricht.

Die Figur, welche die folgende Ordnung der Linien hervorbringt, wird in sich selbst abgeschlossen, mag auch die Entfernung bis zur Südsee mehr oder weniger groß sein, weil, wenn das Land hindurch von Meer zu Meer nicht ausgedehnt genug gewesen wäre, um den Schluß der westlichen und nordwestlichen Landlinie zuzulassen, so würde in diesem Fall die Südsee eine wirkliche Grenze geworden sein; aber wenn die Ausdehnung des Landes hindurch von Meer zu Meer so groß war, daß die Linien sich schlossen, ohne die Südsee zu erreichen, so war diese Figur ohne dieselbe vollständig.

Da daher die Anordnung der Linien, wenn sie auf der besagten Küstenlinie angelegt werden, eine regelmäßige Figur von vernünftigem Umfang und von ungefähr demselben Flächeninhalt, obgleich nicht von derselben Form, als die, welche Virginien innerhalb der Alleghany-Gebirge besitzt, hervorbringt, und da durch die Versetzung derselben eine andere Figur entsteht, welche, wie ich sogleich erklären werde, weder benannt, noch vervollständigt werden kann, und die von größerer Ausdehnung ist, als die Hälfte Europa's, so ist es unnöthig, noch andere Gründe anzugeben, um zu zeigen, daß der Plan der Linien die Regel sein muß, wenn überhaupt eine Regel aus den Worten abgeleitet werden kann, um zu bestimmen, von welchem Punkte aus die West= und Nordwestlinie gezogen werden soll. Auch ist es nicht möglich, anzunehmen, daß eine andere Regel befolgt werden könne, weil eine Nordwestlinie, 200 Meilen oberhalb Kap Komfort gezogen, nicht allein niemals die Südsee erreichen, sondern eine Spirallinie von unendlich vielen Wendungen um die Erdkugel beschreiben würde, welche, nachdem sie die nördlichen Theile Amerika's, das Eismeer und dann die nördlichen Theile Asiens durchschnitten hätte, am Ende der Ewigkeit, und nicht vorher, am Nordpol endigen könnte.

Dies ist die einzige Art und Weise, auf welche ich die Wirkung einer Nordwestlinie, wenn sie wie oben gezogen ist, beschreiben kann, weil sie, da ihre Richtung immer zwischen Norden und Westen liegen muß, nie an den Pol noch überhaupt zu Ende gelangen kann, und, dem Grundsatze gemäß, daß die Materie und der Raum ewig getrennt sein können, ins Unendliche fortlaufen wird.

Zur Zeit, als dieses Patent erlangt wurde, war es indessen herrschende Meinung, daß die Südsee nicht weit vom atlantischen Meer entfernt sei, und es war daher unter dieser Voraussetzung unnöthig, in Betracht zu ziehen, welchen Lauf diese Linien nehmen sollten; auch brauchen wir uns über den damaligen Irrthum der englischen Regierung, Amerika betreffend, nicht zu verwundern, wenn uns jetzt so viele und grelle Irrthümer vorkommen, für welche weit weniger Entschuldigung vorhanden ist.

Einige Umstände begünstigten diesen Irrthum. Admiral Sir Francis Drake hatte nicht lange vorher von der Spitze eines Berges im Isthmus von Darien, der im Mittelpunkt von Nord- und Süd-Amerika liegt, sowohl die Südsee, als das atlantische Meer gesehen; die Breite jenes Theils des Continents, auf welchem er sich damals befand, betrug nicht über 70 Meilen, wogegen die Breite Amerika's, von der Chesapeake Bay gemessen, so groß, wenn nicht größer ist, als an irgend einem anderen Theile des Continents, indem sie von Meer zu Meer ungefähr der Entfernung von Amerika nach England gleichkommt. Aber dies konnte man damals nicht wissen, weil blos zwei Reisen über die Südsee gemacht worden waren; die erste von dem Schiff, auf welchem Magellan segelte, und welcher auf der Reise starb (dieses war das erste Schiff, welches je die Welt umsegelte), die andere von Sir Francis Drake; aber da keines derselben jenen Ocean in einer nördlichen Breite befuhr, hoch genug, um die Länge der westlichen Küste Amerika's von der östlichen zu unterscheiden, so beruhte die Entfernung der einen von der andern blos auf Voraussetzung, und die Irrthümer, welche die Engländer damals begingen, erscheinen uns, die wir die Entfernung kennen, lächerlich.

Daß die Compagnie erwartete, ohne viele Beschwerden oder Reisen an die Südsee zu gelangen und daß die große Strecke Landes, welche dazwischen lag, weit davon entfernt, der Absicht, in der sie den Freibrief erlangt hatten, zu entsprechen, vielmehr ihre Hoffnungen täuschte, dies kann aus Umständen, welche in Stith's Geschichte von Virginien erwähnt sind, abgeleitet werden.

Er erzählt, daß im Jahr 1608, zur Zeit, als die Gesellschaft dieses Patent nachsuchte, in England eine Barke für Capitän Newport (welcher nachher einer der vereinigten Unter-Gouverneure unter dem nämlichen Freibrief war, von welchem wir jetzt sprechen), ausgerüstet wurde, welche behufs der Leichtigkeit ihrer Weiterbeförderung in fünf Stücke zerlegt werden konnte, und mit welcher er und seine Compagnie den Jamesfluß bis an die Fälle desselben hinaufzugehen den Auftrag hatten, um das Land der Monakins aufzusuchen, und von da sollten sie weiter gehen, indem sie ihre Barke über die Fälle schaffen und dieselbe nach der Südsee

bringen follten; fie hatten den Befehl erhalten, nicht ohne einen Gold-
klumpen oder mit ficherer Auskunft über befagte See zurückzukehren.

Und Hutchinfon fagt in feiner Geschichte von Neu-England, welches zur
Zeit, wo das Patent erlangt war, noch Nord-Virginien genannt wurde:
„Die Geographie jenes Theils von Amerika war damals weniger bekannt,
als gegenwärtig. Eine Linie nach den spanischen Anfiedlungen wurde für
weit kürzer gehalten, als fie es wirklich war. Einige von Chaplain's Leuten, welche im Anfange des letzten Jahrhunderts nur erft wenige Tagreifen
von Quebec entfernt waren, kehrten mit großer Freude zurück, in der Meinung, von dem Gipfel eines hohen Berges die Südfee entdeckt zu
haben."

Aus biefen Thatfachen, welche gefchichtlich find, erhellt nicht allein, daß
die Abenteurer keine Kenntniß von der Entfernung nach der Südfee hatten,
und daß fie glaubten, diefelbe fei nicht weit vom atlantifchen Ocean gelegen,
fondern auch, daß fie keine fo große Ausdehnung des Territoriums, wohl
aber eine nahe Communikation mit der Südfee bezweckten, wodurch fie in
die Nähe der Goldküfte gelangen und gleichfalls einen Handel mit Oftindien
betreiben könnten.

Nachdem ich auf diefe Weife die verwirrten und verschiedenen Auslegun-
gen gezeigt, welche diefer Freibrief zuläßt, und zugleich bewiefen habe, daß
man demfelben eine oder keine Bedeutung unterfchieben kann, fo fahre ich
jetzt fort, um zu zeigen, daß, mögen die Grenzen deffelben enger oder weiter
fein, der gegenwärtige Staat Virginien, nach dem Rechte betrachtet, zufolge
deffelben weder etwas erbt noch erben kann.

Ich werde diefen Theil der Frage dadurch eröffnen, daß ich folgenden
Fall annehme:

Entweder treten die Virginier in die Erbfolge der London-Compagnie,
oder in die der Krone Englands ein. Wenn die London-Compagnie ihr
Erblaffer ift, fo müffen fie als Vorfrage in der Sache zuerft beweifen, wer
fie find, und dann, daß fie zu Anfang der Revolution im Befitz waren; —
treten fie als Nachfolger der Krone auf, fo ift der Freibrief folgerichtig nichtig, weil die Krone kein Territorium durch Freibrief, fondern durch Präro-
gative ohne Freibrief befaß. Die Idee, daß die Krone fich felbft einen Freibrief ausftellen könnte, ift thörigt, und in diefem Falle find die nicht in Befitz
genommenen Ländereien, mögen fie groß oder klein fein, fo anzufehen, als
ob fie Niemanden durch Freibrief bewilligt worden wären, und die Souveränetät über diefelben geht auf die der Vereinigten Staaten über.

Der Freibrief oder das Patent von 1609, gerade wie der von 1606, lau-
tet auf Sir Thomas Gats, Sir George Summers und den Ehrw. Rich.
Hacluit, Abt zu Weftminfter, und Andere, und die Regierung war damals
Eigenthümerin. Diefe Befitzer wählten auf Grund des Freibriefs von
1609 Lord Delaware zu ihrem Gouverneur, und Sir Thomas Gats, Sir
George Summers und Capitän Newport (die Perfon, welche mit einem
Fahrzeug nach der Südfee gehen follte) zu vereinigten Untergouverneuren.

War dies die Regierungsform fowohl in Bezug auf den Boden, als auf
die Conftitution, zur Zeit wo die Revolution begann? Wenn nicht — fo
war der Freibrief ungültig, und es ift uns gleichgültig, wie er ungültig
wurde, fo lange die gegenwärtigen Virginier oder deren Vorfahren durch die
damals gemachten Veränderungen weder litten noch leiden.

Aber angenommen, derfelbe könnte nicht als zu Recht beftehend bewiefen

II. B

werben, was auch nicht geschehen kann, weil zu Recht bestehen bei einem Freibrief die Macht dazu besitzen heißt, so würde dies nur sein Recht zu Gunsten der Londoner Abenteurer Compagnie beweisen; aber wie dieses Recht gebraucht werden sollte, ist eine andere Frage. Wir vertheidigen nicht das Recht der London Compagnie, das schon seit 150 Jahren erloschen ist, sondern wir nehmen die Sache da auf, wo wir sie fanden, und so weit als die Autorität der Krone Englands ausgeübt wurde, zur Zeit, als die Revolution begann.

Der Freibrief war ein Vertrag zwischen der Krone England und jenen Abenteurern für ihren eigenen Nutzen, nicht aber zwischen der Krone und dem Volk von Virginien; was auch die Ursache war, daß der Vertrag nichtig, zurückgegeben oder hintangesetzt wurde, dies macht jetzt keinen Theil der Frage aus. Es ist hinreichend, daß, als die Vereinigten Staaten die Souveränetät erlangten, sie keinen solchen Contrakt bestehend, nicht einmal einen Rechtsstreit darüber vorfanden. Sie fanden Virginien unter der Autorität der Krone Englands, sowohl in Bezug auf Boden als Regierung. Es hatte an die Krone Grundsteuer zu zahlen und nicht der Compagnie, und dies war über 150 Jahre lang so gewesen. Daß aber ein geschriebener Vertrag von privatrechtlicher Natur, wie es alle Verträge über Grundbesitz sind, welche man jetzt nur aus der Geschichte kennt, und in welchem Virginien gar nicht Partei war (auch auf keine Erbfolge von einer Partei Anspruch machen kann), jetzt, nachdem derselbe Vertrag 150 Jahre lang erloschen war, aus der Vergessenheit hervorgezogen und als ein Freibrief aufgestellt werden soll, demzufolge man sich das Recht auf ein unermeßliches Territorium anmaßt, und zwar durch Verdrehung seines ursprünglichen Planes, dies ist fürwahr etwas sehr Sonderbares und Außerordentliches.

Wenn die Krone eine Neuerung machte, so gab dies einen Streit zwischen der Krone und den Eigenthümern, nämlich der London-Compagnie, und nicht zwischen Virginien und der besagten Krone. Es war nicht sein Freibrief, sondern der Freibrief der Compagnie, und die einzigen Parteien in der Sache waren die Krone und die Compagnie.

Aber warum hat Virginien, wenn es für die Unumstößlichkeit von Freibriefen streitet, gerade diesen von den beiden früheren gewählt? Alle Schlüsse, die aus diesem Grundsatze entstehen, müssen auf den ersten und nicht auf den letzten Freibrief zielen. Aber wenn es dieselben auf den Ersten, statt auf den Letzten anwendet, so gibt es eine Thatsache zu, welche gegen seine Grundsätze streitet, weil es, um den Letzten gültig zu machen, beweist, daß der Erste durch den Zweiten im Zeitraume von drei und zwanzig Jahren, und der Zweite durch den Dritten in drei Jahren aufgehoben wurde; warum nun der Dritte nicht durch eine vierte Regierungsform aufgehoben werden sollte, da er, wie die beiden Ersten von derselben Macht ausging, nur ungefähr fünf und zwanzig Jahre später, und von der Zeit an 150 Jahre lang in Kraft war, und da unter ihm alle seine öffentlichen und Privatgeschäfte verhandelt, seine Verkäufe abgeschlossen, seine Vollmachten zu Vermessungen und Patenten für Ländereien erlangt wurden, dieß ist wiederum zu geheimnißvoll, als daß man uns darüber Aufschluß geben sollte.

Entweder war die Zurücknahme des Freibriefs der London-Compagnie von Seiten der Krone eine Anmaßung oder nicht. Wenn sie es war, so ist, um es gerade herauszusagen, Alles, was Virginien unter dieser Anmaßung gethan hat, ungesetzlich und man kann sagen, daß es in dem seltsamsten Aufruhr, den man je kannte, nämlich in Aufruhr gegen die Compagnie Londoner Abenteurer gelebt hat. Denn wenn der Freibrief der Compagnie (er war nicht für die Virginier ausgestellt) jetzt in Kraft sein sollte, so hätte er damals auch in Kraft sein müssen; und warum es dessen Aufhebung damals zugeben, und jetzt verwerfen sollte, ist unerklärlich; oder warum es seine Landankäufe, die gegen diesen Freibrief gemacht wurden, gut heißen, und sich jetzt auf den Grund desselben Freibriefs neue Territorien aneignen will, sind Umstände, die sich nicht vereinbaren lassen.

Aber ob der sogenannte Freibrief erloschen sein soll oder nicht, kann uns einerlei sein. Sämmtliche betheiligte Parteien sind todt, und keine Nachfolger, in regelmäßiger Erbfolge treten auf, um Ansprüche zu machen. Weder die Compagnie Londoner Abenteurer, noch deren Erben oder Bevollmächtigte, waren im ausübenden Besitz des Freibriefs beim Beginn der Revolution; und deshalb tritt der Staat Virginien in Wirklichkeit weder in die Rechte der Compagnie, noch beerbt er dieselbe.

Aber, sagen die Virginier, wir treten in die Rechte und in das Erbtheil der Krone Englands ein, welche die unmittelbare Besitzerin der Souveränität, zur Zeit als wir ankamen, und hundert und fünfzig Jahre später, gewesen war.

Wenn sie das sagen, so sagen sie zugleich, daß gar kein Freibrief da ist: Ein Freibrief ist eine Zusicherung, die eine Partei der andern gibt, und kann von keiner Partei sich selbst ausgestellt werden.

Aber bevor ich weiter auf die Sache eingehe, werde ich gewissenhaft darlegen, wie es kam, daß dieser Freibrief von der Macht, welche ihn bewilligte, nämlich von der Krone Englands, zurückgenommen wurde.

Ich habe bereits erwähnt, daß der Freibrief oder das Patent besonders ausgefertigt war für Sir Thomas Gates und Andere, welche man die London-Compagnie, und manchmal die Süd-Virginia Compagnie hieß, zum Unterschied von denen, welche sich östlich (in Neu-England) niederließen und dann Nord-Virginia oder Plymouth-Compagnie genannt wurden.

Oldmixen's Geschichte von Virginien (in seinem Berichte von der britischen Herrschaft in Amerika), welche im Jahre 1708 herauskam, gibt eine gedrängte Erzählung des Hergangs der Sache. Er schreibt es sowohl der schlechten Aufführung, den Streitigkeiten und der schlechten Verwaltung der Eigenthümer zu, wie auch den Neuerungen, die sie bei den Indianern einführen wollten, was dieselben so erbittert hatte, daß sie über die Ansiedler herfielen, und 340 Männer, Weiber und Kinder auf Einmal umbrachten.

„Einige Zeit nach diesem Gemetzel verschafften sich einige Herren in England Landbewilligungen von der Compagnie, und Andere kamen auf eigene Rechnung herüber, um Ansiedelungen zu gründen. Unter den Ersteren war ein Capitän Martin, welcher in den Rath gewählt wurde; dieser Mann verursachte so viele Streitigkeiten unter ihnen, daß neue Unruhen folgten, und sobald die Indianer dies merkten, faßten sie Muth, fielen noch einmal über die Ansiedler an den Grenzen her- und mordeten dieselben ohne Mitleid für Alter, Geschlecht oder Lage.

„Diese und andere Calamitäten wurden hauptsächlich der schlechten Verwaltung der Eigenthümer zugeschrieben, deren Verluste die Mehrzahl ihrer besten Mitglieder so entmuthigten, daß sie ihren Antheil verkauften, und Karl I. löste bei seiner Thronbesteigung die Compagnie auf und nahm die Colonie unter seine eigene unmittelbare Leitung. Er ernannte den Gouverneur und die Rathsversammlung selbst, befahl, daß alle Patente und Geschäfte in seinem Namen ausgeführt werden sollten und behielt sich eine Grundsteuer von zwei Schillingen von jedem Hundert Acker vor.“

So weit unser Autor. Nach so langer Zeit ist es für uns jetzt unmöglich, zu bestimmen, was die eigentlichen Ursachen dieses Wechsels waren; auch haben wir nichts damit zu thun. Die Compagnie konnte ihre Rechte aufgeben, oder nicht; oder sie konnte dadurch, daß die Bedingungen nicht erfüllt wurden, ihrer Rechte für verlustig erklärt werden; oder sie konnte sie verkaufen, oder die Krone konnte, so viel wir wissen, sie ihr nehmen.

Aber was haben diese Fälle alle, oder was man immer für andere, die man noch aufstellen könnte, mit Virginien zu schaffen? Virginien war nicht Partei in der Sache. Es war nicht sein Freibrief; auch kann es keine Rechte von ihm ableiten, noch kann ihm Schaden daraus erwachsen.

Wenn der Freibrief erledigt war, so mußte er es durch die London-Compagnie geworden sein; wenn er verloren war, so mußte er durch dieselbe verloren sein; wenn er verkauft war, so konnte Niemand anders ihn verkaufen, und wenn er ihr genommen war, so konnte ihn Niemand anders verlieren: und doch nennt ihn Virginien seinen Freibrief, obgleich es nicht im Entferntesten die nöthigen Eigenschaften hat, ihn zu besitzen, zu verkaufen, aufzugeben, oder zu verlieren.

Aber wenn es sein Recht darauf gründet, daß er niemals durch die London-Compagnie verkauft, zurückgegeben, verloren oder aufgegeben worden ist, so gibt es zu, daß, wenn er verkauft, zurückgegeben, verloren oder aufgegeben worden wäre, er erloschen und für dasselbe ein Freibrief gar nicht mehr vorhanden gewesen wäre. Und in diesem Falle ist blos nachzuweisen: Hat die Regierung des Landes und der Ankauf und die Besitzergreifung noch unbewohnten Landes von der Zeit oder Ausstellung des Freibriefes an bis zur Revolution nur unter Autorität dieses Freibriefes bestanden? Antwort: Der Freibrief war nicht das Grundgesetz der Regierung, noch richtete sich der Ankauf und die Eroberung von Land nach ihm, noch wurde unter seiner Sanction und Autorität in den letzten 150 Jahren irgend Land angekauft oder erworben.

Wenn Virginien aber einen Schritt weiter geht und sagt, daß man den Freibrief nicht aufgeben, zurückgeben, verlieren oder verkaufen könnte durch irgend einen Act, so könnte man auch denjenigen vom Jahre 1606 nicht aufgeben, zurückgeben, verkaufen, oder verlieren, welcher nur drei Jahre älter war als dieser; und das Argument, weit entfernt, den Freibrief vom Jahre 1609 zur Gültigkeit zu bringen, würde ihn annulliren und an seiner Stelle einen früheren in Kraft setzen, welcher die Compagnie auf ein Quadrat von 100 Meilen beschränkte. Und wenn es noch bis auf den von Sir Walter Raleigh zurückgeht, so betrachtet dieser die Virginier als Amerikaner mit gleicher Berechtigung.

Die einzige Thatsache, welche klar bewiesen werden kann, ist die, daß die Krone Englands die Herrschaft und Regierung in Virginien und die freie Verfügung über die Ländereien in ihrer Gewalt hatte, und daß der Freibrief nie als Regel für die Regierung in Virginien galt und das Recht zum Ankauf und Verkauf von Land nie von ihm abgeleitet wurde, während mehr als 150 Jahre lang; und dies setzt Virginien in das Erbe der Krone und nicht der Compagnie ein. Daraus folgt auch, daß der Freibrief in die Hände der Krone auf die eine oder andere Art gefallen war.

Jetzt nun anzunehmen, der Freibrief habe in die Hände der Krone zu- rückgehen und doch in Kraft bleiben können, dies heißt annehmen, es könnte ein Mann durch Unterzeichnung seiner Handschrift sein eigener Schuldner werden.

Das bloße Vorhandensein der Rechte des Freibriefs in den Händen der Krone, von welcher er ausging, ist gleichbedeutend mit dem Aufhören sei- ner Existenz und thatsächlicher Widerruf aller derjenigen Theile des Frei- briefes, über welche nicht vorher verfügt war. Und folglich kann der Staat Virginien als Erbe der Krone jetzt als Staat in der Union keinen Anspruch auf eine größere Landstrecke machen, als es als eine Provinz unter der Krone besaß. Und alle Ländereien außerhalb der Grenzen, sowohl Vir- giniens als der übrigen Staaten, fallen in Folge der Souveränität der Ver- einigten Staaten eben denselben zum Vortheil Aller zu.

Und dies bringt uns auf die Frage: welche Grenzen hatte Virginien als Provinz der Krone Englands?

Der Freibrief enthielt keine; seine Grenzen blieben damals der Beschei- denheit Derjenigen überlassen, für welche er ausgestellt war. Maryland und Pennsylvanien wurden seine östliche und westliche Grenze, Nord- Carolina seine südliche; deswegen war es hauptsächlich blos die Grenze gegen Westen, welche festgestellt werden mußte.

Da durch das Eigenthumsrecht auf das Land und durch seine Regierung Virginien das geworden war, was man damals königlich nannte, so hing es bei den damaligen Zuständen des Landes (und irgend ein Punkt muß immer als fest angenommen werden, wenn man Folgendes anknüpfen will) ganz von der Krone ab, welche Ausdehnung die Provinz haben sollte, denn die Krone konnte sie erweitern oder kleiner machen und neue Gouvernements im Westen errichten, mit demselben Rechte der Autorität, nach welcher Vir- ginien jetzt ein County in zwei theilen kann, wenn es sie zu breit oder zu unbequem findet.

Zu sagen, wie geschehen ist, Pennsylvanien, Maryland und Nord- Carolina seien von Virginien weggenommen worden, heißt nichts anderes, als sie seien von Amerika weggenommen worden, weil Virginien der ge- meinschaftliche Name für das ganze Land im Norden und Süden war; und zu sagen, sie seien aus den im Freibrief gegebenen Grenzen weggenom- men worden, heißt gar Nichts gesagt, weil nach dem Auflösen oder dem Aussterben der bestehenden Compagnie Niemand da war, für welchen irgend Bezirksgrenzen in einem Freibriefe ausgedrückt werden konnten. Mit dem Aufhören der Compagnie hörten auch die Grenzen des Freibriefes auf. Das Patent konnte die Gesellschaft nicht überleben, weil es für dieselbe ein Recht war, welches nach ihrer Auflösung aufhörte, dasselbe für irgend Je- mand anders zu sein.

Aber wir müssen auf die westliche Grenze Virginiens zu Anfang der Revolution zurückkommen.

Freibriefe, wie Proclamationen, waren die einzigen Acte der Krone, und wenn Erstere hinreichten, um die Grenze derjenigen Ländereien zu bestim- men, welche sie hergab, verkaufte, oder über welche sie auf andere Art ver- fügte, so müssen die Letzteren gleichfalls als hinreichend betrachtet werden, um die Grenzen oder Theilungslinien derjenigen Ländereien festzustellen, welche sie behielt; und deswegen müssen die westlichen Grenzen Virginiens, da die besitzende Compagnie und folgerichtig das Patent mit ihr ausgestorben war, im Sinne der Proclamation betrachtet werden.

Ich bin kein Freund davon, solche alte Urkunden früherer Anmaßung anzuführen; aber da wir irgendwo den Anfang machen müssen, und da die Staaten übereinkamen, das Recht jedes Staates auf seinen Landesbesitz nach dem Verhältniß zu regeln, in welchem er beim Beginn der Revolution zu England stand, so bleibt uns keine andere Regel, nach der wir handeln können, übrig, und irgend eine Regel, nach welcher wir einig werden können, ist besser, als keine.

Nach der Proclamation von 1763 sind die westlichen Grenzen Virginiens, als einer Provinz unter der Krone England, so beschrieben, daß sie nicht über den Ursprung einiger der Flüsse hinausgehen sollten, welche sich in das atlantische Meer ergießen, und demzufolge überschritten die Grenzen das Alleghanygebirge nicht.

Das Folgende ist ein Auszug aus der Proclamation vom Jahre 1763, so weit sie die Grenzen betrifft:

„Und deswegen ist es gerecht und vernünftig und wesentlich für Unser Interesse und die Sicherheit Unserer Kolonieen, daß die einzelnen Nationen oder Stämme der Indianer, welche mit Uns verbunden sind und unter Unserem Schutze leben, in dem Besitz solcher Theile Unserer Besitzungen und Ländereien nicht belästigt und beunruhigt werden, welche, wenn auch nicht förmlich an sie abgetreten, oder von Uns an sie verkauft, doch ihnen oder Einigen von ihnen als Jagdgrund vorbehalten sind. Wir erklären daher, nach Anhörung Unseres geheimen Rathes, daß es Unser königlicher Wille und Gefallen ist, es soll kein Gouverneur oder oberster Befehlshaber in einer Unserer Kolonieen Quebec, Ost-Florida oder West-Florida unter irgend einem Vorwand sich unterfangen, Vollmachten zu Messungen auszustellen oder Patente auf Ländereien auszugeben, welche außer den Grenzen seines eigenen Gouvernements liegen, wie diese in seinem Anstellungs-Decret beschrieben sind: und ferner soll kein Gouverneur oder Oberbefehlshaber in Unseren amerikanischen Kolonieen oder Plantagen es wagen, für den Augenblick, und bis Unser fernerer Wille bekannt wird, Vollmachten zu Messungen auszustellen oder Patente auf Länder auszugeben, über den Ursprung oder die Quellen eines der Flüsse hinaus, welche von Westen oder Nordwesten in das atlantische Meer fließen, oder auf irgend ein Land, welches, wenn auch von Uns noch nicht abgegeben oder verkauft, doch, wie schon gesagt, für die genannten Indianer oder Einigen von ihnen vorbehalten worden ist."

„Und wir erklären ferner, daß es Unser königliche Wille und Gefallen sei, für jetzt, wie oben gesagt, unter Unsere Souveränetät, Protection und Herrschaft, zum Gebrauch der genannten Indianer alles Land und Territorium zu bewahren, welches nicht durch die Grenzen Unserer angeführten drei neuen Gouvernements oder die Grenzen des der Hudsons-Bay-Compagnie verwilligten Gebietes eingeschlossen ist; ferner alles Land und Territorium westwärts von den Quellen derjenigen Flüsse, welche von Westen und Nordwesten sich in das Meer ergießen, wie schon oben ge-

fagt; und Wir verbieten hiermit strenge, bei Unserer Ungnade, jedem Unserer getreuen Unterthanen, irgend Käufe oder Verkäufe abzuschließen oder
Besitz von dem oben vorbehaltenen Lande zu ergreifen, ohne Unsere besondere Gestattung und Erlaubniß zu einem solchen Vorhaben erhalten zu
haben."

„Und Wir befehlen und verordnen ferner allen Personen, welche sich
vielleicht aus Eigenmächtigkeit oder Unachtsamkeit irgendwo niedergelassen
haben innerhalb der oben beschriebenen Gegend oder auf irgend einem anderen Gebiete, welches, da es nicht von Uns abgegeben oder
verkauft worden, wie oben erwähnt den besagten Indianern vorbehalten ist, sich ungesäumt von solchen Ansiedlungen wieder zu entfernen."

Es ist leicht einzusehen, daß die häufige und plausible Erwähnung der
Indianer blos ein Vorwand war, um den Glauben an die Humanität der
Regierung zu erwecken. Der Gegenstand und die Absicht der Proclamation war die Westgrenze, welche hier als nicht über den Ursprung der Flüsse
reichend bezeichnet ist, und dieses sind also die Westgrenzen, welche Virginien als eine Provinz unter der Krone Englands hatte.

Und der Absicht dieser Proklamation und den in derselben beschriebenen
Grenzen gemäß richtete Lord Hillsborough, damals Staatssecretär von
England, einen officiellen Brief vom 31 Juli 1770 an Lord Bottetourt,
damals Gouverneur von Virginien. Dieser Brief, von dem Herrn Präsidenten Nelson dem Rath von Virginien vorgelegt, wurde am 18. October
des nämlichen Jahres von demselben beantwortet. Folgendes ist ein Auszug des Briefes:

„Am Abend desselben Tages, an dem mir der Brief Ihrer Lordschaft an
den Gouverneur übergeben worden, wurde derselbe (da er viele Dinge von
großer Wichtigkeit enthält) im Rathe verlesen und zusammen mit den verschiedenen eingeschlossenen Papieren reiflich in Betracht gezogen, und ich be-
lästige Ihre Lordschaft gegenwärtig mit der Meinung des Raths sowohl,
als meiner eignen über den Gegenstand."

„Wir maßen uns nicht an, zu sagen, wem unser gnädigster Souverän
die noch nicht in Besitz genommenen Ländereien bewilligen soll, und in
Bezug auf die Errichtung einer neuen Kolonie hinter Virginien indessen, obgleich die Sache von zu großer politischer Wichtigkeit ist, als daß
ich mir herausnehmen sollte, meine Meinung darüber abzugeben, erlauben
Sie mir zu bemerken, Mylord, daß, wenn jener Theil des Landes erst
hinreichend bevölkert sein wird, dies eine weise und kluge Maßregel sein
dürfte."

Nach dem Tode des Lord Bottetourt wurde Lord Dunmore zum Gou-
verneur ernannt, und derselbe verwilligte entweder aus Unkenntniß der
Sache oder aus anderen Beweggründen verschiedenen seiner Freunde und
Günstlinge einige Ländereien am Ohio, was folgenden Brief an Lord
Dartmouth, welcher dem Lord Hillsborough als Staats-Secretär gefolgt
war, hervorrief:

„Ich halte es für passend, Ihrer Lordschaft eingeschlossen eine Copie des
Briefs Lord Hillsborough's an Lord Bottetourt vom 31. Juli 1770 zu
übersenden, dessen Empfang wenige Tage vor dem Tode Lord Bottetourt's
durch den Herrn Präsidenten Nelson anerkannt, und der, wie aus dessen
Antwort erhellt, dem Rathe vorgelegt worden ist. Jener Körper konnte
daher weder unbekannt sein mit Dem, was nach Herrn Walpole's Gesuch

erfolgte, noch mit dem ausdrücklichen in Lord Hillsborough's Brief enthaltenen Befehl des Königs, daß keine Ländereien jenseits der in der königlichen Proclamation bestimmten Grenze von 1763 bewilligt werden sollten, bis des Königs fernerer Wille bekannt sei; und ich habe blos zu bemerken, daß es eine außerordentliche Nachlässigkeit desselben gewesen sein muß, Ihre Lordschaft nicht von diesem Briefe und seinen Befehlen in Kenntniß zu setzen."

Ueber diese Dokumente werde ich keine Bemerkungen machen. Sie sprechen durch sich selbst und zeigen, was die Grenzen Virginiens waren, so lange als es eine britische Provinz war; und da es keine andere Autorität gab, durch welche sie festgestellt werden konnten, und da die Verwilligung für die London-Compagnie für Niemand als diese selbst ausgestellt sein konnte und folgerichtig mit ihrem Verschwinden aufhörte, so hatte die Krone bei dem Wiederansichreißen der Ländereien die Wahl, dieselbe in getrennte Regierungsbezirke abzutheilen oder zu beschränken, wie sie es gerade für's beste hielt, und wogegen bei der damaligen Regierungsform Einsprache weder gemacht wurde, noch gemacht werden konnte. Auch war Virginien als Provinz dadurch nicht beeinträchtigt, weil die Gelder, welche von den Länderverkauf herrührten, auf keinen Fall in seinen Staatsschatz geflossen wären. Es ist ebenfalls aus dem Briefe des Secretärs und der Antwort des Präsidenten augenscheinlich, daß man den Plan hatte, eine neue Kolonie hinter Virginien, zwischen dem Alleghany-Gebirge und dem Ohio, anzulegen.

Nachdem ich so die verschiedenen Freibriefe oder Verwilligungen in ihren gegenseitigen Beziehungen durchgenommen und gezeigt habe, daß Virginien nicht in das Erbe einer Privat-Verwilligung, die seit mehr als 150 Jahren ungültig war, eintreten konnte, — und daß die westlichen Grenzen Virginiens zu Anfang der Revolution an den Quellen der Flüsse waren, welche sich ins atlantische Meer ergießen, und von denen sich keiner jenseits des Alleghany-Gebirges befindet, so gehe ich jetzt zum zweiten Theil über, nämlich

„zur Vernünftigkeit seiner Ansprüche".

Virginien stand als britische Provinz in einer anderen Beziehung zur Krone England als die anderen Provinzen, da es keine anderen bestimmten Grenzen hatte, als diejenigen, welche durch die Anlegung neuer Provinzen und die Proclamation von 1763 entstanden. Denn der Name Virginien war, wie ich vorher erwähnt habe, der allgemeine Name des ganzen Landes, und bezeichnete das Gebiet (die Herrschaft), aus dem die verschiedenen anderen Regierungsbezirke gebildet wurden; und, um ganz richtig und dem Ursprung der Namen angemessen zu sprechen, war die Provinz Virginien aus dem Gebiet Virginien genommen. Denn das „Gebiet Virginien" gehört nicht der Provinz, welche den Namen Virginien beibehält, sondern der Krone an, und dieser Name wurde von derselben auf das ganze Land angewendet, und bedeutet, daß sie eine Besitzung der Krone Englands sei, gerade so, wie sich diese jetzt ausdrückt „unsere Herrschaft Wales".

Es ist nicht möglich, anzunehmen, daß daran gedacht werden konnte, Virginien als britische Provinz solle bis an die Südsee, eine Entfernung von 3000 Meilen ausgedehnt werden. Es konnte beansprucht werden, daß die Herrschaft, als zu jener Zeit der Krone behörig, sich so weit ausdehnen

müſſe, aber als Provinz war weder der Gedanke begreiflich, noch die Ausführung möglich.

Und es iſt mehr als wahrſcheinlich, daß der Betrug, welcher angewandt
wurde, um das Patent von 1609 zu erlangen, indem die Südſee, als in
der Nähe der Alleghany-Gebirge gelegen, dargeſtellt wurde, die Urſache war,
warum daſſelbe erloſch; es iſt der Mühe werth, zu bemerken, daß keine Geſchichte (wenigſtens keine, die ich geſehen habe) irgend einen Streit oder
eine Klage zwiſchen der Krone und der Compagnie in Folge des Erlöſchens
des Patentes und des Wiederanſichziehens der Ländereien erwähnt. Und
deswegen macht der negative Beweis, den poſitiven verſtärkend, es ſo ſicher
und klar, als eine ſolche Sache möglicherweiſe ſein kann, daß entweder die
Compagnie eine Vergütung für das Patent erhielt, oder daß ſie daſſelbe ruhig abtrat, ſich des angewandten Betrugs und der nachherigen übeln Verwaltung ſchämend. Die Menſchen ſind nicht geneigt, einen Anſpruch aufzugeben, ſo lange noch Grund vorhanden iſt, für denſelben zu ſtreiten, und
das Stillſchweigen, mit welchem das Patent erloſch, iſt ein muthmaßlicher
Beweis, daß ſein Schickſal, ſei es nun aus welcher Urſache es wolle, ein
gerechtes war.

Es gibt eine allgemeine Politik, welche unter den Engländern beim
Gründen neuer Regierungsbezirke vorherrſchend geweſen zu ſein ſcheint,
und dieſe beſtand darin, dieſelben nicht größer als ihr eignes Land zu machen, damit ſie dieſelben deſto wirkſamer erhalten konnten: dies war bei
allen mit Ausnahme Canada's der Fall, deſſen Grenzen aus dem politiſchen Zweck ſo ausgedehnt waren, neue Territorial-Acquiſitionen anzuerkennen, welche für die Koloniſirung nicht unmittelbar paſſend waren.

Aber um dieſer Sache nach allen Richtungen hin Gelegenheit zur Vertheidigung zu gewähren, will ich zugeben, daß es einen engliſchen Freibrief
gibt, welcher beſtimmt, daß ſich Virginien vom atlantiſchen Ocean bis zur
Südſee erſtrecken und innerhalb einer ſtreng weſtlichen Linie, 200 Meilen
unterhalb Kap Komfort, und einer nordweſtlichen Linie, 200 Meilen über
demſelben, begonnen, begriffen ſein ſollte. Seine Seite am atlantiſchen
Meer wird alſo (einer Erklärung, welche in Herrn Brabford's Zeitung vom
29. September 1779 durch einen Anwalt der virginiſchen Anſprüche gegeben wurde, zufolge) 400 Meilen betragen: ſeine Seite gegen Süden 3000,
ſeine Seite gegen Weſten 4000 und ſeine nordweſtliche ungefähr 5000, und
die Fläche Landes, die in dieſen Dimenſionen enthalten iſt, wird ſich dann
beinahe auf vier Tauſend Millionen Acker belaufen, was über zehn Mal
ſo viel iſt, als der gegenwärtige Flächeninhalt der Vereinigten Staaten, und
hundert Mal größer, als das Königreich England.

Die Unterſuchung einer ſolchen Annahme iſt ſo ſehr Zeitverſchwendung
und eine ſo übertriebene Narrheit, daß ſie gar nicht unterſucht werden ſollte.
Es iſt unmöglich, anzunehmen, daß irgend ein an Privatperſonen gegebenes
Patent ſo abſichtlich albern ſein konnte, und der Anſpruch, welcher darauf
gegründet iſt, iſt das verrückteſte Ding, was ſich ein Menſch je einbilden
konnte.

Aber wenn es, wie ich vorher erwähnt habe, einen Freibrief gab, der
eine ſolche Auslegung zuließ, und wenn Virginien ihn zu beerben hätte,
ginge uns dies mehr an, als ein Teſtament Alexanders, wenn es ihm in
den Kopf gekommen wäre, Jemanden die Welt zu vermachen? Ein ſolcher
Freibrief oder eine ſolche Verwilligung muß entweder durch Betrug oder

falsche Darstellung des Landes erlangt worden sein, oder er wurde durch Irrthum oder durch Beides bewilligt. Und in jedem oder allen diesen Fällen müssen die Vereinigten Staaten die Sache als Etwas, das sie nicht kennen, verwerfen, denn der Werth des Freibriefs hält keine Untersuchung aus, und der Anspruch auf Recht steht auf keinem festeren Grunde.

Unser Fall ist ein origineller, und viele ihn begleitende Umstände müssen nach ihrer eigenthümlichen Bedeutung und nach ihrer Vernünftigkeit entschieden werden. Die Ausdehnung der übrigen Staaten ist im Allgemeinen nach Grenzen von mäßigem Umfange bestimmt, und der Antheil, welchen jeder Staat an den Kosten und dem Dienst des Krieges zu tragen hat, muß durch eine Art von Verhältnißmäßigkeit bestimmt werden. Die Einwohnerzahl jedes Staates bildete die erste Regel, und man setzte natürlicher Weise voraus, daß dieselbe im nämlichen Verhältniß zu der anderer Staaten stehe, wie die Flächengröße. Virginien würde nach dieser Berechnung ungefähr um ein Fünftheil größer sein, als Pennsylvanien, was ein so großes Gebiet wäre, als irgend ein Staat mit Glück und Bequemlichkeit verwalten könnte.

Als ich auf diesen Gegenstand einging, war es meine Absicht, weitläufig über den Werth und nur kurz und klar über die Sache des Rechts mich auszulassen; statt dessen war ich weitläufig über die Rechtssache und kurz über den Werth der Vernunftschlüsse: und diese Aenderung meiner Ansicht entstand in Folge der Natur der Sache, denn als eine vernünftige Sache kann der Fall mit keinem Grunde unterstützt werden, und es ist deshalb keiner nöthig, dieselbe zu widerlegen; aber da der Mensch eine seltsame Neigung hat, unter dem Schirm des Rechtes Schutz zu suchen, so unvernünftig es auch sein mag, so fand ich es am nützlichsten für das Interesse der Sache, zu zeigen, daß das Recht nicht fester steht, als die Vernunft. Ich werde deshalb darauf übergehen, einige Bemerkungen über die Folgen des Anspruchs zu machen.

Da der Anspruch in sich selbst unvernünftig ist, und sich auf keinen Rechtsgrund stützt, als auf einen solchen, der, wenn er wahr wäre, in Folge seines Ursprungs entschieden schädlich sein müßte, dient er dazu Widerwillen zu erregen, und die Stimmung der übrigen Staaten zu erbittern. Aus dem Verkauf dieser Ländereien können unter der Verwaltung der Vereinigten Staaten die Kriegskosten abbezahlt werden und einige derselben können uns, wie ich glaube und später zeigen werde, zu einem unmittelbaren Vortheil gereichen.

Ich unterscheide drei verschiedene Arten von Land zu Anfang der Revolution in Amerika. Eigenthümliches oder verwilltes Land, wie es bei Pennsylvanien der Fall ist; Kronländereien, innerhalb beschriebener Grenzen irgend eines Kron-Gouvernements; und disponible Kronländereien, welche außer oder über der Grenze irgend einer Provinz lagen, und diese letzten wurden zurückbehalten, um auf ihnen neue Gouvernements zu errichten und neue Provinzen zu gründen. Dies scheint nach Lord Hillsborough's Brief der Antwort des Präsidenten beabsichtigt worden zu sein, der letztere sagt darin in Bezug auf die Errichtung einer neuen Colonie hinter Virginien. „Indessen, obgleich dies ein Gegenstand von zu großer politischer Wichtigkeit ist, als daß ich mir herausnehmen würde, meine Meinung darüber abzugeben, erlauben Sie mir, Mylord, zu bemerken, daß, wenn jener Theil des Landes erst hinreichend bevölkert sein wird, dies eine weise und kluge Maßregel sein dürfte."

Der Ausdruck ist der: „eine neue Colonie hinter Virginien"; und er bezieht sich auf die Ländereien zwischen den Quellen der Flüsse und dem Ohio. Dies ist ein Beweis, daß jene Ländereien nicht innerhalb, sondern außerhalb der Grenze Virginiens, als einer Colonie betrachtet wurden. Und der andere Ausdruck in dem Brief ist eben so bezeichnend, nämlich wir nehmen es uns nicht heraus zu sagen, wem unser gnädigster Souverän die noch nicht in Besitz genommenen Ländereien bewilligen soll."

Gewiß besitzt die höhere Autorität der Vereinigten Staaten gegenwärtig das nämliche Recht, welches die Krone damals besaß; und wenn wir deshalb den Brief des Präsidenten den Verhältnissen der Revolution anpassen, so wird er lauten:

„Wir nehmen uns nicht heraus zu sagen, wem die souveränen Vereinigten Staaten ihre vakanten Ländereien bewilligen sollen, und die Errichtung einer neuen Colonie hinter Virginien, ist ein Gegenstand von zu großer politischer Wichtigkeit, um meine Meinung darüber abzugeben; es sei mir jedoch erlaubt zu bemerken, daß, wenn jener Theil des Landes erst hinreichend bevölkert ist, dies eine weise und kluge Maßregel sein dürfte."

Es muß Jedem, der darüber nachdenkt, ins Auge fallen, daß diese Länder zu entfernt sind, um sich innerhalb des Regierungsbezirkes irgend eines der gegenwärtigen Staaten zu befinden; und, ich darf mir die Annahme erlauben, daß, wäre eine richtige Berechnung gemacht worden, so hätte Virginien durch die Verminderung der Steuern mehr verloren, als es durch den gemachten Länderverkauf gewonnen hat; deshalb thut es nicht allein den übrigen Staaten in Bezug auf Gleichheit Unrecht, sondern schadet sich selbst und ihnen in Bezug auf Stärke, Verwaltung und Einkünfte.

Blos die Vereinigten Staaten und nicht irgend ein einzelner Staat können neue Staaten gründen und sie durch Vertretung der Union einverleiben; deswegen wird die Lage der Ansiedler in solchen Ländereien unter dem angemaßten Rechte Virginiens gefährlich und kümmerlich sein und sie werden sich zuletzt wie die Fremden gegenüber dem ganzen Volke Israel vorkommen, ihre Wohnungen unsicher und ihr Recht gefährdet fühlen.

Und wenn Leute reiflich nachdenken über den Frieden, die Einigkeit, die Ruhe und die Sicherheit, welche zum Gedeihen nothwendig ist, besonders beim Schaffen neuer Ansiedlungen, und bedenken, daß, wenn der Krieg beendet sein wird, ihr Wohlstand und ihre Sicherheit von einer Union mit den Staaten abhängt, und nicht mit einem zerstreuten Volke, mit welchem die Uebrigen keine Verbindung und von welchem sie keine politische Kunde haben, so werden sie nur wenig Neigung fühlen, sich in eine Lage zu setzen, welche, so einsam und abgeschlossen sie auch gegenwärtig scheinen mag, dann ungewiß und unsicher sein wird und ihre Beschwerden werden da anfangen müssen, wo die Vereinigten Staaten aufhören werden.

Es ist wahrscheinlich, daß ein Theil der Einwohner Virginiens zu glauben geneigt sein dürfte, daß der Schreiber dieses, indem er den Gegenstand auf die Weise, wie er es gethan hat, behandelt, ihrem Interesse ungünstige Schlüsse zieht. Hierauf möchte er erwiedern:

Das Außerordentlichste von Allem besteht darin, daß Virginien solch einen Anspruch unterstützen soll. Denn es ist der Beachtung werth, daß von Anfang des Streites mit England an und lange nachher, es keinen

Theil Amerikas gab, welche durch die Verschiedenheit und Mannigfaltigkeit der öffentlichen Angelegenheiten, mehr wahre Weisheit, Ausdauer und Uneigennützigkeit an den Tag legte, als die damalige Colonie Virginien. Die Virginier werden geliebt — sie wurden verehrt. Ihre Erforschung der angemaßten britischen Rechte trug die Merkmale ungewöhnlicher Weisheit an sich. Ihre Schlüsse waren durchdringend, unvergleichlich, unwiderlegbar und ihr Gemeingeist konnte durch keinen andern übertroffen werden. Aber seit ihnen diese unglückliche Landspekulation in den Kopf kam, scheinen ihre Kräfte erschöpft zu sein; Erschlaffung hat sich über sie ausgebreitet und hat ihren Geist verdunkelt und Jedermann fragte: Was ist aus Virginien geworden?

Selten nützen romanhafte Pläne auf ausgedehnte Besitzungen einer Regierung und nie einem Volke. Zuletzt enden sie sicher in Verlusten, Beschwerden, Streitigkeiten und Täuschungen und wenn selbst das Recht Virginiens gut und seine Ansprüche zulässig wären, so würde es mehr dauernden und wirklichen Nutzen daraus ziehen, wenn es die andern Staaten daran Theil nehmen läßt, als wenn es versucht einen Gegenstand zu verwalten, welcher seinen Kräften so unendlich überlegen ist. Sein Antheil mit den Uebrigen unter der Oberherrschaft der Vereinigten Staaten, welche die dem Zweck allein angemessene Autorität vorstellen, würde von größerem Werth für dasselbe sein, als das Ganze unter seiner alleinigen Verwaltung.

Und zwar aus folgenden Gründen:

1) Da seine Ansprüche weder zulässig noch ausführbar sind, so kann es den Käufern keinen gültigen Rechtstitel geben und folglich nur wenig für seine Ländereien erhalten.

2) Weil die große Entfernung der Ansiedler von ihm die letzteren unmittelbar eher alle Regierung und Schutz, wenigstens von Seiten Virginiens, lassen wird: und dadurch wird es seine Grenzen zu einem Zufluchtsort tollkühner Gesellen und zu einem Versteck vor der Gerechtigkeit machen, und die Folge davon wird sowohl Unsicherheit seines eigenen Friedens, so wie des der benachbarten Staaten sein.

3) Weil, wenn ihm erlaubt würde, sich ein so unermeßliches Territorium anzumaßen, sein Antheil an den Kriegskosten größer sein müßte, als dasselbe ertragen oder erschwingen könnte, und diese Kosten könnten nicht vermindert werden, wenn ein vernünftiges Verhältniß angenommen wird, als auf neue Zehntheile des Ganzen.

4) Weil es dasselbe früher oder später aufgeben muß; daher ist es für dasselbe besser, daß es sein eigenes Interesse gleich Anfangs weise ins Auge faßt, als daß es das Gegentheil am Ende durch Unglück herausfindet.

Ich habe nun durch meine ganze Prüfung der Ansprüche Virginiens jeden Fall erörtert, welchen ich annahm, und wünschte aus verschiedenen Gründen, das Loos möchte auf Jemand anderes gefallen sein.

Aber da dies eine Sache von höchster Wichtigkeit ist, welche in dem Interesse Aller liegt und das wesentliche Wohl Virginiens nicht angreift, sondern befördert, und da wenige Menschen Muße und noch wenigere Neigung haben, auf eine verwickelte Erforschung einzugehen, so habe ich mich zuletzt an den Gegenstand gewagt.

Das Vererben der anerkannten westlichen Territorien auf die Vereinigten Staaten ist ein Recht, von welchem sie ursprünglich ausgingen und in der Flugschrift „Gesunder Menschenverstand" erwähnte ich dieser Länbereien häufig als Fond zum Nutzen Aller; indem ich daher den Gegenstand da wieder aufnehme, wo ich ihn fallen ließ, werde ich damit schließen, daß ich das, was ich damals nur andeutete, jetzt systematisch genau erörtere.

In meinem letzten Hefte der Krisis, Nr. XVI. schätzte ich den jährlichen Belauf der Kriegskosten und den der verschiedenen Regierungen auf zwei Millionen Pfund Sterlinge, und den der Verwaltung im Frieden auf drei Viertel Millionen, und ich bewies durch einen Vergleich der Abgaben dieses Landes mit denen von England, daß unsere ganzen jährlichen Auslagen zur Vertheidigung des Landes nur ein Drittel von dem betragen, was England durch Abgaben von uns bezogen haben würde, wenn es ihm gelungen wäre, zu siegen, und blos den achten Theil der Kosten unserer Verwaltung im Frieden; ich zeigte ebenfalls, daß die Staaten im Stande waren, den ganzen Krieg durch Besteurung zu führen, ohne zu einer andern Handlungsweise oder andern Kapitalien Zuflucht zu nehmen. Es ist für jedes Land nothwendig einen richtigen Begriff über Besteurung zu haben und jemehr Fonds wir entdecken und organisiren können, desto geringer wird die Hoffnung des Feindes sein, desto eher wird derselbe zum Frieden geneigt werden, dessen Beförderung jetzt mehr in seinem als unserem Interesse liegt.

Ich habe bereits bemerkt, daß blos die Vereinigten Staaten und nicht irgend ein besonderer Staat neue Staaten gründen und dieselben durch Vertretung der Union einverleiben könne; indem ich daher diese Idee im Auge behalte, frage ich: könnte nicht durch Auslegung eines neuen Staats, der zwischen zwanzig und dreißig Millionen Acker enthielte, und durch Eröffnung von Landverkaufs-Bureaux in allen Theilen Europas sowohl, als auch in diesem Lande, von denen die Ersteren blos für baares Geld, die letzteren für alle Arten nützlicher Landesprodukte verkauft, ein beträchtlicher Fond schnell geschaffen werden.

Der Landstrich, der zur Erreichung dieses Zweckes am passendsten erscheint, liegt zwischen dem Alleghany-Gebirge und dem Ohio-Flusse, erstreckt sich nach Norden bis an die Grenze von Pennsylvanien und dehnt sich von da, dem besagten Fluß entlang bis an die Fälle desselben aus; von da gerade südlich bis zur Breite der Grenze von Nord-Carolina und von da östlich bis an die vorbesagten Alleghany-Gebirge. Ich erwähne diesen Landabschnitt um so lieber, als der Feind dadurch mit seinen eigenen Waffen geschlagen wird, da er den nämlichen Grund und Boden enthält, auf welchen zum Vortheil der Krone England, wie aus den Briefen der Lords Hillsborough und Dartmouth erhellt, eine neue Colonie gegründet werden sollte, wenn die Revolution die Ausführung dieses Plans nicht verhindert hätte.

Es ist wahrscheinlich, daß einige Plätze in diesem Landstriche Privateigenthum sind, aber dadurch, daß dieselben einer Regierung einverleibt werden, werden sie ihren Eigenthümern nützlicher und die Lage der zerstreuten Ansiedler wird angenehmer und glücklicher, als gegenwärtig.

Wenn zwanzig Millionen Acker dieses neuen Staats patentirt und zu zwanzig Pfund Sterling per hundert Acker verkauft werden, so werden daraus vier Millionen Pfund Sterling erwachsen, mit welchen, wenn man sie blos zu Continental-Ausgaben verwendet, der Krieg drei Jahre lang geführt werden kann, wenn England so unklug sein sollte, denselben gegen sein eigenes Interesse und gegen das Interesse und die Politik ganz Europas zu

II. C

verfolgen. Die einzelnen Staaten werden dann blos Abgaben zu ihrer innern Regierung zu erheben haben, und die Continental-Abgaben werden sich, sobald der Fond zu wirken beginnt, vermindern und, wenn derselbe ergiebig genug ist, ganz aufhören.

Ländereien sind die eigentlichen Reichthümer der bewohnbaren Welt und der natürliche Grundstock Amerika's. Die Fonds anderer Länder sind im Allgemeinen künstlich gebildet; sie sind die Schöpfungen der Nothwendigkeit und der Erfindung, sie hängen vom Credit ab, und sind beständig dem Zufall und der Ungewißheit ausgesetzt. Aber Ländereien können weder vernichtet werden, noch ihren Werth verlieren; im Gegentheil steigen sie allgemein mit der Bevölkerung, und zwar rasch, wenn sie unter dem Schutz einer wirksamen Regierung stehen. Aber diesen zu geben, ist für Virginien unmöglich, und deßhalb erzeugt das, was im Stande ist, die Ausgaben des Reichs zu bestreiten, unter der Verwaltung eines einzelnen Staats, blos eine flüchtige Unterstützung für wandernde Individuen.

Ich werde nun die Wirkung besprechen, welche die Auslegung eines neuen Staates, unter der Autorität der Vereinigten Staaten, auf Virginien haben wird.

Dies ist gerade eine Sache, welche es wünschen sollte und wünschen muß, wenn es dieselbe nach allen ihren Seiten und Folgen betrachtet.

Wenn die gegenwärtigen Ansiedler außer seinem Bereich sind und seine vermeinte Autorität über dieselben auf sich selbst beschränkt bleibt, so werden ihm die Ersteren als Aufrührer und es selbst ihnen als Unterdrücker erscheinen, und dies wird eine solche gegenseitige Abneigung hervorrufen, daß in kurzer Zeit zum Nachtheil Beider eine gänzliche Veruneinigung eintreten wird.

Aber unter der Autorität der Vereinigten Staaten kann die Sache ausgeführt werden, und Virginien wird von unangenehmen Folgen befreit.

Nebenbei wird ein vom Continent ausgehender Verkauf von Ländereien zur Bestreitung der Kriegskosten demselben mehr Abgaben ersparen, als der kleine Verkauf, den es selbst machen könnte, und als der geringe Preis, den es dafür erhalten würde, herauszubringen im Stande wäre.

Virginien würde ebenfalls zwei Vortheile haben, welche kein anderer Staat in der Union genießt; erstens den, einen Grenzstaat zur Vertheidigung gegen die Einfälle der Indianer zu haben, und zweitens den, daß die Gründung eines neuen Staates hinter ihm, seiner Lage nach, die Größe seines Handels verdoppelt.

Der neue Staat, dessen Gründung hier vorgeschlagen ist, kann seine Ausfuhr den Mississippi hinab senden, aber seine Einfuhr muß durch die Chesepeake-Bai kommen, und folglich wird Virginien der Markt für den neuen Staat werden, weil man zwar aus denselben, aber wegen des raschen Laufes des Mississippi nicht in denselben zu Schiffe gelangen kann.

Es gibt gewisse Umstände, welche gewisse Ergebnisse hervorrufen, ob nun die Menschen an dieselben denken, oder nicht. Die Ergebnisse hängen nicht vom Denken ab, sondern sind die natürlichen Folgen des Handelns; und nach dem System, welches Virginien verfolgt hat, wird der Ausgang der sein, daß es mit Hinterwäldlern in Streitigkeiten über Rechte verwickelt werden wird, bis ihm diese sein eigenes Recht streitig machen und, erbittert durch den Streit, sich für ihren Handel an einen andern Staat wenden;

dies kann Beides vermieden, eine vollkommene Einigkeit hergestellt, die Macht der Staaten verstärkt und der Aufwand für den Krieg bestritten werden, dadurch, daß nun die Sache nach dem Plane eines allgemeinen Rechts geschlichtet wird; und jeder Tag, um welchen die Sache verschoben wird, vermehrt die Schwierigkeit und vermindert den Nutzen.

Wenn es geschehen sollte, wie es möglicher Weise der Fall sein kann, daß der Krieg beendigt ist, bevor das Geld, welches ein neuer Staat einbringen dürfte, verausgabt wäre, so kann der übrig bleibende Theil der Ländereien zur Entschädigung Derjenigen, deren Häuser von dem Feinde verbrannt wurden, vorbehalten werden, da dies ein Unglück ist, das unmöglich verhindert werden konnte, indem Häuser kein bewegliches Eigenthum sind; und es sollte nicht sein, daß, weil wir nicht Alles thun können, wir das, was wir zu thun im Stande sind, versäumen.

Nachdem ich über diesen Gegenstand so viel gesprochen habe, halte ich die Bemerkung für nothwendig, daß die Aussicht auf einen neuen Fond, weit entfernt, unsere Bestrebungen für die unmittelbare Versorgung der Armee erkalten zu lassen, dieselben vielmehr eifriger machen sollte; denn, wenn es die Staaten für zweckmäßig erachten würden, diese Maßregel zu ergreifen, so wird es wenigstens ein Jahr dauern, ehe ein Nutzen daraus gezogen werden kann. Ich erwähne dies um so lieber, als es eine gefährliche Art von Popularität gibt, welche, wie ich fürchte, einige Männer sich bei ihren Wählern zu gewinnen suchen, indem sie ihnen Anlaß geben, zu glauben, daß, wenn sie erwählt würden, die Abgaben derselben erleichtert werden dürsten; eine Maßregel, welche nach dem gegenwärtigen Zustande der Dinge nicht ausgeführt werden kann, ohne das Land den Verwüstungen des Feindes blos zu stellen, indem sie die Armee zur Vertheidigung desselben unfähig macht.

Wo Kenntniß eine Pflicht ist, da ist Unwissenheit ein Verbrechen; und wenn irgend Einer, dessen Pflicht es war, die Sache besser zu wissen, eine derartige Erwartung ermuthigt hat, so hat er entweder sich selbst, oder seine Wähler betrogen. Ueberdem kann kein Land ohne Kosten vertheidigt werden, und man lasse Jedem seinen Antheil zeitweiliger Unannehmlichkeiten von der Besteuerung mit der wirklichen Noth der Armee aus Mangel an Zufuhr vergleichen, und der Unterschied ist groß genug, um ihn nicht allein verstummen, sondern auch dafür dankbar zu machen, daß sich keine schlimmeren Folgen für ihn ergeben haben.

Indem ich diesen Lehrsatz aufstelle, spreche ich mit offenem Freimuth zum Lande; denn da es zu dessen Wohl dient, vertheidigt zu werden, so liegt es auch in seinem Interesse, für diese Vertheidigung zu sorgen, wenigstens so lange, bis andere Hülfsquellen organisirt werden können.

Da die Gründung neuer Staaten früher oder später das Geschäft des Landes sein wird, da dieses Geschäft bis jetzt noch neu für uns ist und da der Einfluß des Krieges uns kaum Muse gewährt hat, über entferntere Gegenstände nachzudenken, so werde ich einige Andeutungen geben, diese Maßregel zu erleichtern, wenn ihre Anwendung je für geeignet erachtet werden sollte.

Da die Vereinigten Staaten jetzt als Souverainität dastehen, so ist das vacante Territorium ihr Gesammt=Eigenthum; aber die Personen, welche dasselbe hernach bevölkern mögen, werden gleiche Rechte mit uns selbst haben, und da neue Staaten gegründet und mit den jetzigen verbunden werben, so werden diese Personen zugleich Theilhaber an den übrigen Territorien mit uns, die wir bereits im Besitz derselben sind. Und diese Betrachtung sollte den Werth der Ländereien für neue Einwanderer erhöhen, weil dieselben dadurch, daß sie Ankäufe machen, nicht allein unmittelbares Eigenthum erlangen, sondern auch in das Recht und in das Erbe der Staaten auf ein reservirtes Eigenthum eingesetzt werden, was ein größerer Vortheil ist, als der, den je Käufer unter der früheren Herrschaft Englands genossen.

Das Ziehen der Grenzlinien für einen neuen Staat wird natürlich der erste Schritt sein, und da angenommen werden muß, daß der Staat zu der Zeit, wo er gegründet wird, nicht bevölkert ist, so muß eine Constitution als Norm für die Regierung jedes neuen Staates auf eine bestimmte Anzahl von Jahren (etwa zehn), oder auch so lange, bis der Staat eine bestimmte Einwohnerzahl hat, durch die Vereinigten Staaten gebildet werden. Ist diese vorhanden, so steht das gänzliche und alleinige Recht, ihre Regierungsform zu moduliren, den Einwohnern zu.

Es mag sich die Frage aufwerfen, ob ein neuer Staat in allen Fällen, welche vor den Congreß kommen dürften, unmittelbar dieselben Rechte, als die gegenwärtigen, besitzen soll.

Dies wird am besten durch die Erfahrung bestimmt werden; aber auf den ersten Anblick erscheint die Sache so, daß derselbe unmittelbar und auf den Grund eines Familienrechts der Union einverleibt werden solle, da so ein Staat im Verhältniß eines Kindes vom nämlichen Stamme steht; aber da neue Einwanderer, wenn sie zuerst nach Amerika kommen, etwas zu lernen haben werden, und ein neuer Staat eher Hülfe nöthig hat, ehe er fähig ist, dieselbe zu verleihen, so dürfte es am passendsten sein, denselben zur unmittelbaren Vertretung in den Congreß zuzulassen, dort zu sitzen, alle Fragen und Angelegenheiten anzuhören und über dieselben zu debattiren, aber vor dem Verlaufe von sieben Jahren nicht mit abstimmen zu dürfen.

Ich werde hier die Gelegenheit ergreifen, einen Wink zu wiederholen, den ich früher in der Flugschrift „Gesunder Menschenverstand" ertheilte, und welchen zu benutzen die verschiedenen Staaten früher oder später bequem, wenn nicht nothwendig erachten werden; er besteht in der Erwählung einer Continental-Versammlung, um eine Continental-Constitution zu bilden, welche die Gewalt und Autorität des Congresses bestimmt und beschreibt.

Die Gewalt, Verträge einzugehen und Frieden zu schließen, besitzt derselbe natürlicher Weise für die Staaten zu ihrem einzelnen sowohl, als zum gemeinsamen Besten; aber die Macht des Congresses, innere Angelegenheiten zu controlliren und Befehle zu ertheilen, ist nicht hinlänglich bestimmt, und erscheint in einigen Fällen zu bedeutend, in andern zu gering; wenn dieselbe deshalb gesetzlich bestimmt würde, so kann dies dem Ganzen nur größere Energie und den einzelnen Theilen neues Vertrauen geben.

(Ende des Gemein-Gut.)

Schreiben

an den Abbe **Raynal** über die Angelegenheiten Nord-Amerikas, in welchem die Irrthümer im Bericht des Abbe über die amerikanische Revolution verbessert und aufgedeckt sind.

Einleitung

Eine Londoner Uebersetzung vom französischen Originalwerke des Abbe Raynal, die amerikanische Revolution betreffend, wurde in Philadelphia und andern Orten des Continents nachgedruckt, und da die Entfernung, in welcher der Abbe vom Schauplatz des Krieges und der Politik placirt ist, ihm Veranlassung gegeben hat, verschiedene Thatsachen irrthümlich, oder die Ursachen und Prinzipien, aus welchen dieselben hervorgegangen sind, unrichtig zu verstehen und aufzufassen, so ist die folgende Abhandlung in der Absicht veröffentlicht worden, ihn zu berichtigen und sogar zufällige Irrthümer zu verhindern, die sich, durch Zeit und Stillschweigen sanctionirt, mit der Geschichte vermischen dürften.

Der Herausgeber der Londoner Ausgabe hat dieselbe betitelt: „**Die Revolution von Amerika, von Abbe Raynal**," und die amerikanischen Drucker sind seinem Beispiele gefolgt. Ich aber habe erfahren, und, wie ich glaube, aus lauterer Quelle, daß das Stück, „**geeignete Betrachtungen über die Revolution**" genannt, unerlaubter Weise von dem Drucker, welchen der Abbe beschäftigte, oder sonst wie von dem Manuscripte entwendet worden, nur ein Theil eines größeren Werkes, oder für ein solches bearbeitet gewesen ist.

Die Person, welche es zum Vorschein brachte, scheint ein Engländer gewesen zu sein, und obgleich er in einer Anzeige, der Londoner Ausgabe vorhergehend, sich bestrebte, dem Unterschleife einen patriotischen Anstrich zu verleihen und denselben mit schwülstigen Lobreden für den Autor zu beschwichtigen, so ist und bleibt doch die Handlung, in welcher Absicht sie auch immer gethan sein möge, unedel und unverzeihlich.

„Auf einer seiner Reisen," sagt er, „hatte der Uebersetzer das Glück, eine Copie dieses vortrefflichen kleinen Werkes zu erhalten, welches noch in keiner Presse erschienen ist. Er veröffentlichte eine französische Ausgabe zu Gunsten Derer, die seine schlagenden Gründe wirksamer in der Muttersprache fühlen, zu gleicher Zeit mit der nachfolgenden Uebersetzung, in welcher er, vielleicht vergebens, wünschte, daß all' die Wärme, Anmuth, Stärke und Würde des Originals erhalten würde; und er schmeichelt sich, daß die Nachsicht des berühmten Geschichtschreibers einem Manne nicht mangeln wird, der aus innerer Neigung sich erlaubt hat, diesen Aufsatz dem Publikum in der festen Ueberzeugung zu widmen, daß sein wichtiger Inhalt in einer kritischen Lage dem Lande nützlich sein werde, welches er mit einer Gluth liebe, nur von der edleren Flamme übertroffen, die im Herzen des menschenfreundlichen Autors für die Freiheit und Glückseligkeit aller Länder der Erde strahlt."

Diese Methode, einer ehrlosen Handlung den Anstrich der Gerechtigkeit zu geben, mag bei Denjenigen für Patriotismus und gesunde Prinzipien gelten, die auf das Nichtverdienst derselben nicht eingehen, deren Interessen nicht gefährdet sind und deren Glückseligkeit davon nicht berührt wird. Es ist jedoch mehr als wahrscheinlich, daß die Copie, trotz den Erklärungen, welche die Anzeige enthält, nur aus dem Beweggrunde erlangt worden war, durch den Verkauf eines neuen und populären Werkes zu verdienen, und daß die obigen Bekenntnisse nur ein Deckmantel des Betrugs sind.

Es mag hier mit Recht bemerkt werden, daß, wo die Literatur beschützt ist (und dieselbe kann nimmer blühen, wo dies nicht der Fall ist), die Werke eines Autors sein gesetzliches Eigenthum sind, und Wissenschaften von einem andern, als von diesem Standpunkte aus zu behandeln, heißt dieselben aus dem Lande verbannen, oder in der Geburt ersticken. — Die Veruntreuung an dem Abbe Raynal war zwar von einem Lande gegen ein anderes verübt, und zeigt dieserhalb keinen Mangel in den Gesetzen von Beiden; nichtsdestoweniger aber ist es ein grober Verstoß gegen die bürgerliche Gesellschaft und das literarische Recht; auch kann es nicht als Vertheidigung dienen, daß, weil beide Länder sich bekriegen, die Literatur zur Plünderung berechtigt sei. *)

Jedoch die vorzeitige Londoner Veröffentlichung vom Werke des Abbe in französischer und englischer Sprache, und dabei nicht allein ihn betrügend, sondern auch die kostspielige Herausgabe seinerseits durch Zuvorkommen des Verkaufs auf seine Schultern werfend, sind nur die unbedeutenderen Beeinträchtigungen, die ein solcher Streich zu Wege bringt. Eines Mannes Meinung, ob in Worten oder Gedanken, ist sein Eigenthum, bis es ihm gefällt, sie zu veröffentlichen, und es heißt Grausamkeit der Ungerechtigkeit hinzufügen, ihn als den Verfasser eines Werkes darzustellen, welches er durch spätere Betrachtungen oder bessere Belehrung unterdrückt oder ergänzt haben dürfte. Es sind in des Abbe's Werk Ansichten und Gesinnungen ausgedrückt, welche ich für meinen Theil nicht zu finden erwartete und die er bei einer weitern Durchsicht für passend gefunden haben möchte, zu verändern; aber die zuvorkommende Räuberei schnitt ihm die Gelegenheit dazu ab und stürzte ihn in Schwierigkeiten, die sich ohne diesen schimpflichen Betrug nicht ereignet hätten.

Diese Art und Weise, einen Autor vor seiner Zeit auftreten zu lassen, erscheint noch gemeiner, wenn wir bedenken, wie wenig Männer in irgend einem Lande sind, welche sofort, ohne nähere Betrachtung und Prüfung, glühende Leidenschaft mit kaltem Blute und die volle Ausdehnung der Imagination mit dem natürlichen und nothwendigen Ernste des gesunden Urtheils so paaren können, daß sie das richtige Gleichgewicht unter sich halten, und dies der Leser zu gleicher Zeit fühlt, Geschmack findet und richtig auffaßt. Drei Geisteskräfte mit einem Male auf eine solche Weise in Wirksamkeit

*) Der Zustand der Literatur in Amerika muß eines Tages ein Gegenstand der Gesetzgebung werden. Bis hieher war die Literatur ein uneigennütziger Volontair im Dienste der Revolution, und Niemand dachte daran, Nutzen daraus zu ziehen. Wenn aber der Frieden Zeit und Gelegenheit zu Studien giebt, wird das Land sich der Ehre und des Dienstes der Literatur und der Vervollkommnung der Wissenschaften berauben, wenn nicht hinreichende Gesetze gegeben werden, die Beeinträchtigung des literarischen Eigenthums zu verhindern.
Es ist bemerkenswerth, daß Rußland, welches vor einigen Jahren in Europa kaum bekannt war, hauptsächlich seine jetzige Größe der unermüdlichen Aufmerksamkeit und weisen Aufmunterung verdankt, welche es jedem Zweige der Wissenschaften und Gelehrsamkeit gewidmet hat; und wir haben denselben Beweis in Frankreich unter der Regierung Ludwigs des Vierzehnten.

zu setzen, daß keine die andere stört und jede Hülfe und Aufmunterung von den andern empfängt, ist ein Talent, das nur Wenige besitzen.

Es ereignet sich häufig, daß das Gewicht einer Beweisführung durch den mehr oder minder geschickten Vortrag derselben verloren geht, oder das Urtheil durch heftige Aufregung der Leidenschaften in Verwirrung geräth; dennoch muß ein gewisser Grad Lebhaftigkeit von dem Autor gefühlt und bei dem Leser erregt werden, um die Aufmerksamkeit zu fesseln, und die Imagination muß ein hinreichendes Feld haben, auf daß es dem Geiste ermöglicht wird, sich die Personen, Charaktere und Umstände zu verwirklichen, denn ohne diese möchte die Vernunft wenig oder gar keine Anregung zum Wirken fühlen, und ihre Entschlüsse würden kalt, schlaff und unvollkommen sein. Wird aber wiederum eine oder beide der eben erwähnten Leidenschaften zu hoch geschraubt, oder zu sehr erhitzt, dann dürfte die Beurtheilungskraft leicht ihrem Standpunkte entrückt werden, und die ganze Sache, wie wichtig sie auch immer in sich selbst sein mag, wird zur Pantomime herabgewürdigt, in welcher wir Bilder schaffen, die nichts Höheres, als Belustigung bezwecken.

Des Abbé's Schreibart trägt sichtbare Zeichen einer solchen Ausdehnung, Schnelligkeit des Denkens und überwallenden Empfindungen, welche vor allen andern eine wiederholte Prüfung verlangt, hauptsächlich, wenn sie gleichzeitige Charaktere von Nationen oder Persönlichkeiten im Kriegszustande behandelt. Die geringste unrechte Belehrung oder irrthümliche Auffassung führt zu falschen Schlüssen, und ein derartiger Irrthum, wirklich geglaubt, ist der Erzeuger vieler andern. Für das Verkennen gewisser Kriegsumstände und Charaktere der darin betheiligten Parteien, weßhalb der Abbé in Frankreich bereits Unannehmlichkeiten erlitten hat, läßt sich gewissermaßen zur Vertheidigung anführen, daß jene Irrthümer nicht durch ihn, sondern durch die Habsucht eines uneblen Feindes der Welt übergeben wurden.

An den Abbé Raynal.

Einem Autor, der einen solch hohen Ruf genießt, wie der Abbé Raynal, glaube ich schuldig zu sein, mich für mein gegenwärtiges Unternehmen zu rechtfertigen; da jedoch der erste Wunsch der Philosophie sowohl, als auch der erste Grundsatz der Geschichte Recht zu haben ist, so setze ich voraus, daß er von mir eine Erklärung meiner Beweggründe, die sich darauf basiren, Gerechtigkeit widerfahren zu lassen einer höflichen Entschuldigung vorzieht, welche ich andern Falls gemacht haben würde. Der Abbé hat im Laufe seines Werkes in manchen Fällen ohne Grund gelobt und ohne Ursache getadelt. Er gab denen Ruhm, die es nicht verdienten und entzog ihn, wo er gerechter Weise gebührte. Er scheint so häufig die Laune gewechselt zu haben, daß er wenige oder keine seiner Gegenstände und Parteien wahr und bestimmt gezeichnet hat.

Es ist jetzt noch nicht an der Zeit, die Geschichte der Revolution zu schreiben und wer es voreilig versucht, wird unvermeidlich Charaktere und Zustände falsch auffassen und sich in Irrthümer und Schwierigkeiten verwickeln: Menschen wie Sachen lernt man selten auf den ersten Anblick kennen. Doch der Abbé hat selbst die Grundlage seines Werkes falsch begonnen, das heißt, er hat die Ursachen unrichtig aufgefaßt. die den Bruch zwischen England und seinen damaligen Colonien hervorriefen und die Schritt für

Schritt, von Seiten Amerika's weder erzielt noch veranlaßt, zu einer Revolution führten, welche die Aufmerksamkeit Europas in Anspruch nahm
und seine Interessen wesentlich bereicherte.

Um dieses zu beweisen, will ich eine Stelle citiren, die, obgleich sie erst
gegen das Ende des Abbe's Werkes vorkommt, geeigneter mit dem Anfang
verbunden wäre, wo er von der ursprünglichen Veranlassung des Streites
spricht. Er erklärt sich folgenderweise:

„Keine", sagt er, „jener mächtigen Ursachen, die so viele Revolutionen
auf dem Erdkreis hervorgebracht, existirten in Nord-Amerika. Weder Religion noch Gesetze waren dort geschändet; das Blut der Märtyrer oder
Patrioten war dort nicht in Strömen von dem Schaffote geflossen. Die
Moral war noch nicht beschimpft. Sitten, Gebräuche, Gewohnheiten,
keine der Gegenstände, den Nationen so heilig, waren dort als etwas Lächerliches zum Spott geworden. Willkürliche Gewalt hatte dort nicht den
Bürger aus den Armen seiner Familie und Freunde gerissen, um ihn in
schrecklichen Kerkern verschmachten zu lassen. Die öffentliche Ordnung war
dort nicht umgestoßen. Die Principien der Verwaltung waren unverändert
daselbst, und die Maßregeln der Regierung noch immer dieselben. Die
ganze Frage beruhte darauf, ob das Mutterland das Recht hatte, unbedeutende mittelbare oder unmittelbare Abgaben von den Colonien zu erheben
oder nicht." — —

Ueber diese eigenthümliche Stelle dürften einige allgemeine Bemerkungen
nicht unpassend sein. Niemand empfindet den Schmerz so tief als der Leidende, und um ein competenter Richter über die Veranlassungen, oder, wie
der Abbe es nennt, die kräftigen Ursachen der Revolution sein zu können,
wäre es nöthig gewesen, zu der Zeit in Amerika selbst gelebt zu haben.

Indem der Abbe behauptet, die verschiedenen besonderen von ihm aufge-
zählten Umstände haben in Amerika nicht existirt, unterläßt er, die eigentliche Periode zu nennen, in welcher dieselben, seiner Meinung nach, nicht
bestanden hätten, und da dieser Umstand seiner Behauptung allen Sinn
raubt, fällt seine Hypothese in Nichts zusammen.

Sie waren nicht da im Jahre 1763 und bestanden doch alle vor dem
Jahre 1776; folglich, da es eine Zeit gab, wo dieselben nicht existirten,
und eine andere Zeit, wo sie existirten, so bestimmt das Wann das
Wesen der Sache, und dieses nicht zu erwähnen, heißt so viel als das einzige Zeugniß zu unterdrücken, welches beweisen könnte, ob die Behauptung
wahr oder unwahr sei, und auf welchem sich dieselbe halten dürfte oder scheitern muß. Doch die Behauptung wie sie jetzt, nämlich ohne Angabe der
Zeit erscheint, hat die Wirkung, der Welt den Glauben einzuflößen, als
wäre keine wirkliche Ursache zur Revolution vorhanden gewesen, weil sie das
Vorhandensein aller jener Ursachen läugnet, die als rechtfertigend angenommen werden und welche der Abbe mit „mächtige" bezeichnet.

Ich gestehe, ich vermag die Zeit nicht zu finden, worauf der Abbe hindeutet, weil er in einer anderen Stelle des Werkes von dem Stempelgesetz
spricht, das im Jahre 1764 in Kraft trat. Er nennt es eine Usurpation
der geschätztesten und heiligsten Rechte der Amerikaner; folglich gibt er doch
hier zu, daß die kräftigste aller Ursachen, die Usurpation der geschätztesten
und heiligsten Rechte 12 Jahre vor der Unabhängigkeits-Erklärung und
10 Jahre vor dem Ausbruch der Feindseligkeiten in Amerika bestanden habe.
Deshalb muß die Zeit, auf welche besagte Stelle paßt, vor der Stempelacte

gewesen sein; zu jener Zeit jedoch war weder eine Revolution, noch irgend eine Idee davon vorhanden. Die Stelle ist daher ohne allen Sinn, und da sie, des Abbe's eigner Behauptung gemäß, nicht auf irgend eine Zeit nach dem Stempelgesetze bezogen werden kann, so ist sie ein isolirt bastehender Abschnitt des Werkes mit keinem Theile verbunden und mit einem jeden in Widerspruch.

Das Stempelgesetz, es ist wahr, wurde zwei Jahre nach seinem Bestehen wieder aufgehoben, jedoch nur aus dem Grunde, um es sofort durch ein unenblich schädlicheres zu ersetzen. Ich meine den Declarationsact, durch welchen dem englischen Parlament das Recht, wie man sich ausdrückte, anerkannt wurde, für Amerika in **jedweden Falle** gesetzlich verbindliche Beschlüsse zu fassen.

War schon das Stempelgesetz eine Usurpation der schätzbarsten und geheiligsten Rechte der Amerikaner, so ließ der Declarationsact ihnen gar keine Rechte mehr, und enthielt die vollkommensten, ausgebildetsten Keime der despotischsten Regierung in sich, die je auf dieser Welt ausgeübt worden. Es stellte Amerika nicht allein in den niedrigsten, sondern auch in den schmachvollsten Zustand der Dienstbarkeit, weil es eine unbedingte Unterwerfung in jeder Sache, oder, wie der Act selbst sich ausdrückt, in jedweden Fall verlangte; was dieses Gesetz noch niederträchtiger machte, war, daß ihm der Anschein gegeben wurde, als wäre es ein Gesetz der Gnade. In Wahrheit konnte man hier sagen: „Die Gnade der Boshaften ist grausam".

Alle Original-Urkunden der Krone Englands, unter deren Schutz die ersten Abenteurer der alten Welt nach der neuen übersiedelten, wurden durch diesen Act aus ihren Grundfesten gerüttelt, weil ganz gegen den Inhalt derselben, der nur ein Vertrag war, sie jetzt durch die Willkür einer einzigen Partei aufgehoben oder verändert werden konnten.

Amerika's sämmtliche Angelegenheiten waren somit in die Hände des englischen Parlaments oder Ministeriums gelegt, ohne dem Lande selbst das geringste Recht in irgend einer Sache zu überlassen.

Es existirt kein Despotismus, den dieses schändliche Gesetz nicht sanctionirte. Und obwohl es billig gewesen wäre, auf die Sitten und Gewohnheiten der Amerikaner bei der Vollstreckung dieses Gesetzes Rücksicht zu nehmen, so machte doch das Princip desselben jede Tyrannei gesetzlich. Ihm stand Nichts entgegen. Es reichte überall aus. Es umfaßte das ganze Menschenleben, oder, wenn ich mich so ausdrücken darf, eine Ewigkeit von Umständen. Das Wesen eines Gesetzes ist, Gehorsam zu verlangen, dieses jedoch forderte Knechtschaft, und die Lage des Amerikaners unter der Ausübung desselben war nicht die eines Unterthans, sondern die eines Leibeignen.

Tyrannei besteht oft ohne und zuweilen gegen das Gesetz, aber die Geschichte der Menschheit weist kein Beispiel auf, wo sie gesetzlich eingeführt worden wäre. Der Act war eine verwegene Gewaltthätigkeit gegen alle bürgerlichen Institutionen, und man kann ihn nicht genug blosstellen, auf daß er nach Gebühr verachtet werde.

Es kann eben so wenig behauptet werden, daß die Gesetzgebung jenes Landes nach diesem Vorfall noch weitere Gesetze machte: es gab nur Befehle. Denn worin ist ein Parlamentsact, in solchem Sinne gegeben und auf solche Weise an einem Volke, ohne Vertretung im Parlamente, vollzogen, von den Commando's einer Militärmacht verschieden?

Das englische Parlament, so weit es Amerika betrifft, war nicht 7jährig, sondern ewig; es erschien dem letzteren als ein für immer bestehender Körper. Seine Erwählung oder Auflösung konnte Amerika ebenso gleichgültig sein, als ob seine Mitglieder einander durch Erbschaft folgten, oder starben, oder ewig lebten, oder nur wie zu einer Geschäftssache ernannt wurden.

Deshalb, um dem englischen Volke einen richtigen Begriff von der Stimmung der Amerikaner in Betreff dieses außerordentlichen Actes zu geben, möge es sich vorstellen, daß alle Wahlen und Einberufungen plötzlich auf immer aufhörten, daß das gegenwärtige Parlament, seine Erben ꝛc. für immer fortbestehen sollte. Was würde, frage ich, in diesem Falle selbst Der, welcher jetzt am meisten über Amerika tobt, dann denken, wenn ein Gesetz erschiene, welches behauptete, daß ein solches Parlament das Recht habe, sie auf jedwede Art zu knechten? Denn dieses Wort jedweder Fall würde eben so sicher ihre Magna Charta, ihre bill of rights, ihre Geschworenen-Gerichte u. s. w. angreifen, als es die Urkunden und herkömmlichen Gebräuche des amerikanischen Gouvernements zu vernichten trachtete.

Ich bin überzeugt, daß der Herr, an den ich diese Bemerkungen richte, nach der Annahme dieses Actes nicht noch ferner behaupten wird, daß die Principien in der Verwaltung Amerika's nicht verändert worden und die Maßregeln der Regierung immer dieselben geblieben wären. Denn hier war dem Princip nach ein totaler Umsturz des Ganzen, und nicht nur ein Umsturz allein, sondern eine radicale Vernichtung des Fundamentes der Freiheit, und an seine Stelle trat Absolutismus.

Der Abbe stellt ebenfalls die Sache höchst ungerecht und nachtheilig dar, wenn er behauptet, „daß die ganze Frage darauf beruhe, zu wissen, ob das Mutterland das Recht gehabt habe, unbedeutende Abgaben mittelbar oder unmittelbar von den Colonieen zu erheben oder nicht.

Dieses war nicht die ganze Frage; die Quantität der Taxen war weder für das Ministerium, noch für die Amerikaner der Gegenstand. Das Princip, von dem die Taxe und in noch geringerem Maße die Quantität derselben nur einen Theil bildeten, war der Grund, weshalb Amerika Widerstand leistete.

Die Thee-Taxe, die Abgabe, auf welche der Abbe sich hier bezieht, war nichts als ein Versuch, den Declarations-Act in Anwendung zu bringen; man hatte ihm nur den gefälligen Namen „der allgemeinen Obergewalt des Parlaments" gegeben, denn bis zu dieser Zeit war das Declarations-Gesetz ein todter Buchstabe geblieben, und die Gesetzgeber hatten sich damit begnügt, ihre Meinung erklärt zu haben.

Deshalb lautete die ganze Frage für Amerika beim Ausbruch des Streites: Sollen wir uns in jedweden Falle von dem britischen Parlament knechten lassen oder nicht? Denn sich der Tax- oder Thee-Acte fügen, hieß hier nichts anderes, als den Declarations-Act, oder mit anderen Worten die unumschränkte Obergewalt des Parlaments anerkennen, und da die Amerikaner nicht gesonnen waren, dies zu thun, so erforderte es die unumgängliche Nothwendigkeit, bei dem ersten Versuche der Ausführung zu opponiren.

Wahrscheinlich leiteten einige amerikanische Zeitungsartikel, die der Abbe las, ihn zu diesem Irrthum. Denn in einer Angelegenheit, bei welcher

Alle betheiligt find, hat ein Jeder das Recht, feine Meinung abzugeben, und fo gab es Viele, die in der beften Abficht nicht immer das Rechte wählten oder auch wirklich nicht die wahren Gründe für die Vertheidigung ihrer Sache erkannten. Sie fühlten, von der allgemeinen Bewegung durchdrungen, daß fie im Rechte waren, ohne im Stande zu fein, die einzelnen Punkte trennen, analyfiren und ordnen zu können.

Ich möchte nicht gern die ganze wahrhaft fonderbare Stelle des Abbé zu genau unterfuchen; es würde den Anschein haben, als ob ich fie mit Strenge behandelte; fonft würde es eine Kleinigkeit fein, zu beweifen, daß auch nicht eine einzige feiner Behauptungen recht begründet ift; z. B. das fchon längft veraltete Gefetz Heinrich VIII. wiederum ins Leben zu rufen und es auf die Amerikaner anzuwenden, fo daß durch deffen Kraft diefelben in Amerika ergriffen, nach England transportirt, dort eingekerkert und für angebliche Verbrechen gerichtet werden konnten, das heißt doch wohl fie, im engften Sinne des Wortes: durch willkürliche Parlaments-Gewalt aus den Armen ihrer Familie und Freunde reißen, und weit von ihrer Heimath entfernt in fchrecklichen Kerkern verfchmachten laffen; und doch war diefer Act fchon einige Jahre vor dem Ausbruch der Feindfeligkeiten befchloffen worden. Floß auch das Blut der Märtyrer und Patrioten nicht in Strömen vom Schaffote, fo überfchwemmte es doch die Straßen Bofton's in dem Gemetzel des Jahres 1770, als feine Bürger durch britifche Soldaten gefchlachtet wurden.

Hätte der Abbé gefagt, daß die Urfachen, welche die amerikanifche Revolution hervorriefen, urfprünglich von denen verfchieden waren, die in anderen Theilen des Erbkreifes Revolutionen erzeugten, fo würde er im Recht gewefen fein.

Hier wurde der Werth und Gehalt der Freiheit, das Wefen der Regierung und die Würde des Menfchen erkannt und verftanden, und die Anhänglichkeit der Amerikaner an diefe Principien hatte ganz natürlich und unvermeidlich die Revolution zur Folge. Sie hatten keine Dynaftie zu begünftigen oder zu ftürzen. Ihre Angelegenheiten hatten mit keiner Perfönlichkeit Gemeinfchaft. Sie begannen vereint und durcheilten die verfchiedenen Stadien nicht fchneller, als fie das unbarmherzige herrfchfüchtige Betragen Britanniens trieb. Nein, fie kamen mit der letzten Handlung, der Unabhängigkeits-Erklärung, beinahe zu fpät; denn würden fie etwas länger damit gezaudert haben, fo weiß ich in der That nicht, ob diefelbe den Effect, den fie hervorbrachte, gemacht haben oder überhaupt zum Vorfchein gekommen fein dürfte.

Doch da diefer Schritt vor dem Glückswechfel, ich meine vor den unglücklichen Operationen des traurigen Feldzuges im Jahre 1776 gethan ward, fo erforderte ihre Ehre, ihr Intereffe, kurz Alles, denfelben zu behaupten, und jene glühende Begeifterung und Feftigkeit des Willens, welche felbft eine entfernte Ausficht auf Unabhängigkeit einflößt, gab ihren Hoffnungen ein folches Vertrauen und ihrem Betragen eine derartige Standhaftigkeit, die in einem abhängigen Zuftande nie erreicht werden können. Sie fahen glücklichere Zeiten und ruhigere Tage vor fich und rüfteten fich zu den Mühfalen des Feldzugs, mit ganzer Seele über die befte Anwendung ihres neuen Syftems nachfinnend.

Werfen wir hingegen unferen Blick auf England, wie dies in denfelben Angelegenheiten gehandelt hat, fo finden wir Dinge, worüber die Nation

erröthen sollte; die gemeinsten Schimpfreden mit jenem Uebermuth vereinigend, der den Held des Pöbels von dem gebildeten Manne unterscheidet,
hat es den Verlust seiner Colonien eben so sehr seinem rohen Betragen,
als seiner Ungerechtigkeit zuzuschreiben; durch die letztere rief es uns die
Principien ins Bewußtsein, durch das erstere erschöpfte es die Geduld der
Amerikaner, und dies sollte der Welt ein warnendes Beispiel sein, wie nöthig es ist, mit Regierungsgeschäften Artigkeit und Humanität zu verbinden.
Kurz, andere Revolutionen mögen aus Laune und Eigensinn entstanden
oder aus Ehrgeiz hervorgegangen sein, hier jedoch wurde harmlose Demuth bis zur Raserei gefoltert und der Kindheit unserer Existenz Thränen
ausgepreßt.

Eine so ausgedehnte, ununterbrochene und entschlossen standhafte Union,
die geduldig leidet und nie verzweifelt, konnte durchaus nicht durch gewöhnliche Ursachen ins Leben gerufen worden sein. Es mußte etwas sein, was
die ganze Seele des Menschen erfüllte und ihn mit unvergänglicher Energie waffnete. Vergebens suchen wir im Rückblick auf die Revolutionen
früherer Zeiten Derartiges aufzufinden. Der Ursprung und Fortschritt,
der Gegenstand und die Folgen, ja sogar die Menschen, ihre Denkungsart
und alle Zustände des Landes sind verschieden. Bei anderen Nationen
sind die Berichte ihrer Revolutionen größtentheils wenig mehr als die Erzählung ihrer Zwistigkeiten, und zeichnen sich durch keinen wichtigen Charakter in den Annalen der Geschichte aus. Mit der Masse der allgemeinen Angelegenheiten vermischt, füllen sie insgemein nur ein Blatt und indem sich das Haupt der siegreichen Partei die Macht aneignet, zieht sich die
geplünderte Mehrheit sorgenvoll zurück. Wenige, sehr wenige waren mit
Verbesserungen der Regierungsform und der Sitten begleitet, viele jedoch
mit ungeheuren Ausschweifungen. Triumph auf der einen, Elend auf der
anderen Seite waren die einzigen Begebenheiten. Leiden, Strafen, Mar-
ter und Tod wurden zu einem wirklichen Geschäfte der Menschheit gemacht,
bis das Mitleid, des Herzens lieblichster Genosse, aus seiner Stelle verdrängt und das Auge an beständige Gräuel gewöhnt, zuletzt auf dieselbe
ohne Schauder zurückblicken konnte.

So wie die Prinzipien der gegenwärtigen Revolution von denen der
vorhergehenden sich unterscheiden, so ist auch das Betragen Amerika's in
seiner Regierung sowohl als im Kriege ein verschiedenes. Weder der
schmutzige Finger der Schande, noch die blutige Hand der Rache haben bis
jetzt seinen Ruhm befleckt. Seine Siege haben durch die Milde gegen die
Besiegten größeren Glanz erhalten und seine Gesetze haben geschont, wo sie
mit Recht zu strafen befugt gewesen wären. Krieg, so häufig das Gewerbe
der Welt, war hier nur ein Werk der Nothwendigkeit, und wenn diese
Nothwendigkeit aufhören wird, so müssen seine Feinde selbst gestehen, daß
Amerika das Schwert für eine gerechte Sache geführt, es ohne Grausamkeit gebraucht und ohne Rache in die Scheide gesteckt hat.

Da es nicht meine Absicht ist, diese Bemerkungen zu einer Geschichte
auszudehnen, will ich nur noch eine Bemerkung über die Stelle des Abbé
hinzufügen, die ich, sobald sich nicht etwas findet, mich vom Gegentheil zu
überzeugen, durchaus für wahr halten muß, nämlich, daß das englische
Cabinet den festen Entschluß gehabt hat, mit Amerika unter allen Umständen Streit anzufangen. Sie (die Mitglieder des Cabinets) zweifelten
nicht an dem Erfolg, wenn sie nur einmal durch eine Schlacht entscheiden

durften, und erwarteten von einem Siege, was sie weder mit Schicklichkeit vorschlagen, noch durch Verhandlungen hoffen konnten. Die Urkunden und Constitutionen der Colonien waren ihnen ein Stein des Anstoßes und der wachsende Fortschritt des Wohlstandes und der Einwohnerzahl wurde, als ein natürliches Mittel zur Unabhängigkeit, mit Abneigung betrachtet. Sie sahen keinen andern Weg, dieselben länger zu erhalten, als sie bei Zeiten zu unterjochen. Eine Unterwerfung würde sie auf einmal zu Herren und Eigenthümern gemacht und ihnen beides, die Staatseinkünfte und deren Zinsen, in die Hände gegeben haben. Ein Sieg hätte der ganzen Verlegenheit der Regierung abgeholfen und den Einwendungen und Streitigkeiten ein Ende gemacht. Das Experiment mit der Stempel-Acte hatte sie belehrt, vortheilhaft und mit dem Deckmantel der Schicklichkeit einen Streit herbeizuführen; sie hatten nichts weiter zu thun, als diese Scene zu erneuern und Anlaß zu Mißhelligkeiten zu geben. Sie hofften und erzielten eine Rebellion. Sie sahen einer Unabhängigkeitserklärung entgegen und täuschten sich nicht. Aber nach alle diesem erblickten sie glänzenden Sieg ihrerseits, und — wurden geschlagen!

Wird dieses als die wahre Ursache des Streites angenommen, so ist jeder Theil des Betragens Seitens des britischen Ministeriums folgerecht; vom Anbeginn des Zwistes, bis zur Unterzeichnung des Pariser Vertrags, nach welchem sie, da der Sieg zweifelhaft ward, sich zu Unterhandlungen zurückzogen und hier auch wiederum geschlagen wurden.

Obschon der Abbe große Geisteskräfte besitzt und entwickelt, obgleich er Meister der Sprache und des Styles ist, so scheint er doch nicht gleiche Aufmerksamkeit dem geschenkt zu haben, was die Pflicht eines Geschichtschreibers ist. Seine Factas sind kalt und nachlässig dargestellt; sie belehren weder, noch interessiren sie den Leser; viele sind voll Irrthümer und die Meisten mangelhaft und unklar beschrieben. Es ist unzweifelhaft eine Verzierung und nützliche Hinzufügung, die Geschichtserzählung mit Grundsätzen und Betrachtungen zu begleiten; sie gewähren sowohl eine angenehme Abwechslung im Style, als eine gewähltere Schreibart überhaupt; dennoch aber ist es Hauptsache der Wurzel, welcher sie entsprangen, oder der Grundlage, auf welche sie basirt sind, genügende Aufmerksamkeit zu schenken, und dies ist in des Abbe's Werke nicht der Fall. Er durcheilt seine Erzählungen, als sei er froh damit fertig zu werden, um auf das ergiebigere Feld der Beredsamkeit und der Imagination zu kommen.

Die Gefechte bei Trenton und Princeton in New Jersey, im Dezember 1776 und dem darauffolgenden Januar, bei denen das Schicksal Amerika's für eine Zeitlang in der zitternden Wagschaale schwankte, und welche die wichtigsten Ereignisse zur Folge hatten, sind in einem einzigen Paragraphen leichthin berührt, der weder Charaktere, noch Umstände und nähere Beschreibung angibt.

„Am 25. Dezember," sagt der Abbe, „gingen die Amerikaner über den Delaware und überfielen zufällig Trenton, welches im Besitz von 1500 der 12,000 Hessen war, die auf eine so niederträchtige Weise von ihrem schmutzig-geizigen Landesvater an den König von England verkauft worden waren. Dieses Corps wurde theils niedergemetzelt, theils gefangen oder zerstreut. Acht Tage nach diesem Vorfalle wurden drei englische Regimenter auf ähnliche Weise aus Princeton vertrieben, jedoch nicht ohne ihren Ruf besser behauptet zu haben, als die fremden Truppen in ihrem Solde."

Dies ist der ganze Bericht, welcher über diese interessanten Begebenheiten gegeben ist. Der Abbe hat denselben zwei oder drei Seiten der militärischen Operationen beider Armeen vorausgehen lassen, von der Zeit als General Howe von Halifax vor New York und die ungeheuren Verstärkungen englischer und fremder Truppen mit Lord Howe von England ankamen. Hierin jedoch finden sich so viele Irrthümer und Auslassungen vor, daß es das Werk einer Geschichte und nicht eines Briefes sein würde, dieselben zu berichtigen. Das Long Jsländer Treffen ist nur beiläufig berührt und die Operationen bei den White Plains gänzlich ausgelassen, so wie gleicher Weise die Attake und der Verlust des Fort Washington mit einer Garnison von ungefähr 2500 Mann, als auch in dessen Folge das voreilige Räumen des Forts Lee. Diese Verluste waren größtentheils die Ursache von dem Zurückziehen der Truppen durch die Jerseys nach dem Delaware, eine Entfernung von circa 90 Meilen. Ebenso ist die Art und Weise des Rückzugs nicht beschrieben, welcher bei der damaligen Jahreszeit, der Natur des Landes und durch die Nähe beider Armeen (während dieses weiten Weges, wobei sie oft in Seh'-, ja Schußweite von einander waren) nothwendig mit vielen interessanten Umständen verknüpft sein mußte. Die Nachhut der Fliehenden war oft beschäftigt die Brücken niederzureißen, während die Avantgarde der Nachsetzenden dieselben wieder aufschlug.

Es war eine Zeit des Elendes. Eher eine Crisis der Gefahr als der Hoffnung. Keine Beschreibung könnte ihr Gerechtigkeit widerfahren lassen; sogar die darin handelnden Personen blicken, mit Erstaunen erfüllt, daß es möglich gewesen wäre dieselben zu übersehen, auf sie zurück, und begreifen nicht wie sie diese Kräfte des Geistes und diese Quellen der Begeisterung aufgefunden, mit welchen sie der Macht endloser Unglücksfälle widerstanden.

Man hatte erwartet, daß die Zeit, auf welche die Armee angeworben war, den Feldzug so weit in den Winter hinziehen und daß die durch die Strenge der Jahreszeit verursachte Beschaffenheit der Wege, den Feind verhindern würde, irgend eine bedeutende Operation zu unternehmen, bis die neue Armee für das nächste Jahr zusammengebracht sei. Ich erwähne es als eine Sache, die der Aufmerksamkeit jedes künftigen Geschichtsschreibers werth ist, daß die Bewegungen der amerikanischen Armee bis zum Angriff auf das hessische Detaschement am 26. Dezember bei Trenton nichts Anderes als Aufschub bezweckten, um die Zeit des Feldzuges bei allen Nachtheilen einer ungleichen Truppenmacht, mit wenigst möglichen Unglücksfällen zu überstehen.

Doch der Verlust der Garnison von Fort Washington am 16. November und der Ablauf der Dienstzeit eines beträchtlichen Theiles der Armee und deren damit nothwendig verbundenen Entlassung, am 30. desselben Monats beginnend und von dieser Zeit an täglich zunehmend, zeigten nur in einem schleunigen Rückzuge das einzige Rettungsmittel. Diesen Zuständen muß noch die hoffnungslose und von Allem entblößte Lage der wenigen Zurückbleibenden hinzugefügt werden, da die Garnison des Forts Lee, die beinahe den ganzen Rückzug bildete, gezwungen worden war, das Fort so plötzlich zu verlassen, daß alle Munition und Baggage zurückgelassen werden mußte. In dieser entblößten Lage ohne Zelte, Decken und andere Küchengeräthe, um ihre Speisen zuzurichten, als solche, die sie sich auf dem Wege verschafft hatten, machten sie einen Rückzug von 90 Meilen, und hielten auf demselben den Feind durch Geschicklichkeit und Gewandtheit 19 Tage lang auf. Durch diesen so unerwartet plötzlichen Wechsel der Dinge wurde das Land auf einmal in Bestürzung versetzt! Es sah einen Feind in seiner Mitte, ohne ihm eine Armee entgegenstellen zu können, kein Beistand, als der durch das freie Anerbieten der Bürger, konnte erwartet werden. Jeder hatte seine eigene Wahl und seine eigene Meinung.

In diesem Zustande, der ganz dazu geeignet war, zu verwirren und zu begeistern, verließen der Mann vom Stande, der Kaufmann, der Handwerker und der Landmann mit einander die Bequemlichkeiten der Heimath, um als Freiwillige in die Armee zu treten und damit die Mühseligkeiten eines Winterfeldzuges zu ertragen.

Die Verzögerung, so scharfsinnig ersonnen und durch den Rückzug so gewandt ausgeführt, gab den Freiwilligen Zeit zu dem General Washington am Delaware zu stoßen.

Der Abbe hat gleichfalls Unrecht zu behaupten, daß die Amerikaner Trenton zufällig überfielen. Dies war gerade die Absicht des General Washington, als er in der Stille der Nacht unter Schnee, Sturm und Eis den Delaware überschritt und sogleich wieder, nachdem er seinen Zweck erreicht, mit den Gefangenen zurückkehrte. Das beabsichtigte Unternehmen war dem Feinde auch kein Geheimniß geblieben, da Colonel Rolle, der die Hessen in Trenton befehligte, von einem britischen Officiere in Princeton brieflich davon in Kenntniß gesetzt worden war. Dieser Brief wurde später von den Amerikanern gefunden. Demungeachtet wurde die feindliche Stellung vollkommen überrumpelt. Ein unbedeutender Umstand, der den Schein eines Irrthums von amerikanischer Seite trug, führte zu einem wichtigeren und wirklichen Irrthume Seiten Rolle's. Die Sache war folgende: Eine Abtheilung von 20 oder 30 Amerikanern war von einem Officiere, der das beabsichtigte Unternehmen gegen Trenton nicht kannte, beordert von einer Stelle, einige Meilen oberhalb, über den Fluß zu setzen. Dies war in der Weihnachtsnacht, dieselbe Nacht, auf welche die briefliche Mittheilung hinweißt. Sie stießen auf ein Corps Hessen und wurden zurückgeschlagen. Da die Hessen, diese Abtheilung für die Avantgarde der Armee haltend, nichts weiter sahen, glaubten sie das Unternehmen vereitelt, während es damals noch nicht begonnen hatte, und in dieser Idee kehrten sie ins Lager zurück, so daß der Umstand, welcher ganz dazu geeignet war, den Feind zu allarmiren und die Amerikaner in einen Hinterhalt zu bringen, nur dazu diente, die Kraft der erlangten Mittheilung gänzlich zu vernichten und den Erfolg des Unternehmens zu befördern. Bald nach Tagesanbruch erschien General Washington vor der Stadt, nahm sie nach kurzer Gegenwehr in Besitz und machte 900 Gefangene. Dieses Zusammentreffen mannichfacher Umstände von wechselnder Bedeutung, die in diejenige Categorie fallen, welche der Abbe „das große Reich des Zufalls" nannte, bietet ein schönes Feld zum Nachdenken, und ich wünsche um jener geschmackvollen Bemerkungen willen, die er so geschickt gebraucht, daß er dies gewußt hätte.

Das Gefecht bei Princeton war von noch größeren Verwirrungen und von noch ungewöhnlicheren Folgen begleitet. Die Amerikaner brachten durch einen glücklichen Streich ihres Generals die Engländer nicht allein in

Unordnung und vereitelten alle ihre Pläne in dem Augenblick, wo sie dieselben auszuführen gedachten, sondern lockten auch den Feind aus seinen Quartieren, von denen sie ihn nicht hätten vertreiben können, und zwangen ihn hierdurch, den Feldzug zu beendigen.

Da dieser Umstand eine besondere Merkwürdigkeit in dem Kriege ist und in Europa nicht wohl verstanden wird, so will ich in aller Kürze die Haupttheile desselben darstellen. Sie mögen dazu dienen, Irrthümer künftiger Geschichtsschreiber zu verhindern und eine Scene des großartigsten Heldenmuths der Vergessenheit zu entreißen.

Unmittelbar nach dem Ueberfalle der Hessen bei Trenton ging der General Washington wieder über den Delaware, der hier circa drei Viertel Meilen breit ist und nahm seine frühere Stellung auf der pennsylvanischen Seite wieder ein. Der Feind war in dem zwölf Meilen entfernten, nach New York zu liegenden Princeton. Die Kälte wurde immer heftiger. An dem Ufer, wo General Washington sein Lager aufgeschlagen hatte, befanden sich nur wenige Häuser und deshalb mußte der größte Theil seiner Armee im Walde und auf offenem Felde bivouakiren. Dieses, mit anderen Umständen verbunden, veranlaßte ihn wieder über den Fluß zu gehen und in Trenton Quartier zu nehmen. Es war unzweifelhaft ein kühner Streich und hatte noch den Anschein der Herausforderung, wenn wir den panischen Schrecken des Feindes durch den Ueberfall der hessischen Abtheilung bedenken. Um jedoch eine richtige Idee dieses Manövers zu haben, ist es nöthig die Localitäten näher zu beschreiben.

Trenton liegt auf hügeligem Boden, ungefähr drei Viertel Meilen vom Delaware entfernt, an dem östlichen oder Jersey-Ufer und ist durch einen Bach, groß genug, um Mühlen zu treiben, und beinahe rechtwinklig in den Delaware mündend, in zwei Hälften getheilt. Der obere oder nordöstliche Theil hat ungefähr siebenzig bis achtzig, der untere vierzig bis fünfzig Häuser. Der Boden zu beiden Seiten des Baches, auf dem die Häuser stehen, ist, wie schon bemerkt, hügelig, und die beiden Theile mit dem Bach in der Mitte, durch eine schmale steinerne Brücke mit einem Bogen verbunden, gewähren eine angenehme Aussicht.

Kaum hatte General Washington diesen Platz in Besitz genommen, und noch ehe die verschiedenen Milizabtheilungen, die detachirt oder noch auf dem Marsche waren, zusammengezogen werden konnten, als die Engländer, eine starke Besatzung in Princeton zurücklassend, sich auf den Weg machten und ebenfalls glücklich vom obern oder nordöstlichen Theile in Trenton einrückten. Ein Detachement Amerikaner ließ sich mit der britischen Avantgarde in ein Scharmützel ein, um Zeit zu gewinnen, ihre Munition und Baggage entfernen und sich selbst über die Brücke in den andern Theil der Stadt zurückziehen zu können.

In kurzer Zeit waren die Engländer in Besitz der einen Hälfte der Stadt. General Washington hatte den anderen Theil inne und nur der Bach trennte beide Armeen. Es konnte keine kritischere Lage geben, und wenn je das Schicksal Amerika's von den Begebenheiten eines einzigen Tages abhing, so war dies jetzt der Fall. Der Delaware füllte sich schnell mit ungeheuren Massen von Treibeis; es war unmöglich ihn zu passiren und sich wieder nach Pennsylvanien zurückzuziehen; selbst ohne Eisgang war es nicht denkbar, über einen Fluß von solcher Breite im Angesicht des Feindes zu setzen. Die Wege waren durch den Frost bodenlos und die Hauptstraße im Besitz der Engländer. — Ungefähr vier Uhr Nachmittags näherte sich eine Abtheilung Briten, um die Brücke zu nehmen, wurde jedoch zurückgeschlagen. Sie machten keine weiteren Versuche, obgleich der Bach selbst überall zwischen der Brücke und dem Delaware zu passiren ist. Er fließt in einem unebenen Bette, seine Strömung ist reißend, er selbst jedoch seicht, so daß man ihn mit geringer Mühe durchwaten kann.

Die Nacht war hereingebrochen. Die Briten, in dem Wahne, daß sie alle Vortheile, die sie nur wünschen konnten, hätten und sie nur gebrauchen durften, wenn es ihnen beliebte, standen von allen weiteren Operationen ab und hielten sich bereit, am nächsten Morgen anzugreifen.

Doch der Morgen zeigte eine eben so unerwartete als interessante Scene. Die Engländer waren unter Waffen und zum Angriffe bereit, als einer von ihrer leichten Reiterei, in wilder Hast die Straße heruntersprengend, die Nachricht von Princeton brachte, daß General Washington früh Morgens diesen Posten angegriffen und genommen hätte, und daß er im Begriff stehe, sich der Magazine in New Brunswick zu bemächtigen. Als die Engländer, welche eben das verlassene Lager der Amerikaner attakiren wollten, dieses hörten, kehrten sie bestürzt nach Princeton zurück.

Dieser Rückzug Washingtons ist einer derjenigen außerordentlichen Umstände, der in künftigen Zeitaltern für eine Fabel angesehen werden mag, denn man wird es schwerlich glauben, daß von zwei Armeen, von denen so viel abhängt, in einem solchen kleinen Orte wie Trenton zusammengedrängt, die eine an dem Vorabend der Schlacht, wenn jedes Ohr offen und jeder Grad von Wachsamkeit gebraucht werden sollte, sich mit aller Munition, Baggage und Artillerie zurückziehen konnte, ohne von der anderen gesehen zu werden. Und so total wurden die Engländer getäuscht, daß sie das Feuer der Kanonen und das Kleingewehrfeuer in Princeton für Donner hielten, obgleich es mitten im Winter war.

General Washington hatte, um seinen Rückzug aus Trenton besser zu verbergen und zu decken, eine Reihe von Wachtfeuern vor dem Lager anzünden lassen; dieses diente nicht allein dazu, den Anschein zu geben als ginge man zur Ruh, sondern verhüllte auch den Augen der Engländer, was wirklich hinter den Feuern vorging; denn es ist eben so unmöglich durch eine Flamme, als durch eine Wand zu sehen. In diesem Falle konnte mit Recht gesagt werden, „sie (die Feuer) waren eine Feuersäule für die eine, eine Wolkensäule für die andere Armee!"

Nach einem Marsche von achtzehn Meilen erreichten die Amerikaner auf Umwegen Princeton früh am Morgen. Die Zahl der Gefangenen war zwischen drei und vier Hundert; General Washington machte sich mit ihnen sofort auf den Weg. Der Haupttheil der englischen Armee von Trenton langte eine Stunde nach dem Abmarsch der Amerikaner in Princeton an.

Die amerikanische Armee setzte ihren Marsch den übrigen Theil des Tages fort und kam an einer gelegenen Stelle, fern von der Hauptstraße nach New Brunswick und sechszehn Meilen von Princeton entfernt. Die Truppen, welche während zweier Tage und Nächte, von Gefecht zu Gefecht geeilt, sich ohne Obdach und oft sogar ohne die nöthigen Lebensmittel behelfen mußten, waren von dem beständigen unablässigen Dienste und Beschwerden so ermüdet, daß sie den bloßen gefrornen Boden als einen angenehmen Ruheplatz ansahen, keine andere Decke über sich als das Gewölbe des Himmels.

Mit einer verhältnißmäßig kleinen Macht hatten die Amerikaner durch die beiden Begebenheiten bei Trenton und Princeton einen Feldzug vortheilhaft beendet, der noch vor wenigen Tagen das Land mit dem Untergange bedrohte. Die britische Armee, für die Sicherheit ihrer Magazine in dem 18 Meilen entfernten New Brunswick fürchtend, war unmittelbar von Princeton nach diesem Platze aufgebrochen; sie erreichte Brunswick spät am Abend und wagte für beinahe fünf Monate nicht es zu verlassen.

Nachdem ich jetzt die vorzüglichsten Data dieser beiden interessanten Gefechte gegeben habe, will ich sie nicht weiter berühren und den Abbe wegen seines falschen Berichtes über die Staatsschuld und das Papiergeld Amerika's aufzuklären versuchen.

Er spricht über diese beiden Dinge folgenderweise:

„Diese imaginären Reichthümer wurden zurückgewiesen. Je mehr die Noth neue Ausgaben des Papiergeldes verlangte, desto mehr sank es im Werthe; der Congreß, über den Schimpf, den man seinem Gelde anthat, entrüstet, erklärte Alle, die es nicht zum gleichen Werthe wie Gold oder Silber annahmen, für Landesverräther."

„Wußte der Congreß denn nicht, daß Vorurtheile sich so wenig controlliren lassen als Gefühle? Bemerkte er in der gegenwärtigen Krisis nicht, daß jeder vernünftige Mann sich fürchtete, sein Vermögen bloßzustellen? Sah er denn nicht ein, daß gleich beim Beginn der Republik er sich solchen Despotismus auszuüben erlaubte, wie er sogar in Ländern, welche für Knechtschaft und Druck gebildet und mit ihnen vertraut sind, unbekannt ist? Konnte er behaupten, daß er Mangel an Vertrauen nicht mit Strafen belegte, die kaum ein Rebell und Verräther verdiente? Der Congreß wußte alles dies sehr wohl, aber er hatte keine Wahl. Seine verachteten und wirklich verächtlichen Papierschnitzel hatten nie den dreißigsten Theil ihres ursprünglichen Werthes, und noch mehr sollten herausgegeben werden. Am 13. September 1779 waren £35,544,155 von diesen Papieren in Umlauf. Außerdem schuldeten die Staaten, die Schulden der einzelnen Provinzen nicht mit inbegriffen, £8,385,356."

In der oben erwähnten Stelle behauptet der Abbe, die Vereinigten Staaten hätten über £40,000,000 Schulden contrahirt, die der einzelnen Staaten nicht eingerechnet, und sagt, indem er von dem Fremdhandel mit Amerika spricht, daß die vorzüglichsten der handeltreibenden Länder Europa's sehr wohl wüßten, daß Amerika selbst in seiner glänzendsten Periode gezwungen gewesen, Anleihen zu machen, und dieserhalb ganz richtig schlössen, es sei in seiner jetzigen mißlichen Lage schlecht im Stande für solche Sachen zu zahlen, die man ihm zuführen dürfte.

Ich weiß, es ist äußerst schwierig, Fremden das Wesen und den Zustand unseres Papiergeldes begreiflich zu machen, da selbst viele unserer eigenen Bürger dies nicht verstehen. Aber bei uns ist sein Schicksal nun beschlossen. Allgemeine Zustimmung hat es der Ruhe mit der Rücksicht übergeben, die man gewöhnlich leblosen, uns lang gedienten Gegenständen zollt. Jeder Stein der Brücke, die uns sicher hinübergeführt hat, scheint einen Anspruch auf unsere Achtung zu haben, und dieses (das Papiergeld) ist sogar zum Eckstein geworden und sein Nutzen kann nie vergessen werden. Es ist ein gewisses Etwas in einem dankbaren Gemüthe, das sich selbst auf solche Dinge erstreckt, die weder durch unsere Berücksichtigung gewinnen, noch durch unsere Vernachlässigung leiden können; aber es ist einmal so und jeder Mensch beinahe hat diese Wirkung gefühlt.

Doch zur Sache zurück. Das Papiergeld, obgleich von dem Congresse unter den Namen Dollars herausgegeben, kam nicht immer von ihm in diesem Werthe. Die, welche das erste Jahr herausgegeben, standen mit Gold und Silber in gleichem Course; die des nächsten Jahres hatten weniger, und die des britten Jahres noch weniger Werth, und so fuhr es fort im Preise für den Zeitraum von beinahe fünf Jahren abzunehmen. Am Schlusse dieser Zeit war der ganze Werth, womit der Congreß, alle die verschiedenen Ausgaben des Papiergeldes zusammengerechnet, hätte auszahlen können, ungefähr zehn bis zwölf Millionen Pfund Sterling. Da es nun zehn bis zwölf Millionen Pfund Sterling Abgaben erfordert haben würde, um den fünfjährigen Krieg zu führen, das herausgegebene Papiergeld aber bis auf Nichts fiel, und gar keine oder doch nur wenige Taxen erhoben wurden, so konnte es dem Publikum ganz gleich sein, ob es die verausgabten zehn bis zwölf Millionen durch Entwerthung des coursirenden Geldes oder durch directe Steuern bezahlt hätte; denn da es nicht auf beiden Wegen geschah, und man die eine Art der anderen vorzog, so war das „welche?" im Grunde genommen gleichgültig. Was der Abbe deshalb als eine Staatsschuld ansieht, existirt jetzt nicht mehr. Sie ist bezahlt. All' und Jeder für seine eigene Rechnung willigte gern darin ein, die beständig unter ihnen roulirenden Noten im Werthe zu reduciren, welches eine Summe ausmachte, die beinahe den Unkosten des fünfjährigen Krieges gleichkam.

Wiederum: da das Papiergeld, mit ihm also auch seine Entwerthung jetzt aufgehört hat und Gold und Silber an dessen Stelle getreten ist, so werden die Kriegsausgaben fortan durch directe Steuern gedeckt werden, die dem Publikum eine weit geringere Summe entziehen, als es das beständige Fallen des Papiergeldes gethan hat; während es die ersteren zahlt, hat es von dem letzteren nichts zu erleiden, und da es zur Zeit des Fallens der Noten die Abgaben nicht zu zahlen hatte, so hebt sich die Sache ungefähr auf; doch bleibt ihm noch dieser moralische Vortheil, daß directe Abgaben Sparsamkeit und Nachdenken verursachen, das Fallen der Papiere hingegen Nachlässigkeit und Verschwendung zur Folge hat.

Und wiederum: wenn eines Mannes Abgaben sich auf weniger belaufen, als er durch die Entwerthung des Geldes verloren hat, so beweist dieses nur eine Veränderung zu seinen Gunsten; betragen sie hingegen mehr, und sein Eigenthum oder Geschäft ist richtig geschätzt, so hat er früher keinen genügenden Antheil beim Fallen des Papiergeldes getragen, denn das Eine ist dem Inhalte nach so gut eine Steuer, wie das Andere.

Wahr ist es, daß es weder beabsichtigt, noch vorausgesehen ward, daß die in dem Papiergelde enthaltene Schuld auf diese Weise getilgt werden sollte; doch da die freiwillige Genehmigung Aller es zu diesem Ende gebracht hat, so ist der Betrag derselben von Denen, die ihn schuldeten, bezahlt. Nie war vielleicht ein Act so allgemein die Handlung eines ganzen Landes, wie wie dieser es war. Die Regierung hatte Nichts damit zu schaffen; Jedermann setzte sein eigenes Geld herab, denn dieses war der Erfolg, den das Erhöhen des nominellen Werthes der Waaren hervorbrachte. Doch da er bei solch einer Reduction einen Verlust erlitt, im Betrage den directen Abgaben gleichkommend, die er bezahlt haben würde, so ist es nicht mehr, als gerecht, seinen damaligen Verlust durch die Entwerthung des Geldes als seine Steuern für jene Zeit zu betrachten, und nicht noch solche Abgaben nach Beendigung des Krieges von ihm zu erheben, um das Papiergeld in den Händen Anderer, das in seinem Besitz auf Nichts herabsank, einzulösen.

Nochmals: das Papiergeld war in der ausdrücklichen Absicht, den Krieg damit führen zu können, herausgegeben worden; es hat seinen Zweck erfüllt und, während es existirte, keine wesentlichen Veränderungen im Publikum hervorgebracht. Aber wenn Manche erwarteten, daß es nach Beendigung des Krieges gegen Silber oder Gold umgetauscht, oder als Aequivalent angenommen werden würde, so hieße es so viel, als zu hoffen, zweihundert Millionen durch K r i e g f ü h r e n z u e r h a l t e n , anstatt die Unkosten desselben zu b e z a h l e n .

Ist jedoch noch irgend Etwas in der Stellung Amerika's hinsichtlich seines Papiergeldes und seiner Verhältnisse nicht recht klar, so mag man bedenken, daß dieser Krieg ein Krieg des Volkes war. S e i n e Unabhängigkeit sollte unterstützt, s e i n Eigenthum gesichert, s e i n Vaterland gerettet werden. Hier sind Regierung, Armee und Volk gegenseitig Eins. Durch andere Kriege mögen Könige ihres Thrones und Landes beraubt werden, — hier mußte der Verlust auf die Majestät des Volkes, auf das Eigenthum, das man retten wollte, zurückfallen. Jeder war hiervon durchdrungen, Jeder ging zum Kampfe, oder zahlte seinen Antheil der Kriegsunkosten als Souverain seiner eigenen Besitzungen, und wurde er besiegt, so fiel er als Monarch!

Die Bemerkung, welche der Abbé am Schlusse seines Paragraphen hinsichtlich des Contrahirens der Schulden seitens Amerika's in seiner Glanzperiode (womit er die Zeit vor dem Ausbruche der Feindseligkeiten meint) macht, dient nur dazu, den himmelweiten commerciellen Unterschied zwischen einem abhängigen und einem unabhängigen Lande zu zeigen. In dem Zustande der Abhängigkeit mit gefesseltem Handel, obgleich von den Vortheilen des Friedens begünstigt, konnte Amerika's Handel sich nie balanciren, und es mußte daher jährlich mehr in Schulden gerathen. Jetzt hingegen, im unabhängigen Zustande, obgleich in Krieg verwickelt, bedarf es keines Credits; seine Speicher sind mit Waaren gefüllt und Gold und Silber coursiren im Lande. Wie sich diese Sachen ereignet haben, ist schwierig darzuthun; jedoch sie sind da, und Thatsachen sind schlagender, als Beweisführung.

Da dieser Brief wahrscheinlich in Europa veröffentlicht werden dürfte, so mögen die hierin gemachten Bemerkungen dazu dienen, die Thorheit Großbritanniens zu zeigen, indem es alle seine Hoffnungen des endlichen Erfolges auf die gänzliche Entwerthung unseres Papiergeldes setzte. Die Erwartung war so lächerlich, als verächtlich, und stellte es in die Lage des hungrigen Löwen, der bei einem Spinnengewebe auf Beute lauerte.

Von dieser Abhandlung über das Papiergeld geht der Abbé auf den Zustand Amerika's im Winter des Jahres 1777 und den darauf folgenden Frühling über, und schließt seine Betrachtungen mit der Erwähnung des Bündnisses, welches in Frankreich abgeschlossen, und der Vorschläge des britischen Ministeriums, die von Amerika verworfen wurden.

Doch in der Art und Weise, wie der Abbé seine Thatsachen geordnet und dargestellt hat, ist ein wesentlicher Irrthum, in welchen auch viele andere europäische Geschichtsschreiber verfallen sind, nämlich: Keiner gibt die wahre

und Jeder gibt eine falsche Ursache an, weshalb die britischen Propositionen
verworfen wurden.

Im Winter des Jahres 1778 und in dem darauffolgenden Frühling war
der Congreß in Yorktown im Staate Pennsylvanien versammelt. Die
Engländer hatten Philadelphia inne und General Washington sein Lager
bei dem Valley-Forge, ungefähr 25 Meilen entfernt, aufgeschlagen. Alle,
die sich jener Tage erinnern, gestehen ein, daß es wohl eine Zeit der Thränen und der Noth, aber nicht eine Zeit der Verzweiflung war. Der Abbe,
diese Periode erwähnend, spricht sich folgendermaßen darüber aus:

„Eine Menge von Entbehrungen, den mannichfachen Unglücksfällen hinzugefügt, waren wohl geeignet, die Amerikaner nach ihrer früheren Ruhe
sich zurücksehnen zu lassen und sie zu Unterhandlungen mit England geneigt
zu machen. Vergebens war das Volk durch heilige Eide und den Einfluß
der Religion an das neue Gouvernement gekettet worden; vergebens suchte
man ihm begreiflich zu machen, daß es unmöglich sei, mit Sicherheit mit
.nem Lande zu unterhandeln, in welchem ein Parlament die von einem
andern eingegangenen Verpflichtungen umstoßen konnte; vergebens hatte
man ihm mit der ewigen Vergeltung eines erbitterten und rachesüchtigen
Feindes gedroht! Es war ja möglich, daß die entfernteren Leiden nicht das
Maß der gegenwärtigen Uebel aufwiegen würden!

„Dies bedachte auch das britische Ministerium, als es officielle Agenten
nach der neuen Welt schickte, die autorisirt waren, denselben Amerikanern,
von welchen es noch zwei Jahre vorher unbedingte Unterwerfung verlangte,
Alles, nur nicht die Unabhängigkeit, zu gewähren. Es ist nicht unwahrscheinlich, daß dieser Versöhnungsplan noch wenige Monden zuvor einigen
Eindruck gemacht hätte; aber in der Periode, als er von dem Londoner
Hofe vorgeschlagen wurde, wies man ihn mit Verachtung zurück, indem
dieser Antrag nur ein neuer Beweis seiner Furcht und seiner Schwäche zu
sein schien. Das Volk war schon wieder beruhigt. Der Congreß, die
Generale, die Truppen, die kühnen und geschickten Männer hatten sich in
jedem Staate die Autorität anzueignen gewußt, und Alles hatte seine gewohnte Lebhaftigkeit und Schwungkraft wieder erlangt. Dies war die Wirkung eines Freundschafts- und Handelsvertrages, der am 6. Februar 1778
zwischen den Vereinigten Staaten und dem Hofe zu Versailles abgeschlossen
worden war."

Ueber diese Stelle des Abbe kann ich nicht umhin, zu bemerken, daß
die Zeit, mit den zufälligen Ereignissen verbunden, der Geschichte eine
wesentliche Genauigkeit hinzufügt. Die Auslassung derselben erzeugt
häufig endlose Verwirrungen und Irrthümer, die eine gänzliche Trennung der Ursachen und Wirkungen herbeiführen und sie mit andern ver-
flechten, die nicht unmittelbaren und zuweilen gar keinen Bezug darauf
haben.

Der Abbe, indem er sagt, daß die Offerten des britischen Ministeriums
mit Verachtung verworfen wurden, hat, was die S a c h e anbetrifft, R e c h t,
aber in Hinsicht der Z e i t U n r e c h t. Dieser Irrthum in der Zeit veranlaßte, daß er die Ursache falsch auffaßte.

Der am 6. Februar 1778 zu Paris ratificirte Vertrag konnte auf
die Gesinnung und die Politik der Amerikaner keinen Einfluß ausüben,
b i s e r i n A m e r i k a b e k a n n t war. Wenn deshalb der Abbe sagt,
daß die Verwerfung der britischen Anträge eine Folge jenes Vertrags war,

so muß er doch wohl meinen, es sei die Folge seines in Amerika Bekanntseins gewesen. Dies war jedoch nicht der Fall, und durch diesen Irrthum nimmt er den Amerikanern nicht allein den Ruhm, welchen ihre unerschütterliche Standhaftigkeit in jener prüfungsvollen Lage verdiente, sondern setzt auch beleidigender Weise voraus, daß, wäre der Vertrag ihnen nicht bekannt gewesen, sie wahrscheinlich die Anträge angenommen haben würden. Da aber die Amerikaner, als sie jene Offerten zurückwiesen, Nichts von dem Vertrage wußten, konnte das Verwerfen derselben sicher nicht aus diesem Grunde geschehen.

Die oben erwähnten Vorschläge waren in zwei Gesetzentwürfen, die der Lord North am 17. Februar 1778 dem Parlamente vorlegte, enthalten. Man passirte dieselben in beiden Häusern mit ungewöhnlicher Eile, und ehe sie noch einmal durch die üblichen Parlamentsformen gegangen, wurden schon Copien davon an Lord Howe und General Howe, die ebenfalls Bevollmächtigte waren, gesandt. General Howe ließ sie in Philadelphia drukken und Copien davon mit einer Friedensflagge an General Washington senden, um sie durch ihn an den Congreß in Yorktown weiter gelangen zu lassen; sie kamen dort am 21. April 1778 an. So viel über die Ankunft der Anträge in Amerika.

Der Congreß, wie er gewöhnlich zu thun pflegt, ernannte aus seiner Mitte ein Committee, um die Anerbietungen zu prüfen und darüber Bericht zu erstatten. Der Bericht wurde am nächsten Tage, den 22. April, eingereicht, gelesen, einstimmig angenommen, in die Journale des Congresses eingetragen und durch den Druck zur Kenntniß des Volkes gebracht. Dieser Bericht muß das Verwerfen der Anträge, auf welche sich der Abbe bezieht, enthalten, weil der Congreß keine andere officielle Meinung über diese Vorschläge abgab und er auch bei einer späteren Anfrage der britischen Bevollmächtigten, die, vom 27. Mai datirt, in Yorktown am 6. Juni eintraf, sie als Erwiderung auf die am 22. April gedruckten Beschlüsse hinwies, dies mag hinsichtlich der Verwerfung genügen.

Am 2. Mai, also erst am elsten Tage nach der oben erwähnten Mittheilung, langte die Nachricht vom Vertrage mit Frankreich in Yorktown an, und bis zur Zeit des Empfanges hatte der Congreß nicht die entfernteste Kenntniß oder Idee, daß ein solches Ereigniß auf irgend eine Weise sich vorbereite. Doch damit meine Behauptung nicht für eine bloße Meinung angesehen werde, will ich sie mit Beweisen unterstützen, denn es ist für den Charakter und die Principien der Revolution höchst wichtig, darzuthun, daß keine Lage Amerika's seit der Unabhängigkeitserklärung, wie schwierig und kritisch sie auch immer gewesen sein mag, auch nur die entfernteste Idee zu erzeugen vermocht hätte, sie (die Revolution) weder durch Gewalt, Elend, Intrigue oder Ueberredung aufzugeben.

Diese Beweisführung wird noch um so unumgänglicher erscheinen, weil es das System Englands nicht allein jetzt, sondern sowohl in der früheren, als auch in der späteren Zeit war, den europäischen Mächten Glauben einzuflößen, als sei Amerika in seinen Entschlüssen und seiner Politik wankelmüthig, um durch diese Intrigue seinem guten Rufe in Europa zu schaden, und das Vertrauen zu schwächen, — welches irgend eine Macht auf Amerika gesetzt haben möchte.

Ich war zu damaliger Zeit Sekretär der auswärtigen Angelegenheiten des Congresses. Alle politischen Briefe der amerikanischen Gesandten befanden sich in meinen Händen, und alle die officiell geschriebenen gingen aus meinem Büreau hervor. Was das Wissen des Congresses von der Ratification des Vertrages zur Zeit, als er die britischen Offerten verwarf, anbelangt, so mag es genügen zu erwähnen, daß er seit länger als zwölf Monaten durchaus nichts von seinen Gesandten in Paris gehört hatte. Vielleicht war dieses Nichtwissen sowohl dem Verluste des Philadelphier Hafens und der Schiffahrt auf dem Delaware, als auch den Gefahren des Oceans, welcher stets von britischen Kreuzern bedeckt war, zuzuschreiben.

Wahr ist es, daß ein Paquet im Januar desselben Jahres, also circa drei Monate vor dem Vertrage in Yorktown ankam; doch, es mag unglaublich scheinen, noch vor seiner Ankunft am Borde des Schiffes in Europa waren alle Briefe herausgenommen und an ihre Stelle unbeschriebene Papiere untergeschoben worden.

Nachdem ich jetzt die Zeit festgestellt, wann die Anträge von den britischen Bevollmächtigten empfangen wurden, ebenso wann der Bundesvertrag ankam, und dadurch dargethan habe, daß das Verwerfen der ersteren, elf Tage vor der Ankunft des letzteren, ohne die geringste Kenntniß, daß solch ein Umstand stattgefunden habe oder auch stattfinden könnte, wirklich geschehen war, so soll und muß man deshalb das Zurückweisen besagter Vorschläge nur der festen, unveränderlichen Gesinnung Amerika's gegen den Feind, der es bekriegte, und der Entschlossenheit des Landes seine Unabhängigkeit bis auf den letzten Blutstropfen zu behaupten, zuschreiben, nicht irgend einem neuen Umstande, der zu seinen Gunsten statt fand, von welchem es damals nichts wußte und von dem es auch keine Ahnung haben konnte.

Außerdem erlangen die Worte der Zurückweisung (die ich unten beifüge), in denen eine solche Kraft der Entschlossenheit und ein solch herausfordernder Geist liegt, ihren größten Ruhm nur aus dem Umstande, daß der Bericht vor der Ankunft des Vertrages erschien, denn was in der Zeit der Noth für Muth angesehen werden mußte, wäre im Glücke Prahlerei gewesen. Hätte Amerika damals den Vertrag, der es so stark machte, gekannt, würde seine Antwort eher den Stempel des Triumphes, als den ernster, klarer Standhaftigkeit getragen haben.

Ueberhaupt scheint der Abbe die Sache gänzlich mißverstanden zu haben, denn, anstatt das Zurückweisen der Vorschläge unserer Kenntniß des Bundesvertrags zuzuschreiben, sollte er richtiger die Entstehung dieser Anträge im britischen Cabinete von jener (der Minister) Kenntniß dieses Bündnisses hergeleitet haben; und hierdurch erklärt sich, weßhalb das Ministerium die beiden Gesetzentwürfe, ehe sie noch als Gesetze passirt waren, so eilig nach Amerika zu befördern trachtete. Es geschah, daß sie dort früher ankämen, als der Vertrag mit Frankreich bekannt geworden; sie erreichten Amerika auch wirklich vor der Ankunft desselben, erlitten jedoch das Schicksal, welches sie in so reichem Maaße verdienten.

Daß diese Gesetzentwürfe erst nach dem Abschluß des Vertrages mit Frankreich dem Parlamente vorgelegt wurden, geht aus den verschiedenen Daten hervor. Die Ratification fand am 6. Februar statt, die Gesetzentwürfe sind vom 17. desselben Monats datirt. Auch For's Rede vom 17. Februar, in Erwiderung des Lord North, worin er das Haus vom Unterzeichnen des Vertrags benachrichtigt und den Minister auffordert, seine Kenntniß dieser Thatsache einzugestehen, bezeugt, daß das Parlament um die Exiſtenz dieſes Vertrages wußte, als die Geſeßentwürfe vorgelegt wurden. *)

*) Im Congreß, den 22. April 1778.

Das Committee, welchem der Brief des General Waſhington vom 18. dieſes übergeben worden, in deſſen Einſchluß eine gedruckte, ihm von Philadelphia geſandte Beilage war, die angeblich einen Geſeß-Entwurf enthält, um die Abſichten Groß-Britanniens hinſichtlich der Ausübung des Rechts, wie es das Parlament zu nennen beliebt, Abgaben in den Vereinigten Staaten zu erheben, zu erklären; und ebenfalls einen anderen ſogenannten Geſeß-Entwurf, den König von England zu autoriſiren, Bevollmächtigte zu ernennen, um zu unterhandeln, zu berathen und ſich über die Mittel zu vereinigen, gewiſſe Unzufriedenheiten und Störungen in den beſagten Staaten auf friedlichem Wege auszugleichen, erklärt ſeine Meinung dahin:

„Da beſagtes Dokument durch Emiſſaire des Feindes abſichtlich, heimlich und auf parteiiſche Weiſe in Umlauf gebracht worden, ſollte daſſelbe ſofort durch Druck zur öffentlichen Kenntniß gebracht werden.“

„Das Committee kann nicht ermitteln, ob die Papiere in Philadelphia oder in England ihren Urſprung hatten, noch weniger iſt es fähig zu ergründen, ob ſie wirklich beabſichtigt geweſen, dem Parlamente jenes Königreichs vorgelegt zu werden, oder ob beſagtes Parlament ihnen die üblichen Formen des Geſetzes gegeben haben würde. Wir ſind aber geneigt zu glauben, daß letzteres geſchehen wäre, und zwar aus folgenden Gründen:

1) Weil der engliſche General während des letzten Winters verſchiedene ſchwache Bemühungen gemacht hat, irgend eine Art von Vertrag zu Stande zu bringen, obgleich er, entweder von einer falſchen Idee ſeiner eigenen Würde und Wichtigkeit, oder aus Mangel an Kenntniß oder irgend einer anderen Urſache, ſich nicht an die geeigneten Behörden gewandt hat.

2) Weil England glaubt, daß die trügeriſche Idee der Einſtellung der Feindſeligkeiten die Vereinigten Staaten in ihren Kriegsrüſtungen nachläſſig machen dürfte.

3) Weil das Parlament glaubt, daß die Amerikaner des Krieges müde, um des Friedens willen ſich ſeinen Bedingungen fügen würden.

4) Weil es vorausſetzt, unſere Verhandlungen ſeien eben ſo wie ſeine Debatten einem verderbten Einfluß unterworfen.

5) Weil es von dieſem Schritte dieſelbe Wirkung als von dem Acte, den das britiſche Miniſterium mit den Namen Verſöhnungs-Vorſchlag belegte, erwartete, das heißt, daß er fremde Mächte verhindern würde, dieſen Staaten Hülfe zu leiſten, daß es ſeine eigenen Unterthanen bewegen möge, den Krieg noch länger fortzuführen, und daß es einige Schwachköpfe in Amerika von der Sache der Freiheit und der Tugend abwendig machen würde.

6) Weil der König jenes Landes durch ſein eigenes Darthun beweiſt, daß er befürchtet, ſeine Flotten und Armeen anſtatt zum Kriege gegen dieſe Staaten zur Vertheidigung ſeiner eigenen Lande zu bedürfen, und daß

7) Weil, da die Unthunlichkeit, dieſes Land zu unterjochen, ſich mit jedem Tage mehr herausſtellt, es ſein Intereſſe erheiſcht, ſich unter jeder Bedingung aus dem Kriege zurückzuziehen.

Das Committee iſt ferner der Meinung, daß, wenn der Inhalt beſagter Papiere in das britiſche Geſetzbuch aufgenommen würde, dies nur dazu dienen würde, die Schwachheit und Bosheit des Feindes zu zeigen.

Seine Schwachheit:

1) Weil er dadurch förmlich erklärt, nicht nur das Recht zu haben die Bürger dieſer Staaten an jedwede Art durch geſetzliche Beſchlüſſe zu binden, ſondern auch daß jeder Einwohner durchaus und unbedingt ſich der Ausübung jenes Actes unterwerfen ſoll. Dieſe Unterwerfung hat er durch das Schwert erzwingen wollen; von dieſer Forderung abſtehen, heißt in den jetzigen Umſtänden ſo viel, als ſeine Unfähigkeit, es durchzuſetzen, deutlich an den Tag legen.

2) Weil der Fürſt bis jetzt die demüthigſten Bitten der Repräſentanten Amerika's, die Amerikaner als Unterthanen zu betrachten und ſie in dem Genuſſe des Friedens, der Freiheit und der Sicherheit zu ſchützen, unbeachtet gelaſſen; — weil er dieſes Land mit einem grauſamen Kriege überzogen, die Wilden gedungen hat, unſchuldige Frauen und Kinder zu ſchlachten, und jetzt nun vorgibt, mit denſelben Repräſentanten zu unterhandeln und den Waffen Amerika's das zuzugeſtehen, was er ſeinen Bitten verweigerte.

3) Weil die Engländer fortwährend beſtrebt geweſen, dieſen Continent zu unterjochen, und jeden Vergleich, der vorgeſchlagen worden, auf ihre Stärke bauend verworfen haben, deshalb zeigt die Veränderung in ihrer Angriffsmethode, daß ſie dieſes Vertrauen verloren haben, und

4) Weil die Sprache, welche ſowohl von ihren Miniſtern, als auch in den öffentlichen

Es wundert mich nicht, den Abbé in geschichtlichen Sachen im Irrthume zu sehen, die so entfernt von dem Kreise seiner unmittelbaren Beobachtun-

und autentischten Acten der Nation beständig gebraucht wird, beweist, daß sie es ihrer Würde zuwider hielten, mit den Amerikanern zu unterhandeln, so lange diese ihre Waffen nicht niedergelegt hätten. Demohngeachtet soll jetzt doch ein Friedens-Vorschlag gemacht werden.

Die Bosheit und Unaufrichtigkeit des Feindes geht aus Folgendem hervor:

1) Entweder die Gesetz-Entwürfe, die jetzt in Kraft treten sollen, enthalten ein directes oder indirectes Aufgeben eines Theiles seiner früheren Forderungen, oder sie enthalten es nicht. Im ersten Falle bekennt er dann, daß er viele brave Männer in einem ungerechten Streite geopfert hat; im letzteren Falle hingegen sind sie darauf berechnet, Amerika hinter-listiger Weise zu Bedingungen zu locken, welchen dasselbe vor dem Kriege weder durch Gründe, noch während desselben durch Waffenmacht seine Genehmigung geben mochte.

2) Der erste dieser beiden Entwürfe scheint dem Titel nach eine Erklärung der Absichten des britischen Parlaments in Betreff der Ausübung des Rechtes, Abgaben in den Vereinig-ten Staaten zu erheben, zu sein. Unterhandeln die Staaten deshalb über besagten Ent-wurf, so gestehen sie indirect jenes Recht zu, um dessen Anerkennung willen England den Krieg ohne Rückhalt angefangen und fortgeführt hat.

3) Würden wir auf diese Weise dem vorgeblichen Rechte unsere Beistimmung geben, so folgt, daß die Engländer es ausüben könnten, wenn ihr Parlament sich später in irgend einer anderen Stimmung und Laune befinden sollte als jetzt, und dann hängt von diesen und derartigen Zufällen allein es ab, wie weit man nach seinen früheren Ab-sichten handeln will.

4) Der fragliche erste Entwurf enthält dem Sinne nach nichts Neues, sondern ist ganz und gar mit dem des früher erwähnten Vorschlages übereinstimmend, und dieserhalb auch allen Einwürfen ausgesetzt, die gegen letzteren erhoben wurden, ausgenommen in dem fol-genden besonderen Punkte, nämlich:

Der Vorschlag sagt: Wirkliche oder directe Abgaben sollen suspendirt werden, so lange Amerika solch eine Summe zahlt, die das Parlament für hinreichend hält; der Gesetz-Entwurf hingegen sagt, sie sollen suspendirt werden, so lange künftige Parlamente derselben Ansicht sind wie das jetzige.

5) Dem zweiten Entwurfe gemäß soll es dem Könige von England zugestanden werden, wenn es ihm beliebt Bevollmächtigte zu ernennen, die mit Jeden nach ihrem Gutdünken über die verschiedenen oben erwähnten Gegenstände unterhandeln und Vereinbarungen tref-fen können. Doch solche Verträge sollen nicht eher gültig sein, als bis das Parlament seine Zustimmung hierzu gegeben; ausgenommen sie beziehen sich auf Waffenstillstand und auf gewisse Punkte seiner Acte, wie das Begnadigungsrecht und das Ernennen seiner Gou-verneure für diese souveränen, freien und unabhängigen Staaten. Das Parlament hat sich deshalb die Macht, diese Verträge zu verwerfen, in ausdrücklichen Worten vorbe-halten, um dadurch irgend einen Umstand benutzen zu können, der sich darbieten dürfte, die-ses Land seinen Anmaßungen zu unterwerfen.

6) Dieser Entwurf, indem er uns Gnade verheißt, legt unserem gerechten Widerstande eine Strafbarkeit bei; unter solchen Behauptungen folglich zu unterhandeln, heißt zuge-stehen, daß die Bürger dieses Landes wirklich seien, was die Briten sie nennen, Rebellen!

7) Da die Bewohner dieser Staaten von den Engländern als Unterthanen beansprucht werden, so heißt es dem Rechte der Verhandlung nach, die man jetzt vorgibt anzuknüpfen zu wollen, ihnen das Recht einräumen, die Amerikaner später solchen Gesetzen zu unterwerfen, welche das Parlament für gut findet zu geben; deshalb könnte irgend ein Zugeständniß, in solcher Unterhandlung erlangt, in künftigen Zeiten widerrufen werden.

8) Weil der fragliche Gesetz-Entwurf gestattet, daß die erwähnten Bevollmächtigten auch mit Privatpersonen unterhandeln dürfen, eine Maßregel, die ein höchst nachtheiliges Licht auf die Würde des National-Characters wirft.

Aus allem Diesem scheint dem Committee deutlich zu erkennen: Daß die besagten Ent-würfe in der Absicht gegeben sind, auf die Furcht und die Hoffnung des guten amerikanischen Volkes einzuwirken, und Spaltungen unter demselben und Entfremdung von der allgemei-nen Sache hervorzubringen, die durch den Segen der göttlichen Vorsehung sich jetzt einem günstigen Ende nähert. Daß dies nur eine Folge jenes hinterlistigen Planes sind, der seit den Tagen des Stempel-Acts bis auf die gegenwärtige Zeit dieses Land in Zwist und Blut-vergießen gestürzt hat. Mögen in dem jetzigen Falle, wie auch in früheren, Umstände die Engländer vielleicht zwingen, auf kurze Zeit von ihren ungerechten Forderungen abzustehen, so wird doch unzweifelhaft bei der ersten günstigen Gelegenheit ihre unersättliche Herrsch-begier wieder hervorbrechen, die selbst das mächtige Groß-Britannien gespalten hat.

Im Allgemeinen erlaubt sich das Committee seine Meinung dahin abzugeben, daß, so wie die Amerikaner in diesem heißen Kampfe durch gemeinsame Interessen zur Vertheidi-

II. E

gen vorgingen; aber es seßt mich um so mehr in Erstaunen, ihn auch auf dem Felde der philosophischen Betrachtungen, wenigstens, wie es mir erscheint, im Unrechte zu finden. Hier sind die Materialien seine eigenen, von ihm selbst geschaffen, und der Irrthum ist deßhalb der seines Geistes. Bis jetzt waren meine Entgegnungen nur auf Thatsachen der Reihe nach, wie sie sich darboten, und auf die Folgen, welche sie hervorbrachten, gerichtet. Diese Aufgabe war nicht schwierig, da meine Kenntniß derselben besser als die des Abbe sein mußte. Doch welchen Erfolg ich in der Widerlegung von Gefühlen und Meinungen eines Mannes, welchen Jahre, Erfahrungen und lang bewährter Ruf so hoch über mich gestellt haben, erlangen werde, scheint zweifelhaft zu sein. Doch da sie in den Bereich meiner Betrachtungen kommen, würde es ungeeignet sein sie zu übergehen.

In dem letzten Theile des Werkes vom Abbe finde ich verschiedene Ausdrücke, die, wie es mir scheint, auf jähe Weise von dem Pfade der liberalen Denkungsart abweichen, oder wenigstens so verwickelt sind, daß sie viele der Schönheiten verlieren, die andere Theile des Werkes auszeichnen. Als der Abbe in seiner Schrift zu der Periode, wo der Bundesvertrag zwischen Frankreich und den Vereinigten Staaten ins Leben trat, kommt, fügt er folgende Bemerkungen hinzu:

„Die Philosophie," sagt er, „deren erster Grundsatz es ist, jede Regierung gerecht und alle Völker glücklich zu sehen, ist, indem sie ihre Blicke auf diesen Vertrag einer Monarchie mit einem Volke, welches seine Freiheit ver-

gung ihrer Rechte und Privilegien verbunden, und diese Union noch durch gemeinsame Erdulbung von Widerwärtigkeiten, durch gegenseitige Gefälligkeiten und Zuneigungen gebärtet worden, daß so auch der endliche Erfolg dieser großen Sache, die sie zu erringen streben und bei die ganze Menschheit betheiligt ist, von dem Fortbestande dieser Verbrüderung abhängt. Läßt sich deshalb ein Einzelner oder eine Gesellschaft mit diesen Bevollmächtigten der englischen Krone ein, um irgend eine abgesonderte oder theilweise Uebereinkunft zu bezwecken, so müssen diese Personen oder diese Gesellschaft als anerkannte Feinde der Vereinigten Staaten betrachtet werden. Und endlich ist unsere Ansicht, daß die Vereinigten Staaten nicht mit Schicklichkeit sich in Unterhandlungen mit irgend einen Bevollmächtigten Englands einlassen können, es sei denn, daß es seine Flotte und Armee zurückziehe oder in bestimmten und deutlichen Ausdrücken die Unabhängigkeit besagter Staaten anerkenne.

Da es die Absicht des Feindes ist, die Wachsamkeit Amerika's in gefährliche Sicherheit einzuwiegen, so dürfte es gerathen sein, damit es mit geeignetem Nachdruck und Erfolg auftreten kann, die einzelnen Staaten aufzufordern, die kräftigsten Bemühungen zu gebrauchen, ihre resp. Antheile zur Continental-Armee so bald als möglich ins Feld zu stellen, auf daß die ganze Truppenmacht in Bereitschaft gehalten werde, da wo die Gelegenheit es erfordert zu wirken."

Folgendes ist die Antwort des Congresses auf die zweite Anfrage der Bevollmächtigten:

Yorktown, den 6. Juni 1778.

Sir!

Ich hatte die Ehre, Ihren Brief vom 3. d. M. mit den beigefügten Parlaments-Acten dem Congresse vorzulegen, und er hat mich instruirt, Sie zu benachrichtigen, daß er seine Gesinnungen über Gesetz-Entwürfe, dem Inhalte nach nicht wesentlich von diesen Acten verschieden, bereits in einer Veröffentlichung vom 22. April d. J. ausgedrückt habe.

Sein Sie versichert, daß, wenn der König von England ernstlich gesonnen ist, diesem ungerechten und grausamen Kriege gegen die Vereinigten Staaten ein Ende zu machen, den Congreß bereit finden wird, solche Friedensvorschläge anzuhören, welche übereinstimmend sind mit der Ehre unabhängiger Nationen, mit dem Interesse seiner Constituenten und mit der geheiligten Rücksicht, die er Verträgen zu zollen beabsichtigt.

Ich habe die Ehre mich zu zeichnen als Ihren gehorsamsten und ergebensten Diener

Henry Lawrens,
Präsident des Congresses.

Sr. Excellenz dem Herrn Henry Clinton, K. B.
Philadelphia.

theibigt, wirft, neugierig die Beweggründe zu erfahren, welche sie dazu veranlaßt haben. Sie sieht auf den ersten Anblick nur zu klar, daß die Absicht, die Glückseligkeit der Menschen zu befördern, keinen Theil daran hat."

In welcher Gemüthsstimmung der Abbe auch immer gewesen sein mag, als er diesen Ausdruck niederschrieb, sie wird ihn weder vertheidigen, noch entschuldigen. Ist er wahr, so bedarf er keiner Rechtfertigung, ist er hingegen falsch, so verdient er keine Entschuldigung. Er ist als ein philosophischer Ausspruch der Welt übergeben worden und darf deshalb, ohne Rücksicht auf den Autor, geprüft werden.

Es scheint ein Fehler des Scharfsinnes zu sein, sich öfterer mit merkwürdigen als mit nützlichen Sachen zu beschäftigen. Der Mensch muß der Lenker seines eigenen Schicksales sein, oder er ist nicht, wie er sein soll. Er muß die Triebfeder, das Warum und Weßhalb jeder Sache kennen, oder er fühlt sich unbefriedigt. Ob dies ein Unrecht oder eine bloße Caprice des Menschen ist, will ich dahin gestellt sein lassen, und will den Ausspruch des Abbe nehmen, wie er ist, meine Einwürfe dagegen bringend.

Es sind nicht so sehr die Beweggründe, welche dieses Bündniß verursachten, als die Folgen, die daraus hervorgingen, welche den Stoff zu philosophischen Betrachtungen geben. Bei dem ersteren bringen wir nur in die unfruchtbare Höhle des Geheimnisses, in welcher wir Weniges kennen, aber Vieles mißverstehen lernen. Bei den letzteren bietet sich dem Geiste ein weit ausgebreitetes Feld nützlicher Forschungen dar, und er sieht Tausende von segensreichen Folgen dem Dasein entgegensprießen. Doch der Ausspruch des Abbe, selbst in seinem Sinne genommen, fängt mit einem Irrthume an, denn er behauptet, was Niemand zu behaupten im Stande ist. Wer darf geradezu sagen, daß, die Glückseligkeit der Menschen zu befördern, keinen Einfluß auf die Beweggründe, welche diesen Vertrag hervorbrachten, gehabt habe? Um dieses behaupten zu dürfen, müßte man die Gesinnungen aller darin betheiligten Parteien ganz genau gekannt haben, bevor man wissen kann, daß ihre Beweggründe anderen Quellen entsprangen.

In demselben Maße, in welchem die Unabhängigkeit Amerikas mehr und mehr verstanden wurde, nahmen auch die örtlichen Vortheile der unmittelbar dabei Betheiligten und die Erkennung der zahlreichen Wohlthaten, die sie der Menschheit zu geben versprach, mit jedem Tage zu. Wir sahen in ihr nicht allein den Nutzen, den sie der jetzigen Generation bringen würde, sondern auch das fortbestehende Gute, selbst für die späteste Nachkommenschaft. Dieses, dem Vorhergehenden hinzugefügt, bildete von Seiten Amerikas die Beweggründe, die es bestimmten einen Bundesvertrag zu proponiren und einzugehen, als das beste und wirksamste Mittel Glückseligkeit zu sichern und zu verbreiten, und was uns betrifft, so ist der Abbe deshalb im Unrecht.

Frankreich auf der andern Seite war in einer verschiedenen Lage. Es war nicht zu diesem Schritte durch die Nothwendigkeit, einen Freund suchen zu müssen, gezwungen worden; deshalb, daß es ein Freund wurde, ist an und für sich der stärkste Beweis, daß seine Beweggründe gut waren, und Dasjenige, welches gut ist, muß irgend eine Glückseligkeit bezwecken wollen. Hinsichtlich seiner selbst sah es eine Menge von Vortheilen, die wohl der Beachtung werth waren. Es schwächte durch dieses Bündniß einen Feind,

den es sonst weder vernichten noch beunruhigen konnte, und erreichte so den
Zweck, ohne Unrecht gethan zu haben. Eben so sicherte es sich einen neuen
Freund, indem es sich mit einem Lande im Unglück verband. Die Trieb=
febern des Geistes, die zu Handlungen dieser Art führen, sind, wie politisch
sie auch immer sein mögen, natürlich wohlthätig, denn alle Sachen, gut
oder böse, verlangen, daß der Geist sich ihnen anpasse, um der Natur des
Gegenstandes gemäß zu handeln. Deshalb, ebenso wie eine schlechte Sache
nicht aus guten Beweggründen verfolgt werden kann, ist es auch nicht an=
zunehmen, daß eine gute Sache aus schlechten Beweggründen lange unter=
stützt werden wird, und da kein Mensch ohne Beweggründe handelt, so muß
dieserhalb in dem gegenwärtigen Falle, wo sie nicht schlecht sein können, zuge=
geben werden, daß sie gut sind. Doch der Abbe beginnt in einem so großarti=
gen Maßstabe, daß er ganz und gar die Grabe vergißt, womit der Vertrag
gemessen werden sollte, und verwirft den Beginn des Guten, weil das Ende
sich nicht sogleich herausstellt. Wahr ist es, daß schlechte Beweggründe ge=
wissermaßen dazu gebraucht werden können, eine gute Sache zu unterstützen
und ein gutes Ziel zu verfolgen; doch wird es nie lange anhalten; dies
war nicht der Fall mit Frankreich. — Entweder der Geist veredelt sein
Object, oder dieses verdirbt den Geist, oder sind sie nicht fähig, auf solche
Weise mit einander in Einklang zu kommen, so müssen sie sich mit Wider=
willen trennen. Dieser natürliche und unbemerkbare Fortschritt der Ver=
brüderung oder des Zwistes zwischen dem Geiste und seinem Objecte ist die
geheime Ursache der Treue und der Abtrünnigkeit. Jedes Ziel, das der
Mensch verfolgt, ist zur Zeit die Geliebte seiner Seele. Sind beide ent=
weder gut oder böse, so ist die Vereinigung natürlich; doch sind sie einan=
der entgegengesetzt und das Eine kann das Andere weder verführen noch
eines Besseren überzeugen, so bringt der Widerstand Abneigung hervor,
die eine Trennung zur Folge hat.

Als Amerika mit seinen Angelegenheiten zuerst auf dem Schauplatze der
Welt erschien, waren viele Abenteurer und Glücksjäger in seinem Gefolge,
die ihm mit allem Anschein der Ehre und Anhänglichkeit zugethan waren.
Sie waren laut in ihren Lobeserhebungen und prahlerisch in ihren Dienst=
leistungen; allenthalben hörte man ihren Eifer oder ihre Entrüstung; sie
betrugen sich wie Verliebte. Allein sie waren nur Glücksjäger; ihre Hoff=
nungen hatten sie so aufgeregt, doch ihr Herz war unberührt geblieben. Ein=
sehend, daß sie ihr Ziel nicht erreichen würden, und da die gute Sache sie
nicht bekehren konnte, standen sie von ferneren Bewerbungen ab, und in
vielen Fällen verließen und verriethen sie ihre frühere Geliebte.

Andere hingegen blickten zuerst gleichgültig auf Amerika hin, und mit
seinem Charakter unbekannt, scheuten sie sich vor seiner Gesellschaft. Sie
behandelten es als ein Land, das unter dem lieblichen Antlitz der Freiheit
die gehässige Larve der Anarchie, oder des düstern Ungeheuers, der Tyran=
nei, verbarg. Sie wußten nicht, was sie aus ihm machen sollten. War
Amerika aufrichtig, so war die Freiheit in der That herrlich; doch sie schien
verdächtig, und obgleich unter uns geboren, stand sie als Fremdling da.

Zufall bei Manchen, Neugierde bei Andern, brachte eine entfernte Be=
kanntschaft hervor. Sie wagten, die Freiheit näher zu betrachten, sie fühl=
ten eine Neigung, sie anzusprechen. Eine Vertraulichkeit führt zu der an=
dern; der Verdacht schwand nachgerade und eine Veränderung zeigte sich
allmählig in den Gesinnungen, und da sie keiner Selbstsucht zu fröhnen,

noch eine Leidenschaft, sie zu entehren hatten, verliebten sie sich in ihre Unschuld, und, durch Unglücksfälle unverändert, durch schlimmen Erfolg un-
beeinträchtigt, theilten sie getreulich ihr mannichfaltiges Schicksal.

* Die Erklärung des Abbé hinsichtlich der Beweggründe hat mich unwillkürlich in metaphysische Betrachtungen gezogen, jedoch es gibt keinen andern
Pfad, auf welchem man so passend an sie herankommen kann. Behauptung gegen Behauptung, Meinung gegen Meinung zu stellen, ist eine Art
Opposition, die keine Wirkung hat. Deshalb war es der geeignetere Weg,
zu zeigen, daß die Behauptung nicht mit dem natürlichen Fortschritte des
Geistes und dem Einfluß, den er auf das Betragen ausübt, übereinstimmt.

Ich will jetzt diesen Theil nicht weiter berühren, und zu dem übergehen,
was ich vorher erwähnt habe, nämlich, daß es nicht so sehr die Beweggründe, welche den Vertrag verursachten, als die Folgen desselben sind, die
Stoff zu philosophischen Betrachtungen darbieten.

Ich habe schon einmal in einer meiner früheren Schriften die Bemerkung
gemacht, daß die Civilisation noch nicht vollkommen ist. Gegenseitige Bedürfnisse haben die einzelnen Personen in einem jeden Lande zu einer gewissen Art von nationaler Gesellschaft gebildet; hier hört der Fortschritt in
der Civilisation auf. Es läßt sich leicht einsehen, daß die Nationen unter
einander (ungeachtet des bürgerlichen Rechts, welches jede, wie es ihr am
passendsten scheint, erklärt) wie Individuen im Naturzustande leben; sie
sind durch keine festen, allgemein anerkannten Grundsätze geleitet und durch
kein Zwanggesetz regiert. Jede thut unabhängig, was ihr gefällt, oder
was sie kann.

Hätten wir die Welt gekannt, als sie noch im Zustande der Rohheit war,
wir würden geglaubt haben, daß es unmöglich sei, sie in die Ordnung zu
bringen, wie wir sie jetzt sehen. Auf den ungezähmten Geist der Individuen war damals so schwer, wenn nicht noch schwerer einzuwirken, als auf
den nationalen Geist in seinem jetzigen Zustande. Doch wir sehen den
Erfolg des Einen vor uns, warum sollten wir am Gelingen des Andern
zweifeln? Man ist jetzt mehr im Stande, die Civilisation der Nationen in
Bezug auf einander auszubreiten und zu vervollkommnen, als man es anfänglich war, dasselbe unter den unverbundenen Einzelnen zu beginnen.
Ebenso, wie es leichter ist, die einzelnen Theile einer Maschine zusammen-
zustellen, nachdem sie einmal angefertigt worden, als die Theile selbst aus
dem Urstoff zu bilden. Die jetzige Lage der Welt ist so durchaus von der
früheren verschieden, daß sie dem Geiste der Menschen eine ganz andere
Richtung gegeben hat, mehr, als er es zu empfinden scheint. Die Bedürfnisse der Individuen, welche die erste Idee zur Vereinigung hervorbrachten,
sind jetzt zu dem Bedürfnisse einer Nation herangewachsen, und sie ist jetzt
gezwungen, in einem andern Lande das zu suchen, was der Mensch zuvor
bei seinem Nachbar finden konnte.

Literatur, die Sprache der Welt, hat in mancher Hinsicht alle Nationen
mit einander bekannt gemacht, und durch die Ausdehnung ihres Gebrauchs
beinahe an jedem Tage eine neue Freundschaft gegründet. Durch sie wurden entfernte Nationen befähigt, sich mit einander zu unterhalten, und indem dieselben mit der Zeit die abgeschlossene Steifheit der Fremden und das
scheue, mürrische Wesen, welches der Verdacht einflößt, verloren, lernten
sie sich einander kennen und verstehen. Wissenschaft, die Parteigängerin

feines Landes und die wohlthätige Schutzgöttin eines jeden, hat großmüthig einen Tempel eröffnet, der Allen offen steht.

Ihr Einfluß auf den Geist der Menschen hat gleich dem, welchen die
Sonne auf die gefrorene Erde ausübt, ihn lange für höhere Veredlung und
größere Vervollkommnung vorbereitet. Der Philosoph des einen Landes
sieht keinen Feind im Philosophen des andern. Er nimmt seinen Sitz in
dem Tempel der Wissenschaft ein und fragt nicht, wer neben ihm sitzt. Dies
war nicht der Zustand der früheren barbarischen Welt. Die Bedürfnisse
der Menschen waren nur gering und die Gegenstände in seinem Bereiche; so
lange er noch diese erhalten konnte, lebte er in einem Zustande der persönlichen Unabhängigkeit; die Folge davon war, daß es so viele Nationen, als
Individuen gab. Jeder lag mit dem Andern in Streit, entweder um
Dinge zu beschützen, die er besaß, oder um zu rauben, was ihm mangelte.
Die Welt hatte keine nützlichen Beschäftigungen und keine Studien, um
ihren Geist zu üben; ihre Zeit war zwischen Nichtsthun und körperlichen
Anstrengungen getheilt, Jagd und Krieg ihre Hauptbeschäftigungen und
Essen, Trinken und Schlafen ihre größten Genüsse. Jetzt ist dies anders.
Eine Veränderung der Lebensart hat es zum Bedürfnisse gemacht, beschäf-
tigt zu sein, und ein Mann hat jetzt Tausende von Dingen zu thun, die
zuvor nicht existirten.

Anstatt seine Idee von Größe in den rauhen Thaten der Wilden zu
suchen, studirt er jetzt die Künste, die Wissenschaften, den Landbau, den
Handel, die Verfeinerung des gebildeten Mannes, die Privilegien der Gesellschaft und die Kenntnisse der Philosophie.

Es gibt viele Dinge, die an sich selbst weder moralisch gut noch schlecht sind,
welche aber Folgen erzeugen, die deutlich den Stempel des Einen oder des
Andern tragen. So zum Beispiel hat der Handel in sich selbst keine moralische Bedeutung, übt aber einen bedeutenden Einfluß auf die Bildung
des menschlichen Geistes. Es war die Abwesenheit von Beschäftigung,
die in den Menschen jene rohe, bestäubige Kriegslust verursachte. Sie mußten nichts mit ihrer Zeit anzufangen. Die Trägheit, in welcher sie so fort-
lebten, gab ihnen Muße, Unheil anzustiften, und da Alle gleich müßig und
in ähnlichen Umständen sich befanden, so waren sie leicht aufgeregt und zu
Thätlichkeiten veranlaßt.

Doch die Einführung des Handels versah Alle mit Objecten, die in ihrer
Ausdehnung Jeden erreichten und ihm Etwas zu denken oder zu thun
gaben. Hierdurch wurde die Aufmerksamkeit allmählig von dem Treiben,
welches ein Zustand der Trägheit und des unbeschäftigten Geistes hervorbringt, abgelenkt, und man handelt jetzt mit denselben Ländern, die man in
früherer Zeit, durch ihre Produkte angelockt, doch zu träge sie zu erwerben,
bekriegt haben würde. So also, wie ich bereits gezeigt habe, wurde die
Lage der Welt durch den Einfluß der Wissenschaft und des Handels wesentlich verändert, und dadurch nicht allein befähigt die Ausdehnung der Civilisation zuzulassen, sondern sie mußte dieselbe sogar wünschen. Der
hauptsächlichste und fast einzige Feind, dem wir noch zu begegnen haben, ist
das Vorurtheil, denn es liegt offenbar im Interesse der Menschen, mit einander in gutem Vernehmen zu sein und sich das Leben so angenehm als
möglich zu machen. Die Eintheilung der Welt in Reiche ist geschehen
und deren verschiedene Grenzen sind bekannt und festgestellt. Die Idee,
Länder zu erobern, wie früher die Griechen und die Römer thaten, existirt

nicht mehr, und die Erfahrung hat die Einbildung verdrängt, Krieg Ge-
winnes halber zu führen. Kurz die Veranlassungen zum Kriege haben sich
bedeutend verringert und es gibt jetzt kaum noch irgend eine, welche einen
Kampf herbeiführen würde, außer der von den Dämonen der Gesellschaft,
den Vorurtheilen und der aus ihnen entspringenden Tücke und Hartnäckigkeit, herrührenden.

Es ist etwas ganz Eigenthümliches in dem Wesen und in der Wirkung
des Vorurtheils. Es hat die seltsame Fähigkeit sich allen den Verschieden-
heiten des menschlichen Geistes anzupassen. Viele der Leidenschaften und
Laster sind nur sparsam unter die Menschen vertheilt und finden nur hier
und da eine passende Aufnahme; das Vorurtheil jedoch findet, gleich der
Spinne allenthalben seine Heimath. Es hat weder Geschmack noch Wahl
sich eine Stelle auszusuchen und alles, was es erfordert, ist Raum. Gleichwie die Spinne überall (ausgenommen im Wasser oder Feuer) leben kann,
so kann auch das Vorurtheil im menschlichen Geiste existiren, mag derselbe
nackt wie die kahlen Wände eines verlassenen Gebäudes sein, oder dunkel
wie ein Kerker, oder mit den reichsten Fähigkeiten der Denkkraft geschmückt;
mag er mit einem Worte glühend oder kalt, hell oder dunkel, cultivirt oder
verödet sein, ohne Unterschied wird das Vorurtheil darin, wenn es nur un-
gestört ist, sein Spinngewebe aufschlagen und fort und fort selbst da bestehen, wo nichts vorhanden zu sein scheint, um ein Dasein zu fristen. Gleichwie die Spinne ihre Speisen durch Vergiften für den Geschmack ihres
Gaumens zurichtet, also auch das Vorurtheil; und da verschiedene der
menschlichen Leidenschaften in der Thierwelt stark charakterisirt sind, so kann
man mit Recht das Vorurtheil die Spinne des menschlichen Geistes
nennen.

Vielleicht waren nie zwei Begebenheiten vereinigt, das Vorurtheil so
kräftig und wirksam zu bekämpfen, als es die Revolution Amerikas und
seine Verbindung mit Frankreich war. Ihre Wirkungen wurden gefühlt
und der Einfluß derselben verbreitete sich sowohl in der alten, als auch in
der neuen Welt. Unsere Art und Weise zu denken hatte gleichfalls eine
Revolution erlitten, außerordentlicher als die politische Revolution des Landes. Wir sehen jetzt mit anderen Augen, hören mit anderen Ohren und
denken mit anderen Gedanken, als wir früher zu thun pflegten. Wir können auf unsere früheren Vorurtheile jetzt zurückblicken, als wären sie die
anderer Völker gewesen; wir erblicken und erkennen, daß sie nichts weiter,
als eben nur Vorurtheile waren und von ihren Fesseln erlöst, genießen
wir eine Freiheit des Geistes, wie wir sie nie zuvor gefühlt. Es waren
nicht allein die Gründe, so mächtig sie auch wirkten, noch die Schlußfolge-
rungen, wie schlagend sie auch immer gewesen sein mögen, die diese Veränderung, so nothwendig zur Erweiterung des geistigen Gesichtskreises
und der freundlichen Beziehungen unter den Menschen hervorbrachten, sondern hauptsächlich die beiden Umstände, die Revolution Amerikas und seine
Alliance mit Frankreich.

Hätte sich Amerika friedlich von Großbritannien getrennt, so würden
keine wesentlichen Veränderungen in den Gesinnungen stattgefunden haben.
Die alten Ideen, Vorurtheile und Thorheiten würden beide Länder noch
wie früher beherrschen und die Menschen würden jetzt noch als Sclaven des
Irrthums und der Erziehung auf dem einmal betretenen Pfade des gewohnten Schlendrians fortwandeln; doch die Trennung durch die jetzigen

gewaltsamen Mittel hat sowohl bei uns als auch in Frankreich und England den Geist von seinen Spinngeweben, seinem Gifte und seinen Schlaken gesäubert und ihn für die Aufnahme großartiger Glückseligkeit vorbereitet.

Nie war vielleicht eine Alliance auf einer breiteren Basis gegründet, als die zwischen Amerika und Frankreich, und es ist der Mühe werth, ihrer Entstehung Aufmerksamkeit zu widmen. Die Länder selbst waren Feinde gewesen, nicht für sich selbst, sondern durch Englands Machinationen. Sie hatten ursprünglich keinen Streit mit einander, auch keine andere Ursache dazu, als die, welche aus dem Interesse Englands und dessen Bewaffnung Amerika's gegen Frankreich entsprangen. Damals waren die Amerikaner bei der Entfernung und der Unbekanntschaft mit der alten Welt in allen den Vorurtheilen befangen, welche Die beherrschten, von denen sie (die Amerikaner) regiert wurden, und sie hielten es daher für ihre Pflicht, so zu handeln, wie man sie von Seiten Englands gelehrt hatte. Indem sie dies thaten, vergeudeten sie ihr Mark, um Eroberungen, nicht für sich selbst, sondern für ihre Herren zu machen, die sie zum Danke dafür als Sclaven behandelten.

Eine lange Zeit hindurch ununterbrochen gegen Amerika ausgeübte übermüthige und unverschämte Härte, und die endliche Trennung durch den Beginn der Feindseligkeiten bei Lexington am 19. April 1775 brachte die Amerikaner zum Nachdenken. In dem Maße, als sich das Gemüth gegen England verschloß, öffnete es sich der ganzen Welt, und unsere Vorurtheile erlitten, obgleich weniger bemerkbar, eben so wie unsere Unterdrückung eine gleich strenge Prüfung in unsrem Geiste, die das Resultat herbeiführte, daß die ersteren eben so wenig der Vernunft und der Nächstenliebe angemessen seien, als wie die letztere unseren bürgerlichen und politischen Rechten.

Während wir so auf dem ausgedehnten Felde der Humanität allmählig fortschritten, wurde das Bündniß mit Frankreich geschlossen. Ein Vertrag, nicht nur für den Zweck eines Tages, sondern aus gerechten und großmüthigen Gründen eingegangen und mit gleichen und gegenseitigen Vortheilen ausgestattet. Der freie, ungezwungene und freundliche Verkehr, durch welchen die contrahirenden Theile seitdem in Verbindung stehen, hat ihn nicht nur zu einem Vertrage der Regierungen, sondern auch zu dem der beiden Länder gemacht. Es besteht jetzt sowohl eine Vereinigung der Gemüther, als auch der Interessen, und unsere Gesinnungen wie auch unsere Wohlfahrt bestimmen uns, ihn aufrecht zu erhalten.

Das englische Volk hatte eine solche Veränderung nicht erfahren, auch hatte es keine Ahnung von derselben. Es nährte in seiner Brust noch dieselben Vorurtheile, die wir jetzt mit Füßen treten, und glaubte, Amerika durch jene Geistesschwäche im Besitz erhalten zu können, die bei dessen Bürgern nun verachtet wurde und Widerwillen erregte. Was die Engländer stolz machte, verabscheuten wir, und hierin lag die Hauptursache, auf welcher alle ihre Unterhandlungen, auf diesen Grund basirt, scheiterten. Wir sind im wahren Sinne des Wortes ein anderes Volk geworden, und können nicht wieder zur Unwissenheit und zu Vorurtheilen zurückkehren. Der einmal aufgeklärte Geist kann nie wieder verdüstert werden; es ist eine Unmöglichkeit, demselben das einmal Eingeprägte wieder zu entreißen, und das Voraussetzen einer solchen Möglichkeit kann mit keinem passenden Namen bezeichnet werden. Deshalb können alle Versuche Englands, die, dem früheren Zustande Amerika's angepaßt, jetzt noch angewendet werden sollen, nur so viel bewirken, als wenn man einen Sehenden überreden wollte, daß er blind, oder wenn man einem Vernünftigen weiß zu machen suchte, daß er wahnsinnig sei! Das Erstere ist unnatürlich, das Zweite unmöglich.

Hinsichtlich des Abbe's Bemerkung, daß das eine Land eine Monarchie und das andere eine Republik sei, so hat dies nichts zu sagen. Die Form der Regierung hat nichts mit den Verträgen eines Landes gemein. Die erstere bezieht sich auf die innere Politik jedes einzelnen Landes für sich allein, das letztere ist seine Politik nach Außen, die es mit Andren verbindet, und so lange jeder der contrahirenden Theile seine Bedingungen erfüllt, haben wir eben so wenig das Recht zu fragen, auf welche Weise der Eine oder der Andere seine inneren Angelegenheiten verwaltet, als wir berechtigt sind, uns in Familienangelegenheiten zu mischen.

Hätte der Abbe nur einen Augenblick nachgedacht, so würde er gefunden haben, daß die Höfe oder die Regierungen aller Länder, ihre innere Form mag sein wie sie wolle, in Bezug auf einander Republiken sind. Es ist dies das erste und wahre Princip von Verträgen. Das Alter eines Landes mag ihm den Vorrang gegeben haben, seine Macht muß natürlich mehr oder minder Wichtigkeit hervorbringen, doch die gleiche Berechtigung der Staaten unter einander ist noch nie bestritten worden. Es ist bemerkenswerth, daß in einem monarchischen Staate bei einem Vertrage mit einer Republik die Glückseligkeit seiner Unterthanen eben so wenig gefährdet ist, als je die Principien einer Republik durch Verträge nach Außen zerstört worden sind; nur innere Convulsionen und Intriguen können dies bewirken. Frankreich hat seit länger als zwei hundert Jahren ein Bündniß mit der Schweiz gehabt, und dieselbe hat noch eben so gut ihre ursprüngliche Regierungsform, als sei sie fortwährend mit einer Schwester-Republik verbunden gewesen. Hierdurch wird des Abbe's Bemerkung auf Nichts reducirt. Abgesehen vom Vorhergehenden ist es auch das Beste, wenn Völker auf solche Weise sich vereinen; denn es gibt dabei immer etwas an Sitten und Gebräuchen zu lernen. Und durch freien Verkehr, die inneren Angelegenheiten unberücksichtigt lassend, kann Freundschaft über den ganzen Erdkreis ausgedehnt und das Vorurtheil zerstört werden.

Ungeachtet der hochtrabenden Erklärungen des Abbe zu Gunsten der Freiheit, scheint es, als ob er manchmal sich selbst vergäße; oder ob diese Theorie mehr eine Frucht seiner Einbildung als seines gesunden Urtheiles sei, denn beinahe in demselben Moment, als er an dem Bündnisse tadelt, es sei ursprünglich nicht darauf berechnet gewesen, das Wohl der Menschen zu befördern, klagt er Frankreich an, daß es so großmüthig und ohne Rückhalt bei demselben gehandelt habe. „Warum (sagt er von Frankreich), verpflichtete es sich durch solch einen unüberlegten Vertrag zu Bedingungen gegen den Congreß, welchen es durch regelmäßige und hinreichende Unterstützungen in Abhängigkeit von sich hätte halten können?"

Wenn ein Autor es unternimmt, über öffentliche Glückseligkeit abzuhandeln, so sollte er sicher sein, Leidenschaft nicht für Recht, und Einbildung nicht für Principien zu nehmen. Das Princip sowohl als die Wahrheit bedürfen keiner Kunstgriffe; sie werden für sich selbst und immer auf ein und dieselbe Weise sprechen. Doch wo dies nicht der Fall ist, muß jedes

Blatt wie in einer ersonnenen Geschichte beobachtet, ins Gedächtniß zurückgerufen und verglichen werden.

Diese Aeußerung des Abbe setzt mich in Erstaunen; entweder sagt sie
gar Nichts oder etwas Böses. In jedem Falle zeigt sie den ungeheuren
Unterschied zwischen speculativer und practischer Kenntniß.

Der Vertrag hätte, nach der Sprache des Abbe zu schließen, weder Dauer
noch befreundenden Einfluß haben sollen. Er dürste bis zu dem Ende des
Krieges gewährt und dann aufgehört haben. Doch Frankreich hat, indem
es so erhaben über die gewöhnliche engherzige Politik handelte, sich unsterb-
lichen Ruhm und die Liebe eines Landes erworben, dem es zuvor fremd
war. Es hatte mit einem Volke zu unterhandeln, das gewohnt war zu
denken, wie es ihm die Natur gelehrt; und Frankreich seinerseits sah in
seiner Weisheit ein, daß die augenblicklichen Vortheile, die es etwa durch
unbillige Bedingungen erhalten könnte, nicht die länger dauernden aufwiegen würden, die es durch einen großmüthigen und freundlichen Anfang
hoffen konnte.

Von diesem Theile geht der Abbe auf die Verhandlung der beiden Cabinete
von Versailles und Madrid, die Unabhängigkeit Amerika's betreffend, über,
wohin ich ihm nicht zu folgen beabsichtige. Es ist ein hinlänglich anerkannter Umstand, der keiner weiteren Erläuterung bedarf, daß die frühere Vereinigung Amerika's mit England dem letzteren eine Macht gab, die in seinen
Händen der Welt gefährlich wurde, und es ist nicht ungeeignet, vorauszusetzen, daß, hätte England Amerika's Stärke vor dem Kriege, wie jetzt
nach demselben erkannt, es, anstatt Amerika zu unbedingter Unterwerfung
zwingen zu wollen, dasselbe vielmehr zu einer Eroberung Mexico's bewogen
haben würde. Doch von den getrennten Ländern (England und Amerika)
hat Spanien nichts zu fürchten, obgleich es während ihres Vereintseins
mehr als irgend eine andere Macht Europa's zu fürchten hatte.

Ich werde mich besonders auf den Theil beschränken, worin der Abbe
Gelegenheit nimmt, dem britischen Ministerium wegen seines Verwerfens
der angebotenen Vermittelung des Madrider Hofes im Jahre 1779 so hohe
Bewunderung zu zollen.

Man wird sich erinnern, daß ehe Spanien sich mit Frankreich zum Kriege
verband, es das Amt eines Vermittlers unternahm, und dem britischen
Könige oder dem Ministerium in ihrem Interesse so günstige Vorschläge
machte, daß, wären dieselben angenommen worden, sie für Amerika entweder lästig oder ganz unzulässig geworden wären. Diese Vorschläge wurden jedoch verworfen und der Abbe sagt hierüber:

„Unter solchen Umständen wie diese es sind, in einer Zeit, wo edler Stolz
die Seele über alle Schrecken erhebt, wo nichts entsetzlicher erscheint als die
Scham, sich Gesetze dictiren zu lassen, und wenn kein Zweifel und kein Bedenken herrscht, ob man Entehrung oder Untergang wählen will, dann,
unter solchen Umständen zeigt sich die Größe einer Nation. Ich gebe jedoch
zu, daß Menschen, die gewohnt sind Begebenheiten nach ihrem Erfolge zu
beurtheilen, große und gefährliche Entschlüsse Heldenmuth oder Tollheit, je
nach den guten oder schlimmen Erfolgen, welche sie haben, nennen würden.
Sollte Einer mich fragen, welchen Namen man in späteren Jahren der
Festigkeit der Engländer, die sie in jenem Augenblicke zeigten, geben würde,
so müßte ich antworten, daß ich dies nicht wüßte, daß ich jedoch weiß,
welchen sie verdiente. Ich weiß, daß die Annalen der Weltgeschichte sel-

ten das erhabene, majestätische Schauspiel einer Nation darbieten, die lieber ihre Existenz als ihren Ruhm aufgeben will."

In dieser Stelle ist die Auffassung erhaben und die Ausdrücke sind elegant, doch die Farben sind für die Wirklichkeit zu grell aufgetragen und die Aehnlichkeit wird ebenfalls durch ein Uebermaß von Grazie verfehlt. Gedanken und Sprache dem Gegenstande anpassen, so daß sie ein klares Bild hervorbringen, das gerade den fraglichen Punkt darstellt und sonst nichts, dies ist das wahre Kennzeichen der Kunst zu schreiben. Der größte Theil der Schriften des Abbé's hingegen (ich bitte ihn, diese Bemerkung zu entschuldigen), scheint mir ohne innere Einheit und mit zusammenhangslosem Putz überladen. Sie stellen eine schöne, pfadlose Wildniß dar, in welcher das Auge durch jeden Gegenstand angezogen, aber auf keinen vorzugsweise hingeleitet wird, und in welcher es eben so angenehm ist, sich zu verirren, als es schwierig wird, sich hinauszufinden. Ehe ich mich weiter mit dem Geiste und der Composition obiger Stelle befasse, will ich sie mit der Thatsache, auf welche sie hindeutet, vergleichen.

Die Handlung verdient die Lobrede nicht. Die Verwerfung war nicht der Festigkeit, sondern der Eitelkeit Großbritanniens entsprungen. Es betrachtete seine Lage durchaus noch nicht als eine so gefährliche und verzweifelte, weshalb die Phrase, nach welcher es „lieber seine Existenz, als seinen Ruhm aufgeben will, nicht auf seine Gemüthsstimmung angewandt werden kann. Damals hatte es noch bedeutende Hoffnung, Amerika zu unterjochen; es hatte keine andere Seemacht, als die Frankreichs gegen sich, und glaubte nicht, daß das Zurückweisen der spanischen Vermittlung jene Macht zu einem Bündnisse mit Frankreich veranlassen würde. Neue Vermittlung, noch günstiger als die verworfene, hätte ihm angeboten werden können. Doch hätte England sich auch hierin geirrt, und hätte auch Spanien, wie es geschah, sich an Frankreich angeschlossen, so würde dies nur seine (Englands) Seemacht gegen jene Länder in Anspruch genommen haben, deren man gegen Amerika nicht bedurfte, und die man nicht einmal anwenden konnte; und seine gewohnte Denkweise hatte England glauben gemacht, daß es hierin jenen beiden Ländern überlegen sei.

Welche Folgen man auch immer von dem Kriege erwarten durfte, sie waren nicht geeignet, in England die Idee seines Unterganges anzuregen. Es liegt nicht in dem Interesse der europäischen Politik, zu dulden, daß eine Macht ganz vernichtet werde, sondern sie will dieselbe nur mitunterstützen und ihre gefährliche Vergrößerung verhindern. England war ebenfalls durch seine Lage gegen den unmittelbaren Schrecken eines feindlichen Ueberfalls gesichert; es wälzte sich in Ausschweifungen und spähte nach neuen Eroberungen; denn obgleich es nichts, als die Unkosten des Krieges zu tragen hatte, war sein gieriges Auge doch schon auf glänzende Entschädigungen gerichtet.

Wenn es aber den Abbé so sehr entzückt, ergreifende Eigenthümlichkeiten des Charakters kennen zu lernen, so würde er in Amerika ein weites Feld für seine Lobreden gefunden haben. Hier war ein Volk, das nicht wußte, welchen Antheil die Welt für oder gegen es nehmen würde, und welches, unerfahren und ungeübt im Kampfe, einer Macht Widerstand zu leisten wagte, gegen welche selbst mächtigere Nationen unterlegen waren. Alles, seine Principien, die es unterstützten, ausgenommen, mußte es erst lernen, und jede Sache, die für seine Vertheidigung nothwendig war, mußte es erst schaffen. Es sah sich zuweilen so heruntergedrückt, als es die Noth nur möglicherweise thun konnte, ohne daß seine Standhaftigkeit erschüttert wurde. Es ward durch unerwartete Ereignisse wieder emporgehoben, ohne daß man ein unmännliches Uebermaß der Freude bemerken konnte. Zu zagen, oder zu verzweifeln, ist den Amerikanern gleich unbekannt; ihr Geist war auf Alles gefaßt, weil ihr ursprünglicher und fester Entschluß, zu siegen oder zu sterben, alle möglichen Zufälle in sich schloß. Das Verwerfen der britischen Vorschläge im Jahre 1778 unter den Umständen, in welchen Amerika sich damals befand, ist ein weit größeres Beispiel unerschütterlicher Standhaftigkeit, als es die Zurückweisung der Vermittlung Spaniens Seitens des Londoner Hofes war. Auch andere Geschichtsschreiber, als der Abbe, von der Größe dieses Betragens in Erstaunen gesetzt, schrieben es der Kenntniß des Vertrages mit Frankreich zu, welche die Amerikaner damals nicht besaßen. Ihr Irrthum zeigt, daß sie die Größe jenes Benehmens anerkannten, weil sie, um es zu erklären, nach einer Ursache suchten; sie wußten aber nicht, daß die einzige Ursache in den Principien dieses Landes zu finden war. *)

Die leidenschaftliche Lobrede des Abbe ist verdienter Weise Entgegnungen von Seiten der Moral, wie der Philosophie ausgesetzt. Sie ist der Erguß einer ungezügelten Einbildungskraft, geeignet, selbst jene Betrachtungen zu verhindern, welche das sträfliche Betragen Großbritanniens der Humanität zur Pflicht macht. Es ist ein Laudanum schmeichlerischer Ungerechtigkeit. Es wiegt das Gewissen einer Nation in betäubten Schlaf ein, und mehr Unheil ist schon dadurch angestiftet worden, daß man die Schuld in das Gewand der Gerechtigkeit gekleidet hat, als durch die directe Begünstigung der ersteren geschehen ist.

England ist jetzt das einzige Land, welches die Welt in Unruhe und Krieg versetzt, und statt dem Unmaße seiner Verbrechen noch Lobeserhebungen zu machen, wäre es dem Charakter des Abbe angemessener gewesen, England und seinem Monarchen die folgenden Fragen vorzulegen:

„Gibt es nicht schon Leiden genug in dieser Welt, zu schwierig zu bekämpfen und zu bitter zu ertragen, daß man noch darauf bedacht sein muß, die Reihe derselben zu vergrößern und neue, schrecklichere hinzuzufügen?

„Ist das Leben so sehr lang, daß es nothwendig, ja sogar eine Pflicht ist, seine Existenz zu erschüttern und sein Ende zu beschleunigen? Ist der Pfad, auf dem wir wandeln, so lieblich, sanft und so mit Genüssen bedeckt, daß es nöthig ist, seinen Boden mit Bitterkeit zu düngen? Geh, frage drin leidendes Herz, wenn es aus tausend Wunden blutet, frage deine kranke Seele, wenn jede Arznei ihr Frieden zu geben verfehlt, frage sie, ob dies der Fall ist, oder nicht?"

---

*) Auszug aus „Eine kurze Uebersicht der jetzigen Regierung Englands, S. 45 in dem neuen Annnal-Register für das Jahr 1780."
Die Bemühungen der Bevollmächtigten, welche in Folge von Lord North's Versöhnungsvorschlägen nach Amerika gingen, um den Colonien Friedensbedingungen vorzulegen, hatten durchaus keinen Erfolg. Die Zugeständnisse, die früher mit Dankbarkeit angenommen worden wären, wurden jetzt mit Unwillen verworfen. Jetzt war die Zeit des amerikanischen Stolzes und Hochmuths gekommen. Es ist jedoch wahrscheinlich, daß es nicht Stolz und Hochmuth allein waren, die den Congreß zu diesen Beschlüssen bewogen, sondern ein Mißtrauen in die Aufrichtigkeit der englischen Anträge, eine Entschlossenheit, ihre Unabhängigkeit nicht aufzugeben, und vor Allem die Verbindlichkeiten, die sie in dem vor Kurzem mit Frankreich abgeschlossenen Vertrage eingegangen waren.

Ich will dies nicht weiter berühren, und auf eine andere Stelle übergehen, wo der Abbe der Bosheit und, was noch schlimmer ist, der Ungerechtigkeit freien Lauf gelassen hat.

Nachdem er über den Vertrag spitzfindige Bemerkungen gemacht hat,
fährt er fort, die verschiedenen in dem Kriege verbundenen Parteien zu cha-
rakterisiren.

„Ist es möglich," sagt er, „daß eine innige Vereinigung unter Bundesgenossen lange stattfinden kann, deren Charaktere sich so entgegenstehen,
wie der des leichtsinnigen, feurigen und spöttischen Franzosen, des eifer-
süchtigen, stolzen, hinterlistigen, langsamen und umsichtigen Spaniers und
des Amerikaners, der, im Geheimen seinen Blick nach dem Mutterlande
wendend, sich, wenn es mit seiner Unabhängigkeit verträglich wäre, über
die Unglücksfälle seiner Alliirten freuen würde."

Carricaturen von einem Andern zu entwerfen, ist eine Art anzugreifen
und sich zu rächen, welche der größte Theil der Menschen gern begünstigt.
Der ernste Philosoph aber sollte darüber erhaben sein, ganz besonders in
Fällen, wo nichts Gutes, aber wohl Unheil daraus entstehen, und wo
keine vorhergegangene Beleidigung das Vergehen beschönigen kann. —
Der Abbe hätte für alle Länder der Welt Charakterverschiedenheiten finden
können, und sie hätten wiederum solche für ihn gefunden, bis im Kriege des
Witzes jeder wahre Charakter verloren gegangen wäre. Die Höflichkeit der
einen und der Ernst einer andern Nation können durch ganz geringe Schattirungen zu Zerrbildern verunstaltet werden, und der Maler verdient eben
so viel mitleidiges Lächeln, als die Gezeichneten.

Doch weshalb geht der Abbe nicht ein klein wenig tiefer und zeigt die
Vortrefflichkeiten der verschiedenen Parteien? Warum verweilt er nicht
bei der Charaktergröße und der Hochherzigkeit, die das Betragen Frankreichs
in seinen Siegen ausgezeichnet hat, und welche sogar England sich gezwungen sah, anzuerkennen!

Es gibt wenigstens eine Richtung (und noch viele andere könnten gefunden werden), worin die Bundesgenossen sich vereinigen. Dies ist der Wett-
eifer der Hochherzigkeit in der guten Behandlung ihrer Feinde. Spanien hat
dies bei der Eroberung Minorka's und der Bahama-Inseln bethätigt. Amerika hat seit dem Anfange des Krieges trotz der ungeheuern, zur Vergeltung
herausfordernden Kränkungen, die es erlitten, dennoch unveränderlich seine
Milde gezeigt. England allein ist übermüthig, rücksichtslos und grausam
gewesen.

Weshalb beschuldigt man Amerika eines Vergehens, welches weder sein
Betragen, noch seine Principien verdienen, und welches, wenn es Thatsache wäre, seiner Ehre schaden müßte? Ich meine den Mangel an Anhänglichkeit an seine Bundesgenossen, oder daß es bei ihren Unglücksfällen
frohlockt hätte? Wahr ist, daß Amerika eifrig bemüht gewesen ist, der
Welt zu zeigen, daß es nicht der angreifende Theil in dem Kriege und der
Kampf nicht von ihm gesucht, noch gewünscht war. Doch von seiner Bie-
derkeit und sogar von seiner Rechtfertigung solche Folgerungen herzuleiten
(und ich sehe nicht, woher man sonst vorgeben könnte, sie genommen zu
haben), um seinen Charakter zu ruiniren, dies ist lieblos und ungerecht.

Stimmt das Verwerfen der britischen Vorschläge im Jahre 1778, ehe
Amerika von dem Vertrage mit Frankreich etwas wußte, mit des Abbe's

II. F

Beschreibung seiner Gesinnungen überein? Wird sie seit der Zeit auch nur durch einen einzigen Umstand gerechtfertigt?

Es ist jedoch noch ein besserer Beweis vorhanden: die Briefposten nämlich, welche zu verschiedenen Zeiten in allen Theilen Amerika's aufgefangen und nach New York gebracht wurden. Unter allen den darin enthaltenen, mit den geheimsten und vertrautesten Mittheilungen sowohl von Behörden, als auch von Privatpersonen, beschwerten Briefen, welche dort veröffentlicht wurden, befand sich nicht einer, ich wiederhole es noch einmal, nicht ein einziger Brief, der solcher Anschuldigung Vorschub leistete.

Amerika ist kein Land, wo die Menschen durch die Regierung im Reden beschränkt werden und ist irgend eine Beschränkung vorhanden, so entsteht sie aus Furcht vor dem öffentlichen Tadel. Begünstigt also die öffentliche und private Correspondenz derartige Muthmaßungen nicht, und ist die allgemeine Gesinnung des Landes der Art, daß sie Freude bei den Unglücksfällen unserer Bundesgenossen an den Tag zu legen, unräthlich macht, so möchte ich fragen, worauf sich diese Anklage gründet? Mit wem der Abbe in Frankreich verkehrt hat, wissen wir nicht, doch das können wir behaupten, daß sein Bericht nicht auf Amerika anwendbar ist. Wäre er hier gewesen zu der Zeit als die Nachricht von dem Unglücke der Flotte unter Befehl des Grafen Grasse in Westindien hier ankam, er würde seinen Irrthum eingesehen haben. Ich kenne keinen Umstand, den Verlust von Charleston ausgenommen, bei welchem die öffentliche Meinung emsigern und innigern Antheil nahm und durch den die Gemüther, von Furcht und Hoffnung, daß dieser Bericht wahr oder falsch sei, mehr aufgeregt wurden. Wäre dieser Verlust ganz auf uns gefallen, wir hätten nicht tiefer davon ergriffen sein können und doch war es keine Angelegenheit, welche die Unabhängigkeit Amerika's berühren konnte.

Der geographische Bericht, welchen der Abbe von den dreizehn Staaten gibt, ist so voller Irrthümer, daß, eine besondere Widerlegung derselben zu versuchen, die Grenzen überschreiten würde, welche ich mir gestattet habe. Da es weder eine politische oder geschichtliche, noch eine Meinungssache ist, und immer von selbst durch die Ausdehnung und natürliche Lage des Landes widerlegt wird, so will ich es mit der Bemerkung übergehen, daß ich noch nie eine europäische Beschreibung Amerika's sah, die treu gewesen wäre, und daß es auch unmöglich ist, daß Jemand eine richtige Idee davon fassen kann, ohne hierher zu kommen.

Obschon ich diesen Brief weiter ausgedehnt habe, als ich beabsichtigte, bin ich demungeachtet gezwungen worden, viele Beobachtungen auszulassen, die ich anfänglich mir vorgenommen hatte zu machen. Ich wünschte, es wäre keine Gelegenheit, auch nur zu einer einzigen vorhanden gewesen. Doch die unrichtige Auffassung, welche des Abbe's Werk geeignet war zu erregen, und der vorurtheilsvolle Eindruck, den es hinterlassen konnte, müssen meine Bemerkungen und die Freiheit, mit der sie geschrieben sind, rechtfertigen.

Ich finde, daß der Abbe eine Art Auszug des Pamphlets „gesunder Menschenverstand" gemacht und ihn in jener Form in seinem Werke eingeführt hat; doch bei andern Stellen hat er von dem Pamphlet freien Gebrauch gemacht, ohne es anzuerkennen. Der Unterschied zwischen Regierung und Gesellschaft, womit das Werk beginnt, ist daraus entlehnt, in einigen Ausdrücken sogar wörtlich und von dem Abbe als ursprünglich sein Erzeugniß dargestellt, und durch den ganzen Theil seines Werkes so gehalten. Die Idee des „gesunden Menschenverstandes" ist so genau copirt und verfolgt, daß der Unterschied nur in Worten und in der Reihenfolge, nicht in den Gedanken selbst zu finden ist. *)

Es ist jedoch Zeit, daß ich meinen Brief schließe, und ich will mich aller weiteren Bemerkungen über das Werk des Abbe enthalten und eine gedrängte Uebersicht der öffentlichen Angelegenheiten seit der Zeit, daß sein Werk vollendet, geben.

Gesunder Menschenverstand.	Abbe Raynal.

Einige Schriftsteller haben die Begriffe „Regierung und Gesellschaft" so mit einander verwirrt, daß nur ein geringer oder gar kein Unterschied übrig geblieben ist, während dieselben doch nicht allein verschieden sind, sondern selbst verschiedene Entstehung haben. Die Gesellschaft ist durch unsere Bedürfnisse erzeugt — die Regierung durch unsere schlechten Triebe. Die erstere fördert unser Wohlsein positiv, indem sie unsere guten Bestrebungen vereinigt, die letztere negativ, indem sie unsere Laster darniederhält.

Man muß sich hüten, die Gesellschaft nicht mit der Regierung zu verwechseln. Um beide deutlich kennen zu lernen, sollte man ihren Ursprung betrachten. Gesellschaft geht aus den Bedürfnissen der Menschen, Regierung aus ihren Lastern hervor. Die Gesellschaft bezweckt immer das Gute, die Regierung soll immer das Einschränken des Lasters bezwecken.

In den folgenden Stellen ist weniger Aehnlichkeit der Sprache, doch die Ideen der einen sind augenscheinlich der andern copirt.

Um eine klare und richtige Idee von dem zu erlangen, was Absicht und Zweck einer Regierung ist, wollen wir annehmen, daß eine kleine Anzahl Personen sich in einem begrenzten Theile der Erde ohne Verbindung mit den Uebrigen niedergelassen hätte. Sie geben uns ein Bild von der ersten Bevölkerung eines Landes oder der Welt. In diesem Zustande natürlicher Freiheit wird ihr erster Gedanke sein, sich zu einer Gesellschaft zusammen zu thun. Tausend Beweggründe werden sie dazu treiben. Die Kraft eines Menschen ist so unzulänglich für seine Bedürfnisse und sein Geist so ungeeignet für beständige Einsamkeit, daß er genöthigt ist, schnell Beistand und Hülfe bei Andern zu suchen, welche ihrerseits dasselbe beanspruchen. Vier oder fünf vereinigt, werden im Stande sein, eine leidliche Wohnung inmitten der Wildniß aufzurichten, während ein Mann allein die ganze gewöhnliche Lebensdauer in Arbeit verbringen könnte, ohne irgend etwas zu Stande zu bringen. Wenn er sein Bauholz gefällt hätte, würde er es nicht fortschaffen oder nachher aufrichten können, sobald es an Ort und Stelle gebracht. Der Hunger würde gleichzeitig von seinem Werke abziehen und jedes andere Bedürfniß seiner Thätigkeit eine andere Richtung geben. Eine Krankheit, ja selbst schon ein Unfall würde sein Tod sein, denn wäre auch keines an sich tödtlich, so würde ihn doch jedes unfähig machen fortzuleben und ihn in einen Zustand bringen, von dem man sagen könnte, er müsse mehr verderben als sterben. So würde die Nothwendigkeit, gleich einer Schwerkraft unsere neu angekommenen Emigranten schnell zu einer Gesellschaft bringen.

Die Menschen, als wären sie durch bloßen Zufall auf diese Erde geworfen, von allen Uebeln der Natur umgeben, gezwungen, beständig ihr Leben zu vertheidigen und sich zu schützen, gegen Sturm und Wetter der Luft, gegen Ueberschwemmungen von Wasser, gegen das Feuer der Vulkane, gegen die Temperatur der kalten und heißen Zone, gegen die Unfruchtbarkeit der Erde, die ihm Nahrung verweigert; oder gegen jene verderbliche Fruchtbarkeit, die Gift unter seinen Füßen aufkeimen läßt, kurz gegen das Gebiß und die Klauen der reißenden Thiere, die mit ihm um den Besitz und die Beute streiten und seine Person angreifend, entschlossen zu sein scheinen, sich zu Beherrschern der Welt zu machen, von welcher er Herr zu sein wähnt. Der Mensch in diesem Zustande könnte allein und verlassen nichts für seine Selbsterhaltung thun. Es war dieserhalb nöthig, daß er sich mit seinesgleichen vereinigte und zusammenwohnte, damit auch ihre Kraft und ihre Klugheit vereint würde. Durch diese Union hat er so manche Uebel überwunden, den ganzen Erdball sich dienstbar gemacht, Flüsse eingedämmt, sich zum Herrn der Meere erhoben, seinen Lebensunterhalt gesichert, sich Thiere unterwürfig gemacht und sie gezwungen ihm zu dienen, und Andere weit von ihren Besitzungen hinweg in die Tiefe der Wälder getrieben, wo sie sich von Jahr zu Jahr vermindern. Was ein Einzelner nicht fähig war zu thun, haben die Menschen im Verein vollbracht und so vereint erhalten sie ihre Schöpfung aufrecht. Dies ist der Ursprung und dies sind die Vortheile und der Zweck der Gesellschaft. Regierung verdankt ihren Ursprung der Noth-

Ein Geist, der gewohnt ist, gemein und ungerecht zu urtheilen, macht seine Beobachtungen ohne Ueberlegungen oder doch sehr parteiisch; wie anders können wir die Kriegserklärung gegen die Holländer deuten? Um eine Idee von der Politik zu erhalten, welche das britische Ministerium zu dieser Maßregel bestimmte, müssen wir auf die Meinung eingehen, welche dasselbe und die Engländer im Allgemeinen sich von dem Charakter der holländischen Nation gebildet hatten, und daraus herleiten, was ihre Hoffnung von den Folgen einer Kriegserklärung war. Hätte Großbritannien erwartet, daß Holland ernstlich gesonnen sei, mit Frankreich, Spanien und Amerika gemeinschaftliche Sache zu machen, so würde das britische Ministerium nie gewagt haben, es zu reizen. Es wäre eine Tollheit in der Politik gewesen, hätte es so gehandelt, außer wenn es etwa die Absicht hatte, die Periode einer solch drängenden Noth zu beschleunigen, welche den Zugeständnissen, die, wie es einsah, es der Welt über kurz oder lang machen müßte, angemessen erschien und für welche es nur Gelegenheit suchte, um sich damit rechtfertigen zu können. Manche Menschen haben eine Gemüthsstimmung, die nur einen Vorwand zur Unterwerfung sucht, gleichwie ein Schiff, das in einem Gefechte wehrlos gemacht und untüchtig geworden ist, den Kampf weiter fortzusetzen, nur die Annäherung eines größeren erwartet, um dann ehrenvoll seine Flagge zu streichen. Ob dies eine Größe oder Schwäche des Geistes ist, will ich nicht untersuchen; ich glaube, es ist das Letztere, weil es einen Mangel an der Fähigkeit zeigt, das Unglück in seiner bloßen ursprünglichen Gestalt zu ertragen. Doch das britische Ministerium hat durch sein späteres Betragen gezeigt, daß dies nicht sein politischer Plan gewesen, und folglich müssen wir die Beweggründe wo anders suchen.

Die Wahrheit ist, daß England eine zu geringe Meinung von der holländischen Nation hatte. Es sah sie als ein Volk an, welches sich jedem Dinge fügen würde, welches England beleidigen könnte, wenn und wie es wollte, und plündern, wo es ihm gefiele, ohne daß die Holländer wagen würden, gereizt zu werden.

Wenn dies als die Meinung des britischen Ministeriums angenommen wird, so kann man sich seine Maßregeln leicht erklären, weil sie von der Voraussetzung ausgingen, daß wenn England die Holländer durch die Kriegserklärung um ungefähr zwei Millionen Pfund Sterling berauben haben würde, und sie zu berauben hieß populär sein, es mit demselben wieder Frieden machen könnte, wenn es ihm beliebte, und so zusagen unter jeder Bedingung, die das britische Ministerium vorschlagen würde. Und wirklich

---

Die gegenseitigen Vortheile derselben würden überwiegen und die Verbindlichkeiten von Gesetz und Regierung so lange unnöthig machen, als sie gegen einander vollkommen gerecht bleiben. Da aber nur der Himmel dem Laster unzugänglich ist, so wird es unvermeidlich geschehen, daß nach den ersten überwundenen Schwierigkeiten der Einwanderung, welche sie zur Gemeinschaftlichkeit verbanden, das Pflichtgefühl und die Anhänglichkeit unter einander nach und nach erschlafft. Und dieses Erschlaffen wird die Nothwendigkeit klar machen, irgend eine Regierungsform einzuführen, um den Mangel an Moralität zu ersetzen. wendigkeit, den Schaden zu verhindern und zu unterdrücken, den ein Individuum von dem andern zu befürchten hat. Sie ist die Schiltwache, die aufpaßt, daß die Arbeiter nicht gestört werden.

war die Plünderung kaum begangen, als man auch schon Friedensvorschläge machte, — die jedoch wider Erwarten nicht angenommen wurden.

Verliert der Geist einmal das Gefühl seiner eigenen Würde, so wird ihm
auch hierdurch die Fähigkeit genommen, dieselbe bei einem Andern beurtheilen zu können. Der amerikanische Krieg hat England in solch' verschie-
bene alberne und lächerliche Lagen gebracht, da es, von sich selbst auf Andere schließend, nicht begreift, in welchem Maße nationelle Würde in einem
andern Lande besteht. Es erwartete Heuchelei und Unterwürfigkeit von
Holland, und dieser Irrthum ging daraus hervor, weil es während des
jetzigen Krieges so häufig selbst diesen Charakter darstellte.

Mit England alliirt oder verbündet zu sein, scheint eine unsichere und
unpolitische Lage. Holland und Amerika bezeugen die Wahrheit dieser
Bemerkung. Man lasse diese Länder die Bundesgenossen Frankreichs oder
Spaniens werden, und England wird ihnen mit Höflichkeit aufwarten und
sie mit Achtung behandeln; aber man mache sie zu seinen eigenen (Englands) Verbündeten, und es wird sie beleidigen und plündern. Im ersten
Falle fürchtet es sich, sie zu beleidigen, den sie haben Hülfe an der Hand;
im letztern Falle existirt jedoch diese Furcht nicht. So ist von jeher Englands Betragen gewesen.

Ein anderer Umstand, der sich seit der Veröffentlichung von des Abbé's
Werk und seitdem ich meinen Brief angefangen habe, zugetragen hat, ist
der Sturz des britischen Ministeriums. Welchen Weg das neue Cabinet
in Bezug auf Amerika einschlagen wird, ist noch unbekannt und auch unwesentlich, es sei denn, daß es zu einem allgemeinen und ehrenvollen Frieden sich neige.

Wiederholte Erfahrungen haben nicht allein die Unthunlichkeit, Amerika
zu erobern, gezeigt, sondern auch die Unmöglichkeit, seinen Geist zu be-
zwingen und ihn zu seiner früheren Denkweise zurückzubringen. Seit dem
Anfang des Krieges, der jetzt acht Jahre lang dauert, sind Tausende und
Zehntausende aufgewachsen und reifen täglich mehr zur Mannheit heran,
die England nur als einen barbarischen Feind kennen und denen die Unabhängigkeit eben so sehr als ein natürliches und festgestelltes Gouvernement
erscheint, als den Engländern das ihrige, und von der andern Seite sind
Tausende gealtert, die noch Englands Ideen in sich nährten und haben sich
vom Schauplatze des Handelns und des Lebens zurückgezogen. Der natürliche Fortschritt sowohl, als die Abnahme der jetzigen Generation wirkt
stündlich zu Englands Nachtheil; Zeit und Tod, zwei schwer zu widerstehen-
de Feinde, kämpfen täglich gegen sein Interesse, und die Sterbelisten Amerika's sind die Thermometer seines Verfalls. Die Kinder auf der Straße
haben es mit ihrer Muttermilch eingesogen, England als ihren einzigen
Feind zu betrachten. Sie hören von seinen Grausamkeiten erzählen, von
ihren erschlagenen Vätern, Enkeln und Verwandten, sie sehen die Ruinen
verbrannter und zerstörter Häuser, und die alte einfache Tradition der
Schule sagt ihnen: das haben die Engländer gethan.

Dies sind Umstände, welche der blos englische Politiker, der den Mann
nur in seiner Mannheit betrachtet, nicht bedenkt. Er verwechselt sie mit
gleichzeitigen und gleichen Parteien in seiner Heimath und denkt nicht, wie
schnell die aufwachsende Generation Amerika's seiner Kenntniß entrückt
wird, oder er der ihrigen. In wenigen Jahren wird alle persönliche Erinnerung verwischt und verloren sein, und wer der König und die Minister

II. F2

Englands sein werden, Wenigen bekannt sein und noch Wenigeren der Frage werth bleiben.

Die neue britische Verwaltung ist aus Personen zusammengesetzt, die von jeher gegen den Krieg waren und alle gewaltthätigen Maßregeln des früheren Ministeriums mißbilligt haben. Sie betrachteten den amerikanischen Krieg als dem Lande unheilbringend, und opponirten ihn aus diesem Grunde. Doch, was geht dies Amerika an? Es hat nichts mit den Parteien Englands zu thun? Der Ein- oder Austritt einer oder der andern Partei ins Cabinet kümmert es nicht. Mit dem ganzen Lande ist es im Krieg und mit ihm als Ganzes nur muß es zum Frieden kommen.

Wäre jeder Minister Englands ein Chatham, es würde jetzt wenig in der Waage der amerikanischen Politik wiegen. Der Tod hat dem Andenken dieses Staatsmannes j e n e n R u h m gesichert, welchen er im Leben verloren haben würde. Die Pläne und Meinungen der letzten Zeit seines Lebens würden von eben so vielen schlimmen Folgen begleitet und hier eben so mißbilligt worden sein, als die des Lord North. Und obgleich er ein weiser Mann war, so sind seine Pläne doch voll von Ungereimtheiten, die an Thorheit grenzen.

Es war augenscheinlich der Fehler der letzten Minorität, zu glauben, daß Amerika sich unter gewissen Bedingungen mit ihr verständigen dürfte, wenn sie im Amte wäre, daß es dieselbe aber nicht einmal anhören würde, wenn sie von der damaligen Administration ausgingen. Diese Idee kann nur eine Verlängerung des Krieges bewirken, und England wird die Fatalität solcher Irrthümer durch den Verlust mehrerer Millionen an Kriegskosten einsehen lernen. Vermieden die neuen Minister diese hoffnungslose Politik, so würden sie sich als bessere Lootsen und Männer zeigen, als sie zu sein scheinen, denn man erwartet täglich, ihr Schiff auf einen verborgenen Felsen stoßen und scheitern zu sehen.

Doch es gibt ein F e l d , auf welchem sie (die Minister) ihre Größe zeigen können; eine glänzendere Aussicht kann sich kaum darbieten, und es ist eine solche, die wahre Seelengröße ergreifen und worüber sich die Humanität freuen würde. Eine totale Reform ist in England nothwendig; sie erfordert einen umfassenden Geist — Ein Herz, das eine Welt in sich schließt; anstatt sich auf seiner Insel abzuschließen und mit der ganzen Welt zu hadern, würde es mehr dauernde Glückseligkeit und wahre Reichthümer erwerben, wenn es frei und offen mit der ganzen Welt verkehrte und laut erklärte, es sei keines Landes Feind. Es ist jetzt nicht die Zeit für kleine Intriguen und arglistige Politik. Die europäische Welt ist zu erfahren, um betrogen zu werden, und Amerika ist zu klug, um sich anführen zu lassen. Nur etwas Neues und Meisterhaftes kann jetzt mit Erfolg gekrönt werden. Die Idee, Amerika zu verführen, seine Unabhängigkeit aufzugeben, oder es von seinen Verbindungen wegzulocken, ist ein Gedanke, zu niedrig für einen großen und unmöglich für einen ehrenhaften Mann. Immer, wenn Politik dazu gebraucht wird, die Redlichkeit der Menschen zu verlocken und die Tugend der menschlichen Natur zu vernichten, so wird sie verabscheuungswürdig, und ein Staatsmann mit solchen Plänen heißt so viel, als ein officieller Schurke. Derjenige, welcher danach strebt, zeigt eine Leere in seinem Charakter, die mit den schlimmsten Eigenschaftswörtern ausgefüllt werden mag.

Sollte aber England nicht einen allgemeinen und ehrenwerthen Frieden wollen, muß der Krieg auf jede Gefahr hin noch länger geführt werden, so kann ich mir den Wunsch nicht versagen, daß die Alliancen, die Amerika eingegangen, die einzigen Motive des ferneren Krieges werden möchten, um der Welt zeigen zu können, daß es seine Ehre eben so heilig und theuer hält, als seine Unabhängigkeit, daß es in keiner Lage die verlassen wird, welche keine Unterhandlungen veranlassen konnten, Amerika untreu zu werden. Friede ist jedem denkenden Menschen ein wünschenswerthes Ziel; doch ein solcher Friede, der mit dem Ruin des Charakters begleitet ist, macht den Verführer zum Verbrecher, und ruft den Fluch auf den Verführten herab.

Doch wo ist die Unmöglichkeit, oder auch nur die große Schwierigkeit, daß England einen Freundschaftsvertrag mit Spanien und Frankreich schließe und es zu seiner National-Tugend mache, auf immer den alten eingewurzelten Vorurtheilen zu entsagen, die es zu pflegen gewohnt war, und die, indem sie das Land durch fruchtlose Kriege in ungeheure, wachsende Nationalschulden stürzen, zugleich ein Gift für seine Ruhe und für seine Sitten werden. Auch wir trugen einst die Fesseln, welche England jetzt noch trägt, doch Erfahrung hat uns unsern Irrthum gezeigt und richtiges Nachdenken uns auf den rechten Weg geführt.

Die wahre Idee einer großen Nation ist die, daß dieselbe die Prinzipien universeller Vergesellschaftung ausbreite und befördere, und daß ihr Geist über die Atmosphäre der Oertlichkeit und Heimath hinausreiche, und den Menschen, welcher Nation oder welchem Glaubensbekenntnisse er auch angehören möge, als das Werk Eines Schöpfers betrachte. Die Eroberungswuth hat ihre Zeit gehabt; warum sollen die liebenswürdigen Tugenden nicht die ihre haben? Die Alexander und Cäsaren der alten Zeit haben Monumente ihrer Zerstörungswuth zurückgelassen und ihrer wird mit Haß und Abscheu gedacht, während die erhabeneren Charaktere Derer, welche zuerst geselliges Zusammenleben und Wissenschaften lehrten, durch alle Jahrhunderte dankbar in jedem Lande gesegnet werden. Ein Philosoph, obgleich ein Heide, war uns von mehr Nutzen, als alle die heidnischen Eroberer der Welt, die je existirten.

Sollte die jetzige Revolution sich dadurch auszeichnen, daß sie einem neuen System ausgedehnterer Civilisation Eingang verschaffte, so wird sie damit vom Himmel das höchste Zeugniß des Beifalls erhalten, und da dieses ein Gegenstand ist, wozu die hohen Geistesgaben des Abbe so unendlich viel beitragen könnten, so empfehle ich ihn seiner Aufmerksamkeit mit dem Wohlwollen eines Freundes und dem Eifer eines Weltbürgers.

Nachschrift.

Nachdem ich obigen Brief geschlossen hatte, erreichten mancherlei Nachrichten Amerika, die auf einen allgemeinen Frieden deuten. Auf welcher Autorität dieselben beruhen, auf was für einen Grund dieselben fußen und ob die Ausführung dieses Prospects nahe oder entfernt sei, ist mir unbekannt. Da jedoch dieser Gegenstand früher oder später eine Sache ernster Aufmerksamkeit sein muß, so mag es nicht unpassend sein, gerade jetzt, in dieser frühern Periode, arglos und offen einige Punkte zu beleuchten, die damit verbunden sind oder ihm nahe liegen.

Die Unabhängigkeit Amerika's ist in diesem Augenblicke so fest begründet, als die irgend eines anderen Landes im Kriegszustande. Nicht die Länge der Zeit, aber die Macht gab ihr Festigkeit. Kriegführende Nationen kümmern sich nicht um ihr gegenseitiges Alter. Ihre augenblickliche und unmittelbare Stärke, in Verbindung mit der ihrer Bundesgenossen, ist es, was sie erhalten muß, und hierzu genommen, daß ein Recht, wenn auch erst heute entsprungen, eben so sehr ein Recht ist, als ob es Tausende von Jahren sanctionirt hätten, so ist die Unabhängigkeit und die jetzige Regierung Amerika's, weil sie neu sind, in keiner größeren Gefahr, gestürzt zu werden, und eben so sicher als die von England, weil dieselbe alt ist.

Die Politik Britanniens war gleich ursprünglich, so weit sie Amerika betraf, in Einfalt erdacht und mit Wahnsinn ausgeführt. Da ist kein Schritt, der die geringste Spur von Verstand zeigt. In seiner Kriegsführung war es bemüht, sich verächtlich und verhaßt zu machen, und in all seinen Anträgen zur Ausgleichung des Streites zeigte es eine totale Unkenntniß der Menschen und jener so natürlichen und unabänderlichen Empfindungen, von welchen dieselben im Allgemeinen beherrscht sind. Wie es sich in der jetzigen oder späteren Zeit verhalten mag, um einen Frieden abzuschließen, ist noch abzuwarten.

Der ist ein schwacher Politiker, welcher die menschliche Natur nicht kennt und nicht die Wirkungen berechnet, welche die Maßregeln einer Regierung auf die Gesinnung der Menschen ausüben. All' die mißlungenen Versuche Britanniens sind durch diesen Mangel entstanden.

Das frühere Ministerium handelte, als ob es die Menschen für sinnlos hielte, und das jetzige, als ob die Amerikaner kein Gedächtniß hätten; das eine muß erwartet haben, wir wären ohne Gefühl, und das andere, wir könnten Ungerechtigkeiten vergessen.

Eine andere Richtung, in welcher Politiker sich irren, ist die, daß dieselben nicht richtig calculiren, oder besser gesagt, die Folgen falsch beurtheilen, welche ein gegebener Umstand hervorbringt. Nichts ist häufiger, sowohl im gewöhnlichen als auch politischen Leben, als Leute darüber klagen zu hören, daß irgend ein angewandtes Mittel gerade den entgegengesetzten Erfolg hervorgebracht hat, als sie sich einbildeten; jedoch liegt die Schuld stets in ihrer unrichtigen Beurtheilung, was der Erfolg sein würde; denn angewandte Mittel erzeugen nur ihre eigenthümlichen und natürlichen Folgen.

Es ist sehr wahrscheinlich, daß beim Abschluß des Friedens England auf die Behauptung eines oder des anderen Postens in Nordamerika bestehen wird: vielleicht auf Canada oder Halifax, oder auf beide; ich schließe dies aus seiner bekannten fehlerhaften Politik, die stets von Mitteln Gebrauch gemacht hat, deren natürliche Wirkungen jederzeit gegen sein Interesse und seine Erwartung waren. Die Frage der englischen Politik sollte sein: ob es der Mühe werth ist, dieselben zu behalten, und was die Folgen davon sein werden. In Bezug auf Canada wird eins oder das andere von dem Nachstehenden stattfinden: Entweder, sollte Canada bevölkert werden, dann wird es revoltiren, oder ist dies nicht der Fall, dann ist sein Besitz nicht der Unkosten werth, die es verursacht.

Ganz dasselbe kann von Halifax und dem um dasselbe liegende Land gesagt werden. Aber Canada wird nie volkreich werden; man braucht

überhaupt nicht durch Intriguen weder das Eine noch das Andere zu beschleunigen; es wird schon ganz allein auf natürlichem Wege geschehen.
England mag sich in große Ausgaben stecken, Ansiedler nach Canada zu
senden; die Nachkommen derselben werden doch Amerikaner sein, eben so
als es andere Nachkommen vor ihnen geworden sind. Sie werden sich um-
schauen und die benachbarten Staaten unbeschränkt und frei erblicken, überall
geachtet, in reichem, blühenden Handel mit der ganzen Welt, und die natürliche Liebe zur Freiheit, die Vortheile des Handels, die Segnungen der
Unabhängigkeit eines glücklicheren Climas und eines reicheren, fruchtbare-
ren Bodens werden sie südwärts ziehen, und das Ende vom Liede ist, daß
England die Kosten trägt und Amerika die Vortheile erndtet.

Man sollte glauben, daß die Erfahrung, welche England im Kriege mit
Amerika gemacht hat, ihm jede Idee der Colonisation auf diesem Continent
verleidet hätte, und daß irgend ein Theil, den es noch zurückbehält, für es
nur ein Feld der Eifersucht und der Unannehmlichkeiten, ein Feld des Zan-
kes und Haders werden kann, denn es wird beständig nach neuen Privilegien streben und auf Empörung sinnen. Es mag hier neue Colonien gründen, doch sie werden nur für uns sein; sie werden mit der Zeit trotz allen
seinen Bemühungen ohne unser Zuthun in den Bund der Vereinigten
Staaten treten. Es kann keine Einkünfte aus denselben ziehen, bis sie
fähig sind, solche zu erschwingen, und sind sie im Stande, dieselben zu
zahlen, so werden sie nicht mehr dazu zu zwingen sein. Der Mensch fühlt
gar bald eine Anhänglichkeit zu dem Lande, worin er lebt, und sein Glück
blüht bald vereinigt mit dem des Platzes, den er bewohnt. Es ist gleichgültig, mit welchen Gesinnungen Colonisten herüber kommen; Zeit, Interesse und neue Verbindungen übergeben sie der Vergessenheit und die neue
Generation weiß nichts mehr davon.

Wäre Britannien wahrhaft weise, so würde es die gegenwärtige Gelegenheit benutzen, sich von allen seinen aus den Besitzungen in Nordamerika entspringenden Verlegenheiten auf einmal loszumachen, nicht allein
um künftigen Streit und Unruhe zu vermeiden, sondern auch um Kosten
zu sparen. Um mich deutlich über die Sache auszudrücken: wäre ich eine
europäische Macht, ich möchte Canada unter den gegebenen Verhältnissen
nicht geschenkt nehmen. Es ist eine jener Besitzungen und wird es immer
bleiben, welche fremden Inhabern eine beständige Bürde sind. Was Halifax betrifft, so wird es nach dem jetzigen Kriege und dem Verluste der
Vereinigten Staaten für England ganz werthlos werden. Ein Hafen,
wenn die Besitzungen verloren sind, um derenwillen er da ist, kann nur
mit Unkosten verknüpft sein. Ich zweifle nicht, daß es Tausende in England gibt, welche glauben, daß diese beiden Plätze der Nation einen Vortheil
brächten, während gerade das Gegentheil der Fall ist; denn anstatt eine
Revenue abzuwerfen, verschlingen sie jährlich bedeutende Summen von den
Einkünften Englands, um die Ausgaben ihrer Erhaltung zu bestreiten.

Gibraltar ist ein anderer Beweis der schlechten National-Politik. Ein
Platz, der in Friedenszeiten nicht erforderlich ist, und im Kriege keinen
Nutzen bringt, ist zu jeder Zeit überflüssig. Anstatt einer Flotte Schutz
zu gewähren, bedarf es ihrer, um ihn zu schützen. Zu glauben, daß Gibraltar das mittelländische Meer, den Eingang dazu, oder den Handel desselben beherrsche, heißt eine entdeckte Unwahrheit noch für wahr halten, da
ja England, obgleich es diesen Platz noch besitzt, die andern drei Stationen

und mit ihnen allen Vortheil, den es davon erwartete, verloren hat. Zu behaupten, daß all dieses sich ereignete, weil Gibraltar zu Wasser und zu Lande eingeschlossen war, heißt gar Nichts sagen, denn so wird es immer sein, so lange Spanien und Frankreich in Kriegszeiten große Flotten haben und England den Platz hält. Und obgleich es als ein undurchdringlicher und unzugänglicher Felsen von der einen Partei gehalten werden kann, so ist es doch immer in der Macht der andern Partei, ihn nutzlos und übermäßig kostspielig zu machen.

Ich glaube es ist einer der Hauptzwecke Spaniens bei der Belagerung Gibraltar's, England zu zeigen, daß, wenn es auch den Platz nimmt, es ihn doch nicht beherrschen, d. h. abschließen und erzwingen kann, daß er, wenn auch als Garnison, doch nicht als Hafen gebraucht werde. Doch der kürzeste Weg, Gibraltar einzunehmen, ist, die englische Flotte anzugreifen; denn Gibraltar hängt so von der Unterstützung derselben ab, wie ein Vogel seiner Flügel für seinen Nahrungsunterhalt bedarf, und verhungern muß, wenn diese ihm verwundet worden sind.

Es ist noch ein anderer Umstand, welchem das englische Volk nicht nur die verdiente Berücksichtigung versagt, sondern über den es sogar völlig unwissend ist, nämlich der Unterschied zwischen beständig dauernder und zufällig vorübergehender Macht einer Nation.

Unter permanenter Macht verstehe ich eine natürliche, angeborne und fortbestehende Fähigkeit in einer Nation, welche, obgleich immer vorhanden, doch nicht immer in Thätigkeit oder vortheilhaft angewandt ist, und zufällige Macht nenne ich eine durch Glück oder Zufall bewirkte Bewegung und Thätigkeit der theilweisen oder ganzen Stärke der Nation.

Es gab unzweifelhaft eine Zeit, wo irgend eine europäische Nation mit nur 8 oder 10 Kriegsschiffen, den jetzigen Linienschiffen gleich, der Schrecken aller anderen geworden wäre, die noch nicht begonnen hatten, Flotten zu bauen, wie groß auch immer ihre National-Fähigkeit hierzu war. Doch dieses kann nur als zufällig und nicht als Maßstab der permanenten Macht gelten, und konnte nur so lange währen, bis andere Nationen eben so viele oder noch mehrere Schiffe als die erstere bauten. Nach dieser Zeit erforderte es eine größere Flotte, um der Ueberlegene zu sein, und eine noch größere würde wieder die Oberhand haben. Und so fuhren die Menschen fort, Flotte auf Flotte zu bauen, wie die Gelegenheit es erheischte. Dieses führt zu einer Hauptfrage zurück: Welche Macht kann die meisten Schiffe bauen und bemannen? Die natürliche Antwort ist: Das Land, welches am bevölkertsten ist und die größte Einnahme hat, vorausgesetzt, daß seine Lage an der Küste hinreichende Bequemlichkeiten dazu darbietet.

Frankreich, als ein Land auf dem Continente gelegen, und England, als eine Insel in seiner Nachbarschaft, wurden jedes auf verschiedene Ideen durch ihre verschiedenen Lagen geleitet. Die Engländer konnten keinen Fremdhandel beginnen oder auch nur den Platz verlassen, auf dem sie wohnten, ohne Hülfe der Schiffahrt. Doch dies war nicht der Fall mit Frankreich. Die Idee einer Flotte entstand daher in Frankreich nicht aus derselben ursprünglichen und unmittelbaren Nothwendigkeit, wie in England. Doch die Frage ist die: wenn beide Länder ihre Aufmerksamkeit auf eine Flotte richten und ihre Einkünfte dazu verwenden, welches kann alsdann das überlegnere werden?

Die jährlichen Einnahmen in Frankreich sind beinahe doppelt so groß als in England, und Frankreich hat mehr als zwei Mal so viel Einwohner. Jedes dieser Länder hat eine gleiche Ausdehnung der Küste am Canal; Frankreich besitzt aber außerdem noch eine Küste von mehreren hundert Meilen am Biscayschen Meerbusen und eben so freien Zugang zum mittländischen Meere, und jeder Tag zeigt, daß Uebung eben so gut Matrosen wie Soldaten, und in einem Lande sowohl wie in dem anderen macht.

Kann England deßhalb 100 Linienschiffe, so kann Frankreich eben so gut 150 halten, indem seine Einkünfte und seine Einwohnerzahl zu dem einen in demselben Verhältniß stehen, wie die Englands zu dem anderen, und der einzige Grund, weshalb Frankreich es nicht gethan hat, ist der, daß es erst ganz kürzlich seine Aufmerksamkeit darauf richtete; doch wenn es, wie jetzt, einsieht, daß eine Flotte der größte Hebel der Macht ist, so kann es das Werk auch leicht zu Stande bringen.

England rechnet sehr falsch und zu seinem eigenen Schaden, daß, weil es Frankreich jetzt an Seemacht überlegen ist, dies auch immer der Fall sein werde, während es doch deutlich zu erkennen ist, daß die Fähigkeit Frankreichs, eine Seemacht zu werden, noch nie auf die Probe gestellt worden ist, und daß es England an Flotten eben so übertreffen kann, wie es dasselbe an Einwohnerzahl und Einkünften übertrifft, und England dürfte noch einst den Tag beklagen, an dem es durch seine herausfordernde Unverschämtheit und Ungerechtigkeit Frankreich zwang, eine Seemacht zu werden.

Es liegt in der Macht der vereinigten Flotten jede westindische Insel zu erobern und die englischen Schiffe auf allen diesen Stellen zu nehmen. Denn würden Frankreich und Spanien ihre ganze in Europa disponible Seemacht nach jenen Inseln schicken, so wäre es für England nicht möglich, ihnen mit einer gleichen Macht dahin zu folgen. Und wenn es auch alle seine Schiffe schickte, es würde immer noch 20 bis 30 Schiffe weniger haben, und in der Zwischenzeit bliebe sein ganzer Handel den Holländern preisgegeben.

Es ist ein Grundsatz und wird, wie ich überzeugt bin, stets wahr befunden werden, besonders bei Flottenoperationen, daß eine große Macht nie in Abtheilungen vereinzelt sich bewegen sollte, wenn es möglicherweise vermieten werden kann, sondern mit der ungetheilten Kraft auf irgend einen wichtigen Punkt losgehen muß, von dessen Eroberung eine entscheidende Wirkung auf den Krieg erwartet werden kann. Wäre die ganze französische und spanische Flotte letzten Frühling nach West-Indien gekommen, jede Insel wäre jetzt in ihren Händen, Rodney wäre ihr Gefangener und seine Flotte ihre Beute gewesen. Von den Vereinigten Staaten aus hätten die alliirten Flotten mit Provisionen versehen werden können, ohne nöthig zu haben, dieselben von Europa zu beziehen, während dies mit England nicht der Fall gewesen wäre. Der Zufall hat einige Vortheile den Engländern in den Weg geworfen, die sie von der geringeren Stärke ihrer Flotte nicht erwarten durften. Denn obgleich die englische Flotte vor den alliirten Flotten fliehen mußte, so hatte Rodney doch zweimal das Glück, auf detaschirte Abtheilungen zu stoßen, denen er an Zahl überlegen war. Die erste traf er am Cap St. Vincens, wo er beinahe doppelt so stark war, und die andere in Westindien, wo er eine Uebermacht von 6 Schiffen hatte. Siege dieser Art machen sich beinahe von selbst. Sie werden ohne Ehre gewonnen und ohne Schande verloren, und sind nur dem Zufalle der Begegnung und nicht der größeren Tapferkeit zuzuschreiben. Denn derselbe Admiral, unter dem diese Siege erfochten wurden, war in drei früheren Gefechten unfähig, auch nur den geringsten Erfolg über eine Flotte zu erringen, die ihm an Anzahl der Schiffe gleichstand, und er war es, der die Entscheidung aufgab, indem er den Kampf abbrach *).

Schließlich mag es gesagt sein, daß, wenn Großbritannien zahlreiche Feinde hat, es denselben auch vielen Anlaß dazu gegeben haben muß. Unverschämtheit bringt sicher Haß hervor, sei es bei einer Nation oder bei einem Individuum. Der Mangel an Manieren am englischen Hofe zeigt sich sogar in den Geburtstags- und Neujahrs-Oden, welche darauf berechnet scheinen, die Massen zu bethören und jedem gebildeten Manne Ekel einzuflößen. Und Englands anmaßende Rohheit in früherer Zeit und seine unerträgliche Ungerechtigkeit auf den Meeren hat jede handeltreibende Nation zu seinem Feinde gemacht. Seine Flotten wurden als Werkzeuge gebraucht, um Beute zu machen, und spielten dieselbe Rolle auf der Oberfläche des Wassers, die der Hayfisch in der Tiefe spielt. Auf der anderen Seite haben die vereinigten Flotten die Sache der Völker zu der ihrigen gemacht, und werden ihrem Rufe Unsterblichkeit verleihen, indem sie die vollkommene Freiheit des Oceans wieder herstellen, auf welche alle Nationen einen gerechten Anspruch haben und bei deren Sicherstellung sie alle betheiligt sind. Das Meer ist die große Fahrstraße der Welt, und Derjenige, der sich ein Vorrecht darauf anmaßt, überschreitet das Recht und zieht sich die gerechte Züchtigung aller Nationen zu.

Es dürfte vielleicht für die künftige Ruhe der Menschheit von Nutzen sein, wenn beim nächsten allgemeinen Friedensschlusse eine Stipulation gemacht würde, daß keine Nation in Friedenszeiten mehr als eine gewisse Anzahl von Kriegsschiffen halten darf. Irgend etwas dieser Art muß gethan werden, denn nach der gegenwärtigen Mode würde die halbe Welt aufs Wasser gehen und es scheint weder End noch Ziel für die Ausdehnung der Flotten vorhanden zu sein. Ein anderer Grund ist noch der, daß Flotten nichts zu den guten Sitten und der Moral eines Volkes beitragen. Das abgeschlossene Leben, welches der Dienst verlangt, verhindert die Geselligkeit und ist nur zu leicht geeignet, eine Rohheit der Sprache und der Ideen hervorzubringen, mehr zwar noch auf den Kriegsschiffen als im Kauffahrtei-Dienste, weil man in letzterem mehr mit der Welt in Berührung kommt und mit ihr näher verwandt ist. Ich mache diese Bemerkung als eine allgemeine, und nicht auf ein Land mehr als auf das andere bezüglich.

Britannien hat jetzt mehr als sieben Jahre lang Gelegenheit gehabt, sein Glück zu versuchen. Dies hat ihm eine Ausgabe von mehr als hundert Millionen Pfund Sterling gekostet, und jeder Monat, den es noch zögert Frieden zu schließen, kostet ihm noch eine Million Sterling außer seinen gewöhnlichen Regierungsausgaben, die wieder eine Million betragen, so daß seine monatlichen Ausgaben sich auf zwei Millionen Pfund belaufen, eine Summe, die dem ganzen Jahresbedarf Amerika's, alle Ausgaben mit inbegriffen, gleichkommt. Man urtheile hiernach, wer am besten fähig ist den Krieg fortzuführen.

Desgleichen hat England der gekränkten Welt noch manche Genugthuung in jedem Theile der Erde zu geben, und anstatt seinem anmaßenden Hochmuth noch ferner zu folgen, der nur dazu dient, es in der Achtung aller

---

*) Man sehe die englischen oder französischen Berichte über drei Gefechte in West-Indien zwischen dem Grafen de Guichen und dem Admiral Rodney im Jahre 1780.

Nationen herabzusetzen und ihm ihren Haß zuzuziehen, würde es weiser handeln, wenn es seine Sitten veredeln, seine Ausgaben einschränken, mit seinen Nachbarn in Frieden leben und nicht mehr an Krieg denken wollte.

Philadelphia, 21. August 1782.

(Ende des Briefes an den Abbé Raynal.

Thomas Paine's Brief an General Washington.

Bordentown, den 7. September 1782.

Sir!

Ich habe die Ehre, Ihnen fünfzig Copien meines Briefes an den Abbe Raynal zur Benutzung für die Armee zu offeriren, und Ihnen meine Erkenntlichkeit für Ihre Freundschaft zu wiederholen.

Ich bin der festen Meinung, daß wir unsere schlimmsten Tage überstanden haben. Der kriegerische Geist feindlicher Seite ist sicherlich im Abnehmen, ganz so sehr, wie wir es glauben. Ich schließe dies nicht allein aus dem jetzigen günstigen Anschein der Dinge und den Schwierigkeiten, worin sich das britische Cabinet, wie allgemein bekannt, befindet, sondern ich füge diesen noch die eigenthümliche Wirkung zu, die gewisse Zeitabschnitte mehr oder weniger auf die Gesinnungen aller Menschen ausüben.

Die Engländer sind gewohnt, von sieben Jahren in anderer Weise als sonstigen Zeitabschnitten zu denken. Sie haben diese Eigenthümlichkeit theilweise durch Gewohnheit, durch Vernunft, durch Religion und durch Aberglauben bekommen. Sie müssen eine siebenjährige Lehrzeit bestehen; ihr Parlament ist für sieben Jahre erwählt; sie strafen mit sieben Jahren Deportation, oder dem Doppelten oder Dreifachen dieser Zeit; sie machen ihre Pachtcontracte auf dieselbe Länge der Zeit, und lesen in der Bibel, daß Jakob sieben Jahre um seine Frau diente und nach diesen noch sieben Jahre um eine andere; und diese besondere Zeitperiode, durch eine Verschiedenheit von Uebereinstimmungen, hat eine Einwirkung auf ihren Geist ausgeübt.

Sie haben den Krieg nun sieben Jahre lang geführt und sind auf dem Continente jetzt noch nicht weiter, als sie es im Anfange waren. Der abergläubische und zahlreichere Theil der Engländer wird daraus schließen, daß es nicht sein soll, und der vernünftigere Theil wird denken, daß sie ein unerfolgreiches und kostspieliges Project lange genug verfolgt haben; und durch diese beiden Schlüsse, deren wesentliche Meinung dieselbe ist, wird der hartnäckige Theil unter ihnen erdrückt werden, es sei denn, daß er mit seinem gewohnten Scharfsinne über diese Sache mit einem Parlamentsact hinaushilft, etwa lautend: „daß das Parlament das Recht habe, die Zeit in allen Fällen durch seine Beschlüsse gesetzlich zu verbinden," oder daß es dieselbe für rebellisch erklärt.

Ich sehe, daß die Angelegenheit des Capitäns Asgill in Vergessenheit geräth. Höchst wahrscheinlich ist sie von Seiten Clintons und Carletons verzögert worden, um Zeit zu gewinnen, den Fall dem Ministerium in England vorlegen zu können, wo er, dem des Colonel Hayne's so schnell nachfolgend, das Cabinet in neue Verlegenheiten bringen wird. Was mich anbetrifft, so bin ich hinlänglich überzeugt, daß eine Suspension seines Schicksals, jedoch beständig das Schlimmste befürchten lassend, bei weitem mehr auf die Leidenschaften und Laster der Feinde einwirken und sie mehr

II. G

im Zaume halten wird, als es seine Hinrichtung thun würde. Jedoch die Veränderung in den Maßregeln, welche jetzt stattzufinden scheint, gibt den früheren Absichten gewissermaßen eine neue Richtung, und kann die Sache, ohne zur Hinrichtung zu schreiten, so behandelt werden, daß sie allen Zwecken einer solchen entspricht; dann wird sie in künftigen Tagen, wenn die Gefühle, welche jetzt aufgeregt sind, und die Umstände, die ein solches Verfahren rechtfertigen können, alle vergessen sind, ein viel besseres Ansehen haben.   Ich verbleibe

Eurer Excellenz
verbundener, unterthänigster und ergebener Diener
Thomas Paine.

Sr. Excellenz General Washington.

Brief des Generals Washington an Thomas Paine.

Im Hauptquartier Verplank Point, den 18. Sept. 1782.
Sir!

Ich habe das Vergnügen, mich zum Empfang Ihres Werthen vom 7. d. M. zu bekennen, welches mich von Ihrem Vorschlag in Kenntniß setzt, mir fünfzig Copien Ihrer letzten Veröffentlichung zur Benutzung für die Armee zu überreichen.

Für Ihren guten Willen empfangen Sie meinen Dank, nicht nur was mich anbetrifft, sondern für das Interesse, das unzweifelhaft die Herren der Armee bei dem Lesen Ihres Pamphlets fühlen müssen.

Ihre Betrachtungen über den Zeitabschnitt von sieben Jahren, als auf die Gesinnungen Englands anwendbar und Einfluß ausübend, sind scharfsinnig, und ich wünsche nur, daß sie in dem vorliegenden Falle ihre Wirkung nicht verfehlen mögen. Die Politik und die Maßregeln des Feindes sind gegenwärtig in großer Verwirrung und Verlegenheit; doch ich habe meine Befürchtungen, daß die Noth desselben (denn sie ist sein einziger Beweggrund) den Punkt noch nicht erreicht habe, um ihn unvermeidlich dazu zu treiben, was er lästige und entehrende Friedensbedingungen nennt, z. B. zu der absoluten und unzweideutigen Anerkennung der amerikanischen Unabhängigkeit, der einzigen Bedingung, unter welcher Amerika den Frieden annehmen kann.

Aus diesem Grunde und wegen der Hartnäckigkeit des Königs, mit welcher vielleicht die Principien einiger seiner einflußreichsten Minister übereinstimmen, setze ich nicht so volles Vertrauen in den Erfolg der jetzigen Friedensunterhandlungen, wie es manche Herren thun.

Sollte der Erfolg jedoch zeigen, daß meine Befürchtungen unbegründet waren, so würde ich mich selbst nach meinem Irrthum glücklich schätzen, mich damit tröstend, daß es wenigstens sicherer war, nach dieser Richtung hin sich zu irren, und werde mit derselben Zufriedenheit, wie meine Mitbürger, den glücklichen Ausgang genießen.

Der Fall des Capitäns Aisgill hat sich wirklich sehr lange hinausgezogen, doch ich hoffe mit Ihnen, daß das Ende desselben für dieses Land nicht ungünstig ausfallen wird.

Ich verbleibe mit ausgezeichneter Achtung und Ergebenheit

Ihr gehorsamster Diener
G. Washington.

Thomas Paine, Esq.

Abhandlung über Regierung, über die Angelegenheiten der Bank und über Papiergeld.

Vorrede.

Ich übereiche hiermit dem Publikum ein neues Werk. Einige Theile desselben sind mit besonderer Rücksicht auf die gegenwärtige Lage des Staates Pennsylvanien geschrieben; andere jedoch beruhen auf einem allgemeinen Standpunkte. Nur wenig Zeit konnte auf dieses Werk verwandt werden, indem das Ganze während der kurzen Vertagung der gesetzgebenden Versammlung geschrieben und gedruckt wurde.

Was die Parteien, nur als solche, anbetrifft, so habe ich zu keiner derselben eine vorzugsweise Hinneigung. Aber es gibt in der Welt Recht und Unrecht, und insofern als diese Parteien gegen einander sind, wird die Unterschrift „gesunder Menschenverstand" passend angewandt sein.

Philadelphia, den 18. Februar 1786.

Thomas Paine.

Abhandlung über Regierung ꝛc.

Alle Regierungen, wie auch verschieden in Form, beruhen auf einem allen gemeinsamen Principe, nämlich dem einer souveränen Gewalt, d. h. einer Gewalt, die alle Anderen beherrscht, jedoch selbst keiner höheren Beaufsichtigung unterworfen ist; und da es unmöglich bleibt, eine Regierungsform zu bilden, in welcher diese Gewalt nicht existirte, so muß es auch nothwendigerweise eine Stelle, wenn man so sagen könnte, geben, in der sie existirt.

In despotischen Monarchien liegt diese Gewalt in einer einzigen Person oder in einem Herrscher. Sein Wille ist Gesetz, welches er erläßt, verändert oder widerruft, wie es ihm beliebt, ohne irgend einer Gewalt für seine Handlungen verantwortlich zu sein. Deswegen sind in so regierten Ländern die einzigen Abhülfsmittel: Bittschrift oder Empörung. Und aus diesem Grunde hören wir auch so häufig von Empörungen gegen despotische Regierungen, denn zwei Hülfsmittel gibt es nur, und eins derselben ist Empörung.

Da indeß der vereinigte Widerstand des Volkes im Stande ist, den Willen des Souveräns zu bestimmen, so dürfte man deswegen vielleicht sagen, die Macht der höchsten Beaufsichtigung liege im Volke; indeß bedenke man, ich spreche nur von solchen Gewalten, die constituirende Theile der Regierung sind, nicht aber von jenen, die von außerhalb zur Anwendung kommen, der Regierung Widerstand zu leisten und sie zu stürzen.

In Republiken, wie sie in Amerika bestehen, bleibt die souveräne Gewalt, d. h. die Gewalt, über welche keine höhere Macht steht und die alle anderen Gewalten beherrscht, da, wohin die Natur sie gelegt hat, im Volke; denn das Volk ist in Amerika die Quelle der Gewalt. Sie bleibt da als ein Recht, anerkannt in den Verfassungen des Landes, und dessen Ausübung ist verfassungsmäßig und gesetzlich. Die Ausübung dieser Souveränität besteht darin, daß eine gewisse Anzahl von Personen erwählt und abgesandt werden, um das Ganze zu repräsentiren und für das Ganze zu handeln; und falls sie nicht recht handeln, wird ihnen durch dieselbe Gewalt, die sie erwählte, ihr Mandat wieder entzogen. Andere werden dann an ihrer Statt erwählt und abgesandt; die schlechten Maßregeln der früheren Repräsentanten werden verbessert und auf diese Weise vervollkommnet. Der Republikanismus, in Form und Princip, gewährt deswegen keinen Raum für Empörungen, weil er an deren Stelle rechtmäßige Mittel gewährt und bereit hält.

In Ländern unter einer despotischen Regierungsform ist die Ausübung dieser Gewalt eine Anmaßung der Alleinherrschaft, und dort wird jeder Versuch, den Gewalthabern diese Macht zu entreißen und sie selbst auszuüben, Empörung genannt. Deswegen kennt die despotische Regierungsform keinen vermittelnden Zwischenraum zwischen dem Sclaven und dem Empörer.

Ich will hier eine Bemerkung anknüpfen, welche, obschon nicht in unmittelbarer Verbindung mit meinem Gegenstande, doch sehr natürlich von demselben hergeleitet wird, und dies ist, daß man die Natur, wenn ich es so nennen darf, jeder Regierung eines Volkes richtig erkennen kann an dem Verfahren, zu dem das Volk greift, um Abhülfe seiner Beschwerden zu erlangen, denn gleiche Ursachen werden gleiche Wirkungen erzeugen. Und deswegen konnte die Regierung, welche Britannien für Amerika zu gründen versuchte, keine andere als Despotismus sein, weil es den Amerikanern kein anderes Hülfsmittel ließ, als gerade die, welche Völkern unter despotischer Regierung übrig bleiben: Bittschrift oder Widerstand; und die Amerikaner gingen, ohne je an eine Vergleichung ihres Falles zu denken, in denselben Fußtapfen, in denen solche Völker gehen, weil ihnen keine anderen Wege möglich waren; und diese Aehnlichkeit der Wirkungen leitet auf und bestimmt die Aehnlichkeit der Ursachen oder Regierungen, welche sie erzeugten.

Doch um zu unserem Gegenstande wieder zurückzukehren. Die Stelle, wo die souveräne Gewalt liegt, ist das erste Kennzeichen des Unterschiedes zwischen einem despotisch regierten und einem freien Lande. In einem Lande unter despotischer Regierung ist der Souverän der einzige freie Mann. Indem aber in einer Republik das Volk für sich selbst die Souveränität zurückhält, so behält es natürlicher- und nothwendigerweise auch dadurch seine Freiheit, denn da, wo die Souveränität ist, da muß auch die Freiheit sein.

Wie die Stelle, wo die souveräne Gewalt liegt, das erste Kennzeichen des Unterschieds ist, so ist das zweite die Principien, nach denen ein Staat verwaltet wird.

Eine despotische Regierung kennt kein Princip, sondern nur Willkür. Was auch immer dem Souverän zu thun beliebt, dazu gesteht ihm diese

Regierungsform das angeborne Recht und die unumschränkte Gewalt zu. An keine bestimmten Regeln über Recht und Unrecht ist er gebunden, denn er selbst macht das Recht und Unrecht, wie es ihm gefällt. Ist er nun zufällig (denn ein Wunder mag sich ereignen) ein Mann von vollendeter Weisheit, Gerechtigkeit und Mäßigung, von sanfter wohlwollender Gemüthsart und geschäftsthätig, versteht und befördert er das allgemeine Beste, dann wird unter seiner Verwaltung jeder gute Regierungszweck erreicht werden, und ein so regiertes Volk mag, so lange dies der Fall ist, glücklich und zufrieden sein. Es kann jedoch keine Sicherheit geben, daß diese Sachlage dauern und diese Verwaltung so bleiben wird, und noch weniger Sicherheit hat man, daß sein Nachfolger dieselben Eigenschaften besitzen und dieselben Zwecke verfolgen werde; deswegen würde kein Volk, das seine Vernunft gebraucht und sein Recht kennt, aus eigner Wahl irgend einem Manne solche Gewalt anvertrauen.

Es ist auch nicht vernunftgemäß, anzunehmen, daß die Kenntnisse eines einzigen Mannes ihn zur Ausübung solcher Gewalt hinreichend befähigen könnten. Ein solcher Souverän wird so entfernt von der gewöhnlichen Lebenssphäre erzogen, er lebt so fern vom Volke und von der Kenntniß alles dessen, was sich auf die lokalen Verhältnisse und Interessen seiner Unterthanen bezieht, daß er selbst nichts aus Erfahrung und eigener Beobachtung wissen kann; Alles, was er weiß, kommt durch Mittheilung von Anderen. Souveräne Gewalt ohne souveräne Kenntniß, das heißt, volle Kenntniß aller Angelegenheiten, über die jene Gewalt ausgeübt werden soll, ist wahrlich etwas, was sich selbst widerspricht.

Es gibt eine Art souveräner Gewalt in einer einzigen Person, und eine sehr vernünftige, nämlich die, mit welcher der Oberbefehlshaber einer Armee bekleidet ist, so weit es das militärische Regierung der Armee betrifft, und die Verhältnisse und der Zweck einer Armee geben gute Gründe dafür.

In einer Armee hat Jeder denselben Beruf, d. h., er ist Soldat; auch der Oberbefehlshaber ist Soldat; deshalb besitzt er die zur Ausübung der Gewalt erforderlichen Kenntnisse. Da er wohl versteht, was ein Soldat ist, so begreift er die Pflicht, Interessen und Verhältnisse jedes Mannes, innerhalb dessen, was das Gebiet seines Reiches genannt werden kann; deswegen bieten die Beschaffenheit und die Verhältnisse einer Armee ein passendes Feld für Ausübung dieser Gewalt dar.

Eben so ist das Ziel und der Zweck einer Armee ein fernerer Grund; der Oberbefehlshaber übt diese Gewalt nicht gegen, nur über die Armee aus, er übt sie aus durch oder über die Armee gegen den Feind. Der Feind also, und nicht das Volk, ist der Gegenstand, gegen den sie gerichtet ist. Auch wird diese Gewalt über die Armee nicht geübt, um Einkünfte von derselben zu erheben, sondern um ihr gemeinsames Interesse zu befördern, ihre Kraft zu verstärken und ihr Fähigkeit zum Dienste zu verleihen.

Diese Gründe aber fallen alle fort, wenn man die souveräne Gewalt vom Befehlshaber einer Armee auf den Befehlshaber einer Nation überträgt, und sie, die souveräne Gewalt, wirkt höchst verderblich, wenn man sie anwendet, so Unterthanen zu regieren, die ihrem bürgerlichen Berufe folgen, wie man Soldaten commandirt, die der Fahne folgen. Eine Nation ist ein völlig verschiedenes Element, und Alles in ihr ist nicht nur unter einander verschieden, sondern auch jedes gänzlich anders als in einer Armee. Eine Nation besteht aus besonderen, nicht verbundenen Indivibuen, die verschiedenen Geschäften, Gewerben und Beschäftigungen folgen, sich beständig begegnend, durchkreuzend, vereinigend, widerstrebend und von einander trennend, wie Zufall, Interesse und Umstände erheischen. Eine Armee hat nur eine Beschäftigung und nur ein Interesse.

Ein anderer sehr wichtiger Umstand, wodurch eine Armee und eine Nation sich unterscheiden, ist der Geist; denn wie immer verschieden auch der natürliche Geist der Personen, aus denen die Armee besteht, sein mag, so entwickelt sich doch ein zweiter anderer Geist, welcher an die Stelle des ersten tritt; ein Geist, gebildet durch Disciplin, Gemeinschaftlichkeit der Gewohnheiten, Einheit des Zieles und Strebens und durch die Eigenthümlichkeit der militärischen Manieren. Niemals aber kann dies in den Individuen einer Nation stattfinden. Die Vernunftmäßigkeit also, eine Armee unter den Befehl einer einzigen Person zu stellen, welche durch Vorstehendes wohl begründet ist, und die Befähigung einer einzigen Person zu dieser Herrschaft, findet sich, wenn wir sie nun beide wieder als eine Nation und einen Souverän betrachten, weder in der einen, noch in dem andern.

Nachdem ich nun nachgewiesen, was eine despotische Regierungsform ist und wie sie verwaltet wird, will ich jetzt zeigen, was die Verwaltung einer Republik bedeutet.

Man nimmt an, daß die Verwaltung einer Republik von gewissen Grund-Principien des Rechts und der Gerechtigkeit ausgeht, von welchen nicht abgewichen werden darf oder soll; denn so bald eine Abweichung sich zeigt, so ist dies gleichsam ein Hinausgehen aus dem republikanischen Principe und eine Annäherung an das despotische. Die Executive dieser Verwaltung bildet eine Anzahl auserlesener Personen, die das Volk periodisch erwählt; sie handeln als dessen Vertreter und an seiner Statt. Man geht davon aus, daß sie dieselben Gesetze erlassen und dieselbe Richtung in der Verwaltung verfolgen werden, wie es das Volk selbst thun würde, wenn es in gemeinsamer Versammlung seine Angelegenheiten verwaltete.

Das Gemeinwohl soll ihr Ziel sein. Deswegen ist es nöthig, wohl zu verstehen, was Gemeinwohl ist.

Der Ausdruck Gemeinwohl ist nicht dem individuellen Wohl entgegengesetzt, im Gegentheil, es ist das Wohl aller Individuen zusammen. Es ist das Wohl Aller, weil es das Wohl jedes Einzelnen ist; denn, wie das gesammte Volk der Inbegriff aller Individuen ist, so ist das Gesammtwohl der Inbegriff des Wohles aller Individuen.

Das Grundprincip des Gesammtwohls ist die Gerechtigkeit; deshalb, wo immer unparteiische Gerechtigkeit geübt wird, da wird das Gesammtwohl befördert; denn wie es zum Besten jedes Einzelnen ist, daß keine Ungerechtigkeit gegen ihn geübt werde, so ist es auch zu seinem Besten, daß das Princip, welches ihm selbst Sicherheit gewährt, nicht in der Person eines Anderen verletzt werde, denn eine solche Verletzung schwächt seine eigene Sicherheit, und überläßt dem Zufalle das, worauf er sicher, wie auf einem Felsen sollte bauen können.

Damit wir aber noch genauer verstehen, wie das Gesammtwohl zu fördern ist, und die Art und Weise, wie Volksvertreter zu handeln haben, um es zu fördern, müssen wir zu den ursprünglichen oder Grundprincipien zurückkehren, nach welchen das Volk sich zu einer Republik constituirte.

Wenn ein Volk übereinkommt, sich zu einer Republik zu constituiren (denn das Wort Republik bedeutet das Gesammtwohl oder Wohl des Ganzen, zum Gegenunterschiede von der despotischen Form, welche das Wohl des Souveräns oder eines einzigen Mannes zum alleinigen Ziele der Regierung macht), ich sage also, wenn sie übereinkommen dies zu thun, so muß man verstehen, daß sie, Reich sowohl als Arm beschließen, und sich gegenseitig verpflichten, das Gesetz gleicher Gerechtigkeit aufrecht zu halten und fest zu stützen. Deshalb entsagen sie nicht nur der despotischen Form, sondern auch dem despotischen Princip, sowohl dem Regieren als Regiertwerden nach bloßer Willkür und Gewalt, und sie errichten an dessen Stelle eine Regierung der Gerechtigkeit.

Durch diesen gegenseitigen Contract begeben sich die Bürger einer Republik der Macht, d. h. sie entsagen als verabscheuungswerth jeder Berechtigung, künftig irgend eine Art der politischen Gewalt gegen einander zu üben, oder Etwas, das an sich Unrecht ist, zu begehren, weil sie es durch ihre Majorität zu thun im Stande wären.

Auf dieser Verpflichtung und auf diesem Vertrage*) ruht die Grundlage der Republik; die Sicherheit für den Reichen und der Trost für den Armen liegt darin, daß eines Jeden Besitzthum ungefährdet ist, daß

---

*) Diese Verpflichtung und dieser Vertrag ist in der Erklärung der Menschenrechte, die der Constitution vorangehen, enthalten, und lautet:

I. Alle Menschen sind gleich frei und unabhängig geboren; sie haben gewisse natürliche angeborne und unveräußerliche Rechte, als das Recht auf Leben und Freiheit, auf Erwerb, Besitz und Schutz des Eigenthums, auf Streben nach Glück und Sicherheit und auf dessen Erreichung.

II. Alle Menschen haben ein natürliches und unveräußerliches Recht, die Gottheit, wie ihr Verstand und ihr Gewissen es ihnen lehrt, zu verehren, und Niemand soll oder kann rechtmäßig, oder wider seinen freien Willen und Entschluß gezwungen werden, einem bestimmten religiösen Gottesdienste beizuwohnen, ein Gotteshaus zu errichten oder zu unterstützen und einen Seelsorger zu unterhalten; auch darf Niemand, der die Existenz Gottes anerkennt, wegen seiner religiösen Ueberzeugungen oder der besonderen Art seiner Gottesverehrung eines bürgerlichen Rechtes beraubt, oder in dessen Genusse verkürzt werden; keine Macht soll autorisirt sein, sich irgendwie in die freie Ausübung religiöser Gottesverehrung hineinzumischen, oder die Gewissensfreiheit im Geringsten zu beschränken.

III. Das Volk dieses Staates hat das alleinige, ausschließliche und angeborne Recht, seine innere Politik zu bestimmen und zu reguliren.

IV. Das Volk ist die ursprüngliche Quelle aller Gewalt, die folglich von ihm hergeleitet wird; deswegen sind alle Regierungsbeamten, die gesetzgebenden sowohl, als die verwaltentenden, seine Beamten (trustee) und Diener, und ihm stets verantwortlich.

V. Jede Regierung ist zum Gemeinwohle, zum Schutze und zur Sicherheit des Volkes, der Nation, oder des Staates errichtet, nicht aber zum speciellen Vortheil oder Nutzen eines einzelnen Mannes, einer Familie oder einer Classe, die nur einen Theil dieser Nation ausmachen. Das Volk hat ein unbezweifelbares, unveräußerliches und unverwirkbares Recht, die Regierung auf jede, am sichersten das Gesammtwohl fördernde Weise zu reformiren, zu verändern oder auch abzuschaffen.

VI. Das Volk hat das Recht, um sich gegen Diejenigen, welche im Fache der Gesetzgebung und Verwaltung wirken, vor Unterdrückung zu schützen, seine Beamten zu geeigneten Zeiten ihrer amtlichen Stellung zu entheben und die Vakanzen durch bestimmte und regelmäßige Wahlen neu auszufüllen.

VII. Alle Wahlen sollen frei sein; alle freien Männer, die ein hinreichlich erweisliches Interesse und Anhänglichkeit für das Staatswohl besitzen, haben das Recht, Beamte zu wählen, oder zu einem Amte erwählt zu werden.

VIII. Jedes Mitglied der Gesellschaft hat ein Recht auf Schutz seiner Freiheit, seines Lebens und Eigenthums, und deshalb auch die Pflicht, seinen Theil zu den Kosten dieses Schutzes beizutragen, erforderlichen Falles seine persönlichen Dienste, oder Ersatz dafür zu leisten. Doch kann Niemandes Eigenthum rechtmäßig entzogen, oder zu Gemeinzwecken verwandt werden, ohne seine eigene oder seiner gesetzlichen Vertreter Bewilligung. So kann auch Niemand, der wegen Gewissensscrupel keine Militärdienste leistet, rechtmäßig dazu gezwungen werden, in so fern er dafür Entschädigung leistet. Ferner ist das Volk nur an die Gesetze gebunden, zu denen es auf die oben erwähnte Weise und zu seinem gemeinschaftlichen Besten seine Einwilligung gegeben hat.

kein Despot es ihm entziehen kann, und daß das vereinigende Prinzip, das alle Theile einer Republik fest zusammenbindet, ihn ebenso vor dem Despotismus der Majoritäten sichert. Denn der Despotismus kann wohl noch wirksamer geübt werden von Vielen über Wenige, als von einem Einzigen Manne über Alle.

Um nun zu wissen, wie weit die Gewalt einer Assembly oder eines Repräsentantenhauses in Verwaltung der Angelegenheiten der Republik sich erstrecken kann, müssen wir untersuchen, wie weit sich unter dem ursprünglich mit einander geschlossenen Vertrage die Gewalt des Volkes selbst erstreckt. Denn die Gewalt der Volksvertreter ist in vielen Fällen geringer, und kann niemals größer, als die des vereinigten Volkes sein, und alle Gewalt über- und gegeneinander, deren sich das Volk bei seinem ursprünglichen gegenseitigen Vertrage begeben hat, kann von dem Volksvertreter nicht beansprucht werden, weil, wie ich bereits gesagt, die Gewalt der Volksvertreter nicht größer sein kann, als die des vertretenen Volkes.

Es bietet sich hier ganz natürlich und wie von selbst dar, daß das Volk in seinem ursprünglichen, auf gleiche Gerechtigkeit basirten Vertrage gänzlich, als despotisch und verabscheuungswerth, auf das Recht verzichtete, seine Verpflichtungen, Verträge und Uebereinkommen zu brechen und zu verletzen, oder Betrug, Täuschung und Tyrannei gegen einander zuüben;

IX. In allen Criminal-Anklagen hat Jeder das Recht, selbst oder durch seinen Anwalt gehört zu werden, die Ursachen und Natur seiner Anlage zu erfahren, mit den Zeugen confrontirt zu werden, Beweismittel zu seiner Vertheidigung beizubringen und eine unverzögerte und öffentliche Untersuchung durch ein unparteiisches Geschworenengericht zu fordern, ohne dessen einmüthigen Ausspruch er nicht schuldig gefunden werden kann; Niemand soll gezwungen werden, gegen sich selbst Zeugniß zu geben; auch kann Niemand rechtmäßig seiner Freiheit beraubt werden, außer nach den Landesgesetzen, oder nach dem Urtheilsspruch seiner Mitbürger.

X. Das Volk hat das Recht, in seiner Person, Wohnung, seinen Schriften und Besitzschaften frei von Durchsuchung und Beschlag zu sein; und deshalb ist, ohne daß vorher vom Antragsteller eidlich oder durch Versicherung genügende Gründe dafür nachgewiesen worden sind, jeder Durchsuchungsbefehl, wodurch ein Beamter oder Abgesandter beordert oder beauftragt wird, verdächtige Plätze zu durchsuchen, oder eine oder mehrere verdächtige Personen und deren Eigenthum (ohne dessen specielle Beschreibung) zu ergreifen, gegen das Recht und soll nicht bewilligt werden.

XI. In allen Besitzstreitigkeiten und in Prozessen der Bürger gegen einander haben die Parteien ein Recht auf Untersuchung durch das Geschworenengericht, welches heilig und unverletzt gehalten werden muß.

XII. Das Volk hat das Recht der Freiheit der Rede und Schrift und freier Veröffentlichung seiner Grundsätze; deshalb soll die Preßfreiheit nie beschränkt werden.

XIII. Das Volk hat das Recht, zu seiner und des Staates Vertheidigung Waffen zu tragen, und da stehende Armeen in Friedenszeiten der Freiheit gefährlich sind, so sollen keine gehalten werden. Die Civilverwaltung soll das Militär regieren und in strenger Unterordnung halten.

XIV. Ein beständiges Zurückgehen auf die Elementargrundsätze und ein festes Anhängen an Gerechtigkeit, Nüchternheit und Mäßigkeit, Fleiß und Einfachheit ist unumgänglich nothwendig, wenn der Segen der Freiheit dauernd sein und die Regierung frei bleiben soll. Das Volk soll deswegen bei der Wahl seiner Beamten und Vertreter besondere Aufmerksamkeit auf diese Punkte richten, und es soll das Recht haben, fortwährend die gebührende Achtung vor derselben von seinen Gesetzgebern und Beamten beim Erlasse und der Ausführung solcher Gesetze zu erzwingen, die für eine gute Staatsregierung erforderlich sind.

XV. Alle Menschen haben ein natürliches Recht, von einem Staate nach einem andern auszuwandern, wenn sie die aufnehmen will, oder in einem unbewohnten Lande, oder in Ländereien, die sie ankaufen, einen neuen Staat zu begründen, wenn sie dadurch ihr Glück zu fördern glauben.

XVI. Das Volk hat das Recht, sich zu versammeln, sein Gemeinwohl zu berathen, seine Vertreter zu instruiren und sich an die Gesetzgebung wegen Abstellung von Uebeln durch Adressen, Bitt- und Beschwerdeschriften zu wenden.

deshalb können die Volksvertreter kein Gesetz erlassen, dergleichen zu thun; jeder Versuch dieser Art wäre ein Streben, nicht den persönlichen Souverän, sondern das souveräne Prinzip der Republik zu entsetzen und an dessen Stelle Despotismus einzuführen.

Es mag hier passend sein, zwischen der Art von Souveränität, welche ein Despot beansprucht und übt, und jener, welche die Bürger einer Republik besitzen und ausüben, zu unterscheiden. Ein Despot maßt sich die Gewalt an, Unrecht zu Recht und Recht zu Unrecht zu machen, ganz wie es ihm beliebt, oder paßt. Der Zweck der Ausübung der Souveränität in einer Republik ist, Recht und Unrecht in der Sphäre, die ihm gebührt, zu halten, und nie zu gestatten, daß das eine die Stelle des andern usurpire. Eine Republik, recht verstanden, ist eine Souveränität der Gerechtigkeit, im Gegensatze zu einer Souveränität der Willkür.

Unsere Erfahrung im Republikanismus ist noch so gering, daß es sehr zweifelhaft ist, ob alle unsere allgemeinen Gesetze und Acte nach den Prinzipien republikanischer Regierung gerechtfertigt werden können, und mit denselben übereinstimmend sind.

Wir haben uns im Anfange unseres Kampfes, während des Interregnums in der Regierung und in vielen späteren Fällen gewöhnt, in Committeen zu handeln, Mittel anzunehmen, die nur durch die Nützlichkeit gerechtfertigt waren, um uns selbst einen willkürlichen Gebrauch der Gewalt zu erlauben, der nur für den Drang und das Bedürfniß des Augenblicks berechnet war, so daß Jemand, der von einem Committee zu einem Sitze in der Gesetzgebung übergeht, unwillkürlich die Ideen und Gewohnheiten mit sich nimmt, die ihm zur andern Natur geworden, und fortfährt, wie ein Committee-Mann, anstatt wie ein Gesetzgeber zu denken, und so mehr nach seinem Geiste, als nach den Bestimmungen der Constitution und nach republikanischen Prinzipien zu regieren.

Ich habe bereits festgesetzt, daß die Gewalt der Volksvertreter niemals die Gewalt des Volks, das sie vertreten, überschreiten kann; ich fahre nun fort, genauer zu prüfen, worin die Macht der Volksvertreter besteht.

Es ist erstens die Macht, als Gesetzgeber zu wirken, Gesetze zu erlassen, und zweitens die Gewalt, in gewissen Fällen als Agenten und Vermittler für den Staat zu handeln, zu solchen Zwecken, wie es die Staatsverhältnisse erfordern.

Es hat sich eine sonderbare Verwirrung der Ideen, gefährlich für die Ehre und Dauer, den Credit und das Wohl des Staates eingeschlichen; durch Verwechslung dieser beiden verschiedenen Gewalten und Dinge hat man jede Handlung der Assembly, welcher Art sie auch sei, unter dem allgemeinen Namen Gesetze der Assembly vereinigt, und dadurch eine Ansicht geschaffen (die wahrhaft despotisch ist), daß jede spätere Assembly gleiche Gewalt, sowohl über jede Geschäftsverhandlung, als auch über jedes Gesetz der früheren hat.

Alle Gesetze sind Acte, aber alle Acte sind nicht Gesetze. Viele von den Acten der Assembly sind Acte der Agentur und Geschäftsverhandlung, d. h. sie sind Bestimmungen über Contracte und Uebereinkommen von Seiten des Staates mit bestimmten Personen und zu bestimmten darin erwähnten Zwecken. Eine Acte dieser Art erhält, nachdem sie vom Hause angenommen, die Eigenschaft einer unterzeichneten, gesiegelten und überlieferten Urkunde, oder Contractes; sie ist denselben allgemeinen Gesetzen und Rechtsprincipien, wie alle andern Urkunden und Contracte unterworfen; in einer Unterhandlung dieser Art steht der Staat als ein Individuum da, und in keinem Gerichtshofe wird er in einem andern Charakter anerkannt.

Unter „Gesetzen", im Unterschiede von den Agentur-Verhandlungen oder Geschäftsangelegenheiten, versteht man alle jene allgemeinen Acte der Assembly oder des Staates, die allgemeine Wirkung haben, oder sich auf jedes Individuum des Staates beziehen. Solcher Art sind die Gesetze zur Handhabung und Verwaltung des Rechts, zur Erhaltung des Friedens, zur Sicherheit des Eigenthums, für Erhebung der nöthigen Einkünfte durch gerechte Auflagen u. s. w. — Acte dieser Art sind die eigentlichen Gesetze; diese mögen verändert, verbessert, widerrufen, oder andere an ihrer Stelle, je nachdem die Erfahrung lehrt, erlassen werden, damit die Zwecke sicherer erreicht werden, um derenwillen sie erlassen worden; und das Recht und die Macht der Assembly, dies zu thun, ist von dem Rechte und der Macht hergeleitet, welche das ganze Volk ebenso üben könnte, wenn es in gemeinsamer Berathung säße; denn in Gesetzen dieser Art gibt es keine andere Partei, als das ganze Volk. Das Gesetz, die Abänderung, oder der Widerruf ist für das Volk selbst; was auch die Wirkungen sein mögen, sie treffen es selbst; — sind sie gut, dann hat das Volk den Vortheil, — sind sie verderblich, so duldet es den Nachtheil. Hier ist Niemanden Gewalt angethan, hier ist kein Treubruch begangen. Und so ist es eines von den Rechten und Gewalten, welche im Sinne, in der Bedeutung und in den Grenzen des ursprünglichen auf Gerechtigkeit basirten Vertrages liegen, den das Volk mit einander als Grundprinzip der Republik schloß, und da es eines von diesen Rechten und Gewalten ist, so fällt es den Repräsentanten, durch deren Wählung und Sendung, anheim.

Da es nicht meine Absicht ist (auch nicht in den Grenzen liegt, die diesem Briefe gezogen sind), jede Art dessen, was man Gesetz nennen kann, zu definiren (vielmehr nur das Departement, in welchem die Volksvertreter als Agenten oder Unterhändler für den Staat handeln, von dem gesetzgebenden Theile zu unterscheiden), so will ich fortfahren, diejenigen Acte der Assembly, welche Acte der Agentur und Unterhandlung sind, zu sondern und zu beschreiben, und ich will zeigen, daß sie in ihrer Natur, Bildung und Wirkung von den gesetzgebenden Acten verschieden sind, daß folglich auch die Macht und Autorität der Versammlung über dieselben, nachdem sie einmal angenommen, nicht mehr dieselbe ist.

Es muß jedem bei dem geringsten Nachdenken klar sein, daß die Angelegenheiten und Verhältnisse eines Staates, außer dem Erlassen von Gesetzen, noch die Besorgung anderer Geschäfte erfordern, und daß folglich diese verschiedenen Geschäftsarten weder alle unter einem Namen classificirt werden können, noch einem und demselben Rechte in der Behandlung unterworfen sind. Doch weiter.

Wir verstehen unter Agentur-Verhandlungen oder Geschäftsangelegenheiten, welche die Assembly besorgt, alle die öffentlichen Geschäfte, welche die Assembly, als Vertreterin des Volkes, mit einer oder mehreren Personen, mit einem Theile oder Theilen der Republik abschließt, zu solchen Zwecken, wie sie die Acte erwähnt, und welche die Assembly durch Beifügung des Staatssiegels von Staatswegen ratificirt und bestätigt.

Eine solche Acte ist, wie vorerwähnt, von einem Gesetze verschieden, denn hier sind zwei Parteien, dort nur eine; auch sind hier die Parteien verpflichtet, verschiedene und besondere Theile der Acte zu erfüllen, wogegen in dem vorerwähnten Gesetze jedes Mannes Pflicht dieselbe war.

Deshalb sind diese Acte, obschon sie zu den Gesetzen gerechnet werden, wesentlich von denselben verschieden, und nicht gesetzgebender Art. Die früheren sind Gesetze für die Regierung der Republik, diese sind Geschäftsverhandlungen, z. B. Kauf und Uebertragung eines dem Gemeinwesen gehörigen Grundstücks, oder dessen Ankauf, Acte für Geldanleihen, und Uebereinkommen mit dem Darleiher über Bedingungen und Art der Rückzahlung, Acte des Uebereinkommens und Contractes mit einer oder mehreren Personen zu bestimmten Zwecken: kurz, jede Acte, in der zwei Parteien, deren eine der Staat ist, besonders erwähnt und bezeichnet werden, und in welcher die Form und Natur eines Handels und Vertrags auftritt.

Diese, wenn wir sie auch aus Gewohnheit und der Gleichmäßigkeit wegen, Gesetze nennen, sind nicht Gesetze für die Regierung der Republik, sondern Bestimmungen für die contrahirenden Parteien, eben so wie alle Urkunden und Contracte, und sie sind, genau genommen, nicht Acte der Assembly, sondern gemeinschaftliche Acte, d. h. Acte der Assembly in Vertretung der Republik auf der einen, und bestimmter darin erwähnter Personen auf der andern Seite.

Man scheidet Acte dieser Art in zwei Classen:

1) Diejenigen, in welchen die in der Acte enthaltene Angelegenheit zwischen dem Staate einer-, und der darin erwähnten Person andrerseits bereits geordnet und festgesetzt ist. Die Acte ist in diesem Falle die Vollziehung und Ratification des Contractes, oder der darin angeführten Dinge. Dies ist in der That nur ein unterzeichneter, gesiegelter und überlieferter Contract.

2) Solche Acte, in denen über die Angelegenheit selbst noch kein Uebereinkommen stattgefunden, wo die Acte nur gewisse Bedingungen und Propositionen zeigt, die bewilligt und angenommen werden sollen.

Ich will ein Beispiel von jeder dieser Acte anführen.

Erstens: Der Staat gebraucht ein Geld-Darlehn; gewisse Personen machen der Regierung Vorschläge, diese Summe zu leihen, und senden ihre Propositionen ein. Die Regierung nimmt diese Vorschläge an, und über alle Punkte der Anleihe und der Zahlung hat man sich geeinigt. Dann wird nach der üblichen Geschäftsordnung eine Acte angenommen, die dieses Uebereinkommen ratificirt und bestätigt. Diese Acte ist dann der Schluß, und für beide Theile verbindlich.

Im zweiten Falle, wie im vorhergehenden bedarf die Regierung eines Geldbdarlehns, die Assembly erläßt eine Acte, indem sie die Bedingungen aufstellt, unter welchen sie leihen und zurückzahlen will; diese Acte ist so lange ohne Wirksamkeit, bis die Vorschläge und Bedingungen von einer oder mehreren Personen eingegangen und angenommen sind; und sobald diese angenommenen Bedingungen erfüllt worden sind, dann ist die Acte für den Staat verbindlich. Falls aber bei Zusammentritt der nächsten oder einer andern Assembly die ganze ursprünglich erforderliche gewiesene Summe nicht gebraucht werden sollte, dann mag diese Assembly mit dem ferneren Vorgehen in der Anleihesache anhalten oder für deren Rest neue Vorschläge und Bedingungen stellen. Insofern aber, als die Subscriptionen gezeichnet, und die Bedingungen bereits erfüllt sind, ist die Acte, ebenso wie im erſten Falle ein unterzeichneter Contract. Im ſelben Verhältniſſe ſind alle Acte, in denen, wie ich vorher erwähnte, der Staat einerſeits und gewiſſe Indibiduen andererſeits Parteien ſind, möge der Gegenſtand der Acte ſein, was er wolle.

Wird der Staat bankerott, ſo erleiden, wie in allen Bankerott-Fällen, die Gläubiger einen Verluſt, ſie werden nur eine Dividende für das Ganze erhalten; dies iſt jedoch keine Auflöſung des Contractes, es iſt nur ein durch die Nothwendigkeit bedingtes Unbequemen. So kann in allen den Fällen, wo auf einer Seite ſich Unfähigkeit zeigt, der Contract nicht erfüllt werden, man muß auf irgend ein Abkommen eingehen, oder die Sache fällt durch ſich ſelbſt zuſammen.

Obgleich es eigentlich nicht vorkommen ſollte, ſo iſt es doch möglich, daß bei Erfüllung der übernommenen Verbindlichkeiten, für eine oder beide der Parteien Schwierigkeiten entſtehen, die zur Zeit des Erlaſſes der Akte nicht vorhergeſehen wurden; in dieſem Falle können dieſe Schwierigkeiten durch Einwilligung und Uebereinkunft beider Parteien gehoben werden, und jede wird dabei ihren Vortheil finden. Denn die Harmonie aller Intereſſen iſt es, die in einer Republik das beſondere und allgemeine Wohl begründet und vereinigt.

Die Acte ſelbſt aber ſind eben ſo rechtsverbindlich, als ob ſie unter Privatperſonen geſchloſſen wären. Die Größe der einen Partei darf ihr keinen Vortheil und keine Ueberlegenheit über die andere geben, und die Gewalt des Staates oder der Aſſembly als deſſen Vertreter iſt nach der Annahme einer ſolchen Acte nicht größer als die Gewalt von Privatperſonen. Daß es ſo iſt, das iſt die Glorie einer Republik, denn ſo nur verhindert man, daß die Bürger die Beute der Gewalt werden, und ſo wird es unmöglich, daß Gewalt das Recht beuge.

Wenn ſpäter Differenzen oder Streit zwiſchen dem Staate und den Contract-Schließenden bezüglich der Deutung oder Ausdehnung der Gegenſtände des Contractes entſtehen, und ſo das Eigenthum oder Intereſſe der Partei gefährden, ſo wird dieſe Differenz durch ein Geſchwornengericht nach den Geſetzen des Landes in einem Gerichtshofe entſchieden und geſchlichtet werden, d. h. durch die Landesgeſetze, welche bei Abſchließung des Contractes bereits in Kraft waren.

Weder direkt noch durch Deutung und Hineinlegung kann ein ſpäter erlaſſenes Geſetz zur Anwendung kommen, denn dies wäre, nach dem Contractabſchluſſe erlaſſen, ein rückwirkendes Geſetz, und ein ſolches darf dem Gerichtshofe, als anwendbar auf den vorliegenden Fall, nicht einmal vorgelegt werden.

Daß dies Gerechtigkeit ſei, das kann wohl Niemand in Abrede ſtellen. Kann alſo ein geſetzmäßiges unterſiegeltes und ratifizirtes Uebereinkommen oder ein Contract durch ſpäter erlaſſene Acte weder berührt noch verändert werden, um wie viel unlogiſcher, unvernünftiger, beſpotiſcher und ungerechter wäre ſelbſt ſchon der Gedanke, eine Acte zu erlaſſen mit der eingeſtandenen Abſicht, einen bereits unterzeichneten und geſiegelten Contract zu brechen.

Wir geben die Möglichkeit zu, daß eine Aſſembly, in der Aufregung und Uebereilung der Parteileidenſchaft mehr in Gedanken an ihre Macht, als an das ſouveräne Prinzip unparteiiſcher Gerechtigkeit, den Irrthum begehen und eine ſolche Acte erlaſſen könnte, ſie würde aber wirkungslos ſein, ohne rechtsverbindliche Kraft, die Gerichtshöfe und bestehenden Landesgesetze müßten ihr jede Anerkennung versagen.

Solch eine Acte hat nicht die Kraft einen Contract zu verändern, der von zwei Parteien geschlossen ist, denn er ist nur eine Acte der einen Partei, nicht allein ohne, sondern auch gegen die Einwilligung der andern. Zu sagen, daß ein Contractbrecher den Contractbruch selbst als Rechtfertigung aufstellen könnte, das heißt nichts Anderes, als daß überhaupt Jeder, der Versprechen bricht, seiner Verpflichtung dadurch enthoben ist, oder daß man sich gerade durch Uebertretung der Gesetze ein Recht auf Straflosigkeit erwirbt.

Abgesehen von diesen constitutionellen und gesetzlichen Gründen, um deren willen keine Assembly aus eigener Autorität einen zwischen dem Staate (durch eine frühere Assembly) und gewissen Individuen geschlossenen Contract umstoßen oder annulliren kann, gibt es noch andere, man könnte sagen, natürliche Gründe, d. h. solche Gründe, welche die einfachen Regeln des gesunden Menschenverstandes jedem Manne andeuten. Hierzu gehören folgende:

Die Haupt- oder wirklichen Parteien des Contracts sind der Staat und die Contractoren. Die Assembly ist nicht Partei, sondern Agent im Auftrage des Staates, dessen Geschäfte abzuschließen sie autorisirt und ermächtigt ist.

Es ist also der Staat auf der einen und gewisse Individuen auf der andern Seite, die sich verpflichtet haben, und die Erfüllung des Contractes in allen seinen Theilen liegt den nachfolgenden Assemblies nur als Agent, nicht als Partei ob.

Und so wäre es von Seiten der nächsten oder einer spätern Assembly, eine völlig neue und unerhörte Gewaltanmaßung, den Staat seiner Verbindlichkeit entheben zu wollen. Es ist gleichsam, als wollte ein Sclave seinem Meister die Freiheit geben.

Die Erwählung neuer, aufeinander folgender Assemblies ändert nichts in der Natur der Sache. Immer bleibt der Staat derselbe. Immer ist das Volk dieselbe Gemeinschaft. Wenn auch die Assembly alljährlich sich auflöst, so ist dies doch nicht so bei jenem der Fall. Staat und Volk werden weder alljährlich neu gebildet, noch können sie ihrer ursprünglichen Stellung entsetzt werden, sondern sie sind eine dauernde, beständige Gemeinschaft, immer vorhanden und stets unverändert.

Wenn wir den unklaren, vernunftwidrigen Grundsatz anerkennen, daß jede neue Assembly volle, unumschränkte Gewalt, über jede vom Staate, durch eine frühere Assembly, erlassene Acte habe, wenn wir Gesetze, Contracte und jede Art der öffentlichen Geschäfte mit einander verwechseln und zusammenwerfen, so leitet uns dies in eine Wildniß endloser Verwirrung und unübersteiglicher Schwierigkeiten. Es ist die Gewährung despotischer Gewalt an jede Assembly während ihrer Dauer. — Wenn die Autorität einer Regierung so weit ausgedehnt und andererseits nach demselben Grundsatze so sehr beschränkt würde; dann wäre sie nur, statt einer nach bestimmten Regeln verwalteten und auf feste Prinzipien beruhenden Regierung, ein Staats-Committee, welches mit unumschränkter Gewalt auf ein Jahr bekleidet ist. Jede neue Wahl wäre dann eine neue Revolution, oder man müßte annehmen, das Volk des vorigen Jahres sei todt, und ein anderes Volk wäre an dessen Stelle.

Ich habe mich nun bemüht zwischen gesetzgebenden Acten und Acten der

II. H

Unterhandlung und Agentur zu unterscheiden, und beide zum klaren Ver=
ständnisse zu bringen, ich will jetzt diese Unterscheidung auf die gegenwärtige
Tagesfrage wegen des Bank=Charters anwenden.

Der Charter der Bank oder, was dasselbe ist, die Acte ihrer Incorpora=
tion, ist in Ziel und Zweck eine Acte der Unterhandlung und des Contrac=
tes, die vom Staate einerseits und von gewissen namentlich erwähnten Per=
sonen andererseits angenommen und bestätigt worden. Der Zweck, um dessen
willen die Acte erlassen wurde, ist darin erwähnt, nämlich der Nutzen, der
den Finanzen des Landes dadurch entstehen würde. Die Incorporations=
Clausel ist die Bedingung und Verpflichtung von Seiten des Staates, und
die Bedingung von Seiten der Bank ist, „daß nichts in der Acte so gedeu=
tet werde, daß es die erwähnte Corporation zur Ausübung einer gesetz=
und constitutionswidrigen Macht autorisire".

Hier sind alle Kennzeichen und Eigenthümlichkeiten eines Contractes.
Die Parteien, — der Zweck — und die gegenseitigen Verbindlichkeiten.

Daß dies wirklich ein Contract oder eine gemeinschaftliche Acte sei, geht
noch daraus hervor, daß jede der Parteien im Stande war, dessen Erlas=
sung zu verbieten und zu verhindern. Der Staat konnte die Actionäre der
Bank nicht zur Bildung einer Corporation zwingen, und da ihre Einwilli=
gung zum Erlasse der Acte nöthig war, so müßte auch ihre Weigerung ihn
verhindert haben; und umgekehrt, da die Bank den Staat nicht zwingen
konnte, sie zu incorporiren, würde auch die Einwilligung oder Weigerung
des Staates dieselben Erfolge nach sich gezogen haben. So wie keine der
Parteien allein die Acte erlassen konnte, so kann auch keine sie einseitig auf=
heben. Mit einem Gesetze oder Acte der Gesetzgebung ist dies anders; so
zeigt auch jener Unterschied, daß jene Acte anderer Natur ist.

Durch Vergehen kann die Bank ihren Charter verwirken, doch muß das
Vergehen in legalem Prozeß im Gerichte vor Geschwornen festgestellt und
bewiesen werden; der Staat oder die Assembly darf nicht Richter in der
eigenen Sache sein, sondern muß sich den Landesgesetzen und richterlichem
Ausspruche unterwerfen; denn was dem Individuum Gesetz ist, ist es auch
dem Staate.

Ehe ich diese Angelegenheit weiter untersuche, will ich einen Blick zurück=
werfen auf die Verhältnisse des Landes und auf die Lage, in der die Regie=
rung sowohl einige Zeit vorher, als auch damals, als sie dieses Ueberein=
kommen abschloß und diese Incorporationsacte erließ, sich befand. Die
Regierung dieses Staates, und ich muthmaße, eben so die der anderen
Staaten, litt damals an zwei der wichtigsten Dinge Mangel, die eine Re=
gierung in Verlegenheit bringen können, — an Geld und an Credit.

Ich fühle es, daß ich im Rückblicke auf diese Zeiten und in zu Tage För=
berung einiger hierauf bezüglichen Umstände unangenehme und unerfreu=
liche Gegenstände berühre; denn einiges von dem, was wegen des Angriffs
auf die Bank nothwendig gesagt werden muß, um dem Publikum die Sache
klar und ausführlich darzulegen, wird Denjenigen wenig Ehre eintragen,
welche diese Maßregel in der letzten Assembly unterstützten und deren An=
nahme durchsetzten. Und wenn auch mein eigenes Urtheil und meine An=
sicht über diesen Fall mich zwingen, hierin von diesen Männern abzuwei=
chen, so bewahre ich ihnen dennoch meine Achtung und die freundliche Er=
innerung vergangener Zeiten. Auch hoffe ich, daß diese Herren mir die
Gerechtigkeit anthun, und sich des hohen Ernstes erinnern werden, mit den,

ich, als im letzten Frühling der Angriff auf die Bank begann, gegen sie
auftrat. Es schien mir offenbar eine von den übereilten Maßregeln zu
sein, worin ihnen weder das Land im Allgemeinen, noch ihre Constituenten
Recht geben würden, sobald die Sache zum klaren Verständniß gekommen
wäre. Mit welchem Eifer auch eine Parteimaßregel im Hause verfochten
ward, ruhig folgte inzwischen das Volk außerhalb seinem Gewerbe und seinem Berufe; es baut seine Ländereien und besorgt seine Geschäfte, und
urtheilt in ruhiger Musestunde über die öffentlichen Angelegenheiten. So
kommt es, daß die Stimmung, in der es urtheilt, häufig ruhiger und be-
sonnener ist, als die, in der seine Vertreter handelten.

Man erinnert sich wohl, daß die jetzige Bank sich aus einer ihr vorhergehenden, der „Pennsylvania Bank" entwickelte. Die Pennsylvania Bank
begann einige Monate früher. Ich will kurz die Veranlassung dazu anführen.

Im Frühling 1780 waren in der Assembly von Pennsylvanien viele von
den Repräsentanten, und fast alle von derselben Parteifarbe, aus denen
das letzte Haus bestand, welches den Angriff auf die Bank begann. Ich
war in der Assembly von 1780 als Clerk angestellt, und entsagte dieser
Stellung am Ende des Jahres, um einen schmerzlich betrauerten Freund,
den verstorbenen Obersten John Lawrens, auf einer Gesandtschaft nach
Frankreich zu begleiten.

Der Frühling des Jahres 1780 zeichnete sich durch das Zusammentreffen
von Unglücksfällen aus. Das Vertrauen, daß Charleston sich halten
würde, wurde getäuscht. Dies lähmte den Muth des Volkes und drückte
ihn fast nieder. Wegen Mangel an Geld, Mitteln und Credit schleppten
sich die Maßregeln der Regierung wie ein schwer beladener Lastwagen ohne
Räder fort — sie kamen nicht aus der Stelle.

Durch außergewöhnliche Berufung kam die Assembly jenes Jahres am
10. Mai zusammen; das Betrübendste war, daß viele der Repräsentanten,
anstatt ihre Constituenten zu kräftigster Anstrengung zu ermuthigen, mit
Bittschriften um Befreiung von Steuerzahlungen in die Assembly kamen.
Wie die Regierungsmaßregeln ausgeführt, das Land vertheidigt, die Armee
recrutirt, bekleidet, ernährt und bezahlt werden könnten, wenn die einzige
und kaum halb hinlängliche Hülfsquelle, die Steuern, fast gänzlich versie-
gen sollte, das war zu denken selbst zu traurig. In dieser Zeit hätte die
Sprache jedes Bürgers eine den Bittschriften gänzlich verschieden sein müssen. Die Erklärung, mit Gut und Blut einzustehen, und das Verwerfen
jedes Gedankens an parteiische Nachsicht, das würde einen viel besseren
Klang als Bittschriften gehabt haben.

Während die Assembly in Sitzung war, empfing der executive Rath ein
Schreiben vom Oberbefehlshaber und legte es dem Hause vor. Die Thü-
ren wurden geschlossen; es lag mir als Clerk ob, den Brief vorzulesen.

In diesem Briefe war die nackte Wahrheit der Sachlage dargestellt.
Unter anderen Mittheilungen führte der General an, daß die Noth und die
Leiden der Armee, in Ermangelung aller ersten und nothwendigsten Lebensbedürfnisse, zu einem solchen Gipfel gestiegen wären, daß, ungeachtet
seines Vertrauens in die Anhänglichkeit der Truppen an die Sache des
Landes, er dennoch jeden Augenblick den Ausbruch von Meuterei und Unzufriedenheit befürchte, und daß deren Anzeichen sich deutlich und bestimmt
in der Armee zeigten.

Nachdem der Brief zu Ende gelesen war, bemerkte ich ein verzweifeltes Schweigen im Hause. Eine geraume Zeit lang sprach Niemand. Endlich erhob sich ein Repräsentant, von dessen Seelenkraft, dem Unglücke zu widerstehen, ich eine hohe Meinung hatte. Wenn, sprach er, der Bericht in diesem Briefe die treue Sachlage schildert, und wir wirklich in dieser Lage sind, dann scheint es mir zwecklos, den Kampf noch weiter fortzuführen. Wir mögen ihn eben so gut jetzt als später aufgeben.

Der nächste Redner war (so weit ich mich dessen erinnern kann) ein Repräsentant der Grafschaft Bucks; er versuchte in heiterem Tone den Trübsinn des Hauses zu verscheuchen. Wohl, sagte er, möge das Haus nicht verzweifeln, wenn die Sachen nicht so gut gehen, wie wir es wünschen, so laßt uns streben, sie besser zu machen. Hier brach die Debatte ab und das Haus vertagte sich.

Keine Zeit war nun zu verlieren, Etwas mußte durchaus gethan werden, doch stand es nicht sofort in der Macht des Hauses, es wirklich zu thun. Was beginnen bei der Entwerthung des Papiergeldes, dem langsamen Eingange der Steuern und den Petitionen um Befreiung von denselben? Der Schatz war leer, die Regierung ohne Credit.

Wenn die Assembly nicht sofortige Unterstützung gewähren konnte, welche die Dringlichkeit der Sachlage erheischte, so war es wohl zweckmäßig, daß dies zur Kenntniß Derer komme, welche Hülfe leisten konnten oder wollten. Diese Mittheilung zu verheimlichen, und die Hülfe, die sie erforderte, nicht zu leisten, das wäre Gefährdung der Gemeinsache gewesen. Das einzige, was noch übrig blieb und den Bedürfnissen ausreichend entsprechen konnte, war Privatcredit und freiwillige Unterstützung von Privatpersonen. In dieser Ueberzeugung nahm ich nach meinem Fortgehen aus der Versammlung meinen fälligen Gehalt als Clerk auf, sandte an einen Herrn in dieser Stadt fünfhundert Dollars und schrieb ihm einen ausführlichen Brief über unsere Angelegenheiten.

Der Herr, an den ich diesen Brief richtete, ist Herr Blair M'Clenaghan. Ich erwähnte, daß trotz der allgemein verbreiteten Meinung, daß der Feind von Charleston zurückgeschlagen worden, zu viele Gründe mich zu der Ansicht brächten, daß der Platz bereits genommen und in Feindes Händen sei. Daß in Folge davon ein großer Theil der britischen Macht zurückkehren und sich mit der in New York vereinigen würde. Daß unsere Armee um zehntausend Mann verstärkt werden müsse, damit sie im Stande sei, der vereinigten Macht des Feindes zu widerstehen. Ich unterrichtete Herrn M'Clenaghan von dem Briefe des Generals Washington, von der äußersten Noth, in der er sich befand; es wäre jetzt bringende Veranlassung, daß die Bürger selbst Opfer brächten, was sie ohne Zweifel thun würden, so bald ihnen die Nothwendigkeit bekannt würde, und schließlich, daß die Kräfte der Regierung erschöpft seien. Ich ersuchte Herrn M'Clenaghan, eine freiwillige Subscription unter seinen Freunden anzuregen, und fügte hinzu, daß die beigeschlossenen fünfhundert Dollar mein Scherflein dazu wären, und daß ich es vermehren würde, so weit meine Mittel es nur irgend möglich machten *).

Am nächsten Tage schrieb mir Herr McClenaghan, daß er den Inhalt

---

*) Mr. M'Clenaghan ist nun von Europa zurückgekehrt, und hat meine Ermächtigung, diesen Brief Jedem zu zeigen, der ihn zu sehen wünscht.

meines Briefes einer Versammlung von Herren in einem Kaffeehause mitgetheilt habe, daß sofort eine Subscription angefangen worden wäre, daß er
selbst und Herr Robert Morris jeder zweihundert Pfund in baarem Gelde
unterzeichnet hätten, und daß die Subscription guten Fortgang habe.
Diese Subscription wurde als ein freiwilliges Geschenk dargebracht, in
der Absicht, sie für Handgeld, zur Förderung der militärischen Werbung zu
verwenden. Sie datirt vom 8. Juni 1780. Die Original-Subscrip-
tionsliste ist jetzt in meinen Händen. Der subscribirte Betrag beläuft sich
jetzt auf vierhundert Pfund in baarem Gelde und einmal hundert und ein
tausend drei hundert und sechzig Pfund in Papiergeld.

Während dieser Subscription kam die Nachricht von der Einnahme
Charlestons.*) Es wurde nun eine Versammlung der Subscribenten, und
anderer Herren, die zugegen zu sein wünschten, in der City Taverne gehalten. Veranlassung dazu waren die Mittheilungen verschiedener Congreß-
Mitglieder an einige Herren in dieser Stadt, bezüglich der größeren Noth
und der vermehrten Gefahren, die nun eingetreten waren. Diese Versammlung fand am 17. Juni, neun Tage nach dem Anfange der Subscription,
statt.

Es wurde in dieser Versammlung beschlossen, daß eine Subscription
von Bürgschaften, zum Belaufe von dreimal hundert tausend Pfund pennsylvanischen Papiergeldes in baarem Gelde eröffnet werde; daß die Subscribenten Obligationen im Betrage ihrer Zeichnungen ausstellen, und daß
darauf eine Bank begründet werden solle, deren Zweck, Erhaltung und Versorgung der Armee sei. Nachdem diese Beschlüsse gefaßt und ausgeführt
worden waren, ließ man die Idee der früheren Subscriptionen fallen, und
nahm an deren Stelle diesen erweiterten Plan an.

Durch diese Bank nun wurde die Armee während des ganzen Feldzuges
versorgt; so konnte sie, da sie außerdem verstärkt worden war, dem Feinde
widerstehen, und nachdem im folgenden Frühjahre Mr. Morris zum Su-
perintendenten der Finanzen ernannt worden, arrangirte er das System der jetzigen Bank unter dem Namen „Bank von Nord-Amerika" und
viele von den Subscribenten der früheren Bank übertrugen nun ihre Zeichnungen auf diese.

Um die Zeit der Errichtung dieser Bank, erließ der Congreß am 21.
Dezember 1781 eine Incorporations-Ordonanz, welche die Regierung von
Pennsylvanien in mancher Weise anerkannte, und später auf Antrag des
Präsidenten und der Directoren der Bank bestätigte die Assembly durch die
Vermittlung des Executions-Raths diese Maßregel und erließ am 1.
April 1782 die Staatsacte der Incorporation.

So entstand die Bank, ins Leben gerufen durch die Noth der Zeiten und
den Unternehmungsgeist patriotischer Bürger. Diese Männer wagten und
gaben ihr Geld her; und die Unterstützung, welche die Regierung ihnen
gewährte, war nur die Incorporation. Hätte der Staat alle seine Geschäfte und Contracte mit solch richtiger Politik, als in diesem Falle abgeschlossen, dann würde es gut stehen; denn nie seit der Begründung der Regierung, hat sie wohl für solch geringe Entschädigung, als eine Incorporations-Acte, solch großen Nutzen empfangen. .

---

*) Oberst Tenant, Adjutant des Generals Linkolm, langte am 14. Juni mit den De-
peschen der Capitulation Charlestons hier an.

II. H 2

So habe ich gezeigt, wie die Bank entstand, und fahre nun in meinen Bemerkungen fort.

Die plötzliche Wiederherstellung des öffentlichen und Privat-Credits, welche bei Etablirung der Bank statt hatte, ist an sich eins der außerordentlichsten Ereignisse im Verlaufe der Revolution.

In wie weit der Geist des Neides die Angriffe auf die Bank während der *?*ten Assembly zu Wege brachte, das werden diejenigen am besten erkennen *?nd* fühlen, die diesen Angriff begannen oder förderten. Die Bank hat Dienste geleistet, welche die Assembly von 1780 zu thun unfähig war, die Bank hat einen Ruhm erworben, den viele der Repräsentanten ungern anerkennen, und zu verdunkeln wünschen.

Sicherlich aber würde jede Regierung, welche nach den Grundsätzen der Vaterlandsliebe und des Gemeinwohles handelt, eine Institution begünstigen, die im Stande ist, solche Vortheile dem Volke zu gewähren. Die Etablirung der Bank in der unglücklichsten und schwersten Prüfungszeit des Krieges, ihre angestrengten Dienste für die öffentliche Sache, ihr Einfluß in Wiederherstellung und Aufrechterhaltung des Credits, die Pünktlichkeit in allen ihren Geschäften, dies sind Dinge, die, weit entfernt davon, die Behandlung zu verdienen, die ihr von der letzten Assembly zu Theil geworden, vielmehr eine Ehre für den Staat und ein Gegenstand gerechten Stolzes für alle Bürger sein müssen.

Aber der Angriff auf die Bank einer mit einem Freibrief versehenen und unter dem Schuße ihrer Gegner befindlichen Institution, wie strafwürdig auch, als ein Irrthum der Regierung, oder wie unpolitisch er als eine Parteimaßregel sein mag, kann den Constituenten derer, welche den Angriff machten, nicht zur Last gelegt werden.

Nach Allem, was an den Tag gekommen ist, scheint es wirklich eine Maßregel zu sein, welche jene Versammlung allein erdacht hat. Die Repräsentanten waren nicht von ihren Constituenten mit dieser Angelegenheit beauftragt. Als sie erwählt wurden und später zusammenkamen, war auch kein Gedanke daran. Die hastige und übereilte Manier, in der die Maßregel durch das Haus gejagt wurde, und die Weigerung des Hauses die Direktoren der Bank zu deren Vertheidigung zu hören, ehe die Widerrufungs-Bill veröffentlicht und dem allgemeinen Urtheil unterbreitet wurde; Alles dies wirkte dahin, daß das Volk nicht im Stande war, den Gegenstand klar zu verstehen. Deswegen fällt Alles, was in diesem Verfahren unrecht sei, nicht dem Volke zur Last. Die Repräsentanten nahmen diese Sache allein auf sich, und jeder Vorwurf hierin trifft nur sie allein.

Die Sache muß schon vorher durch eine Majorität der Repräsentanten außerhalb des Hauses abgeurtheilt und beschlossen gewesen sein, noch ehe sie im Hause vorkam. Alles scheint vorher bestimmt, und so alle Debatte und alle Untersuchung des Falles von vornherein nutzlos gemacht worden zu sein.

Es wurden dem Hause Bittschriften von einer beträchtlichen Anzahl von Personen vorgelegt, die man sich plötzlich verschafft und so geheim gehalten hatte, daß sie außer den Unterzeichnern Niemanden bekannt geworden waren. Diese Bittschriften wurden zweimal an einem Tage gelesen, und dann an ein Committee des Hauses verwiesen, um sie zu prüfen und darüber zu berichten. Ich füge hier die Petition *) und den Bericht bei, und ich werde das Recht des freien Bürgers ausüben, indem ich ihren Werth prüfe, nicht, um zu widersprechen, sondern in der Absicht zum bessern und allgemeinen Verständniß einer verwickelten Angelegenheit beizutragen.

*) Protokoll der Assembly vom 21. März 1795.

Es wurden Petitionen einer großen Anzahl von Einwohnern der Grafschaft Chester verlesen, welche anführten, die zu Philadelphia etablirte Bank übe verderblichen Einfluß auf das Gemeinwesen aus, es wäre dem Landmanne und Handwerker unmöglich wie früher zu gesetzlichem Zinsfuße und langen Zahlungsfristen zu borgen, so lange die Darleiher durch Hülfe der Bank im Stande wären, fast dreimal so viel als gewöhnliche Zinsen zu machen, und dabei nach sehr kurzer Kündigung ihre Gelder gleich wieder einzuziehen, wenn sie derselben bedürften. Daß man selbst auf die beste Sicherheit kein Darlehen erhalten könne. Daß Erfahrung auf das Klarste die verderblichen Folgen dieser Institution für den rechtlichen Handelsmann zeige. Daß Betrüger durch zeitweise Pünktlichkeit gegen die Bank im Stande gewesen wären sich so lange in einem künstlichen Credit zu erhalten, bis sie ihre ehrlichen Nachbaren dazu bekommen, ihnen ihr Eigenthum anzuvertrauen, oder für sie gute Bürgschaft zu leisten, und daß diese dadurch am Ende in Elend und Unglück gekommen wären; sie sagten ferner, sie hätten es häufig gesehen, daß das Innehalten mit Discontiren von Seiten der Bank auf das handeltreibende Publikum fast mit eben solch verderblicher Allgewalt wirke, als das Stocken der Blutbewegung auf den menschlichen Körper, und daß diese Störungen den unglücklichen Kaufmann, der Zahlungen zu leisten hätte, in die Hände habgieriger Wucherer trieben. Die Direktoren der Bank könnten durch Geldvorschüsse ihren Günstlingen ein solches Uebergewicht im Handel geben, daß die in einem commerziellen Lande nothwendige Gleichheit dadurch vernichtet würde; daß die Bank, obschon sich Papiergeld erfahrungsgemäß oft vortheilhaft für den Staat erwiesen habe, es dennoch verbiete, und daß das Volk sich dies gefallen lassen müsse. Deswegen also, und damit Privatsicherheit und öffentliches Vertrauen wieder hergestellt würden, bäten sie, daß dem Hause eine Bill vorgelegt und ein Gesetz erlassen würde, wodurch es die Incorporations-Acte der Bank widerrufe.

28. März. Der am 25. März verlesene Bericht der Committee über die Bittschriften der Grafschaften Chester und Berks, der Stadt Philadelphia und deren Umgegend, bittend, daß die Acte der Assembly, kraft derer die Bank zu Philadelphia gegründet worden, widerrufen würde, wurde zum zweiten Male, wie folgt, verlesen:

Das Committee, welchem die Bittschrift in Betreff der zu Philadelphia etablirten Bank überwiesen worden, und welche beauftragt war zu prüfen, ob besagte Bank mit der allgemeinen Sicherheit, und mit jener Gleichheit, die stets unter den Bürgern einer Republik herrschen sollte, verträglich wäre, berichtet ergebenst: Es ist die Ansicht der Committee, daß besagte Bank in ihrer gegenwärtigen Form und Wirkung in jeder Beziehung mit dem Gemeinwohle unverträglich sei. Daß in dem gegenwärtigen Zustande unseres Handels die Bank sicherlich einen großen Theil des baaren Geldes aus dem Lande treiben würde. Dadurch würde die Bank Geldmangel herbeiführen, und dann fast alles baare Geld, das noch im Lande ist, in die Hände ihrer Aktionäre bringen. Es müsse die Anhäufung so gewaltiger Reichthümer in den Händen einer Gesellschaft auf beständige Dauer Anspruch machen, nothwendiger Weise so großen Einfluß und Macht gewähren, wie sie, ohne die allgemeine Sicherheit zu gefährden, einer Klasse von Männern nicht anvertraut werden könnte. Es wäre diese Bank als Corporation berechtigt, bis zum Betrage von zehn Millionen Dollars Grundbesitz zu eignen. Daß sie nach dem Wortlaute des gegenwärtigen Freibriefs immer fortdauern solle; daß sie keine Verpflichtung habe, dem Staate Vortheile zuzuletzen zu lassen, oder überhaupt von ihm abhängig zu sein. Daß die großen Gewinnste der Bank, welche täglich, und zwar in hohem Maße, so wie Geld knapper würde, zunehmen müßten, und welche bereits die Dividenden der europäischen Banken bei weitem überstiegen, Ausländer veranlaßt hätten, Capitalien in dieser Bank anzulegen, und auf diese Weise von uns große Summen als Interessen zu ziehen.

Es würden ohne Zweifel Ausländer sich mehr und mehr veranlaßt finden, Actionäre dieser Bank zu werden, und die Zeit würde kommen, wenn dieses mächtige Werkzeug der Gewalt von fremden Einflüssen abhänge. Dann könnte die Politik europäischer Höfe dieses Land agitiren, und das gute amerikanische Volk könnte wiederum unterjocht, und von der oder jener der Mächte Europas abhängig werden. Und daß, wenn im günstigsten Falle, dieser Einfluß und diese Macht auch in den Händen der Amerikaner bliebe, so würde sie doch für jene Gleichheit, die in einer Republik vorherrschen sollte, völlige Vernichtung sein.

In unserem auf Freiheit und Gleichheit gegründeten Regierungssysteme wäre nicht im Stande dem Einflusse die Waage zu halten, den diese Bank gewähren muß, und sie sehen nichts, das im Laufe weniger Jahre es hindern könnte, daß die Direktoren der Bank

Es scheint mir, so weit ich diesen Gegenstand zu verstehen und zu beurtheilen im Stande bin: die Committee war unbekannt mit dem Gegenstande, sie mißverstand nicht allein gänzlich die Natur und das Geschäft
einer Bank, sondern auch den ihr als Committee gewordenen Auftrag.

Sie war vom Hause angewiesen, zu untersuchen und zu erforschen, ob die zu Philadelphia etablirte Bank mit dem allgemeinen Interesse
verträglich wäre.

Es läßt sich fast gar nicht annehmen, dieser Auftrag bedeute nur, daß sie
unter einander sich über die Sache zu befragen und zu berathen hätten.
So viel ist sicher, sie richteten keine Anfrage an die Bank, um sich von der
Lage ihrer Angelegenheiten zu unterrichten, wie diese geleitet würden, ob
überhaupt und welche Unterstützung die Bank der öffentlichen Sache geleistet
hatte. Die Committee führt in ihrem Berichte auch nicht einen einzigen
Umstand oder eine Thatsache an, welche darthäte, daß sie überhaupt eine
Untersuchung angestellt hätte, ob die zur Zeit in Umlauf gesetzten Gerüchte
wahr oder falsch wären, sondern sie begnügt sich damit, die Anspielungen und
Vorwürfe der Bittschriften in einen Bericht umzuschmelzen und eine Meinung darüber abzugeben.

Es scheint aus dem Berichte hervorzugehen, daß die Committee entweder
glaubte, das Haus hätte bereits ohne Prüfung von vornherein über die
Sache beschlossen, daß sie nur eine Committee pro forma und zum Scheine
wäre, oder daß der Fall ihnen so überwiesen sei, wie zuweilen Rechtsfragen
dem Rechtsgelehrten, d. h., um eine Meinung darüber abzugeben.

Diese Art, die öffentlichen Angelegenheiten zu führen, ist ganz dazu
geeignet, ein Volk irre zu leiten. Wenn die Constituenten einer Assembly
hören, daß eine Untersuchung und Prüfung eines Gegenstandes angeordnet
ist, so schließen sie ganz natürlich, daß diese Prüfung wirklich stattgefunden
hat, und daß das spätere Verfahren des Hauses basirt ist auf die Nachrichten, Mittheilungen und Thatsachen, welche durch diese Prüfung erlangt
worden sind. Hier aber ist eine Untersuchungs-Committee, die gar keine
Untersuchung anstellt, und eine Ansicht über den Fall abgibt, ohne was für
und wider denselben spricht, geprüft und erwogen zu haben. Das Verfahren
dieser Committee würde die Meinung rechtfertigen, daß es weniger ihr
Wunsch war, sich zu unterrichten, als über die Untersuchung hinwegzukommen, und daß sie gar keine Prüfung anstellte, aus Furcht, daß das Resultat derselben ihren Wünschen nicht entsprechen würde. Das spätere Verfahren des Hauses, sein Beschluß, die Directoren der Bank, vor Veröffent-

Pennsylvanien regierten. Wir hätten bereits deren indirekten Einfluß auf die Maßregeln der Regierung wahrgenommen. Schon hätte man dem Hause der Assembly,
den Vertretern des Volkes, gedroht, daß die Bank den Credit unseres Papiergeldes
vernichten würde; und sollte dieses wachsende Uebel andauern, dann fürchten wir, ist
der Tag nicht sehr fern, wenn die Bank der Gesetzgebung vorschreiben wird, welche Gesetze
sie annehmen und welche sie verwerfen soll.

Deswegen legt die Committee dem Hause nachstehende Beschlüsse zur geneigten Aufnahme vor:

Beschlossen, daß eine Committee ernannt werde zur Vorlegung einer Bill für den Widerruf der am 1. April 1782 unter dem Namen „eine Acte zur Incorporation der Subscribenten zur Bank von Norbamerika" erlassene Acte der Assembly, und ebenso zum Widerrufe einer andern am 18. März 1782 erlassene Acte der Assembly betitelt, „Eine Acte die
Nachahmung und Verfälschung des Amtssiegels der Bankwechsel und Banknoten des Präsidenten, der Directoren und der Compagnie der Bank von Norbamerika zu verhindern und
zu bestrafen, — und zu ferneren darin erwähnten Zwecken."

lichung der Bill zur Begutachtung durch das Volk, troß ihres Ansuchens nicht anzuhören, muß die obige Ansicht auf das Stärkste bekräftigen. Denn weshalb wohl sollte das Haus sie nicht anhören, wenn es nicht befürchtete, daß die Bank bei solch günstiger, öffentlicher Gelegenheit Beweise ihrer Dienste und Nüßlichkeit vorlegen würde, welche den Neigungen und den Absichten ihrer Feinde unbequem wären?

Doch wenn das Haus die Vertheidigung der Bank nicht anhören wollte, so wäre dies kein Grund für das Volk, dasselbe zu thun. In Ersaß für das Zweikammer-System bestimmt die Constitution dieses Staates: Damit jedes Geseß vor seiner Erlassung noch reiflicher geprüft und erwogen, und der Nachtheil vorschneller Bestimmungen so viel als möglich vermieden werde, sollen alle allgemeine Bills gedruckt und dem Volke zur Begutachtung vorgelegt werden *). So steht constitutionsmäßig das Volk an Stelle des zweiten Repräsentantenhauses da, oder besser gesagt, es allein ist ein in sich selbst berechtigtes Haus. In dem vorliegenden Falle aber maßt sich die Assembly die ganze Gewalt an, und verhindert außerdem die Verbreitung nothwendiger allgemeiner Aufklärung über die Sache selbst. Das Gesuch der Bank, man möge sie anhören, ehe die Bill zur allgemeinen Begutachtung veröffentlicht werde, hatte einen doppelten Zweck. Einmal wollte sich die Bank damit an das Repräsentantenhaus wenden, und zweitens durch das Haus an das Volk, das gleichsam das zweite Haus bildet. Im ersten Falle war es eine Vertheidigung, im zweiten eine Appellation. Indem aber die Assembly sich weigerte, die Vertheidigung anzuhören, machte sie das Recht des Volkes, selbst zu urtheilen, zu einem illusorischen und verhinderte so die Appellation. Hätten die Constituenten dieser Assembly keine anderen Gründe deren Betragen zu tadeln, als die große Unbilligkeit, Willkür und Parteilichkeit, mit der sie in dieser Sache verfuhr, so würde dies schon ein völlig genügender Grund sein.

Mögen die Ansichten der Constituenten von einander abweichen in Bezug auf manche formelle Eigenthümlichkeiten der Constitution, alle werden in Aufrechterhaltung ihrer großen Principien und im Tadel ungerechter und despotischer Maßregeln übereinstimmen. Alle Wähler sind Glieder der Republik; diese Position ist ihnen wichtiger und bedeutungsvoller als ihre Parteistellung, und wenn sie bei der Wahl öffentlicher Beamten auch über die Personen differiren, so ist es von gleicher Wichtigkeit für alle Parteien, daß die Verwaltung nach richtigen Principien verfahre, sonst werden unsere Geseße und Acte, anstatt auf Gerechtigkeit, auf Partei-Interessen basirt, nur Geseße und Acte der Wiedervergeltung sein, und anstatt freie Bürger einer Republik zu bleiben, werden wir abwechselnd zu Tyrannen und Sclaven hinabsinken. Doch zurück zum Berichte.

Die Einleitung des Berichtes sagt: „Die Committee, welcher die Bittschriften in Betreff der zu Philadelphia etablirten Bank überwiesen worden, und welche beauftragt war, zu prüfen und zu untersuchen, ob besagte Bank mit der allgemeinen Sicherheit und mit jener Gleichheit, welche stets unter den Bürgern einer Republik herrschen sollte, verträglich wäre, berichtet ergebenst: (nicht daß sie überhaupt eine Untersuchung angestellt hätte, sondern) daß es die Ansicht der Committee ist, daß besagte

---

*) Constitution, 15ter Abschnitt.

Bank in ihrer gegenwärtigen Form und Wirkung in jeder Beziehung mit dem Gemeinwohle unverträglich sei."

Und weßhalb ist dies so? Hier ist eine Ansicht, ohne Begründung und ohne Rechtfertigung. Die Committee hat ihren Bericht am falschen Ende begonnen; denn eine Ansicht, die man als ein Urtheil ausspricht, ist eine Geistesthätigkeit, die einer Thatsache folgt, hier aber ist sie statt derselben hingestellt.

Der Bericht fährt weiter fort: „Daß in dem gegenwärtigen Zustande unseres Handels die Bank sicherlich einen großen Theil des baaren Geldes aus dem Lande treiben würde; dadurch würde die Bank Geldmangel herbeiführen, und fast alles Geld, welches noch im Lande ist, in die Hände ihrer Actionäre bringen."

Dies ist wieder nur eine Behauptung, ganz wie die erste, ohne Anführung auch nur eines einzigen Umstandes oder einer einzigen Thatsache zu deren Motivirung und Begründung. Und übrigens ist die Wirkung jeder Bank gerade das Gegentheil von dem, was die Committee behauptet. Baares Geld könnte man füglich den Waarenvorrath einer Bank nennen; es liegt deshalb in ihrem Interesse, zu verhindern, daß es aus dem Lande gehe, und daß sie beständig einen genügenden Baarbestand habe, um jedem Bedarfe und jeder Nachfrage im Lande entsprechen zu können. Wenn es wirklich wahr wäre, daß die Bank die entschiedene, directe Tendenz hätte, das baare Geld aus dem Lande zu treiben, dann würde es bald mit der Bank zu Ende sein! So sehr hat also die Committee die Sache verkannt, daß sie ihre Befürchtungen an Stelle ihrer Wünsche setzte. Denn könnte es wirklich so kommen, wie die Committee behauptet, dann könnte man ja die Bank ruhig gehen lassen, sie wird von selbst eingehen, und die Widerrufungsacte wäre gar nicht nöthig gewesen.

Es ist das Interesse der Bank, daß Leute ihr baares Geld dort niederlegen, und alle handeltreibenden Länder haben die außerordentlich große Bequemlichkeit anerkannt, ein solch allgemeines Depositorium für ihre Baarbestände zu haben. Weit entfernt also, das baare Geld forttreiben zu wollen, ist keine andere Klasse unter uns so sehr dabei interessirt, das Geld im Lande zu behalten, als gerade die Bankhalter und die Kaufleute; beide können ihre Geschäfte nicht ohne baares Geld betreiben. Ihre Feindschaft gegen das Papiergeld der letzten Assembly rührte daher, weil dasselbe, so weit es dies konnte, direct dahin wirkte, das baare Geld fortzutreiben, und daß es außerdem auch gar keine Mittel und Wege gewährte, anderes Geld herbeizuschaffen.

Die Committee muß dies wohl gewußt haben, sie beschloß aber zuerst, das beunruhigende Gerücht zu verbreiten und auf diese Täuschung zu bauen.

So wie es im Interesse der Bank liegt, das baare Geld im Lande zu halten, so hat sie auch stets die beste Gelegenheit, dessen Fortsendung zu hindern und die frühzeitigste Kenntniß jeder solchen Absicht. So lange die Bank General-Depositär des baaren Geldes ist, kann Jedermann große Beträge nur von dort bekommen. Es ist außerdem ersichtlich gegen das Interesse der Bank, Geldvorschüsse zur Versendung nach auswärts zu machen; denn in solchem Falle kann das Geld nicht durch Circulation wieder in die Bank zurückkehren. Und deswegen ist es gerade die Bank, die ein Interesse dabei hat, das zu verhindern, was zu begünstigen sie von der Committee verdächtigt wird.

Gerade um die Ausfuhr des baaren Geldes zu verhindern, um es im Lande zurückzuhalten, hat die Bank bei verschiedenen Gelegenheiten mit dem Discontiren so lang eingehalten, bis die Gefahr vorüber war. *)

Es enthält also der erste Theil der Behauptung über das Forttreiben des baaren Geldes aus dem Lande eine Befürchtung, die ebenso unnöthig als grundlos ist, und welche die Committee nicht ausgesprochen haben könnte, wenn sie im Geringsten das Wesen einer Bank verstanden hätte. Es ist sehr wahrscheinlich, daß einige von den Feinden der Bank gerade diejenigen Personen sind, welche in ihren Versuchen, baar Geld für diesen Zweck zu erhalten, erfolglos waren, und die nun ihre Feindschaft unter andern Vorwänden verbergen.

Ich komme nun zum zweiten Theile der Behauptung, nämlich daß, wenn die Bank einen großen Theil des baaren Geldes aus dem Lande getrieben, „so wird sie fast alles baare Geld, das noch im Lande ist, in die Hände ihrer Actionäre bringen." Wie aber und durch welche Mittel die Bank dieses wunderbare Kunststück zu Stande bringen würde, darüber hat die Committee uns nicht unterrichtet. Ob die Leute ihr Geld der Bank umsonst hergeben sollen, oder ob die Bank es ihnen so fortzaubern soll, wie die Klapperschlange das Eichhörnchen vom Baume herunterzaubert, darüber hat die Committee uns eben so sehr im Dunkeln gelassen, als sie selbst es war.

Ist es denn möglich, daß die Committee so wenig von der Sache verstehen und nicht wissen sollte, daß Nichts von dem Gelde, welches zu irgend einer Zeit in der Bank liegt, den Actionären angehört? Kein Theil selbst von dem Kapital, welches sie ursprünglich hineingelegt haben, gehört ihnen früher, als bis Jeder, der an die Bank eine Forderung hat, bezahlt ist,

---

*) Die Bittschriften sagen: „Sie hätten es häufig wahrgenommen, daß das plötzliche Innehalten mit Discontiren von Seiten der Bank auf das handeltreibende Publikum mit fast eben solch verderblicher Allgewalt wirke, wie das Stocken des Blutumlaufs auf den menschlichen Körper, und daß es den unglücklichen Kaufmann, welcher Zahlungen zu leisten habe, in die Hände unbarmherziger, habgieriger Wucherer treibe."

Da die Personen, welche dies sagen und unterzeichnen, in der Grafschaft Chester wohnen, so wissen sie, wegen ihrer örtlichen Lage, selbst nicht recht, was sie sagen. Es hat auch ganz den Anschein, als wären diese Bittschriften nur in der Sache vorzubringen. Die Bittschriften und der Bericht selbst leiten auf das Entschiedenste zu der Annahme, daß beide von einer und derselben Person abgefaßt wurden, denn der Bericht ist so offenbar nur das Echo der Petitionen, wie die Adresse des britischen Parlaments stets nur ein Echo der Rede des Königs war.

Außer den Gründen, die ich bereits für das gelegentliche Innehalten mit Discontiren seitens der Bank angeführt habe, gibt es noch andere und sehr wichtige. Es geschieht, um Rechnungen abzuwickeln: kurze Abrechnungen machen lange Freundschaft. Die Bank leiht ihr Geld auf kurze Zeitfristen bar, und unterstützt dadurch eine große Anzahl von Leuten, und sollte sie nicht zuweilen mit dem Discontiren inne halten, als ein Mittel, mit den Personen, denen sie bereits Gelder bargeliehen, abzurechnen, dann würden diese im Stande sein, ihre Darlehen länger zu behalten, als sie sollten, und so verhindern, daß Andere unterstützt würden. Daß mehrere von Denen, die der Bank damals opponirten, wirklich so handelten, das ist eine Thatsache, die Einigen aus der Committee wohl bekannt ist.

Das Innehalten mit Discontiren kann keineswegs die Wirkung haben, die Darlehen früher einzufordern, als bis sie fällig werden. Deswegen ist die Beschuldigung, „daß es Leute in die Hände habgieriger Wucherer treibe", falsch, und die Wahrheit ist, daß es sie denselben entzieht.

Wenn Petitionen nur dazu gebraucht werden sollen, die eigenen Absichten und Zwecke der Assembly zu verhüllen, den eigenen Vorwand für ihr Verfahren zu geben, oder wenn das Haus durch thörichtes Geschwätze von 50 oder 60 Bittschriftzeichnern sich bei der Nase führen lassen soll, dann ist es hohe Zeit, daß das Volk die Handlungsweise seiner Vertreter etwas schärfer beobachte.

und wenn zu diesem Zwecke nicht genug da ist, so muß, wenn die Bilanz von Gewinn und Verlust gezogen wird, das Original-Capital der Actionäre das Fehlende ersetzen.

Das Geld, welches sich zu irgend einer Zeit in der Bank vorfindet, ist das Eigenthum jedes Mannes, der eine Banknote in Händen hat, der dort Depositen niedergelegt, oder der eine gerechte Forderung hat, von Philadelphia an bis nach Fort Pitt, oder nach irgend einem Theile der Vereinigten Staaten; er kann sein Geld herausziehen, wenn es ihm beliebt. Der Umstand, das es in der Bank liegt, macht es nicht im Geringsten zum Eigenthum der Actionäre, eben so wenig, wie das Geld im Staatsschatze Eigenthum des Staatsschatzmeisters wird. Sie sind nur Aufseher darüber für Diejenigen, die es da hineinlegen und liegen lassen wollen. Deswegen ist dieser zweite Theil der Behauptung ziemlich lächerlich.

Der nächste Paragraph in dem Berichte sagt: Es müsse die Anhäufung so gewaltiger Reichthümer in den Händen einer Gesellschaft, die auf beständige Dauer Anspruch mache, nothwendiger Weise so großen Einfluß und Macht gewähren, wie sie, ohne die allgemeine Sicherheit zu gefährden, einer Classe von Männern (ich vermuthe, die Committee ausgenommen) nicht anvertraut werden könnte. Dieser Paragraph trägt eine Physiognomie feierlicher Furcht, gleichsam wie die Einführung eines Geistes in einer Comödie, um zu verhindern, daß die Zuschauer die Schauspieler auslachen.

Ich habe bereits nachgewiesen, daß aller Reichthum, der sich zu irgend einer Zeit auf der Bank befinden mag, nicht das Eigenthum der Actionäre, sondern Derjenigen ist, die an die Bank Forderungen haben; als Gesellschaft besitzt sie kein Grundeigenthum, und wenn sie nicht etwa, anstatt zu miethen, ein Haus zur Betreibung ihres Geschäftes kauft, so wird sie höchst wahrscheinlich nie Grundbesitz haben. In jedem Semester schließt die Bank ihre Rechnungen ab, jeder Actionär nimmt seinen ihn betreffenden Antheil am Gewinn oder Verlust, die Bank beginnt das folgende Semester genau so, wie sie die früheren anfingen, und so geht es fort. Da dies im Wesen jeder Bank liegt, so kann sie keine Reichthümer als eine Gesellschaft anhäufen.

Ich weiß wirklich nicht, zu welchem Zwecke das Wort „Gesellschaft" in dem Berichte gebraucht ist; es wäre denn, um einen falschen Eindruck auf das Volk zu machen. Es hat gar keine Verbindung mit dem Gegenstande, denn die Bank ist keine Gesellschaft, sondern eine Compagnie, und auch in dem Freibriefe so bezeichnet. Es sind in diesem Staate verschiedene religiöse Gesellschaften incorporirt; sie haben das Recht, Grundeigenthum zu besitzen; zu ihnen kann Niemand gehören, der sich nicht zu demselben Glauben bekennt. Dies ist nicht so mit der Bank. Die Bank ist eine Compagnie zur Bequemlichkeit und Unterstützung des Handels, es ist dies eine Angelegenheit, in welcher der ganze Staat interessirt ist. Die Bank eignet keinen Grundbesitz in solcher Weise, wie jene Gesellschaften.

Dieser Paragraph ist indeß in directem Widerspruch mit dem vorhergehenden. Dort beschuldigt die Committee die Bank, daß sie das baare Geld aus dem Lande forttreibe, und hier, daß sie ungeheure Summen davon aufhäufe. Es sind also hier zwei ungeheure Summen baaren Geldes: eine ungeheure Summe, die fort geht, und eine andere eben so enorme Summe, die hier bleibt. Um diesen Widerspruch zu versöhnen, hätte die

Committe nach ihrem Berichte hinzufügen müssen, daß **sie vermuthe-**
ten, die Bank habe den Stein der Weisen gefunden,
und halte dies geheim.

Der nächste Paragraph lautet: Es wäre diese Bank als Corporation
berechtigt, bis zum Betrage von zehn Millionen Dollars Grundbesitz zu
eignen, daß sie nach dem Wortlaute des gegenwärtigen Freibriefes immer
fortdauern solle, daß sie keine Verpflichtung habe, dem Staate Vortheile
zufließen zu lassen, oder überhaupt von ihm abhängig zu sein.

Die Committee hat leidenschaftlich und übereilt in dieser Sache verfahren; so vollkommen hat sie in jedem Punkte ihren Mangel an Erkenntniß
gezeigt, daß sie im ersten Theile dieses Paragraphen das als eine Befürchtung aufstellt, was, wie wir fürchten, niemals sich ereignen wird. Hätte
die Committee irgend Etwas vom Bankwesen verstanden, so mußte sie
wissen, daß der Tadel gegen Banken der gewesen (nicht, daß sie große Liegenschaften besäßen, sondern), daß sie keine eigneten; daß sie kein bestimmtes festes Grundeigenthum besäßen, und daß es auch ihr Gebrauch und
Grundsatz wäre, keines zu haben.

Der ehrenwerthe Kanzler Livingston, früher Secretär der auswärtigen
Angelegenheiten, zeigte mir den Plan einer Bank, den er für den Staat
New York entworfen hatte, und erwies mir die Ehre, sich mit mir darüber
zu unterhalten. Es war in diesem Plane zur Bedingung und Verpflichtung gemacht, daß die Bank das Doppelte von dem, was sie in baarem
Gelde besaß, in Grundbesitz eignen müsse. Das kaufmännische Interesse
verwarf indeß diesen Vorschlag.

Es war eine ganz richtige Politik von der Assembly, welche die Charter-
Acte (den Freibrief) erließ, die Clausel beizufügen, welche die Bank ermächtigte, Grundeigenthum anzukaufen und zu besitzen. Es sollte der Bank eine
Veranlassung sein, es wirklich zu thun, denn solcher Grundbesitz würde,
außer dem baaren Capital der Bank, dem Publikum noch größere Sicherheit und Unterpfand gewähren.

Es ist nur sehr zweifelhaft, ob die Bank überhaupt sich veranlaßt fühlen
wird, von dieser Begünstigung je Gebrauch zu machen. Fünf Jahre hat die
Bank bereits existirt, und nicht für einen Schilling Grundbesitz angekauft.
Solcher Grundbesitz kann von der Bank nur gekauft werden mit dem In-
teressen-Gelde, welches das Capital abwirft; dies wird indeß halbjährlich
unter die Actionäre vertheilt. Jeder Actionär wünscht, die Verwendung seiner Dividende allein zu haben; dünkt es ihm gut, sie im Ankaufe
eines Grundstücks anzulegen, dann will er dies zu seinem eigenen Privat-
besitze und unter seiner eigenen unmittelbaren Verwaltung haben. So
daß statt Ursache zur Furcht, vielmehr gar keine Hoffnung vorhanden, daß
die Bank jemals diese Clausel benutzen wird.

Da, wo Kenntniß eine Pflicht ist, wird Unwissenheit zum Verbrechen,
und es ist ein Verbrechen der Committee, daß sie ihren Gegenstand so
schlecht versteht. Wäre diese Clausel nicht in dem Freibrief gewesen, dann
hätte die Committee dies als einen Fehler berichten können, indem die Bank
nicht ermächtigt wäre, Liegenschaften als reelle Sicherheit für ihre Gläubiger zu besitzen. Jetzt aber sagt die Beschwerde und Anschuldigung, daß
der Freibrief die Bank ermächtigte, ihren Gläubigern **Real-Sicher-**
heit zu gewähren. Eine bisher niemals gemachte und ganz unerhörte
Klage.

II. I

Der zweite Artikel in diesem Paragraphen lautet: „daß die Bank nach dem Wortlaute des gegenwärtigen Freibriefes immer fortdauern solle." Hierin stimme ich mit dem Committee überein, und ich freue mich, daß unter einer solchen Reihe von Irrthümern und Widersprüchen wenigstens eine richtige Idee ist, obgleich die Committee auch diese unrichtig angewendet hat.

Wir können nicht ewig leben; andere Generationen werden uns folgen. Wir haben weder die Macht, noch das Recht, sie zu regieren, oder ihnen Gesetze vorzuschreiben. Es ist der Gipfel menschlicher Eitelkeit und eine Herrschbegierde über das Grab hinaus, der Zukunft Gesetze vorschreiben zu wollen. Es genügt wohl, daß wir in unsern Tagen das Rechte thun, und unsern Nachkommen den Vortheil, den gute Vorbilder gewähren, hinterlassen. Alltäglich beginnt ein neues Geschlecht und alltäglich geht eins unter; deshalb kann man, wenn ein solcher öffentlicher Act gegeben wird, vernünftigerweise annehmen, daß das Leben dieser Generation dann anfange, und die Zeit von der Mündigkeit bis zum gewöhnlichen Lebensziele ist die Zeitdauer, für die das Gesetz oder die Acte zu existiren berechtigt ist; und dies wäre ungefähr dreißig Jahre. Viele sterben früher und Andere leben länger, doch die Billigkeit nimmt die Durchschnittszeit für Alle.

Es sollte zu einem Artifel in der Constitution erhoben werden, daß alle Gesetze und Acte nach dreißig Jahren von selbst erlöschten, und daß sie darüber hinaus keine Wirksamkeit hätten. Es würde dies eine leichtere und bessere Uebersicht der Gesetze gewähren, und verhindern, daß sie zu zahl- und bänderreich werden. Die vortheilhaften würde man aufs Neue erlassen, die anderen kämen in Vergessenheit. Wie für ein Individuum, so ist es auch für eine Nation gut und vernünftig, eine Zeit zur völligen Abwickelung ihrer Angelegenheiten und zu deren neuen Wiederaufnahme, festzusetzen. Dazu würde eine Periode von dreißig Jahren wohl geeignet sein.

Aus Mangel einer ähnlichen Bestimmung haben die Briten eine Unzahl veralteter Gesetze, sie sind vergessen und aus dem Gebrauche, aber nicht außer Kraft gekommen. Zu besonderen Zwecken sucht man sie gelegentlich hervor, und führt so Unschuldige und Arglose in die Falle.

Es würde wahrscheinlich, um diese Idee weiter auszuführen, — eine bedeutende Verbesserung des politischen Systemes der Nationen sein, alle Friedensverträge nur auf eine bestimmte Zeit abzuschließen. Es liegt im menschlichen Geiste, daß eine beständig und unverändert dauernde Verpflichtung ihm lästig wird, und daß sie in ihm Besorgnisse erweckt, die sonst nicht auftreten würden.

Schlösse man die Friedenstractate auf sieben oder zehn Jahre, um sie dann zu erneuern, so würde der Frieden länger währen, als jetzt, bei dem Gebrauche ihn für immer zu schließen. Wenn die Parteien bei den abgeschlossenen Bedingungen irgend eine Unannehmlichkeit oder einen Nachtheil litten, oder befürchteten, so würden sie die Zeit abwarten, die sie davon befreien würde, und könnten den Tractat unter besseren Bedingungen erneuern. Diese periodisch wiederkehrende günstige Gelegenheit, und der stets vorschwebende Gedanke daran, würde der politischen Fabrik gleichsam als Rauchfang dienen, den Rauch und Ruß des nationalen Feuers fortzuleiten. So würde es auf natürliche und ehrenvollere Weise die Schneide des Zwistes abstumpfen und die Gelegenheit zum Kampfe entfernen; und sollten die Parteien bei Ablauf des Friedenstractates dennoch kämpfen wollen, so wäre dies ein Kampf bei kaltem Blute. Die Streitsucht würde vor der Kampfeszeit verfliegen, und Unterhandlung an ihre Stelle treten. Jeder braucht nur die Veränderung seiner eigenen Stimmung über eine Privatangelegenheit, die in ihrem Wesen einer öffentlichen ganz ähnlich ist, zu beobachten, um sich von der Wahrhet dieser Ansichten zu überzeugen. Doch zurück zu meinem Gegenstande.

Eine Grenze ziehen, heißt Dauer geben. Es läßt sich zwar nicht rechtfertigen, daß eine Acte oder ein Contract aus dem Grunde heute gebrochen werde, weil er nicht ewig dauern kann; wo indeß gar keine Zeit erwähnt ist, da wird durch den Mangel jeder Zeitbestimmung zum Mißbrauche Veranlassung und Gelegenheit gegeben. Wenn wir auf diesen Vorwand hin einen Contrakt brechen, so maßen wir uns ein Recht an, das der nächsten Generation gehört. Sie, die nachfolgende Generation, hat das Recht, diesen Contrakt zu ändern oder aufzuheben, da er weder zu ihrer Zeit, noch durch ihre Mitwirkung abgeschlossen wurde, wir aber, die ihn schlossen, haben dieses Recht nicht. Deswegen hat die Committee in diesem Theile ihres Berichtes einen unrichtigen Gebrauch von einem richtigen Prinzipe gemacht; und da diese Clausel in dem Freibriefe durch Einwilligung der Parteien hätte verändert werden können, so kann sie nicht dazu dienen, den Contractbruch zu rechtfertigen. Ja selbst ungeändert konnte daraus kein Nachtheil entstehen. Der Ausdruck „für immer" ist eine Absurdität und würde ohne weitere Wirkung geblieben sein. Das nächste Zeitalter wird für sich selbst denken nach denselben Grundsätzen des Rechts, wie wir es gethan. Es wird unsere Anmaßung die Zustände ihrer Zeit beherrschen zu wollen von sich weisen. Wo jener „für immer" anfängt, da geht unser „für immer" zu Ende.

Der dritte Artikel des Paragraphen sagt, daß die Bank sich des Freibriefs erfreue, „ohne jede Verpflichtung ihrerseits der Regierung Vortheile zufließen zu lassen."

Undank hat ein schlechtes Gedächtniß. Die Bank entstand gerade damals, als die Regierung zu schwach war, die öffentliche Sache zu unterstützen. Als Einige von denen, welche damals in der Regierung waren und jetzt der Bank opponiren, nahe daran waren, die Sache der Freiheit, nicht aus Abgeneigtheit, sondern aus Verzweiflung aufzugeben, da trat die Bank hülfegewährend hinzu. Irgend welche Leute hatten als Regierung den Krieg fortführen, so lange dessen Kosten durch Ausgebung von Congreß-Papiergeld bestreitbar waren. Da die Mittel ihnen in die Hände gegeben wurden, so erforderte es keinen größeren Aufwand von Muth oder Weisheit; — als aber diese Mittel versagten, da würden sie gescheitert sein, wenn nicht außerhalb der Geist des Volkes sich energisch aufgerafft hätte. Es war recht leicht für die Regierung so lange das Congreß-Papiergeld vorhielt. Der Traum des Reichthums ersetzte dessen Wirklichkeit; als aber der Traum entschwand, da erwachte die Regierung dennoch nicht.

Welches Recht hat nun aber die Regierung von der Bank irgend Vortheile zu erwarten? Ist die Meinung der Committee, daß Acte und Freibriefe verkauft werden sollen, oder was meinte sie sonst? Wenn es die Manier des britischen Ministeriums ist, aus jeder öffentlichen Institution, über die es Gewalt erlangen kann, eine Steuer herauszuschlagen, sollen wir einem solchen Verfahren hier folgen?

Der Krieg ist nun beendigt, die Bank hat die Dienste geleistet, die man

von ihr erwartete, oder, beſſer geſagt, hoffte. Ihre hauptſächliche Nützlichkeit in jetziger Zeit iſt Beförderung und Ausdehnung des Handels. Das
Wirken der Bank übt auf das ganze Publikum wohlthätigen und nützlichen
Einfluß. Sie erleichtert den kaufmänniſchen Verkehr des Landes. Sie
gewährt ſchnelle Mittel für Ankauf und Bezahlung von Landesprodukten,
und beſchleunigt deren Exportation. Da alſo das Publikum den Vortheil
genießt, ſo iſt es Beruf und Pflicht der Regierung der Bank Schutz zu gewähren.

Eine von den vielen Annehmlichkeiten und Vortheilen, welche die Bank
gewährte, iſt, daß ſie gleichſam dem, was ſonſt todtes Capital ſein würde,
Leben gibt. Jeder Händler oder Kaufmann hat immer etwas Geld in
Händen, das beſtändig bei ihm liegen bleibt, d. h. er iſt niemals ganz ohne
baares Geld; dieſer eiſerne Beſtand, wie man es füglich nennen könnte,
nützt ihm ſo lange nichts, bis er mehr dazu angeſammelt hat. Er kann
damit weder Produkte noch Waaren kaufen; und da dies der Fall mit jedem Händler iſt, ſo werden (wenn auch nicht alle zu gleicher Zeit) ſo viele
ſolcher Summen in der ganzen Stadt zerſtreut und nutzlos daliegen, als
es Händler gibt; und außerdem noch viele andere, die nicht bei Kaufleuten
liegen.

Ich glaube, es wäre keine Ueberſchätzung, wenn ich annehme, daß zu
jeder Zeit die Hälfte des Geldes in der Stadt in dieſer Weiſe daliegt.
Durch das vermöge der Bank ſtattfindende Anſammeln dieſer zerſtreuten
Summen werden ſie dem Verkehr nutzbar gemacht, die Summe des circu-
lirenden Geldes verdoppelt, und durch die wechſelsweiſen gegenſeitigen Darlehen der Depoſitäre das commerzielle Syſtem gekräftigt. Und da es das
Intereſſe der Bank iſt, dieſes Geld ausſchließlich für den inländiſchen Bedarf im Lande zu behalten, und da ſie ferner am beſten im Stande iſt, dies
zu thun, ſo dient die Bank als Wächter und Schildwache über das baare
Geld.

Wenn der Landmann oder Müller mit Producten zur Stadt kommt, ſo
gibt es nur wenige Kaufleute, die dieſe Waaren mit ihrem eigenen baaren
Gelde kaufen können. Dieſe Wenigen würden faſt den ganzen Produkten-
Markt beherrſchen, wenn nicht vermöge der Bank dies Monopol verhindert,
und die Chancen des Marktes vermehrt würden. Es wäre etwas ganz Außerordentliches, daß die letzte Aſſembly das Monopoliſiren begünſtigen
ſollte, denn dies würde die Folge von der Unterdrückung der Bank ſein, und
es iſt höchſt ehrenvoll für jene Kaufleute, welche durch ihr Vermögen im
Stande ſind Monopoliſten zu werden, daß ſie die Bank unterſtützen. In
dieſem Falle beherrſcht die Ehre das Intereſſe. Sie waren gerade
die Perſonen, welche zuerſt die Bank errichteten, und nun iſt ihre Ehre verpflichtet, das zu unterſtützen, was zu unterdrücken ihr Intereſſe wäre.

Wenn Kaufleute auf dieſe und Landleute auf ähnliche Weiſe ſich gegenſeitig helfen und unterſtützen können, was kümmert dies die Regierung?
Welches Recht hat ſie von vereinigter Induſtrie mehr Vortheile zu erwarten,
als von individueller; Das wäre wahrlich eine ſonderbare Regierung,
die es ungeſetzlich erklärte, wenn das Volk ſich gegenſeitig ſelbſt unterſtützt,
oder die in ſolchem Falle einen Tribut verlangte.

Die Wahrheit iſt jedoch, daß die Regierung bereits Vortheile, und ganz
außerordentlich große erlangt hat. Bereits hat ſie ihren vollen Antheil erhalten durch die Dienſtleiſtungen der Bank während des Krieges, und täg-

lich erntet die Regierung Vortheile, denn Alles, was den Handel begünstigt und befördert, vermehrt und vergrößert ebenso die Staatseinkünfte.

Der letzte Artikel dieses Paragraphen lautet: „daß die Bank gänzlich von der Regierung unabhängig ist."

Hat die Committee so schnell die Principien republikanischer Regierungen und der Constitution vergessen, oder ist sie so wenig mit ihnen bekannt, um nicht zu wissen, daß dieser Artikel ihres Berichtes fast wie Hochverrath lautet? Weiß sie nicht, daß Freiheit durch Abhängigkeit zerstört, und die Sicherheit des Staates dadurch gefährdet wird? Sieht sie denn nicht, daß es das Fundament freier Wahlen verletzen heißt, wenn ein Theil der Staatsbürger alljährlich von der Gunst einer Assembly abhängen soll?

Wenn andere Theile ihres Berichtes einen Mangel an Kenntniß vom Bankwesen verrathen, so zeigt dieser einen Mangel an staatswissenschaftlichem Princip.

Wir wollen sehen, wohin es führe, wenn diese gefährliche Idee zur Praxis würde.

Soll die Fortdauer eines Freibriefes für Corporationen nach ihrer Incorporirung alljährlich von der Assembly abhängig sein, dann sind die Bürger, aus denen diese Corporationen bestehen, nicht frei. Die Regierung übt über sie eine Autorität und einen Einfluß aus, verschieden von dem, welchen sie über andere Bürger besitzt, und zerstört dadurch jene Gleichheit in der Freiheit, welche das Bollwerk der Republik und Constitution bildet.

Bei diesem Verfahren der Regierung würde jede Partei, die gerade die Oberhand in einem Staate hat, alle darin existirenden Corporationen beherrschen, und sie könnte neue begründen in der Absicht, diesen Einfluß auszudehnen. Die abhängigen Wahlflecken in England sind die faulen Stellen in seiner Regierung, und die Ansicht der Committee steht dazu in sehr naher Beziehung.

Es war eine gegen die Bank ausgestoßene Drohung: „Wenn ihr nicht Dies und Jenes thut (anführend, was man meinte), dann seht euch vor wegen eures Freibriefes." Ich wünsche wahrlich nicht, bei einem so unerfreulichen Umstande länger zu verweilen, und ich hoffe, daß das bereits Gesagte genügend sein wird, das Anticonstitutionelle des Verfahrens und der Grundsätze der Committe klar zu zeigen. Ich gehe nun zum nächsten Paragraphen des Berichtes über. Er lautet:

„Daß die großen Gewinnste der Bank, welche noch täglich in dem Maße, als das baare Geld sich verliere, zunehmen würden, und welche bereits die Gewinnste europäischer Banken bei weitem überstiegen, Ausländer veranlaßt hätten, ihre Capitalien in der Bank anzulegen, und so große Summen von uns als Interessen zu ziehen."

Hätte die Committee ihren Gegenstand verstanden, so könnte man, was jetzt nicht möglich ist, einigermaßen auf ihre Ansicht bauen. Ob Geld knapper werden und ob der Gewinnst der Bank zunehmen wird, das ist wahrlich mehr, als die Committee wissen, oder nach ihrer Urtheilskraft überhaupt auch nur muthmaßen kann. Die Committee ist weniger fähig, für den Handel zu sorgen, als letzterer im Stande ist, dies für sich selbst zu thun. Der Landmann versteht die Landwirthschaft, der Kaufmann den Handel; das gleiche Streben beider sind Reichthümer; es ist deshalb kein Grund vorhanden, weshalb Einer von Beiden fürchten sollte, der Andere werde sich bemühen, arm zu werden. Je mehr Geld der Kaufmann hat, desto besser für den Landmann, der Producte zu Markt bringt; und je reicher der Landmann, desto besser für den Kaufmann, wenn jener in seinen Laden kommt.

In Betreff der Gewinnste der Bank müssen sich die Actionäre den Chancen unterwerfen. In manchen Jahren mag er größer, in andern geringer, und im Ganzen vielleicht weniger lucrativ sein, als viele andere Geschäfte, in denen Geld angelegt wird. Die Bequemlichkeit, welche das Etablissement der Bank den Kaufleuten gewährt, nicht allein die Zinsen, die sie genießen, ist es, was die Actionäre herbeizieht und zur Betheiligung an der Bank veranlaßt. Es ist die stete Bequemlichkeit, abwechselnd von einander zu leihen, ihr Hauptzweck, und da sie einen großen Theil der Zinsen gegenseitig zahlen und empfangen, so ist es, wenn man beide Fälle zusammenfaßt, fast gleich, ob die Zinsen mehr oder weniger betragen.

Die Actionäre sind gelegentlich Depositäre, und zuweilen Darleiher von der Bank. Sie zahlen Interessen für ihre Anleihen, und erhalten keine für ihre Depositen; und führte ein Actionär genaue Rechnung über die Zinsen, die er für das Eine zahlt und am Andern verliert, so würde er am Ende des Jahres finden, daß zehn Procent im Ganzen für seine Actien, nicht mehr, wenn überhaupt so viel, als gewöhnliche Interessen sind.

Was nun die Klage des Committee's anbetrifft, „daß Ausländer durch Anlegung ihrer Capitalien in der Bank große Summen als Interessen von uns ziehen," so ist es ganz, als wenn ein Müller sich in der trocknen Jahreszeit beklagte, es fließe so viel Wasser in seinen Deich, daß einiges überlaufe.

Könnten diese Ausländer diese Zinsen ziehen, ohne ein Capital hineinzulegen, dann wäre die Klage wohl begründet; da sie aber erst Geld hineinlegen müssen, ehe sie irgend Etwas herausziehen können, und da sie viele Jahre herausziehen müssen, ehe sie auch nur den numerischen Betrag dessen, was sie ursprünglich hineinlegt, erhalten, so würde die Wirkung, wenigstens für die nächsten zwanzig Jahre, gerade das Gegentheil von dem sein, was die Committee behauptet. Denn wir ziehen von ihnen Capitalien, sie von uns dagegen nur Zinsen, und da wir für die ganze Zeit den Gebrauch des Geldes, so lange es bei uns bleibt, haben, so wird der Vortheil immer auf unserer Seite sein.

Bei Abfassung dieses Theiles des Berichts muß die Committee wohl vergessen haben, auf welcher Seite des Oceans sie sich befand; denn würden wir Gelder in ihren Banken, anstatt sie in den unsrigen anlegen, dann wäre die Sachlage so, wie die Committee behauptet.

Ich habe nun, Satz für Satz, jeden in der ersten Hälfte des Berichtes enthaltenen Tadel gegen Bank geprüft; das, was folgt, kann man füglich „die Wehklagen der Committee" nennen, und es sind wirklich beklagenswerthe, erniedrigende und jämmerliche Dinge. — Es ist ein Schimpf für den Staat, eine Beleidigung der Vernunft und des Geistes des ganzen Volkes. Ich will das Uebrige, wie es in dem Berichte lautet, zusammen anführen, und dann meine Bemerkungen hinzufügen.

„Es würden ohne Zweifel Ausländer sich mehr und mehr veranlaßt finden, Actionäre dieser Bank zu werden, und die Zeit würde kommen, wo dieses mächtige Werkzeug der Gewalt von fremden Einflüssen abhänge. Dann könnte die Politik europäischer Höfe dieses Land agitiren, und das gute amerikanische Volk könne wieder unterjocht und von irgend einer der

— 103 —

Mächte Europa's abhängig werden. Und daß, wenn im günstigsten Falle
dieser Einfluß und diese Macht auch in den Händen der Amerikaner bliebe,
so würde er doch für jene Gleichheit, die in einer Republik vorherrschen
sollte, völlige Vernichtung sein.

„In unserm auf Freiheit und Gleichheit gegründeten Regierungssysteme
wäre nichts im Stande, dem Einflusse die Waage zu halten, den diese
Bank gewähren muß, und sie sähen Nichts, daß im Laufe weniger Jahre
es hindern könnte, daß die Directoren der Bank Pennsylvanien regierten.
Wir hätten bereits deren indirecten Einfluß auf die Maßregeln der Regierung wahrgenommen. Schon hätte man dem Hause der Assembly, den
Vertretern des Volkes, gedroht, daß die Bank den Credit unseres Papiergeldes vernichten würde; und sollte dieses wachsende Uebel anbauen, dann,
fürchten wir, ist der Tag nicht sehr fern, wo die Bank der Gesetzgebung
vorschreiben wird, welche Gesetze sie annehmen und welche sie verwerfen
soll.“

Wenn der Himmel zur Erde fällt, so werden wir Alle getödtet werden.
In der ganzen Abfassung dieses Paragraphen ist etwas so Lächerlich-Ern-
stes, so Unwahrscheinliches, etwas so Wildes, Verwirrtes und Unlogisches,
daß ich wirklich gar nicht recht weiß, womit ich nun beginnen soll. Es ist
wahrlich, als ob ein Ertrinkender Feuer! Feuer! schrie.

Dieser Theil des Berichtes besteht aus zwei schrecklichen Weissagungen.
Die erste ist, wenn Ausländer Bank-Actien kaufen, so werden wir Alle
ruinirt werden; — die zweite ist, wenn die Amerikaner die Bank für sich
selbst behalten, so werden wir auch ruinirt werden.

Eine Committee von Wahrsagern ist etwas Neues im Regierungswesen,
und die Herren haben durch dieses geistreiche Kunststück ihre Ehre in einem
Punkte gerettet, nämlich, man mag das Volk sagen mag, sie wären keine
Bankiers, so kann doch Niemand behaupten, sie wären keine Hexenmeister.
Es bleibt jedoch noch ein Trost, und zwar, daß die Committee nicht genau weiß, wie lang es dauern würde; so ist wenigstens noch einige Hoffnung, daß wir vielleicht Alle im Himmel sein mögen, wenn dieses schreck-
liche Unglück auf Erden sich ereignet.

Doch wir wollen ernsthaft sein, wenn Ernsthaftigkeit bei einem so lächer-
lichen Gegenstande überhaupt nöthig ist. Sollte der Staat es für unstatt-
haft halten, daß Ausländer Bank-Actien, oder auch jede andere Art von
Actien und Fonds (denn ich sehe keinen Grund, weshalb Bank-Actien besonders hervorgehoben werden sollten) ankaufen, so hat die Gesetzgebung
Autroität, dies zu verbieten. Es ist dies eine rein politische Ansicht, die
nichts mit dem Freibrief zu thun hat, und deswegen löset sich die erste schreck-
liche Weissagung in Nichts auf.

Stets ist es, basirt und hergeleitet von natürlichen Ursachen und Folgen,
ein Grundsatz in der politischen Wissenschaft gewesen, daß eine Nation um
so besser daran ist, je mehr fremde Länder sie bei ihrer eigenen Prosperität
interessiren kann. Wo des Menschen Schatz ist, da ist auch sein Herz;
wenn deshalb Ausländer ihr Geld bei uns anlegen, so bringen sie uns damit auch natürlich ihre Wünsche für unser Wohlergehen, und wir sind es,
die Einfluß über sie erlangen, nicht sie über uns.

Doch die Committee ging von vornherein auf so falschem Wege, daß sie
um so weiter vom rechten Wege abkam, je mehr sie fortschritt, und jetzt, da

sie an's Ende ihres Berichts gekommen, ist sie unendlich weit von ihrem Auftrage entfernt.

In Betreff des zweiten Theiles der schrecklichen Weissagung, daß die Bank die Regierung stürzen würde, so meinte die Committee damit vielleicht, daß sie selbst bei der nächsten allgemeinen Wahl gestürzt werden würde, was auch zum Theil wirklich der Fall gewesen, nicht durch den Einfluß der Bank, denn diese hat keinen, nicht einmal so viel, um die Regierung zu bewegen, sie anzuhören: sondern durch den Einfluß der Vernunft und die freie Wahl des Volkes, welches wahrscheinlich den ungebührlichen und unconstitutionellen Einfluß, den jenes Repräsentantenhaus und jene Committee sich über die Rechte des Bürgers angemaßt hatte, mit Unwillen empfand.

Die Committee hätte auch wohl so bescheiden sein können, sich auf die Bank zu beschränken, und nicht allgemeinen Tadel und Geringschätzung gegen das ganze Volk auszusprechen. Denn ehe die Ereignisse, welche die Committee wahrsagt, eintreffen können, müßten die Wähler von Pennsylvanien Thoren, Dummköpfe und Feiglinge werden; und wenn also die Committee die Herrschaft der Bank vorhersagt, so weissagt sie die Schmach des Volkes.

Nachdem die Committee ihren Bericht beendigt hat, gibt sie ihren Rath; er lautet:

„Daß eine Committee ernannt werde, eine Bill einzubringen, um die am 1. April 1782 erlassene Acte der Assembly, betitelt: „„Eine Acte zur Incorporirung der Unterzeichner zur Bank von Nord=Amerika,"" zu widerrufen; und noch ferner eine andere, am 18. März 1782 erlassene Acte der Assembly zu widerrufen, betitelt: „„Eine Acte, die Fälschung des Amtssiegels, der Bankwechsel und Banknoten des Präsidenten, der Directoren und Compagnie der Bank von Nordamerika zu verhindern und zu bestrafen, und zu andern darin erwähnten Zwecken.""

Es ist in diesem Anhängsel des Berichtes etwas Dunkeles und Verworrenes.

Zwei Acte sollen hier widerrufen werden. Eine ist die Incorporirungs-Acte, die andere ist die Acte, die Fälschung des Amtssiegels, der Bankwechsel und Banknoten des Präsidenten, der Directoren und Compagnie der Bank von Nord=Amerika zu verhindern und zu bestrafen.

Es würde aus der Manier, in der die Committee sie aufstellt (wenn der Unterschied der Daten nicht wäre), hervorzugehen scheinen, daß die Acte zur Bestrafung der Fälschung des Amtssiegels u. s. w. der Bank der Acte der Incorporirung folgte, und daß das Siegel, auf das hier Bezug genommen ist, das Amtssiegel ist, welches die Bank in Folge der erwähnten Incorporirungs-Acte annahm. Der Fall aber ist gänzlich anders. Die Acte zur Bestrafung der Fälschung des Amtssiegels von der Bank wurde vor der Incorporirungs-Acte erlassen und bezieht sich auf das Siegel, welches die Bank in Folge des Congreß-Freibriefs annahm; auch der Wortlaut, wie ihn die Acte anführt, „vom Präsidenten, Directoren und Compagnie der Bank von Nord=Amerika", zeigt die Sprache einer Corporation, deren die Bank sich kraft des Congreß-Freibriefs bediente.

Die Straf=Acte hat deswegen zwei bestimmte und zu unterscheidende legale Seiten. Die eine ist die öffentliche Anerkennung des Congreß-Freibriefs durch die Staatsautorität; die zweite ist die Strafe, die es für Fälschung verhängt.

Die Gesetzgebung mag die Straf-Acte widerrufen; jedoch sie kann nicht die Anerkennung ungeschehen machen, denn keine Widerrufungs-Acte kann sagen, daß der Staat nicht anerkannt hat. Die Anerkennung ist einmal eine Thatsache, und kein Gesetz, keine Acte kann eine Thatsache ungeschehen machen, oder kann, wenn ich mich so ausdrücken dürfte, sie in ihre frühere Lage zurückversetzen. Deswegen erreicht die Widerrufungs-Acte nicht ganz Das, worauf die Committee ausgiug; denn zugegeben auch, daß es ein Widerruf des Staats-Freibriefs wäre, so bleibt an dessen Stelle noch immer ein anderer anerkannter Freibrief. Der Congreß-Freibrief, auf sich allein angewiesen, würde eine zweifelhafte Autorität haben; aber dessen Anerkennung vom Staate gibt ihm legale Kraft. Es ist wahr, die Widerrufungs-Acte beseitigt die Bestrafung, aber sie hindert nicht die Wirksamkeit des Congreß-Freibriefs als einen solchen, der auch vom Staate anerkannt worden ist. Die Committee hat deswegen ihre Sache nur halb gethan.

Ich bin nun den Bericht der Committee völlig durchgegangen, und wahrlich, ein mehr unvernünftiger, unlogischer und widerspruchsvoller Bericht wird kaum in den Journalen irgend einer Gesetzgebung in Amerika gefunden werden.

Wie die Widerrufungs-Acte anzuwenden ist, oder in welcher Weise sie wirken soll, ist eine Sache, die noch näherer Bestimmung bedarf. Denn angenommen, es entstände eine Rechtsfrage, ob der Freibrief, welchen jene Acte zu widerrufen unternimmt, in der Weise ein Landesgesetz wäre, wie Gesetze von allgemeiner Wirkung, oder ob er nur die Eigenschaften eines zwischen dem Publikum und der Bank gemachten Contractes habe (wie ich bereits in diesem Werke erläuterte), so wird und kann die Widerrufungs-Acte diese Frage nicht entscheiden, denn eben die Widerrufungs-Acte ist es, welche die Frage verursacht, und ihr eigenes Schicksal hängt von der Entscheidung ab. Es ist eine Rechtsfrage und keine Frage der Gesetzgebung; in einem Gerichtshofe und nicht durch ein Haus der Assembly muß sie entschieden werden.

Da aber die Widerrufungs-Acte vor der Entscheidung dieses Rechtspunktes erlassen ist, so beansprucht sie die Macht zu dieser Entscheidung, und dadurch macht die Assembly constitutionswidrig sich selbst zu einem Gerichtstribunal und maßt sich das Recht der Gerichtshöfe an. Die Wirkung der Widerrufungs-Acte muß daher schon bei ihrem Beginne eine Ungerechtigkeit sein. Denn nach den Grundsätzen einer republikanischen Regierung und der Constitution ist es unmöglich, eine Acte zu erlassen, welche den Bürgern das Recht entziehen könnte, in jeder Sache, in der ihr Interesse und ihr Eigenthum betheiligt ist, an die Gerichtshöfe des Landes zu appelliren. Die erste Wirkung dieser Acte ist also die, die Gerichtshöfe zu schließen und sie der Assembly unterwürfig zu machen.

Sie veranlaßt die Gerichtshöfe oder sie befiehlt ihnen vielmehr den Streit entweder gar nicht anzuhören, oder das Urtheil einzig und allein nach dem Willen der einen Partei zu sprechen.

Ich wünschte, daß die Bürger auf diesen Gegenstand ein wachsames Auge hätten. Nicht weil es die Bank betrifft, sondern weil es sich in dieser Angelegenheit auch um ihre eigenen constitutionellen Rechte und Privilegien handelt. Es ist eine Frage von unendlich großer Wichtigkeit, denn soll eine

Assembly solche Gewalt haben, dann sind die Gesetze des Landes und die Gerichtshöfe nur von geringem Nutzen.

Ich bin nun mit dem Berichte fertig, und gehe zum dritten und letzten Gegenstande, dem Papiergelde, über.

Ich erinnere mich, daß ein deutscher Landmann mit einigen Worten Alles sagte, was dieser Gegenstand erfordert: „Baar Geld ist baar Geld, und Papier ist Papier." Aller menschliche Erfindungsgeist kann die Thatsache nicht umändern. Wenn Papier zu Gold und Silber umgewandelt und stets zu denselben Zwecken verwendet werden kann, dann mag der Alchymist seine Arbeiten aufgeben und der Forscher nach dem Steine der Weisen zu Ruhe gehen.

Gold und Silber ist die Schöpfung der Natur, Papiergeld ist die Erfindung der Kunst. Der Werth des Goldes und Silbers richtet sich nach der Menge, welche die Natur im Schooße der Erde erzeugt hat. Wir können diese Quantität weder vermehren noch vermindern; es hängt also der Werth von der Quantität ab und nicht von menschlicher Bestimmung. Der Mensch hat keinen Theil an der Erzeugung des Goldes und Silbers; Alles, was seine Arbeit und sein Talent zu Stande bringen kann, ist, es aus der Mine herauszuschaffen, zum Gebrauche zu läutern, zu prägen und zur Münze zu stempeln.

Seine Prägung zu Münze erhöht bedeutend seine Bequemlichkeit für den Verkehr, fügt aber nichts zu seinem Werthe hinzu. Es hat alsdann keinen größeren Werth als vorher. Sein Werth liegt nicht in der Prägung, sondern im Gehalte. Man nehme die Prägung hinweg, und der Werth bleibt doch derselbe. Man verändere es, wie man will, oder setze es jedem möglichen Unfalle aus, stets bleibt der Werth unverringert. Es besitzt die Eigenschaft, den Unfällen, die andere Dinge zerstören, zu widerstehen. Es hat also alle erforderlichen Eigenschaften, die Geld haben muß, und ist ein geeignetes Material zur Creirung von Geld. Und Jedes, was nicht alle diese Eigenschaften besitzt, ist für diesen Zweck ungeeignet.

Papier, als Material zur Creirung von Geld betrachtet, besitzt keine der dazu erforderlichen Eigenschaften. Es ist zu häufig und zu leicht zu erlangen. Man kann es überall und für eine Bagatelle haben.

Ich werde das Papier aus zwei Gesichtspunkten betrachten.

Die einzige zweckmäßige Verwendung für Papier, anstatt des Geldes, ist, darauf Wechsel und Verpflichtungen zur Zahlung von Baarbeträgen zu schreiben. Ein so ausgestelltes und unterzeichnetes Papier hat den Werth der Summe, für die es ausgegeben wird, wenn der Aussteller im Stande ist, es einzulösen; denn in diesem Falle zwingt das Gesetz ihn zur Zahlung. Wenn er aber Nichts besitzt, dann hat auch das Papier keinen Werth. Der Werth einer solchen Note liegt also nicht in der Note selbst, denn das ist nur Papier und Versprechen, sondern in der Person, die verpflichtet ist, dasselbe in Gold oder Silber einzulösen.

Papier, welches in dieser Weise und zu diesem Zwecke circulirt, deutet beständig nach dem Platze und auf die Person hin, wo und von welcher das Geld zu empfangen ist; zuletzt findet es seine Heimstätte, es schließt gleichsam seines Herrn Geldkiste auf und bezahlt den Ueberbringer.

Wenn aber eine Assembly es unternimmt, Papier als Geld auszugeben, dann ist alle Solidität und Sicherheit gestürzt und das Eigenthum dem Zufalle anheimgegeben. Papier-Noten unter Individuen als Zahlungs-

Versprechen circulirend, und Papier von einer Assembly als Geld ausgegeben, das sind zwei ganz verschiedene Dinge. Es heißt eine Erscheinung (Assembly) an die Stelle eines Menschen setzen; sie verschwindet im Hinblicken, und Nichts bleibt zurück, als der leere Raum.

Wenn man Geld als die Frucht vieljährigen Fleißes, als den Lohn der Arbeit, des Schweißes und der Plackerei, als das Wittthum der Wittwe, und als das Erbtheil der Kinder betrachtet, wenn man bedenkt, daß es das Mittel ist, die nothwendigsten Lebensbedürfnisse zu befriedigen, die Leiden des Lebens zu erleichtern und das Alter zur Ruhezeit zu machen, dann ist im Gelde etwas Heiliges, mit dem man nicht leichtsinnig spielen und das man nicht der Seifenblase, Papiergeld, anvertrauen darf.

Kraft welcher Macht oder Autorität eine Assembly sich unterfängt, Papiergeld zu creiren, ist schwer zu sagen. Sie kann keine von der Constitution herleiten, denn diese schweigt über den Gegenstand. Es ist Etwas, das das Volk ihnen nicht übertragen hat, und was dasselbe, wäre es gemeinsam versammelt, auch nicht übertragen würde. Es ist demnach die ungerechtfertigte Gewalt-Anmaßung Seitens einer Assembly, und mag eines Tages Grund abgeben, manche ihrer Mitglieder zur Strafe zu ziehen.

Ich will einige der Uebelstände des Papiergeldes aufzählen, und mit Anweisung von Mitteln zu deren Verhütung schließen.

Eins der Uebel des Papiergeldes ist, daß es das ganze Volk zu Actien-Händlern macht. Die Veränderlichkeit seines Werthes und die Unsicherheit seines Schicksals arbeiten beständig, Tag und Nacht daran, diese verderbliche Wirkung hervorzubringen. Da es in sich selbst keinen reellen Werth hat, so hängt es von Zufall, Laune und Parteiwesen ab; und da es das Interesse der Einen ist, seinen Werth herabzudrücken, und der Anderen, ihn in die Höhe zu schrauben, so gibt dies zu beständigen Machinationen Anlaß, welche die Moralität des Volkes ruiniren.

Es war schrecklich zu beobachten, und es ist traurig, sich daran zu erinnern, wie gelockert die Principien der Gerechtigkeit durch das Ausgeben des Papiergeldes während des Krieges geworden waren. Die damals gemachte Erfahrung sollte jeder Assembly als Warnung dienen, wenn sie es wagte, solch eine gefährliche Pforte wieder zu öffnen.

Das romanhafte oder heuchlerische Geschwätz aber, daß ein tugendhaftes Volk keines Goldes und Silbers bedürfe, und daß Papier dieselben Dienste leisten würde, bedarf keiner anderen Widerlegung, als die Erfahrung, die wir gemacht haben. Wenn auch manche wohlgesinnte Leute geneigt wären, es in diesem Lichte zu betrachten, so ist es doch sicher, daß auch die Betrüger sich stets dieser Sprache bedienen.

Es gibt unter uns eine Klasse von Menschen, die umhergehen, Geschäfte auf Credit machen und Grundstücke kaufen, während sie durchaus nichts besitzen, womit zu bezahlen. Ihr nächster Schritt ist alsdann, die Zeitungen zu füllen mit Artikeln über die Knappheit des baaren Geldes und über die Nothwendigkeit, Papiergeld auszugeben; dann streben sie unter dem Vorwande, den Credit des Papiergeldes zu verstärken, daß es zu einem gesetzlichen Zahlungsmittel gemacht werde; sobald es aber erst ausgegeben wird, suchen sie dasselbe so schlecht als möglich zu entwerthen, eine Summe davon für geringen Preis sich zu verschaffen und ihre Gläubiger damit zu betrügen. Dies ist ganz genau die Geschichte aller Papiergeld-Pläne.

Weshalb aber sollte, da der Brauch der ganzen Welt baar Geld als das bequemſte Tauſchmittel für Verkehr und Handel angenommen, dem Papier der Vorzug über Gold und Silber eingeräumt werden? Die Producte der Natur ſind ſicherlich ſo harmlos und ungefährlich als die der Kunſt; und in dieſem Falle, bei Geld, ſind ſie vollkommen, wenn nicht unendlich mehr derſelben Art. Die Liebe zum Golde und Silber mag Habgier erzeugen, aber Habſucht, frei von Unredlichkeit, iſt eigentlich kein Laſter. Es iſt Frugalität, aufs höchſte übertrieben.

Die Uebelſtände des Papiergeldes ſind endlos. Sein unſicherer und ſtets veränderlicher Werth veranlaßt und erzeugt fortwährend neue Pläne zu Täuſchung und Betrug. Jedes Princip von Recht wird auf die Folter geſpannt und das Band der Geſellſchaft gelöſt. Die Unterdrückung des Papiergeldes hätte deswegen ſehr paſſend in die Acte zur Verhinderung von Laſter und Immoralität aufgenommen werden können.

Der Vorwand für Papiergeld war, daß nicht genügend Gold und Silber vorhanden wäre. Dies, weit entfernt ein Grund für Ausgebung von Papiergeld zu ſein, iſt nur ein Grund dagegen.

Gold und Silber ſind nicht die Producte Nordamerikas, ſie ſind deswegen Einfuhrartikel, und wenn wir eine Papiergeld-Fabrik errichten, ſo wird ihre Wirkung ſo weit als möglich dahin gehen, die Einfuhr des Metallgeldes zu verhindern, oder es, ſo ſchnell wie es einkommt, wieder fortzuſenden. Und indem wir dieſes Verfahren befolgen, werden wir fortwährend das Metallgeld forttreiben, bis wir keins mehr haben, und ſo werden wir beſtändig über das Uebel klagen, anſtatt deſſen Urſachen zu heilen.

Wenn wir Gold und Silber als Einfuhrartikel betrachten, ſo werden wir ſeiner Zeit, wenn wir dies nicht durch Papiergeld-Ausgabe verhindern, ſo viel im Lande haben, als der Verkehr erfordert; aus denſelben Gründen, die bewirken, daß wir von andern Artikeln ſo viel erhalten. Wie nun aber jede im Lande fabricirte Elle Zeug verurſacht, daß eine Elle weniger importirt wird, ſo iſt es auch mit Geld; der Unterſchied iſt nur, daß, während wir in einem Falle die Sache ſelbſt fabriciren, wir dies in dem andern nicht thun. Wir hätten Zeug für Zeug; aber wir bekämen nur Papier-Dollar für Silber-Dollar.

Was die angemaßte Autorität einer Aſſembly anbetrifft, Papiergeld oder Papier irgend welcher Art, zu einem geſetzlichen Zahlungsmittel zu machen, oder, anders geſagt, ihm Zwangskurs zu geben, ſo iſt dies das vermeſſenſte Streben nach unumſchränkter Gewalt. In einer republikaniſchen Regierungsform kann es ſolche Gewalt nicht geben. Das Volk iſt nicht frei, und das Eigenthum nicht ſicher, wo Dergleichen geſchehen kann. Und die Committee, welche einen Bericht zu dieſem Zwecke vorlegt, oder das Mitglied, welches einen Antrag dafür ſtellt, und der, welcher ihn unterſtützt, verdienen von Staatswegen in Anklageſtand verſetzt zu werden, und mögen dies früher oder ſpäter erwarten.

Von allen Sorten ſchlechten Geldes, iſt Papiergeld die ſchlechteſte. Von Allem, was an Stelle von Gold oder Silber gebraucht werden kann, hat es den geringſten innern Werth. Ein Hufnagel oder ein Stück eines Wampum (Kriegsgürtel des Indianers) übertrifft es. Und es würde noch paſſender ſein, dieſe Gegenſtände zu geſetzlichen Zahlungsmitteln zu machen, als Papier.

Es war die Ausgabe von ſchlechtem Gelde, und deſſen Creirung zu einem geſetzlichen Zahlungsmittel, eine der Haupturſachen zum völligen

Sturzr der Macht der Stuarts in Irland. Ein hiervon handelnder Artikel verdient angeführt zu werden, da sich in ihm eine so große Aehnlichkeit mit der Art und Weise ausspricht, in der man mit Papiergeld verfährt.

„Erz und Kupfer der schlechtesten Art, altes Kanonengut, zerbrochene Glocken, Haushaltungsgeräthschaften wurden eifrig gesammelt, und von jedem Pfundgewichte dieses ordinären Materials, von etwa 4 Pence baar, wurden Geldstücke zum Betrage von fünf Pfund nominellen Werthes geschlagen und in Umlauf gesetzt. In der ersten Proclamation wurden sie in allen Zahlungen an, und von dem Könige und den Unterthanen des Reiches gangbar erklärt, ausgenommen bei Einfuhrzöllen auf ausländische Waaren, bei Geldern, die als Deposition gegeben worden, oder bei solchen, die auf Hypotheken, Wechseln und Obligationen zu zahlen waren. König Jakob versprach, er würde, wenn das Geld verrufen werden sollte, es in allen Zahlungen annehmen, oder volle Entschädigung dafür in Gold und Silber leisten. Der nominelle Werth wurde durch spätere Proclamationen erhöht und die ursprünglichen Einschränkungen aufgehoben; und es wurde befohlen, daß dieses schlechte Geld in allen Zahlungen angenommen werde. Wie Erz und Kupfer knapp wurde, machte man es von noch geringerem Material, von Zinn und Spialter; und alte Schulden von tausend Pfund wurden durch Stücke gemeinen Metalles von 30 Schillingen inneren Werthes getilgt. *)

Hätte König Jakob an Papiergeld gedacht, so hätte er sich die Mühe und die Kosten ersparen können, Erz, Kupfer, zerbrochene Glocken und Hausgeräthschaften zu sammeln.

Die Gesetze eines Landes sollten Recht und Billigkeit zum Maßstabe haben und darauf berechnet sein dem Geiste des Volkes sowohl die moralische, als auch gesetzliche Verpflichtung gegenseitiger Gerechtigkeit einzuprägen. Doch Zwangscurs-Gesetze jeder Art wirken vernichtend auf die Moral und zerstören unter dem Vorwande der Gesetzlichkeit das, was als höchster Grundsatz aufrecht erhalten werden sollte, die gegenseitige Gerechtigkeit. Die Strafe eines Mitgliedes, das einen Antrag auf ein solches Gesetz macht, müßte Tod sein.

Als im Jahre 1780 die Empfehlung des Congresses zur Wiedereinführung der Zwangscurs-Gesetze der Assembly von Pennsylvanien vorlag, war bei Abstimmung für und wider Einbringung einer Bill, um diese Gesetze zu widerrufen, die Stimmenzahl auf beiden Seiten gleich und der Sprecher, Oberst Bayard, hatte die Entscheidungsstimme. „Ich gebe meine Stimme," sagte er, „für die Widerrufung im Bewußtsein der Gerechtigkeit derselben; Zwangscurs-Gesetze sanctioniren Ruchlosigkeit von Gesetzes wegen." Als indeß die Bill vorgebracht wurde, wurde sie vom Hause verworfen; und die Zwangscurs-Gesetze blieben ferner Mittel zum Betruge.

Wenn irgend Etwas einen gleichen Werth von Silber und Gold hätte oder haben könnte, dann bedürfte es keiner Zwangscurs-Gesetze, und wenn es nicht diesen Werth hat, dann sollte es auch kein solches Gesetz geben, deswegen sind alle Zwangscurs-Gesetze tyrannisch, ungerecht und berechnet, Betrug und Unterdrückung zu unterstützen.

Die meisten Vertheidiger für Zwangscurs-Gesetze sind Solche, die

---

*) Leland's Geschichte Irlands, Band IV, Seite 265.

Schulden zu tilgen haben, und die zu einem solchen Gesetze ihre Zuflucht nehmen, um ihre Contracte zu brechen und ihre Gläubiger zu betrügen. Kein Gesetz aber kann eine Ungesetzlichkeit gut heißen und rechtfertigen, das geeignete Verfahren also, wenn künftig solche Gesetze erlassen werden sollten, müßte darin bestehen, Repräsentanten, die eine solche Bill beantragten und unterstützten, anzuklagen, und Schuldner und Gläubiger wieder in dasselbe Verhältniß zu einander zu bringen, in dem sie vor Erlassung solchen Gesetzes waren. Man müßte es dahin bringen, daß die Menschen schon bei dem Gedanken solch schamlos ungerechter That zittern müßten. Es ist vergebens so lange von Herstellung des Credites zu schwatzen, oder zu klagen, daß man Geld nicht zu legalem Zinsfuße geliehen erhalten könne, bis nicht jeder Gedanke an Zwangscurs-Gesetze völlig und öffentlich verworfen und ausgerottet wird.

In welchem Lichte man auch Papiergeld betrachte, es ist im günstigsten Falle eine Seifenblase. Als Besitzthum betrachtet, ist es unlogisch anzunehmen, daß die Existenz einer Versammlung, deren Autorität mit dem Jahre zu Ende geht, dem Papiere den Werth und die Dauer des Goldes geben könne. Sie können sich nicht einmal verbindlich machen, daß die nächste Assembly es für Steuern in Zahlung nehmen wird. Und durch dieses Beispiel (denn Autorität gibt es hier nicht), daß eine Assembly Papiergeld creirt, mag eine andere dasselbe thun, bis Vertrauen und Credit gänzlich ruinirt und alle Uebel der Geldentwerthung noch einmal erlitten worden sind. Es läuft also mit dem Papiergelde darauf hinaus, daß es der illegitime Abkömmling von Assemblies ist; und wenn deren Jahr zu Ende geht, so hinterlassen sie einen Landläufer zu Lasten des Volkes.

Ich bin nur die drei Gegenstände, die in dem Titel des Werkes bezeichnet sind, durchgegangen, und schließe mit einigen Gedanken über die gegenwärtigen Angelegenheiten des Staates.

Meine Vorstellung von einem einzigen gesetzgebenden Körper war immer auf der Hoffnung basirt, daß alle Bürger trotz persönlicher Parteiungen in einem Staate dennoch über die allgemeinen Prinzipien guter Regierungsweise übereinstimmen und sich darin vereinigen würden, daß diese Parteiverschiedenheiten an der Schwelle des Staatshauses fallen, und daß das Gemeinwohl oder das Wohl des Ganzen das herrschende Prinzip in der Halle der Gesetzgebung sein würde.

Parteistreit, in dieser Bedeutung genommen, sollte dann nur darüber sein, wer die Ehre haben würde, die Gesetze zu erlassen, nicht wie die Gesetze sein sollten. Wenn aber das Parteiwesen Parteigesetze zu Wege bringt, dann ist ein einziger gesetzgebender Körper wie eine einzige Person, und der Hast, Unbesonnenheit und Leidenschaftlichkeit individueller Souveränität unterworfen. Wenigstens ist es eine Aristokratie.

Die Form der gegenwärtigen Constitution ist nun gerade wie dazu gemacht, ihre Prinzipien mit Füßen zu treten, und die constitutionellen Repräsentanten sind anticonstitutionelle Gesetzgeber. Sie unterstützen gern diese Form der Gewalt wegen, die sie verleiht, und sie entthronen das Prinzip, um selbst das Scepter zu führen.

Der Angriff der letzten Assembly auf die Bank zeigt einen solchen Mangel an Mäßigung und Klugheit, Unparteilichkeit und Billigkeit, an ehrlicher und offener Prüfung und Untersuchung, und an überlegten, parteilosem Urtheil, eine solche Uebereiltheit des Denkens und Rachsucht der

Gewalt, wie es mit der Sicherheit der Republik unverträglich ist. Es war ein Urtheilsspruch, ohne die Partei zu hören, und eine Urtheilsvollstreckung ohne Prozeß.

Durch solch vorschnelles, unüberlegtes und gewaltsames Verfahren leidet das Interesse des Staates, seine Blüthe schwindet, sein Handel und sein Metallgeld wird nach andern Plätzen getrieben. Angenommen, die Bank wäre nicht gleich in der Lage gewesen, einem solchen plötzlichen Angriffe zu widerstehen, welche Scenen des Elends und der Noth hätte die Unbesonnenheit jener Assembly sofort über diese Stadt und diesen Staat gebracht? Die Inhaber der Banknoten, wer sie auch wären, würden in die größte Bestürzung und Verlegenheit gerathen sein. Es ist keine Entschuldigung, zu sagen, das Haus dachte nicht daran, denn es war seine Pflicht, an Alles zu denken. Nur durch die kluge und vorsichtige Verwaltung der Bank (obgleich sie den Angriff nicht argwöhnte) war sie im Stande, dem Andrange Stand zu halten, ohne auch nur einen Augenblick die Zahlungen auszusetzen, und so die Uebel und das Unglück zu verhindern, welches die Unbesonnenheit der Assembly sonst nothwendigerweise hätte herbeiführen müssen. Es ist dies eine Prüfung, welcher eine Bank in Europa unter ähnlichen Verhältnissen kaum widerstanden hätte.

Ich sehe keinen genügenden Grund zu der Annahme, daß die Hoffnung des Hauses, die Bank zu unterdrücken, eben so sehr auf die Entziehung des Freibriefs gesetzt war, als auf die Erwartung, den Bankerott der Bank herbeizuführen, indem man einen plötzlichen Andrang gegen sie veranlaßte. War dies ein Theil ihres Planes, so war es ein ruchloser, denn Hunderte hätten ruinirt werden können, um eine Partei-Grille zu befriedigen.

Der Bankerott ist indeß nicht eingetreten, und welche andere Bedeutung und Folgen hat nun der Angriff gehabt, als die Schwäche und Unbesonnenheit, den Mangel an Urtheil und an Gerechtigkeit Derer, die ihn machten, bloszustellen, und den Credit der Bank noch kräftiger, als bisher, zu begründen?

Einen Erfolg, es ist wahr, hat der Angriff gehabt, welchen abzuhalten nicht mehr in der Macht der Assembly steht: er hat viele Tausend Thaler baaren Geldes aus dem Staate vertrieben. Durch die Bank hatte Pennsylvanien den Gebrauch einer großen Summe, Bürgern anderer Staaten gehörenden Metallgeldes, und das noch ohne Interessen, denn es lag hier als Depositum, und die Depositäre nahmen Banknoten an seiner Statt. Die Aufregung indeß brachte diese Noten zurück, und die Eigenthümer zogen ihr baares Geld hinaus.

Die Austreibung des Metallgeldes machte für das Papiergeld der Assembly Platz, und wir haben jetzt Papierdollars, wo wir Silberdollars haben könnten. Es ist somit die Wirkung des Papiergeldes gewesen, das baare Geld im Staat zu vermindern. Papiergeld gleicht dem Branntwein-Trinken. Es ist kräftig für den Augenblick durch eine trügerische Empfindung, allmählig aber vermindert es die natürliche Wärme und macht den Körper elender, als er vorher war. Wäre dies nicht der Fall, und könnte Geld nach Belieben von Papier gemacht werden, dann würde jeder Souverän in Europa so reich sein, als es ihm beliebte. Die Wahrheit aber ist: es ist eine Seifenblase und der Versuch Thorheit. Die Natur hat die passenden Materialien für Geld, Gold und Silber, geschaffen; jeder Versuch unsrerseits, mit ihr zu wetteifern, ist lächerlich.

Doch nun zum Schluſſe. Wenn das Publikum die Meinung eines
Freundes anhören will, welcher mit keiner Partei verbunden, keiner ver=
pflichtet und doch auch gegen keine feindlich iſt, und welcher während einer
langen Bekanntſchaft das Publikum niemals hintergangen hat, dann ſoll
dieſe Meinung frei ausgeſprochen werden.

Die Bank iſt eine Inſtitution, welche dem Staate außerordentlich nütz=
lich gemacht werden kann, nicht allein als Mittel, den Handel zu erleich=
tern und auszudehnen, ſondern auch als Mittel, die Menge des Metall=
geldes im Staate zu vermehren. Das Papiergeld der Aſſembly dient
direct dazu, das baare Geld zu vertreiben oder zu verdrängen, weil es als
Geld ausgegeben und an Stelle des baaren Geldes geſetzt wird. Bank=
noten aber ſind etwas ganz Verſchiedenes und verurſachen eine entgegen=
geſetzte Wirkung. So ſind Wechſelnoten zu jeder Zeit zahlbar und kön=
nen ſtets ohne die geringſte Ceremonie oder Schwierigkeit auf die Bank
gebracht und gegen Gold oder Silber ausgetauſcht werden.

Die Bank iſt deswegen genöthigt, beſtändig einen für dieſen Zweck ge=
nügenden Vorrath von baarem Gelde zu halten; dies iſt, was die Aſſembly
bei ihrem Papiere weder thut, noch thun kann, denn die durch Steuern
im Staatsſchatze angeſammelte Summe baaren Geldes iſt geringfügig im
Vergleiche mit der Quantität, welche im Handel und durch die Bank im
Umlauf iſt.

Die richtige Methode nun, die Quantität des baaren Geldes zu ver=
mehren, wäre, die Sicherheit, welche die Regierung und die Bank gewäh=
ren, zu vereinigen, und anſtatt Papiergeld auszugeben, welches dazu
dient, das Metallgeld zu vertreiben, die nöthigen Summen von der Bank
in Banknoten zu entleihen, mit der Bedingung, daß die Bank zu beſtimm=
ten Zeiten und in beſtimmten Summen dieſe Noten gegen Metallgeld ein=
löſet.

Papiergeld, auf dieſe Weiſe ausgegeben und für dieſen Zweck beſtimmt,
würde, anſtatt Gold und Silber zu vertreiben, ſich ſelbſt dazu umwandeln;
denn alsdann wäre es zugleich der Vortheil und die Pflicht der Bank und
des ganzen mit ihr verbundenen kaufmänniſchen Intereſſes, ſich Gold und
Silber von irgend welchem Theile der Welt zu verſchaffen und zu importi=
ren, um es zur Einwechslung der Noten zu verwenden. Die engliſche
Bank iſt im Importationsgeſchäfte auf Gold und Silber beſchränkt, und
wir könnten von unſerer Bank denſelben Gebrauch machen, wenn wir es
gehörig anfingen.

Jene Noten werden alsdann eine doppelte Sicherheit haben, die der Re=
gierung und die der Bank; und man wird ſie nicht als Geld ausgeben,
ſondern als Unterpfänder, die gegen baares Geld einzuwechſeln ſind; und
ſie werden dadurch eine Wirkung entgegengeſetzt von der haben, welche das
Papier der Aſſembly, unvereinigt mit der Bankſicherheit, hervorbringt.
Die der Bank zugeſtandenen Zinſen werden der Regierung durch Erſpa=
rung der mit Ausgabe von Papiergeld verbundenen Unkoſten wieder einge=
bracht werden.

Es iſt, wie ich im Verlaufe dieſes Werkes bereits bemerkt habe, die Har=
monie aller Theile einer Republik, welche ihr beſonderes und allgemeines
Glück begründet. Eine Regierung, die nur um zu herrſchen errich=
tet iſt, iſt keine republikaniſche Regierung. Es iſt eben die Vereinigung

von Autorität mit Nützlichkeit, wodurch sich ganz besonders das republikanische System vor andern auszeichnet.

Auf den ersten Blick scheint Papiergeld eine große Ersparung zu sein,
oder besser, es scheint gar Nichts zu kosten; es ist jedoch das theuerste Geld,
das es gibt. Die Leichtigkeit, womit es am Anfange von einer Assembly
ausgegeben wird, macht es zuletzt zu einer Falle für das Volk. Es wirkt
als eine Anticipation der Steuern des nächsten Jahres. Wenn das Papiergeld nach seiner Ausgabe im Werthe fällt, dann hat es, wie ich bereits
bemerkte, die Wirkung von fluctuirenden Actien, und das Volk wird zu
Actienschwindlern, um sich den Verlust einander zuzuwälzen. Wird es
nicht entwerthet, dann muß es endlich durch Steuern zum Preise von baar
Geld eingelöset werden, denn dieselbe Quantität von Producten oder
Waaren, die einen Papierdollar, um Steuern zu zahlen, beschaffen würde,
würde auch zum selben Zwecke einen Silberdollar beschaffen. In jedem
Falle deswegen wird Papiergeld dem Lande theurer, als baares Geld, durch
alle die Unkosten, des Papiers, Drucks, des Zeichnens und anderer Ausgaben, und zuletzt geht es in's Feuer.

Angenommen, die Assembly soll jedes Jahr Einmalhunderttausend
Dollar in Papiergeld ausgeben, und dieselbe Summe solle jährlich durch
Steuern eingelös't werden, dann werden nicht mehr als Einmalhunderttausend Dollar zu irgend einer Zeit im Umlauf sein. Wären die Unkosten
für Papier und Druck, die Bezahlung der bei der Presse beschäftigten Personen, der Zeichner ꝛc. fünf Procent, so ist es ersichtlich, daß im Verlaufe
eines zwanzigjährigen Ausgebens der Noten die Einmalhunderttausend
Thaler dem Lande Zweimalhunderttausend Thaler kosten werden. Denn
die Papiermüller- und Druckerrechnungen, die Unkosten der Beaufsichtigung und Zeichnung, und andere dahin gehörige Kosten würden in dieser
Zeit sich eben so hoch, als das Geld belaufen, denn das aufeinander folgende Ausgeben ist nur ein neues Münzen einer und derselben Summe.

Gold und Silber dagegen brauchen nur einmal gemünzt zu werden, und
werden hundert Jahre lang besser vorhalten, als Papier ein Jahr, und am
Ende dieser Zeit werden sie noch immer Gold und Silber sein. Es wird
deshalb die Ersparniß für die Regierung, durch Vereinigung ihrer Sicherheit und Hülfe mit der Bank zur Beschaffung von Metallgeld, für beide
und für das ganze Publikum vortheilhaft sein.

Wofür man dann später sorgen müßte, ist, daß die Regierung nicht zu
viel von der Bank borge, und die Bank auch nicht mehr Noten darleihe, als
sie einlösen kann; und sollte deswegen etwas dieser Art unternommen werden, so wäre das beste Verfahren, mit einer mäßigen Summe anzufangen
und den Erfolg zu beobachten. Die der Bank gezahlten Interessen wirken
wie eine Prämie auf die Importation von Metallgeld, und es mögen diese
Interessen nicht mehr ausmachen, als das für Ausgebung von Papiergeld
verauslagte Geld.

Es kann jedoch nichts dieser Art, auch kein anderes öffentliches Unternehmen, welches Sicherheit und Dauer über ein Jahr hinaus erfordert,
unter der gegenwärtigen Regierungsweise in Angriff genommen werden.
Die letzte Assembly hat durch Anmaßen unumschränkter Gewalt über Alles,
was in vorherigen Assemblies von Seiten des Staates geschehen, und durch
Aufstellung solchen Beispieles des steten Veränderns und Umstürzens (wie
gerade der Zufall der Wahlen oder das Partei-Interesse vorherrscht) die

Regierung für alle großen Staatszwecke unfähig gemacht. Sie haben wirklich das Publikum zu einem alljährlichen Wahlkörper, wie sie selbst, gemacht, wogegen doch das Publikum ein beständiger, unauflösbarer Körper ist, welcher jährlich Wahlen vornimmt.

Es gibt verschiedene große Unternehmungen und Verbesserungen, als Inland-Schiffahrt, Brückenbau, Anlagen von Verbindungswegen durch den Staat, und andere Dinge von allgemeinem Nutzen, die man in Angriff nehmen könnte. Bevor jedoch diesem Irrthum oder Fehler in der Regierungsweise abgeholfen worden, kann es nicht geschehen.

Bei der gegenwärtigen Regierungsweise kann man zu der Regierung kein Vertrauen haben. Privatpersonen werden auf eine Acte, welche von einer Assembly erlassen und von der anderen wieder gebrochen werden kann, ihr Geld in Unternehmungen dieser Art nicht wagen wollen. Wenn Jemand sagen kann, er könne der Regierung nicht trauen, dann ist das Ansehen und die Würde des Volkes geschmälert, nnterwühlt und untergraben; und es steht deswegen dem Volke zu, seine eigene Ehre wieder herzustellen, indem es diese Sachen ins rechte Gleise bringt.

Es kann dies vielleicht nicht vor der Zeit der nächsten Convention erfolgreich geschehen; dann können die Principien, nach welchen sie bestimmt und regulirt werden sollen, zu einem Theile der Constitution gemacht werden.

Möge das Volk inzwischen dadurch seine Angelegenheiten in möglichst guter Ordnung halten, daß es Klugheit an die Stelle von Autorität setzt, und Männer zur Regierung erwählt, die entschlossen enge Parteivorurtheile bei Seite legen und das allgemeine Beste zur alleinigen Richtschnur ihres Verfahrens machen. Und in dieser Hoffnung und mit dem aufrichtigen Wunsche für das Wohl des Ganzen, schließe ich mein Buch.

(Ende der Abhandlungen über Regierungswesen u. s. w.)

Anekdote von James Monroe und Rufus King.

Man sollte die Namen Monroe und King nur in der Absicht zugleich erwähnen, um die verschiedenen Charaktere beider Minister zu zeigen.

Als Hamilton Rowan seine Flucht aus einem Kerker in Irland bewerkstelligt hatte und nach Paris kam, begegnete er Thomas Paine auf der Straße, und sie kamen überein, den Tag zusammen auf dem Lande zuzubringen. Mr. Paine ging zu Mr. Monroe, ihm dies zu sagen und ihm mitzutheilen, daß er an dem Tage nicht bei ihm zu Tische kommen würde. Bei Erwähnung des Namens von Hamilton Rowan wünschte Mr. Monroe, daß er ihm vorgestellt werde. Dies geschah. Mr. Monroe empfing ihn mit großer Herzlichkeit und Hochachtung.

Nachdem Mr. Rowan Abschied genommen, und sie die Treppe hinuntergingen, um ihren Spaziergang aufs Land zu machen, rief Mr. Monroe Mr. Paine zurück und sagte ihm: „Da Mr. Rowan mit vielen Schwierigkeiten zu kämpfen hatte, so ist es höchst wahrscheinlich, daß er wegen Geld in Verlegenheit ist; sagen Sie ihm gefälligst, daß ich ihn versorgen will."

Vergleiche diesen Edelmuth des Herzens mit der gemeinen Handlungsweise des Rufus King gegen die Gefährten von Hamilton Rowan, und jeder Mann von Gefühl und Ehre muß ihn verachten und verabscheuen.

Adresse von Bordentown.

In einer Versammlung der Republikaner Bordentown's und der Umgegend im Hause von Thomas Lawrence unter dem Vorsitze des Colonel Joseph Kirkbride wurde

Beschlossen: daß die folgende Adresse, von dem Vorsitzer unterzeichnet, in dem „True American", gedruckt bei Nilson und Blackwell in Trenton, veröffentlicht werde, und daß die patriotischen Drucker von Zeitungen in andern Theilen der Staaten ersucht werden sollen, dieselbe Adresse in ihren Blättern aufzunehmen.

An unsere Mitbürger!

Föderalismus und Falschheit, ebenso wie Fluchen und Schwören, sind jetzt so mit einander verschmolzen, daß man sich das Eine nicht ohne das Andere denken kann.

Der folgende Wahlzettel, von einer Föderal=Committee im Rensellaer County in New York entworfen, wurde per Post von dort nach hier gesandt, doch von Wem und zu welchem Zwecke, ist nicht bekannt, da er nur in einem unbeschriebenen Umschlage eingeschlossen war.

Die oben erwähnte Versammlung der Föderal=Committee ward in der Absicht gehalten, um Candidaten für die bevorstehende Wahl vorzuschlagen und zu ernennen; doch als die Wahl herankam, ereignete es sich unglücklicher Weise (denn Lügen, gleich einem stolpernden Pferde, wirft seinen Reiter in den Staub), daß keiner der vorgeschlagenen Candidaten erwählt wurde. Die Erwählten der republikanischen Partei verhielten sich wie zwei zu einem Föderalisten.

Die einleitende Vorrede zu den Wahlzetteln war (wie man sich durch das Lesen derselben überzeugen kann) heuchlerisch, und deshalb eingeschaltet, um auf den ersten Anblick zu täuschen und den Unbehutsamen glauben zu machen, daß es ein republikanischer Wahlzettel sei, der republikanische Candidaten vorschlage. Jene Paragraphen athmen den reinen Geist der Demokratie und der republikanischen Regierung. Das Recht des Volkes, seine Gesetzgeber selbst zu erwählen, wird als der größte Schatz der Amerikaner erwähnt. Auf diese Weise ahmen die abtrünnigen Führer jener Partei die Prinzipien der Demokratie nach, um ihren Umsturz zu bewerkstelligen. Doch die Sprache ihrer Feder in jenem Theile, der den Wahlzetteln vorausgeht, ist nicht die Sprache ihres Herzens, ebenso, wie die Sprache ihrer Lippen bei andern Gelegenheiten nur dahin gerichtet ist, das Volk zu täuschen. Sie haben lange die gemeinsten Schimpfreden ohne Erfolg gebraucht, und wollen nun versuchen, was sie durch Heuchelei erreichen können. Der Wahlzettel mag jedoch für sich selbst sprechen:

„An die unabhängigen Wähler von Rensellaer County.
Mitbürger!
Die folgenden Candidaten, als Senatoren für den östlichen District und als Mitglieder der gesetzgebenden Versammlung, sind Eurem Vertrauen und Eurer Unterstützung bei der bevorstehenden Wahl von den versammelten Committeen der verschiedenen Städte dieses County's einstimmig empfohlen.

Als Senatoren:

Moses Vail, Rensellaer County;

Stephan Lush, von der Stadt und County Albany;

Ebenezers Clark, von Washington County;

Daniel Paris, von Montgomery County;

William Baily, von Clinton County.

Als Mitglieder der gesetzgebenden Versammlung:

J. D. Dickinson, von der Stadt Troy;

Arent Van Dyck, von Schodack;

Hezekiah Hull, von Stephentown;

Randal Spencer, von Petersburg;

Jermiah Scuyler, von Hoosick.

Bürger! Unter den Privilegien, die dem freien Manne angehören, ist keines, das ihm so theuer sein sollte, als dasjenige, welches ihn befugt, aus der Mitte seiner Mitbürger Personen zu wählen, um die Gesetze zu geben, nach welchen er regiert werde. Aus dieser Quelle geht ein Trost hervor, welcher der Stolz jedes Amerikaners ist, nämlich, daß unter Regierungen, wie die unsrige, das Volk sein eigener Gesetzgeber ist. Zu der Ausübung dieses für uns so interessanten und für die Gesellschaft so wichtigen Vorrechtes werden wir in wenigen Tagen schreiten.

„Mitbürger! Es ist nothwendig, daß wir uns von allen verwerflichen Vorurtheilen losmachen, wenn wir eine zur Wohlfahrt der Gemeinde so wesentliche Pflicht ausüben, und während wir mit der einen Hand die Namen unserer Candidaten abgeben, sollen wir fähig sein, mit der andern, auf unserm Herzen, Ihn, der unsere geheimsten Absichten kennt, als Zeugen anzurufen, daß unser Thun aufrichtig gewesen sei.

„Von dem vollen Werthe dieser Wahrheit durchdrungen, haben wir die Candidaten, die wir uns erlauben, Eurer Unterstützung anzuempfehlen, ausgewählt, und ohne einen Vergleich zum Nachtheil der Candidaten unserer politischen Opponenten anstellen zu wollen, fühlen wir uns berechtigt, zu sagen, daß es Männer sind, deren Patriotismus und Treue ihnen auf das Vertrauen ihrer Landsleute ein Anrecht gibt. Ihre Principien sind wahrhaft republikanische; nicht von der Art des modernen Republikanismus, der aus einer ungleichartigen Masse von Jacobinismus und Demokratie besteht, sondern von der Art, welche die Constitution unserer Staaten anerkennt, jener Art, welche der unsterbliche Washington in seinem Leben befolgte, und durch sein unschätzbares Vermächtniß der Welt übergab.

„Wir versprechen nicht, daß unsere Candidaten Vertheidiger unbeschränkter Freiheit sind, noch können wir uns verpflichten, daß sie das Volk von der Bürde, das Gouvernement, welches es schützt, zu unterhalten, loszumachen streben werden. Dieses sind Versprechungen, die mit der vernünftigen Freiheit unvereinbar sind. Sie sind leere Klänge und nur darauf berechnet, zu bestricken und zu täuschen; wir lassen unsere Gegner, denen sie mit allem Rechte gehören, in dem ausschließlichen Gebrauche derselben. Dem Syrenengesange der anlockenden und falschen Versprechungen verdanken sie zum großen Theil ihre jetzige Macht.

„Man hat uns gesagt, daß die Verwaltung der Föderal=Regierung unter Washington und Adams tyrannisch und verderbt gewesen, daß ein System von Verschwendung und Ausschweifungen befolgt worden sei, welches die Nation ruiniren müsse. Wir sind bei Allem, was uns theuer ist,

aufgefordert worden, auf Jefferson als Helfer in der Noth hinzublicken, und
man hat Alles versprochen, was den Leichtgläubigen verlocken, oder den
Unbehutsamen täuschen könnte. Doch wie hat es sich verwirklicht? Was
sonst, als Enttäuschung, ist uns geworden? Haltet hier ein und überlegt. Anstatt eines Systems gleicher Beisteuerung für die Aufrechthaltung
der Regierung sehen wir jetzt den vornehmen Virginier in seiner präch-
tig gezierten Equipage durch seine Pflanzungen kutschiren, in dem freien
Genusse aller Ueppigkeiten des Lebens und von Abgaben verschont, während
dem wir gezwungen sind, von den nothwendigsten Lebensbedürfnissen eine
Abgabe zu bezahlen, die sich auf einen Drittheil ihres Werthes beläuft.
Anstatt in den Händen eines Amerikaners, dessen Redlichkeit durch
die strengste Forschung erprobt worden, sehen wir jetzt die Schlüssel des
Schatzamtes in den Händen eines Fremden, nur dadurch berühmt, daß
er in Pennsylvanien die Bürger zu einer Empörung angereizt hat. Statt einer
Flotte, die hinreichend ist, unsern Handel gegen die Plünderungen der Pi-
raten und Schleichhändler zu schützen, sehen wir unsere Schiffe durch den
Auctionator zu weniger als die Hälfte des Werthes verschleudert, und unser
Handel liegt dem erbärmlichen und verächtlichen Spanien als Beute offen.

„Doch, Bürger, erschredet nicht über diese Dinge. Wir könnten vor
Euren Augen eine Geschichte entfalten, welche gerechte Entrüstung in jedem Freunde des Vaterlandes erwecken würde.

„Wir könnten Euch von Millionen unseres Geldes erzählen, die zu geheimen Zwecken verwendet worden sind! Von ungeheuren Summen, die bei dem Verkaufe der Actien der Vereinigten Staaten Bank aufgeopfert worden und sich auf beinahe Zweimalhunderttausend
Dollar belaufen. Wir könnten Euch noch von einer andern ungeheuren
Summe, von Einmalhundertundvierzehntausend Dollar
erzählen, worüber von den Commissionären des Schuldentilgungs-Fondes
keine Rechnung abgelegt worden ist. Wir könnten Euch auch noch ferner darthun, daß man, anstatt die Salaire der Regierungsbeamten zu verringern, sie
um ungefähr Dreißigtausend Dollar vermehrt hat! ———
Doch, wir wollen nicht weiter gehen. Während die Verwaltung des Gouvernements in ihren Händen sich befindet, ist es unsere Pflicht, uns denselben zu unterwerfen, und sollten wir auch unter den Ruinen des Staates begraben werden.

„Doch glücklicher Weise sind wir nicht ohne Hülfsmittel, diesem Uebel zu
begegnen. An den gesunden Verstand eines aufgeklärten Publikums und
an die Freiheit der Wahl appelliren wir mit vollem Vertrauen. Erhebt
und schaaret Euch um die Constitution des Vaterlandes, die, obgleich durch
die meuchelmörderische Hand der Demokratie verstümmelt, uns noch immer
theuer ist. Lasset Euch nicht länger durch die frömmelnden Heuchler, die
sich uns mit ihren Lippen nähern, deren Herzen aber von uns weit entfernt
bleiben, zur Unthätigkeit einschläfern, sondern lasset uns, wie es freien
Männern geziemt, die über die dem Vaterlande angethane Schmach entrüstet sind, auftreten, und jene Prinzipien zu vertheidigen, die uns bisher
beseelt haben, und dem Werke der Zerstörung zurufen: Bis hierher und
nicht weiter! Hier soll Deiner tollen Laufbahn Grenze sein!
„Im Auftrag der Versammlung:
Derid Lane, Vorsitzender.   J. C. Van Allen, Secretär.
Greenbush, den 7. April 1803.“

Hier schließt die Abresse des Wahlzettels. Wir wissen nicht, ob er öffentlich bei der Wahl circulirte, oder ob er nur einigen Wenigen privatim gegeben worden, um ihnen als Richtschnur zu dienen, wie sie sprechen sollten; doch da er in unsere Hände gekommen ist, übergeben wir ihn der Oeffentlichkeit, welches die Verfertiger derselben zu thun sich schämten, und wir fügen noch unsere eigenen Bemerkungen hinzu, um bei der October-Wahl in unserm Staate gegen ähnlichen Betrug zu warnen.

Ueber den ersten Theil des Zettels haben wir uns bereits ausgesprochen; wir schreiten jetzt zu dem letzten Theile desselben.

„Wir könnten vor den Augen der Welt eine Geschichte entfalten", sagen die Verfertiger der Abresse, „welche gerechte Entrüstung in jedem Freunde des Vaterlandes erwecken würde."

Die Redensart, eine Geschichte zu entfalten, ist Shakespeare entlehnt. Sie paßt recht gut auf die Bühne, wo Alles Erdichtung ist; sie klingt aber im gewöhnlichen Leben zu phantastisch, und wenn sie in einer Stimmbewerbungsabresse gebraucht wird, flößt sie die Idee eines politischen Coulissenreißers ein, der eine Rede hervorsprudelt.

Es sind Prinzipien und Thatsachen, nicht Geschichten, warum wir uns bekümmern; doch haben sie eine Geschichte zu erzählen, weshalb thun sie es nicht?

Anspielung ist die Sprache der Feigheit und der Verläumbung, welche der männliche Sinn freier Bürger verachtet, und die von der Gerechtigkeitsliebe des Landes bestraft werden sollte.

„Wir könnten Euch", sagen sie, „von Millionen Eures Geldes erzählen, die zu geheimen Zwecken verwendet worden sind; von ungeheuren Summen, die bei dem Verkauf der Actien der Vereinigten Staaten Bank aufgeopfert worden und die sich auf Zweimalhunderttausend Dollars belaufen; wir könnten auch von einer andern enormen Summe von Einmalhundertundvierzehntausend Dollars erzählen, über welche die Commissionäre des Schuldentilgungs-Fondes nie Rechnung abgelegt haben. Wir könnten Euch darthun, daß man, anstatt die Salaire der Regierungsbeamten zu verringern, sie um beinahe dreißigtausend Dollars erhöht hat. Doch (hier sollte man jetzt glauben, daß sie erzählen wollten, aber nein, sie wollen nicht erzählen, denn sie brechen plötzlich ab, und sagen) doch, wir wollen schonen", und dann mit wahrhaft frömmelnder Heuchelei fügen sie hinzu: „Während die Verwaltung der Regierung in ihren Händen sich befindet (sie meinen in den Händen der jetzigen Administration), ist es unsere Pflicht, uns denselben zu unterwerfen, und sollten wir auch unter den Ruinen des Staates begraben werden. — O, ihr armen Föderalisten!

Doch aus diesem Zustande von Sack und Asche und der Verzweiflung erheben sie sich und rütteln sich zu neuem Leben auf, gerade so, als wie ein dem Ersaufen nahe gewesener Pudel sich schüttelt, wenn er das Ufer erreicht, und sagen im nächsten Satze: „Aber glücklicher Weise sind wir nicht ohne Hülfsmittel, diesem Uebel zu begegnen. An den gesunden Verstand eines aufgeklärten Publikums und an die Freiheit unserer Wahlen können wir vertrauensvoll appelliren."

Sie haben jetzt ihre Appellation gemacht. Die Wahl ist vorüber, und das Publikum, an welches sie appellirten, hat sein Urtheil der Verachtung und Verdammung über sie abgegeben. Es rief ihnen zu, nicht in der eingebildeten Wichtigkeit von Worten, sondern in der lauten Sprache von Thatsachen: „Hier soll deiner tollen Laufbahn Grenze sein! Gehe heim und sündige nicht weiter!"

Indem wir dieses Stück leeren Geschwätzes der Föderalisten, welches das Werk irgend eines phantastischen Phrasenhelden ist (der dem Wortgeklapper noch eine Verwirrung der Ideen beifügt, und der in einer Stelle dem widerspricht, was er in einer andern behauptet), vor das Publikum bringen, fühlen wir jenes aufrichtige Bedauern, welches die Liebe für den Frieden und für unser Vaterland uns einflößt.

Wir besitzen ein Land, das von der Natur hoch begünstigt und von der Vorsehung beschützt ist. Wir haben nichts weiter zu thun, als glücklich zu sein. Die Männer, die jetzt mit Schimpfreden die Regierung unserer Wahl angreifen und die öffentliche Ruhe durch ihr Geschrei stören, waren einmal mit dieser Macht bekleidet. Sie entehrten durch Gewaltthätigkeit und verriethen durch Ungerechtigkeit das Vertrauen, das man in sie gesetzt, und das Publikum hat sie, als seines Vertrauens unwerth, entlassen. Sie bemühen sich jetzt, durch Täuschung und Falschheit wider zu erlangen, was sie durch ihre Anmaßung und Abtrünnigkeit verloren haben. Als eine ungerechte und aufrührerische Partei empfinden sie, was sie fühlen sollen, nämlich die Qualen der Enttäuschung und der Schande. Der blühende Zustand des Landes und seiner Angelegenheiten unter der gegenwärtigen weisen und milden Verwaltung ist für Seelen, wie die ihrigen, ein peinigender Anblick. Jede Sache, die ihren rechten Gang geht, macht ihnen Sorgen, und sie nehmen ihre eigenen boshaften Gesinnungen irrthümlich für die öffentliche Meinung.

Als Bürger leben sie unter denselben Gesetzen, wie alle ihre Mitbürger. Sie erleiden als Partei keinen Druck. Sie haben dieselben Rechte, dieselben Privilegien, dieselbe bürgerliche und religiöse Freiheit, die ihre Mitbürger genießen. Doch das von Parteileidenschaften zernagte Herz ist der Ruhe fremd.

Als die Macht in ihren Händen war, gebrauchten sie dieselbe grausam und mit Unverstand. Sie begünstigten den Pöbel, beleidigten in den Straßen die Freunde und Unterstützer der Revolution, und lehrten ihren Kindern, sie zu verachten. Sie haben ungerechte Gesetze gegeben, welche sie die Fremden- und Empörungsgesetze nannten, und obgleich ihre Vorväter alle Ausländer waren und Viele von ihnen nur im ersten Grade davon entfernt sind, verfolgten sie doch die Fremden jetziger Zeit, die gleich ihren Vorvätern sich vor der Unterdrückung geflüchtet und unter uns zu leben kamen, und verhinderten Andere, hier anzukommen.

Sie stellten in Amerika ein Schreckenssystem dar, wie Robespierre es in Frankreich gethan, und ernannten Richter, die geneigt waren, es zu vollstrecken. Aller Sparsamkeit und Prinzipien baar, überschwemmten sie das Land mit unnöthigen Beamten und überluden es mit Steuern; und wäre ihre Macht durch eine neue Wahl in Dauer erhalten worden, so würden, da jener Plan durch eine stehende Armee unterstützt wurde, die Steuern, anstatt wie es jetzt geschieht, vermindert zu werden, vielmehr verdoppelt worden sein. Ist es denn ein Wunder, daß, da sie sich mit allen diesen Ungerechtigkeiten beluden, das Publikum sie entließ?

Daß Menschen in ihren Meinungen verschieden sind, ist natürlich, und häufig vortheilhaft. Es dient, die Extreme der einen oder der andern Partei in Schranken zu halten. Doch die Führer der jetzigen Faction sprechen

keine Meinung aus und bekennen sich zu keinen Prinzipien. Sie sagen
nicht, was ihre Politik sein würde, sollten sie wieder zur Macht gelangen.
Sie beschäftigen sich ganz und gar mit Schimpfreden und Verläumbung.

Das Volk kennt den Charakter und das Betragen der jetzigen Regierung; es weiß, daß sie den Frieden mit dem Auslande und die Wohlfahrt
im Lande befördert und die Einkünfte mit ehrenwerther Sparsamkeit anwendet. Dies sind die Segnungen, die wir unter der jetzigen Administration genießen; und was sonst kann ein Volk erwarten, oder eine Regierung bezwecken?

Im Auftrage der Versammlung:

J. Kirkbride, Vorsitzender.
Thomas Paine, Secretär.

Beschlossen: daß fünfhundert Copien in Zettelform für diese Versammlung gedruckt werden.

———◆———

An das englische Volk über den feindlichen Einfall in England.

Wenn ich mein Auge über England und Amerika schweifen lasse, um dieselben mit einander zu vergleichen, so finde ich eine auffallende Verschiedenheit.
Beide Länder sind von derselben Macht erschaffen und von demselben Stamme
bevölkert. Was hat denn nun jene Verschiedenheit verursacht? Sind die,
welche nach Amerika auswanderten, oder jene, welche in England blieben,
ausgeartet? Es sind so viele Grade der Verschiedenheit in der Politik und
Moral beider Völker, als Längegrade zwischen den beiden Ländern.

In der Wissenschaft von Ursache und Wirkung muß jeder Sache, die
in den Zusammenhang beider hineintritt, ein gewisser Einfluß eingeräumt werden. Deßhalb müssen wir bei der Erforschung der Ursache
dieser Verschiedenheit in unserer Calculation die Differenz beider Regierungssysteme, des erblichen und des repräsentativen, betrachten.
Bei dem erblichen Systeme ist es die Regierung, welche den politischen
Charakter des Volkes formt und bildet; bei dem repräsentativen System
hingegen ist es das Volk, welches den Charakter der Regierung schafft.
Seine Glückseligkeit wird durch sein eigenes Betragen und durch den
Führer seiner Wahl erzeugt. Nun ist es doch wahrscheinlicher, daß
eine erbliche Regierung verderbt werden könnte, und durch ihr Beispiel
das Volk mit, als daß ein ganzes Volk verderbt und ein verderbtes Gouvernement dadurch entstehen sollte; denn der Punkt, wo die Verderbtheit
anfängt, wird die Quelle, von welcher sich dieselbe nachher verbreitet.

Während die Menschen in Europa sich als Unterthanen irgend eines
erblichen Potentaten befanden, hatten sie schon Ideen, die mit diesem Zustande übereinstimmten; als sie jedoch nach Amerika kamen, nahmen sie
einen neuen Charakter an, den der Soveränität, und wie Neubekehrte
wurden sie von den neuen Principien begeistert. Ueber ihren früheren
Standpunkt erhoben, betrachteten sie die Regierung und die öffentlichen
Angelegenheiten als ihre eigene Sache; und da sie die Folgen zu tragen
hatten, überwachten sie dieselben mit Umsicht. Sie fanden bald, daß eine

Regierung burchaus keine so verwickelte, in ein mystisches Dunkel einge-
hüllte Sache sei, wie sie von dem Staat und der Kirche, die unter einer
Decke spielen, bargestellt worden war, und daß sie nur, um mit geeignetem
Erfolg geführt zu werden, gerecht gehandhabt werden müßte.

Gesunde Vernunft, gründliche Ehrlichkeit und höfliche Manieren, qua-
lificiren einen Mann zur Regierung; obendrein bringe man ihn in eine
Stellung, welche neues Denken erfordert und ber Geist wird sich mehr und
mehr ausbilden, gleichwie der Leib durch körperliche Uebungen immer mehr
gestärkt wird. Ein Mann muß alle seine Lebenszeit lernen. Was immer auch die Ursache von der Verschiedenheit der Charaktere zwischen dem
englischen Gouvernement und Volke und jenem von Amerika sein mag;
die Wirkung, welche aus dieser Differenz entsteht, ist so bemerkenswerth,
als die Sonne von dem Monde verschieden ist. Wir sehen Amerika im
Frieden blühen, freundschaftlichen Umgang mit allen Nationen pflegen,
und seine öffentlichen Schulden und Abgaben verringern, die es im Kriege
auf sich gelaben hatte. Auf der andern Seite erblicken wir England im
beständigem Kriege oder kriegähnlichem Streite und seine Schulden und Abgaben in fortwährender Steigerung. Wir können annehmen, baß ein
Frember, welcher nichts von dem Ursprunge beider Länder kennt, nach seiner Beobachtung schließen würde, Amerika wäre das Mutterland, erfahren und weise, und England sei das junge Land, überspannt und
wild.

Kaum hatte es nach dem Revolutionskriege seine Truppen aus Amerika
gezogen, als es auf dem Punkte stand, sich wegen des Erbstatthalters von
Holland mit dieser Nation in Krieg zu stürzen; bann mit Rußland,
bann mit Spanien wegen der Katzenfellen Nootkas, und in der Wirklichkeit mit Frankreich, um seine Revolution zu verhindern. Kaum hatte es
mit Frankreich Frieden abgeschlossen, und bevor es noch seine eigenen Frie-
bensbedingungen erfüllt hatte, erklärte es den Krieg wiederum, blos um
den letzteren umzustoßen. In seinem Friedensabschlusse mit Amerika
machte es sich verbindlich, die westlichen Häfen binnen sechs Monaten zu
räumen; als es jedoch den Frieden erhalten hatte, weigerte es sich, diese
Bedingungen zu erfüllen, behielt die Häfen in seinem Besitz und verwickelte
sich mit den Indianern in Krieg. In dem Friedensabschlusse mit Frankreich verband es sich, Malta binnen drei Monaten zu räumen; nachdem
es Frieden erhalten, verweigerte es die Räumung dieses Platzes und begann einen neuen Krieg.

Alle diese Dinge passiren unter den Augen der Welt, die benn auch hiernach sich ihre Meinung bilden, ohne Rücksicht barauf, was englische Zeitungen von Frankreich oder französische Blätter von England sagen. Die
Nichterfüllung eines Vertrags ist ein Streich, den Jedermann versteht.
Man schließt baraus, was man über einen gebrochenen Contract zwischen
zwei Personen urtheilen würde, und auf diese Art beurtheilt man es vom
richtigen Gesichtspunkte aus. Der affectirte Pomp und die Täuschung der
Höfe bringt wahrlich keine Veränderung in die Principien. Hätte Frankreich England den Krieg erklärt, um es zu zwingen, den Vertrag zu
erfüllen, gleichwie ein Privatmann eine Civilklage beginnen würde, um
seine verurtheilte Gegenpartei zu zwingen, ihren Verbindlichkeiten nachzu-
kommen; es würde in der Meinung der Nationen gerechtfertigt bastehen.
Daß jedoch England, da es noch im Besitz von Malta ist, einen Krieg

II. L

für daſſelbe beginnen ſolle, iſt eine ſeltſame Meinung und nicht leicht erklärlich, ausgenommen, man ſetzt voraus, daß der ganze Frieden gleich von Anfang an hinterliſtig, oder in der Erwartung abgeſchloſſen war, daß Frankreichs kriegeriſcher Eifer erkalten, oder eine neue Ordnung der Dinge entſtehen, oder eine allgemeine Unzufriedenheit die Oberhand gewinnen würde, was eine Nichtvollziehung des Friedens begünſtigen und die Engländer als Herren von Malta belaſſen konnte.

Etwas Aehnliches, welches wie eine Erſcheinung in den Wolken war, muß die Calculation des britiſchen Miniſteriums geweſen ſein, denn ſicherlich erwarteten ſie keine ſolche Wendung des Krieges, als er genommen hat. Konnten dieſelben vorausgeſehen haben, und ſie mußten es vorausſehen, daß die Kriegserklärung daſſelbe war, wie eine Herausforderung an Bonaparte, England zu betreten und es zu dem Schauplatze des Krieges zu machen; ſchwerlich würden ſie dies gethan haben, die Miniſter hätten denn wahnſinnig ſein müſſen; weil bei jeder Begebenheit, die ein ſolcher Krieg hervorbringen würde, England in militäriſcher Beziehung allemal der leidende Theil ſein würde, ausgenommen, es machte dem Streit in einer weiſen Revolution ein Ende. Eine der Urſachen, die das engliſche Miniſterium zu der Kriegserklärung beſtimmten, war die, daß Napoleon ihren Handel eingeſchränkt hatte. Wenn Bonaparte dies gethan, um den Handel Frankreichs zu befördern und auszudehnen, ſo hatte er ein Recht dazu, und es war ſeine Pflicht. Das Prärogativ eines Monopols gehört keiner Nation. Dies jedoch zu einer Urſache des Krieges zu machen, iſt, in Betracht, daß durch die Folgen der Kriegserklärung der Handel noch zehnmal mehr eingeſchränkt wurde, ähnlich dem Falle von einem närriſchen Manne, welcher, nachdem er im Streite ein Auge verloren hatte, den Kampf erneuerte, um Revange zu erhalten und das andere Auge auch noch verlor.

Diejenigen, welche nie einen feindlichen Einfall erfahren und darunter gelitten haben, wie die Engländer, können ſich nur eine geringe Idee davon machen. Das Land zwiſchen den beiden Armeen wird verwüſtet werden, wo die Heere auch immer ſein mögen. Die Farmer an den Küſten werden die erſten Leidenden ſein; denn ob ihr Vieh, Getreide ꝛc. von der einfallenden Armee in Beſchlag genommen, oder fortgetrieben oder verbrannt wird, oder ob auf Befehl ihres eigenen Heeres, iſt für ſie ein und daſſelbe. Ebenſo werden die Einkünfte, die alle nur in Papier eingenommen ſind, ſeit die Bank ihre Zahlungen einſtellte, in dem Augenblick zerſtört werden, in welchem die feindliche Armee das Land betritt und die Wirkſamkeit der Regierung kann nur ſchwach ſein, wo zwei Heere in einem ſo kleinen Lande, wie England iſt, um den Sieg kämpfen.

Im Betreff der allgemeinen Politik Europas hätte England keinen größeren Fehler begehen können, als Maltas Beſitz zu einer vorgeblichen Urſache des Krieges zu machen. Denn obgleich Malta nur ein unfruchtbarer Felſen iſt, und jeder Nation, die es beſitzt, nichts als Unkoſten verurſacht, ſo wird doch keine europäiſche Macht ihre Einwilligung geben, daß es England behalte. Es hat eine Lage, die es in den Stand ſetzt, den Handel anderer Nationen im mittelländiſchen Meere zu ſtören und zu controlliren, und das Benehmen Englands auf dem Meere und der Oſtſee hat die Gefahr gezeigt, die durch ſeinen Beſitz Maltas entſteht. Bonaparte hat, wenn er gegen Englands Anspruch opponirt, ganz Europa für sich; Britannien, wenn es denselben behauptet, dasselbe gegen sich.

Hätte das englische Ministerium darauf gedacht, einen Gegenstand zu finden, der es in Streit mit dem ganzen Europa vom Norden bis zum Süden brächte, so würde es keinen wirksamern gefunden haben.

Doch was ist Malta dem englischen Volke im Vergleich mit den Uebeln und Gefahren, die es schon seinetwegen erdulbet hat. Es ist seine eigene Regierung, die dies gethan hat. Wäre Burke jetzt noch am Leben, so würde er seinen Ausruf: „Die Zeit des Ritterthums ist vorüber!" nicht machen können; denn diese Kriegserklärung ist einer Herausforderung gleich, von einem zum Ritter Geschlagenen an einen Seinesgleichen gesandt, ihn auf des Herausforderers Grund und Boden zu bekämpfen, und England ist als der Preis ausgesetzt.

Aber wenn gleich das britische Ministerium wegen Malta diesen Krieg begonnen hat, war es doch schlau genug, es den Augen zu verdecken. Nicht ein Wort ist wegen Malta in seinen Parlamentsreden und Botschaften gesprochen worden. Des Königs Rede erwähnt nichts von diesem Gegenstande und der feindliche Einfall ist allein der Inhalt derselben, als ob er und nicht Malta die Ursache des Krieges sei. Diese Politik ist leicht zu durchschauen. Die Sache ist die: Sie gingen in Krieg, ohne die Kosten zu berechnen, oder dessen Folgen zu bedenken, und sind nun genöthigt, die Scenen zu verändern, um ihre Schande zu verbergen.

Wenn sie (die englischen Herren Minister) aufgelegt waren, Experimente an Frankreich zu machen, so wählten sie hierzu sowohl die schlecht möglichste Zeit, als auch das schlechteste Object. Frankreich hat jetzt an seiner Spitze den unternehmendsten und glücklichsten Mann, den die Welt, sowohl für tiefe Pläne, als auch für beren beherzte und kühne Ausführung, seit vielen Jahren gesehen hat. Mit ihm verglichen ist kein Mann im britischen Ministerium, oder unter dessen Autoritäten, der nur im Geringsten Aussicht auf Erfolg gegen denselben hätte. Daß er ehrgeizig ist, weiß die Welt, und er war stets so, aber er weiß, wie weit er zu gehen hat. Er hat den höchsten Gipfel menschlicher Erwartungen erreicht, und nachdem er seine Feinde zum Frieden gezwungen, hat er sich in der Heimath niedergelassen, um den Landbau, die Fabrikation und den Handel zu vervollkommnen; und seine Unterredung mit dem englischen Gesandten Whiteworth zeigt, daß er in dieser Lage zu bleiben wünscht. In Hinsicht auf diese Lage kann keine Politik schlechter sein, als die, seinem befriedigten Ehrgeize neue Nahrung zu geben und ihn zu Thaten herauszufordern. Und doch haben dies die britischen Minister gethan.

Der Plan einer Landung in England mittelst Kanonenböten, entsprang nach dem ersten Frieden mit Oestreich und nach der Acquisition Belgiens durch Frankreich. Vor dieser Acquisition hatte Frankreich kein Land an der Nordsee, und von dort aus wird die Landung betrieben werden. Dünkirchen war damals seine nördliche Grenze. Die englischen Küsten, Frankreich gegenüber, an dem Canal von der Landenge zwischen Dover und Calais bis zum Ende des Landes, ungefähr breihundert Meilen, sind hoch, steil und felsig, an manchen Stellen sich senkrecht bis zur Höhe von drei-, vier- und fünfhundert Fuß erhebend, und nur da, wo die Felsen durchbrochen sind, wie bei Portsmouth, Plymouth u. s. w. kann eine Landung gemacht werden; doch da diese Plätze leicht vertheidigt werden konnten, da

England Herr des Canals war, so konnte Frankreich keinen Einfall machen, wenn es nicht die englische Flotte zuvor geschlagen hätte. Aber die Vereinigung Belgiens mit Frankreich verändert die Lage der Dinge. Die englische Küste an der Nordsee, welche die Theile Esser, Suffolk, Norfolk und Linkolnshire in sich schließt, ist so flach wie ein Rasenplatz und auf zweihundert Meilen an jeder Stelle zugänglich. Das Ufer ist ein reiner, fester Sand, wo ein flaches Boot bis auf trockenen Strand rudern kann. Das Landvolk benutzt das Ufer zum Wettlaufen und andern Belustigungen, wenn die Fluth weg ist. Dies ist der schwächste und schutzloseste Theil von England, und es ist ganz unmöglich, ihn anders zu machen. Ueberdies ist kein Hafen und Sicherheitsplatz, in welchem Linienschiffe oder große Fregatten zu seiner Vertheidigung sich vereinigen könnten in der Nähe. Die belgische Küste und die von Holland, welche daran grenzt, liegen diesem schutzlosen Theile gerade gegenüber, und eröffnen einen neuen Weg zum Einfalle. Die holländischen Fischer kennen diese Küste besser, als die Engländer selbst, jene ausgenommen, die daran wohnen, und die holländischen Schmuggler kennen jeden Versteck und jede Ecke derselben.

Der Original-Plan, in der Zeit des Directoriums gebildet (der jetzt aber weiter ausgedehnt ist), war: tausend Boote zu bauen, jedes sechzig Fuß lang, sechzehn Fuß breit, etwa zwei Fuß tief gehend und einen Vierundzwanzig- oder Sechsunddreißig-Pfünder im Vordertheil und ein Feldstück im Stern tragend, die sofort herausgenommen werden sollten, sobald die Boote Grund faßten.

Jedes Boot sollte mit hundert Soldaten bemannt, in Summa hunderttausend Mann, und von fünf und zwanzig Rudern an jeder Seite gerudert werden. Bonaparte war zum Commando bestimmt, und nach einem Uebereinkommen zwischen ihm und mir, sollte ich ihn begleiten, da die Absicht der Expedition war, dem englischen Volke Gelegenheit zu geben, sich seine Regierung selbst zu bilden und dadurch Frieden zu stiften. Ich habe keine Ursache zu glauben, daß dieser Theil des Planes abgeändert ist, denn Bonaparte kann nichts besseres thun. Daß sich in einigen der englischen Blätter ein Geschrei erhoben hat, daß er käme, um zu plündern, ist abgeschmackt. Napoleon ist ein zu guter General, um seine Armee durch Plünderung ausschweifend und außer Zucht und Ordnung kommen zu lassen und ein zu großer Politiker sowohl, als auch zu sehr an großartige Ausführungen gewöhnt, um plündern zu seinem Ziele zu machen. Er geht gegen die Regierung, die ihm den Krieg erklärt hat.

Da die Expedition ihre Zeit des Abganges wählen könnte, so würde nach einem Sturme, wenn die englischen Schiffe auseinander getrieben wären, oder bei einer Windstille oder bei einem Nebel die beste Zeit sein, und da sechsunddreißig Stunden Rudern hinüberbrächten, so ist die Wahrscheinlichkeit vorhanden, daß sie ankommen würden, und nach der Ankunft könnte wegen der Seichtigkeit der Küste kein Linienschiff oder keine große Fregatte an sie herankommen und überdies würden die Boote, dicht unter der Küste, eine schwimmende Batterie von tausend schweren Geschützen bilden; und der Versuch Nelsons gegen die Kanonenböte bei Boulogne zeigt die Unzulänglichkeit großer Schiffe in solchen Lagen. Ungefähr zwei hundert und fünfzig Kanonenböte waren gebaut, als die Expedition, wegen jener, nach Egypten aufgegeben wurde, zu deren Verheimlichung diese Vorbereitungen als eine Kriegslist gedient haben.

Durch den jetzigen unpolitischen Krieg des englischen Gouvernements ist nun dieser Plan wieder aufgenommen worden, und zwar mit viel größerer Energie, als zuvor, und mit nationeller Einmüthigkeit. Ganz Frankreich ist auf den Füßen, das englische Gouvernement für das Wiederanfangen des Krieges zu züchtigen und ganz Europa sieht ruhig zu. Die Vorbereitungen für den Einfall haben allein schon Frankreich gezeigt, was England niemals hätte erlauben sollen, daß es kund werde, nämlich, daß es das britische Gouvernement in Schrecken halten und das ganze Land in Alarm bringen kann, wenn es ihm gefällig ist, und zwar ohne ein einziges Linienschiff zu beschäftigen, und wirksamer, als hätte es hundert Segel. Die gepriesene Seemacht Englands ist übertroffen von Kanonenböten! Es ist eine Revolution im Seewesen; doch wir leben im Zeitalter der Revolutionen.

Die Vorbereitungen in England zur Vertheidigung sind ebenfalls großartig, jedoch mit einem für England Unglück verheißenden Anstriche markirt. Nicht eine Addresse wurde von irgend einer Grafschaft, Stadt oder Corporation an den König gerichtet, seitdem der Krieg erklärt worden ist. Das Volk ist natürlich vereint für seine Vertheidigung und Beschützung seines Eigenthums gegen alle nur kommenden Begebenheiten, aber es ist mißvergnügt und sein Stillschweigen ist der Ausdruck seiner Unzufriedenheit.

Ebenso war das Betragen des Hauses der Gemeinen in seiner Addresse an den König als Antwort auf dessen Eröffnungsrede im Parlament höchst sonderbar und schroff. Die Addresse, die immer ein Echo der Rede ist, wurde ohne alle Opposition angenommen, und dieses zweideutige Stillschweigen gilt für Einstimmigkeit. Das Nächste war, sie dem Könige zu überreichen und es wurde bestimmt, daß das Haus am nächsten Tage in Person, mit dem Sprecher an der Spitze, zu ihm sich verfügen solle. Die bestimmte Zeit war drei und ein halb Uhr Nachmittags und man erwartete, die Prozession würde zahlreich sein, drei- oder vierhundert Mitglieder zum Wenigsten, um ihren Eifer und ihre Loyalität zu zeigen und dem Könige ihren Dank für seine Absicht, ins Feld zu rücken, auszusprechen. Als aber drei und ein halb Uhr Nachmittags kam, waren nur dreißig Mitglieder zugegen und ohne vierzig (die Anzahl, die ein Haus haben muß) konnte die Addresse nicht überreicht werden. Der Sergeant mußte dieserhalb ausgesandt werden mit der Macht eines Preß-Warrants *), um Mitglieder zu fangen, und um vier Uhr kehrte er mit gerade so vielen zurück, als nöthig waren, um vierzig voll zu machen. Die Prozession nahm ihren Anfang mit der Langsamkeit eines Leichenzuges, denn es wurde bemerkt, daß sie langsamer gingen als es üblich war.

Ein solcher Umstand bei solch einem kritischen Standpunkt der Dinge und bei einer solchen Gelegenheit zeigt mindestens eine große Gleichgültigkeit gegen die Regierung. Es war, als wollten die Mitglieder sagen: Ihr habt uns in eine ungeheure Verlegenheit gestürzt und wir sind Euch durchaus keinen persönlichen Dank schuldig. Wir haben die Addresse bewilligt als eine gewöhnliche formelle Sache, aber wir bekümmern uns nicht weiter darum, wie sie zu Euch gelangt.

Wenn der Einfall gelingt, so hoffe ich, Bonaparte wird daran denken, daß dieser Krieg nicht durch das Volk herbeigeführt wurde. Es war Alles die Handlung der Regierung ohne des Volkes Bewilligung oder Kentniß-

*) Ein augenblicklicher Verhaftungsbefehl.

II. L2

nahme, und obwohl der letzte Friedensabschluß von dem Gouvernement nur hinterlistig abgeschlossen zu sein scheint, wurde er doch von dem Volke mit aufrichtiger Freude begrüßt.

Es gibt jedoch vielleicht noch einen Weg, wenn es nicht zu spät ist, dieser beschwerlichen Lage der Dinge abzuhelfen, welche zu gefährlich zu werden droht und dieser ist, wenn das Volk als ein Körper sich vereinigt, und für seine eigene Beschützung seine Abgeordneten im Parlamente instruirt, auf die Erfüllung des Amienser Friedensabschlusses zu bringen; denn ein solcher Vertrag muß erfüllt werden. Das Vorliegende ist ein außergewöhnlicher Fall, mit außergewöhnlichen Umständen verknüpft und er muß mit eben solchen angepaßten Mitteln bezwungen werden. Was ist Malta dem englischen Volke? Sein Besitz möchte dazu dienen, den Schutz und den Einfluß der Krone auszudehnen zur Ernennung neuer Aemter ꝛc.; aber der Theil, welcher dem Volke zufällt, ist, die Kosten zu bezahlen. Je mehr Acquisitionen das Gouvernement außerhalb macht, je mehr Abgaben hat das Volk im Lande zu zahlen. Dies ist noch immer in England der Fall gewesen.

Die Nichterfüllung eines Vertrages ruinirt die Ehre einer Regierung, und verbreitet Schmach über den Charakter eines Volkes. Wenn jedoch ein Vertrag gleich mit der verborgenen Absicht, ihn nicht zu erfüllen, abgeschlossen und der Krieg aufs Neue erklärt worden ist für den offen eingestandenen Zweck, die Verbindlichkeiten des Vertrages zu umgehen, so ist dies noch schmachvoller.

Das Repräsentativ=System gibt dem Einzelnen nicht die Macht, nach seinem eigenen Willen Krieg zu erklären; es muß die Handlung des ganzen Körpers der Repräsentanten sein, denn es sind ihre Constituenten, welche die Unkosten desselben tragen müssen. Der Zustand, in dem sich das englische Volk jetzt befindet, zeigt die ungeheure Gefahr, diese Macht einem Einzelnen, er möge nun einen Namen haben, welchen er wolle, anzuvertrauen. In jenem Lande ist diese Macht von der sogenannten Krone angemaßt, denn sie ist ihr nicht durch irgend eine gesetzliche Autorität zugetheilt worden. Sie ist nur ein Zweig des Stammes der monarchischen Despotie.

Durch diese unpolitische Kriegserklärung hat England Alles auf das Spiel gesetzt. Kein kluger General würde sich in ein Gefecht einlassen, durch dessen Sieg er nichts gewinnen, durch dessen Niederlage er jedoch Alles verlieren dürfte, wenn er es vermeiden könnte. Ein feindlicher Einfall und eine Revolution, Irland mit einbegriffen, stehen jetzt auch vor der Thür. Welchen Antheil das Volk an einem Streite, der solchen Ausgang erwarten läßt, nehmen wird, ist jetzt noch unbekannt. Durch das Experiment, das Land in Masse zu erheben, hat die Regierung Waffen in die Hände von Männern gegeben, welche man noch vor wenigen Monaten nach Botany=Bay geschickt haben würde, hätte man eine Pike in ihrem Besitz gefunden. Die Ehre dieses Projects, das von Frankreich copirt worden ist, wird von Pitt beansprucht, und keines seiner Projecte ist bis jetzt mit Erfolg gekrönt gewesen, ausgenommen das der Erhebung von Steuern und das zu Grundrichten der Bank. Alle seine Anschläge in dem französischen Revolutionskriege waren erfolglos und endeten mit Schimpf. Ist Bonaparte wegen seines beispiellosen Glückes bemerkenswerth, so ist es Pitt gerade wegen des entgegengesetzten Schicksals,

und sein Mangel an Popularität beim Volke, welches er in der Par-
lamentsreform-Frage verließ und verrieth, wirft keinen Nimbus um seine
Projecte.

Sollte die gegenwärtige erfolgreiche Krisis, und erfolgreich ist sie wirklich,
mit einer Revolution schließen, so hat das englische Volk den Vortheil der
Erfahrung sowohl in der Theorie, als auch in der Praxis, vor Augen. Die
amerikanische Revolution begann auf einem unversuchten Plane; das Repräsentativ-System war damals in der Praxis unbekannt und man hielt
sehr wenig von ihm in der Theorie. Die Idee, daß der Mensch nur durch
Bildnisse und Gepränge regiert werden müsse, und daß abergläubische Ehrfurcht nöthig sei, um Autorität zu erhalten, hatte die Vernunft des Menschen so eingeschläfert, daß kühne Anstrengungen nothwendig waren, um
sie zum Nachdenken aufzurütteln. Doch das Experiment ist jetzt gemacht worden. Die beinahe dreißigjährige Praxis, von denen die letzten zwanzig Jahre
im Frieden waren, hat trotz der ungereimten, stürmischen Administration
unter John Adams die Vorzüglichkeit des Repräsentativ-Systems gezeigt,
und die neue Welt ist jetzt das Vorbild der alten. Die Kinder sind die
Väter ihrer Vorfahren geworden.

Was die französische Revolution anbetrifft, so wurde sie durch gute Männer und mit guten Prinzipien angefangen, und würde auch so fortgefahren
sein, hätte nicht fremde, aufreizende Einmischung, deren vorzüglichster und
rachsüchtigster Agent Pitt war, sie zur Tollheit getrieben und die Saat der
Eifersucht unter ihre Führer gesäet.

Das englische Volk hat jetzt das Beispiel zweier Revolutionen vor sich,
die Eine als ein Vorbild, die Andere als eine Warnung. Seine eigene
Weisheit wird es leiten, welche zu wählen und welche zu vermeiden ist, und
in jeder Angelegenheit, die seine Glückseligkeit, verbunden mit dem allgemeinen Guten für die Menschheit betrifft, wünsche ich ihm Ehre und glücklichen Erfolg.

Thomas Paine.

New York, im Mai 1804.

An die französischen Einwohner Louisiana's.

Eine Bekanntmachung, die den Anschein einer Bittschrift und einer Warnung hat, und welche man dem Congresse in seiner nächsten Sitzung überreichen will, ist in verschiedenen Zeitungen erschienen. Sie ist deshalb der
Prüfung offen, und ich erlaube mir, meine Bemerkungen darüber zu machen. Der Titel und der einleitende Paragraph lauten, wie folgt:

„An den Congreß der Vereinigten Staaten, versammelt im
Senate und im Repräsentantenhause.

„Wir, die Unterzeichneten, Pflanzer, Kaufleute und andere Einwohner
Louisiana's, nähern uns ehrfurchtsvoll dem gesetzgebenden Körper der Vereinigten Staaten mit einer Denkschrift über unsere Rechte, einer Ein-
wendung gegen gewisse Gesetze, die denselben widerstreiten, und einer
Bittschrift um Beistand, wozu die Gesetze der Natur, durch bestimmte Sti-
pulationen geheiligt, uns berechtigen."

Es ereignet sich oft, daß, wenn eine Partei, oder eine, welche eine solche
zu sein glaubt, viel von ihren Rechten spricht, sie die andere Partei veran-

läßt, ihre eigenen Rechte zu unterſuchen, und eine ſolche Wirkung hat
Eure Denkſchrift hervorgebracht.

Das einmalige Durchleſen dieſer Denkſchrift zeigt deutlich, daß ſie das
Werk eines Mannes iſt, der nicht zu Eurem Volke gehört. Seine Kennt-
niſſe der Urſache, des Beginns, des Fortſchritts und Schluſſes der amerikaniſchen Revolution entſcheidet dieſen Punkt, und daß er unſer Verdienſt in jener Revolution als Grund zu Euren Forderungen angibt,
als ob unſer Verdienſt das Eurige werden könnte, zeigt, daß er
Eure Lage nicht verſteht.

Wir erlangten unſere Rechte durch wohl verſtandene und ruhig überlegte
Prinzipien und durch den glücklichen Ausgang eines langen, hartnäckigen
und koſtſpieligen Krieges. Aber es liegt uns nicht ob, die Schlachten der
Welt zum Nutzen derſelben auszufechten. Ihr ſeid bereits der Segnungen der durch uns erworbenen Freiheit theilhaftig, ohne irgend ein Verdienſt
oder eine Ausgabe bei Erlangung derſelben gehabt zu haben, und in dem
Verhältniſſe, in dem Ihr mehr und mehr in die Prinzipien und in die Art
und Weiſe der Ausübung des Repräſentativ-Syſtems der Regierung, in
welchem Ihr noch keine Erfahrung hattet, eingeweiht werdet, müßt Ihr
auch nachgerade mehr betheiligt und zuletzt Theilnehmer des Ganzen werden. Ihr ſeht, welches Unheil in Frankreich aus dem Beſitz der Macht,
ehe man Prinzipien verſtand, hervorging. Es verdiente ſeine Freiheit durch
Worte und nicht durch Thaten. Der Schreiber dieſes war in Frankreich
während der ganzen Revolution, und kennt die Wahrheit deſſen, was er
ſpricht; denn, indem er ſich bemühte, Prinzipien hineinzulegen, fiel er beinahe als ein Opfer ihrer Wuth.

Die Perſon, die Eure Denkſchrift entworfen hat, beſitzt einen großen
Mangel an Urtheilsvermögen. Sie hat Eure Sache falſch aufgefaßt und
die ihrige vergeſſen, und indem ſie Euern Beifall zu erwerben ſuchte,
hat ſie Euern Anſprüchen geſchadet. Sie hat wie ein Advocat geſchrieben,
der die Gegenſtände übertreibt, um ſeinem Clienten zu gefallen, ohne deſſen
Vortheil wahrzunehmen. Ich finde keinen Fehler in der Schreibart der
Denkſchrift, denn ſie iſt gut geſchrieben; auch nicht in den Freiheitsprinzi-
pien, die ſie enthält, in dieſem beſondern Falle betrachtet. Der Irrthum
liegt in der falſchen Anwendung derſelben und darin, daß ſie ſich einen
Grund anmaßen, worauf ſie kein Recht haben, zu fußen. Anſtatt Euch
als Grund der Reclamation gegen uns zu dienen, werden ſie zur Satyre
gegen Euch. Weshalb ſpracht Ihr nicht ſo zur Zeit, als Ihr hättet ſprechen ſollen? Wir fochten für die Freiheit, als Ihr Euch ruhig in der
Sclaverei verhieltet.

Der Verfaſſer der Denkſchrift hat zwei verſchiedene Sachen unverſtändi-
ger Weiſe zuſammengeworfen, und ſpricht, als ſei er der Memorialiſt einer
Partei Amerikaner, die, nachdem ſie an den Mühen und Gefahren des
Revolutionskrieges gleichen Antheil genommen, ſich in die Ferne zurückgezogen hätten und jetzt eine Anſiedelung unter ſich ſelbſt bildeten. Wenn
in ſolchem Falle der Congreß eine einſtweilige Regierung über ſie eingeſetzt
hätte, in welcher ſie nicht perſönlich mitberathen dürften, ſo hätten ſie ein
Recht, zu reden, wie die Denkſchrift ſpricht. Doch die Lage ſolcher Perſonen würde verſchieden von dem Zuſtande ſein, in welchem Ihr Euch befindet, und deshalb kann ihr Grund zu einer Reclamation nicht mit
Recht der Eure ſein.

Ihr gelangtet zur Freiheit durch die leichteſten Mittel, welche je ein Volk
erfreuten: ohne Streit, ohne Ausgaben, und ſogar ohne Euer Zuthun;
und jetzt ſchon mißverſteht Ihr die Prinzipien ſo weit, daß Ihr unter dem
Namen von Rechten, Macht verlangt, Macht, um Afrikaner zu
importiren und zu Sclaven zu machen, und ein Gebiet zu
beherrſchen, das wir gekauft haben.

Um Eurer Denkſchrift Anſehen zu geben, beruft Ihr Euch auf den Ab-
tretungsvertrag (in welchem Ihr keine der contrahirenden Parteien waret),
der in Paris zwiſchen den Regierungen Frankreichs und der Vereinigten
Staaten abgeſchloſſen worden iſt.

„Der dritte Artikel (ſagt Ihr) des kürzlich zu Paris abgeſchloſſenen Vertrages erklärt, daß die Bewohner des abgetretenen Gebietes, der Union der
Vereinigten Staaten einverleibt werden ſollen und daß ſie, ſo bald als
möglich, den Principien der Föderal-Conſitution gemäß zu dem Genuſſe aller Rechte, Vortheile und Freiheiten der Bürger der Vereinigten
Staaten zugelaſſen werden; und in der Zwiſchenzeit ſollen ſie in dem
vollen Genuſſe ihrer Freiheit, ihres Eigenthums und in der Ausübung der
Religion, zu welcher ſie ſich bekennen, geſchützt werden.“

Da Ihr, in Folge Euerer früheren Lage, nicht viel mit diplomatiſcher
Politik bekannt ſein könnt, und ich überzeugt bin, daß der Herr, welcher die
Denkſchrift entwarf, es auch nicht iſt, ſo will ich Euch die Gründe dieſes
Artikels erklären. Es kann Euch verhindern weitere Irrthümer zu be-
gehen.

Das Gebiet Louiſiana iſt ſo oft an verſchiedene europäiſche Mächte cedirt worden, daß es in Bezug auf Frankreich und für die Sicherheit Spaniens, des Verbündeten Frankreichs, welcher vollkommen mit unſeren Principien und Abſichten einverſtanden iſt, durchaus nothwendig wurde, daß es
nicht mehr cedirt werden ſollte. Dieſer Artikel, welcher die Einverleibung
Louiſianas in die Union der Vereinigten Staaten feſtſtellt, iſt eine Schranke
gegen alle weitere Abtretung, und ſichert Euch zur ſelben Zeit für die Zwiſchenzeit eine bürgerliche und politiſche Fortdauer, perſönliche Sicherheit
und Freiheit, die Ihr zuvor nie genoſſen habt.

Frankreich und Spanien könnten Verdacht geſchöpft haben (und ihr Verdacht würde nicht unbegründet geweſen ſein, hätte man unter der Regierung
von John Adams, oder als Waſhington Präſident und Alexander Hamilton Präſident war, über die Abtretung unterhandelt), daß wir
Louiſiana für das Brittiſche Gouvernement, oder doch mit der Abſicht, es
wieder zu verkaufen, gekauft hätten, und obgleich ſolcher Verdacht keinen
gerechten Grund hat hinſichtlich unſeres jetzigen Präſidenten Thomas Jef-
ferſon, eines Mannes, dem nicht nur die Intrigue fremd, ſondern der den
gerechten Stolz auf Principien beſitzt, mit denen man nicht intriguiren
kann, und welcher Intriguanten fern von ſich hält, ſo war der Artikel nichts deſto weniger als eine Vorſicht, gegen künftige Ereigniſſe
nothwendig. Doch Ihr, den politiſchen Grund dieſes Artikels nicht
kennend, bezieht auf Euch perſönlich und ausſchließlich, was
Bezug auf das Gebiet hatte, um zu verhindern, daß es nicht in die
Hände einer fremden Macht falle, welche die ſpaniſche Herrſchaft in
Amerika oder die franzöſiſche auf den weſtindiſchen Inſeln gefährden
könnte.

„Ihr beanſprucht (ſagt Ihr) der Union der Vereinigten Staaten einverleibt zu werden, indessen Eure Vorstellungen, diesen Gegenstand betreffend, sind ungerecht und ohne Grund.

Ihr seid schon eben so vollkommen und wirklich einverleibt, als es die Amerikaner sind, die sich in Louisiana niedergelassen haben. Ihr erfreut Euch derselben Rechte, Privilegien, Vortheile und Freiheiten, die sie genießen, und wenn Louisiana oder ein Theil desselben, als ein constitutioneller Staat aufgenommen wird, so werdet Ihr gleich ihnen Bürger sein.

Ihr sprecht in Eurer Denkschrift, als wäret Ihr das einzige Volk, das in Louisiana leben würde, und als sei das Gebiet nur gekauft, damit Ihr es ausschließlich beherrschen könntet. In beiden Fällen irrt Ihr Euch gewaltig. Die Auswanderung nach diesem gekauften Gebiete und die daraus entstehende Bevölkerung wird Euch in wenigen Jahren an Anzahl übertreffen. Vor nur sechs und zwanzig Jahren fanden die ersten Ansiedlungen in Kentucky statt, und jetzt zählt es schon mehr als das Doppelte Eurer Bevölkerung.

Die Sache, aus einem aufrichtigen Gesichtspunkte betrachtet, so verlangt Ihr, was für Euch nachtheilig wäre, wenn Ihr es erhieltet, und von uns ungerecht, wenn wir es gewährten. Nachtheilig, weil die Ansiedlung Louisianas, unter der Aufsicht des Congresses viel schneller voranschreiten wird, als wenn es Euren Händen anvertraut wäre, und folglich das Grundeigenthum, das Ihr persönlich besaßet, als der Vertrag abgeschlossen wurde, und auch dasjenige, welches Ihr nach demselben gekauft habt, viel schneller im Werthe zunehmen wird. Von uns ungerecht aber, weil wir aus dem Verkaufe des Landes an neue Ansiedler den gezahlten Kaufpreis wieder erlangen müssen und deßhalb die Verwaltung derselben nicht so plötzlich aus den Händen des Congresses gerissen werden darf. Der Congreß ist der Vormund über jenes Eigenthum für das ganze Volk der Vereinigten Staaten und außerdem noch würde es ungerecht sein, die neuen Ansiedler (die vorzüglich Bürger der Vereinigten Staaten sein werden) und ihr Eigenthum unter die Gerichtsbarkeit eines Volkes zu stellen, dessen Freiheit zu erkaufen sie beigesteuert haben. Ihr solltet bedenken, daß die französische Revolution der Welt nicht jene erhabenen Principien und Rechte gezeigt hat, welche Ansiedler von andern Ländern veranlassen könnten, sich unter den Schutz französischer Gerichtsbarkeit in Louisiana zu begeben. Nehmt Euch vor Intriguanten in Acht, die Euch aus selbstsüchtigen Gründen aufhetzen wollen.

Ihr beklagt Euch über zwei Sachen; in der einen Sache habt Ihr kein Recht und sie geht Euch nichts an, und die andere ist auf directe Ungerechtigkeit gegründet.

Ihr beklagt Euch, daß der Congreß ein Gesetz erlassen habe, um das Gebiet in zwei Hälften zu theilen. Es ist hier nicht am unrechten Orte, Euch in Kenntniß zu setzen, daß, nachdem der Revolutionskrieg beendet war, der Congreß das durch den Krieg erworbene Gebiet in zehn Territorien eintheilte. Jedes derselben sollte zu einem Staate erhoben werden, wenn eine gewisse, in der Acte angegebene Bevölkerung erreicht haben würde; und in der Zwischenzeit präsidire ein vom Präsidenten ernannter Beamte, wie es der Gouverneur Louisiana's jetzt ist, als Gouverneur des westlichen Territoriums über alle solche Theile, die noch nicht zu einem Staate herangereift waren. Es wird nöthig sein, Louisiana in zwölf oder mehr Staaten zu theilen; doch dies ist eine Sache, die den Käufer des Gebietes Louisiana angeht und in welche sich die Einwohner von New-Orleans durchaus nicht zu mischen haben; außerdem ist es noch wahrscheinlich, daß die Bewohner des andern Territoriums es vorziehen werden, von New-Orleans unabhängig zu sein. Sie dürften fürchten, daß unter irgend einem speculativen Vorwande ihre Producte mit Beschlag belegt und ein Maximum-Preis darauf gesetzt werden würde; ein Verfahren, welches bei dem französischen Gouvernement nicht ungewöhnlich ist. Nach einer allgemeinen Regel, ohne weiter auf Gesinnungen einzugehen, kann man in die Gerechtigkeit Solcher Zutrauen setzen, die keine Veranlassung haben, ungerecht gegen uns zu sein, und dies ist der Fall, in dem sich der Congreß in Betreff der beiden Territorien sowohl, als auch aller andern Theile, die noch geschaffen werden dürften, und aller Bewohner und Ansiedler, welcher Nation sie auch angehören mögen, befindet.

Es ist unwahr, was die Denkschrift spricht, nämlich: daß **ein von dem Präsidenten ernannter Gouverneur kein Interesse an der Wohlfahrt Louisiana's habe. Er muß, der Natur der Sache gemäß, mehr Interesse daran haben,** als irgend eine andere Person. Ihm ist die Sorge für einen ausgedehnten Landstrich, jetzt durch Kauf das Eigenthum der Vereinigten Staaten, anvertraut worden. Der Werth jener Ländereien hängt von der sich vermehrenden Wohlfahrt Louisiana's, von seinem Landbau, seinem Handel und seiner Bevölkerung ab. Ihr habt nur ein theilweises, ein Local-Interesse in der Stadt New Orleans und ihrer Umgebung, und sollten in Folge der Erforschungen des Landes sich neue Handelssitze darbieten, so würde das **allgemeine Interesse** ihn bestimmen, sie zu öffnen, während Euer **theilweises Interesse** sie schließen würde.

Es liegt etwas Richtiges in Eurer Bemerkung, so weit sie sich auf die Regierungen bezieht, unter denen Ihr **früher** gelebt habt. Solche Regierungen blicken immer mit Eifersucht und mit der Befürchtung einer Revolution auf Colonien, deren Wohlfahrt und Bevölkerung sich vermehrt, und sie senden ihre Gouverneure, um sie niederzudrücken. Doch wenn Ihr von **entfernten** und **despotischen** Gouvernements auf das Betragen der **heimathlichen** und **freien** Regierung schließt, so zeigt Ihr, daß Ihr die Prinzipien und Interessen einer Republik nicht begreift, und Euch in diesem Falle auf den rechten Weg zu bringen, ist Freundschaft; wir haben die Erfahrung gemacht, Ihr aber nicht.

Die andere Sache, auf die ich hinwies, als auf directe Ungerechtigkeit gegründet, ist die, daß Ihr um **Macht** unter dem Namen von **Rechten** bittet, um Afrikaner einzuführen und zu Sclaven zu machen.

Dürft Ihr dem Himmel eine solche Bitte um Macht darbringen, ohne zu befürchten, von seiner Gerechtigkeitsliebe von dieser Erde vertilgt zu werden?

Warum verlangt Ihr es denn von Menschen gegen Menschen?

Wollt Ihr in Louisiana die Schrecken Domingo's erneuern?

Gesunder Menschenverstand.

Den 22. September 1804.

An die Bürger Pennsylvanien's
über den Vorschlag, eine Convention zu berufen.

Da ich in der Hauptstadt Eures Staates (Philadelphia) zu der Zeit, die die Seelen der Menschen prüfte, wohnte, und alle meine politischen Schriften während des Revolutionskrieges in jener Stadt schrieb, so scheint es mir ganz natürlich, wenn ich auf den Ort meiner politischen Geburt zurückblicke und ein lebhaftes Interesse an seiner Wohlfahrt empfinde. Entfernt von jenem Platze, und von jeder persönlichen Partei abgesondert, richte ich diese Ansprache mit Zugrundlegung von Prinzipien zur Erinnerung früherer Zeiten und Freundschaft an Euch.

Der Gegenstand, der Euch jetzt vorliegt, ist der Zusammenruf einer Convention, um die Constitution des Staats zu prüfen und, wenn nothwendig, zu verbessern, oder, in der correcten Sprache des Constitutionalismus zu reden, um geschriebene Artikel zur Reform vorzuschlagen, die durch das Abstimmen des Volkes entweder angenommen, oder verworfen werden sollen, an Stelle der jetzigen, welche als ungeeignet und fehlerhaft verurtheilt werden. Der Vernunft nach kann dieser Reform kein Hinderniß in den Weg gelegt werden, weil, wenn keine Veränderung oder Verbesserung nöthig ist, die Stimme des Volkes nicht zugeben wird, daß eine gemacht werde; und ist sie nothwendig, so wird sie gemacht, weil sie gemacht werden muß. Bis deshalb die Meinung des Volkes gesammelt und durch eine zu diesem Zwecke zusammenberufene Convention bekannt gemacht werden kann, verliert jede Opposition gegen das Berufen einer Convention nicht allein ihre Kraft, sondern dient auch noch dazu, Verdacht zu erregen, daß die Gegner sich bewußt seien, die Constitution könne keine Prüfung vertragen.

Die durch die Convention von 1776 gebildete Constitution, von welcher Benjamin Franklin (der größte und verdienstvollste Mann, den Amerika bis jetzt geboren) Präsident war, hatte vieles Gute in sich, das durch die Convention von 1790 umgestoßen wurde, unter dem Vorwande, die Constitution derjenigen der Vereinigten Staaten angemessen zu machen, als ob die Formen und die Perioden der Erwählung in einem so ausgedehnten Gebiete, wie das der Vereinigten Staaten, eine Richtschnur für einen einzelnen Staat werden könnten.

Der Hauptfehler der Constitution von 1776 war, daß sie in der Ausübung zu vieler Uebereilung unterworfen war, das Grundwerk aber war gut. Die jetzige Constitution scheint mir, als ein eingebildetes Hülfsmittel gegen eine Uebereilung, die nicht vorfallen kann, mit Widersprüchen von gefährlichem Charakter beladen zu sein. Irgend ein Individuum, unter welchem Namen oder unter welchem officiellen Titel es auch immer eristiren möge, mit einer negativen Macht über die Bildung der Gesetze zu bekleiden, ist der englischen Regierung nachgeahmt, ohne auf irgend eine Art die Ungereimtheit und Lächerlichkeit einer solchen Einrichtung, wenn man sie auf ein Repräsentativ-System anwendet, oder wenn man den Ursprung derselben in England kennt, zu bemerken.

Die jetzige Regierungsform in England und alle jene Sachen, welche Vorrechte der Krone genannt werden, von welchen die negative Macht eine ist, wurden durch Eroberung und nicht durch Uebereinkunft erworben. Ihr Ursprung schreibt sich von der Eroberung Englands durch die Normannen unter Wilhelm dem Eroberer im Jahre 1066 her, und die Genealogie seiner Könige datirt von jener Zeit. Er ist der Erste auf der Liste.

Man hat keine historische Gewißheit, wann die Parlamente eingesetzt wurden, doch die Zeit, wann sie ihren Anfang nahmen, dürfte sich von gewissen Verwilligungen und Charters von dem normännischen Eroberer oder seinen Nachfolgern herschreiben, die darauf hinausgingen, aus gewissen Städten und Grafschaften Mitglieder zu erwählen, um in einem Parlament *) zusammenzukommen und zu dienen, welches indeß seiner Controlle unterworfen war; und noch jetzt existirt der Gebrauch bei den Königen von England, daß sie das Parlament ihr Parlament nennen, das heißt ein Parlament, welches durch ihre Autorität in Kraft getreten und über welches sie Controlle dem Rechte gemäß, das sie durch die Eroberung erlangt haben, ausüben. Von diesem angemaßten, aus der Eroberung hergeleiteten, und nicht von einem constitutionellen Rechte durch Verträge, schreibt es sich her, daß die Könige Englands diese negative Macht über die Bildung der Gesetze haben, und sie üben sie nur aus, um irgend ein Gesetz zu verhindern, daß ihre angeerbten oder Familien-Rechte und Vorrechte, die sie ursprünglich durch die Eroberung des Landes erworben, beeinträchtigt, angetastet, oder auf irgend eine Weise verringert werden. **) Dies ist der Ursprung des Veto des Königs von England. Es ist ein Zeichen der Schande, die sein Parlament zu tragen gezwungen ist, und es ist schlimm genug, daß es sich darin fügt.

Doch was hat dieser Fall mit einer Gesetzgebung zu thun, die von freien Männern auf ihre eigene Autorität und ihrem guten Rechte gemäß erwählt worden ist? Oder in welcher Art ist eine Person, Gouverneur oder erster Magistrat titulirt, einem Länder unterjochenden Eroberer ähnlich, der gleich Wilhelm von der Normandie dem unterjochten England zurief: „Du sollst keine andern Gesetze haben, als die, welche mir belieben." Das Veto in einem Lande, wie Amerika, ist solcher Art, daß ein Weiser es vorziehen wird, nichts damit zu schaffen zu haben, und ein Mann, der es gerne gebraucht, wird durch dasselbe gestützt werden. Es ist nicht schwer einzusehen, daß, wenn Herr McKean sein Veto gegen die Arbitrations-Acte ***) einlegte, er dazu veranlaßt wurde als Advokat zum Vortheil seiner Profession und nicht als ein Magistrat zum Besten des Volkes, denn es ist die Amtspflicht der obersten Behörde, Zwistigkeiten zu schlichten und Prozesse zu verhindern. Wenn das Volk schiedsrichterliche Aussprüche den Prozessen vorzieht, warum soll man sie ihm nicht gewähren? Es ist eine Sache, die es individuell, und nicht als ein Staat oder als eine Gemeinde betrifft, und es ist auch für den Gouverneur nicht passend, sich darein zu mischen; denn es ist keine Staats- oder Regierungsangelegenheit, noch hat es mit dem Frieden derselben zu thun, es

---

*) Parlament ist ein französisches Wort und durch die Normannen nach England gebracht. Es stammt von dem französischen Worte parler — sprechen — her.

**) Wenn ein König Englands (denn sie sind nicht ein englisches Königsgeschlecht) einen zu dem Parlamente passirten Act verneint, so thut er dies in der normännischen oder französischen Sprache, welche die Sprache zur Zeit der Eroberung war; die wörtliche Uebersetzung ist: Der König will mit sich selbst darüber zu Rathe gehen. Es ist dies die einzige Gelegenheit, bei welcher ein König von England im Parlamente französisch spricht, und es zeigt sich dadurch der Ursprung des Veto.

***) Arbitration ist das ganze Verfahren vor einem Schiedsrichter, der Ausspruch desselben und die Entscheidung. Anm. d. Uebers.

II. M

sei denn, um das Volk friedfertiger zu machen, indem man es weniger streit-
süchtig macht.

Das Veto in den Händen eines Einzelnen sollte constitutionell abgeschafft
werden. Es ist eine gefährliche Macht. Es gibt keine Regeln, die den
Gebrauch desselben einschränken. Es ist willkürlich und eigenmächtig, und
der Wille und die Gemüthsstimmung Desjenigen, der es zu irgend einer
Zeit besitzt, sind die einzigen Regeln für seine Ausübung.

Es muß ein großer Mangel an Nachdenken in der Convention gewesen
sein, als man das Veto in die Constitution aufnahm. Wollte jene Convention es in die Macht eines Einzelnen legen, die Constitution, die sie gebildet hatte, gleichviel, ob gut oder schlecht, zu negiren? Sie wollte es
nicht! Sie würde solchen Vorschlag mit Unwillen zurückgewiesen haben.
Warum brachte sie also die nach ihr zu erwählenden Gesetzgebungen und
alle Gesetze derselben in dieselbe Verlegenheit? Hätte die Convention, oder
doch die gesetzkundigen Mitglieder derselben den Ursprung der von den Königen Englands gebrauchten verneinenden Gewalt, von welcher sie das
Veto copirten, gekannt, so würden sie die Ungereimtheit, sie in einer amerikanischen Constitution einzuführen, eingesehen haben. Wir sind kein
unterjochtes Volk, wir kennen keinen Eroberer, und die verneinende Gewalt, wie sie von den Königen Englands gebraucht wird, besteht zur Vertheidigung der persönlichen und Familien-Vorrechte der Nachfolger des
Eroberers gegen das Parlament und gegen das Volk.

Was kümmert uns alles dieses? Wir kennen keine andern Vorrechte
als die, welche unserer Souveränität angehören.

Zur Zeit, da diese Constitution gemacht wurde, fand ein großes Abgehen
von den Principien der Revolution von Denen, die damals zu Führern
sich aufwarfen, statt, und das Land wurde auf eine grobe Weise betrogen.
Dies erklärt viele Ungereimtheiten in der jetzigen Constitution, unter denen
das Veto sich befindet, welches widersinniger Weise von England copirt worden
ist. So lange diese Macht nicht über den Staat angewandt wurde, wurde
ihr keine Aufmerksamkeit geschenkt; doch in dem Augenblicke, als sie han-
delnd auftrat, erregte sie Unruhe und die Anwendung derselben gegen das
Recht des Volkes, seine Privat-Geldstreitigkeiten friedlich durch Schiedsrichter, ohne Einmischung von Advokaten und ohne die Kosten und die
Weitschweifigkeit des Gerichtshofes zu schlichten, hat seine Existenz zu einer
Crisis gebracht.

Arbitration ist für die Gesellschaft wichtiger als Gerichtshöfe, und sollte
in allen Geldangelegenheiten zwischen Einzelnen oder Parteien vorgezogen
werden. Wer ist mehr geeignet als ein Kaufmann, um den Streit zwischen Kaufleuten zu schlichten, oder wer passender die Streitigkeiten zwischen
Bauern beizulegen, als gerade ein Bauer? Und dasselbe gilt von Menschen jeder Art. Was wissen Advokaten oder Gerichtshöfe von diesen Sachen? Sie widmen sich eher den Formen als den Prinzipien, und das
Verdienst der Sache wird dunkel und verliert sich in einem Labyrinth von
Wortverdrehungen. Wir hören nicht, daß Advokaten gegen einander
Prozesse führen, obgleich sie es billiger als andere Leute thun könnten, es
zeigt dies, daß sie selbst keinen Glauben daran haben.

Das Prinzip und die Regeln der Arbitration sollten constitutionell eingeführt werden. Der aufrichtige Sinn eines Landes, versammelt in Convention, wird schon ausfinden, wie dies ohne Beihülfe der Advokaten, welche

man dingen kann, um die eine oder die andere Seite einer Sache zu vertheidigen, zu bewerkstelligen sei; denn die Praxis der Advokatenzunft ist zu verwerflicher Feilheit herabgesunken, die eingeschränkt werden sollte. Sie lebt, indem sie die Ungerechtigkeit aufmuntert, die sie vorgibt zu bekämpfen.

Gerichtshöfe sind zweierlei Art. Der eine ist für Criminalfälle, der andere für Civil-Angelegenheiten, oder für Fälle zwischen Individuen, betreffend Eigenthum irgend welcher Art oder den Werth desselben. Ich weiß nicht, wie die Zahl der einen Fälle sich zu der Zahl der andern verhält; doch ich zweifle nicht, daß die Anzahl der Civil= weit größer ist, als die der Criminal=Fälle. Ob sie sich wie Eins zu Zehn, Zwanzig, Dreißig, Vierzig oder mehr verhalten, überlasse ich Jenen, ausfindig zu machen, die in dem Staate oder in den verschiedenen Counties desselben leben.

Das Verhältniß zu einander indessen mag sein, wie es wolle, die Ausgaben des Publikums für den Unterhalt der richterlichen Gewalt beider werden in einem verwandtschaftlichen Grade in Gemäßheit der Anzahl der Fälle, die ein Zweig zum andern hat, stattfinden; indessen es ist nur einer derselben, in dem das Publikum, als Publikum betrachtet, Interesse hat.

Die Criminal=Fälle, da sie Friedensbrüche sind, kommen natürlich unter die Instanz der Staatsregierung, und die Kosten für den Unterhalt dieses Gerichtshofes müssen vom Publikum getragen werden, denn die Erhaltung des Friedens ist eine öffentliche Angelegenheit.

Civil=Fälle, das heißt Fälle wegen Privat-Eigenthum zwischen Einzelnen, gehören durchaus den Individuen an, und Alles, was das Gouvernement hiermit zu thun hat, ist die Art und Weise des Verfahrens festzustellen, das die interessirten Parteien einhalten sollen, um die Sache selbst zur Entscheidung zu bringen, indem sie ihren Fall unparteiischen, einsichtsvollen, von ihnen selbst gewählten Männern der Nachbarschaft, vorlegen. Dies ist für sie in Rücksicht auf Zeit und Ort, bei weitem die passendste und billigste Methode; denn es bringt die Gerechtigkeit zu ihrer eigenen Thüre, ohne die Chicanen des Gesetzes und der Advokaten. Jeder Fall sollte so seinem eigenen Verdienste nach entschieden werden, ohne das Possenspiel der Berufung auf frühere Rechtsfälle (Precedents), weil es erstens sich oft ereignet, daß die Entscheidung in einem solchen früheren Falle schlecht ist und eher vermieden als nachgeahmt werden sollte, und weil zweitens keine zwei Fälle in allen ihren Umständen vollkommen gleich sind und deshalb der eine nicht als Regel für die Entscheidung des andern dienen. Gerechtigkeit und gesundes Urtheil sollen mit allen Rechten in einem Schiedsgerichte präsidiren. Es sind die Formen, solche erwähnte Precedents, und Pfiffe, um Aufschub und Unkosten den Parteien zu verursachen, welche die Verhandlungen in einem Gerichtshofe beherrschen.

Indem man Schiedsgerichte an die Stelle der jetzigen Gerichtshöfe für die Schlichtung von Privat-Streitigkeiten einsetzt, wird das Publikum von einem großen Theile der Kosten, die jetzt nöthig sind, das richterliche Gewaltsystem zu unterhalten, befreit werden; denn sicherlich wird ein solcher Schwarm von Richtern, Beirichtern und Bezirks-Präsidenten, Schreitern und Ausrufern des Gerichtshofes, wie gegenwärtig auf öffentliche Kosten unterhalten werden, nicht nöthig sein. Es sind vielleicht ihrer mehr als Verbrecher in dem Zeitraume eines Jahres zu verhören sind. Arbitration wird den Schutz von Gönnern verringern, und es ist nicht unwahrscheinlich, daß dies einer der Privatgründe war, weshalb die Arbitrations-Acte verneint wurde; doch hätte öffentliche Sparsamkeit und die Bequemlichkeit und Leichtigkeit der Einzelnen, alle solche Betrachtungen überwiegen sollen. Die gegenwärtige Regierung der Vereinigten Staaten hat eine lange Reihe überflüssiger Beamten entlassen und hat die öffentlichen Ausgaben eingeschränkt, und es ist besser, dieses als Vorbild zu nehmen, als ihre Formen und die lange Periode ihrer Wahlen nachzuahmen, die selbst einer Reform bedürfen.

Ein großer Theil der Bevölkerung Pennsylvaniens macht es sich zum Prinzip nicht zu prozessiren und Andere vermeiden es aus weisen Gründen, und dennoch sind alle diese Leute besteuert, um einen Gerichtshof zu unterhalten, den sie nie gebrauchen, welches eben so ungerecht und widersinnig ist, als daß in England Quäker Abgaben bezahlen müssen, um die bischöfliche Kirche zu unterstützen. Die Schiedsgerichte werden dieser Bürde ein Ende machen.

Eine andere Klage gegen die Constitution Pennsylvaniens ist die große Menge der Patronats-Rechte, die dem Gouverneur beigegeben sind.

Patronats-Rechte haben die natürliche Lage, die öffentlichen Ausgaben zu vermehren, indem sie zu der Versuchung führen (allerdings nutzlos in den Händen eines Weisen wie Benjamin Franklin), Aemter zu vermehren, die in dem Bereiche des Vergebens oder der Ernennung jenes Rechtes liegen. John Adams während seiner Amtszeit befolgte den Weg, Aemter und Beamten zu vermehren. Er erwartete, daß er durch seine so vermehrte Begünstigung und durch seine vielfachen Ernennungen sich eine zahlreiche Reihe Anhänger verbindlich mache, die seine Maßregeln und seine künftige Erwählung unterstützen würden. Er ahmte dieses dem corrupten Systeme Englands nach, und er beschloß seine mitternächtlichen Arbeiten, indem er sechszehn neue überflüssige Richter ernannte, die dem Publikum eine jährliche Ausgabe von zwei und dreißig tausend Dollars verursachten. John betrachtete nur die eine Seite der Sache. Er vergaß das, wenn er einen Mann durch seine Ernennung begünstige, alle die Uebrigen die Kosten dafür zu zahlen hätten, und daß, wo er den Einen sich durch Begünstigung verpflichtete, er sich der Gefahr aussetzte, Viele in Unwillen von sich abzuwenden. Und dies war auch die Folge und wird immer die Folge in einem freien Lande sein, wenn Männer für sich selbst und von sich selbst schließen und nicht nach den Vorschriften Anderer.

Je weniger ein Mann mit Patronatsrechten belastet ist, desto sicherer steht er da. Er kann sich nicht einem Jeden durch den Gebrauch derselben gefällig zeigen; muß Begünstigungen oft verweigern, und folglich einer größeren Anzahl mißfallen, als er sich verpflichten kann. Jefferson gewann mehr Freunde durch die Entlassung einer langen Reihe von Beamten, als John Adams durch ihre Ernennung. Wie ein Weiser hat Jefferson sich aller Patronats-Rechte begeben.

Die Constitution von New York, obgleich sie wie alle übrigen ihre Fehler hat aus dem Mangel an Erfahrung in dem Repräsentativ-System der Regierung, zur Zeit, da sie entworfen wurde, entstehend, hat in diesem Falle sich viel besser vorgesehen, als es die Constitution Pennsylvaniens gethan hat. Die Ernennungen in New York werden durch seinen Ernennungsrath gemacht, der aus dem Gouverneur und einer gewissen Anzahl Senats-Mitgliedern aus den verschiedenen Theilen des Staates besteht. Durch dieses Mittel haben sie unter sich eine persönliche Kenntniß Derer, die sie ernennen. Der Gouverneur hat eine Stimme, aber kein Veto. Ich höre keine Klage über den Mißbrauch von dieser Art des Patronats.

Die Constitution Pennsylvaniens, anstatt eine Verbesserung in dem Repräsentativ-System der Regierung zu sein, ist eine Abweichung von ihren Prinzipien. Sie ist eine Miniatur-Copie der Regierung Englands, welche bei der Eroberung jenes Landes durch Wilhelm von der Normandie eingerichtet wurde. Ich habe dies theilweis in dem Falle, des Königs Veto betreffend, gezeigt, und ich werde es noch ausführlicher darthun, wie ich weiter fortschreite. Dies veranlaßt mich, von dem Senate zu sprechen.

Die Klage, den Senat betreffend, bezieht sich auf die Länge seiner Dauer, welche vier Jahre beträgt. Der weise Franklin sagt: „Wo jährliche Wahl aufhört, fängt Tyrannei an;" und Niemand war ein besserer Beurtheiler der menschlichen Natur als Franklin, und noch hat kein Mensch unserer Zeit ihn in den Grundsätzen der Ehre und Redlichkeit übertroffen.

Wenn ein Mann aufhört Denjenigen, die ihn erwählten, und deren öffentliche Angelegenheiten ihm anvertraut sind, verantwortlich zu sein, so hört er auf ihr Vertreter zu sein und geräth in die Lage ihr Unterdrücker zu werden. Er wird der Repräsentant von Keinem, als von sich selbst. Ich bin erwählt, sagt er, auf vier Jahre, Ihr könnt mich nicht hinaustreiben, noch bin ich Euch während der Zeit verantwortlich. Alles, was Ihr zu thun habt, ist, mich zu bezahlen.

Das Betragen des pennsylvanischen Senates im Betreff der Erwählung von Wahlmännern für die Präsidentschaft der Vereinigten Staaten im Jahre 1800 zeigt die Unrichtigkeit und die Gefahr einer solchen Einrichtung. Die Art und Weise, Wahlmänner zu erwählen, sollte in der Constitution festgestellt sein und nicht dem Eigensinne des Zwistes überlassen werden. Es ist eine Angelegenheit von gleicher Wichtigkeit und die Rechte und Interessen des Volkes ebenso betreffend, als die Erwählung von Mitgliedern für die Legislatur des Staates und in manchen Fällen viel wichtiger. Durch das Betragen des Senates in jener Zeit, wurde das Volk seines Stimmrechtes beraubt und der Staat verlor seine Bedeutung in der Union. Er hatte nur eine Stimme, die andern vierzehn hatten durch Vergleich sieben gegen sieben sich ihrer Stimmen begeben. Hätte das Volk diese Wahlmänner selbst erwählt, und es hatte ein Recht dies zu thun, denn die Wahlmänner sollten das Volk repräsentiren und nicht den Senat, so würde der Staat fünfzehn Stimmen gehabt haben, die gezählt hätten.

Der Senat ist eine Nachahmung des sogenannten Hauses der Lords in England, welches Chesterfield, der ein Mitglied desselben war und es deshalb kannte, „das Hospital der Unheilbaren" nannte. Der Senat Pennsylvaniens ist nicht ganz ein Hospital der Unheilbaren, es waren indeß doch beinahe vier Jahre nothwendig, um ihn auf den Weg der Genesung zu bringen.

Ehe wir irgend etwas nachahmen, sollten wir wohl prüfen, ob es der Nachahmung werth ist, und wäre dies von der Convention jener Zeit geschehen, so würde sie gesehen haben, daß das Model, von dem sie eine mimische Nachahmung machte, nicht besser als unvortheilhaftes und unnützes Gerümpel war.

Es gab kein Haus der Lords in England, bis zu der Zeit der Eroberung jenes Landes durch die Normannen unter Wilhelm dem Eroberer, und gleichwie des Königs Veto über die Gesetze, ist es ein Zeichen der Schande für das Land, denn der Beweis und der Erfolg liegt darin, daß es das Land zu unbedingter Unterwerfung gebracht hat.

Wilhelm, nachdem er seine Eroberung beendet hatte, entsetzte alle Eigenthümer ihrer Ländereien und vertheilte sie unter den Chefs seiner plündernden Armee, die er mit sich brachte, und hieraus entsprang das sogenannte Haus der Lords. Daniel de Foe in seiner historischen Satyre, "The True born Englishman" genannt, hat sehr treffend den Charakter und den Ursprung dieses Hauses in folgenden Versen geschildert:

> Des großen Normanns Einfall lehrt sie nun,
> Wie später auch wohl Sieger können thun.
> An jeden Krieger, den er bracht' zur Statt,
> Theilt Land er aus, das er nicht eigen hat;
> So gibt das ganze Reich er seiner Schaar,
> Und jeder Kriegsmann nun ein Freisaß war.
> Kein Parlament löst dieses Heeres Band,
> Er braucht' die Steuern nicht, denn er bezahlt mit Land.
> Den reichen Räuber nennt er pomphaft Mylord,
> Zu schmeicheln ihren Stolz mit einem neuen Wort
> Und jenes Domesday Buch wird des Tyrannen Hort.
> Jetzt zeiget mancher wohl den Bogen, Schwert und Speer,
> Womit sein großer Ahn' zum Kampf gezogen wär'.
> Doch wer der Edle war, der Alles das getragen?
> Ob Oberst? ob Corp'ral? wird man vergebens fragen,
> Da schweigt die Prahlerei und schämt sich vorzulesen,
> Weß trüben Ursprungs er, der große Ahn', gewesen
> Von gestern zeigen sie uns Ahnen — Herren! beflissen;
> Doch deren Väter mag — der Herr im Himmel wissen.

Dies ist der schmachvolle Ursprung des sogenannten Hauses der Lords in England, und noch immer hat es einige Zeichen dieses niedrigen und räuberischen Ursprungs beibehalten. Der Schwindler Douglas wurde kürzlich zum Lord gemacht und wird jetzt „edler Lord" genannt! Warum gab man ihm nicht seinen geeigneten Titel und nannte ihn „edler Schwindler"! denn er schwindelte im Großen. Doch es ist wahrscheinlich, daß er der Strafe entgehen wird; denn Blackstone führt in seinem Commentare über die Gesetze einen Parlaments-Act vom Jahre 1550 an, der seitdem noch nicht widerrufen worden, und der die sogenannten Vorrechte der Geistlichkeit, das heißt deren Befreiung von allen Strafen auf alle Lords und Pairs des Reiches, die lesen und die nicht lesen können, ausdehnt, sowohl für alle geistlichen Vergehen, als auch für die Verbrecher des Einbruches, der Straßenräuberei, des Pferdediebstahls und der Kirchenräuberei". Dies ist dem ursprünglichen Institute des Hauses der Lords angemessen, denn es war anfänglich nur aus Räubern zusammengesetzt; das ist Aristokratie. Dies in eine der Säulen von John Adams „staunenerregendem Gebäude menschlicher Erfindung" Ein Privilegium für Einbruch, Straßenräuberei, Pferdediebstahl und Kirchenräuberei! John Adams wußte nur wenig von dem Ursprunge und der Ausübung der Regierung Englands. Eine Constitution aber hat England gar nicht.

Die pennsylvanische Constitution von 1776 hat nichts von dem englischen Gouvernement copirt. Sie bildete eine Constitution auf der Basis der Gerechtigkeit. Der Mangel, wie ich bereits gesagt habe, in jener Constitution lag darin, daß die gesetzgebenden Versammlungen beim Erlassen der

Gesetze leicht in Uebereilung verfallen konnten. Alle Mitglieder der Gesetzgebung nach jener Constitution saßen in einer Kammer, debattirten in
einem Körper, und waren deshalb der Uebereilung leicht zugänglich. Man
hatte zwar gegen diese Uebereilung Vorsorge getroffen, jedoch nicht kräftig
genug. Die Constitution verlangte, daß die Gesetze, ehe sie als solche end-
gültig erlassen, erst veröffentlicht und der Begutachtung des Volkes unterbreitet werden sollten. Doch da keine bestimmte Zeit für diese Unterbrei-
tung festgesetzt worden und keine Mittel, um ihren Erfolg zu erfahren, vorhanden waren, es auch keine anderen Zeitungen im Staate gab, als die,
welche in Philadelphia gedruckt wurden, so hatte diese Vorsichtsmaßregel
durchaus den beabsichtigten Erfolg nicht, und ein guter und weiser Zweck
zerfiel in Nichts, wie es gewöhnlich der Fall ist, wenn die Mittel nicht
ausreichend sind.

Das Fundament der Constitution jedoch war gut und verdient, daß man
zu ihm seine Zuflucht nimmt. Jede Sache bei deren Entstehen Franklin
betheiligt war, verdient Aufmerksamkeit. Er war ein weiser und wohlthä-
tiger Menschenfreund. Reichthümer und Ehrenstellen konnten keine Veränderung in seinen Prinzipien und Sitten hervorbringen.

Die Constitution von 1776 war der Unabhängigkeitserklärung und der
Erklärung der Rechte angemessen, die jetzige Constitution ist es nicht, denn
sie macht spitzfindige Unterschiede zwischen Menschen in Bezug auf das
Stimmrecht, von welchem die Principien der Gleichheit nichts wissen, ebenso wenig ist sie mit gesunder Politik übereinstimmend. Wir sehen täglich die
Reichen arm und die, welche zuvor arm waren, reich werden. Reichthümer,
da sie keine Beständigkeit haben, können und sollten deshalb nicht als Richtschnur für das Recht dienen. Der Mensch ist Mensch in jeder Lage des
Lebens und der Wechsel von Glück und Unglück kann Alle treffen.

Wenn die Zahl der Repräsentanten in der Legislatur, wie die Constitution dieselbe feststellt, vermehrt worden und anstatt, daß sie zusammen in
einer Kammer sitzen und alle zugleich debattiren und abstimmen durch das
Loos in zwei gleiche Theile getheilt worden wären, die in zwei verschiedenen
Kammern ihre Sitzungen hielten, so würde der Vortheil gewesen sein, daß,
indem die eine Hälfte nicht in der Debatte verwickelt und sich durch das Abgeben ihrer Stimmen nicht compromittirt hätte, sie sich stillschweigend von
den Argumenten des anderen Theiles für und gegen die Sache in Kenntniß setzen und in ruhiger Gemüthsstimmung das Ganze nochmals überblicken könnte. Anstatt eine Kammer oder ein Haus, oder wie man die
Theile der Gesetzgebung immer nennt, die Abstimmung des anderen vernei-
nen zu sehen, wie es jetzt der Fall ist, und welches Ungerechtigkeiten zuläßt,
welche an das Lächerliche grenzen; hätte man die Stimmen beider Kammern zusammenzuzählen und die Majorität des Ganzen als endliche Entscheidung gelten lassen sollen. In solchem Verfahren wäre Vernunft, in der
jetzigen Methode ist keine. Der Fall, der sich in dem Senate Pennsylvaniens im Jahre 1800 bei dem Gesetzentwurfe, die Erwählung der Wahlmänner betreffend, ereignete, wo eine geringe Majorität in jenem Hause
gegen den Entwurf eine große Majorität des andern Hauses für denselben
beherrschte und zur Verwerfung des Gesetzentwurfes zwang, zeigt die Lächerlichkeit einer solchen Eintheilung der gesetzgebenden Macht.

Zu erfahren, ob irgend eine Theorie oder Behauptung auch in der Ausübung wahr und vernünftig sei, muß man dieselbe zu ihren extremsten

Consequenzen verfolgen, sind sie im Ganzen nicht wahr oder absurd, so sind sie es auch in allen einzelnen Theilen.   Zum Beispiel:

Das eine Haus bestehe aus zweihundert Mitgliedern und das andere aus fünfzig (dies ist ungefähr dasselbe Verhältniß, in dem dieselben in manchen Staaten stehen) und ein vorgeschlagenes Gesetz würde in dem größeren Hause mit nur einer verneinenden Stimme angenommen, und würde in dem anderen Hause durch eine Majorität von nur einer Stimme verworfen, so würde die Folge sein, daß sieben und zwanzig Stimmen zweihundert drei und zwanzig controliren und beherrschen, welches zu ungereimt wäre, um auch nur einen Beweis dagegen führen zu wollen.   Es ist dies auch durchaus mit den Prinzipien einer Repräsentativ-Regierung unverträglich, die keinen anderen Unterschied in dem Werthe und der Wichtigkeit ihrer Mitglieder kennt, als denjenigen, der aus ihren Tugenden und Talenten entspringt und durchaus nicht aus dem Namen des Hauses oder der Kammer, in der sie sitzen.

Da der Gebrauch, daß die Minorität der Majorität durch Abstimmung Gesetze auflege, nicht auf Vernunft begründet ist, so müssen wir seinen Ursprung anderswo suchen.

Die Amerikaner haben es den Engländern nachgeahmt, und Wilhelm, der normännische Eroberer, der es nach England brachte, leitete es von dem alten französischen Gebrauch, nach S t ä n d e n zu stimmen, her, man zählte dieser drei: die G e i s t l i c h k e i t (das heißt die römisch-katholische Geistlichkeit), den A b e l (der, welcher Titel hatte) und den tiers etat, oder den britten Stand, *) welcher alle in sich begriff, die nicht den zwei oben erwähnten Ständen angehörten, und die in England die G e m e i n e n oder das g e m e i n e V o l k ausmachen und das Haus, in dem sie vertreten sind, wird daher H a u s d e r G e m e i n e n genannt.

Jener Eroberer nun vertheilte, um seine Eroberung zu vervollständigen und zu sichern und das Land in Unterwerfung zu erhalten, dasselbe unter den Hauptleuten seiner Armee, denen er feste Schlösser gab und denen er den Namen L o r d beilegte, wie ich vorhin gezeigt habe.   Diese, von dem Eroberer abhängig und mit ihm ein gemeinsames Interesse habend, wurden die Vertheidiger seiner Maßregeln und die Wächter seiner angemaßten Vorrechte gegen das Volk und als das sogenannte H a u s d e r G e m e i n e n d e s P a r l a m e n t s durch Privilegien und Freibriefe ins Leben trat, beanspruchten diese Lords ein von diesen Gemeinen ganz getrennter Stand zu sein, und obgleich geringer in Anzahl, hielten sie dennoch die Gemeinen im Zaume oder hatten die entscheidende Stimme über sie.   Hiervon entsprang der unvernünftige Gebrauch, daß eine kleinere Zahl die Maßregeln einer größern verhindern kann.

Doch was geht das uns an, oder weßhalb sollten wir ihnen nachahmen? Wir kennen in Amerika nur e i n e n S t a n d, und den des höchsten Ranges, den Stand der S o u v e r ä n i t ä t, und von diesem Stande ist jeder Bürger seinem eigenen persönlichen Rechte nach ein Mitglied.   Weshalb haben wir uns denn zu dieser niedrigen Nachahmung untergeordneter

---

*) Der Brauch nach Ständen zu stimmen, wenn die General-Staaten zusammenkamen, bestand in Frankreich bis zur Revolution fort. Es war der jetzige Abbe Sieyes, der den Vorschlag in der später so genannten National-Versammlung machte, die Abstimmung nach dem Stande abzuschaffen und an ihre Stelle die vernunftgemäße Entscheidung durch Majorität der Stimmen einzuführen.

Dinge herabgelassen? Durch die Revolution sind wir in die Lage versetzt worden für uns selbst zu denken. Die Geschichte vergangener Zeitalter zeigt uns kaum ein anderes Beispiel als Tyrannei und veraltete Ungereimtheiten. Wir haben einige derselben nachgeahmt und haben die Thorheit derselben einsehen lernen.

Einen ferneren Grund zur Klage gibt in Pennsylvanien das Gerichtswesen und dies scheint einer totalen Reform zu bedürfen. Schiedsgerichte werden einen großen Theil desselben läutern, doch Vieles wird noch übrig bleiben, das der Verbesserung bedarf.

Die Gerichtshöfe haben noch dieselbe Art der Praxis beibehalten, wie zur Zeit als dieser Staat noch eine englische Colonie war. Sie haben sich noch nicht zur Würde der Unabhängigkeit erhoben. Sie hinken noch auf den Stelzen und mit den Krücken des veralteten englischen Schlendrians. Sie entscheiden noch nach Fällen und Berichten, die von englischen Gesetzbüchern zusammengesucht werden; viele derselben sind tyrannisch und alle sind uns jetzt fremd. Unsere Gerichtshöfe müssen einheimisch gemacht werden, denn wie sie jetzt handeln, sind sie ein Schimpf für unsere nationale Souveränität. Jeder in Amerika vorkommende Fall sollte seiner eignen Bedeutung nach, amerikanischen Gesetzen gemäß entschieden und alle Hinweisung auf fremde Entscheidung verboten werden. Die Einführung fremder Urtheile in amerikanische Gerichtshöfe dient nur dazu, Zeit zu verschwenden, die Sache zu verwickeln und die Geschworenen in Verlegenheit zu bringen. Diese Reform muß die kommenden Fälle in einen solchen Kreis zusammendrängen, daß man sie leicht wird verstehen können.

Die in Gerichtshöfen bei gerichtlichen Verkäufen und bei verschiedenen Gelegenheiten, in Haftsbefehlen und anderen gesetzlichen Proceduren gebräuchliche Kunstsprache bedarf durchaus der Reform. Viele der bezüglichen Ausdrücke sind Lateinisch und andere Französisch. Die lateinischen wurden durch die Römer, die Latein sprachen, in England eingeführt und haben sich daselbst vier- bis fünfhundert Jahre lang nach der ersten Invasion unter Julius Cäsar im Jahre 52 vor Christi Geburt erhalten. Die französischen Ausdrücke wurden durch die Normannen, die Französisch sprachen, als sie England im Jahre 1066 eroberten, dahin gebracht, wie ich vorhin gezeigt habe.

Diese Ausdrücke, die jetzt noch in den englischen Gerichtshöfen gebraucht werden, zeigen, daß das Land unter fremder Gerichtsbarkeit gestanden hat. Sie dienten jedoch nur dazu, um zu mystificiren, da sie nicht allgemein verstanden wurden, und entsprachen deshalb ganz dem Zwecke des sogenannten Gesetzes, dessen Geschäft es ist, zu verwirren, und die englischen Gerichtshöfe lassen sich die Schande gefallen, fremde Gesetze und fremde Eroberung anzuerkennen, um nur Ausdrücke gebrauchen zu können, welche die Clienten und das Publikum nicht verstehen, und um den falschen Glauben zu erhalten, daß das Gesetz eine Wissenschaft ist und daß Advokaten Gelehrte sind. Die englischen Anwälte becomplimentiren sich, um die Form ihres Gewerbes noch aufrecht zu erhalten, immer unter einander, obgleich im offenbaren Widerspruch gegen die Thatsache, mit dem Titel: „mein gelehrter Bruder." Zwei Landleute oder zwei Kaufleute werden streitige Fragen durch schiedsrichterliche Entscheidung schlichten, wenn Advokaten es nach dem Gesetze nicht vermögen. Wo liegt denn da die Gelehrsamkeit des Gesetzes, oder wozu nützt sie?

Es ist hier nothwendig, zwischen Advocaten-Gesetz und dem legislativen Gesetze zu unterscheiden.

Das legislative Gesetz ist das Gesetz des Landes, durch unsere eigenen Gesetzgeber, die wir zu diesem Zwecke gewählt, gegeben. Das Advokaten-Gesetz ist eine Masse von Meinungen und Entscheidungen, viele im Widerspruch mit einander, und ist durch Gerichtshöfe und Advokaten für sie selbst instituirt, und ist vorzüglich aus Berichten über Prozesse und Fälle aus englischen Gesetzbüchern zusammengesetzt. Der Rechtsfall jedes Mannes sollte nach den Gesetzen seines eigenen Landes gerichtet werden, die er kennt, und nicht nach den Gesetzen anderer Länder, von denen er nichts weiß. Ein Advokat, der plaidirt, spricht häufig mehrere Stunden lang über das Gesetz, doch es ist das Advokaten-Gesetz, und nicht das legislative Gesetz, das er meint.

Das ganze Gerichtswesen bedarf der Reform. In den meisten einzelnen Staaten ist es nur sehr unvollständig geordnet, und dasselbe ist bei dem General-Gouvernement der Fall. Es rührt dies, glaube ich, daher, daß der juridische Theil in der Constitution den Advokaten, die in der Convention gewesen sein mögen, zu bestimmen überlassen wurde, und diese haben dann Sorge getragen, sich in derselben freien Spielraum zu lassen. Zu sagen, daß ein Richter sein Amt behalten soll, so lange sein Betragen gut ist, ist Nichts gesagt, denn der Ausdruck gutes Betragen hat weder eine gesetzliche, noch eine moralische Bestimmung. Im gewöhnlichen Sinne des Wortes bezieht es sich mehr auf Sitten, als auf Prinzipien, und kann auf Verschiedenes, selbst auf mit einander in Widerspruch stehende Dinge, angewandt werden. Das gute Betragen eines Kindes, eines Richters, eines Soldaten im Felde und eines Tanzmeisters in seiner Schule kann nicht dieselbe Art eines guten Betragens sein. Was ist denn das gute Betragen eines Richters?

Viele Umstände in dem Charakter und in dem Betragen eines Mannes mögen ihn für das Amt des Richters, welches er inne hat, unpassend machen, ohne jedoch Ursache zu öffentlicher Anklage zu geben, welche immer ein Begehen irgend eines bekannten Verbrechens voraussetzt. Richter sollten zu ihrer Pflicht durch beständige Verantwortlichkeit angehalten werden, statt dessen die Constitution sie jetzt aller Verantwortlichkeit entbindet, ausgenommen im Falle einer öffentlichen Anklage, und auch in diesem Falle ist ihm durch den lockern, unbestimmten Zustand des Gerichtsverfahrens noch immer ein Ausweg gelassen, zu entschlüpfen. Bei jährlichen Wahlen von Gesetzgebern ist jeder derselben für jedes Jahr verantwortlich, und man kann keinen guten Grund angeben, weshalb Diejenigen, denen die Vollstreckung des Gesetzes anvertraut ist, nicht in gewissen Perioden eben so verantwortlich sein sollten, als es die sind, denen die Macht zusteht, Gesetze zu erlassen.

Die Richter aller Verantwortlichkeit zu entbinden, ist die Nachahmung einer englischen Acte, um die Richter von der sogenannten Krone unabhängig zu machen, so daß sie von derselben ihres Amtes nicht entsetzt werden können. Der Fall ist dieser: Die Richter in England sind von der Krone ernannt und werden aus des Königs Civilliste bezahlt, als Repräsentanten des Königs in dem Gerichtshofe. Und in allen Prozessen wegen Verrath und Criminalvergehen ist der König der Kläger. Es war deshalb ganz vernünftig, daß der Richter, unter dessen Aufsicht ein Mann verhört wurde, nicht wegen des Besitzes seines Amtes von dem Kläger abhängen sollte. Doch dies ist kein Grund, warum unter einer Regierung, die auf dem Repräsentativ-System gegründet ist, ein Richter nicht verantwortlich sein sollte, oder nicht durch irgend ein constitutionelles Mittel seines Amtes sollte entsetzt werden können, ohne daß man zu der langweiligen und kostspieligen Formalität einer öffentlichen Klage schreiten müßte. Wir entfernen und entsetzen Präsidenten, Gouverneure Senatoren und Repräsentanten, ohne diese Formalität. Weshalb denn sollten Richter, die gewöhnlich Advokaten sind, das Privilegium haben, fortwährend im Amte zu bleiben? — Ich glaube, der Grund liegt darin, weil Advokaten den auf das Gerichtswesen bezüglichen Theil der Constitution selbst verfaßt haben.

Der Ausdruck: „Verachtung gegen den Gerichtshof", der in Pennsylvanien einige Aufregung hervorgebracht hat, ist auch von England copirt worden, und in jenem Lande meint er Verachtung gegen des Königs Majestät, oder seines Vorrechts in dem Gerichtshofe, weil die Richter dort als seine Repräsentanten erscheinen, und in ihren Vollmachten bei Eröffnung der Gerichtshöfe „Seiner Majestät des Königs Richter" benannt sind.

Dieses bis jetzt unerklärte Ding, Verachtung gegen den Gerichtshof genannt, stammt von der normännischen Eroberung Englands her und beweißt seinen Ursprung durch die französischen Worte, mit welcher eine Aufforderung zum Stillschweigen „unter Androhung von Gefängnißstrafe" anfängt: "Oyez, oyez, oyez!" *) Dies zeigt, daß es normännischen Ursprungs ist. Es ist jedoch eine Art von Despotismus, denn Verachtung gegen den Gerichtshof ist jetzt irgend Etwas, was derselbe willkürlich so zu nennen beliebt, und dann legt er Strafen dafür auf ohne Verhör, gleichwie durch Vorrecht, wie in Pasmore's Fall, der viele Aufregung unter dem Publikum hervorgebracht. Diese Praxis sollte constitutionell regulirt werden, aber nicht durch Advokaten.

Es bleibt noch vieles an der Constitution zu verbessern übrig. Die pennsylvanische Convention wird, wenn sie zusammenkommt, Vortheile besitzen, welche die ihr vorhergehenden nicht hatten. Die künftige Convention wird zwei Constitutionen vor sich haben, die von 1776 und die von 1790; jede war ungefähr vierzehn Jahre in Kraft. Ich weiß keinen wesentlichen Einwurf gegen die Constitution von 1776, ausgenommen, daß in ihrem Wirken zu leicht Uebereilung vorkommen kann; doch dem ist leicht und wirksam abzuhelfen, wie der beigefügte Entwurf über Constitutionen, Regierungen und Charters zeigen wird. Dagegen gibt es viele und wichtige Einwürfe und Klagen wider die jetzige Constitution und deren Wirken, die von ihrer ungleichen und ungeeigneten Vertheilung der Macht ausgehen.

Das, was sich in dem Senate Pennsylvaniens im Jahre 1800 bei dem von dem Repräsentantenhause passirten Gesetze, Wahlmänner zu wählen, ereignete, rechtfertigt Franklins Meinung, die er im Jahre 1776 auf Ansuchen der Convention, von der er Präsident war, im Betreff der Angemessenheit oder Unangemessenheit zweier Häuser abgab, von denen eines die Gesetze des andern verwerfen kann. „Dies kommt mir so vor", sagt er, „als ob man ein Pferd vor einen Karren und das andere hinter denselben anspanne und auf beide lospeitsche. Haben die Pferde gleich viel Kraft,

---

*) Hört, hört, hört!

so werden die Räder des Wagens, wie die Räder der Regierung, stille stehen, und haben sie Kraft genug, so werden sie den Karren in Stücke reißen."

Es war nur die Mäßigung und der gesunde Sinn des Landes, was verhinderte, daß es sich nicht in den Streit hineinziehen ließ, der vom Senate erhoben worden, und was Pennsylvanien davor schützte, durch Empörung in Stücke gerissen zu werden.

Ungleichheit der Rechte ist von jeher die Ursache aller Störungen, Insurrectionen und Bürgerkriege gewesen, die je in einem Lande stattgefunden haben. Dies wurde Ursache der amerikanischen Revolution, als das englische Parlament sich herausnahm, **für Amerika in allen Fällen gesetzlich bindende Beschlüsse zu fassen**, und es zu unbedingter Unterwerfung zu zwingen. Es war die Ursache der französischen Revolution und ebenso die der Bürgerkriege zur Zeit Carls und Cromwells, als das Haus der Gemeinen erklärte, daß das Haus der Lords überflüssig sei.

Das wesentliche Prinzip in dem Repräsentativ-System ist, daß die **Majorität regiert**; und da es sich immer ereignen wird, daß ein Mann in der einen Frage in der Minorität und in der andern in der Majorität ist, so gehorcht er nach demselben Prinzip ebensowohl, als er regiert. Doch wenn zwei Häuser da sind von ungleicher Mitgliederzahl, und die kleinere Anzahl verwirft die Gesetze der größeren Zahl, so regiert die Minorität, welches gegen das Prinzip ist. Dieses war der Fall in Pennsylvanien im Jahre 1800.

Amerika hat die hohe Ehre und das Glück, die erste Nation zu sein, die der Welt das Beispiel gegeben hat, Constitutionen durch eine ausdrücklich zu diesem Zwecke berufene Convention zu entwerfen und sie auf dieselbe Weise zu verbessern, wenn Zeit und Erfahrung es erheischen sollten. Nicht ein Tropfen Blut ist in den Vereinigten Staaten vergossen worden in Folge der Einführung von Constitutionen und Regierungen durch ihr eigenes friedfertiges System. Das stillschweigend abgegebene Votum, oder das einfache Ja oder Nein ist mächtiger, als das Bayonnet, und entscheidet die Stärke der Zahl ohne einen Schlag.

Ich habe nun, Bürger Pennsylvaniens, Euch in guter Absicht eine Reihe von Gedanken und historischen Nachweisungen überreicht, und sie in möglichst kleinen Raum zusammengedrängt, damit sie bequem circuliren können. Sie sind auf den Gegenstand, der jetzt Eurer Ueberlegung vorliegt, anwendbar, nämlich auf die Berufung einer Convention, und zu dessen Förderung und Beendung wünsche ich Euch Erfolg und Glück und die Ehre, Euren Nachbarstaaten und der Welt ein vortheilhaftes Beispiel zu geben.

Freundschaftlichst der Eurige

Thomas Paine.

New Rochelle, N. Y., im August 1805.

Ueber Constitutionen, Regierungen und Freibriefe.*)

Das Volk Pennsylvaniens beschäftigt sich jetzt ernstlich mit dem Gegenstande, eine Convention zusammenzuberufen, um seine Staatsconstitution

---

*) Dieser vorzügliche Artikel ist von der Feder des berühmten Herrn Paine.

Cheetham.

zu revidiren, und es scheint unzweifelhaft, daß eine Revision nothwendig ist. Das Volk sagt, es sei eine Constitution zu Gunsten der Advokaten.

Die Constitutionen aller Staaten wurden entworfen, ehe letztere irgend Erfahrung im Repräsentativ-Regierungssysteme hatten, und es würde ein Mirakel in der menschlichen Geschichte gewesen sein, wenn bloße Theorie, ohne Erfahrung, auf einmal etwas Vollkommenes hergestellt hätte. Die Constitution von New York wurde schon im Jahre 1777 abgefaßt. Der Gegenstand, der die Gemüther des Publikums damals beschäftigte und in Anspruch nahm, war der Revolutionskrieg und die Feststellung der Unabhängigkeit; und um der Unabhängigkeitserklärung des Congresses Wirkung zu verschaffen, war es nothwendig, daß die einzelnen Staaten einen praktischen Anfang machen sollten, indem sie Staats-Constitutionen aufstellten, der Zeit und der Erfahrung die Verbesserung derselben überlassend. Der allen jenen Constitutionen gemeinsame Fehler ist, daß sie zu sehr nach dem System (wenn man es ein System nennen darf) der englischen Regierung geformt sind, einem Systeme, welches in der Praxis alle übrigen an Verderbtheit übertrifft, da es systematisirte Verderbtheit ist.

Eine andere Idee herrschte ferner zu jener Zeit vor, daß man nämlich die gesetzgebende, vollstreckende und richterliche Gewalt vollständig von einander getrennt halten müsse. Doch dieser Idee, ob sie correct ist oder nicht, wird in der Praxis beständig entgegengehandelt, denn wo es der Zustimmung des Gouverneurs oder der Executiv-Gewalt bedarf, ehe ein Act des Gesetzes in Kraft treten kann, oder wo der Gouverneur durch ein Veto einen Act der Legislatur verhindern kann, daß er zum Gesetze werde, da ist er ein wirklicher Theil der Gesetzgebung und besitzt vollständig eine Hälfte der Gewalt der ganzen Legislatur.

Diese Gewalt ist in dem Staate New York einem auserwählten Körper anvertraut, der aus dem Gouverneur, dem Kanzler und den Richtern besteht und der Revisions-Rath genannt wird; dies ist sicherlich besser, als daß man ein Individuum mit dieser Macht bekleidet, wenn es als nöthig erachtet wird überhaupt eine solche Institution zu haben; denn es ist ein direkter Widerspruch gegen den aufgestellten Grundsatz, daß jene Gewalten separat gehalten werden sollen; denn hier ist die executive und richterliche Gewalt vereinigt, um als gesetzgebende Gewalt zu handeln.

Wenn wir Grundsätze in der Praxis scheitern sehen, so sollten wir bis zu der Wurzel gehen, um zu erforschen, ob die Grundsätze wahr sind. Es thut nichts zur Sache, wie viele Abtheilungen, Unterabtheilungen und Classificationen wir machen, denn die Thatsache ist, es gibt in jeder Regierung nur zwei Gewalten, die Gewalt des Wollens oder des Gesetzgebens und die Gewalt, das Gewollte zu vollstrekken, denn was die richterliche Gewalt genannt wird, ist nur ein Zweig der executiven Macht, sie vollzieht die Gesetze, und was wir Executiv-Gewalt nennen, beaufsichtigt nur, daß die Gesetze vollzogen werden.

Irrthümer in der Theorie sind immer von Irrthümern in der Praxis begleitet, und dies bringt mich auf einen anderen Theil des Gegenstandes, nämlich den, die Constitution und die Regierung in ihrer wechselseitigen Beziehung auf einander zu betrachten.

Eine Constitution ist der Act eines Volkes in dem ursprünglichen Charakter seiner Souveränität; die Regierung ist ein Geschöpf der Constitution; sie ist durch dieselbe hervorgebracht und ins Dasein gerufen. Eine

II. N

Conſtitution erklärt und beſtimmt die Gewalt und Macht der Regierung, welche ſie geſchaffen.

Es folgt deshalb als ein natürlicher und logiſcher Schluß, daß die Regierungsgewalt, welche nicht durch die Conſtitution autoriſirt iſt, eine angemaßte und deshalb ungeſetzliche iſt.

Es iſt kein Artikel in der Conſtitution dieſes Staates (New York), noch in der irgend eines andern Staates, welcher die Regierung im Ganzen oder theilweiſe mit der Macht bekleidet, Freibriefe oder Monopole irgend einer Art zu gewähren, und deshalb iſt die Anmaßung, ſolche Freibriefe auszutheilen der Conſtitution zuwider, und ſind ſie durch Beſtechung erlangt, ſo iſt die Gewährung ſtrafbar. Es iſt ebenfalls gegen die Abſicht und das Prinzip jährlicher Wahlen. Legislaturen ſind nicht nur darum jährlich erwählt, um dem Volke in ſeinem Charakter als Wähler Gelegenheit zu geben, ſeinen Beifall denjenigen zu zollen, die recht gehandelt haben, indem es dieſelben wieder erwählt, und jene zu verwerfen, die unrecht gethan haben; ſondern auch um das Unrecht (wenn unrecht gehandelt worden iſt) einer früheren Legislatur wieder gut zu machen. Doch die wahre Abſicht, die Seele und das Prinzip jährlicher Erwählung würde geſtört werden, wenn irgend eine Geſetzgebung während des Jahres ihrer Autorität die Kraft hätte, irgend eine ihrer Acte über den Bereich der nachfolgenden Legislatur zu erheben. Dies aber wird immer in jenen Acten der Geſetzgebung, Charters genannt, verſucht. Was nützt es, die Geſetzgeber wegen verübten Unrechts zu entlaſſen, wenn das Unrecht auf die Autorität derjenigen, die es gethan haben, fortbeſtehen ſoll? Dies mag über Dinge, die unrecht ſind, genügen, und ich komme jetzt auf Dinge zu ſprechen, die recht ſind und nothwendig ſein dürften.

Erfahrung lehrt uns, das gelegentlich und beſonders in einem neuen Lande Dinge vorkommen, welche die Ausübung einer Gewalt erfordern, die verſchieden iſt von derjenigen, welche gewöhnlich der Legislation übertragen wird, und deshalb müßte ein Artikel in der Conſtitution ſein, feſtſetzend, wie jene Gewalt beſchaffen ſein und wie ſie ausgeübt werden ſoll. Vielleicht iſt die einfache Methode, welche ich jetzt erwähnen will, die beſte, weil ſie auch ſtrenge in den Grenzen der jährlichen Wahl bleibt, keine neue Ernennungen nothwendig macht, und keine weitere Unkoſten verurſacht. Wenn es z. B. hieße:

Daß alle Angelegenheiten, die von den gewöhnlichen Geſchäften der Geſetzgebung verſchieden ſind (z. B. Verkäufe oder Gewährungen öffentlicher Ländereien, Incorporations-Acte, öffentliche Contracte mit Individuen oder Compagnien über einen gewiſſen Betrag hinaus), von der einen Legislatur vorgeſchlagen und als Geſetzentwurf mit beigefügten Jas und Neins, nachdem daſſelbe zweimal verleſen, gedruckt werden und in dieſem Zuſtande bis zur nächſten Legislatur liegen bleiben und dann wieder aufgenommen werden ſollen, das heißt, es ſoll bei ſolchen Sachen zwiſchen dem Vorſchlage derſelben als Entwurf und dem Verordnen als Geſetz, immer erſt die alljährliche Wahl fallen müſſen.

Die Schnelligkeit mit der eine eigennützige Spekulation oder ein Betrug an dem öffentlichen Eigenthum in der kurzen Zeit einer Sitzung durchgeführt werden kann, bevor noch das Volk davon Kunde hat, macht es nothwendig, daß eine Vorſichtsmaßregel dieſer Art, wenn man keine beſſere ausfinden kann, zu einem Artikel in der Conſtitution gemacht werde. Wäre solch ein Artikel ursprünglich in der Constitution gewesen, so würden die Bestechungen und Schlechtigkeiten, welche angewandt worden sind, die Mitglieder der letzten Legislatur in der Angelegenheit der Merchants Bank, zu verführen und zu leiten, nicht haben stattfinden können. Es wäre nicht der Mühe werth gewesen, Männer zu bestechen, um Etwas zu thun, was nicht in ihrer Macht lag. Die Legislatur hätte den Entwurf nur vorschlagen, nicht als Gesetz verordnen können, und die darauf folgende Wahl würde die, welche den Vorschlag gemacht, entlassen und so den Vorschlag selbst ohne weitere Mühe verworfen haben.

Diese Methode scheint den Werth und die Wichtigkeit der jährlichen Wahlen zu verdoppeln. Nur vermittelst der Wahlen kann die öffentliche Meinung über diesen Gegenstand genau gesammelt werden, und da es immer das Interesse einer bei weitem größeren Anzahl des Volkes in einem Lande ist, eine Sache recht, als sie unrecht zu haben, so ist es immer der Aufmerksamkeit werth, auf die Meinung des Publikums zu achten. Diese mag mitunter irre gehen; doch nie absichtlich und nie lang. Die Angelegenheit der Merchants Bank zeigt, daß es möglich ist, eine geringe Anzahl Menschen zu bestechen; doch es ist immer unmöglich, eine ganze Nation zu bestechen, und deshalb ist es in allen legislativen Verordnungen, welche beständig Geltung haben sollen und sich von den Acten der gewöhnlichen Gesetzgebung unterscheiden, indem letztere zu jeder Zeit veränderbar oder widerrufbar sind, das Sicherste, daß solche Verordnungen durch zwei Legislaturen passiren, zwischen denen eine allgemeine Wahl stattfindet. Die Wahlen werden schon das Nachdenken des Publikums über irgend einen wichtigen, vorgeschlagenen Gesetzentwurf aufwecken, und somit wird der ganze Staat sein eigener Revisionsrath werden. Das Volk hat bereits sein Veto über die Merchants Bank Bill ausgesprochen, trotzdem daß jener Minoritäts-Revisions-Rath dieselbe schon genehmigt hatte.

Gesunder Menschenverstand.

New Rochelle, den 21. Juni 1805.

———— ◆ ————

Betrachtungen über die politischen und militärischen Angelegenheiten Europas.

Die Schlachten, welche das Schicksal des Königs von Preußen und seiner Regierung entschieden haben, fingen am 9. October an und endigten am 14. desselben Monats; aber der letzte entscheidende Schlag, die totale Niederlage der hundert und fünfzig Tausend Mann starken preußischen Armee am 14. war in England bis zum 26. oder 27. October unbekannt. Die erste officielle Anzeige davon findet sich in einer Londoner Zeitung am 27. (Siehe den Mercantile Advertiser vom Dienstag den 9. Dec. und den American Citizen vom 10. Dec.) Der Artikel im Londoner Blatte vom 27. Oct., welcher diese Begebenheit veröffentlicht, beginnt folgendermaßen:

„London, den 27. Oct. — Mit sehr großem Bedauern sind wir genö„thigt, die angenehmen Erwartungen niederzuschlagen, die wir **gestern** „von dem Erfolge der preußischen Armee hatten."

Das Manifest und die Erklärung der englischen Regierung wegen des Mißlingens der Friedensunterhandlungen mit Frankreich, welches alle

Schuld des Mißlingens auf die französische Regierung wirft, war in der London Gazette, dem officiellen Blatte der Regierung, am 21. Oct. veröffentlicht, fünf oder sechs Tage zuvor, ehe diese Regierung die Niederlage der Preußen kannte. Frage: Würde das englische Gouvernement dieses Manifest veröffentlicht haben, wenn es bis zur Kenntniß der Niederlage der Preußen noch nicht erlassen worden wäre? Ich denke: nein, ausgenommen, wenn es eine Wahrheit ist, was frühere Fanatiker gesagt haben: Diejenigen, welche Gott zu vernichten beabsichtigt, macht er zuvor wahnsinnig!

Es ist ein Sprichwort, welches sich oft in der Erfahrung bewährt hat, daß eine Geschichte so lange gut ist, bis eine andere erzählt wird. In kurzer Zeit werden wir ein Manifest der französischen Regierung haben, und alsdann werden wir durch die Vergleichung der beiden Manifeste mit einander und von den Umständen, die wir kennen (und dies ist der einzige wahre Weg, um Manifeste zu erklären), im Stande sein, uns ein Urtheil über das Ganze zu bilden.

Doch so weit die Verhältnisse jetzt schon bekannt sind, hat Bonaparte genau dasselbe gethan, was ich auch gethan haben würde, ich meine hinsichtlich des jetzigen Krieges, wenn ich an seinem Platze wäre, was ich jedoch, Gott sei Dank! nicht bin. Warum sind fortwährende Verbindungen gebildet worden und werden noch stets neue gebildet gegen ihn, gegen die französische Nation und gegen die französische Regierung? Warum sucht die englische Regierung das Volk, welches sie beherrscht, stets niederzudrücken und auszumergeln, indem sie dasselbe mit den drückenden Ausgaben beladet, die derartigen Verbindungen zu bezahlen? Das Volk ist es, welches Alles bezahlen muß, und ich bedaure dasselbe aufrichtig!

Die Gegner Napoleons sagen: Er ist ein Usurpator. Die Thatsache ist aber, daß alle Fürsten Europas Usurpatoren sind, und daß die erbliche Monarchie nur eine Reihenfolge von Usurpatoren aufstellt. Die jetzige erbliche Dynastie Englands stammt vom Usurpator Wilhelm von der Normandie ab, welcher England eroberte und die Regierung usurpirte. Wenn einer unter den Monarchen weniger ein Usurpator ist als die Uebrigen, so ist es Bonaparte, denn er wurde durch die Wahl des Volkes zu seiner jetzigen Stellung und seinem jetzigen Titel erhoben. Die Anderen maßten sich ihre Stellungen mit Hülfe des Schwertes an oder succedirten in Folge der ersten Usurpation.

Die Verbindungen gegen Frankreich können bei der natürlichen Lage der Dinge unmöglich erfolgreich sein, wenn die französische Regierung die Energie und Thätigkeit bewahrt, welche sie jetzt zeigt. Die englische Regierung mag sich mit derartigen Verbindungen amüsiren, so oft und so lange sie Vergnügen daran findet, sie werden alle auf das eine und dasselbe fatale Ende hinauslaufen. Denn fürs Erste gibt es keine einzelne Macht in Europa, der es möglich wäre, es mit Frankreich aufzunehmen, wenn nicht eine vereinigte Armee in Abtheilungen von verschiedenen und entfernten Theilen Europas zusammengebracht und formirt werden kann; und fürs Zweite können jene von einander entfernten Abtheilungen einer solchen verbündeten Armee zum Zwecke ihrer Vereinigung in Deutschland nicht in Bewegung gesetzt werden, ohne daß dies in Frankreich bekannt würde. Dies würde daher stets die Folge haben, daß, sobald die französische Regierung erführe, jene entfernteren Abtheilungen setzten sich in Bewegung, die französische Ar-

mee, mit Napoleon an der Spitze, losmarschiren und die erste beste Abtheilung der verbündeten Armee, die sie träfe, angreifen und schlagen würde.
Vergangenes Jahr stellte das östreichische Heer eine solche Abtheilung dar.
Dieses Jahr ist es das preußische. Die englische Regierung mag verbündete Armeen in dem Cabinete beschließen, Napoleon aber kann deren Zusammenkommen im Felde immer verhindern. Dies ist eine für Jeden, der
Europa und seine Verhältnisse kennt, so sehr einleuchtende Thatsache und
kann durch die Aufeinanderfolge der Begebenheiten so leicht dargethan
werden, daß ein Cabinet in totale Unwissenheit und Dummheit versunken
sein muß, um es nicht einzusehen. Und auf diese Weise ist das Leben so
vieler harmloser Menschen vergeudet worden.

Die letzten Friedensunterhandlungen zwischen England und Frankreich
betrachte ich als eine Kriegslist von beiden Seiten, und der ganze Streit
drehte sich darum, wer den andern überlisten könnte. Das britische Manifest sagt: Die Unterhandlungen entsprangen aus ei-
nem Vorschlage der französischen Regierung wegen
des Friedens auf der Basis des wirklichen momenta-
nen Besitzes zu unterhandeln. Gut, sei es so; es macht die
Sache nicht besser und nicht schlimmer; denn es ist Thatsache, obgleich das
britische Manifest nichts davon erwähnt, daß die englische Regierung
den Plan von dieser verbündeten Armee der Preußen, Russen und Schweden ersonnen und ausgebildet hat, und zwar mehrere Monate bevor der
Vorschlag gemacht wurde, und daß die französische Regierung Kenntniß
davon gehabt hat; denn es ist unmöglich, eine solche Sache als ein tiefes
Geheimniß zu bewahren. Das letztere Cabinet machte dieserhalb, weil es,
wie gesagt, am Ende eine Art, wenn man so sagen kann, von Kenntniß
aus Verdacht über die Coalitions-Intriguen hatte den oben erwähnten
Vorschlag, um die gegen es vorbereiteten heimlichen Anschläge klar auszu-
finden, damit es darauf vorbereitet wäre. Auf der andern Seite ging das
britische Cabinet in die ihm gemachten Anerbietungen und Unterhandlungen ein, um den Russen und Schweden Zeit zu geben zu marschiren und
sich mit den Preußen zu vereinigen, während die Comödie der Unterhandlungen fortspielte.

Aber der corsische Usurpator, wie sie ihn nennen, war ihnen zu schnell.
Als Diplomat hat er die Coalitions-Intriguanten und als General hat er
die Coalitions-Usurpatoren geschlagen. Der gefallene König von Preußen
mag sein Loos beklagen, und das britische Cabinet sich vor den Folgen in
Acht nehmen.

Indem wir von diesen Verhältnissen reden, darf es nicht vergessen werden, daß die britische Regierung den Krieg angefangen hat. Sie hatte mit
Frankreich einen Friedensvertrag geschlossen, den von Amiens, und erklärte
kurz darauf den Krieg wieder, um die Vollziehung der Bedingungen des
Vertrages zu umgehen. Es wird ihr unmöglich werden, einen anderen
Vertrag so gut als den gebrochenen schließen zu können, und höchst wahrscheinlich wird sie gar keinen erhalten.

Diese Regierung muß nun ihr Schicksal erwarten, denn sie kann keine
neue Coalition mehr auftreiben. Es bleibt keine Macht in Europa übrig,
um eine andere mit ihr bilden zu können. Die letzte, welche aufgerichtet
werden konnte, ist aufgerichtet und — vernichtet worden.

New York, den 14. December 1806.   Thomas Paine.

II. N 2

Von der englischen Seemacht.

Die englische Flotte, auf die man so stolz ist, ist der Ruin von England gewesen. Dies mag einer einfältigen Bande Föderalisten, die keinen weiteren Blick haben, als der Maulwurf unter der Erde, fremd erscheinen, sonst würden sie Frankreich nicht so lästern, als sie es thun. Aber so befremdend es erscheinen mag, ist es nichts destoweniger wahr, und ein wenig Nachdenken hierüber wird es Jedem klar machen.

Die Kosten dieser Flotte sind größer, als die Nation sie zu ertragen vermag, und der Mangel wird fortwährend unter dem Namen „Anlehen" durch Vorausnahme der Einkünfte ergänzt, bis die Nationalschuld, welche die Totalsumme dieser Vorausnahme ist, nach dem Rapporte des Kanzlers der Schatzkammer an das Parlament am 28. vergangenen März die enorme Summe von £603,924,000 erreicht hat, und die Interessen dieser Summe betrugen damals 24,900,000 Pfd. Sterling.

Was man Anlehen nennt ist nichts anderes, als neue Stocks ausgegeben, um diese auf dem Markt zu verkaufen; dann aber wieder neue Abgaben aufzulegen, um die Interessen dieses Papiergeldes zu bezahlen. Die Personen, welche Anleiher oder Subscribenten für die Anleihe genannt werden, contrahiren mit den Ministern auf große Quantitäten dieser neuen Actien, zu dem billigsten Preis, den sie erzielen können, und machen Alle bei dem Verkaufe im Einzelnen ihr gutes Geschäft. Dieses ruinirende System, denn am Ende muß es ruiniren, begann in der Zeit Wilhelm III. vor 118 Jahren.

Die Instandhaltung der englischen Flotte kostet nach dem Berichte des Kanzlers der Schatzkammer vom März dieses Jahres 15,281,000 Pfund Sterling. Die enormen Kosten dieser Flotte durchschnittlich genommen (im Frieden und im Kriege), haben die National-Schuld um fünf Millionen Pfund jedes Jahr erhöht, seit der Zeit, als das System der sogenannten Anleihen begann (jetzt 118 Jahre). Und diese jährlichen Anhäufungen von fünf Millionen Pfund Sterling 118 Jahre lang hat die englische National-Schuld zu der enormen Summe von 603,924,000 Pfund Sterling gebracht, welches der Betrag der Schuld vergangenen März war. Wenn wir nun fragen, was hat diese mächtige Flotte gethan, um diese Summen aufzuwiegen? so erhalten wir zur Antwort, daß sie, in Vergleich mit diesen Summen, Nichts gethan hat. Sie hat einige Siege zur See erfochten, wo nichts als zerschlagene und zerbrochene Knochen zu gewinnen waren, und hat unbewaffnete Fahrzeuge neutraler Nationen geplündert. Dies ist die kurze Geschichte ihres Dienstes.

Daß die englische Regierung sich nicht auf die Flotte verlassen kann, um eine Landung Bonapartes in England zu verhindern, beweisen die kostspieligen Vorbereitungen derselben, um ihn auf dem Lande zurückzuschlagen; und daß die Flotte nichts dazu beiträgt, den Handel zu beschützen, ist durch Thatsachen bewiesen, da alle Häfen des europäischen Continents vom Lande aus gegen den englischen Handel geschlossen sind. Von welchem Nutzen ist denn nun die Flotte, welche eine solche ungeheure Schuld auf England geladen hat, und die mehr als acht und sechszig Millionen Dollars jährlich kostet, um aufrecht erhalten zu werden, eine Summe, die dreimal mehr ist, als alles Gold und alles Silber, welches die Minen Peru's und Mexico's jährlich erzeugen? Solch eine Flotte wird immer eine Nation arm erhal-

ten; darum ist es kein Wunder, daß jede siebente Person in England ein
Almosen-Empfänger ist. Dies ist Thatsache. Die Anzahl der Almosen-
Empfänger ist gegenwärtig dort 1,200,000 stark.

Ein anderes Uebel, welches England durch das Halten dieser Flotte erwächst, ist, daß dieselbe außer der Schuld, die sie auf das Land gehäuft hat,
auch das baare Geld aus dem Lande zieht. Mehr als die Hälfte der Materialien zum Bau und zur Instandhaltung der Flotte sind von Rußland
oder Schweden bezogen, und da die Exportation der englischen Manufak-
tur-Waaren nach diesen Ländern nur unbedeutend ist, so muß der Ueberschuß in baarem Gelde bezahlt werden. Wenn Napoleon erfolgreich in
allen seinen Plänen ist, so hoffe ich, er wird den Kriegsflotten zum Besten
der Welt ein Ende machen.

Den 7. Januar 1807.

Gesunder Menschenverstand.

——◆——

Bemerkungen über Gouverneur Lewis' Rede an die Legislatur in Albany, New York.

Gehässige Vergleichungen zeigen Mangel an Urtheil. Wenn jedoch
derartige Vergleichungen auch noch auf unwahre Thatsachen gestützt werden,
so sind sie um so schlimmer.

Sie sagen in Ihrer Rede zu der Legislatur: „In dieser allgemeinen
Vertheilung von Wohlthaten hat unser Staat den größten Antheil erhalten. Im Laufe weniger Jahre ist er seinen verbündeten Nachbarstaaten
in jener Hauptquelle der National-Größe, dem Ackerbau und Handel, vor-
ausgeeilt und ist nicht hinter den Ersten derselben im Fortschritte der nützlichen und schönen Künste zurückgeblieben." Die erste dieser Behauptungen
stützt sich auf eine Vergleichung der Exporte von New York und denen von
Philadelphia, während der kurzen Periode von fünf oder sechs Jahren,
welche ein untrügliches Kennzeichen sein soll, und die wichtige Thatsache feststelle, daß, obgleich jede dieser Städte ein schnelles Emporblühen
erfahren hat, dennoch New York, welches Anfangs weit zurück war, vor-
auseilend, Philadelphia nicht nur erreicht habe, sondern, daß es auch jetzt
demselben weit voranstehe. Zur Erläuterung: Im Jahre 1800 verhielten
sich die Exporte Philadelphias zu denen von New York ungefähr wie sieben
zu sechs. Am Jahresschluß 1805 waren die New Yorks zu denen Philadelphias gleich zwölf zu sieben. Woher, ist die natürliche Frage, entspringen diese Resultate, welche um so auffallender sind, da Philadelphia eine
Ueberlegenheit an Bevölkerung erhalten, und bedeutend mehr als hunderttausend Einwohner zählt, während New York nur wenig mehr als sieben-
zigtausend hat?

„Die Frage (fährt der Gouverneur fort) ist der Art, daß sie verdient von
einem erleuchteten Geiste untersucht zu werden, und die Lösung derselben
wird, wenn ich mich nicht irre (Es ist sehr gut, daß der Gouverneur dies
einschaltet), in unserer lebhaften Anstrengung, in der Verbesserung der
Straßen und schiffbaren Ströme zu finden sein. Diese haben den Verkehr zwischen unseren Seehäfen und dem innern Lande erleichtert. Wir
haben den Wäldern gelehrt (Die Wälder sind jetzt dann wohl gelehrter als

die von Pennsylvanien), sich unter der Arbeit der Landwirthe zu beugen (Das heißt einen zierlichen Bückling machen, wie ihn die Quäckerbäume in Pennsylvanien natürlich nicht machen können). Wir haben die Wildniß in fruchtbare Felder bekehrt (Dies ist ein Zeitalter sonderbarer Bekehrungen) und die Wüsten Orte freundlich und blühend gleich der Rose gemacht;". — und singend, vermuthe ich, wie die Nachtigall! Poetische Erdichtungen sind in einer legislativen Angelegenheit lächerlich.

Ich komme nun zu ernsteren Betrachtungen zu den irrthümlichen und gehässigen Vergleichungen, die in der Rede des Gouverneurs enthalten sind. Ueber einen anderen Theil der Rede werde ich sprechen, wenn ich hiermit fertig bin.

Ich nehme die Thatsachen an, wie sie Gouverneur Lewis festgestellt hat, daß die Exporte von Philadelphia größer als die von New York im Jahre 1800 waren, und daß jetzt die von New York größer, als die von Philadelphia sind. Aber die Ursachen, welche der Gouverneur hierfür angibt, beweisen einen großen Mangel an Kenntniß und folgerechtem Urtheile.

Er schreibt es, so weit es New York betrifft, der Verbesserung der Straßen und schiffbaren Flüsse — der Beugung der Wälder unter die Arbeit der Landwirthe — der Umwandlung der (unverwandelten) Wildnisse in fruchtbare Felder — und der Verschönerung der wüsten Orte zu und spricht von diesen Fortschritten, als ob Pennsylvanien in der Zeit stillgestanden und keine gemacht hätte, während es durchaus nicht so ist, wie es der Gouverneur aufstellt. Pennsylvanien hat mehr Landstraßen und mehr stehende Brücken gebaut, als irgend ein anderer Staat, und in Bezug auf den Landbau, so gibt es keine Farmer in den ganzen Vereinigten Staaten, die so vorzüglich wären, als die deutschen Farmer in Pennsylvanien. Wir müssen uns demnach nach einer andern Ursache umsehen, als die, welche der Gouverneur bezeichnet hat.

Wenn der Gouverneur Lewis sich auch nur einigermaßen mit den Handelsverhältnissen bekannt gemacht hätte, was seine Pflicht war, bevor er es unternahm von Exportation und Importation zu sprechen, so würde er ausgefunden haben, daß der größere Theil der Exporte von New York nicht die Produkte des Staates New York sind, und daß diese deßhalb ihren deutlichen Ursprung von allen im Lande gemachten Fortschritten herleiten. Zum Beispiel die Stadt New York exportirt große Quantitäten Tabak, Reis, Baumwolle, Indigo, Pech, Theer, Terpentin und Harz, und doch sind keine dieser Artikel die Produkte des Staates New York. Die Wahrheit ist, daß die südlichen Staaten, wo diese Artikel erzeugt werden, nicht viel mit dem ausführenden Verkehr zu thun haben, und da der New-Yorker Hafen vortheilhaft an der See liegt, kommen jene Artikel auf dem Küstenwege nach New York, und werden von da aus nach Europa gesendet.

Ebenso exportirt New York einen großen Theil der Producte von Connecticut, welche in Schaluppen durch den Sund kommen; desgleichen ganz beträchtliche Quantitäten vom Staate Vermont und ebenso von East Jersey; und im Verhältniß als es die Producte anderer Staaten exportirt, importirt es ebenso für dieselben. Nicht ein Drittheil von dem, was es importirt, wird in dem Staate selbst verbraucht. Die bequeme Lage des New-Yorker Hafens (leicht ein- und auslaufen zu können) und nicht etwa eins der idyllischen Complimente in des Gouverneurs Verzeichniß macht New York im Handel Philadelphia überlegen.

Es sollte gleichfalls bemerkt werden, daß der Handelsverkehr seit einigen Jahren eine beträchtliche Veränderung erlitten hat. In früherer Zeit war es die Politik der englischen Regierung, die verschiedenen Colonien, wie sie genannt wurden, getrennt und unbekannt mit einander zu halten, und da New York während des Krieges im Besitz der Britten war, konnte die passende Lage des Hafens als Vereinigungsplatz nicht bekannt sein.

Nach dem Kriege gestaltete es sich, daß die östlichen Staaten die Spediteure für die südlichen wurden, und jetzt machen die Seeschiffe der östlichen Staaten New York zu ihrem Sammelplatz, wo sie mit den Producten der südlichen Staaten, die auf Küstenfahrzeugen nach New York kommen, beladen werden und dieselben nach Europa exportiren, und zwar solche Artikel, wie die bereits genannten: Tabak, Reis, Baumwolle, Indigo, Pech, Theer, Terpentin und Harz. Mindestens vierzig bis fünfzig Seeschiffe, welche zum New Yorker Hafen zu gehören scheinen, sind in New England gebaut, gehören Einwohnern dieser Staaten, z. B. New Bedfortern, und kommen nur nach New York, um ihre Fracht und Papiere dort zu nehmen. Gouverneur Lewis hätte sich von allen diesen Dingen unterrichten sollen, bevor er es unternahm, sich in einer Rede an die Legislatur wegen Export und Import bloszustellen.

Ich komme nun zu einer Bemerkung wegen eines andern Theils der Rede des Gouverneurs, welcher unmittelbar dem eben abgehandelten Theile folgt. „Aehnliche Ursachen", sagt er, „haben ähnliche Wirkungen in Großbritannien, einem Lande, unübertroffen im Ackerbau, in den Künsten, Fabriken und im Handel, hervorgebracht. Erst seit wenig mehr, denn fünfzig Jahren, wurde seine Aufmerksamkeit ernstlich auf die Beförderung seines innern Verkehrs gerichtet. Von dieser Zeit an sind seine Exportationen fortwährend gestiegen, und sind fast zu vierhundert Procent angewachsen, während seine Bevölkerung nicht um zehn Procent zugenommen hat. Ein weises Gouvernement (damit meint der Gouverneur seine eigene Verwaltung) wird nicht verfehlen, solche Vortheile noch zu vermehren."

Wäre diese Lobrede, welche der Gouverneur hier England macht, wirklich gegründet, was sie durchaus nicht ist, so würde nichtsdestoweniger die Zeit zu dergleichen Lobreden unpassend sein.

In der Lage, in welcher Europa sich jetzt befindet, ist es am besten, keine öffentliche Anspielung auf irgend einen Theil desselben zu machen, der einen andern beleidigen könnte; aber die Lobeserhebungen sind auch grundfalsch. Den Ackerbau Englands betreffend, so ist es Thatsache, daß es (abgesehen davon, daß seine eigene Flotte nicht von ihm, sondern von Irland mit Lebensmitteln versehen wird), nicht einmal Frucht genug erzeugt, um die eigenen Einwohner damit erhalten zu können, und bezöge es nicht Ladungen voll Waizen von den Vereinigten Staaten und von der Ostsee, so würde das Volk vor Hunger sterben. Hinsichtlich der Qualität ist der französische Waizen auch besser als der englische.

Wenn ferner Britannien in den Künsten unübertroffen sein soll, so hat der Gouverneur nicht gesagt, was für Künste er meint. Der Ausdruck ist zu schaal und allgemein, um Bemerkungen zuzulassen. Es gibt sehr verschiedene Arten von Künsten, hinunter bis auf die **schwarze Kunst**. Die englische Regierung versteht die **Kunst**, das Volk mit Abgaben zu belasten, bis Tausende von ihnen kein Mittagsessen für den Sonntag mehr bezahlen können, und die Kirche dort versteht die **Kunst**, dem armen Volke durch die Abgabe des Zehnten für das Wohl seiner Seelen die Taschen auszuleeren. Was die **schönen Künste** anbelangt, so steht England hinter den südlichen Nationen Europas weit zurück, und in Betreff der Erfindung **neuer Künste** übertrifft Frankreich England. Die **Kunst**, in der Luft mit Ballons zu segeln, vermittelst welcher eine große Fläche Landes und die Stellung eines Feindes recognocirt werden kann, und die **Kunst**, bei einer Entfernung von zwei= bis dreihundert Meilen in zwei oder drei Stunden mittelst Telegraphen Nachricht zu erlangen, sind französische Erfindungen. Und gewiß meint der Gouverneur die **Kriegskunst** nicht. Thut er es aber, so mag er die Sache mit Napoleon selbst ausmachen.

In Bezug auf **Fabriken**, die ein anderes Item in des Gouverneurs Lobgesang ausmachen, so ist die Wahrheit die, daß jede Nation in einzelnen Fabrikationen, aber keine Nation in allen die übrigen übertrifft. Die französische Nation übertrifft die englische in jeder Art von Seiden=Manufacturen und in der Fabrikation des superfeinen breiten Tuches. Dies breite Tuch Frankreichs, „Löwener Tuch" genannt, steht so hoch über dem englischen superfeinem Tuche, als dieses über einem zweiter Qualität. Ebenso übertreffen die Franzosen die Engländer in jeder Art von Glas=Fabrikation, in Spiegelglas, Fensterglas und hohlen Glaswaaren, und diese Artikel sind gleichfalls billiger in Frankreich, als in England. Die Engländer übertreffen die Franzosen in Baumwollen=Fabriken; doch da die Maschinerien hierzu, welche die Erfindung eines englischen Barbiers, Namens Richard Arkwright waren, jetzt auch in Frankreich und anderen Theilen Europa's angefertigt werden, so wird dieser Vorzug aufhören.

Was den **Handel** betrifft, mit welchem der Gouverneur die Climax seiner Lobrede schließt, so ist es schwer, darüber Etwas zu sagen. Ein Kriegszustand ist für den Handel und die Fabrikation, welche von der Exportation abhängen, nicht günstig. England, als eine Insel, kann fremden Handel nur über See treiben, und es ist jetzt von allen Häfen des europäischen Continents ausgeschlossen, während Frankreich, auf dem Festlande gelegen, die Landverbindung mit dem übrigen Continente hat. Es kann zu Land mit Portugal, Spanien, Italien, dem ganzen Deutschland, Oestreich, Polen, Dänemark, und, wenn es ihm gefällig ist, selbst mit Constantinopel handeln, ohne die See zu berühren. Die Kosten dieses Krieges haben gezeigt, daß Flotten nutzlos im Betreff des Handels sind. Die englische Flotte, groß und kostspielig, wie sie ist, kann doch nichts zum Wohle des Handels für England thun. **Diese Flotte ist nun eine todte Last für die Nation.**

Wenn Gouverneur Lewis wünschte, einen Paragraphen seiner Rede mit Englands Zustande zu füllen, so konnte er es weit besser thun, als er es gethan hat.

Anstatt weit hergeholter Anspielungen und einer unbegründeten Lobrede, unkluger Weise der Welt mit Gewalt vor die Augen gebracht, hätte er, von England sprechend, das traurige Schauspiel einer Nation darstellen können, die sich selbst durch Kriege, Flotten und Nationalschulden so weit

ruinirt hat, bis jeder siebente Mann in dem unglücklichen Lande ein Bettler ist. *)

Er hätte bei den entsetzlichen Folgen der Verderbtheit verweilen und das
Betragen der britischen Regierung als eine Warnung vor der Gefahr zeigen
können. Er hätte endlich die Insolvenz der englischen Bank als eine Erinnerung gegen die fatalen Folgen von vermehrten Banken oder wachsenden
Quantitäten von Banknoten aufstellen sollen. Es ist so mancherlei faul im
Staate England, was als eine Warnung und nicht als ein Beispiel dienen sollte.

Ein alter Bürger der Vereinigten Staaten.

Den 23. Februar 1807.

——

Ueber Kanonenböte.

Ein Kanonenboot, welches schweres Metall führt, ist eine bewegbare Befestigung, und es gibt keine Art, kein System der Vertheidigung für die
Häfen und Küsten, welches die Vereinigten Staaten annehmen könnten, das
sich so vortheilhaft und wirksam erweisen würde, als Kanonenböte.

Linienschiffe sind nicht immer für die Vertheidigung einer Küste passend.
Sie sind zu schwerfällig, um in engen Gewässern zu operiren, und können
in seichten gar nicht gebraucht werden. Wie Wallfische, müssen sie in tie-
fem Wasser und in einer gewissen Entfernung vom Lande bleiben.

Fregatten bedürfen weniger Raum, als Linienschiffe, um zu operiren;
aber eine Fregatte ist nur eine schwache Maschine im Vergleich mit einem
Kanonenboote. Würde eine Fregatte eben so schweres Geschütz führen und
eben so schwere Kugeln zu schießen versuchen, wie ein Kanonenboot, so
würde die Erschütterung dabei ihren Bau auseinanderrütteln. Die Stärke
des Holzes bei jedem Kriegsschiffe steht im Verhältniß zum Gewichte des
Geschützes, welches es führt, und des Kalibers, dem es ausgesetzt sein wird.

Die Seiten einer Fregatte sind nicht für das Gewicht einer Kugel berech-
net, wie Kanonenböte sie schießen können. Der Unterschied zwischen zwei
Kriegsschiffen liegt nicht sowohl in der Anzahl ihrer Kanonen, als in dem
Kaliber, das sie führen.

Ich erinnere daran, was der englische Commodore Johnston zu Anfang
des amerikanischen Krieges im Hause der Gemeinen sagte, daß „eine einzige Kanone in gedeckter Stellung ein Linienschiff von seiner Position
treiben könnte. Ich erwähne dies, sagte er, damit nicht zu viel von der
Flotte erwartet werde."

Ein Kanonenboot kann dasselbe Kaliber, wie ein Schiff von hundert Kanonen führen, und es führt es mit dem größtmöglichsten Vortheil. Der
Schuß von einem Kanonenboote geht horizontal. Die Kanone ist auf einem
Rahmen befestigt, der in einer Rinne auf- und niedergeschoben werden
kann, und wenn der Steuermann den Bug des Bootes auf das Schiff
richtet, so richtet sich auch zugleich die Kanone auf dasselbe. Wenn ein

*) Die englische Bevölkerung enthält acht Millionen Seelen. Die Zahl der Almosen-
Empfänger war nach einem dem Parlamente übergebenen Bericht vor zwei Jahren Eine
Million und Zweimalhunderttausend.

Schiff mit seinen Steuer- oder Backbord-Kanonen kämpft, so bietet sich immer seine ganze Breitseite dem Gegenstande dar, auf den es feuert. Ein Kanonenboot hingegen kämpft nur mit dem Vordertheil, nämlich mit der Kanone an seinem Bug, und wenn es auf einen Gegenstand feuert, stellt es gegen denselben nur seine schmälste Front, die Bootsbreite, blos. Nehme man nun an, daß ein Boot zehn Fuß breit und zwei Fuß aus dem Wasser sei (ich spreche hier nur von Böten, welche für die Vertheidigung der Küsten und der nahegelegenen Städte berechnet sind, und die dasselbe Kaliber, wie ein Linienschiff führen sollen), so würde solch ein Boot demnach einen Raum von zwanzig Quabratfuß dem feindlichen Feuer barbieten, das heißt, zehn Fuß horizontale Breite und zwei Fuß senkrechte Höhe, die Höhe nämlich, welche das Boot aus dem Wasser ist. Wäre dagegen ein Schiff hundert Fuß lang und zehn Fuß über dem Wasser stehend, so bietet dasselbe einen Raum von tausend Quabratfuß dem Feuer des Gegners dar, das heißt, hundert mit zehn multiplicirt. Es ist wahrscheinlich, daß ein Schiff, wenn es auf ein Kanonenboot schießt, eine seiner Bug-Kanonen gebrauchen würde, weil es, wenn es dies thut, seine blosgestellte Länge um die Hälfte kürzt; jedoch kann es dann nur ein Geschütz, in dieser winkeligen Stellung, auf einmal gebrauchen.

Doch das Kanonenboot hat auch noch andere Umstände zu seinen Gunsten, als die, welche aus den verschiedenen Dimensionen der beiden Körper hervorgehen. Wenn eine Kugel von dem Schiffe, obgleich in gerader Linie mit dem Boote, mehr als zwei Fuß oberhalb des Wasserspiegels über die Stelle, wo das Boot sich befindet, hingeht, so streicht sie über das Boot weg, ohne ihm zu schaden, während dagegen ein Schuß von dem Boote aus, wenn er auch zu hoch gerichtet ist, um das Schiff zu beschädigen, doch den Mast treffen und mit wegnehmen kann. Auf diese Art pflegen die Schiffe gewöhnlich ihre Masten zu verlieren. Die Kugel, die ihn wegreißt, geht frei über dem Schiffe hin und wirft sich mit ihrer ganzen Kraft auf den Mast. Ferner, wenn die von dem Schiffe abgeschossene Kugel nur einen oder zwei Zoll weit von dem Boote vorbeifährt, thut sie ihm keinen Schaden, während ein Schuß von dem Boote, wenn er auch fünf oder sechs Zoll von dem Körper des Schiffes am Hintertheile vorbeigeht, noch das Steuerruder unfähig machen oder gar mit fortnehmen kann. Dieses und das Entmasten sind die schlimmsten Zufälle, die einem Schiffe begegnen können; doch keines dieser beiden kann sich bei einem Kanonenboote ereignen.

Von der Zahl der Leute, die in einem Schiffe getödtet oder verwundet werden, wird der größte Theil nicht durch die Kanonenkugeln, sondern durch die Splitter, die im Innern des Schiffes nach allen Richtungen umherfliegen, betroffen; da aber die Seiten eines Kanonenbootes nicht so dick wie die Seiten eines Schiffes sind, so kann eine Kugel, ohne Splitter zu verursachen, hindurchgehen, und eine wirksame Methode, Splitter zu verhindern, wenn solche befürchtet werden, ist, daß man die innern Seiten des Bootes mit einem starken Netzwerk von Tauen ausfleidet, welches die Mannschaft selbst machen kann. Die Kajüten französischer Schiffe sind häufig auf diese Weise ausgekleidet. Kleingewehrfeuer kann im Handmenge von Schiff gegen Schiff doch nicht gegen Kanonenböte angewendet werden, weil ein Kanonenboot, da es nicht mehr als zwei und einen halben bis drei Fuß tief in Wasser geht und auf's Rudern eingerichtet ist, sich immer aus dem Bereiche des Gewehrfeuers halten kann. Die geeignete Entfernung für ein Kanonenboot zum Feuern ist Kernschußweite *). Die Mannschaft sollte häufig geübt werden, Kernschüsse auf Erdbänke, nach hohen senkrechten Ufern, wie die Ufer des North-Rivers, auf den Rumpf alter Schiffe, die zerstört werden sollen, zu machen. Der Mann am Steuer sollte dabei das Boot zu richten und Befehl zum Feuern zu geben haben. Ein Kanonenboot sollte keine Kanone von leichterem Kaliber als Vierundzwanzigpfünder führen. Eine Fregatte würde ihre Seiten solchem Feuer nicht aussetzen mögen.

Die ersten Kanonenböte wurden in Amerika zur Vertheidigung des Delaware in den Jahren 1775 und 1776 gebaut. Der Roebuck, ein Kriegsschiff, kam den Delaware bis einige Meilen von Philadelphia herauf; und die Böte griffen es an. Das Schiff feuerte seine Breitseiten, ohne die Böte zu treffen, und da das Fahrwasser, worin das Schiff sich befand, nur sehr enge war, so trieb das durch die vollen Lagen verursachte Zurückprallen es in seichtes Wasser und es stieß auf den Grund. Der Mann, welcher die Böte commandirte, ein verdächtiger Charakter Namens White, gab Befehl, das Feuern einzustellen, und als die Fluth herankam, wurde das Schiff flott und machte sich eiligst wieder in See hinaus. White ging später in New York zu den Engländern über.

Als General Howe im Jahre 1777 von New York segelte, um von Philadelphia Besitz zu nehmen, vermied er es, den Delaware heraufzukommen, wo die Kanonenböte waren, und ging nach Chesapeake Bay, wo keine sich befanden, und marschirte von der Mündung des Elkflusses aus in Pennsylvanien ein. Keine andere Ursache kann man finden, warum er diesen mehrere hundert Meilen langen Umweg machte, als daß er seine Schiffe und seinen Transport den Kanonenböten nicht aussetzen wollte. Es bestand zwar zu der Zeit eine Befestigung auf Mud Island, wenige Meilen unterhalb Philadelphia und eine andere auf der gegenüberliegenden Red Bank am Jersey Ufer; doch Howe hätte unterhalb dieser Befestigungen und außer dem Bereiche ihrer Geschütze landen können, nirgend aber am Delaware-Ufer konnte er landen, noch durfte er irgend eines seiner Schiffe in dem Delaware sehen lassen, ohne in den Bereich dieser bewegbaren Festungen der Kanonenböte zu kommen. Nachdem General Howe vom Lande her Philadelphia in Besitz genommen hatte, verließen die Kanonenböte ihre Stellung unterhalb der Stadt und nahmen eine andere oberhalb derselben ein.

Das Kriegsschiff Asia, Capitän Vandeput, von sechszig Kanonen, gerieth im Frühlinge des Jahres 1776 auf der New York Rhede drei bis vier Meilen unterhalb der Stadt auf den Grund. General Lee befehligte damals in New York und hätte man Kanonenböte gehabt, das Schiff würde genommen worden sein, weil man es von vorn und hinten beschießen konnte und es dadurch gezwungen hätte, seine Flagge zu streichen. Ein Kriegsschiff auf dem Grunde, ist gleich einem Vogel, dessen Flügel gelähmt sind, es kann nicht einmal einen Versuch machen, sich zu retten. Die Kanonen des Forts, jetzt Batterie genannt, konnten nichts thun, das Schiff lag außerhalb ihrer Schußweite.

Die Kanonenböte, die in Frankreich für die Landung in England gebaut

---

*) Die Kernschußweite einer Musklete ist 250 Yards; bei Kanonen ist sie nach dem Kaliber verschieden.

II. O

worden, sind zahlreich und furchtbar, es sind ihrer mehr als zwei Tausend; sie wurden im Jahre 1796 angefangen. Die, welche ich gesehen habe, und die zugleich für Bedeckung und Transport eingerichtet waren, sind ungefähr sechzig Fuß lang, sechszehn Fuß breit und gehen etwa zwei und einen halben Fuß tief, sie haben einen Vierundzwanzig- oder Sechsunddreißig-Pfünder in ihrem Bug und ein Feldgeschütz im Sterne, mit einer Klappe, wodurch sie das Feldgeschütz landen können, so wie die Böte das Ufer berühren, ebenso wie man einen Wagen aus einem Fährboote herausfährt. Jedes Boot trägt hundert Mann und hat fünfundzwanzig Ruder an jeder Seite. Man hat seitdem eine viel größere Art gebaut, die man Praame nennt. Sie haben ebenfalls einen flachen Boden, gehen von drei bis vier Fuß im Wasser und haben von vier- bis sechshundert Tonnen Tragfähigkeit; sie führen mehrere sehr große Kanonen; die kleinsten, wie ich glaube, sind Achtundvierzig-Pfünder.

Die englischen Kriegsschiffe haben mehrere Versuche gegen die französischen Kanonenböte bei Boulogne gemacht, die aber immer vereitelt wurden. Der letzte Versuch geschah mittelst Branbraketen, die gegen Schiffe furchtbar sein dürften wegen ihrer Segel und ihres Tauwerks, doch gegen Kanonenböte sie anzuwenden, ist lächerlich.

Es ist im Congresse und in den New Yorker Zeitungen sehr viel darüber gesprochen worden, New York zu befestigen. Herr N. Williams sagte in einer Rede im Congresse den 23. Januar: „Der Herr zu meiner Rechten (Herrn Smilie meinend) begegnet den Vorschlag, New York zu befestigen, mit einem furchtbaren Einwurfe: Verschwendet, sagt er, welche Summen Ihr immer wollt, es ist dennoch unmöglich, eine Befestigung zu errichten, die sich ausreichend zeigen kann, die Rhede und die Stadt New York zu vertheidigen. Er (Herr Smilie) verlangt einen Plan von uns und sagt, daß, wenn man es vertheidigen könnte, so möchten wir unsern Plan doch vorbringen.

„Ich maße mir nicht an (fährt Herr Williams fort) in dieser Sache sehr weise zu sein; doch man hat mir gesagt, daß die fähigsten Ingenieure die Lage untersucht und ihre Meinung dahin abgegeben haben, daß ein wirksames Vertheidigungssystem ausführbar sei. Doch wenn Vertheidigung unmöglich ist, so ersuche ich den Herrn (Mr. Smilie meinend) darzuthun, worin die Eigenthümlichkeit der Lage des Platzes (New York) besteht, die es unmöglich macht, ihn zu vertheidigen; denn wahrlich der Vorwand des Unmöglichen sollte hier nicht angewandt werden, es sei denn, daß der Hafen und die Stadt New York verschieden von allen andern Plätzen der Welt wären, die je vertheidigt worden sind.“

Ich will jetzt die Erwiderung auf die Frage des Herrn Williams geben, ich will dies so kurz thun, als die Grenzen, die ich mir selbst gesteckt habe, es zulassen. Doch was ich sage, wird dazu dienen, um die Saat des Nachdenkens in die Gemüther Anderer über diesen Gegenstand zu pflanzen und dürfte verhindern, daß Millionen unnütz ausgegeben werden.

Befestigung ist auf geometrischen Prinzipien begründet, und wenn die Lage eines Platzes eine solche ist, daß jene Principien nicht angewandt werden können, so kann auch dieser Platz nicht wirksam befestigt werden. Ein Platz, der nicht in ein Polygon einschließbar ist, kann auch nicht den Prinzipien der Fortification gemäß befestigt werden, außer wenn ein Theil des Platzes von Natur so stark ist, daß er dadurch einer belagernden

Armee unzugänglich wird, die befestigten Theile sind dann Abschnitte des Polygons. New York kann nicht in ein Vieleck eingeschlossen und kann deshalb nicht befestigt werden, eben so wenig ist ein Theil desselben von Natur stark. Man kann sich allen Theilen sowohl zu Wasser als auch zu Land nähern, und außerdem kann es noch über den East River von Long Island aus beschossen werden.

Es ist durchaus nothwendig, daß, wenn man eine Stadt befestigt, alle Theile derselben gleich stark gemacht werden, oder ein Feind wird den schwächsten Theil angreifen. New York kann nicht gleichmäßig stark in allen seinen Theilen befestigt werden, und deshalb wäre das Geld weggeworfen, wenn man versuchen würde, es zu befestigen. Diejenigen, welche mehr über diesen Gegenstand zu wünschen wissen, brauchen nur eine Encyclopädie zur Hand zu nehmen, oder in einem Lexicon der Künste und Wissenschaften den Artikel Befestigung nachschlagen, sie werden dann Pläne zu Befestigungen von Graf Pagan, Blondel, Vauban, Scheiter und Anderen finden. Doch die Pläne sind alle nach denselben Prinzipien entworfen; sie sind alle Polygone.

Manche unsrer New Yorker Zeitungen haben davon geschwatzt, New York mit uneinnehmbaren Werken zu befestigen. Bis jetzt hat es noch keine uneinnehmbaren Festungen gegeben und es wird auch keine geben. Jeder befestigte Platz, dem man sich nähern kann, ist auch einnehmbar. Alles, wozu ein befestigter Platz dient und nützt, ist dem Vordringen des Feindes so lange Einhalt zu thun, bis eine Armee erscheint, um die Belagerung aufzuheben. Bonaparte nimmt jeden festen Platz, gegen welchen er anrückt, doch er befestigt keinen, er vertraut seiner Stärke im offenen Felde, denn wenn man sich zum Herrn des Feldes macht (und die Miliz der Vereinigten Staaten ist zahlreich genug, um gegen einen Feind das Feld behaupten zu können) sind Festungen unnütz. Die Bevölkerung der Vereinigten Staaten war, als der Revolutionskrieg begann, nur zwei und eine halbe Million stark, jetzt ist sie beinahe sechs Millionen, und sicherlich das Volk ist seitdem nicht zu Feiglingen geworden, was auch immer die Faction der Federalisten und Tories sein mag. Es war ihre Feigheit, was sie zuerst zu Tories machte. Der englische Kundschafter und Betrüger Cullen, alias McCullen, alias Carpenter, sagt in einem Blatte seiner Zeitung, eine einzige Fregatte könnte die Stadt New York brandschatzen. Dies zeigt die äußerste Unwissenheit des Menschen. Zwei Zwölfpfünder oder schwereres Caliber am Ufer aufgestellt, würden die Fregatte gar bald zwingen, ihre Station zu verlassen. Ich habe gesehen, wie dies im Revolutionskriege mit zwei Fregatten, „The Pearl" und noch einer andern, geschah. Es beweist, daß Commodore Johnsons Meinung richtig ist: Je näher eine Kanone dem Wasserspiegel liegt, je sicherer ist ihr Schuß.

Das ist noch ein Vortheil, welchen ein Kanonenboot über ein Schiff hat. Wenn ein Schuß von einem Schiffe ein anderes Schiff zwischen Wind und Wasser träfe, so ist dies immer nur ein Zufall durch das Schwanken des getroffenen Schiffes verursacht; doch die Richtung des Schusses von einem Kanonenboote ist so nahe zwischen Wind und Wasser, daß er gewöhnlich da, oder doch nahe dabei, trifft. Was Land-Batterien anbetrifft, die erhöht liegen, so haben sie nur wenig Chance, ein Schiff zu treffen. Da ihr Feuer immer in einer schrägen oder schiefen Richtung geht; dagegen von einem Kanonenboote wird die Kugel in einer wagerechten Linie geschossen. Fort

Waſhington wurde erbaut, um die engliſchen Schiffe zu verhindern, den North River hinaufzugehen; doch bis jetzt hat es noch keins getroffen, aber es hat drei Leute zufällig getödtet, die in General Waſhingtons Barke den Fluß herunterkamen; dies iſt das einzige Fahrzeug, das je von den Kanonen des Fortes getroffen worden iſt.

Wenn alle Pläne, die erſonnen werden können, die Narrows (Enge Paſſagen beim Eingang der Bay von New York) zu befeſtigen (die Beſeſtigung der Stadt iſt unmöglich) unterſucht worden ſind, ſo wird man ſich überzeugen, daß ein halbes Dußend Kanonenböte, Vierundzwanzigpfünder führend, wirkſamer ſein würden, als irgend eine Art von Befeſtigung.

New York, den 11. März 1807.

Geſunder Menſchenverſtand.

Vergleichung der Kräfte und Koſten von Kriegsſchiffen, Kanonenböten und Befeſtigungen.

Die natürliche Vertheidigung durch Menſchen iſt allen Nationen gemein; doch künſtliche Vertheidigung als ein Hülfsmittel zu der menſchlichen Stärke muß der örtlichen Lage und den Umſtänden eines Landes angemeſſen ſein. Was für die Lage oder die Umſtände e i n e s Landes paſſend ſein mag, braucht es nicht eben ſo für ein anderes Land zu ſein.

Die Vereinigten Staaten haben eine Küſte von mehr als zweitauſend Meilen lang; jeder Theil derſelben bedarf der Vertheidigung, weil jeder Theil zu Waſſer zugänglich iſt.

Das rechte Prinzip für die Vereinigten Staaten hinſichtlich der Vertheidigung ihrer Küſte zu Waſſer iſt, die größtmöglichſte praktiſche Wirkſamkeit mit der geringſtmöglichen Ausdehnung zu verbinden, damit die Macht beſſer auf die verſchiedenen Theile der ausgedehnten Küſte vertheilt werden kann.

Die Macht eines Kriegsſchiffes beſteht ganz und gar in der Zahl und Größe ſeiner Kanonen, denn das Schiff ſelbſt hat keine Gewalt; Schiffe können nicht miteinander kämpfen, wie Thiere. Da die eine Hälfte der Kanonen an der einen Seite des Schiffes und die zweite Hälfte auf der andern ſich befindet, und es nur die eine Hälfte derſelben auf einmal gebrauchen kann, ſo iſt ſeine wirkliche Macht nur der Hälfte der Anzahl ſeiner Kanonen gleich. Ein Schiff von 74 Kanonen kann nur 37 davon auf einmal gebrauchen. Es muß umlegen, um die andere Hälfte in Thätigkeit zu bringen, und während es ſich wendet, iſt es vertheidigungslos und blosgeſtellt.

Da dies in der Beſchaffenheit der Kriegsſchiffe liegt, ſo entſteht ganz natürlich die Frage, ob nicht 74 Kanonen oder irgend eine andere Anzahl ſich wirkſamer und mit weniger Koſten anwenden laſſen, als daß man ſie alle zuſammen in ein Schiff von ſolch ungeheurem Umfange bringt, welches ſich weder der Küſte nähern, noch ſie vertheidigen oder angreifen kann. Obgleich das Schiff ſeine Stellung verändern kann, ſo kann doch die ganze Anzahl der Kanonen zu einer Zeit nur auf einer Stelle ſein, und auch nur die eine Hälfte derſelben kann auf einmal gebraucht werden.

Dies iſt eine wahre Darſtellung des Verhältniſſes zwiſchen Kriegsſchiffen und Kanonenböten für die Vertheidigung der Küſte und der nahe gelegenen

Städte. Doch es ereignet sich häufig, daß Menschen von der Größe einer Idee und nicht von der Richtigkeit derselben hingerissen werden. Dies ist immer mit Denen der Fall, die eine Flotte und große Schiffe bevorworten.

Ein Kanonenboot, das eben so schweres Geschütz, als ein Linienschiff von 100 Kanonen führt, ist ein Linienschiff von einer Kanone, und 74 derselben, die viel weniger als ein Schiff von 74 Kanonen kosten würden, wären fähig, ein Linienschiff von jener Größe total aus dem Wasser zu blasen. Sie haben in dem Gebrauche ihrer Kanonen die doppelte Kraft des Schiffes, das heißt, sie haben den vollen Gebrauch ihrer 74 Kanonen gegen seine 37.

Nachdem ich so die allgemeinen Umrisse des Gegenstandes angegeben habe, will ich auf die Details eingehen.

Um correcte Data zu haben, worauf ich hinsichtlich der Baukosten von Schiffen und Kanonenböten fußen kann, habe ich an den Chef eines der Departements in Washington geschrieben und mir Belehrung über diesen Gegenstand erbeten.

Folgendes ist die Antwort, die ich empfing:

„Nach den wirklichen Kosten des Schiffes „United States" von 44 Kanonen, welches in den Jahren von 1795—1798 in Philadelphia erbaut wurde, und die sich auf 300,000 Dollars beliefen, zu schließen, mag man annehmen, daß ein Schiff von 74 Kanonen 500,000 Dollars und ein Schiff von 100 Kanonen 700,000 Dollars kosten würde.

„Kanonenböte, nur für den Schutz der Rheden und der Flüsse berechnet, werden im Durchschnitt jedes 4000 Dollars kosten, wenn sie vollkommen ausgerüstet sind, die Mannschaft und den Schiffsbedarf zu empfangen."

Ueber die hier gegebenen Data will ich jetzt vergleichende Berechnungen in Betreff der Schiffe und der Kanonenböte machen.

Das Schiff „United States" kostet 300,000 Dollars. Kanonenböte kosten jedes 4000 Dollars. Folglich würde man für die auf das Schiff verwendeten 300,000 Dollars, um den Gebrauch von 44 Kanonen, und noch dazu von nicht ganz schwerem Kaliber, zu erlangen, 75 Kanonenböte haben bauen können, von denen jedes eine Kanone von demselben Kaliber, wie ein Linienschiff von 100 Kanonen zu führen im Stande gewesen wäre. Daraus ergibt sich der Unterschied, daß die Kanonenböte den Gebrauch von 31 Kanonen von schwerem Kaliber mehr liefern, als man von dem Schiffe erhalten kann, während die Kosten in beiden Fällen gleich sind.

Ein Vierundsiebenzigkanonen-Schiff kostet 500,000 Dollars. Dasselbe Geld würde 125 Böte bauen. Der Gewinn durch die Böte würde also 51 Kanonen mehr sein, als man erhalten könnte, würde man das Geld für ein Schiff von 74 Kanonen verausgaben.

Die Kosten eines Schiffes von 100 Kanonen belaufen sich auf 700,000 Dollars. Der Gewinn durch die Böte würde deshalb 75 Stück Geschütz im Vergleich mit dem Schiffe sein.

Obgleich ich, so lange ich nur einige Kenntniß von Kanonenböten besaß, immer die allgemeine dunkle Idee hatte, daß jede gegebene Summe weiter reichen würde, wenn man dafür Kanonenböte baute, als wenn man dieselbe auf Kriegsschiffe verwendete, und daß Kanonenböte zum Schutze der Küsten vorzuziehen seien, so glaubte ich doch nicht, daß der Unterschied so groß wäre, als wie die Rechnungen oben zeigen; denn es ergibt sich, daß die Böte fast nur halb so theuer sind. Das Verhältniß stellt sich wie 175 zu 100. Die Ursache dieses Unterschiedes ist leicht erklärbar.

Die Thatsache beruht darauf, daß alle Ausgaben für den Bau eines Schiffes vom Verdecke aufwärts, Maste, Raae, Segel und Takelage inbegriffen, erspart werden bei Kanonenböten, welche durch Ruder oder gelegentlich durch ein leichtes Segel fortbewegt werden.

Der Unterschied ferner in Ausgaben für Ausbesserung der Schiffe und der Böte ist nicht nur groß, sondern ist verhältnißmäßig noch größer als der ihrer ursprünglichen Baukosten. Die Reparaturen an einem Kriegsschiffe betragen jährlich von ein Vierzehntel bis zu ein Zehntel der ersten Baukosten. Die jährlichen Ausbesserungen an einem Schiffe, welches 300,000 Dollars gekostet hat, würden sich somit auf eine Summe von 21,000 Dollars belaufen. Der größte Theil dieses Geldes wird für die Segel und für das Takelwerk verausgabt, von welchem die Kanonenböte frei sind.

Der Unterschied in Hinsicht ihrer Dauer ist auch groß. Kanonenböte können, wenn man sie nicht gebraucht, unter Obdach gestellt und gegen das Wetter geschützt werden; doch Schiffe können es nicht; oder die Böte können in Wasser oder Schlamm versenkt werden: dies ist die Methode, wie die Welle in der Cidermühle zum Aepfelmahlen erhalten wird. Würde man dieselbe der trockenen und heißen Luft aussetzen, nachdem sie feucht aus der Mühle kommt, sie würde platzen, auseinanderspalten und völlig unbrauchbar werden; aber unter Wasser bleibt Holz mehrere hundert Jahre lang gut, vorausgesetzt, daß keine Würmer dazu kommen.

Ein anderer Vortheil zu Gunsten der Kanonenböte ist noch der, daß eine große Anzahl auf einmal und schnell gebaut werden kann. Hundert Böte können eben so schnell, als ein einziges, angefangen werden, wenn nur Arbeiter genug da sind, um an jedes zugleich Hand an's Werk zu legen. Sie bedürfen der vielen Vorbereitungen nicht, die Schiffe verlangen, noch des Wassers, um sie vom Stapel zu lassen. Sie können an den Ufern seichter Ströme gebaut werden, oder man kann die Materialen in den Wäldern und Gehölzen zurichten, die einzelnen Theile dann an's Ufer bringen und sie dort zusammensetzen. Dagegen nimmt es eine lange Zeit, um ein Schiff zu bauen. Das Schiff „United States" brauchte die beiden ganzen Jahre 1796 und 1797 und einen Theil der Jahre 1795 und 1798, um fertig zu werden, und diese ganze Zeit nahm es, um nur den Gebrauch von 44 Kanonen zu erlangen, und diese waren noch nicht einmal von schwerem Kaliber. Diese thörichte That geschah jedoch nicht in den Tagen der jetzigen Administration.

Schiffe und Kanonenböte sind für verschiedene Dienstleistungen bestimmt. Schiffe sind für entfernte Expeditionen und Kanonenböte zum Schutze der Heimath: die einen für den Ocean, die andern für die Küste.

Kanonenböte können, da sie durch Ruder fortbewegt werden, durch Windstille nicht in ihren Bewegungen gehindert werden. Doch ein feindliches Schiff kann während einer Windstille in irgend einem unserer Gewässer durch Kanonenböte, die sich mit Ruderern fortbewegen, genommen werden, mag der Rang des Schiffes sein, welcher er wolle. Ein Kriegsschiff von 100 Kanonen während einer Windstille ist gleich einem Riesen im Starrkrampf. Jeder Knirps kann ihm einen Stoß geben.

Die Vereinigten Staaten sollten 500 Kanonenböte, auf verschiedenen Theilen der Küste vertheilt, haben, jedes einen Zweiunddreißig- oder Sechsunddreißigpfünder führend. Feindliche Schiffe würden dann nicht wagen, in unsern Gewässern zu ankern, wäre es auch nur der Gewißheit wegen, daß sie hier häufig in einer Windstille gefangen werden; sie würden uns dann zur Beute fallen, und die frechen Eisenfresser des Oceans würden Gefangene in unsern eigenen Gewässern werden.

Nachdem ich jetzt den Vergleich zwischen den Kräften und den Kosten der Kriegsschiffe und der Kanonenböte angestellt habe, komme ich auf die Befestigungen zu sprechen.

Festungswerke kann man unter zwei allgemeine Classen bringen.

Erstens: befestigte Städte, das heißt, Städte innerhalb eines befestigten Polygons eingeschlossen, von welchen es viele auf dem Continente Europa's, aber keine in England gibt; und

Zweitens: einfache Forts oder Batterien. Diese sind nicht nach den regulären Prinzipien der Befestigung gebaut, das heißt, sie sind nicht dazu bestimmt, eine Belagerung, wie die befestigten Polygone, auszuhalten. Sie sollen nur den Fortschritt des Feindes zu Lande oder zu Wasser beunruhigen und versperren.

Batterien sind furchtbar, um Engpässe auf dem Lande zu vertheidigen, wie z. B. die Passage einer Brücke, oder eines Weges, der durch einen rauhen und steilen Berg gehauen ist, welcher an keiner andern Stelle überstiegen werden kann. Doch sie sind nicht furchtbar, um Wasserpassagen zu vertheidigen, weil ein Schiff mit frischem Winde, mit der Fluth und einer Schnelligkeit von zehn Meilen die Stunde in fünfzehn bis zwanzig Minuten aus dem Bereiche des Feuers der Batterie sein würde, und da es während dieser Zeit ein sich geschwind bewegender Gegenstand ist, so wird es bloßer Zufall sein, wenn auch nur ein einziger Schuß es treffen sollte.

Wenn es die Absicht des Schiffes ist, eine Batterie zu passiren, um irgend wo anders hinzugelangen, oder Etwas anzugreifen, so ist es nicht gebräuchlich, daß das Schiff auf die Batterie feuert, außer wenn sie seinen Lauf behindert. Drei oder vier Mann bleiben auf dem Verdeck, um das Steuerruder zu besorgen, und die Uebrigen, die nichts zu thun haben, gehen unter Deck. Duckworth passirte die Dardanellen nach Constantinopel hinauf, ohne auf die Batterien zu feuern.

Wenn Batterien zur Vertheidigung von Wasserpassagen ohne große Unkosten und ohne daß die Besatzung zu sehr bloßgestellt wird, errichtet werden können, so mag es ganz gut sein, sie zu haben. Sie können kleinere Piratenschiffe abhalten; doch man darf sich auf sie nicht als eine hinlängliche Vertheidigung verlassen.

Fortification gibt im Allgemeinen eine täuschende Idee von Schutz. Alle unsere bedeutenderen Verluste in dem Revolutionskriege waren durch das in Befestigungen gesetzte Vertrauen veranlaßt. Fort Washington mit einer Garnison von 2500 Mann wurde in weniger als vier Stunden genommen und die ganze Besatzung zu Gefangenen gemacht. Dasselbe hätte Fort Lee an dem gegenüberliegenden Ufer befallen können, wenn General Green nicht schleunig sich in Bewegung gesetzt und die Hackensacker Brücke gewonnen hätte. General Lincoln befestigte Charleston (in Süd-Carolina) und er mit seiner ganzen Armee wurden zu Kriegsgefangenen gemacht. General Washington begann im Jahre 1776 New York zu befestigen; General Howe ging den East-River hinauf, landete seine Armee an Trops Point, ungefähr 20 Meilen oberhalb der Stadt, und marschirte dann auf dieselbe zu. Hätte General Washington sich nicht in aller Stille und plötzlich an der North-River-Seite von York Island hinweggestohlen, so wären er und seine Armee auch Gefangene gewesen. Vertraut daher nicht auf Befestigungen anders, als auf Batterien, die man nach Belieben verlassen kann.

Doch abgesehen davon ist es Thatsache, daß Batterien als eine Wasservertheidigung, das Passiren von Schiffen zu verhindern, nicht viel thun können. Wäre irgend eine Anzahl Kanonen für diesen Zweck in eine Batterie gebracht, und zu demselben eine gleiche Anzahl von demselben Kaliber in Kanonenböten placirt, so würden die Kanonen in den Böten bei weitem wirksamer sein, als die der Batterie. Der Grund hierfür ist einleuchtend. Eine Batterie ist stillstehend, ihr Feuer erstreckt sich ungefähr auf zwei Meilen, und da hört ihre Wirksamkeit auf. Das Kanonboot dagegen, durch Ruder fortbewegt, ist eine bewegliche Befestigung, die ihr Feuer fortsetzen und ihren Platz und ihre Stellung verändern kann, wenn die Umstände es erheischen. Und außerdem noch **sind Kanonenböte in einer Windstille die unumschränkten Herren über Kriegsschiffe.**

Da diese Sache für das Publikum von Interesse ist und auch wahrscheinlich wohl vor die nächste Sitzung des Congresses kommen wird, so mögen die Drucker in irgend einem der Staaten, nachdem sie diese Schrift in den Zeitungen veröffentlicht haben, sie in Pamphletform zusammen mit meinem früheren Werke über Kanonenböte beliebig herausgeben; ich gebe von ganzem Herzen meine Einwilligung dazu. Ich beanspruche weder das Verlagsrecht noch Gewinn von irgend einer Sache, die ich veröffentliche.

Gesunder Menschenverstand.

New York, den 21. Juli 1807.

Betrachtungen über eine Reihe von Vorschlägen, welche Hr. Hale dem New Yorker Repräsentanten-Hause in Albany überreicht hat.

Diese Vorschläge haben das Ansehen von sogenannten Wahl-Manövern, ähnlich den Vorschlägen über die Befestigung New Yorks, welche daselbst vor's Publikum gebracht wurden, als die Wahl der Charter-Officiere vor sich gehen sollte. Sie gleichen dem Köder, womit Fischchen gefangen werden. Ich werde jeden der Vorschläge einzeln untersuchen und ihre Mängel zeigen.

Erstens: „Beschlossen, wenn der ehrenwerthe Senat damit übereinstimmt, daß in dem gegenwärtigen Zustande unserer nationellen Angelegenheit es die Pflicht des Volkes unseres Staates, vertreten durch den Senat und die Assembly, ist, ihre Meinungen über den wichtigen Gegenstand der Befestigung des Hafens und der Rhede von New York, und der Beschützung des werthvollen und ausgedehnten Handels der Vereinigten Staaten auszudrücken.“

Bemerkungen. — Ist Herr Hale mit dem Gegenstand, von dem er spricht, bekannt? Versteht er genug von den Befestigungen, um dem Hause erklären zu können, was ausführbar und was es nicht ist? Sah er je eine befestigte Stadt, befestigt, meine ich, nach den festgestellten Prinzipien der Fortification? Weiß er wissenschaftlich oder praktisch, welche Plätze befestigt werden können, und welche nicht? Wenn er diese Dinge nicht weiß, so hat er durch seine Vorschläge nur seine tiefe Unwissenheit bloßgestellt.

Er spricht von dem „Hafen und der Rhede New Yorks." Welchen Begriff jedoch legt er dem Ausdrucke „Hafen und Rhede" bei? Mit dem Hafen meint er die Stadt New York; dies beweist, daß er nichts von Befestigungen versteht, denn die Lage New Yorks macht sowohl durch ihre natürlichen Eigenschaften, als auch durch die Unregelmäßigkeit seiner Bauart eine Befestigung unmöglich.

Wenn er indessen mit dem Ausdrucke „Rhede" die Gewässer bei den Wharfs innerhalb des Bezirks des Hafenmeisters meint, so müßten die Schiffe, wenn hier eine Befestigung beginnen sollte, den East- oder North-River hinauf placirt, und die Wharfs in Brustwehr-Batterien mit Schießscharten verwandelt und mit Kanonen bepflanzt werden. Handel und Befestigung können nie zusammen an einem Orte sein.

Wenn er jedoch unter Rhede die Bucht zwischen der Stadt und den Narrow's (Engen beim Eingange in die Bai von New York) meint, so würde die beste Vertheidigung derselben durch Kanonenböte, jedes einen Zwanzig-Pfünder tragend, zu bewerkstelligen sein. Ein Kanonenboot, welches eine bewegliche Befestigung ist, hat einen großen Wirkungskreis, worin es thätig sein kann, während eine Landbatterie einen kleinen hat. Ein Schiff kann jederzeit sich aus dem Bereiche einer Landbatterie halten, oder wenigstens mit der Fluth und einem frischen Winde aus dem Bereiche ihrer Schüsse in 15 Minuten sein, und als ein beständig sich bewegender Gegenstand steht zu erwarten, daß kein Schuß es treffen würde.

Bevor sich Männer anmaßen, Vorschläge und Beschlüsse über Befestigungen zu machen, sollten sie sich bemühen, dieselben kennen zu lernen. Die Geschichte der Festungen während des Revolutionskrieges ist die Geschichte der Fallen, in die wir geriethen. Unsere hauptsächlichsten Verluste in diesem Kriege wurden dadurch herbeigeführt, daß wir uns auf Festungen zu sehr verließen. Fort Washington mit 2500 Mann wurde in weniger als vier Stunden genommen und die Besatzung zu Kriegsgefangenen gemacht; dasselbe würde der Garnison des Fortes Lee am entgegengesetzten Ufer begegnet sein, wäre nicht General Green schleunigst aufgebrochen und hätte die Hackensacker Brücke erreicht. Im Frühling und Sommer des Jahres 1778 hatte General Washington New York im Besitz und befestigte es. General Howe kam den East-River herauf, landete mit seinen Truppen ungefähr 20 Meilen von der Stadt, und nachdem er Kingsbridge in Besitz genommen hatte, marschirte er hinunter nach der Stadt, und hätte sich General Washington nicht an der North-River-Seite nach York Island hingestohlen, so würde er sammt der Armee zu Gefangenen gemacht worden sein. General Lincoln unternahm es, Charleston zu befestigen, und er sammt der Garnison wurden vom Feinde eingeschlossen und zu Kriegsgefangenen gemacht. Es ist ein Betrug am Volke, ihm die Idee beibringen zu wollen, daß Festungen Plätze der Sicherheit wären. Das offene Feld sichert immer am besten. Die Hauptsorge eines Generals muß es sein, sich im Falle einer Niederlage den Rückzug zu sichern; in einer befestigten Stadt ist jedoch für die Besiegten kein Rückzug möglich. — Ich gehe nun zu dem zweiten Beschlusse über.

„Beschlossen: daß, als unser Staat durch den Hinzutritt zu der Regierung der Vereinigten Staaten seine werthvollen und stets wachsenden Einfuhr-Revenuen dem allgemeinen Wohle der Union übergab, dies in der festen Ueberzeugung geschah, daß es dagegen die unerläßliche Pflicht der Vereinigten Staaten sein würde, der Hauptstadt, dem Hafen und dem Handel dieses Staates vollen und hinlänglichen Schutz zu gewähren."

Dieser Beschluß ist auf Irrthum gegründet und jede Stelle, die er enthält, ist falsch. Die verschiedeuen Staaten stimmten darin überein, zum Wohle Aller die Einfuhr-Einkünfte zusammenzuschießen. Es war dabei von keiner Uebergabe die Rede, sondern jeder Staat that dasselbe, weil es seine Pflicht war, es zu thun. Dieses Zusammenschießen der Einfuhr-Revenuen geschah zu dem Zwecke, die Staatsschulden zu verringern, sowohl fremde, als auch einheimische, welche durch den Krieg entstanden waren, und hätten die früheren Verwaltungen die Schulden nicht noch durch ihre Verschleuderungen vermehrt, anstatt sie zu verringern, so würden sie jetzt schon getilgt sein. Die jetzige Administration hat nur ein todtes Pferd aus dem Schlamme zu ziehen.

Es muß ferner bemerkt werden, daß die Wohlfahrt New Yorks von denselben Verhältnissen herrührt, über welche der Beschluß sich beklagt. Hätte New York dem Zusammenschießen von Einfuhr-Einkünften mit den andern Staaten seine Beistimmung nicht gegeben, so würde es vom Handel und Verkehr mit den andern Staaten ausgeschlossen worden und zu abgeschlossener Unbedeutsamkeit hinabgesunken sein. Seine Wharfs wären nicht gedrängt voll Schiffe, wie sie es jetzt sind. Durch das Zusammenschießen der Einfuhr-Revenuen zu einem Ganzen und indem man dabei jedem Staate die Wahl ließ, durch welchen Hafen er ex- und importiren will, gleichviel, ob in seinen eigenen, oder in einem andern Staate, dadurch ist der Handel oder vielmehr der Transit-Verkehr New Yorks in den verflossenen Jahren so sehr gewachsen. Wäre New York auf die Exportation seines eigenen Staates beschränkt und könnte es nur für den Gebrauch desselben importiren, so würde es noch kein Drittheil seines jetzigen Handels und Transit-Verkehrs haben. Das Zusammenschießen der Einfuhr-Einkünfte war eine Wohlthat für New York, und dieser kurzsichtige Legislator beklagt sich darüber. Obschon nun Kaufleute, gefesselt an das Studium ihres Haupt- und Cassabuchs, in der Regel nur seichte Politiker sind, so ist es für dieselben dennoch nöthig, ihr eigenes Geschäft zu verstehen, und sie hätten Herrn Hale anrathen sollen, jene Reihe von närrischen und schlecht begründeten Gesetzvorschlägen für sich zu behalten.

C.... N. S... E.

Betrachtungen über die Vorschläge des Herrn Hale.
(Schluß.)

In meiner letzten Nummer untersuchte ich die zwei ersten Vorschläge des Hrn. Hale und zeigte die Trüglichkeit derselben. In dieser Nummer werde ich diejenigen Punkte aus seinen übrigen Vorschlägen herausziehen, welche sich am Meisten dem Publikum vor die Augen drängen.

Sein dritter Vorschlag ist reine Declamation wegen des alten Popanz, der Befestigung. Sein vierter Vorschlag ist ein unanständiger Angriff gegen den Congreß wegen derselben Geschichte.

In seinem fünften Vorschlag spricht er von der „wesentlichen Verringerung der öffentlichen Schuld und der günstigen Aussicht auf ihre gänzliche Tilgung in wenigen Jahren durch die glücklichen und erfolgreichen Operationen des fundirten Systemes" (wie er sagt). Aber welches fundirte System meint er? Gewißlich ist es nicht durch die Operation irgend einer Bank unter Washington- oder Adams Administration geschehen. Die öffentliche Schuld ist unter beiden genannten Verwaltungen gewachsen, und besonders John Adams hinterließ den Schatz von Schulden überlaufend und das Land mit innern Abgaben überschwemmt. Nur durch die Sparsamkeit und die weise Haushaltung der jetzigen Administration sind die glücklichen Erfolge, von welchen Hr. Hale spricht, hervorgebracht worden; aber es paßt ihm nicht, dies zu sagen. O, Bosheit! Du bist ein häßliches Ungeheuer!

Hr. Hale schließt diesen Vorschlag, indem er anräth, daß der Congreß in Folge des jetzigen blühenden Zustandes der Einkünfte jedem Staate eine Summe bewilligen möchte, gleich der der Einfuhr-Revenuen, welche derselbe einbrächte, um zu Befestigungen in demselben Staate verwendet zu werden. Dies ist, was im gewöhnlichen Leben „einnehmen" genannt wird. Es liegt etwas Hinterlistiges darin, was ich bloßstellen werde, wenn ich zu dem nächsten Vorschlage komme, von welchem dies die Einleitung ist.

„Beschlossen, daß bei so bewandten Umständen dieser Staat berechtigt ist, von der Regierung der Vereinigten Staaten die Bewilligung einer Summe zu erbitten, ja dieselbe zu fordern, welche dem Betrage der Einfuhr-Revenuen des Hafens New York gleichkommt, und welche zur Befestigung des Hafens und der Rhede besagter Stadt verwendet werden soll."

Ich werde nun den Grund dieses Vorschlages untersuchen und die Trüglichkeit desselben entdecken, indem ich als Grundlage eine bestimmte Regel feststelle, nach welcher die Quantität der Einfuhr-Revenuen, welche von der Quantität der Bevölkerung irgend eines Staates entstehen, abgeschätzt und von der Quantität des ganzen Betrages der Einfuhr-Einkünfte unterschieden werden kann, welche in irgend einem einzelnen Eingangshafen zufällig eingenommen wird.

Der ganze Betrag von Einfuhr-Revenuen von der sämmtlichen Bevölkerung des Landes ist $12,000,000, zu welcher Summe ein jeder Staat nach Maßstab seiner Bevölkerung beisteuert, ob er in seinen eigenen Staat importirt, oder importirte Waaren von andern Staaten mit der daraufgeschlagenen Steuer kauft. Zum Beispiel:

Der Staat New Jersey importirt gar nichts. Die östlichen Theile desselben kaufen importirte Waaren von New York, die westlichen Theile von Philadelphia, und diese beiden Häfen sind die Einnehmer von den Einfuhr-Einkünften New Jersey's, welche nach dessen Bevölkerung $400,000 betragen, wie ich gleich zeigen werde; und die Kaufleute, von welchen diese Einkäufe gemacht werden, haben den Gebrauch dieses Geldes ohne Interessen, bis sie es in den Schatz der Vereinigten Staaten bezahlen.

Ich komme nun dazu, die Regel niederzulegen, welche die Quantität von Einfuhr-Einkünften, die von jedem Staate bezahlt werden, bestimmt. Sie ist:

Wie die ganze Bevölkerung der Vereinigten Staaten als Einheit gegenübersteht dem Total-Betrage der Einfuhreinkünfte von $12,000,000, so verhält sich jeder Theil dieser Bevölkerung in den einzelnen Staaten zu einem entsprechenden Theile der $12,000,000, der von dem Staate bezahlt werden muß.

Die Total-Bevölkerung aller Staaten nach der letzten Zählung im Jahre 1801 ergab damals 5,309,758

Die Bevölkerung New York's jetzt etwa . . 586,050

„ „ „ Pennsylvanien . . 602,545

„ „ „ New Jersey 211,149

In Folge des progressiven Wachsthums der Bevölkerung der Vereinigten Staaten, welche sich alle 24 oder 25 Jahre verdoppelt, wird die Bevölkerung seit 1801 nun um ein Viertel gestiegen sein und daher ist:

Die Bevölkerung von New York's jetzt etwa . 732,560

„ „ „ Pennsylvanien . . . 753,181

„ „ „ New Jersey 264,648

und die Bevölkerung der ganzen Staaten . . 6,637,197

Um nun zu finden, welcher Antheil von den $12,000,000 wirklich von dem Staate New York bezahlt wird, sage man: Wie sich 6,637,197, die Total-Bevölkerung, zu $12,000,000 verhält, so verhält sich 732,560, die Bevölkerung New York's, zu dem Antheile, den es zu dieser Summe bezahlt.

Der Quotient wird sein $1,324,426

Der von Pennsylvanien 1,361,743

Der von New Jersey 478,245

Pennsylvanien bezahlt $37,317 mehr Eingangs-Revenuen als die Einwohner von New York. New York importirt aber für einen großen Theil der südlichen Staaten, und ebenso für einen Theil der östlichen, und exportirt für dieselben, und dies vergrößert seine Einnahme von Eingangs-Revenuen um dreimal mehr, als der Betrag ist, den es für sich selbst bezahlt. Dies macht es ihren Kaufleuten, unter welchen viele Engländer oder englische Agenten sind, möglich Handel zu führen. Sie verkaufen importirte Artikel an andere Staaten mit dem Eingangszoll auf denselben, und empfangen diesen Eingangszoll entweder in Gold oder Waaren zurück; behalten auf diese Weise Zeit genug, eine zweite Reise damit zurückzumachen, bevor sie denselben in den Schatz der Vereinigten Staaten zahlen. Das Capital jener Kaufleute besteht also größtentheils aus den Summen, die für Eingangszoll in ihre Hände niedergelegt wurden. Durch die Fehler solcher Männer, wie Hr. Hale, der zu der Föderal-Faction verstandloser Politiker gehört, werden derartige Sachen ans Tageslicht gebracht. Die Fehler eines Mannes dienen oft dazu, anderen Leuten gute Ideen einzuflößen. Die Eingangs-Revenue, welche im New Yorker Hafen eingenommen wird, hat man auf mehr als $4,000,000 geschätzt, davon werden ungefähr $3,000,000 von andern Staaten wieder eingezogen und die übrig bleibenden $1,324,426 werden von der Bevölkerung New York's bezahlt, welches, wie schon gesagt, $37,317 weniger ist, als Pennsylvanien.

Hr. Hale's Vorschlag geht nun dahin, „von der Regierung der Vereinigten Staaten die Bewilligung einer Summe von gleicher Größe, als der Betrag der Eingangs-Revenuen des Hafens von New York ist, zu fordern, als ob die ganzen Einkünfte von dem Staate New York eingenommen würden. Ich habe nun die

Thorheit sowohl als auch die Ungerechtigkeit eines solchen Vorschlages ihm vor Augen gestellt und ich habe es ferner gethan, um zu verhindern, daß andere Leute von solchen Abgeschmacktheiten betrogen werden.

Hr. Hale schließt die Reihe seiner Vorschläge mit Folgendem:

„Beschlossen, daß es die Meinung dieser Legislatur sei, kein Volk, wie aufgeklärt, zahlreich oder unternehmend es auch immer sein möge, könne eine geachtete Stellung als eine handeltreibende Nation aufrecht erhalten, ohne den Schutz und die Unterstützungen einer achtunggebietenden Flotte."

Fürs Erste ist dieser Vorschlag in Unwissenheit erdacht und auf Irrthum gegründet. Hamburg hat einen größeren Handel als irgend eine Stadt auf dem Continent, Amsterdam ausgenommen, und doch hat es kein einziges Kriegsschiff; und fürs Zweite ist England mit einer Flotte von nahe an hundert und vierzig Linienschiffen, ohne die zahllosen Fregatten, von allen europäischen Häfen ausgeschlossen.

Flotten beschützen den Handel nicht, auch ist die Beschirmung desselben ihr Zweck nicht. Sie sind für den närrischen und verdienstlosen Zweck zu kämpfen und sich gegenseitig in den Grund zu bohren, errichtet und das Resultat ist, daß jeder Sieg, zur See gewonnen, ein Verlust ist. Der Sieger, nachdem er einen Theil der feindlichen Flotte in den Grund gebohrt und zerstört hat, geht mit verkrüppelten Schiffen und zerbrochenen Knochen heim. Die Engländer feuern die Kanonen des Towers ab und die Franzosen singen ein Te Deum!

Aber Herr Hale hätte sein Werk vervollständigen und noch einen Vorschlag machen sollen, nämlich über die Kosten einer Flotte; denn wenn die Vereinigten Staaten nicht wenigstens eine eben so starke Flotte wie die andern Länder hätten, so wäre es besser, sie hätten gar keine, weil dieselbe sonst bald genommen und gegen sich selbst gebraucht werden würde. Die Flotte einer Nation nimmt keinen Anstand vor der Flotte einer andern.

Die Kosten der englischen Flotte für das Jahr 1806 waren, nach dem Berichte des Schatzkanzlers vom März desselben Jahres über $68,000,000. Den Antheil der Kosten, welchen der Staat New York zu bezahlen hätte, als den ihm gebührenden Antheil, um ungefähr, was Herr Hale eine achtunggebietende Flotte nennt, aufrecht zu erhalten, würde $8,000,000 mehr als die Eingangs-Revenue von $1,324,426 betragen; und dieserhalb hätte er seine Vorschläge folgendermaßen schließen sollen:

„Beschlossen, daß es die Meinung der Legislatur sei, die Farmer und Grundbesitzer der Stadt und des Staates New York sollten höchst erfreut sein, die Summe von $8,000,000 jährlich, außer dem Eingangszoll obendrein, zu bezahlen, und die Legislatur zweifelt nicht daran, daß sie es bezahlen werden, als den gebührenden Antheil dieses Staates, eine achtunggebietende Flotte zu errichten, um mit der französischen sowohl, wie mit der spanischen und englischen, oder mit irgend einer anderen Flotte der Welt kämpfen zu können."

Da Bäume durch den Beschluß einer Legislatur nicht in Schiffe verwandelt werden können, so muß die das Erste sein, wegen der Kosten einer Flotte zu sprechen, und auf welche Art dieselben gedeckt werden sollen, ehe man wegen des Baues derselben Beschlüsse faßt. Die Kosten zu berechnen, ist eine gute Maxime. Herr Hale hat die Sache beim verkehrten Ende angefangen. Den 3. April 1807. Gesunder Menschenverstand.

II. P

Drei Briefe an Morgan Lewis, betreffend seine gerichtliche Verfolgung des Thomas Former wegen Einmalhunderttausend Dollars Schadenersatz.

Erster Brief.

Das stolze Bewußtsein von uneigennütziger Redlichkeit fürchtet nicht, näher betrachtet zu werden und verachtet die feile Idee von Schadenersatz. Nicht das gesunde, sondern das faule Fleisch ist es, welches die Berührung nicht vertragen kann. Der Mann muß seinen Charakter für ungemein verwundbar halten, welcher glaubt, daß irgend Etwas, von oder gegen ihn gesprochen, ihn für Hunderttausend Dollars beschädigen kann, und doch ist dies die Summe, die Morgan Lewis in seiner Klage gegen Hrn. Former als Vorsitzender einer Versammlung Republikaner als Schadenersatz verlangt hat. Dies ist ein Fall, der, abgesehen von irgend einer Idee von Schadenersatz, vor die in der Legislatur versammelten Vertreter des Volks gebracht werden sollte. Es ist ein versuchter Eingriff in die Rechte der Bürger, und noch dazu von einem Manne ausgehend, dessen officielle Pflicht es war, dieselben zu beschützen.

Hr. Former war in der Ausübung eines gesetzlichen und constitutionellen Rechtes begriffen. Er war Vorsitzender einer Bürgerversammlung, die friedlich zusammengekommen war, um eine sie betreffende Sache zu überlegen, die Ernennung einer geeigneten Person, für welche man bei der kommenden Wahl stimmen wollte. Hätte die Versammlung Morgan Lewis für eine geeignete Person gehalten, so würde sie es gesagt haben, und sie würde das Recht gehabt haben, es zu sagen. Doch die Versammlung war anderer Meinung, und sie hatte das Recht, anders zu sagen. Was hat jedoch Morgan Lewis als Gouverneur mit dem einen oder dem andern dieser Fälle zu thun? Er ist nicht Gouverneur jure divino (von Gottes Gnaden); eben so wenig ist er mit dem magischen Mantel bekleidet, welchen ein König von England trägt, daß er kein Unrecht thun kann, noch ist die Gouverneurschaft des Staates sein Eigenthum, oder das Eigenthum seiner verwandschaftlichen Verbindungen.

Könnte Morgan Lewis so unweise und eitel sein, zu glauben, daß er, wie er es nennt, wegen Schadenersatz klagen könne, so sollte er jeden Einzelnen, der bei der Versammlung zugegen war, den Vorsitzenden ausgenommen, gerichtlich belangen, denn als Vorsitzender war Hr. Former ein stillschweigender Zuschauer bei allen Verhandlungen und Entscheidungen. Er konnte nicht einmal seine Stimme abgeben, es sei denn im Falle, daß die Ja's und Nein's gleich gewesen wären. Doch dies war nicht der Fall.

Das Aeußerste, was Hr. Lewis mit Hr. Former hätte machen können, wäre gewesen, daß er ihn sub poena als Zeugen vor Gericht geladen hätte, um zu beweisen, daß solche Beschlüsse wirklich von der Versammlung angenommen worden seien, denn Hrn. Formers Unterschrift bei jenen Beschlüssen bedeutet weiter nichts, als ein Zeugniß, daß jene Beschlüsse passirt wurden.

Morgan Lewis hat in dieser gerichtlichen Verfolgung denselben Irrthum begangen, den ein Mann begehen würde, welcher einen Zeugen, der eine von einer dritten Person verübte That bezeugt, gerichtlich belangen wollte, anstatt jene dritte Person anzugreifen. Morgan Lewis ist meines Erachtens nach ein jämmerlich schlechter Abvokat und ein noch schlechterer Politiker. Er kann diese Anklage nicht durchführen, aber ich glaube, daß Hr. Former eine Klage gegen ihn gewinnen könnte. Falsche Anklagen sollten bestraft werden, und dies ist eine falsche Anklage, weil es eine absichtliche Klage gegen die unrechte Person ist. Wenn Morgan Lewis irgend einen Schaden oder ein Unrecht erlitten hat, was ich jedoch nicht glaube, so ist es nicht durch den Vorsitzenden, sondern durch die Glieder jener Versammlung geschehen. Die Beschlüsse einer Versammlung sind nicht die Acte des Vorsitzenden.

Doch auf welche Weise will Morgan Lewis seine erlittene Beschädigung beweisen? Schaden müssen durch Thatsachen bewiesen werden; sie können es nicht durch Meinungen, denn Meinungen beweisen gar Nichts. Schaden, durch Meinungen erwiesen, ist nicht thatsächlich erwiesener Schaden; ein Geschwornengericht ist an Thatsachen gebunden und kann keine Rücksicht auf Meinungen nehmen. Morgan Lewis muß beweisen, daß zwischen der Zeit, in welcher die Beschlüsse passirt wurden, und der Zeit, wo er seine Anklage begann, er Beschädigungen zu dem Betrage von Einmalhunderttausend Dollars erlitt, und er muß dieses durch Thatsachen belegen. Er muß ferner noch beweisen, daß die erlittene Beschädigung die Folge jener Beschlüsse war, und könnte er auch alles Dies beweisen, es würde doch Hrn. Former nicht berühren, weil, wie vorher gesagt, die Beschlüsse einer Versammlung nicht die Acte des Vorsitzenden sind.

Dies ist nicht ein Fall, der nur vor einem Geschwornengerichte von nur zwölf Personen abgehandelt wird. Das ganze Publikum bildet die Jury in einem Falle, wie der vorliegende, denn er betrifft die politischen Rechte der Bürger, und eben in der Absicht, den Fall, von den wortklaubenden Chicanen des Gesetzes befreit, aus einem klaren und einleuchtenden Gesichtspunkte dem Publikum vorzulegen, habe ich mich damit befaßt.

Doch da das Volk keine langen Artikel bei dem Herannahen der Wahlen liest, und da es wahrscheinlich ist, daß ich noch einen zweiten Artikel über Schadenersatz folgen lassen werde, so will ich jetzt hier inne halten.

Thomas Paine.

Den 14. April 1807.

Zweiter Brief.

In meinem früheren Briefe zeigte ich, daß Morgan Lewis keine Klage gegen Hrn. Former durchsetzen könnte, weil die Beschlüsse einer öffentlichen Versammlung nicht die Handlungen des Vorsitzenden sind. Seine Unterschrift unter dieselben ist nicht das Zeichen seiner Genehmigung, obgleich ich selbst nicht zweifle, daß er sie gutgeheißen hat. Sie ist nur deshalb beigefügt, um zu bezeugen, daß solche Beschlüsse passirt wurden. In dem jetzigen Briefe werde ich nunmehr weiter auf diesen Gegenstand eingehen.

Diese Verfolgung trägt auf ihrem Gesichte den deutlichen Stempel eines Versuchs, das Volk in seinem Charakter als Bürger abzuschrecken von der Ausübung des Rechtes, seine Meinung über öffentliche Männer und öffentliche Maßregeln auszusprechen. Wäre es eine Anklage eines Individuums gegen ein anderes gewesen, wobei das Volk kein Interesse oder Antheil hätte, ich würde den Gegenstand unberührt gelassen haben. Aber es ist dies ein Fall, der eine Frage unseres politischen Rechts in sich schließt, und welcher zeigt, daß Morgan Lewis nicht der geeignete Mann ist, welchem die Aufsicht über jene Rechte anvertraut werden darf. Ferner gibt der Fall ein schlechtes Vorbild, indem der Gouverneur des Staates selbst das verderbliche Beispiel aufstellt, frivole Prozesse anhängig zu machen, um dadurch Geld zu erlangen. Ein Mann von Uneigennützigkeit würde darüber erhaben sein und ein Mann von Ehre würde es verachten.

Einer der Einwürfe, welche in jenen Beschlüssen gegen Morgan Lewis erwähnt sind, ist, daß er eine Coalition mit den Föderalisten eingegangen wäre. Wenn Morgan Lewis dieses als einen Schimpf aufnimmt, so muß er nothwendiger Weise als Grund für diese Annahme die Föderalisten für eine niederträchtige Bande von Menschen gehalten haben, und es liegt ihm nun ob, sie als solche darzustellen, als einen Grund, worauf er seinen Schadenersatz beansprucht. Es läuft gerade auf dasselbe hinaus, als hätte er in seiner gewohnten Redeweise gesagt: sie beschuldigen mich, mit Schurken verbunden gewesen zu sein. Morgan Lewis ist ein Schwachkopf. Er hat kein Talent für die Stellung, die er einnimmt. Er fängt sich in seinen eignen Schlingen.

Doch wenn der in den Beschlüssen enthaltene Entwurf unbegründet ist, weshalb trat Morgan Lewis nicht, wie es einem Ehrenmanne geziemt, hervor und widerlegte in der Sprache eines gebildeten Mannes diesen Einwurf? Er hätte sich Verdienst dadurch erworben, wäre er unschuldig genug gewesen, es thun zu können. Der Einwurf gegen ihn erschien öffentlich und wäre er nicht wahr gewesen, so hätte er ihn öffentlich widerlegen sollen. Denn da Morgan Lewis ein öffentlicher Mann ist und dieser Fall eine öffentliche Frage betrifft, so hatte das Publikum aller Parteien ein Recht, zu wissen, ob diese Einwürfe gegen ihn wahr oder unwahr seien. Dies ist keine Gerichtssache, sondern eine Frage, welche die Ehre und unsere politischen Rechte betrifft.

Der Mann, der seine Zuflucht zu Arglist und Kunstgriffen nimmt, anstatt auf dem freien und festen Grund von Prinzipien zu stehen, kann leicht ausgefunden werden. Als diese Beschlüsse zuerst erschienen, mag Morgan Lewis die Nothwendigkeit eingesehen haben, ihnen einige Beachtung zu widmen; doch da es ihm damals nicht convenirte, sie anzuerkennen oder sie zu widerlegen, so nahm er seine Zuflucht zu einer gerichtlichen Verfolgung, da dies ihm einen Vorwand bot, weder das Eine noch das Andere zu thun. Eine Anklage, von diesem Standpunkte aus betrachtet, würde sich für die Lage, in welcher er sich befand, gepaßt haben, indem er die Sache im Unklaren und unentschieden bis nach der Wahl gehalten haben würde. Doch dieser Kunstgriff ist zu flach, als daß man ihn nicht durchschauen könnte, und zu augenscheinlich verschmitzt, als daß man ihn nicht verachten sollte.

Beschädigung hat Morgan Lewis nicht erlitten. Wenn diese Beschlüsse irgend eine Wirkung hervorgebracht haben, so war sie nur zu seinem Vortheil. Er war ein verlorner Mann unter den Republikanern, ehe noch die Beschlüsse erschienen, und ihr öffentliches Erscheinen hat ihm ein gewisses Ansehen unter solchen Föderalisten gegeben, die aller Ehre baar und für Schimpf und Schande unempfindlich sind. Diese Leute werden für ihn sowohl, als auch für Rufus King, den Verfolger der unglücklichen Irländer, stimmen.

Ich komme jetzt auf den Gegenstand von Schadloshaltung im Allgemeinen zu sprechen; es scheint mir, daß gewisse Geschwornengerichte diese Sache gänzlich falsch aufgefaßt haben. Sie machen keinen Unterschied zwischen Buße und Schadenersatz. Buße ist Bestrafung für Verbrechen; Schadenersatz ist eine Entschädigung für erlittene Verluste. Wenn ein Mann wegen eines Verbrechens angeklagt ist, so ist es nur nothwendig, das Vergehen, dessen er beschuldigt ist, zu beweisen, und Alles, was das Geschwornengericht in diesem Falle zu thun hat, ist, einen den vorgebrachten Beweisen entsprechenden Ausspruch zu thun. Der Gerichtshof spricht dann das Urtheil aus gemäß dem Gesetze, nach welchem das Verbrechen strafbar ist. Wenn das Vergehen mit Geldbuße oder Gefängnißstrafe, oder mit beiden zugleich belegt ist, so bestimmt das Gesetz gewöhnlich die Größe der Buße oder Strafe und auch die Zeit der Einkerkerung. Es überläßt nicht irgend einem tollköpfigen, habsüchtigen Individuum oder irgend einem Geschwornengerichte, zu sagen, sie solle Einmalhunderttausend Dollars sein.

Aber in Anklage wegen sogenannter Beschädigung des Charakters müssen zwei Dinge bewiesen werden. Erstens die Worte, die gesprochen oder veröffentlicht, oder die Handlungen, welche gethan wurden, und zweitens die wirklich erlittene Beschädigung in Folge dieser Worte oder Thaten. Die Worte und die Handlungen können oft bewiesen werden, und auch Morgan Lewis mag beweisen, daß gewisse Beschlüsse in einer Versammlung von Bürgern, wobei Thomas Former Vorsitzender war, passirt wurden. Doch wenn Morgan Lewis nicht beweisen kann, daß die Versammlung ungesetzlich handelte, indem sie jene Beschlüsse passirte, und daß er demzufolge Schaden erlitten hat, so kann ein Geschwornengericht ihm auch keinen Schadenersatz zuerkennen, und das steht jedenfalls fest, daß Geschwornengerichte in Anklagen wegen sogenannten Schadenersatzes keine Strafen auferlegen können. Strafen können nur vom Staate und nicht von Individuen auferlegt werden. Wenn in einigen neulich vorgekommenen Prozessen Geschwornengerichte Schadenersatz zuerkannt haben, wo die erlittene Beschädigung nicht erwiesen worden war, so sollte die Vollstreckung des Urtheils suspendirt und die betreffenden Prozesse von Neuem aufgenommen werden.

Thomas Paine.

Den 21. April 1807.

Dritter Brief.

In diesem Briefe will ich in meinen Beobachtungen über Schadloshaltung im Allgemeinen weiter fortfahren, und Morgan Lewis gelegentlich mitberühren. Es gibt zwei Klassen von Menschen, deren Charakter man nicht schaden kann. Zu der einen Klasse gehören die Menschen, deren Charakter bereits so niederträchtig ist, daß nichts gesagt werden kann, um ihn noch schlimmer zu machen; zu der andern gehören diejenigen Männer, deren Charakter so unverletzlich dasteht, daß kein Vorwurf gegen ihn sie berühren kann, die Pfeile fallen machtlos zur Erde oder prallen auf den Schützen selbst zurück.

Als Jefferson zum ersten Male zum Präsidenten gewählt wurde, war die Majorität zu seinen Gunsten 92 gegen 84. Da die Majorität so klein war, so verdoppelte die Faction der Föderalisten ihre Schimpfreden und häuften Lügen auf Lügen, um ihn bei der nächsten Wahl aus dem Amte zu werfen. Man ließ ihre Bosheit und Lügen ungerügt hingehen, und die Folge war, daß bei der nächsten Wahl die Majorität für Jefferson 162 zu 14 war.

Da dies ein Beispiel eines unverwundlichen Charakters ist, der keine Beeinträchtigung erleiden kann, so überlasse ich es Collman, Cullen und Rufus King die entgegengesetzte Art der Personen vorzustellen, und sie mögen, wenn es ihnen beliebt, darum loosen, wer auf der Liste von Sicherheit des Charakters gegen Beschädigung durch Niederträchtigkeit die erste Stelle einnehmen soll.

Als Morgan Lewis in seiner Unterredung mit William Livingston sagte, daß De Witt Clinton, Richter Comstock und Richter Johnson, drei der verdammtesten Schurken wären, die je den Staatsrath geschändet, da war das Gift und die Gemeinheit des Ausdrucks zu deutlich, um Schaden zuzufügen, und der Charakter des Mannes, der es sagte, zu zweideutig, um Glauben zu verdienen. Es war nicht der Mühe werth, es zu widerlegen. Verläumbung ist ein Laster von einer ganz eigenthümlichen Beschaffenheit. Versucht man es zu tödten, so lebt es fort; überläßt man es hingegen ganz sich selbst, so wird es eines natürlichen Todes sterben. Des Kanzlers Lansing unverständige und schlecht geschriebene Adresse an das Volk gehört ganz genau unter diese Art Verläumbung. Er ließ in dieser Adresse eine verdeckte Anklage gegen Gouverneur Clinton durchblicken, als derselbe drei hundert Meilen von New York entfernt war, und da George Clinton, jun. ihn aufsuchte, um eine Erklärung von ihm zu verlangen, damit das Publikum wisse, was er meine, verweigerte er dies zu thun. Herr Lansing soll sein Amt eines Kanzlers inne haben so lange er sich gut beträgt; dies ist aber gerade das Gegentheil von gutem Betragen. Die in der Constitution enthaltenen Worte „so lange er sich gut beträgt" müssen einen Sinn haben, sonst würden sie nicht dort sein. Sie beziehen sich sicherlich auf eines Mannes ganzen moralischen und bürgerlichen Charakter und nicht blos auf seinen officiellen.

Ein Mann mag in seinem officiellen Charakter pünktlich bleiben, weil es in seinem Interesse liegt, und dennoch kann er in jeder sonstigen Sache unehrenwerth und ungerecht sein.

Herr Lansing hätte bedenken sollen, daß Gouverneur Clinton's lange Erfahrung in dem Amte eines Gouverneurs ihn befähigte, jungen Anfängern nützlichen Rath zu geben, und seine anerkannte Redlichkeit schließt die Idee aus, daß er einen andern Rath geben würde. Wenn Gouverneur Clinton dem Herrn Lansing irgend Rath über den Gegenstand von welchem er spricht, gab, so hätte Herr Lansing sich ihm verpflichtet fühlen sollen; statt dessen hat er sich verrätherisch und undankbar gezeigt.

Doch obgleich Männer von anerkannter Redlichkeit ruhig und philosophisch sich nicht zu solch einem gemeinen Ausweg, wie eine gerichtliche Klage wegen Schadloshaltung, herablassen werden, so sollte nichts desto weniger ein Gesetz bestehen, welches Verläumbung bestraft, weil es sich oft ereignet, daß der Kläger wegen erlittener Charakterbeschädigung selbst der Verläumber ist. Morgan Lewis' Anklage von Thomas Former auf Schadenersatz von Einhunderttausend Dollars stellt den letztern dem Publikum als einen ungerechten Mann dar. Maturin Livingston bedient sich desselben Spiels gegen Hrn. Jackson, einer der Editoren des „Independent Republican", und der anglo-irländische Betrüger Cullen, welcher vor Beschädigung seines Charakters durch seine Niederträchtigkeit gesichert ist, versucht drei tausend Dollars von Mr. Frank, einem der Editoren des „Public Advertiser", zu erpressen. Wie die Sachen jetzt stehen, hat ein Schuft bessere Aussicht als ein ehrlicher Mann.

Es gibt keinen Mann in den Vereinigten Staaten, ausgenommen Thomas Jefferson, der durch diese gemeine, prinzipienlose Partei mehr verlästert worden wäre, als ich selbst; doch ich habe nie irgend einen von ihnen verklagt. Ich habe es ihnen überlassen sich in ihren eigenen Lügen zu wälzen. Wäre ein Gesetz in Kraft gewesen, welches Verläumbung und Lüge mit Geldbuße belegt, um das Geld den Armen zu geben, ich würde sie gerichtlich belangt haben. Doch was Entschädigung anbetrifft, so glaube ich nicht, daß sie selbst Charakter genug besitzen, um dem meinigen zu schaden, und deshalb konnte ich auch keinen Schadenersatz beanspruchen.

Den 23. April 1807.

Thomas Paine.

Ueber die Frage: Werden wir Krieg bekommen?

Jedermann fragt: Werden wir Krieg bekommen? Die Antwort ist leicht: Daß, so lange der britischen Regierung erlaubt ist nach ihrem eigenen Belieben unsere Fahrzeuge zu untersuchen, zu confisciren, unsern Handel zu controlliren, unsere Seeleute zu pressen und auf unsere National-Schiffe zu feuern und sie zu plündern, wie sie es gethan hat, so lange wird sie keinen Krieg erklären, weil sie uns nicht das anerkannte Recht, Repressalien zu gebrauchen, geben will. Ihr Plan ist, ein Monopol des Krieges zu behalten, und sie glaubt durch das Manöver, keinen Krieg zu erklären, erfolgreich zu sein.

Die Sache ist also nur eine Frage unter uns selbst. Sollen wir das englische Gouvernement bekriegen, wie es uns bekriegt hat, oder sollen wir, wie wir schon gethan, und mit zu langer Nachsicht gethan haben, die Leiden des Krieges über uns ergehen lassen, ohne Wiedervergeltung zu üben? Dies ist eine wahre Darlegung des Falles zwischen den Vereinigten Staaten und England.

Vor mehreren Jahren war es der Plan jener Regierung, uns durch schändliche Acte in Schrecken zu setzen und dadurch zur Unterwerfung unter ihre Maßregeln zu zwingen und in der wahnsinnigen Verblendung, dies zu erreichen, reizte sie uns zum Krieg. Wir fürchten weder, noch kümmern wir uns viel um England, ausgenommen, daß wir das Volk bedauern, welches unter einer solch jammervollen Regierung lebt. Was Englands Flotte anbelangt, so hat dieselbe ihre schreckenerregende Macht verloren. Die Engländer können zu Land nichts gegen uns ausrichten, und kommen sie in unsere Gewässer, so werden sie bei erster Windstille, die kommt, genommen werden. Sie können uns auf dem Ocean berauben, wie auch Seeräuber es thun können, aber wir können auch genug Wege finden, um uns durch Wiedervergeltung zu entschädigen.

Die brittische Regierung ist nicht berechtigt als Feind so behandelt zu werden, wie es das Völkerrecht verlangt. Sie ist ein Seeräuber und sollte als solcher behandelt werden.

Nationen erklären keinen Krieg gegen Seeräuber, sondern fallen über dieselben her nach ihrem natürlichen Rechte. Jede Höflichkeit gegen die britische Regierung ausgeübt, heißt Perlen vor die Säue werfen. Sie ist fühllos gegen Prinzipien und aller Ehre bar. Ihr Monarch ist wahnsinnig und ihre Minister sind davon angesteckt.

Die britische Regierung, so wie die ganze Nation täuschen sich selbst in der Macht ihrer Flotte. Sie bilden sich ein, daß Kriegsschiffe Eroberungen zu Lande machen, daß dieselben Städte und Dörfer nahe an der Küste nehmen und zerstören, und daß sie durch Schrecken alle Friedensbedingungen erhalten können, welche sie gerade wünschen. Sie sendeten Admiral Duckworth nach Constantinopel mit dieser einfältigen Idee, und der Erfolg hat die Schwäche der Flotten gegen Land-Batterien bewiesen. Constantinopel war nicht mehr befestigt als unsere amerikanischen Städte es jetzt sind; doch die Türken brachten beim Erscheinen der englischen Flotte fünfhundert Kanonen und hundert Mörser aus dem Arsenale an die Küste, und als die prahlenden Helden dies gewahr wurden, rissen sie aus, wie ein Hund mit einer Klapper am Schwanze. Das ritterliche Volk von Norfolk und seine Nachbaren ließen Douglas in einer ähnlichen Manier abfahren. Ein Indianer, welcher die Natur studirt, ist ein besserer Kenner der Seemacht, als ein englischer Minister.

Im März des Jahres 1777, kurz nach der Niederlage der Hessen bei Trenton, war ich bei den Vertragsunterhandlungen mit den fünf nördlichen Stämmen der Indianer zu East Town in Pennsylvanien zugegen, und bewunderte oft die scharfsinnigen Bemerkungen dieser originellen Menschen. Der Chef eines Stammes, welcher den Namen „King Lastnight" führte, weil die Ländereien seines Stammes verkauft worden waren, hatte einige englische Kriegsschiffe in den Gewässern von Canada gesehen, und war erstaunt über die Macht dieser großen Canoen; aber er sah, daß die Engländer keinen Erfolg auf dem Lande gegen uns hatten, und dies genügte für einen Indianer, um sich eine Meinung darüber zu bilden. Er verstand etwas Englisch, und in der Unterhaltung in Bezug auf die großen Fahrzeuge sagte er mir, welch eine Idee er von der Macht des englischen Königs hätte, in folgender bildlicher Redensart:

„Der König von England," sagte er, „ist einem Fische gleich. Wenn er im Wasser ist, kann er vergnügt mit dem Schwanze wedeln, sobald er aber aufs Land kommt, legt er sich auf eine Seite nieder!" Nun, wenn die englischen Minister nur halb so viel Verstand wie dieser Indianer hätten, so würden sie nicht Duckworth nach Constantinopel und Douglas nach Norfolk gesandt haben, um sich auf eine Seite niederzulegen.

Berichte aus Halifax sagen, daß Admiral Berkley schriftlich behauptet hat, seine Befehle (an Douglas) wären nicht eher gegeben worden, bis jeder Versuch Seitens seiner britischen Majestäts Gesandten, Consuln und Beamten, die Auslieferung der Rebellen und Deserteure (wie er sie nennt) zu erlangen, gemacht; aber von der Regierung der Vereinigten Staaten zurückgewiesen worden wären.

Wenn dieser Bericht wahr ist, so zeigt er, daß Berkley in politischen Angelegenheiten ein Schwachkopf ist; denn wenn die Sache in den Händen des britischen Gesandten sich befand, welcher der unmittelbare Stellvertreter seiner Regierung ist, dann durfte er sich nicht hineinmischen. Dieser Minister würde seiner Regierung, die Forderung, die er gestellt (wenn er eine gestellt hat), so wie auch die Antwort, welche er empfing (im Falle er eine empfing) berichtet haben, und Berkley konnte nur nach Befehlen handeln, die er hiernach erhielt. Kein verantwortlicher Beamter irgend einer Regierung darf Feindseligkeiten auf seine eigene Faust eröffnen.

Ich komme jetzt auf die Tagespolitik zu sprechen, wie sie aus den Begebenheiten hervorgeht.

Die Ungerechtigkeit der englischen Regierung und der Uebermuth ihrer Flottenofficiere ist nicht länger zu ertragen. Diese Ungerechtigkeit und dieser Uebermuth geht aus einer Anmaßung der britischen Regierung hervor, welche sie das Visitationsrecht nennt. Weder jetzt, noch früher, hat je ein solches Recht einer Nation von selbst zugestanden, blos aus dem Grunde, weil sie mit einer andern in Krieg war. Wo auch immer ein solches Recht bestand, ist es durch Vertrag erlangt worden, und wo ein solcher Vertrag nicht stattgefunden, darf auch solches Recht nicht existiren, und sich die Ausübung desselben anzumaßen, ist eine feindselige Handlung, welche, wenn sie nicht unterlassen wird, so lange zurückgewiesen werden muß, bis sie unterlassen wird.

Die Vereinigten Staaten können solches Recht England nicht einmal durch Vertrag einräumen, ohne dasselbe Recht Frankreich, Spanien, Holland, Neapel, Italien und der Türkei zuzugestehen, oder diese werden es sich selbst nehmen, und die Vereinigten Staaten hätten sich dann die Folgen selbst zuzuschreiben. Es ist eine schwierige Sache und verlangt große politische Weisheit für eine neutrale Nation, in Kriegszeiten mit einer der kriegführenden Nationen einen Vertrag abzuschließen, welcher sie bei den andern Nationen nicht compromittirt. Es ist deshalb das beste, da die Sache bis zu dieser Krisis gekommen ist, diesem vorgeblichen Visitationsrecht bei erster Gelegenheit sich zu widersetzen. Die Vereinigten Staaten sind fähig, es zu thun, und sie sind die einzige neutrale Nation, welche es thun kann.

Wir sind jetzt nicht das winzige Völkchen mehr, welches wir beim Anfange der Revolution waren. Unsere Bevölkerung belief sich damals auf zwei und eine halbe Million; nun ist sie zwischen sechs und sieben Millionen, und in weniger als zehn Jahren wird sie die Einwohnerzahl Englands übertreffen. Die Vereinigten Staaten haben während der letzten zwanzig oder zweiundzwanzig Jahre mehr an Macht, Fähigkeit und Reichthum zugenommen, als sie es während beinahe zweihundert Jahren zuvor gethan, während die Staaten noch englische Colonien waren.

Sie schulden dies zweien Dingen: ihrer Unabhängigkeit und dem Repräsentativsysteme ihrer Regierung. Es war immer das unverständige und unausführbare System der englischen Regierung, die Colonien in dem Zustande der beständigen Minderjährigkeit zu erhalten. Sie sollten nie zur Mündigkeit gelangen, damit England dieselben immer controliren könnte.

Während die Vereinigten Staaten in diesem unvergleichlichen Maßstabe fortschritten, ist England rückwärts gegangen. Seine Regierung ist bankerott und sein Volk elend. Mehr als eine Million desselben sind Bettler. Sein König ist wahnsinnig und seine Minister sind verderbt. Es bleibt nun zu sehen, was das jetzige neu erwählte Parlament thun wird. Es ist ein Mann darunter, den ich stolz bin, meinen Freund nennen zu können, und von dem man sich große Erwartungen macht. Doch was kann Ein rechtliches und unabhängiges Mitglied thun, umgeben wie es ist, von dieser Masse von Unwissenheit und Verderbtheit, welche seit vielen Jahren jene unglückliche Nation beherrscht haben? Englands größtes Vertrauen ist auf seine Flotte gesetzt gewesen, und diese Flotte war sein Untergang.

Die irrthümliche Einbildung von der Macht dieser Flotte (denn sie hätte nothwendig amphibisch sein müssen, um das auszuführen, was man von ihr erwartete) hat die Unwissenheit der englischen Regierung zum Uebermuth gegen alle fremden Mächte verleitet, bis England keinen Freund mehr unter den Nationen hat. Rußland und Schweden werden sich aus seiner Börse so lange mästen, bis sie leer ist, und sich dann wahrscheinlich gegen dasselbe kehren.

Sich auf seine Flotte verlassend, hat es ganze Länder durch Proclamation blockirt, und jetzt hat Napoleon nach dem zu entschuldigenden Wiedervergeltungsrechte es zu Lande von dem Handel des westlichen Theiles des europäischen Festlandes ausgeschlossen. Seine übermüthige und schwache Expedition gegen Constantinopel hat es von dem Handel der europäischen und asiatischen Türkei ausgeschlossen und denselben in die Hände Frankreichs gelegt, und sein schändliches Betragen gegen uns wird es von dem Handel der Vereinigten Staaten ausschließen. Durch den Uebermuth seiner Flottenmannschaft ist England ferner in Gefahr, den Handel mit China einzubüßen, und es ist leicht zu sehen, daß Napoleon sich einen Weg nach Indien durch die Türkei und Persien zu bahnen beabsichtigt. Der Wahnsinn der englischen Regierung hat die Türkei in die Arme Frankreichs geworfen. Persien liegt zwischen Indien und der Türkei, und Bonaparte knüpft freundschaftliche Verbindung mit der persischen Regierung an. Es hat sogar schon ein Gesandtenwechsel stattgefunden. Bonaparte schickt militärische Beamte nach Persien, und mit Erlaubniß der Regierung wird er dort eine Armee bilden und das englische Monopol in Indien angreifen. Hält Frankreich seine Verbindung mit der Türkei und Persien aufrecht, so kann England Indien nicht halten.

In diesem jammervollen Chaos der Angelegenheiten hat die wahnsinnige englische Regierung sich noch einen neuen Feind auf den Hals geladen, indem sie Feindseligkeiten gegen die Vereinigten Staaten anfing. Sie muß mit der Geographie Amerika's unbekannt sein, oder sie hätte wissen müssen, daß wir ihr alle ihre Besitzungen auf dem Continente entreißen können, wenn wir wollen, und sie kann keine Flotte bei den westindischen Inseln während der Orkan-Monate halten. Bonaparte wird schon Beschäftigung finden für alle Soldaten, welche sie nur auftreiben kann, und die, welche sie nach dem europäischen Continente hinübersendet, werden Gefangene werden. Man hat kein Beispiel, daß je ein Gouvernement sich mit einer solchen Unwissenheit und Tollheit betragen hätte, wie es die englische Regierung gethan hat. Dies ist John Adams staunenerregendes Gebäude menschlicher Weisheit.

Daß die englische Regierung ableugnen wird, an Berkeley feindliche Verhaltungsbefehle gegeben zu haben, bezweifle ich gar nicht. Es ist ein Kniff der alten Regierungen, dies zu thun, wenn sie finden, daß sie Unrecht gethan haben; sie bezahlen dann einen Sündenbock, der die Schuld auf sich nimmt, aber dies ist nicht hinreichend. Das vorgebliche Untersuchungsrecht und das Pressen unserer Seeleute muß unterlassen werden. Dreitausend derselben sind gepreßt worden, um auf englischen Schiffen gegen Frankreich zu kämpfen. Die französische Regierung hat viel Geduld gezeigt, sich nicht hierüber zu beklagen, denn es ist ein großer Schaden für sie und ihm sollte abgeholfen werden, oder schlimmere Folgen dürften daraus hervorgehen.

Ich habe in einem früheren Theile dieses Aufsatzes gesagt, daß es eine schwierige Lage ist und große politische Weisheit erfordert, wenn eine neutrale Nation in Kriegszeiten mit einer der kriegführenden Nationen einen Vertrag schließen will, welcher sie bei der andern Nation nicht compromittiren soll. Ich will jetzt ein Beispiel dazu geben.

Im Jahre 1794 sandte Washington Hrn. Monroe als Minister nach Frankreich und John Jay nach England, und gab beiden widersprechende Verhaltungsbefehle mit. Nach dem Vertrage, der damals zwischen den Vereinigten Staaten und Frankreich existirte, machten freie Schiffe freies Gut, so daß englisches Eigenthum am Bord amerikanischer Schiffe nicht in Frankreich confiscirt werden konnte. John Jay schloß einen Vertrag mit England ab, den Washington und der einfältige Senat jener Zeit ratificirte, daß freie Schiffe kein freies Gut machen sollten, und daß deshalb französisches Eigenthum am Bord amerikanischer Schiffe von Engländern confiscirt werden durfte. Dies machte natürlich die Clausel in dem Vertrage mit Frankreich zu nichte und letzteres machte sich auch sogleich die Sache zu Nutzen, und dadurch verloren die Vereinigten Staaten den Spebitionshandel zwischen beiden Nationen. Es liegt ein Jesuitismus in Jay's Vertrag, besagend, daß die Frage, ob freie Schiffe freies Gut machen, zwei Jahre nach dem Kriege in Betrachtung gezogen werden soll. Es sind jetzt schon mehr als zwei Jahre nach dem Kriege verflossen, und deshalb bildet dies ein ferneres Item, welches sammt den übrigen Angelegenheiten mit der englischen Regierung zu ordnen bleibt.

Das englische Gouvernement ist so lange an den Uebermuth gewohnt gewesen, daß es nicht einsehen kann, wann die Macht, unverschämt zu sein, aufhört. Es sollte einsehen, daß Frankreichs Landmacht bei weitem größer, als seine Seemacht sei. Frankreich zu Lande kann den Handel Englands in Europa und Indien blockiren, und die englische Flotte kann Nichts thun, es zu verhindern. Wozu ist es denn nütze, die Wellen zu beherrschen ("rule the waves"), wenn man keinen Fuß auf das trockene Land setzen kann? Wäre es ein Streit wegen Fischereien, die mächtigste Flotte würde entscheiden; doch da es ein Handelsstreit ist, so müssen die Landkräfte die Entscheidung geben; Flotten kommen hier nicht in Betracht.

Wäre die englische Regierung weise, sie würde das vorgebliche Durchsuchungsrecht freiwillig aufgeben, denn es wird sie in endlose Schwierigkeiten verwickeln. Es macht alle Nationen zu seinen Feinden. Jede Nation verabscheut diese piratische Unverschämtheit Englands, und keine mehr als die Vereinigten Staaten. Die Gährung, die jetzt besteht, kann nicht beruhigt werden, bis Entschädigung für die Vergangenheit und Sicherheit für die Zukunft gegeben worden ist.

Gesunder Menschenverstand.

New York, den 14. August 1870.

Königlicher Stammbaum. *)

Georg der Dritte war der Enkel von Georg dem Zweiten, welcher der Sohn von Georg dem Ersten war, welcher der Sohn der Prinzessin Sophie war, welche die Cousine von Anna war, welche die Schwester von Wilhelm und Marie war, welche Tochter und Schwiegersohn von Jakob dem Zweiten waren, welcher der Sohn von Karl dem Ersten war, welcher ein Verräther des Vaterlandes war und als solcher enthauptet wurde, der ein Sohn Jakob des Ersten war, welcher der Sohn von Marie war, welche eine Schwester Eduard des Vierten war, welcher der Sohn von Heinrich dem Achten war, welcher der kaltblütige Mörder seiner Weiber, der Beförderer der protestantischen Religion und der Sohn von Heinrich dem Siebenten war, welcher Richard den Dritten erschlug, welcher seinen Neffen Eduard den Fünften erstickte, welcher der Sohn Eduard des Vierten war, welcher mit dem blutigen Richard Heinrich den Sechsten erschlug, welcher der Nachfolger Heinrich des Fünften war, welcher der Sohn Heinrich des Vierten war, welcher der Vetter Richard des Zweiten war, welcher der Sohn Eduard des Dritten war, welcher der Sohn Eduard des Zweiten war, welcher der Sohn Eduard des Ersten war, welcher der Sohn von Heinrich dem Dritten war, welcher der Sohn von Johann war, welcher der Bruder von Richard dem Ersten war, welcher der Sohn von Heinrich dem Zweiten war, welcher der Sohn von Mathilde war, welche die Tochter Heinrich des Ersten war, welcher der Bruder von Wilhelm Rufus war, welcher der Sohn von Wilhelm dem Eroberer war, welcher der Sohn einer Hure war.

*) Vermuthlich von Paine.

Aussichten am Rubicon.

Oder

eine Untersuchung der Ursachen und Folgen der Politik,

welche bei dem

nächsten Zusammentreffen des Parlaments

befolgt werden wird.

Vorrede.

Ein Ausdruck, der im britischen Parlamente in Bezug auf den amerikanischen Krieg, mit einer Anspielung auf die Ueberschreitung des Rubicon durch Julius Cäsar gebraucht wurde, hat bei verschiedenen Gelegenheiten diesen Fluß als die bildliche Kriegs-Grenze angeführt.

Zum Glücke für England ist es noch auf der friedlichen Seite des Rubicon; aber da die Flammen, wenn sie einmal entzündet worden, nicht immer leicht gelöscht werden können, so sind die Hoffnungen auf Frieden nicht so klar, als sie es waren, ehe der letzte geheimnißvolle Streit begann.

Während jedoch die Windstille vor dem Sturme noch andauert, dürfte in Uebereinstimmung mit der Maxime: daß der, welcher in den Krieg gehen will, sich zuerst hinsetzen und die Kosten berechnen sollte, es sehr gut sein, einen Blick auf unsere zu thun.

Die Nation hat einen jungen und ehrgeizigen Minister an ihrer Spitze, welcher von sich selbst eingenommen ist und dem Erfahrung mangelt; Beispiele haben oft gezeigt, daß Urtheilskraft und Genie verschiedene Dinge sind, und daß die Angelegenheiten einer Nation nur unsicher geborgen sind, wo der Vortheil der Erfahrung fehlt.

Man hat Beispiele aus den Vorgängen des vorletzten Krieges hergenommen, um den Charakter des gegenwärtigen Ministers hervorzuheben, und vielleicht mögen sie bedeutend übertrieben worden sein; denn die Verwaltung hätte eine sehr schlechte gewesen sein müssen, wenn weniger gethan worden wäre, als damals gethan wurde, wenn wir unparteiisch die Mittel, die Gewalt und die Menge des verwendeten Geldes betrachten.

Damals standen Großbritannien und Amerika dem vereinzelten Frankreich zusammen gegenüber, denn Spanien nahm keinen Antheil bis kurz vor dem Schlusse des Krieges. Die große Truppenzahl, welche die amerikanischen Colonien damals aufstellten und selbst bezahlten, war genügend, die Waagschale zu verändern, wenn alle andern Theile gleich gewesen wären. Frankreich hatte zu jener Zeit den Flottenangelegenheiten nicht so viel Aufmerksamkeit geschenkt, als seither; und die Gefangennahme französischer Matrosen, ehe irgend eine Kriegserklärung gemacht war, und die, auf welche Art sie auch politisch gerechtfertigt werden mag, immer zu den heimtückischen Kriegslisten gezählt werden muß, sicherte einen gewissen, aber unerlaubten Vortheil gegen Frankreich; denn es war dasselbe, als wenn ein Mann der Person, welche er am Morgen herauszufordern gedenkt, während der Nacht eine Medizin beibringt, die dieselbe zum Kampfe unfähig macht.

II.

Betrachtungen am Rubicon.

Recht durch Zufall, und Unrecht durch System sind so häufig gesehene Dinge in der politischen Welt, daß es ein Beweis der Klugheit wird, weder zu bald zu tadeln, noch zu loben.

„Der Rubicon ist überschritten," wurde einmal als Grund zur Fortführung des kostspieligsten Krieges, welchen England je kannte, angegeben. Voll Schmerz über die Ereignisse und seufzend unter einem drückenden Joche von Abgaben, wurde es von seinen Ministern abermals an das Ufer desselben betrüglichen und verhängnißvollen Flusses geführt, ohne daß es ihm erlaubt war, den Zweck, oder den Grund — warum? zu wissen.

Kostspielige Vorbereitungen wurden getroffen, Furcht, Lärm, Gefahr und Besorgnisse wurden mit geheimnißvoller Miene ihm vor Augen gestellt, als wenn die Existenz der Nation auf dem Spiele stände und am Ende gebar der Berg eine holländische Maus.

Wer es auch immer sei, der den gegenwärtigen National-Charakter von England und Frankreich aufmerksam betrachtet, muß erstaunen über die Veränderung und den Wechsel, welcher vorgeht. Das französische-Volk fängt an für sich selbst zu denken, und das Volk von England verzichtet auf das Privilegium des Denkens.

Die Angelegenheiten Hollands sind das Spielzeug des Tages gewesen; und eine Taxe soll auf Schuhe und Stiefel (so sagen die Zeitungen) zum Nutzen des Statthalters von Holland gelegt werden. Dies wird unzweifelhaft der Nation zur Ehre gereichen, indem es das alte englische Sprüchwort bewährt:

„Ueber Schuhe, über Stiefel!"

Aber obgleich sich Demokritus kaum des Lachens über die Narrheit würde haben enthalten können, so wird es doch, weil ernste Beweise und gründliches Nachdenken dem Lächerlichmachen vorzuziehen sind, das Beste sein, die Laune unnützen Spaßes aufzugeben und der Sache eine unparteiische Untersuchung zu widmen. Bevor wir jedoch dies thun, mag es nicht ungeeignet sein, einen allgemeinen Ueberblick über mehrere politische Verhältnisse zu werfen, was zu einem besseren Verständniß des Gegenstandes führen wird.

Was Anders war der Erfolg aller Kriege Englands, als eine erstaunliche Anhäufung von Schulden und eine unvergleichliche Last von Abgaben? Einmal gab diese, dann wieder jene ausländische Sache Vorwand zum Kriege, das Einemal Oestreich, das Anderemal Preußen, dann mußte man wieder Rußland opponiren, und so ging es weiter; aber die Folgen sind immer dieselben, nämlich Auflagen, gewesen. Einige Wenige haben sich durch Geschäfte und Contracte bereichert; und die seufzende Menge trug die Last. Was hat England durch den Krieg seit dem Jahre 1738, also nur in den letzten fünfzig Jahren gewonnen, um es für zweihundert Millionen Sterlinge zu entschädigen, in welche Schuld es innerhalb dieser Zeit verfiel, und unter deren jährlichen Zinsen, ohne diejenigen, welche früher ausgelaufen waren, es jetzt seufzt? Gar Nichts!

Der Schimmer eingebildeten Ruhmes wurde oft aufrecht erhalten, und die nebelhaft vorschwebende Belohnung betrog die Sinne. Kriege, welche hätten vermieden werden können, wurden tollkühn angefangen und deren Ende sind Schulden und Unzufriedenheit gewesen. Es liegt ein gewisses Etwas im Menschen, was er sich nicht erklären kann, und was ihn zum Gegenstande der Täuschung gerade durch die Mittel macht, welche er ergreift, um nicht getäuscht zu werden.

Die Eifersucht, welche einzelne Personen unter allen Nationen über die vermeindlichen Pläne fremder Mächte fühlen, läßt sie die Beute von Ministern und von solchen Leuten unter ihnen werden, deren Handwerk der Krieg, und deren Nahrungszweig die mit dem Kriege verknüpften Geschäfte und Contracte sind.

„Verwirrung der Politik Europas! und möge jede Nation in sechs Monaten in Krieg verwickelt sein!" das war ein Toast, welcher vor nicht langer Zeit in meinem Beisein ausgebracht wurde. — Der Mann machte dem Ministerium wegen eines Geschäftes den Hof. — Ihr holden Grazien, wenn Ihr seid, und über die menschlichen Handlungen wachet, wie müßt Ihr weinen über die Lasterhaftigkeit der Menschen.

Wenn wir (denn die Gefühle der Natur können nicht abgelegt werden) die Kalamitäten des Krieges bedenken und das Elend, welches er über das Menschengeschlecht bringt; wenn wir die Tausende und Zehntausende jedes Alters und Geschlechts betrachten, welche durch seine Folgen unglücklich gemacht werden, so regt sich sicherlich Etwas in dem Herzen des Menschen, das ihn zum Nachdenken aufruft. Sicherlich gibt es eine zarte Saite, welche, von der Hand seines Schöpfers gestimmt, sich anstrengt, in das Gehör seiner Seele einen Ton kummervollen Mitgefühls anklingen zu lassen. Laßt diesen gehört werden und den Menschen fühlen lernen, daß die wahre Größe einer Nation auf die Grundsätze der Menschlichkeit gegründet und daß es ein erhabener Grundsatz wahrer Ehre ist, einen Krieg zu vermeiden, in dem die eigene Existenz nicht gefährdet ist, und in welchem das Glück der Menschen muthwillig geopfert werden müßte, als solchen Krieg tollkühn anzufangen.

Aber, unabhängig von allen politischen und sittlichen Betrachtungen, kann es sich unmöglich ereignen, daß ein Krieg bei den gegenwärtigen Verhältnissen für England oder Frankreich Vortheile ergeben kann, welche auch nur im allergeringsten Verhältniß beiden Ländern die Auslagen ersetzen können, welche sie tragen müssen. Der Krieg bedingt in seinem Weiterschreiten eine so lange Reihe unvorhergesehener und unerwarteter Umstände, eine solche Vereinigung fremdartiger Verhältnisse, daß menschliche Weisheit das Ende nicht berechnen kann. Eines ist nur gewiß dabei, und dies ist die Vermehrung der Auflagen. Die Politik der europäischen Höfe ist jetzt so bestellt und ihr Interesse so mit einander verwebt, daß, so leicht auch der Beginn eines Krieges sein mag, doch das Gewicht und der Einfluß dazwischentretender Nationen sogar den Eroberer zu ungünstigen Friedensbedingungen zwingt.

Handel und Seemacht werden nun die Mode, oder besser die Wuth Europas, und diese erregt natürlicher Weise den zweifachen Wunsch, sowohl England als auch Frankreich im Wachsen ihrer gegenseitigen Macht durch Zerstörung oder beziehungsweise Schwächung des Andern zu hindern, und deswegen, welche Aussichten auch jedes Land zu Anfang des Krieges haben

mag, neue Feinde werden entstehen, wenn Eines den Vorrang gewinnt,
und fortwährend neue Hindernisse nachfolgen, um den glücklichen Erfolg
zu erschweren.

Die Größe Ludwigs XIV. macht ihm Europa zum Feinde, und dieselbe
Ursache wird dieselben Folgen für irgend eine andere europäische Macht
nach sich ziehen. Diejenige Nation ist daher allein wahrhaft weise, welche,
zufrieden mit ihren Mitteln zur Vertheidigung, sich nicht dadurch unnöthig
Feinde macht, daß sie größer zu sein trachtet, als es das System Europas
zuläßt. Der Monarch oder Minister, welcher diese Linie überschreitet,
versteht sein Geschäft nur wenig. Es ist dies, wie der Dichter bei einer
andern Gelegenheit sagt: der Punkt, wo Verstand und Unverstand aneinander grenzen.

Es gibt vielleicht kein auffallenderes Beispiel von der Thorheit auf Erfolg rechnen zu wollen, als in den Allianceverträgen gefunden wird. Sobald sie dem unmittelbaren Zweck einer der Parteien entsprochen haben,
werden sie nur wenig beachtet. Es fehlt nachher nie an Vorwänden, sie für
nichtig zu erklären, noch an Gründen, sie ungültig zu machen. Und wenn die
Hälfte des Geldes, welches Nationen an speculative Alliancen verschwenden,
für ihre eigenen unmittelbaren Zwecke vorbehalten würde, so oft sich Gelegenheit dazu darböte, so würde es erfprießlicher und nützlicher angelegt sein.

Monarchen und Minister stellen sich oft aus Ehrgeiz oder Rache Pläne
künftiger Größe vor und beginnen mit dem, was ihnen die günstigste Aussicht zu bieten scheint; inzwischen rollt das große Rad der Zeit und des
Schicksals unbeachtet fort, und etwas nie Geträumtes entsteht und zerstört
das Ganze. Wenige eingebildete oder nutzlose Lorbeeren ersetzen den
Mangel an Erfolg und die erschöpfte Nation wird durch Siegesgeschrei
zu neuen Auflagen getrieben.

Die Politik und das Interesse der europäischen Höfe verändert sich gegenseitig so häufig, daß man die Wahrscheinlichkeit ihres künftigen Benehmens
nicht bestimmen kann. Aber das große Prinzip aller Alliancen scheint an
den Höfen nur wenig verstanden, oder nur wenig cultivirt zu werden, und
vielleicht am wenigsten unter allen am englischen Hofe. Keine Alliance
kann wirksam sein, welche nicht mit in sich schließt nicht nur die Zuneigung
der Souveräne, sondern auch das wesentliche Interesse der Nation.

Die Alliance zwischen Frankreich und Spanien, wenn sie auch ein reiner
Familienvertrag genannt wird, leitet ihre größte Stärke aus dem National-
Interesse ab. Die Bergwerke Perus und Mericos sind die Seele dieser
Alliance. Wären diese Minen ausgebeutet, so würde sich der Familien-
Vertrag sehr wahrscheinlich auflösen.

Spanien hegt keine Zweifel, wie England in Bezug auf diese Minen
handeln würde, wenn es die Seemacht Frankreichs vernichten könnte; und
deshalb fühlt sich das Interesse Spaniens beharrlich mit dem Frankreichs
vereinigt. Spanien hat hohe Begriffe von Ehre, aber nicht dieselben Begriffe von der englischen Ehre. Es betrachtet England als ganz nach
Grundsätzen des Interesses regiert, und daß es wenig Umstände macht,
Alles zu versuchen, was in seinem Interesse und in seiner Macht zu liegen
scheint. Aber das ist nicht Alles. — Es gibt keine Nation in Europa,
welche nicht mehr damit zufrieden wäre, daß die Minen in dem Besitze
Spaniens, als in dem irgend einer europäischen Nation sein sollten; weil
der Reichthum dieser Minen, welcher in der Hand einiger Mächte hinreichen

würde, Europa zu ruiniren, von Spanien unschädlich für Europa verwendet wird, und durch die Vermittlung dieses Landes sich besser und friedlicher unter sie Alle vertheilt, als durch diejenige irgend einer andern Nation. Dies ist eine der geheimen Ursachen, welche einen so großen Theil Europas mit dem Interesse Spaniens verbindet, weil man es nur als eine stehende Barriere betrachtet, um sich die freie und gleiche Vertheilung des Eigenthums durch alle Theile Europas zu sichern.

Diese Alliance aus Interesse ist sicherlich eine jener unsichtbaren Verkettungen, welche Spanien und Portugal, zwei einander nicht sehr freundlich gesinnte Nationen, verhindert, zu Feindseligkeiten zu schreiten. Sie sind beide in derselben Lage und können, wie groß auch ihre Abneigung sein mag, nicht umhin, zu bedenken, daß, wenn sie der Sache den Lauf ließen, welche sie schwächen und erschöpfen würde, jedes von ihnen der Gefahr ausgesetzt wäre, die Beute irgend einer stärkeren Macht zu werden.

Wie gesagt, diese Alliance aus nationalem Interesse ist die einzige, welcher man vertrauen und die einzige, welche wirksam sein kann. Alle anderen Alliancen, welche nach dem bloßen Willen und der Laune der Souveräne und Familien-Verbindungen, unverbunden mit dem National-Interesse, geschlossen werden, sind blos die grundlosen Sümpfe der Politik und verfehlen nie einen Nachtheil für diejenige Nation herbeizuführen, welche das, was sie im Besitz hat, in der Erwartung entfernter Zurückerstattung verschwendet.

Was Holland betrifft, so müßte ein Mann sehr wenig von der Sache verstehen, wenn er nicht wüßte, daß zwischen England und Holland in Bezug auf den Handel eine stärkere Eifersucht besteht, als zwischen England und Frankreich in Bezug auf die Macht vorherrscht; und wenn deswegen ein Statthalter von Holland es in seinem Interesse finden wird, sich mit dem Prinzip seines Landes zu vereinigen und in Uebereinstimmung mit den Gesinnungen seines Volkes zu handeln, welches ihn für seine Dienste bezahlt, so werden die Mittel, welche England jetzt ergriffen hat, um sich furchtbar zu machen, eine Wirkung hervorbringen, welche gerade das Gegentheil von den Erwartungen der Politiker des Tages sein wird.

Umstände bringen ihre eigenen natürlichen Wirkungen und keine andern hervor, die Hoffnungen oder Erwartungen der Menschen mögen sein, welche sie wollen. Nicht dadurch, daß wir Etwas in der Absicht thun, diesen oder jenen Zweck zu erreichen, wird der beabsichtigte Zweck erreicht. Die angewandten Mittel müssen die natürliche Fähigkeit und Richtung in sich tragen, keinen andern Erfolg herauszubringen, denn diese ist es, und nicht unsere Wünsche oder unsere Politik, was den Ausgang bedingt.

Die englische Navigations-Acte war gegen das Interesse Hollands als Nation gerichtet, und deswegen kann nicht angenommen werden, daß das Benutzen der zufälligen Verhältnisse eines einzelnen Mannes in derselben, wie im vorliegenden Falle des Statthalters, das Interesse jenes Landes mit dem Englands verbinden kann. Wenige Jahre, vielleicht eine noch kürzere Zeit, können ihn dahin versetzen, wo Alles vergessen ist, und sein Nachfolger wird, bei Betrachtung der Verlegenheiten und Leiden seines Vaters, natürlicher Weise dahin gebracht werden, die Mittel zu verwerfen, welche sie hervorbrachten, und wird es vorziehen, sich statt des zufälligen und störenden Beistandes auswärtiger Macht auf das Interesse seines eigenen Landes zu stützen.

England trägt heutzutage selbst eine Art von dieser Politik zur Schau. Die gegenwärtige Regierung hat, indem sie die Schotten freundlich an sich heranzog, den Geist, welcher die zwei letzten Regierungen trübte, beruhigt und versöhnt. Zu seiner Zeit fehlte es nicht an Anklagen, um diese Politik, als eine mit Undank gegen diejenigen gefärbte, welche die unmittelbaren Stützen der hannoveranischen Erbfolge waren, zu tadeln. Die glänzende Feder des Junius wurde umsonst geschwungen. Sie entzückte, ohne zu überzeugen, und obgleich man in der Fülle ihrer Wuth von ihr hätte sagen können, sie verleihe der Bitterkeit Eleganz, so überlebte die neue Politik doch den Sturm.

Was werden also die natürlichen Folgen dieser Ausgaben für einen Statthalter oder für einen Krieg sein, der aus jener Ursache begonnen wird? Man durchsuche die verschiedenen Windungen und Höhlen des menschlichen Herzens und ziehe von da aus den wahrscheinlichsten Schluß, denn hierauf kann man sich besser verlassen, als auf die Pläne oder Doctrinen von Ministern.

Es mag sich wohl für einen Zeitungsartikel, oder für die wilden Ergüsse romanhafter Politiker, oder die gewinnsüchtigen Ansichten Derjenigen passen, welche den Krieg unter allen Umständen, blos um Geschäfte und Contracte zu erhalten, wünschen, von französischer List oder französischer Intrigue zu sprechen, aber die Holländer sind kein Volk, auf welches die List oder die Intrigue Frankreichs, oder die irgend eines andern Volkes Eindruck machen kann. Wenn irgend eine List im Spiele war, so drehte sie sich zwischen dem Churfürstenthum Hannover, dem Könige von Preußen und dem Statthalter, und es ist äußerst wahrscheinlich, daß dem englischen Volke dadurch eine Summe Geldes abgelistet werden wird.

Die Holländer sind, wie bereits erwähnt, kein Volk, das dem Eindruck von Feinheiten und List sehr zugänglich ist. Dieselbe ist an ihm verloren. Sein Handels-Interesse aber macht Eindruck auf dasselbe. Dies ist die politische Seele seines Landes, die Triebfeder seiner Handlungen, und wenn dieses Prinzip mit seinen Ideen von Freiheit übereinstimmt, so hat es allen den Antrieb, welchen ein Holländer zu fühlen im Stande ist.

Die Opposition in Holland war dem Statthalter feindlich aus der Ueberzeugung, daß derselbe kein Freund ihres National-Interesses sei. Sie brauchte keinen andern Antrieb, als diesen. Ob dieser Mangel seinerseits aus Anhänglichkeit gegen das Ausland, aus Bestechung oder Verderbtheit, oder aus wohlbekanntem Mangel seines Verstandes herrührte, thut gar nichts zur Sache; die Wirkung, nicht die Ursache, war es, was die Holländer aufbrachte.

Wenn der Statthalter die Macht, welche er in der Regierung besaß, dazu anwandte, das Interesse und das Eigenthum des Volkes, welches ihn erhielt, bloszustellen und zu gefährden, braucht es da noch für irgend Jemand in irgend einem andern Lande eines ferneren Beweggrundes, ihm feindlich gesinnt zu sein? Wenn die Holländer das Betragen des Statthalters für ihr National-Interesse gefährlich hielten, so hatten sie das nämliche Recht, ihn zu vertreiben, welches die Engländer hatten, die Stuarts zu vertreiben, und die Einmischung Englands, um ihn wieder einzusetzen, dient blos dazu, die Holländer in dem nämlichen Hasse gegen die Engländer zu bestätigen, welchen der Versuch Ludwigs des Vierzehnten, die Stuarts wieder einzusetzen, in England gegen Frankreich hervorrief; wenn deshalb die gegenwärtige Politik beabsichtigt, Holland an England heranzuziehen, so ist die Grund-Idee, nach der es dabei handelt, durch und durch irrthümlich.

Wir wollen jetzt die Stellung des Statthalters, als einen andern Theil der Frage, in Betracht ziehen.

Er muß die Ursache seiner gegenwärtigen Verlegenheit irgend einem geheimen Einflusse, welcher sein Betragen während des letzten Krieges leitete, oder mit andern Worten, dem Verdacht des Volkes gegen ihn zur Last legen, ein Werkzeug der damaligen britischen Administration gewesen zu sein.

Deßhalb, da jeder Theil eines Beweises abgewogen werden muß, so liegt, anstatt daß es den Franzosen zur Last fiele, daß sie mit den Holländern intriguirten, die Anklage mit schwererem Gewicht gegen das britische Ministerium vor, mit dem Statthalter zu intriguiren und die Nation durch einen Krieg ohne hinreichende Ursache in Gefahr zu bringen. Was das Ministerium jetzt thut, bestätigt den Verdacht, und erklärt den Holländern jenes geheime Einverständniß gegen ihr National-Interesse, welches der Statthalter zu verbergen gewünscht haben muß, und diese Erklärung schadet ihm mehr, als das unnöthige Gepränge der Dienstleistung ihm genützt hat.

Nichts als die Nothwendigkeit hätte England sollen bewegen können, offen in einem Falle aufzutreten, welcher den Statthalter nur noch in ein schlechteres Vernehmen mit seinen Landsleuten setzen muß. Hätte Frankreich nur irgend eine Neigung zum Kriege gezeigt, hätte es sich gerüstet, hätte es auch nur irgend eine feindliche Vorbereitung gemacht, so hätte einiger Vorwand für England zu einem Schritte vorhanden sein können, welcher nicht verfehlen kann, der Welt zu zeigen, daß der Verdacht der Holländer gegen ihren Statthalter wohlbegründet, und daß, wie unerfolgreich auch das Ergebniß gewesen ist, ihre Sache doch gerecht war.

Was das Gewicht Hollands in der Waagschale Europa's anbelangt (das große Ziel, sagen einige Zeitungen, nach welchem England jetzt strebt), so ist dasselbe natürlicher Weise durch seine Lage angedeutet; als einem Kaufmannsvolke für andere Nationen dictirt ihm sein Interesse, eine neutrale Macht zu sein, und dies wird es immer bleiben, bis es angegriffen wird, wie dies im letzten Kriege der Fall war; und jede Erwartung, welche außerhalb der Richtungslinie seines Interesses, d. h. seiner Neutralität liegt, wird sich sowohl für England, als für Frankreich als eine Täuschung erweisen. Es kann deshalb nicht politisch sein, in den Krieg zu gehen, um das mit großen Unkosten zu bewirken, was sich naturgemäß von selbst ereignen muß, und über welches hinaus Nichts zu erwarten steht.

Mag Holland nun mit England oder Frankreich, oder mit keinem von beiden verbunden, oder mit beiden alliirt sein, so wird seine nationelle Aufführung, welche in Folge seiner Umstände entsteht, beinahe immer dieselbe, d. h. eine neutrale sein. Allianzen haben eine so natürliche Richtung, zu harmlosen, unwirksamen Dingen hinabzusinken, das wahrlich sie zur Ursache eines Krieges zu machen, um entweder ihre Bildung zu verhindern, oder bereits gebildete zu zerstören, die albernste Speculation ist, wegen welcher Krieg geführt werden kann, oder zu deren Erreichung Reichthum verschwendet wird. Es wäre kaum des Versuchs werth, selbst wenn Krieg ohne Kosten geführt werden könnte, weil beinahe Alles, was auf alle Gefahren und Verluste eines Krieges hin gehofft werden kann, von selbst durch ihre natürliche Richtung zur Unthätigkeit erfolgen wird.

Wie pompös auch die Declaration einer Alliance sein mag, so läuft doch die Bedeutung der meisten derselben nur auf gegenseitigen guten Willen und auf die gegenseitige Versicherung, so weit sich eine solche geben läßt, hinaus, daß keiner der Verbündeten sich mit den Feinden des andern in irgend einem Kriege, der sich ereignen mag, vereinigen will. Aber die nationellen Verhältnisse Hollands sichern dieses friedliche Verhalten seinerseits eben so wirksam gegen die Macht, mit welcher es nicht verbündet ist, als es die Verpflichtung, die es gegen die Macht hat, mit welcher es verbündet ist, nur irgend thun kann; deshalb ist die Sicherheit aus den Verhältnissen eben so gut, als die Sicherheit aus den Verpflichtungen.

Was die herzliche Vereinigung der Interessen Hollands und Englands anbelangt, so ist diese eben so unwahrscheinlich, als eine solche zwischen zwei einzelnen Nebenbuhlern in demselben Geschäfte; und wenn irgend Etwas von Seiten Englands dieselbe noch in weitere Entfernung zu bringen im Stande wäre, so ist dies seine jetzige Handlungsweise. Es hat die Feindseligkeit Hollands noch vermehrt durch die speculative Politik, den Statthalter für sich zu interessiren, dessen zukünftige Ruhe im Gegentheil davon abhängt, sich mit der Opposition in Holland zu vereinigen, wie dies die gegenwärtige Regierung mit den Schotten gethan hat. Wie närrisch war also die Politik, wie unnöthig die Ausgabe, sich wegen der Angelegenheiten Hollands in einen Krieg einzulassen?

Eine herzliche Vereinigung zwischen England und Frankreich ist weniger unwahrscheinlich, als zwischen England und Holland; allein nicht, wie ein Engländer fühlt, sondern wie ein Holländer fühlt, entscheidet diese Frage. Zwischen England und Frankreich gibt es keine wirkliche Rivalität des Interesses; es ist mehr die Wirkung der Laune, der Stimmung, des gegenseitigen Mißtrauens, als irgend eine wesentliche Ursache, was die Feindschaft aufrecht erhält. Aber auf der Seite Hollands gegen England ist noch neben dem Geist der Feindseligkeit das mächtigere Motiv der betheiligten Handels-Rivalität und die bittere Erinnerung vergangener Unbilden. Daß sie unter der Administration des Lords North mit Krieg überzogen wurden, als sie keinen Theil an den Feindseligkeiten gegen uns nahmen, sondern blos ihre kaufmännischen Geschäfte betrieben, das ist ein Umstand, welcher nicht leicht von ihnen vergessen werden wird. Aus diesen Gründen, welche aus den mächtigsten, bestimmenden Gefühlen des Menschen natürlich gefolgert sind, ist daher jede Erwartung, Holland an England als eine freundlich gesinnte Macht heranzuziehen, thöricht und nutzlos. Die Natur wirkt in ihrer eigenen Weise im menschlichen Herzen, und alle Pläne der Politik, welche nicht darauf gegründet sind, werden sich um den Erfolg betrügen.

Jeder, der die Geschichte der englischen Politik in den letzten Jahren betrachtet, muß wahrnehmen, daß sie ohne System geleitet worden ist. Um dieses zu beweisen, ist es blos nothwendig, einen Umstand zu prüfen, der frisch im Gedächtnisse ist.

Der amerikanische Krieg wurde mit sehr großen Kosten fortgeführt, mit der öffentlich erklärten Ansicht, daß die Beibehaltung Amerika's für die Existenz Englands nothwendig sei; da nun aber jetzt Amerika von England getrennt ist, so besteht die gegenwärtige Politik darin, zu sagen, daß England sich besser ohne dasselbe, als mit ihm befindet. Beide Sätze können nicht wahr sein, und ihr gegenseitiger Widerspruch zeigt einen Mangel

an System. Wenn das Letztere wahr ist, so ist das eben so viel, als eine
Anklage des politischen Urtheils der Regierung, weil die Entdeckung hätte
gemacht werden sollen, ehe man sich in die Kosten stürzte. Dieser ein=
zige Umstand, der noch frisch im Gedächtnisse Jedermanns ist, ist hinrei=
chend, um den Verdacht zu erregen, ob die gegenwärtigen Maßregeln wei=
ser begründet sind, als die ersteren; und ob die Erfahrung nicht beweist,
daß das Beginnen eines Krieges des Statthalters wegen, oder in der Hoff=
nung, das Interesse einer Partei für sich zu behalten, in Holland, welches
unter allen Verhältnissen den Umständen nach nicht mehr, als eine neu=
trale Macht sein kann, eine eben so schlechte Politik ist, als das Anfangen
eines Krieges, um Amerika zu behalten.

Wenn England mächtig genug ist, seinen eigenen Grund und sein Ge=
wicht in der Welt als eine unabhängige Nation zu behaupten, so braucht
es keine fremde Verbindung. Wenn es das aber nicht ist, so widerspricht
schon die bloße Thatsache der gewöhnlichen Meinung, daß es so ist. Des=
halb ist entweder seine Politik falsch, oder seine wahre Lage ist nicht das,
wofür es dieselbe hält. Entweder muß es seine Meinung aufgeben, um
seine Politik zu rechtfertigen, oder es muß seiner Politik entsagen, um seine
Meinung zu rechtfertigen.

Wenn irgend eine Art von Verbindung mit Holland für Etwas gehalten
wird, dessen Erlangung einiger Unkosten werth ist, so könnte man fragen,
warum wurde diese Verbindung dadurch abgebrochen, daß man Holland im
letzten Kriege angriff? Wenn es damals nicht der Mühe werth war, die
Verbindung ohne Kosten zu bewahren, ist es nunmehr der Mühe werth, sie
jetzt mit großen Kosten wieder zu erlangen? Wenn die Holländer die Eng=
länder nicht lieben, kann man dieselben gegen ihren Willen zwingen, sie
zu lieben? Wenn man sagt, daß sie bei der früheren Verbindung keinen
guten Willen zeigten, werden sie bei irgend einer andern freundlicher sein?
Sie befanden sich damals in einer eben so freien Lage, zu wählen, wie sie
ihnen künftige Verhältnisse nur irgend gewähren können, und deshalb kann
das die Nation beherrschende Gefühl leicht entdeckt werden; denn es bedeu=
tet wenig, was oder wie ein Statthalter ist. Das, was Holland leitet, ist
und muß immer das Handelsinteresse sein, und es wird diese Richtungs=
linie aller Politik zum Trotz verfolgen. Das Interesse ist eben so unbe=
schränkt herrschend und eben so stillschweigend in seinem Wirken, als Liebe;
es widersteht jedem Versuch der Gewalt und arbeitet jedem Stratagem, wel=
ches es zu beschränken beabsichtigt, mit Nachdruck entgegen.

Die fähigsten englischen Staatsmänner und Politiker hatten immer den
Grundsatz, daß fremde Verbindungen blos dazu dienen, England in Ver=
legenheit zu setzen und zu erschöpfen; daß dasselbe, vom Ocean umgeben,
nicht angegriffen werden könne, wie dies bei Ländern auf dem Continente
Europa's der Fall ist, daß seine Lage als Insel ihm ein verschiedenes Sy=
stem der Politik vorschriebe, als das, welches für andere Länder erforder=
lich sei, und daß eine Verbindung mit ihnen die Vortheile der Lage einem
launenhaften System der Politik aufopfern hieße. Daß, obgleich England
andern Staaten dienen könnte, dieselben ihm doch nicht viel Dienste zu lei=
sten vermöchten, und daß man sich, da Dienstleistungen zu jeder Zeit be=
zahlt werden müssen, dieselben dann, wenn man sie braucht, immer ver=
schaffen könne, und daß es besser wäre, diese Richtschnur zu verfolgen, als
sich in Verlegenheit durch speculative Verbindungen zu setzen, welche eher

dazu dienten, England auf Rechnung derselben in einen Continentalkrieg hineinzuziehen, als demselben aus einem andern Kriege herauszuhelfen, den es auf eigene Rechnung unternommen hat.

Von dieser genauen Untersuchung der Angelegenheiten Hollands und der Unangemessenheit, Holland zum Gegenstande des Krieges zu wählen, wollen wir weiter gehen und zeigen, daß weder England noch Frankreich in der Lage sind, um Krieg zu beginnen, und daß es gegenwärtig gar kein erreichbares Ziel giebt, weder für das Eine, noch für das Andere, um sie für die Unkosten zu entschädigen, welche jedes tragen muß, oder den Unterthanen dieser Länder Genugthuung zu geben für die vergrößerten Lasten, die ihnen auferlegt werden würden. Ich vertheidige die Sache der Armen, der Fabrikanten, der Handwerker, der Bauern und aller Derjenigen, auf welche die wirkliche Last der Abgaben fällt; aber über Alles vertheidige ich die Sache der Menschlichkeit.

Es wird immer der Fall sein, daß irgend ein Kriegslärm bei einer großen Anzahl von Leuten in London populär sein wird. Es gibt Tausende, die davon leben; dies ist ihnen Erndte, und das Geschrei, welches jene Leute in den Zeitungen und Gesprächen machen, wird ohne Untersuchung für die Stimme des Volkes gehalten, und erst wenn der Betrug geschehen ist, wird das Unglück entdeckt.

Solche Leute stellen fortwährend den Reichthum der Nation und die gedrückte Lage Frankreichs in vergrößerten Ausdrücken dar, als Gründe zum Beginn des Krieges, ohne nur Etwas von beiden Gegenständen zu wissen. Aber zugegeben, dieselben sprächen so wahr, als sie lügenhaft sprechen, wie später gezeigt werden wird, so zeigt es gewiß eine Schlechtigkeit des Nationalcharakters irgend eines Landes an, wenn es die zufälligen innerlichen Schwierigkeiten, welchen andere Nationen unterworfen oder mit denen sie manchmal beschwert sind, zu einer Ursache macht, diese Nationen zu befriegen. Die erstaunliche Vermehrung und die Masse des umlaufenden Papiergeldes mit welchem England in allen seinen Theilen überschwemmt ist, stellt dasselbe einem weit schrecklicheren Stoße bloß, als derjenige war, der durch den Bankerott der Südsee-Fonds veranlaßt wurde, da die Menge des Credits und des umlaufenden Papiergeldes jetzt größer ist, als zur damaligen Zeit. Mag nun ein solcher Umstand beliebiger Zeit sich ereignen, und die weisesten Männer in der Nation sind durchdrungen von der Gefahr und können nicht umhin, es zu sein, so wird es als Niederträchtigkeit von Seiten Frankreichs betrachtet werden, wenn es die Noth und das Unglück Englands zu einer Ursache oder Gelegenheit, dasselbe zu befriegen, machen würde, und dennoch wird diese scheußliche Treulosigkeit in England öffentlich zugestanden. Der Bankerott von 1719 wurde durch den großen Credit, welchen die Fonds damals hatten, und durch das Vertrauen, welches das Volk auf sie setzte, beschleunigt. Macht nicht jetzt der Credit unendlich größere Schritte, als damals? Ist das Vertrauen nicht eben so blind, als damals? Das Volk hielt sich damals für eben so weise, als jetzt; dennoch wurde es erbärmlich betrogen, und der einmal geschehene Betrug wird aus der nämlichen Ursache wieder geschehen.

Credit ist nicht Geld, und deshalb ist er keine Bezahlung; auch kann er am letzten Ende nicht an die Stelle von Geld gesetzt werden. Er ist blos das Mittel, in Schulden zu gerathen, aber nicht das Mittel, aus denselben herauszukommen; sonst würde die Nationalschuld sich nicht anhäufen, und die Verblendung, in welcher Nationen in Bezug auf die Ausdehnung des Credits befangen sind, ist genau derjenigen gleich, welche jeder Mensch in Bezug auf das Leben fühlt; das Ende ist immer näher, als es erwartet wurde, und wir werden bankerott an Zeit durch dieselbe Verblendung, durch welche Nationen an Eigenthum bankerott werden.

Das Wenige, was Nationen wissen, oder was sie manchmal Willens sind, von einander zu wissen, dient dazu, sie in Kriege zu stürzen, welche keine derselben unternommen haben würde, wenn sie ihre ganze gegenseitige Macht und Verhältnisse vollständig gekannt hätten; es dürfte deshalb von einigem Nutzen sein, die Verhältnisse Englands und Frankreichs in vergleichender Weise zu überblicken. ᛁ

Um dies zu thun, müssen die zufälligen Verhältnisse einer Nation außer Rechnung gelassen werden. Unter zufälligen Verhältnissen versteht man jene temporären Zerstückelungen und Unordnungen des innern Systems, welchen jede Nation in der Welt unterworfen ist, und welche wie zufällige Krankheitsanfälle im menschlichen Körper zeitweise die völlige Anstrengung und Ausübung seiner natürlichen Kräfte verhindern.

Die wesentliche Grundlage der Macht einer Nation besteht in ihrer Bevölkerung, ihrem Reichthum und ihren Einkünften. Diesen kann die Stimmung des Volkes beigefügt werden. Jede dieser Eigenschaften wird, während wir weiter gehen, besprochen werden.

Es fehlt nicht an Beispielen, um zu zeigen, daß eine Nation, welche zu sehr auf ihre natürliche Stärke vertraut, weniger geneigt ist, in ihren Operationen thätig zu sein, als eine von geringeren natürlichen Kräften, welche genöthigt ist, jenen Mangel durch vermehrte Anstrengungen zu ersetzen. Dies war oft der Fall zwischen England und Frankreich. Die Thätigkeit Englands, welche aus seinen Befürchtungen entstand, hat manchmal die Anstrengungen Frankreichs, welches auf seinem Selbstvertrauen ruhte, übertroffen.

Aber da dies von der zufälligen Stimmung eines Volkes abhängt, so wird es nicht immer so bleiben. Es ist eine Jedem, der kürzlich in Frankreich war, wohl bekannte Sache, daß eine sehr außerordentliche Veränderung in den Gemüthern des Volkes jener Nation vorgeht. Dies ist ein Geist, welcher Frankreich überaus furchtbar machen wird, wenn seine Regierung die glückliche Gelegenheit ergreift, ihre Stärke durch, wenn man sich so ausdrücken kann (denn es ist schwierig, eine neue Idee durch einen alten Ausdruck zu geben), eine Alliance der Majestät des Souveräns mit der Majestät der Nation zu verdoppeln; denn von allen Alliancen ist dies bei weitem die stärkste und diejenige, welcher man am sichersten vertrauen kann, weil das so gebildete Interesse, nur gegen auswärtige Feinde wirkend, nie getheilt werden kann.

Es kann als feste Regel angenommen werden, daß ein Unterthan irgend eines Landes, welcher der Regierung nach den oben erwähnten Grundsätzen anhängt, zweimal so viel werth ist, als vorher. Freiheit des Unterthans ist nicht, wie man früher glaubte, eine Verminderung der Macht der Regierung, sondern eine Vermehrung derselben; dennoch erfordert der Fortschritt, durch welchen Veränderungen dieser Art bewirkt werden, genaue Aufmerksamkeit desselben.

Würden Regierungen den Völkern Freiheit bieten, oder würden sie durchblicken lassen, daß die Freiheit des Volkes ihr Wunsch sei, so würde das

Anerbieten wahrscheinlich verworfen werden! Man könnte dem Grunde, aus welchem das Anerbieten gemacht wurde, mißtrauen; deswegen muß der Wunsch in der Masse des Volkes entstehen und von derselben ausgehen, und erst dann, wenn der Eindruck allgemein wird, und nicht eher ist der wichtige Augenblick zur zweckmäßigen Begründung nationeller Größe und Stärke gekommen.

Während diese Veränderung vorgeht, wird in der Nation eine Art von Chaos zu herrschen scheinen; aber die Schöpfung, deren wir uns erfreuen, entstand auch aus einem Chaos, und unsere größten Segnungen scheinen einen unklaren und wirren Ursprung zu haben.

Wir können daher als bestimmt annehmen, daß dasjenige, was in diesem Augenblicke den Anschein von Unordnung in Frankreich hat, nichts weiter als eine Stufe der großen Leiter von Umständen ist, durch welche Nationen auf den Gipfel ihrer Größe gelangen.

Die Provincial-Versammlungen, welche bereits in Frankreich begonnen haben, sind eine eben so vollständige, oder eher noch vollständigere Vertretung des Volkes, als es die Parlamente von England sind.

Die Franzosen, oder, wie sie früher genannt wurden, die Franken (woher das englische Sprüchwort "frank and free", „frank und frei", herrührt), waren einstmals das freieste Volk Europas; und da Nationen ihre periodischen Revolutionen haben, so ist es sehr wahrscheinlich, daß sie es wieder sein werden. Die Veränderung hat bereits begonnen: das Volk von Frankreich, wie vorher bemerkt wurde, fängt an, für sich selbst zu denken, und das Volk von England verzichtet auf das Vorrecht des Denkens.

Wir werden jetzt weiter gehen, die gegenwärtige Lage Englands und Frankreichs in Bezug auf Bevölkerung, Einkünfte und Reichthum zu vergleichen, und zeigen, daß keines von Beiden in der Lage ist, Krieg zu beginnen, und daß Krieg nur in Verlust und äußerst wahrscheinlich in temporären Verfall beider Nationen enden würde.

Um dieses zu beweisen, wovon beide Nationen so nothwendig durchdrungen sein sollten, ist eine freie Untersuchung von allen mit demselben verbundenen Dingen unerläßlich; wenn deshalb irgend etwas von dem, was hier aufgestellt wird, unangenehm sein sollte, so kann dies dadurch gerechtfertigt werden, daß es besser ist, es zu sagen, um den Untergang zu vermeiden, als zu verschweigen, wenn solch' verheimlichendes Schweigen blos dazu dient, den Untergang zu beschleunigen.

Von der Bevölkerung. — Da die Bevölkerung Frankreichs über vier und zwanzig Millionen beträgt, so ist dies mehr als das Doppelte der Bevölkerung Großbritanniens und Irlands; nebenbei rekrutirt Frankreich mehr Soldaten in der Schweiz als England in Schottland und Irland. Diesem kann noch beigefügt werden, daß England und Irland nicht im besten Einverständnisse sind. Der Verdacht, daß England Irland regiere, mit der Absicht, es nicht aufkommen zu lassen, um es zu verhindern, sein Nebenbuhler im Handel und Manufakturwesen zu werden, wird immer darauf hinwirken Irland in einem Zustand feindseliger Gesinnung gegen England zu erhalten.

Von den Einkünften. — Die Einkünfte Frankreichs sind vier und zwanzig Millionen Pfund Sterlinge. Die Einkünfte Englands betragen fünfzehn und eine halbe Million. Die Abgaben in Frankreich betragen per Kopf vier und zwanzig Schillinge Sterling, die Abgaben per Kopf in

Englands sind zwei Pfund vier Schillinge und zwei Pence. Die National-Schuld Frankreichs mit Einschluß der auf elf Jahre gekauften Leibrenten (welche zwei Fünftel der ganzen Schuld betragen und beständig ablaufen) beträgt ein hundert und zweiundvierzig Millionen Sterling. Die National-Schuld Englands, deren ganzer Betrag ewig verzinslich ist, beträgt zweihundert und fünfundvierzig Millionen. Die National-Schuld Frankreichs hat in ihrer Einrichtung schon die Eigenschaft sich selbst zu vernichten, ohne daß zu diesem Zwecke neue Taxen aufzulegen wären; weil es weiter nichts bedarf, als die Leibrenten, so wie sie ablaufen, zum Ankauf der andern zwei Fünftel, welche ewig verzinslich sind, zu verwenden; aber die National-Schuld Englands hat diesen Vortheil nicht, und deshalb ist die Million, welche jährlich auf ihre Verminderung verwendet wird, eine um so viel vergrößerte Abgabe für das Volk, noch über die laufenden hinaus.

Reichthum. — Dies ist eine wichtige Untersuchung; sie sollte deshalb mit Geduld angehört und sollte ohne Vorurtheil darüber gerichtet werden.

Nichts ist gewöhnlicher bei Leuten, als ein Ding für das andere zu nehmen. Halten nun nicht vielleicht diejenigen, welche den Reichthum der Nation anpreisen, umlaufendes Papiergeld für Reichthümer? Sich über diesen Punkt eine feste Ueberzeugung zu verschaffen, ist eines von den Mitteln dem Ruin des Landes vorzubeugen, welcher unmittelbar dem Beharren im Irrthum folgen muß.

Die höchste Schätzung, welche heutzutage von der Quantität Gold und Silber in England gemacht wird, ist zwanzig Millionen und diejenigen, welche mit Geldgeschäften am bewandertsten sind, glauben, daß der wahre Betrag beträchtlich unter dieser Summe sei. Dennoch ist dies nicht mehr Geld als die Nation vor zwanzig Jahren besaß, und was ihr Handel auch gewesen sein mag, so hat er keinen Vortheil erzeugt.

Es kann gewiß Niemand so unweise sein, anzunehmen, daß das Vermehren der Menge der Banknoten, welches mit so wenig Mühe geschieht, wie das Drucken von Zeitungen, National-Reichthum hervorbringe.

Die Menge des Geldes in der Nation wurde in den Jahren 1773, 1774 und 1776 dadurch sehr gut bestimmt, daß die leichten Geldmünzen eingezogen wurden.

Es wurden damals über fünfzehn und eine halbe Million Geldmünzen eingezogen, was mit über zwei Millionen schwerer Guineen, welche im Umlaufe blieben, und dem Silbergepräge ungefähr zwanzig Millionen ausmachte; dies ist mehr, als heutzutage da ist. Es ist eine erstaunliche Vermehrung in der Circulation von Bankpapier eingetreten, was eben nicht mehr National-Reichthum ist, als Zeitungen sind; weil eine Vermehrung von Schuldscheinen, während das Kapital im nämlichen Verhältnisse unvermehrt bleibt, kein Vermehren des Reichthums ist. Dies dient dazu falsche Ideen hervorzubringen, welche der Einsichtsvolle bald entdeckt, und der Unwissende auf seine Kosten kennen lernen muß.

Man würde zu viel zugeben, wenn man sagte, daß von zwanzig Millionen Sterling der gegenwärtigen Menge des wirklichen Geldes in der Nation, der vierte Theil, fünf Millionen also, in London sei. Aber selbst zugegeben, daß dies der Fall ist, so wird es keiner sehr überlegenen Geisteskräfte bedürfen, um ziemlich genau zu bestimmen, welcher Theil dieser Summe von fünf Millionen in der Bank sein könnte. Es

II. R

wäre lächerlich anzunehmen, daß der Betrag weniger als eine halbe Million, aber übertrieben zu glauben, daß er zwei Millionen sein könne.

Es erfordert ebenfalls keine außerordentliche Beurtheilungskraft zu bestimmen, wie unendlich groß die Menge der Banknoten im Vergleich mit dem Kapital in der Bank sein muß, wenn man in Betracht zieht, daß alle National-Abgaben in Banknoten bezahlt werden; daß alle großen Geschäfte in Banknoten abgemacht werden, und daß es, würde eine Anleihe von zwanzig Millionen bei Zusammenkommen des Parlaments eröffnet, es äußerst wahrscheinlich sein würde, daß dieselbe in wenigen Tagen subscribirt wäre; dennoch muß Jedermann wissen, daß die Anleihe nicht in Geld bezahlt werden könnte, weil sie wenigstens viermal so groß ist, als alles Geld in London, mit Einschluß dessen im Besitze der Bankier's und des Bankbetrags. Kurz Alles zeigt, daß die Wuth, welche in Amerika nach Papiergeld oder cursirenden Noten herrschte, England unter einem anderen Namen erreicht hat. Dort wurde es Continental-Geld genannt, und hier nennt man es Banknoten. Aber der Name ändert nicht die Sache, wenn das zur Einlösung nöthige Kapital nicht vorhanden ist.

Es gibt gleichfalls einen anderen Umstand, welcher nicht verfehlen kann, einen gewaltigen Eindruck zu machen, wenn er erwähnt wird, weil Jedermann, der irgend etwas mit Geldgeschäften zu thun hat, die Wahrheit desselben fühlen wird, wenn er auch vorher nicht darüber nachgedacht haben mag. Dies ist die Verlegenheit, welche bei den Goldmünzen durch die Nothwendigkeit entsteht, sie wiegen zu müssen, und durch die Nichtannahme von Guineen, welche sogar stehendes Gewicht haben; und es scheint blos sehr wenig schwere zu geben. Es wird hier nicht der Versuch gemacht zu behaupten, ob dies beabsichtigt sei, um das Papiergeld in Circulation zu bringen, aber es hat diese Wirkung gewiß in sehr hohem Grade, weil das Volk, ehe es sich der Mühe und der Gefahr des Wägens unterwirft, lieber Papiergeld als Geld nehmen wird. Dies war einst der Fall in Amerika.

Die natürliche Wirkung der Vermehrung und die Fortdauer der Vermehrung des umlaufenden Papiergeldes ist die Verbannung des wirklichen Geldes. Der Schatten nimmt die Stelle der Substanz ein, bis dem Lande nichts als Schatten in den Händen geblieben ist.

Ein Handel, welcher die Menge des wirklichen Geldes in einem Lande nicht vermehrt, kann kein nutzenbringender Handel genannt werden; doch dies ist gewiß der Fall mit England; und was den Credit anbelangt, von welchem so viel gesagt worden ist, so kann derselbe ebensowohl auf Unwissenheit, oder einen falschen Glauben, als auf eine wirkliche Fähigkeit gegründet sein.

In Amsterdam wird das Geld, welches in der Bank niedergelegt wird, nie wieder herausgenommen. Wenn die Deponenten Schulden zu bezahlen haben, so übertragen sie ihr Recht den Personen, welchen sie schuldig sind, diese verfahren auf dieselbe Weise und die Uebertragung des Rechtes gilt an Zahlungsstatt. Wenn nun alles Geld, was in der Bank von Amsterdam deponirt ist, im Geheimen fortgeschafft, und die Sache heimlich gehalten werden könnte, so würde die Unkenntniß davon, oder der Glaube, daß das Geld noch vorhanden sei, denselben Credit geben, als wenn es nicht fortgeschafft worden wäre. Kurz, Credit ist oft nichts Anderes, als eine Meinung, und der Unterschied zwischen Credit und Geld liegt darin, daß Geld zu seiner Aufrechterhaltung keiner Meinung bedarf.

Alle Länder in Europa vermehren jährlich ihre Quantität Gold und Silber, mit Ausnahme Englands. Nach den Registern, welche zu Lissabon und Cadix geführt werden, den zwei Häfen, in welche das Gold und Silber von Süd-Amerika eingeführt wird, erhellt, daß über achtzig Millionen Sterling innerhalb zwanzig Jahren*) eingeführt worden sind. Dies hat sich über Europa ausgebreitet und hat die Menge in allen Ländern des Continents vermehrt; in England aber gab es vor zwanzig Jahren so viel Gold und Silber als es jetzt gibt.

Der Werth des nach Europa eingeführten Silbers überstieg den des Goldes, doch kann Jedermann sehen, daß kein Zuwachs an geprägtem Silber in England vorhanden ist, da man sehr wenig Silbermünze, außer die sogenannten Birmingham Schillinge, zu sehen bekommt, welche das Bild König Wilhelms auf einer Säule haben, und auf der anderen glatt sind.

Worin kann der Nutzen eines Handels zu suchen sein, als in der Vermehrung der Menge dessen, was das Object des Handels ist, der Münze? Eine Zunahme von Papier ist keine Zunahme von National-Münze, und die Verwechslung des Papiers mit der Münze, oder die Nichtbeachtung des Unterschieds ist eine Klippe, an welcher die Nation eines Tages scheitern wird.

Ob das Bezahlen von Zinsen an Fremde, oder der Handel nach Ostindien, oder die Verwicklung der Nation in fremde Kriege, oder ob der Betrag des Handels, welchen England mit verschiedenen Theilen der Welt führt, zusammengenommen, eine Balance ohne Nutzen zeigt; ob Eines davon oder Alles dieses die Ursache ist, weßhalb die Menge der Münze in England nicht zunimmt, dies ist an diesem Ort nicht der Gegenstand der Untersuchung. Es ist die Thatsache und nicht die Ursache, nach welcher der Gegenstand hier behandelt wird.

Die im Handel und in die Angelegenheiten der Börse vertieften Leute sind eben nicht die speculativsten in National-Angelegenheiten, auch nicht immer die besten Beurtheiler derselben. Daran gewöhnt, im Handel zu wagen, sind sie ebenso beständig bereit, mit der Regierung zu wagen, und obgleich sie es vorzüglich sind, welche darunter leiden müssen, so sind sie doch oft die Letzten, das Uebel vorauszusehen.

Laßt uns nun einen Blick auf die Manufacturen werfen. Es ist sehr viel von ihrem blühenden Zustande gesprochen worden, und vielleicht viel zu viel; denn es kann wieder gefragt werden: wo ist der Nutzen? wenn keine Vermehrung des Geldes vorhanden ist.

Die Wollen-Manufactur ist die Stapel-Manufactur Englands und diese ist augenscheinlich in einigen, wenn nicht in allen ihren Zweigen im Abnehmen. Die Stadt Norwich, eine der volkreichsten Städte Englands, und gänzlich von der Wollen-Manufactur abhängig, ist heutzutage in einer sehr verarmten Lage, woran die Abnahme dieses Gewerbes Schuld ist.

Aber um die Sache nicht auf einer allgemeinen Behauptung beruhen zu lassen, oder sie durch zahlreiche Anführungen zu verwirren, werden wir einen Umstand zeigen, durch welchen der ganze Fortschritt des Gewerbes bestimmt werden kann.

---

*) Von 1763 bis 1777, einem Zeitraume von fünfzehn Jahren Frieden betrugen die registrirten Einfuhren von Gold und Silber nach Lissabon und Cadix siebenzig Millionen Sterling, ohne das, was privatim gelandet wurde.

Vor dreißig Jahren war der Preis, der den Wollspinnern bezahlt wurde, ein Schilling für vier und zwanzig Stränge, jeder Strang enthielt fünfhundert und sechszig Ellen; dies hieß dem Ausdruck des Gewerbes nach: einen Schilling für einen Schilling geben. Ein guter Arbeiter spann zwölf Stränge, was sechs Pence per Tag ausmacht.

Der Vermehrung der Abgaben und dem erhöhten Preis aller Lebensbedürfnisse zufolge sollte ein Arbeiter gewiß jetzt fünfzehn Pence für das erhalten, wofür er vor dreißig Jahren Einen Schilling erhielt. Aber so groß ist die Abnahme des Gewerbes, daß gerade das Entgegengesetzte der Fall ist. Der Arbeiter erhält jetzt blos neun Pence für den Schilling, d. h. er erhält jetzt blos neun Pence für das, wofür er vor dreißig Jahren einen Schilling erhielt. Können diese Leute nach Krieg schreien, wenn sie durch die Abnahme des Gewerbes bereits zur Hälfte zu Grunde gerichtet und durch die Vermehrung der Abgaben halb aufgezehrt sind?

Aber dies ist nicht das ganze Unglück, welches jener Theil des Landes duldet, und das sich auf die anderen ausdehnen wird. Die Norfolk-Bauern waren die Ersten, die den Gebrauch anfingen, ihr Land mit Mergel zu düngen; aber die Zeit hat dargethan, daß, obgleich derselbe dem Lande einige Jahre lang Kraft gab, er zuletzt doch darauf hinwirkte, es zu erschöpfen; daß das Land in vielen Theilen schlechter ist, als ehe man zu mergeln begann, und daß es nicht zulässig ist, ein zweites Mal zu mergeln.

Die Manufacturen von Manchester, Birmingham und Sheffield haben vor Kurzem einen bedeutenden Trieb gehabt, aber dies scheint eher von einer Speculation als von einem reellen Bedürfniß entstanden zu sein. Die Speculationen auf den amerikanischen Markt haben fehlgeschlagen und die auf den russischen werden sehr unsicher; es fehlt gleichfalls an Erfahrung die Quantität zu bestimmen, welche der Handelsvertrag mit Frankreich verkäuflich machen könnte, und es ist höchst wahrscheinlich, daß die Schätzungen zu hoch waren, um so mehr, da englische Waaren jetzt in Frankreich unpopulär werden müssen, was vor dem gegenwärtigen, unverständigen Brauche nicht der Fall war.

Aber selbst in dem besten Zustand, worin Manufacturen sein können, sind nur sehr undauerhafte Quellen des National-Reichthums. Die Gründe davon sind, daß dieselben selten lange in einem Staate ausschließlich bleiben. Der Markt für dieselben hängt von der Laune der Moden und manchmal von der Politik fremder Völker ab, und sie sind zu jeder Zeit der Rivalität sowohl, als dem Wechsel ausgesetzt. Die Amerikaner haben bereits selbst verschiedene Manufacturen, welche sie den englischen vorziehen, als: Aexte, Sensen, Sicheln, Hauen, Hebel, Nägel u. s. w. Fensterglas, was einst ein beträchtlicher Ausfuhr-Artikel Englands nach Amerika war, verschaffen sich die Amerikaner jetzt von anderen Ländern beinahe eben so gut, als das englische Kronglas, und wenig theurer, als das gewöhnliche Fensterglas.

Es ist einigermaßen merkwürdig, daß so viele Ideen in Bewegung gesetzt wurden, um das, was die Vermehrung des englischen Handels genannt wird, darzuthun, und doch haben alle den großen Punkt nicht erreicht, das heißt, sie sind nicht weiter gegangen, als bis dahin, zu zeigen, daß in den letzten Jahren ein größeres Verhältniß von Schiffen verwendet und eine größere Menge von Tonnengehalt verschifft wurde, als früher; aber dies ist nichts weiter, als was in anderen Theilen von Europa geschieht. Die gegenwärtige Mode der Welt ist Handel und die Menge vermehrt sich in England sowohl wie in Frankreich.

Aber der Gegenstand alles Gewerbes ist Nutzen, und der Nutzen zeigt sich nicht durch eine Vermehrung des Papiergeldes, denn das kann man in der Nation haben ohne die Mühe des Gewerbes, sondern auch eine Vermehrung des wirklichen Geldes; deshalb soll die Schätzung nicht mit der vergleichenden Quantität der Schifffahrt und des Tonnengehaltes, sondern mit der comparativen Menge von Gold und Silber geendigt haben.

Hätte sich die Menge des Goldes und Silbers in England vermehrt, so würden die ministeriellen Schreiben nicht bei Schifffahrt und Tonnengehalt innegehalten haben; aber wenn sie irgend etwas von der Sache wissen, so müssen sie wissen, daß sie sich nicht vermehrt hat, daß die Täuschung durch die Vermehrung der Menge des Papiergeldes verursacht ist, und daß, so wie Papiergeld fortfährt sich zu vermehren Gold und Silber sich vermindern wird. Aermer an Reichthum und reicher an Verblendung!

Papier als gleichen Werth an die Stelle von Metallgeld zu setzen, ist ein radicaler Irrthum, und die Zeit wird es zeigen. Von hundert Millionen Pfund Sterling Gold oder Silber, welches von Südamerika seit Anfang des letzten Friedens nach Europa eingeführt worden sein muß, scheint es nicht, daß England einen Theil erhalten oder behalten hat.

Herr Necker gibt die jährliche Vermehrung von Gold und Silber in Frankreich, d. h. das Verhältniß, welches Frankreich von der jährlichen Einfuhr nach Europa zieht, auf über eine Million Pfund Sterling an. Aber England scheint in einem Zeitraume von zwanzig Jahren sich mit nichts als Papiergeld bereichert zu haben.

Leichtgläubigkeit ist Reichthum, so lange die Leichtgläubigkeit dauert, und Credit ist in tausend Fällen das Kind der Leichtgläubigkeit. Es erfordert nicht mehr Glauben, um Papier für Geld zu erhalten, als es Glauben erfordert, ein Mann könne in eine Quartflasche schlüpfen, und die Nation, deren Leichtgläubigkeit durch Flaschenbeschwörung geprellt werden kann, kann auch eine Zeit lang durch Papierbeschwörung geprellt werden.

Gehen wir jetzt zu einigen Bemerkungen über die Nationalschuld über, welche eine andere Art von Papiergeld ist.

Kurz, auf welchen Punkt wir auch das Auge richten, ob auf das Geld, das Papier, die Manufacturen, die Abgaben, oder die Schuld, so ist die Unfähigkeit, einen Krieg zu führen, augenscheinlich, wenn man nicht beabsichtigt, vermittelst Abgaben dem Volke die Haut über die Ohren zu ziehen; und deshalb ist die Gefährdung der Nation durch einen Krieg zum Nutzen des Statthalters von Holland, oder des Königs von Preußen, oder irgend anderer fremden Angelegenheiten, wovon England unmöglich Vortheil ziehen kann, ein albernes und verderbliches System der Politik.

Frankreich ist vielleicht in keiner bessern Lage, und deshalb kann ein Krieg, in welchem Beide verlieren müßten, und in welchem sie nur die Rolle von Secundanten spielen könnten, historisch nur ein knabenhafter, thörigter und unnöthiger Streit genannt werden.

Aber bevor wir auf die Betrachtung der Nationalschuld eingehen, wird es geeignet sein, einen allgemeinen Ueberblick zu versuchen über die Art und Weise, wie man im Vergleich zur früheren Methode seit der Revolution Krieg führt.

Vor der Revolution wurden in den Zwischenzeiten des Friedens und des

Krieges Mittel gefunden, die Kosten abzuzahlen und die Nation bei Anfang eines folgenden Krieges von Lasten frei zu halten; und dieser Gebrauch währte sogar einige Jahre nach der Revolution fort.

Vom Jahre 1688 (dem Zeitraume der Revolution) bis zum Jahre 1702, einer Periode von vierzehn Jahren, beliefen sich die von der Regierung zu verschiedenen Zeiten geborgten Summen auf vierundvierzig Millionen; dennoch wurde diese Summe beinahe eben so schnell abbezahlt, als sie geborgt wurde; vierunddreißig Millionen waren zu Anfang des Jahres 1702 abbezahlt. Dies war eine größere Anstrengung, als sie die Nation je seitdem gemacht hat, denn die Anstrengung besteht nicht im Borgen, sondern im Bezahlen.

Von jener Zeit an wurden die Kriege durch Borgen und Anlegung des Capitals auf ewige Zinsen, statt durch Abzahlung desselben, geführt, und dadurch wurde fortwährend der Druck und die Kosten jedes Krieges auf den nächsten übertragen und angehäuft. Auf diese Weise wird das, was zuerst leicht ist, zuletzt ungeheuer schwer. Die Nation trägt jetzt die Last aller Kriege, von der Zeit der Königin Anna an, auf ihren Schultern; dieses Verfahren ist gerade das nämliche, als wenn man einem Pferde eine Feder um die andere aufladet, bis ihm der Rückgrat gebrochen wird.

Die Nationalschuld zeigt heutzutage etwas auffallend Neues: sie hat ihren Kreis immer mehr und mehr erweitert, bis der Betrag der jährlichen Zinsen das erste Capital der Nationalschuld, neun Millionen, überschritten hat, oder ihm gleichgekommen ist. Hier beginnen die Verkündigungen, welche durch die fähigsten Rechenmeister der Nation so lange vorhergesagt wurden, zur Wahrheit zu werden. Die Zinsen werden nach und nach alle die aufeinander folgenden Capitalien übersteigen, und zwar mit der verhältnißmäßigen Schnelligkeit, mit welcher diese Capitalien angehäuft wurden, weil durch das Fortsetzen dieses Verfahrens nicht nur höhere und immer höhere Prämien für die Anleihen gegeben werden müssen, sondern weil auch das Geld, oder besser gesagt, das Papier, nicht so weit reichen wird, als früher, und deshalb wird sich die Schuld mit fortwährend sich vergrößernder Schnelligkeit vermehren.

Die Kosten jedes Krieges, seitdem die Nationalschuld begann, waren im Durchschnitt immer doppelt so groß, als die des vorhergehenden; die Unkosten des nächsten Krieges werden wenigstens zweihundert Millionen sein, was die jährlichen Interessen auf wenigstens siebenzehn Millionen, und die Abgaben in demselben Verhältnisse vermehren wird; der hierauf folgende Krieg wird die Interessen auf dreiunddreißig Millionen vermehren, und ein dritter wird dieselben auf fünfundsechzig Millionen steigern. Dies heißt nicht im Geiste der Prophezeihung sprechen, sondern das, was bereits da war, als eine Regel für das, was wieder geschehen wird, annehmen, und deshalb hat die Nation blos traurige Aussichten vor sich; die Last der sich anhäufenden Zinsen wird nicht stark gefühlt, bis viele Jahre vergangen sind; aber wenn dieselbe schwer zu werden beginnt, wie jetzt, so vermehrt sich die Bürde eben so schnell, als wenn man ein Pferd ankauft zu einem Heller für den ersten Nagel im Hufeisen und dann für jeden andern immer das Doppelte bezahlt.

Was den Plan des Herrn Pitt anbelangt, die Nationalschuld durch eine Million jährlich, welche zum Ankauf von Stocks verwendet werden soll, zu tilgen, so würde sich dies, um das wenigste davon zu sagen, als ein lächer-

licher und kleinlicher Entwurf erweisen; denn wenn ein Minister nicht Erfahrung genug hat, eine in der Luft fliegende Feder vom Kriegsgotte, und
das Geschrei und Interesse Derjenigen, welche nach Geschäften und Con-
tracten haschen, von der Stimmung und dem Interesse des Volkes zu unterscheiden, so wird er die Nation bald in einen unnöthigen Krieg stürzen;
und deshalb wird irgend ein Plan zur Einlösung der Schuld, der auf die
vermeintliche Fortdauer des Friedens gegründet ist, bei solchem Betragen
nichts anders, als eine Seifenblase sein.

Daß das Fundir-System den Samen seiner eigenen Zerstörung in
sich trägt, ist eben so gewiß, als daß der menschliche Körper den Samen
des Todes in sich trägt; dies Ergebniß ist eben so fest bestimmt, als das
Fatum, es müßte denn als ein Gegenbeweis angenommen werden, daß wir,
weil wir nicht todt sind, auch nicht sterben müssen.

Die Folge des Fundirungsplanes, selbst wenn kein anderes Ereigniß
stattfindet, wird sein, daß er zwei heftige Parteien in der Nation hervor-
ruft. Die Eine, gereizt durch das fortwährende Vermehren der Abgaben
zur Bezahlung der Zinsen, und die Andere, aus den Abgaben durch Empfangen der Zinsen Nutzen ziehend. Dies ist sehr stark schattirt, wie die
Handschrift an der Wand durch den geistreichen Verfasser des Commercial Atlas in dessen Betrachtungen über die Nationalschuld dargestellt
worden.

Es kann nicht angenommen werden, daß der Schlummer, welcher seit
einigen Jahren in allen öffentlichen Finanz-Angelegenheiten die Nation befangen hielt, ewig dauern wird; das Volk ist für den Gegenstand noch
nicht erwacht, und man hält es für gewiß, daß es nie erwachen wird. Aber
wenn eine für unnöthig erachtete Ausgabe von fünf bis sechs Millionen
Pfund Sterling in den Finanzen Frankreichs (denn der Schreiber unternimmt es nicht, über die Sache zu urtheilen)jene ganze Nation erweckt hat,
ein Volk, das in Bezug auf alle Nationalangelegenheiten für vollkommen
folgsam gehalten wurde, so wird das Volk von England gewiß seinem Rechte
und seinem Eigenthum nicht weniger Aufmerksamkeit schenken. Wenn dies
nicht der Fall sein sollte, so wird man mit Recht die Folgerung ziehen können, daß England den Geist verliert, den Frankreich sich aneignet, und
daß es ein geistreicher Plan des Ministeriums ist, die Nation mit un-
populären und unnöthigen Abgaben durch Vorgeben eines Sieges zur Zeit,
wo gar kein Feind vorhanden war, zufrieden zu stellen.

Kurz, jeder Krieg dient dazu, jede Art von Papiergeld in der Nation zu
vermehren und die Menge von Gold und Silber zu vermindern, dadurch,
daß man dasselbe nach Preußen oder andern fremden Ländern schickt.

Es kann nicht geleugnet werden, daß Leichtgläubigkeit ein starker Zug im
Charakter des Engländers ist, und dies hat sich in keinem Falle, als darin,
daß derselbe Papier für Geld gehalten hat, deutlicher gezeigt; außer etwa
in der unerklärlichen Unwissenheit, die Nationalschuld für Reichthum zu
halten. Aber der Verdacht beginnt zu erwachen.

Wir werden diesen Artikel schließen mit der Bemerkung, daß innerhalb
weniger Jahre eine neue Art von Papiergeld entstanden ist, nämlich: die
Land-Banknoten. Jede Stadt hat jetzt ihre Bank, ihre Papier-Münze,
und das Prägen von Papiergeld ist allgemein geworden. In der Zwischenzeit gilt das Zusammenschmelzen der leichten Guineen und das Umprägen
derselben bei Denjenigen, die es nicht besser wissen, für eine Vermehrung

des Geldes; weil sie jede neue Guinee, welche sie sehen, was freilich auch nur selten geschieht, für eine Guinee mehr halten, während sie in der That nichts anderes ist, als eine alte Guinee mit neuem Gepräge.

Von dieser Berechnung des Geldes, Papiers und der Nationalschuld Englands schreiten wir weiter, um dieselbe mit dem Gelde, Papiere und der Nationalschuld Frankreichs zu vergleichen.

Es ist sehr wohl bekannt, daß das Papier nicht denselben Credit in Frankreich hat, wie in England, und daß es dort daher viel weniger davon gibt. Dies hat natürlicher Weise darauf hingewirkt, die Menge des Goldes und Silbers in Frankreich zu vergrößern und die Vermehrung des Papiers zu verhindern.

Die höchste Schätzung des Goldes und Silbers in England.ist, wie bereits angegeben, zwanzig Millionen Pfund Sterling, und die Menge des hierauf sich stützenden Papiers ist unermeßlich.

Die Menge des Goldes und Silbers in Frankreich ist neunzig Millionen Pfund Sterling, und die Menge des sich darauf stützenden Papiers unbedeutend. Frankreich hat deshalb einen langdauernden Credit im Hinterhalt, welchen England bereits verbraucht hat; es wird daher natürlicher Weise folgen. daß, wenn die Regierung von Frankreich und die Nation ihre Streitigkeiten durch eine gegenseitige friedliche Umarmung ausgeglichen haben, dieser vorbehaltene Credit an den Tag gelegt und die Macht Frankreichs um das Doppelte vergrößert werden wird. Die Ausgleichung dieser Streitigkeiten ist blos das Geschäft eines Tages, sobald die Regierung den geeigneten Augenblick dazu sehen wird, und Nichts würde dieses Ereigniß mehr beschleunigen, als ein Krieg. Das Geschrei nach Krieg wird in Folge der unverständigen Beleidigungen, welche vom britischen Ministerium ausgingen, und der nachtheiligen Wirkungen des Handelsvertrages in Frankreich populär.

Frankreichs an Spanien und Portugal angrenzende Lage, den zwei Ländern, welche Gold und Silber einführen, und seine Manufacturen, welche für das warme Clima jener Länder besser passen, als die Manufacturen Englands, geben ihm die bessere Gelegenheit, Geld ins Land zu ziehen; und da es wenig Handel mit Ostindien hat, so wird das auf diese Weise eingezogene Geld nicht wieder hinausgezogen, wie dies in England der Fall ist. Ein anderer Vortheil Frankreichs ist der, daß es durch die Größe seiner Besitzungen keine Gelegenheit hat, seinen Reichthum durch das Miethen fremder Truppen, wie dies in England der Brauch ist, zu verschwenden; und ein dritter Vortheil ist derjenige, daß das Geld, welches England in Preußen und andern Ländern auf dem Continente verschleudert hat, dazu dient, den Reichthum Frankreichs zu vermehren, weil sich ein beträchtlicher Theil desselben durch Vermittlung seines Handels daselbst centralisirt.

Zugegeben, daß Großbritannien und Irland zehn Millionen Einwohner enthalten, so beträgt die Menge des Geldes per Kopf vierzig Schillinge; daß Geld per Kopf in Frankreich beträgt drei Pfund fünfzehn Schillinge, was beinahe doppelt so viel ist.

Die Nationalschuld Englands, verglichen mit dem ganzen Betrage des Geldes in der Nation, ist wie Zwölf zu Eins, d. h. die Schuld ist zwölfmal größer, als alles Geld zusammengenommen.

Die Nationalschuld Frankreichs, verglichen mit dem ganzen Betrage des Geldes, ist beträchtlich weniger, als Zwei zu Eins, d. h. seine Schuld ist nicht zweimal so groß, als der Betrag seines Geldes. Frankreich hat daher, wie bereits angegeben, einen unermeßlichen Credit im Hinterhalt, sobald die Schlichtung seiner gegenwärtigen innerlichen Streitigkeiten ihm die Mittel an die Hand geben werden, denselben anzuwenden, und jene von England so sehr gefürchtete Periode eilt herbei.

Die jährlichen Zinsen der Nationalschuld von England und Frankreich sind beinahe gleich, da sie neun Millionen Pfund Sterling betragen; aber mit dem Unterschiede, daß über drei und eine halbe Million von den jährlichen Zinsen Frankreichs blos Leibrenten sind. Die Zinsen aus seiner Schuld vermindern sich daher jedes Jahr, und es wird allmählig einen Ueberschuß im Betrage von drei und einer halben Million erhalten, um damit denjenigen Theil der Schuld anzukaufen, welcher ewig verzinslich ist; es kann deshalb, ohne alle neue Auflagen zu diesem Zwecke, seine ganze Schuld in dem dritten Theile der Zeit abzahlen, in welcher es England nach dem Plane des Herrn Pitt thun kann, mittelst der weiteren Auflage von einer Million jährlich.

Mag übrigens das Ergebniß des Planes des Herrn Pitt in Bezug auf die Verminderung der Nationalschuld sein, welches es wolle, so wird ein nachtheiliger Umstand dasselbe immer begleiten; es wird nämlich das Interesse der Regierung bei Ausführung dieses Planes werden, das Interesse der Gläubiger, oder den Werth der Fonds zu untergraben, in der Absicht, die Stocks zu wohlfeileren Preisen kaufen zu können.

Der Plan ist auf die Annahme eines lange ununterbrochenen Friedens gegründet, und darauf, daß künftige Anlehen nicht nöthig sein würden, was jetzt nicht erwartet werden kann, da Frankreich seinerseits Lust zum Kriege bekommt. Der Plan gibt natürlicher Weise dem Credit der Regierung einen Streich in Bezug auf die Contrahirung fernerer Schulden, denn, sollte Morgen eine Anleihe eröffnet werden, so würden die Unterzeichner natürlich wahrnehmen, daß es das Interesse der Regierung sei, ihnen zu schaden, sobald sie Gläubiger geworden wären, und würden folglich suchen, sich durch das Verlangen höherer Prämien von vorn herein zu sichern. Es ist eine Frage, ob eine Prämie von dreißig Procent nun so gut ist, als früher eine von zehn war, und deswegen dient im Falle eines Krieges der Plan, statt die Schuld zu vermindern, dazu, sie noch schneller in die Höhe zu treiben.

Der Minister verstand gewiß nie die natürliche Wirkung seines Plans, oder er würde nicht gehandelt haben, wie er es gethan hat. Der Plan hat zwei Schneiden, während der Minister vorausgesetzt hatte, er habe nur eine. Er versetzt im Frieden der Schuld und im Kriege dem Credit einen Schlag.

Der Herr, welcher dem Minister ursprünglich diesen Plan angab, gibt denselben jetzt gänzlich auf. Er kannte dessen Wirkung sowohl im Frieden, als im Kriege, doch der Minister scheint ihn nicht begriffen zu haben; aber wenn er einen Irrthum begangen hat, so müssen seine Jugend und seine Unerfahrenheit zu seiner Entschuldigung gereichen.

Der Plan, welcher zur Deckung der Unkosten der letzten Rüstungen vorgeschlagen wurde, ist, wenn er nicht verändert wird, in der That nichts Anderes, als der dem amerikanischen Papiergelde zu Grunde lag, und es ist sehr wahrscheinlich, daß ihn der Minister von irgend einem amerikanischen Flüchtlinge erhalten hat.

Der vorgeschlagene Plan besteht darin, daß der Minister das Geld von der Bank borgen soll. Hier liegt die Verblendung. Der Name Geld bedeckt die Täuschung; denn der Fall ist der, daß die Bank nicht wirkliches Geld, sondern eine Ausgabe von Bankpapier hergibt, und man bildet sich ein, daß in Folge einer solchen außerordentlichen Ausgabe kein Andrang nach Auslösung der Noten auf die Bank gemacht werden wird, wenn aber dies geschehen sollte, so kann Jedermann leicht die Folgen voraussehen.

Es gibt Leute, welche sich erinnern, daß die Bank bei einem früheren Andrange dieser Art genöthigt war, durch Bezahlung von Schillingen und Sechspence-Stücken die Zeit hinzuziehen, und sich so Frist zu schaffen, und man glaubt allgemein, daß jetzt eine Quantität Silber für denselben Zweck in der Bank aufbewahrt wird; aber es ist die Ansicht jeder Person von Ueberlegung, daß der Betrag des Capitals der Bank den Forderungen nicht angemessen, und daß das Capitel von den Zufällen einen Theil der Bankbibel bildet.

Man könnte fragen, warum wird das Papier nicht von der Regierung, statt von der Bank ausgegeben? Die Antwort hierauf ist, daß es der Bedeutung nach dasselbe ist, blos mit dem Unterschied in der Form, daß, wenn es die Regierung selbst thäte, dies ein zu sichtbares System von Papiergeld sein würde, und daß daher Verstellung nothwendig ist.

Seine Zuflucht zur Bank nehmen, heißt auf eine gewisse Art die Bank den Fonds entgegensetzen, mit einer Art von Papiergeld gegen das andere streiten, und im Kampfe werden beide die Leidenden sein.

Kurz, die Verblendung von Papierreichthum greift in England eben so rasch um sich, als sie es in Amerika that. Ein junger und unerfahrener Minister, ebenso wie ein junger und unerfahrener Congreß kann sich einbilden, daß er Minen von Reichthum in einer Druckerpresse sieht, und daß eine Nation nicht erschöpft werden kann, so lange es Papier und Druckerschwärze genug gibt, um Papiergeld zu drucken. — Jede neue Ausgabe wird, bis die Täuschung verschwindet, der Nation als eine Vermehrung des Reichthums erscheinen. Die Koffer eines jeden Kaufmanns werden wie eine Schatzkammer erscheinen, und er wird seine Papierreichthümer anhäufen, bis er bankerott wird.

Wenn sich eine Bank zu viel mit ihrem Papier erlaubt, so stellt sie sich auf dieselbe Weise blos, wie eine Regierung, die sich zu viel mit ihrer Macht erlaubt. Zu viel Credit ist eben so schlimm als zu wenig, und es gibt so ein Ding wie Zuvielregieren sowohl bei einer Bank, als bei einer Regierung. Aber nichts stellt eine Bank mehr der Gefahr blos, als unter dem Einfluß, statt unter dem Schutze einer Regierung zu stehen; und sobald eine Regierung oder ein Minister Gewalt oder Einfluß entweder auf das Eigenthum oder den Credit einer Bank ausüben kann, so ist der Untergang derselben nicht weit entfernt.

Wir haben nun die gegenseitige Lage von England und Frankreich in Bezug auf Geldangelegenheiten verglichen. Aber es bleiben noch Punkte, welche nothwendiger Weise berührt werden müssen, übrig.

Es ist ein Irrthum, der in der Welt häufig begangen wird, die augenblickliche Stimmung für die natürliche Fähigkeit zu halten.

Frankreich, mit einer weit dauerhafteren Fähigkeit zum Kriege, ist weniger gestimmt, einen solchen zu beginnen, und diese Stimmung seinerseits wird in England für einen Mangel an Fähigkeit eingesehen; auf der andern

Seite wird die augenscheinliche Stimmung Englands für den Krieg von demselben selbst für Fähigkeit, einen solchen zu unternehmen und zu betreiben, gehalten. —

Es stellt sich eine Gleichartigkeit in allen Werken der Natur dar, von dem einzelnen Thiere als Individuum durch alle Classen bis zu Nationen hinauf. Die kleinsten Thiere sind immer die hestigsten, leidenschaftigsten und beleibigendsten. Sie halten bewegliches, hesiges Temperament für Stärke und werden öfters das Opfer ihres Andere quälenden Ungestüms; während größere Thiere sich ruhiger verhalten und wiederholter Beleidigungen bedürfen, um erbittert zu werden. Es kann noch kommen, daß Frankreich so beleidigt wird, daß es zum Kriege greift, und sehr wahrscheinlich wird es dies thun. Wo die Fähigkeit vorhanden, da kann die Stimmung zu jeder Zeit sich finden. Wir können Zorn erregen, aber wir können nicht Stärke erschaffen.

Während die Literatur Englands einen ehrenvollen Rang unter den Nationen Europas bewahrt, leidet sein National-Charakter in der Welt auf die erbärmlichste Weise durch seine Zeitungen. Die schamlosesten Treulosigkeiten und die verdorbensten Grundsätze werden durch sie verbreitet. Eine gänzliche Nichtachtung aller Verpflichtungen von nationeller Treue und Ehre wird öffentlich erklärt.

Statt jener wahren Herzensgröße, jener großmüthigen Verachtung aller gemeinen Kleinigkeiten, kann man dort kaum irgend etwas finden, als schlechte Schimpfreden und niedrige Possenreißerei. Dies ist in keinem anderen Lande der Welt als in England der Fall.

Wir wollen nun zum Schlusse schreiten mit wenigen hinzugefügten Bemerkungen über den Stand der Politik.

Die Nation wurde mehrere Wochen lang mit den täglichen Gerüchten von einem großen Cabinets-Geheimniß unterhalten und bewunderte, wie verschwiegen das Geheimniß gehalten würde, während das einzige Geheimniß darin bestand, daß es kein Geheimniß zu verbreiten gab.

Aber diese Meinung von einem Geheimniß zeigt sehr deutlich, daß die Meinung der Nation der Meinung des Ministers entgegengesetzt war, oder die Voraussetzung eines großen Geheimnisses würde gar nicht stattgehabt haben, da die Angelegenheiten des Statthalters damals allgemein bekannt waren. Es zeigt, daß die Nation den Statthalter von Holland nicht für einen genügenden Grund hielt, um England neue Taxen aufzulegen und sich in das Wagniß und in die Kosten eines Krieges einzulassen, und groß war das Erstaunen, als die Erklärung und Gegenerklärung, wie Zwillingsmäuse aus dem Cabinete hervorschauten.

Aber es gibt ein Geheimniß, welches aufgeklärt werden sollte, und das ist, ob der Minister nicht wußte, daß Frankreich sich nicht in einen Krieg einlassen würde, und ob nicht die Rüstungen, gegründet auf dieses Wissen, eine eitle, leere Parade waren.

Ob es nicht eine niedrige Handlungsweise war, indem man England unter die Fahnen Preußens stellte und so einen unehrenhaften Vortheil aus der inneren Verlegenheit zog, in welcher Frankreich damals war, und in welche England seinerseits auch einmal gerathen mag; die Miene einer Herausforderung anzunehmen, von welcher man wissen mußte, daß sie nicht angenommen werden würde, weil nichts da war, die Annahme nothwendig zu machen.

Ob endlich dieses Verfahren des Ministers nicht muthwillig dahinwirkt, die Harmonie zu stören, welche zwischen den zwei Nationen zu entstehen schien; die Vortheile des Handelsvertrages zu vermindern, wenn nicht ganz zu zerstören, und Samen zu künftigen Kriegen auszustreuen, während Aussicht auf einen langen und ununterbrochenen Frieden vorhanden war.

Wenn es zwei Wege gibt, um denselben Zweck zu erreichen, so ist fast immer, daß der eine besser ist als der andere; und ob der Minister nicht den schlechteren erwählt hat, werden wenige Bemerkungen erläutern.

Es ist gleichgültig, was immer für Luftschlösser, Entwürfe oder selbst Verträge mit Holland geschlossen werden mögen, besonders wenn dies unter der Spitze des Bajonettes geschieht, denn Alles, was von Holland erwartet werden kann, ist Neutralität.

Es handelt mit allen Nationen und dieser Handel ist aus seiner Neutralität entstanden. Vernichtet diese Neutralität und Holland ist vernichtet. Deswegen hat es nichts zu bedeuten, welche Gefühle ein Theil des Volkes in Holland in Bezug auf die Statthalterschaft haben möge, weil es noch ein ihnen höher stehendes Banner gibt, unter welches Alle sich vereinigen werden.

Holland wird weder seinen Handel der Vernichtung durch England durch ein Kriegsbündniß mit Frankreich blosstellen, noch wird es denselben dadurch gegen Frankreich preisgeben, daß es sich mit England vereinigt. Man könnte sehr wohl fragen, was geht England oder Frankreich die Holländer an, daß diese sich mit Einem von Beiden in einen Krieg einlassen sollten, wenn sie nicht dadurch dazu gezwungen würden, daß das Eine oder das Andere mit ihnen Krieg anfängt, wie dies im letzten Kriege der Fall war.

Es dürften bald Ereignisse in Europa eintreten, die alle Macht, welche Preußen aufbringen kann, zu seiner eigenen Vertheidigung nothwendig machen möchte, und Holland muß weise genug sein zu sehen, daß es durch ein Bündniß mit England nicht allein seinen Handel, sondern ebenso seine Besitzungen gegen Frankreich blosstellt, weil Frankreich es an einem Theile angreifen kann, wo England es nicht zu vertheidigen vermag; denn Holland liegt für Frankreich zu Lande offen; auch kann ihm England nichts von gleichem Werthe geben, um diesem Umstande das Gleichgewicht zu halten. Wie thöricht ist also die Politik, welche auf unnatürliche und unmögliche Zwecke gerichtet ist! Gewiß ist die Erfahrung eines verflossenen Jahrhunderts hinreichend, irgend einem Manne, außer er sei von gestern, zu zeigen, was die Aufführung Hollands in allen Fällen sein muß.

Aber es gibt einen anderen Umstand, welcher nicht verfehlt, Eindruck auf Ausländer, und besonders auf Holländer zu machen, und dieser besteht darin, daß die Unermeßlichkeit der englischen National-Schuld die Aussicht auf stete Vermehrung derselben und die übertriebene Menge seines cursirenden Papiergeldes es in sich selbst zu unsicher machen, als daß ihm von fremden Nationen auf irgend eine längere Zeit Vertrauen geschenkt werden könnte; weil das, was geschehen muß, sehr bald geschehen dürfte.

In Bezug auf das Rescript, welches von dem französischen Minister übergeben wurde, so kann man es nur so erklären, daß, wenn Frankreich zum Krieg gestimmt gewesen wäre, es eine Mittheilung nicht gemacht haben würde. Gerade das Abgeben derselben gibt einen vollen Anschluß über alle Theile; und sobald Herr Pitt Kenntniß davon erhielt, da schien ihm dies ein sicherer Augenblick, sein Schwert umgürten zu können; so-

balb er aber fanb, baß Frankreich eben fo gut, als er, bewaffnet war, machte
er ben Vorſchlag, es wieder abzulegen. Dies iſt mit wenigen Worten bie
ganze Geſchichte bes Feldzugs. Ein Kriegsminiſter im Frieden uub ein
Friedensminiſter im Krieg. Tapfer, wo keine Gefahr iſt, unb klug, wo
es welche gibt.

Das Reſcript konnte von Seiten Frankreichs nichts Anderes fein, als
eine Auseinanberſetzung ber Lage, in ber es ſich zu befinden glaubte, unb ber
wahrſcheinlichen Folgen, bie baraus entſpringen würben. Es war nicht genöthigt, bieſelbe zu machen, unb beshalb war bas Abgeben ber Erklärung blos
eine höfliche Mittheilung für eine fremde Macht, mit welcher es im Frieden
war, unb wogegen baſſelbe eine ähnliche Mittheilung von Seiten bes britiſchen Cabinets zu erwarten berechtigt wurde. Alles bies hätte ohne bie
Koſten, ben Lärm, bie Beleibigungen, ober bas böſe Blut, welches zwiſchen ben beiden Nationen erregt wurbe, geſchehen können.

Die Alliance zwiſchen Frankreich unb Holland wurde formirt, während
ber Statthalter ein Theil ber Regierung war; beswegen konnte Frankreich,
bieſer Alliance zufolge, weber für noch gegen ihn Partei ergreifen. Es
konnte blos handeln, wenn bas ganze Intereſſe ber Republik einem frem-
ben Feinbe ausgeſetzt war, unb es war nicht gewiß, baß bies nicht ber Fall
fein würbe.

Das Reſcript war beshalb, ſtatt als ein Grunb zum Krieg angenommen zu werben, an unb für ſich ſelbſt ein Grunb zum Frieden, weil es bezweckte, eine genaue Unterſuchung aller Verhältniſſe Frankreichs unb Englands in Bezug auf Holland herbeizuführen, was nicht verſehlt haben
würde, Holland in einen Zuſtand ber Neutralität zu verſetzen, unb bies
wirb jetzt auch blos bas. enbliche Ergebniß ſein, weil, unabhängig von
allen Parteien, nichts Anberes mit bem allgemeinen Intereſſe ber ganzen
Nation bieſer Republik übereinſtimmt.

Aber ba bies nicht geſchehen iſt, ſo bleibt es ben Holländern überlaſſen,
es für ſich ſelbſt zu thun; eine Alliance mit England, gleichzeitig mit einer
ſolchen mit Frankreich, wirb bieſe ber holländiſchen Republik ſo nothwen-
bige Neutralität ſichern. Durch bieſen politiſchen Act wirb es von allen
Verpflichtungen, ſich mit einem berſelben in einem Kriege zu vereinigen,
befreit, unb ſeine Exiſtenz von beiden verbürgt ſehen. Seine Alliance mit
England wirb England abhalten, ſeinen Seehandel zu beläſtigen, unb bie
mit Frankreich wirb Frankreich abhalten, baſſelbe zu thun, unb ebenſo in
allen künftigen Fällen es zu Lande anzugreifen. Es gibt ſo viele Wahr-
ſcheinlichkeiten, welche ſich auf bem Continente von Europa ereignen können,
baß bie Lage Hollands bieſe Sicherheitswache erfordert, unb zwar ſeiner
Landverbindung wegen beſonders von Seiten Frankreichs.

Die ſteigenbe Größe bes ruſſiſchen Reiches, bie wahrſcheinliche Vereinigung bieſes Reiches mit Deutſchland unb Frankreich, unb folglich mit Spanien, beſſen Intereſſen nicht getrennt werben können, unb bie Wahrſchein-
lichkeit eines Bruches zwiſchen bem Kaiſer unb bem König von Preußen,
ſind Dinge, welche nicht verfehlen können, bie Holländer von ber Nothwendigkeit zu überzeugen, ſich ſowohl zu Lande als zur See ſicher zu ſtellen,
unb zu verhindern, baß ſie weber in bie Streitigkeiten Frankreichs, noch in
bie Englands hineingezogen werben können.

Da im Ganzen ſowohl eine höfliche, als eine unhöfliche politiſche Rich-

II. S

tungslinie zu verfolgen war, so muß Jeder, der menschlich und edel fühlt, beklagen, daß die Erstere nicht gewählt wurde.

Eine Stimmung für Frieden wuchs in jedem Theile Frankreichs empor, und zu gleicher Zeit schien in England eine entsprechende Stimmung zu entstehen. Der stille Wunsch, der auf beiden Seiten sich allgemein ausbreitete, war, daß Kriege, so verhängnißvoll für das wahre Interesse, und der Abgaben wegen so lästig für die Unterthanen beider Länder, nicht mehr vorkommen möchten, und daß ein langer und dauernder Friede stattfinden möge.

Aber statt diese politische glückliche Gelegenheit zu benützen, hat die kleinliche Eitelkeit eines jungen und unerfahrenen Ministers, der zwischen Krieg und Frieden schwankte, um seine Wahl nach Umständen, statt nach Grundsätzen zu treffen, der sich in eine kostspielige Kriegsrüstung einließ, als Niemand zu bekämpfen war, und zwar nicht eher, als bis man sagen konnte, die Angelegenheiten Hollands seien geordnet, diese Samenkörner der Harmonie zerstört, welche für beide Nationen für werthvoller betrachtet werden konnten, als ihre Flotten und Armeen.

Er hat geduldet, daß die Nation unter dem allgemeinen Einflusse eines grundlosen Glaubens an große feindliche Kriegsrüstungen in Ost- und West-Indien und unter Voraussetzung eines Geheimnisses, das nie existirte, toll wurde. Dadurch sind die Funken der Zwietracht zwischen den Nationen von Neuem angefacht worden; die schönen Aussichten auf dauernden Frieden sind wieder verschwunden und ein Zug kommender Uebel erfüllt die Scene, und zwar zu einer Zeit, wo die innern Angelegenheiten Frankreichs, wie verwirrt sie auch gegenwärtig scheinen mögen, sich naturgemäß zu einer großen und harmonischen Machtentfaltung entwickeln werden.   Thomas Paine.

London, im August 1787.

An die Autoren des „Republikaners.‟

Meine Herren!

Herr Duchatelet hat gegen mich die Absicht einiger Personen erwähnt, ein Werk unter dem Titel „der Republikaner‟ zu beginnen.

Da ich Bürger eines Landes bin, welches keine andere Majestät, als die des Volkes, keine andere Regierung, als die des repräsentativen Körpers, keine andere Oberherrschaft, als die der Gesetze kennt, und welches mit Frankreich sowohl durch Vertrag, als durch Dankbarkeit verbunden ist, so biete ich Ihnen mit Vergnügen meine Dienste zur Unterstützung von Grundsätzen an, welche eben so ehrenvoll für eine Nation, als geeignet sind, das Glück des Menschengeschlechts zu beförbern.

Ich biete dieselben mit um so größerer Bereitwilligkeit an, als ich den moralischen, literarischen und politischen Charakter Derjenigen kenne, welche an dem Unternehmen betheiligt sind, und fühle mich geehrt durch ihre gute Meinung.

Aber ich muß zu gleicher Zeit bemerken, daß, in Folge meiner Unkenntniß der französischen Sprache, was ich schreibe, nothwendiger Weise übersetzt werden müßte; es könnte deshalb nur von geringem Nutzen sein, und mein Anerbieten wird mehr in Wünschen, als Dienstleistungen bestehen; ich muß hinzufügen, daß ich genöthigt bin, einen Theil dieses Sommers in England und Irland zuzubringen.

Da mir das Publikum die unverdiente Gunst erzeigt hat, mich unter der Benennung „Gesunder Menschenverstand" anzuerkennen, so werde ich dieselbe in dieser Publikation beibehalten, um Irrthümer zu vermeiden und zu verhindern, daß man mich für den Autor von Werken halte, die nicht mein eigen sind. Was meine politischen Grundsätze anbetrifft, so werde ich mich bemühen, ihre allgemeinen Züge in diesem Briefe auf eine solche Weise zu erkennen zu geben, daß sie nicht mißverstanden werden können.

Es ist in den meisten Fällen wünschenswerth, Dasjenige zu vermeiden, was auch nur den leisesten Zweifel über die Stellung, die man einzunehmen gesonnen ist, hervorrufen könnte, und besonders bei dieser Gelegenheit, wo eine vollkommene Klarheit des Ausdrucks zur Vermeidung jedes Mißverständnisses nothwendig ist.

Ich bin deshalb erfreut, zu finden, daß das fragliche Werk „der Republikaner" betitelt ist. Dieses Wort drückt vollkommen die Idee aus, welche wir von einer Regierung im Allgemeinen haben sollen — res publica — die öffentlichen Angelegenheiten einer Nation. Was das Wort Monarchie anbelangt, obgleich die Geschicklichkeit und Intrigue der Höfe dasselbe uns familiär gemacht hat, so enthält es nichtsdestoweniger sowohl Vorwurf als Schimpf für eine Nation. Das Wort, in seinem unmittelbaren und ursprünglichen Sinn, bedeutet die unumschränkte Macht eines einzelnen Individuums, welches sich als Narr, als Heuchler, oder als Tyrann erweisen kann. Die Benennung läßt keine andre Uebersetzung, als die,.welche hier gegeben ist, zu. Frankreich ist daher keine Monarchie; es ist beschimpft, wenn man es mit diesem Namen nennt. Der servile Geist, welcher diese Regierungsart charakterisirt, ist aus Frankreich verbannt, und dieses Land, gleich Amerika, kann der Monarchie nichts mehr gewähren, als einen Blick der Verachtung.

Unter den Irrthümern, welche monarchische Unwissenheit oder Niederträchtigkeit durch die Welt verbreitet hat, gibt es keinen, der so sehr die Zeichen geschickter Erfindung an sich trägt, als die Meinung, daß das System des Republikanismus blos für ein kleines Land angemessen sei, während im Gegensatze dasjenige der Monarchie für Länder von größerer Ausdehnung passe. Dieses ist die Sprache der Höfe und die Meinung, welche sie in monarchischen Ländern bewirkt haben; aber diese Meinung ist zu gleicher Zeit dem wahren Grundsatz und der Erfahrung entgegen.

Eine Regierung sollte, um von wirklichem Nutzen zu sein, eine vollständige Kenntniß aller Parteien, aller Umstände und aller Interessen einer Nation besitzen. In Folge dessen würde das monarchische System, anstatt für ein Land von großer Ausdehnung zu passen, für ein kleineres Territorium angemessener sein, wo man voraussetzen kann, daß ein Individuum die Angelegenheiten und Interessen des Ganzen kennen kann. Aber wenn man versucht, diese individuelle Kenntniß bis auf die Angelegenheiten eines großen Landes auszudehnen, so steht die Fähigkeit, alles Nöthige zu wissen, nicht länger im Verhältniß mit der Ausdehnung oder Vielfältigkeit der Gegenstände, die man kennen sollte, und die Regierung verfällt unvermeidlich aus Unwissenheit in Tyrannei.

Um dieses zu beweisen, brauchen wir nur auf Spanien, Rußland,

Deutschland, die Türkei und den ganzen östlichen Continent zu blicken —
Länder, für deren Befreiung ich meine aufrichtigsten Wünsche darbringe.
Im Gegensatze bietet das wahre republikanische System, durch Wahl
und Repräsentation, die einzigen Mittel, welche bekannt, und meiner Meinung nach die einzigen Mittel, welche möglich sind, dar, um die Weisheit
und Kenntniß einer Regierung mit der Ausdehnung eines Landes in das
Gleichgewicht zu stellen.

Das System der Repräsentation gibt den stärksten und mächtigsten Mittelpunkt, der für eine Nation erdacht werden kann. Seine Anziehungs-
kraft wirkt so mächtig, daß die Menschen ihren Beifall geben, ohne über
die Sache weiter nachzugrübeln; und Frankreich, wie entfernt auch seine
verschiedenen Theile von einander sein mögen, fühlt sich in diesem Augenblicke als Ein Ganzes in seiner Central-Vertretung. Der Bürger ist
versichert, daß seine Rechte beschützt werden, und der Soldat fühlt, daß er
nicht länger der Sclave eines Despoten ist, sondern daß er ein Glied der
Nation geworden, und, wie natürlich, bei deren Vertheidigung selbst interessirt ist.

Die Staaten, welche gegenwärtig Republiken genannt werden, wie
Holland, Genua, Venedig, Bern 2c., sind nicht allein dieses Namens
unwürdig, sondern sie sind auch sogar thatsächlich gegen jeden Grundsatz
einer republikanischen Regierung, und die Länder, welche ihrer
Macht unterworfen sind, betrachte ich, um die Wahrheit zu reden, als einer
aristokratischen Sclaverei unterthan.

Es ist vielleicht unmöglich, bei den ersten Schritten, die man in einer
Revolution macht, jeden Irrthum entweder in Grundsatz oder Ausführung
zu vermeiden, oder in manchen Fällen die Vereinigung beider zu verhindern.
Ehe der Verstand einer Nation hinreichend aufgeklärt ist und ehe die Menschen sich die Gewohnheit, ihre gegenseitigen natürlichen Gedanken einander
mitzutheilen, angeeignet haben, ergreift eine gewisse Zurückhaltung, eine
schüchterne Klugheit das menschliche Gemüth, und verhindert dasselbe, seinen ihm gebührenden Standpunkt mit der Kraft und Schnelligkeit, welche
dem Rechte gehört, zu erreichen. Ein Beispiel dieses Einflusses zeigt sich
im Beginne der gegenwärtigen Revolution: aber glücklicher Weise ist diese
Entdeckung gemacht worden, ehe die Constitution vollendet war, und frühe
genug, um ein Mittel dagegen zu finden.

Die Erbfolge kann nie als eine Sache des Rechtes bestehen; sie ist eine
Nichtigkeit — ein Nichts. Diese Idee zuzulassen hieße die Menschen als
eine Art Eigenthum einiger, entweder geborner oder noch ungeborner Individuen betrachten. Es hieße unsere Nachkommen und die ganze Nach-
welt als bloße Thiere ohne Recht und Willen betrachten. Es ist endlich der
niedrigste und demüthigendste Gedanke, welcher je das Menschengeschlecht
erniedrigte, und welcher zur Ehre der Menschheit für immer zerstört werden
sollte.

Die Idee der Erbfolge ist so allen Menschenrechten zuwider, daß, wenn
wir selbst in das Dasein zurückgerufen werden würden, statt durch unsere Nachkommenschaft ersetzt zu werden, so würden wir nicht das Recht
haben, uns vorher derjenigen Rechte zu berauben, welche uns dann rechtmäßig angehören sollten. Aus welchem Grunde und mit welcher Autorität wagen wir es, unsere Kinder, welche bald Männer sein werden, ihrer
Rechte zu berauben? Warum fühlen wir uns nicht betroffen von der Un-

gerechtigkeit, die wir an unseren Nachkommen begehen, indem wir uns bestreben, sie als eine schlechte Heerde an Herren zu überliefern, deren Laster
das Einzige sind, was man voraussehen kann.

Sobald Frankreich seine Constitution mit der Erklärung seiner Rechte in
Einklang gebracht hat, sobald werden wir im Stande sein, und zwar mit
Recht, Frankreich den Namen eines Bürgerreiches zu geben; denn seine
Regierung wird das Reich der Gesetze sein, gestützt auf die großen republi-
kanischen Grundsätze der wählbaren Vertretung und der Menschenrechte.
Aber Monarchie und erbliche Thronfolge sind unvereinbar mit der Basis
seiner Constitution.

Ich hoffe, daß ich Ihnen hierdurch hinlänglich bewiesen habe, daß ich ein
guter Republikaner bin; und ich setze ein so großes Vertrauen auf die
Wahrheit dieser Grundsätze, daß ich nicht zweifle, dieselben werden in
Frankreich bald ebenso allgemein anerkannt werden, als in Amerika. Der
Stolz der menschlichen Natur wird ihr Zeugniß unterstützen, wird zu ihrem Emporkommen beitragen und die Menschen werden sich der Monarchie
schämen.

Ich bin mit Achtung,
meine Herren,
Ihr Freund
Thomas Paine.

Paris, im Juni 1791.

***

An den Abbe Sieyes.

Paris, den 8. Juli 1791.

Mein Herr!

Im Augenblicke meiner Abreise nach England lese ich Ihren Brief im
Moniteur vom letzten Dienstag, in welchem Sie eine Herausforderung in
Bezug auf den Gegenstand der Regierung erlassen, und sich erbieten, das
was man monarchische Ansicht nennt, gegen das republikanische System zu vertheidigen.

Ich nehme Ihre Herausforderung mit Vergnügen an, und ich setze ein
solches Vertrauen in die Ueberlegenheit des republikanischen Systems über
die Nichtigkeit eines Systems, Monarchie genannt, daß ich mich verpflichte, den Raum von fünfzig Seiten nicht zu überschreiten, und Ihnen
die Freiheit zu lassen, so weitläufig zu sein, als Sie für tauglich halten
mögen.

Die Achtung, welche ich vor Ihrem moralischen und literarischen Ruf
hege, wird Ihnen die Sicherheit für mein rücksichtsvolles Benehmen im
Verlaufe dieser Untersuchung geben; aber obgleich ich den Gegenstand ernsthaft und nach meiner innersten Ueberzeugung behandeln werde, so erlaube
ich mir vorauszuschicken, daß ich glaube, die Freiheit zu haben, monarchische
Albernheiten, wie sie es verdienen, lächerlich zu machen, so oft sich Gelegenheit dazu darbietet.

Ich verstehe unter Republikanismus nicht, was dieser Name in Holland
und in einigen Theilen Italiens bedeutet. Ich verstehe darunter einfach
eine Regierung durch Vertretung — eine Regierung, welche auf die Prinzipe der Erklärung von Rechten gegründet ist; auf Prinzipie, mit welchen

verschiedene Theile der französischen Verfassung sich in Widerspruch stellen. Die Erklärungen der Rechte Frankreichs und Amerikas sind nur ein und dasselbe Ding, dem Prinzip, und fast den Worten nach, und dies ist der Republikanismus, welchen ich zu vertheidigen unternehme gegen das, was Monarchie und Aristokratie genannt wird.

Ich sehe mit Vergnügen, daß wir in Betreff Eines Punktes bereits übereinstimmen, und dieser ist: die große Gefahr einer Civilliste von dreißig Millionen. Ich kann keinen Grund entdecken, warum einer der Theile der Regierung mit einer so ausschweifenden Verschwendung erhalten werden sollte, während der andere kaum erhält, was für seine gewöhnlichen Bedürfnisse hinreichend ist.

Dieses gefährliche und unehrenhafte Mißverhältniß versieht sowohl die Einen mit den Mitteln zum Bestechen, und versetzt die Andern in den Zustand, bestochen zu werden. In Amerika ist in Betracht dieses Punktes nur ein kleiner Unterschied zwischen dem legislativen und erecutiven Theil der Regierung; aber der erste ist weit besser versorgt als in Frankreich. *)

In was für einer Art, mein Herr, ich auch den Gegenstand behandeln mag, dessen Untersuchung Sie vorgeschlagen haben, so hoffe ich, daß Sie nicht zweifeln werden, daß ich für Sie persönlich die höchste Achtung hege. Ich muß auch hinzufügen, daß ich nicht der persönliche Feind von Königen bin. Ganz im Gegentheil. Kein Mann wünscht herzlicher als ich selbst, sie alle in dem glücklichen und ehrenhaften Stande von Privatpersonen zu sehen; aber ich bin der erklärte, offene und unerschrockene Feind dessen, was man Monarchie nennt, und ich bin es in Folge von Grundsätzen, welche nichts ändern oder verderben kann—in Folge meiner Liebe für die Menschheit; dem Eifer, welchen ich für die Würde und Ehre des Menschengeschlechtes in mir fühle; in Folge des Widerwillens, welchen ich verspüre, wenn ich Menschen von Kindern geleitet und von Thieren regiert sehe; in Folge des Schreckens, den alle die Uebel, welche die Monarchie über die Erde verbreitet hat, in meiner Brust erregen; und in Folge derjenigen Gefühle, welche mich schaudern machen über die Calamitäten, Erpressungen, Kriege und Metzeleien, mit welchen die Monarchie das Menschengeschlecht darniedergetreten hat. Kurz, es ist die ganze Hölle der Monarchie, welcher ich den Krieg erklärt habe. Thomas Paine.

———•———

Sendschreiben an die Unterzeichner der Adressen über die letzte Proclamation.

Hätte ich den Umständen durch einen Wunsch gebieten können, so wüßte ich keinen, der den Fortschritt politischer Aufklärung allgemeiner beförbert hätte, als die letzte Proclamation und die zahlreichen, von verfallenen Burgflecken und Gemeinden darüber eingereichten Adressen. Diese haben nicht allein als öffentliche Anzeigen gedient, sondern sie haben auch einen Geist des Nachforschens über Regierungsgrundsätze, und ein Verlangen, die Rechte des Menschen zu lesen, an Orten erzeugt, wo dieser Geist und dieses Werk bisher unbekannt waren.

---

*) Ein Congreß-Mitglied erhält ungefähr eine und eine halbe Guinee täglich und die Lebensmittel sind in Amerika wohlfeiler als in Frankreich.

Das Volk in England, durch die verschiedenen Parteien ermüdet und betäubt, und abwechselnd von jeder betrogen, hatte beinahe auf das Vorrecht des Denkens Verzicht geleistet. Selbst die Neugierde war erloschen, und eine allgemeine Erschlaffung hatte sich über das Land verbreitet. Die Opposition war sichtlich blos ein Streit um Gewalt, indeß die Masse der Nation gedankenlos als der Kampfpreis bastand.

In diesem hoffnungslosen Zustande der Dinge erschien der erste Theil der Rechte des Menschen. Er hatte mit einem sonderbaren Gemisch von Vorurtheil und Kaltsinn zu kämpfen; jeder Art kritischer Verunglimpfungen war er ausgesetzt; und überdem mußte er die Dämme wegräumen, welche Burkes grober und schmähsüchtiger Angriff auf die französische Revolution künstlich aufgeführt hatte.

Aber wie leicht unterscheidet selbst der unwissendste Leser die freiwilligen Empfindungen des Herzens von den erpreßten Arbeiten des Gehirns! Die Wahrheit ist, wenn sie nur ganz erscheinen darf, eine so natürliche Vertraute des Gemüthes, daß eine Bekanntschaft beim ersten Anblick beginnt. So wie die Kunst bisher noch kein Licht hervorgebracht hat, das alle Eigenschaften des Tageslichts entfaltet, eben so kann auch die beste ersonnene Dichtung das Gemüth nicht mit jener Ueberzeugung erfüllen, welche auf Wahrheit erfolgt.

Burke's trügerisches Werk zu zertrümmern, war die Arbeit kaum eines Tages. Eben die Phalanx von Beamten und Gnadenbesoldeten, welche der Menge den Ton angegeben, indem sie ihres Helden politischen Ruf allenthalben ertönen gemacht hatte, verstummte plötzlich; und der endliche Ausgang für Burke selbst war, daß er, gestiegen wie eine Rakete, niederfiel wie deren Stock.

Es geschieht selten, daß das Gemüth sich bei der bloßen Entdeckung eines Irrthums oder Betrugs beruhigt. Einmal in Bewegung gesetzt, nimmt diese Bewegung immer zu; wo sie inne zu halten dachte, da entdeckte sie neue Ursachen, fortzulaufen, und sie verfolgt ihre Bahn weit über die Grenzen, die sie sich Anfangs selber vorgezeichnet hatte. — So ist es dem Volke in England ergangen. Von Entdeckung der zusammenhangslosen Rhapsodieen und verdrehten Thatsachen in Burke's Buch ging man zur Aufsuchung erster Regierungsgrundsätze über, während er, gleich einem weit im Hintergrunde zurückgelassenen Gegenstande, unsichtbar und vergessen ward.

Je stärker der Eindruck von dem ersten Theile der Rechte des Menschen gleich Anfangs war, desto eher wurde die fortschreitende Denkkraft inne, daß er nicht weit genug ging. Er deckte Irrthümer auf, gab Ungereimtheiten preis, erschütterte die Werkstätte des politischen Aberglaubens, erzeugte neue Ideen; aber er errichtete kein geordnetes System von Grundsätzen an Stelle derer, die er niedergerissen hatte. Und wenn ich rathen darf, was die regierende Partei dachte, so nahm diese ihn für ein unerwartetes Lüftchen, das bald vorüberwehen würde, und machte es wie Seeleute bei drohendem Wetter, sie enthielt sich zu pfeifen, um den Wind nicht zu verstärken. Alles von ihrer Seite war tiefes Schweigen.

Als der zweite Theil der Rechte des Menschen, der Grundsatz und Ausführung verbindet, herauskommen sollte, zwang sie sich eine Weile, mit ihrer bisherigen Politesse zu handeln; da sie aber fand, daß ihr Schweigen nicht mehr dazu beigetragen hatte, den Fortgang des Werkes aufzuhalten, als es den Lauf der Zeit hätte hemmen können, so veränderte sie ihren Plan und gab sich das Ansehen, als ob sie ihn mit schreiender Verachtung behandelte. Die Reden haltenden Beamten, Pensionisten und Erspectanten in beiden Parlamentshäusern, die D r a u ß e n sowohl als die D r i n n e n (the Outs as well as the Ins), stellten es als ein albernes, unbedeutendes Product dar, als ein Werk, das unfähig wäre, einige Wirkung hervorzubringen, als etwas, welches der gute Sinn des Volkes gewiß verachten, oder wogegen er mit Unwillen ausschlagen würde; die tölpische Ungeschicklichkeit aber, mit der sie gegen einander redeten und sich aufmunterten, war so übertrieben, daß sie selbst durch die Erklärung ihres Vertrauens ihre Furcht verriethen.

Da die meisten von den Adressenten der verfallenen Burgflecken über das ganze Land in Löchern und Winkeln abgesondert wohnen, und eine Zeitung so selten als ein Kalender zu ihnen gelangt, so haben sie höchst wahrscheinlich keine Gelegenheit gehabt, zu erfahren, wie dieser Theil der Posse (das Original-Präludium zu allen Adressen) gespielt worden ist. Zu i h r e m Unterricht will ich den ernsthafteren Gegenstand meines Briefes ein wenig an die Seite setzen und sie mit zwei oder drei Reden der letzten Sitzung unterhalten, worüber sie bis zur nächsten Zusammenkunft des Parlaments politisiren können.

Sie müssen wissen, meine Herren, daß der zweite Theil der Rechte der M e n s c h e n (das Buch, wogegen Sie Adressen eingebracht haben, obgleich höchst wahrscheinlich viele von Ihnen es nicht kennen) gerade zu der Zeit herauskommen sollte, da das Parlament zum letztenmale versammelt war. Es fügte sich, daß er erst einige Tage später ausgegeben wurde. Da man aber sehr gut wußte, daß die Schrift in kurzem erscheinen würde, so traten die Parlamentsredner in eine recht herzliche Coalition zusammen, das Buch zu verschreien, und begannen ihren Angriff damit, daß sie den S e g e n der Constitution herausstrichen.

Wäre es über Sie verhängt gewesen, dabei zu sein, Sie hätten nothwendig von den im Herzen und Beutel empfundenen Glückwünschen gerührt werden müssen, die zwischen beide Parteien über dies Subject des S e g e n s wechselten; denn die D r a u ß e n besitzen sowohl, als die D r i n n e n, Aemter und Gnadengehalte und Pfründen, und sind mit gleich dienstfertiger Ergebenheit der Firma des Hauses zugethan.

Einer der Angesehensten in dieser vermischten Gruppe ist der Secretär bei der Königsbank, der sich Lord Stormont nennt. Er heißt auch Oberrichter von Schottland (ein Oppositionsmitglied), zieht vom Staat für diese Titular-Aemter, wie man mir sagt, nicht weniger als sechstausend Pfund jährlich, und soll höchst wahrscheinlich durch die ihm auferlegte Mühe, das Geld zu zählen und eine Quittung zu unterschreiben, zeigen — vielleicht, daß er geschickt ist, sowohl Secretär, als Richter zu sein. Er redete, wie folgt:

„Daß wir a l l e einmüthig in dem Ausdrucke u n s e r e r Anhänglichkeit „an die Constitution dieses Reiches zusammenstimmen werden, deß bin i c h „v e r s i c h e r t. Sie ist ein Gegenstand, worüber in d i e s e m H a u s e „ble Meinung n i c h t getheilt sein kann. Ich maße mir keine tiefe Belesen-„heit in der Kenntniß der Constitution an, aber ich n e h m e e s a u f „m i c h, zu behaupten, daß in dem Kreise m e i n e r Kenntniß (denn i c h „h a b e s o v i e l e T a u s e n d e jährlich f ü r n i c h t s) es mir scheint,

„sie sei seit der Periode der Revolution, denn sie wurde keineswegs damals
„erst gemacht, beides, in Theorie und Praxis, das weiseste aller je
„ausgebildeten Systeme gewesen. Ich habe niemals (nie bis jetzt, meint
„er) am politischen Schulgezänk Theil genommen. Mein Leben
„ist auf diese Weise nie beschäftigt gewesen, aber die Speculationen
„aus den letzten Jahren scheinen eine Wendung genommen
„zu haben, deren Ursache ich nicht angeben kann. Als
„ich die öffentliche Laufbahn betrat, waren doch die politischen Schriften da-
„maliger Zeit, so voll Hitze und Heftigkeit der Parteien sie auch sein mochten,
„darin einig, daß sie die Urschönheiten der Constitution selbst erhoben. Ich
„erinnere mich einer (er meint, er hat sie vergessen) sehr ein-
„nehmenden Lobschrift ihrer Reize von Lord Bolingbroke, worin er seinen
„Lesern die Betrachtung derselben von allen ihren Seiten empfiehlt, mit
„der Versicherung, daß man, je mehr man sie ansähe, desto schätzens-
„werther sie finden würde. Ich wiederhole nicht seine eigentlichen
„Worte, aber ich wünschte, daß Leute, die über diese Materien schreiben,
„sein Buch zum Muster nähmen, statt der politischen Blätter, die, wie
„ich höre, jetzt circuliren (solcher wohl, als die Rechte des Menschen)
„— Schriften, die ich nicht gelesen, und deren Inhalt ich blos aus
„Relationen (aus dem Lärm, den sie machen, meint er vielleicht) kenne.
„Dessen inzwischen bin ich gewiß, daß Schriften, welche darauf zielen, die
„öffentliche Achtung für die Constitution wankend zu machen, sehr
„wenig Einfluß haben werden. Sie können sehr wenig schaden — denn
„(beiläufig gesagt, er nimmt an politischem Schulgezänk keinen Theil) die
„Engländer sind ein nüchterndenkendes Volk, und
„verständiger, fester, standhafter in ihren Meinun-
„gen, als irgend ein Volk, das ich je zu sehen das Glück
„gehabt. (Vortrefflich angelegt! zwar nur für einen Neuling.) Sollte
„aber je eine Zeit kommen, in der die Verbreitung solcher Lehrsätze die
„öffentliche Denkung beunruhigte, so bin ich von jedem unter Ihnen,
„meine Lords, versichert, daß auf die Constitution, von der es mit
„Wahrheit gesagt ist, daß wir von ihr all unsere Wohlfahrt
„herleiten, kein Angriff wird gemacht werden, ohne daß jeder von Ihnen
„zu ihrer Aufrechthaltung sich erhebe. Es wird sich dann zeigen, daß zwi-
„schen uns keine Verschiedenheit ist, sondern daß wir alle entschlossen
„sind, zur Vertheidigung des unschätzbaren Systems (von Aemtern und
„Pensionen) wie Ein Mann zu stehen oder zu fallen."

Nachdem Stormont auf der Oppositionsseite sich niedergesetzt hatte, stand
ein anderer edler Lord, von der Ministerseite, Grenville,
auf. Dieser Mann muß so stark im Rückgrat sein, als ein Maulesel,
sonst müßte das Gewicht seiner Aemter und Bedienungen ihm den Rücken
brechen. Er richtete sich indessen auf, ohne einige Beschwerde zu fühlen,
völlig Herr seiner Last; und so sagte dieser edle Lord zu dem andern
edlen Lord:

„Die patriotische und männliche Art, wie der edle Lord seine
„Empfindungen über den Gegenstand der Constitution geäußert hat, for-
„dert meine herzliche Beistimmung. Der edle Viscount hat
„bewiesen, daß, so weit wir auch in besondren Maßregeln
„von einander abgehen, wir bei aller Zwietracht und Uneinigkeit der Par-
„teien, im Grundsatz einig sind. Es ist eine vollkommene und

„gänzliche Uebereinstimmung (zwischen uns) in der Liebe und
„Behauptung der Constitution, wie sie zur allgemeinen Wohl-
„fahrt besteht. Ohne Zweifel muß es Eure Herrlichkeiten be-
„kümmern, zu erfahren, daß die Zeit gekommen (ho! ho!), wo
„diese Ausdrücke der Anhänglichkeit an (o! o!) die Constitution Bedeu-
„tung erhalten haben. Und daß es Leute gibt (zum Henker mit ihrer Po-
„litik!), die gegen den ächten Geist unseres vortrefflich abgewo-
„genen Systems (gewiß, ein schönes Gleichgewicht, wenn beide Sei-
„ten Aemter und Pensionen zugleich tragen!) feindliche Lehren ausstreuen,
„hierüber stimme ich dem edlen Viscount bei, daß sie nicht viel Glück
„(ich dächte doch) machen werden. Ich bin überzeugt, daß von ihren An-
„schlägen keine Gefahr zu besorgen steht; aber wahrlich wichtig und
„tröstlich ist es (für uns Inhaber der Aemter, vermuthe ich), zu wissen,
„daß, wenn je eine ernstliche Bewegung entstehen sollte, nur Ein Geist,
„Ein Sinn (der nach meiner Voraussetzung kein Gemeinsinn ist)
„und Eine Entschließung in diesem Hause herrscht" — ohne Zweifel,
damit sie ihre Plätze und Pensionen so lange als möglich behalten.

Diese beiden Reden (die Einschaltungen ausgenommen, die ich zur Erläuterung eingeschoben habe) sind wörtlich aus dem Morning Chronicle vom 1. Februar 1792 abgeschrieben. Wenn man die Lage der Redner in Betrachtung zieht, den Einen auf der Oppositions-, den andern auf
der Ministerial-Seite, und beide auf öffentliche Kosten von Pfründen, Ti-
tular-Aemtern und Ehrenstellen lebend, so gehört eine sehr unverschämte
Stirne dazu, so etwas über die Lippen zu bringen. Können diese Männer
im Ernst annehmen, eine Nation sei so ganz blind, sie nicht zu durchschauen? Kann Stormont wähnen, der politische Senf, womit er seine
Rede übergossen hat, werde die Arglist verbergen? Weiß er nicht, daß nie
ein Mantel weit genug war, sich selbst zu bedecken? Oder kann Grenville
glauben, daß sein Credit beim Publikum mit seinem Geize nach Aemtern
wächst?

Aber wenn diese Redner zur Vergeltung der Anspielungen auf die
Rechte des Menschen, sich einen Dienst von mir wollen erzeigen lassen,
so will ich jedem von ihnen eine Rede über die Vorzüglichkeit der Constitution aufsetzen, die eben so treffend sein soll, als das was sie gesagt haben,
oder als Bolingbroke's einnehmende Lobschrift. Hier ist sie:

„Daß wir Alle einmüthig in dem Ausdruck unserer Anhänglichkeit an
die Constitution zusammenstimmen werden, deß bin ich versichert. Sie ist,
meine Lords, unbegreiflich gut; aber das große Wunder von Allem ist
die Weisheit darin; denn sie ist, meine Lords, das weiseste aller je
ausgebildeten Systeme.

„In Absicht auf uns, edle Lords, ist es uns sehr wohl bekannt, obgleich
die Welt es nicht weiß, daß wir mehr Weisheit haben, als wir zu brauchen
wissen; und was noch besser ist, meine Lords, wir haben sie Alle als Capital liegen. Ich fordre Ew. Herrlichkeiten auf zu beweisen, daß wir bisher
einen Heller davon gebraucht haben; und wenn wir, meine Lords, mit der
bisherigen Sparsamkeit ferner wirthschaften, so werden wir unsern Erben
und Nachfolgern nach unserm Hinscheiden aus der Welt, das ganze Weis-
heits-Capital, das wir einbrachten, unberührt hinterlassen; und es ist
kein Zweifel, daß sie unserm Beispiel folgen werden. Dies ist eine von
den segenvollen Wirkungen des Erblichkeit-Systems; wir können nie von

Weisheit entblößt werden, so lange wir sie bei uns aufbewahren und nicht brauchen. So wie aber, meine Lords, alle die Weisheit erbliches Eigenthum ist, zum alleinigen Nutzen für uns und unsere Erben, und so wie es nöthig ist, daß das Volk wisse, wo es einen Vorrath davon zu seinem Bedürfniß holen könne, so hat die Vortrefflichkeit unserer Constitution gerade zu diesem Zweck, und zu keinem andern, für einen König gesorgt. Ich bemerke jedoch, meine Lords, an der Constitution einen Mangel, und ich schlage vor, diesem durch Einbringung einer zweckmäßigen Bill ins Parlament abzuhelfen.

„Die Constitution, meine Lords, hat's (ich vermuthe aus Delicatesse) dem Könige zu freier Wahl anheimgestellt, ob er weise sein will oder nicht. Sie besteht, meine ich, meine Lords, nicht darauf als auf einen Constitutionspunkt, welches sie, denk' ich doch, gethan haben sollte; denn ich verbürge mich, Ew. Herrlichkeiten zu beweisen, und dies mit ächt patriotischer Freimüthigkeit, daß er keine Wahl in der Sache hat. Die Bill, meine Lords, die ich einbringen werde, soll erklären, daß die Constitution nach ihrer wahren Absicht und Meinung dem Könige nicht diese Wahl verleiht; unsere Vorfahren waren zu weise, dies zu thun; und, um allen erreglichen Zweifeln vorzukommen, werde ich, meine Lords, eine gebietende Clausel fertig halten, die Weisheit des Königs durch eine Parlaments-Acte festzusetzen: und dann, meine Lords, wird unsere Constitution das Wunder der Welt sein!

„Weisheit, meine Lords, ist das einzig Nothwendige; damit aber in dieser Materie kein Mißverständniß obwalte, und damit wir beständig mit der wahren Weisheit der Constitution Schritt halten, so werde ich ein gewisses Merkmal vorschlagen, woran man die dem König eben nöthige Quantität Weisheit erkennen kann. (Hier sollte man rufen: Hört zu! hört zu!)

„Es steht geschrieben in den Statuten der Juden, „„ein Buch, meine „Lords, das ich nicht gelesen, und dessen Inhalt ich bloß aus Relationen „kenne,"" aber vielleicht erinnert sich die Bank der Bischöfe Einiges daraus, daß Saul, ehe er zum Könige gemacht wurde, die überzeugendsten Proben königlicher Weisheit gab, denn er war ausgeschickt seines Vaters Eselinnen zu suchen, und konnte sie nicht finden.

„Hier, meine Lords, haben wir glücklicher Weise unsern Fall auf ein Haar! was dort vorging, das sollte durch eine Parlaments-Acte festgesetzt werden; jeder König muß, bevor er gekrönt wird, seines Vaters Eselinnen suchen, und wenn er sie nicht finden kann, so muß er, dem wahren Sinne unserer vortrefflichen Constitution gemäß, für weise genug, König zu sein, erklärt werden. Alles demnach, meine Lords, was wir bei der gebietenden Clausel, die ich einbringen werde, nothwendig zu thun haben, wird sein, den König vorher mit einer zweckmäßig nöthigen Quantität Weisheit zu versehen, damit es ihm nicht begegne, keine zu besitzen; und dies, meine Lords, können wir thun, ohne von unserer eigenen etwas aufgehen zu lassen.

„Wir lesen ferner, meine Lords, in den besagten Statuten der Juden, daß Samuel, der gewißlich so toll war, als nur heutzutage ein Menschen-Rechts-Mann (Aufgemerkt! Hört zu!), höchst mißvergnügt und selbst aufgebracht über das Begehren der Juden, einen König zu haben, war; er

warnte sie auch bagegen mit aller ber Zuversichtlichkeit unb Unverschämtheit, bie ihm zu Gebote stanb. Ich habe, meine Lorbs, bie Mühe mir gemacht, ben ganzen Weg nach Paternoster-Row*) zu gehen, um
einen Extract von ber gebruckten Copie zu bekommen. Mir wurde erzählt,
ich würbe sie ba finben ober in Amen Corner, benn ich war schon auf
bem Wege, meine Lorbs, bie Seltenheiten ber antiquarischen Gesellschaft barnach burchzustöbern. — Ich will Ew. Herrlichkeiten ben
Extract vorlesen, um zu zeigen, wie wenig Samuel von ber Sache verstanb.

Der Auszug, meine Lorbs, ist aus 1 Samuel, Cap. 8.

„„Unb Samuel sagte alle Worte bes Herrn bem Volke, bas von ihm
einen König forberte:

„„Das wirb bes Königs Recht sein, ber über Euch herrschen wirb;
Eure Söhne wirb er nehmen zu seinen Wagen unb Reitern, bie vor seinem
Wagen hertraben.

„„Unb zu Hauptleuten über tausenb, unb über fünfzig, unb zu Ackerleuten, bie ihm seinen Acker bauen, unb zu Schnittern in seiner Ernte,
unb baß sie seinen Harnisch, unb was zu seinem Wagen gehört, machen.

„„Eure Töchter aber wirb er nehmen, baß sie Apothekerinnen, Köchinnen unb Bäckerinnen seien.

„„Eure besten Aecker unb Weinberge unb Oelgärten wirb er nehmen
unb seinen Knechten geben.

„„Dazu von Eurer Saat unb Weinbergen wirb er ben Zehnben nehmen
unb seinen Kämmerern unb Knechten geben.

„„Unb Eure Knechte unb Mägbe, unb Eure feinsten Jünglinge, unb
Eure Esel wirb er nehmen, unb seine Geschäfte bamit ausrichten.

„„Von Euren Heerben wirb er ben Zehnben nehmen; unb Ihr müsset
seine Knechte sein.

„„Wenn Ihr bann schreien werbet zu ber Zeit über Euren König, ben
Ihr Euch erwählt habt, so wirb Euch ber Herr zu berselben Zeit nicht erhören.„„

„Nun, meine Lorbs, was können wir von biesem Mann Samuel benken? Ist ba ein Wort Wahres ober ber Wahrheit Aehnliches, in Allen
bem, was er gesagt hat? Er will ein Prophet sein, ober ein weiser Mann;
aber hat nicht ber Erfolg bewiesen, baß er ein Narr ist, ober ein Meuterer?
Schaut umher, meine Lorbs, unb sehet, ob irgenb etwas von seiner vorgespiegelten Prophezeihung eingetroffen ist? Hat nicht überall auf Erben immer ber größte Frieben geherrscht, seit Könige Mobe sinb? Sinb nicht,
zum Beispiel, bie jetzigen Könige Europas bie friebsamsten Menschen? unb
bie Kaiserin von Rußlanb bie wahre Milch ber menschlichen Milbe? Es
verlohnt sich ber Mühe nicht, Könige zu haben, meine Lorbs, wenn es nicht
wäre, baß sie niemals zum Kriege ausziehen.

„Wenn wir baheim einen Blick thun, meine Lorbs, sehen wir hier nicht
bieselben Dinge, bie überall anberwärts gesehen werben? Werben unsere
Jünglinge mehr als in Deutschlanb, ober in Preußen, ober in Hanover,
ober in Hessen zu Reitern ober Fußknechten genommen? Sinb nicht unsere Matrosen so sicher auf bem Lanbe als auf ber See? Sinb sie je aus
ihren Wohnungen weggeschleppt worben, gleich Ochsen zur Schlachtbank,
um auf Kriegsschiffen zu bienen? Wenn sie ben Gefahren einer langen

---

*) Die Gasse in Lonbon, wo ber letzte Druder ber Paine'schen Schriften, H. D. Symonbs,
wohnt. Anm. bes Ueb.

Reise entronnen, mit den Gütern entfernter Länder zurückkehren, sitzt dann ein Jeder nicht ganz sicher unter einem Weinstock und seinem Feigenbaum? Wird von unserer Saat der Zehnde von Steuereinsammlern genommen, oder davon irgend ein Theil den Knechten des Königs gegeben? **Kurz! ist nicht Alles so frei von Taxen, als das Licht vom Firmament!**

„Ach, meine Lords, sehen wir nicht, davon daß wir Könige haben, an jedem Dinge, worauf unser Auge fällt, die gesegnete Wirkung? Ist nicht das G. R. oder das breite R. auf alle Sachen gestempelt? Selbst die Schuhe, Handschuhe und Hüte, die wir tragen, sind mit diesem Aufdruck bereichert; und alle unsere Lichter flammen ein Brandopfer.

„Außer diesen Segnungen, meine Lords, die uns bedecken, von der Fußsohle an bis zum Scheitel, sehen wir nicht zu Königen ein Geschlecht Jünglinge aufwachsen, die die wahren Muster der Tugend sind? Es ist nicht Einer unter ihnen, meine Lords, dem nicht so sicher als dem Andern ungezähltes Geld anvertraut werden könne. Sind sie nicht „nüchterner, verständiger, fester, standhafter", daneben kenntnißvoller, weiser, und Jedes, was man will, in höherem Grade als alle Jünglinge, die wir „je zu sehen das Glück gehabt haben?" Ach, meine Lords, sie sind eine hoffnungsvolle Familie!

„Der gesegnete Prospect der Nachkommenschaft, den die Nation gegenwärtig vor Augen hat, ist einer der unleugbarsten Beweise von der Vortrefflichkeit unserer Constitution und von dem segensreichen Erblichkeits-System; denn nichts, meine Lords, als eine auf die wahrste und reinste Weisheit gegründete Constitution konnte solche Söhne und Zöglinge des Himmels zur Regierung zulassen. Erlauben Sie mir nun, meine Lords, Ihre Aufmerksamkeit auf das eben verlesene ehrenrührige Capitel über Könige zurück zu rufen. Ich erwähne dies, meine Lords, weil ich die Absicht hege zu veranlassen, daß wegen Ausmerzung dieses Capitels aus der Bibel eine Bill ins Parlament gebracht, der Lord Kanzler mit Hülfe des Prinzen von Wales, des Herzogs von York und des Herzogs von Clarence, ein neues dafür zu schreiben ersucht werde, und Herr Burke für rein-canonischen Inhalt und treuliche Einrückung sorge." — Dixi.

Sollte es den Secretär beim Königs-Bank-Gericht treffen, diese lichtvolle Lobrede auf die Constitution zu halten, so wird er sie vorher, hoffe ich, fertig auswendig lernen, und sich vor dem Parlamente nicht zu entschuldigen brauchen, wie er über Bolingbroke's Lobschrift that, daß er seine Lection vergessen; und mit dieser Ermahnung verlasse ich ihn.

Jetzt, nachdem ich die Interessenten der Dankadressen von jenem Vorfall in der Parlaments-Versammlung benachrichtigt habe, nehme ich den Faden da wieder auf, wo ich ihn, um die vorhergehenden Reden einzuflechten, fallen ließ.

Der erste Kunstgriff der regierenden Partei war also, wie gesagt, Stillschweigen, und ihr nächster schreiende Verachtung. Aber, wie Leute überhaupt lieber selbst lesen und selbst urtheilen, so ging das Werk immer seinen Gang fort, und die verstellte Verachtung war, gleich dem vorherigen Stillschweigen, von keinen Folgen.

So in ihrem zweiten Plan getäuscht, führte sie ihr böser Genius, gleich einem Irrwisch, zu einem dritten: auf einmal, als hätte es ihnen ein Wahrsager ausgelegt, oder Hr. Dundas bei der zweiten Ansicht die Ent-

II. T

deckung gemacht, wurde dies vorhin unschädliche, unbedeutende Buch, ohne daß ein einziger Buchstabe darin verändert worden, ein höchst gefährliches und verruchtes Pasquill. Das ganze Cabinet kam, wie auf einem Schiffe die Mannschaft, in Aufruhr; Alles auf dem Verdeck pfiff in die Hände, als ob die Elemente sich gegen sie verschwüren; und heraus kam Proclamation und Verfolgung; und Adressen vertraten die Stelle der Gebete.

Ihr Pinsel, dachte ich bei mir selbst, warum in aller Welt quält Ihr Euch so? Die Rechte des Menschen sind ein ruhig und vernünftig geschriebenes Buch; was seid Ihr denn so verstört? Seht Ihr, wie klein oder wie verdächtig Ihr durch ein solches Benehmen erscheint; schon aus Verschlagenheit allein, besäßet Ihr auch keine andere Fähigkeit, hättet Ihr klug sein müssen. Die Entwürfe, Grundsätze und Beweise in diesem Werke liegen da, vor den Augen der Nation und der Welt, in lichter, offener und männlicher Gestalt, und es braucht nichts weiter, als sie zu widerlegen. Thut dies, dann ist Alles gethan; könnt Ihr das aber nicht, so könnt Ihr auch weder das Lesen unterdrücken, noch den Verfasser verurtheilen; denn nach aller guter Menschen Meinung würde das Gesetz, das verdammt, was nicht widerlegt werden kann, sich selbst verurtheilen.

Nachdem ich nun den Adressenten die verschiedenen Scenen vorgeführt habe, die die Sache durchging, ehe sie herbeigerufen wurden (wie Cassius vom Cäsar, da dieser in der Tiber lag: „hilf, Cassius, oder ich sinke!), so komme ich mit meinen Bemerkungen zunächst auf die Staatslist der Regierung, Adressen zu befördern; dann auf die Folgen, welche natürlich daraus entspringen; und endlich auf das Benehmen der dabei interessirten Personen.

Was die Staatslist betrifft, so trägt sie offenbar alle Merkmale einer verheimlichten Furcht an sich. Die künftige Geschichte wird es in die Reihe außerordentlicher Begebenheiten setzen, daß ein einzelner Mann, der weder mit einer Secte oder Partei in Verbindung steht, noch dergleichen zu stiften sucht, und fast ein Fremdling im Lande ist, eine Broschüre geschrieben hat, vor der eine ganze Regierung eigentlich gezittert, und dies gerade in ihrer triumphirendsten Sicherheit. Solch ein Umstand muß unfehlbar beweisen, daß entweder die Broschüre unwiderstehliche Macht, oder die Regierung wirklich außerordentliche Gebrechen hat, oder aber daß beides der Fall ist. Die Nation verräth keine Furcht vor den Rechten des Menschen; warum sollte es denn die Regierung, wenn nicht das Interesse beider einander wirklich entgegen wäre, und das Geheimniß bekannt zu werden anfinge? Daß in der Nation zwei gesonderte Classen von Menschen sind, die, welche Steuern bezahlt, und die, welche Steuern einnimmt und davon lebt, leuchtet beim ersten Anblick ein; und wenn die Beschatzung über das Maaß hinausgetrieben ist, so kann es nicht fehlen, daß die beiden sich entzweien; und Etwas von dieser Art ist jetzt im Herannahen.

Auffallend ist es auch, zu bemerken, wie wenig bei allen dem von einzelnen lärmenden und eigennützigen Leuten veranstalteten Rauch und Geräusch um Proclamationen und Adressen die Masse der Nation sich um beide zu bekümmern scheint. Bei der Gleichgültigkeit, die sie zeigt, kommt es mir vor, daß sie von dem, was die Proclamation enthält, nicht ein Wörtchen glaubt. Die Adressen ziehen auch still, wie ein Leichenbegängniß, in London ein, werden, nachdem ihre Ankunft in der Zeitung gemeldet, neben der

Asche ihrer Vorfahren eingesenkt, und Herr Dundas setzt ihnen die Grabschrift: Hio jacet! (Da liegt's!)

Eine der besten Wirkungen, welche die Proclamation, und ihr Nachhall,
die Adressen, hervorgebracht haben, ist die Erregung einer weitumgreifen-
den Neugierde: es bedarf nur einer flüchtigen Betrachtung, um zu entdecken, daß der Gegenstand aller Neugierde Kenntniß ist. Als die Masse
der Nation sah, daß Beamten, Gnadenbesoldete und Wahlflecken-Verkäu-
fer die Personen waren, welche bei Beförderung der Adressen die Haupt-
rolle spielten, so mußte die Vermuthung entstehen, daß die Absichten derselben nicht aufs öffentliche Wohl gerichtet wären, daß der Charakter der
Schriften und Schriftsteller, auf welche dergleichen Leute dunkel anspielen,
ohne den Muth zu haben, sie zu nennen, gerade das Gegentheil von dem,
wie sie ihn beschrieben, zeigte, und daß es nöthig wäre, Jedermann bediente, zu
seiner Befriedigung, seines eignen Rechtes sich, und läse und urtheilte selbst.

Diejenigen nun aber, die das Geschrei gegen die „Rechte des Menschen"
zum Lesen derselben gebracht hat, wie werden sie erstaunen, kein verruchtes
und aufwiegelndes Werk, kein freches und nichtswürdiges Buch zu finden,
sondern eine Schrift, voll von Regierungsgrundsätzen, worüber sich nicht
streiten läßt, — von Beweisen, deren Unwiderleglichkeit jeder Leser fühlt,
— von Entwürfen zur Erweiterung des Handels und der Manufacturen,
zur Vertilgung des Krieges, zur Erziehung der Kinder der Armen, zur
gemächlichen Versorgung alter und abgelebter Personen beiderlei Geschlechts,
zur Verminderung der Land- und Seemacht, — kurz, zur Beförderung alles
dessen, was der moralischen, bürgerlichen und politischen Beschaffenheit des
Menschen frommen kann.

Warum denn, höre ich einen ruhigen Beobachter fragen, warum wird
denn das Werk verfolgt, wenn es so gute Sachen enthält? — Ich will es
dir sagen, Freund: es enthält auch einen Plan zur Verminderung der
Steuern, zur Einschränkung der ungeheueren Kosten der Regierung, zur
Abschaffung der mit keinen Geschäften verknüpften Bedienungen und Gna-
dengelder; und es schlägt vor, die bei diesen Reformen noch überschießen-
den Steuern zu den eben erwähnten Zwecken zu verwenden, anstatt niederträchtige Beamte und müssige Pensionisten damit zu füttern.

Bleibt es dann wohl ein Wunder, daß Staatsbediente und Pensionisten,
und der ganze Schwarm von Hof-Erspectanten die Beförderer von Adressen, Proclamationen und Verfolgungen wurden? oder darf man sich wun-
dern, daß Gemeinden und käufliche Wahlflecken, die in beiden Theilen
der „Rechte des Menschen" als ungerechte Monopole und öffentliche Land-
plagen angefochten und blosgestellt sind, sich der Cavalcade anschlossen?
Bis jetzt sind es diese, von denen Adressen kommen. Wären nicht solche
Leute zum Widerstande aufgetreten, ich würde die Wirkung meines Buches
haben bezweifeln müssen; jetzt aber haben diese Widersacher mir bewiesen,
daß der Streich gut gezielt gewesen, und durch ihr Bekenntniß, daß die
Wunde empfindlich schmerzt, lassen sie mir Gerechtigkeit widerfahren.

Die Hauptbetrügerei bei dieser Adressensache ist gewesen, daß die Beförderer ihren unterscheidenden Charakter verborgen gehalten. Sie haben vom
Publikum die Gestalt angenommen, als wären sie ein Theil des Publikums, der die Last der Steuern mittrüge und für das öffentliche Wohl
handelte, da sie doch im allgemeinen derjenige Theil sind, der die Last der
Uebrigen vergrößert, indem er von dem Betrage der öffentlichen Abgaben

zehrt. Sie sind dem Publikum, was die Heuschrecken dem Baum; der Last würde weniger und des Gedeihens mehr sein, wenn sie abgeschüttelt wären.

„Ich komme nicht her," sagte Onslow auf der Versammlung in der Grafschaft Surry, „als Lord-Lieutenant und custos rotulorum der Graf-„schaft, sondern ich komme als ein simpler Land-Gentleman." Die Sache ist, er kam als der, der er war, und als kein Anderer; folglich als Einer von Denen, die ich beschrieben habe. Wenn es der Charakter eines Gentleman ist, vom Publikum ernährt zu werden, wie vom Kirchsprengel ein Armer, so hat Onslow hübsche Ansprüche auf jenen Titel. Dieselbe Beschreibung wird auf den Herzog von Richmond passen, der auf der Versammlung in Sussex die Adressen leitete: — dieser mag denn auch für einen Gentleman gelten.

Die Versammlung in der nächst angränzenden Grafschaft (Kent) war eine ärgerliche Scene. Gegen zweihundert Personen hatten sich eingefunden, als ein kleiner Theil von diesen sich heimlich wegstahl und eine Adresse votirte, wovon die Folge war, daß sie einander in die Haare geriethen, und gerade durch Hervorbringung einer Adresse, um Aufruhr vorzubeugen, einen Aufruhr machten.

Daß die Proclamation und die Adressen die beabsichtigte Wirkung verfehlt haben, mag aus dem Stillschweigen geschlossen werden, welches die Anhänger der Regierung selbst beobachten. Die Zahl der Adressen ist wöchentlich stückweise in der Zeitung gemeldet, die Zahl der Unterzeichneten aber verheimlicht worden. Zu verschiedenen der Adressen haben nicht mehr als zehn bis zwölf Personen, und zu einer beträchtlichen Anzahl nicht mehr als dreißig votirt. Die ganze Summe der bis jetzt, da ich dies schreibe, eingereichten Adressen ist (käufliche Wahlflecken und Gemeinden mitgerechnet) dreihundert und zwanzig, und die der Unterschriebenen, selbst hundert zur Mittelzahl von jeder angenommen, betrüge nicht mehr als zweiunddreißigtausend, welche zusammen zu bringen fast drei Monate Zeit gekostet hat. Daß der Erfolg der Proclamation geringer als der Erfolg des Werkes gewesen, den jene hintertreiben sollte, das weiß ich aus mir selbst; denn blos in Einem Monat ist von der wohlfeilen Ausgabe der beiden Theile des Werkes eine größere Anzahl Abdrücke verkauft worden, als sich in drei Monaten Unterzeichner zu den Adressen (ihre Zahl sei zweiunddreißigtausend) gefunden haben.

Es ist immer ein gefährlicher Versuch, wenn eine Regierung der Nation sagt: du sollst nicht lesen! Dies geschieht unter der jetzigen Regierung in Spanien, und geschah unter der vorigen Regierung in Frankreich; beförderte aber auch hier den Sturz, wirkt dort zum Zertrümmern der Regierung, und wird in allen Ländern dieselbe Richtung nehmen, weil das Gedachte sich auf eine oder die andere Weise in der Welt verbreitet hat und nicht verboten werden kann, obgleich das Lesen es sein mag.

Wenn die „Rechte des Menschen" das verächtliche Buch wären, wofür die Beförderer der Adressen es ausgeben, warum bewiesen diese Leute ihre Beschuldigung nicht? warum legten sie nicht öffentlich zur Befriedigung des Volkes sie dar? Dies müßte vor allen Dingen geschehen sein, und das wäre es freilich auch, wenn sie hätten glauben können, daß es zu ihrem Zwecke paßte. Allein die Sache ist, daß das Buch Wahrheiten enthält, die solche Achselträger zu hören und das Volk lesen zu lassen fürchten; die

Adressen machen indeß, daß nun Jeder liest und sich von der Falschheit der Verleumder überzeugt.

Unter den unverantwortlichen Maßregeln, welche die Proclamation veranlaßt hat, dürfen die Versammlungen der Richter in verschiedenen Städten und Grafschaften nicht unbemerkt gelassen werden. Diese Männer haben sich herausgenommen, das Gaukelspiel des General=Verhaftbefehls zu wiederholen und für ihren eigenen Kopf Publicationen, welche sie wollten, zu unterdrücken. Dies ist eine Gewalts=Anmaßung, der blos das Betragen der kleinen Despoten in den despotischsten Staaten Europa's gleicht; und doch heucheln diese Richter, England ein freies Land zu nennen. Eben so aber, wie der Plan, Baracken zu bauen und das Land mit Besatzung zu belegen, ist jenes vielleicht nöthig, das Land zum Gefühl seiner Rechte zu erwecken, und in so weit wird es von guter Wirkung sein.

Eine zweite Art des Verfahrens solcher Richter ist gewesen, daß sie den Gasthöfen und öffentlichen Häusern, wo die benachbarten Einwohner in Gesellschaft zusammen kamen, über Regierungsgrundsätze zu lesen, zu sprechen und einander zu unterrichten, ihre Privilegien zu nehmen drohten. Dies gleicht wiederum dem, was in Spanien und Rußland geschieht, und die Reflection, zu der es unfehlbar führen wird, ist, daß die Grundsätze und Maximen einer Regierung schlecht sein müssen, wenn diese Regierung Erörterungen fürchtet, davor erschrickt und in Verhinderung der Kenntniß Sicherheit sucht.

Wenn die Regierung, oder die Constitution, oder wie das Ding sonst heißen mag, das Wunderwerk der Vollkommenheit wäre, wofür die Proclamation und die Adressen sie ausposaunt haben, so sollte sie zu Erörterungen und Untersuchungen aufgefordert haben, statt sich davor zu fürchten. Hingegen ist jeder Versuch durch Proclamationen, Verfolgungen oder Adressen das Nachforschen zu unterdrücken, ein Bekenntniß ihrer Schwäche, daß sie es nicht vertragen kann. Nicht Wahrheit, nur Irrthum ist es, was Prüfung scheut. Alle die vielen Pamphlets und all die Zeitungslügen und Verläumdungen, die gegen die Rechte des Menschen geschrieben und verbreitet worden, sind wie stumpfe Pfeile abgeprallt; und ebenso würde jedes Werk vor der Constitution hingesunken sein, wäre diese Constitution, wie sie den Namen hat, auf so guten politischen Grundsätzen gebaut als die sind, worüber jenes Werk geschrieben ist.

Sie ist eine Constitution für Hofleute, Staatsbeamten, Pensionäre, Stimmenverkäufer und Partei=Anführer; und diese Leute waren die thätigen Rädelsführer der Adressen; aber sie ist eine schlechte Constitution für wenigstens neun und neunzig vom Hundert in der Nation und diese Wahrheit zeigt sich täglich.

Sie ist schlecht, erstlich, weil sie die Nation von Geschlecht zu Geschlecht verbindet, die unnöthigen Kosten dreier Regierungsformen und Systeme, der monarchischen, der aristokratischen und demokratischen, zu tragen.

Zweitens, weil es unmöglich ist, solche mißhellige Theile durch andere Mittel, als beständige Bestechung zu einem Ganzen zu bringen; die Bestechung, worüber so laut und allgemein geklagt wird, ist daher nichts Anderes als die natürliche Folge einer solchen unnatürlichen Composition der Regierung; und in dieser besteht die Vortrefflichkeit, welche die zahlreiche Heerde der Staatsbedienten und Pensionäre so laut erhebt, und welche zugleich die ungeheure Last von Taxen verursacht, worunter der übrige Theil der Nation seufzt.

Unter der Menge von National-Täuschungen, die darauf berechnet sind, den großen Haufen zu vergnügen und zu hintergehen, ist es beständig eine gewesen, daß man, ihm die Taxen glatt anzuschwatzen, die Regierung, oder, wie man sich gern ausdrückt, die englische Constitution „den Neid und die Bewunderung der Welt" nennt. Schwerlich ist eine Abresse votirt worden, worin die Wortführer nicht diese abgedroschene unsinnige Floskel angebracht haben.

Zwei Revolutionen haben sich ereignet, in Amerika und in Frankreich, und beiderwärts hat man das unnatürliche System der englischen Regierung verschmäht. Amerika hat sich gegen alle erbliche Regierung erklärt und bloß das repräsentative Regierungs-System eingeführt. Frankreich hat den aristokratischen Theil verworfen, entdeckt jetzt die Ungereimtheit des monarchischen, und nähert sich mit starken Schritten dem Repräsentativ-System. Mit welchem Fug beharren denn solche Menschen, in Ansehung dessen, was sie den Neid und die Bewunderung anderer Nationen nennen, bei einer Erklärung, der das freiwillige Verfahren jener Nationen, die eine Regierung festzusetzen Gelegenheit gehabt haben, widerspricht und die es Lügen straft. Werden solche Menschen sich nie auf die Wahrheit beschränken? Werden sie immer das Volk zum besten haben?

Aber ich will weiter gehen und zeigen, daß, wenn jetzt in England eine Regierung beginnen sollte, das Volk sich nicht würde bewegen lassen, eben das System einzusetzen, dem es sich jetzt unterwirft?

Wo über diese Frage (oder über jede andere) aus reinen Prinzipien geurtheilt wird, da hören Alterthum und Herkommen auf, Autoritäten zu sein, da verliert ein grauer Irrthum seine Wirkung. Die Vernunstmäßigkeit und das Wesen der Dinge muß ohne Rücksicht auf Gewohnheit und Gebrauch erforscht werden; und, aus diesem Gesichtspunkte betrachtet, ist das Recht, das heute zur Ausübung gelangt, eben so gut ein Recht und so alt in Prinzip und Theorie, als wenn eine tausendjährige Anerkennung es sanctionirt hätte. Prinzipien sind weder an Zeit, noch Charactere an Namen gebunden.

Von der Regierung dieses Landes sagen, sie sei aus König, Lords und Gemeinen zusammengesetzt, ist eine bloße Gewohnheits-Phrase. Sie ist aus Männern zusammengesetzt und was immerhin die Männer sein mögen, denen die Regierung des Landes anvertraut ist, so sollten es die besten und weisesten sein, die man finden kann; und die das nicht sind, die taugen nicht für den Platz. Keiner erwirbt durch Veränderung seines Namens, man nenne ihn König oder Lord, mehr Vorzüge, als ich gewinnen würde, wenn ich meinen Namen Thomas in Georg, und Paine in Guelf verwandelte. Wäre ich im geringsten fähiger ein Buch zu schreiben, weil ich meinen Namen verändert hätte; noch besäße Einer, der König oder Lord heißt, ein Fünkchen Verstand mehr, wenn er Thomas Paine hieße.

Das Wort „Gemeinen" ist, wie es in England gebraucht wird, ein Ausdruck der Erniedrigung und Beschimpfung und sollte abgeschafft werden. In freien Ländern kennt man diese Benennung nicht.

Aber zur Sache. — Nehmen wir an, England sollte jetzt eine Regierung bekommen, und der Plan, den die Nation zu genehmigen oder zu verwerfen hätte, bestände aus folgenden Sätzen:

Erſtlich, daß aus der Nation irgend ein Individuum ausgewählt werden, dieſem alle Uebrigen Gehorſam ſchwören, niemals ſich in ſeiner Gegenwart zu ſetzen Erlaubniß haben, und ihm jährlich eine Million Pfund Sterling reichen ſollten; — daß die Nation nachher nimmer Macht oder Befugniß haben ſollte, anders als mit ſeiner ausdrücklichen Beiſtimmung Geſetze zu machen, und daß ſeine Söhne und ſeiner Söhne Söhne, ſie möchten weiſe ſein oder närriſch, gute oder ſchlechte Menſchen, geſchickt oder ungeſchickt, dieſelbe Gewalt haben ſollten, und daß ihnen jährlich auch dieſelbe Summe Geldes zu zahlen wäre.

Zweitens, daß zwei Häuſer Legislatoren, um bei der Geſetzgebung Hülfe zu leiſten, errichtet werden ſollten, von denen das eine ſeine Mitglieder in der erſten Inſtanz ganz aus den Händen der vorerwähnten Perſon erhielte, und daß ihre Söhne und ihrer Söhne Söhne, ſie möchten weiſe ſein oder närriſch, gute oder ſchlechte Menſchen, geſchickt oder ungeſchickt, auf immer erbliche Geſetzgeber ſein ſollten.

Drittens, daß das andere Haus ebenſo wie das jetzige ſogenannte Haus der Gemeinen gewählt werden und in allen Stücken der Controle vorbeſagter zwei erblichen Gewalten unterworfen ſein ſollte.

Unmöglich ließe die engliſche oder irgend eine andere Nation, die über ihre Rechte oder Intereſſen nachzudenken fähig wäre, ſich ein ſolches Gemengſel von Betrug und Abgeſchmacktheit in den Hals ſtopfen.

Sie würden gleich fragen, aus welchem Rechtsgrunde oder nach welchem Prinzip ſolche unvernünftige und widerſinnige Unterſcheidungen gemacht werden könnten oder ſollten? und welche Anſprüche ein Menſch haben oder welche Dienſte er leiſten könnte, eine Million jährlich mit Recht zu verlangen? Sie würden weiter gehen und es würde ſie die Idee empören, ihre Kinder und ihre Kindes Kinder der Herrſchaft noch ungeborner Perſonen zu unterwerfen, die, ſo weit ſich vorausſehen ließe, in Schurken oder Narren ausſchlagen möchten; und ſie würden am Ende gewahr werden, daß das Project erblicher Regierer und Geſetzgeber eine verrätheriſche Anmaßung der Rechte der Nachkommenſchaft wäre. Nicht allein das ſtille Gebot der Vernunft und die Stärke der natürlichen Triebe, auch die Geradheit des männlichen Stolzes, würde Menſchen ſpornen, dergleichen Vorſchläge mit Verachtung abzuweiſen.

Von den gröbern Ungereimtheiten eines ſolchen Syſtems würden ſie ihre Prüfung auf die praktiſchen Mängel richten. Sie würden bald ſehen, daß es zu einer durch Hinterliſt vollendeten Tyrannei führen müßte; daß, um dahin zu gelangen Zwei gegen Eins wider ſie ſein würden, weil die beiden Theile, welche erblich zu machen wären, ein gemeinſchaftliches Intereſſe bildeten und einander beiſtänden; und daß ſie ſelbſt und ihre Repräſentanten nichts beſſeres als Holzhacker und Waſſerträger für jene Theile der Regierung werden würden. — Nur noch den einen dieſer Gewaltzweige, König genannt, den andern Lords und den dritten die Gemeinen, ſo iſt das Model fertig von dem, was die engliſche Regierung genannt wird.

Ich habe behauptet und gezeigt, beides im erſten und im zweiten Theile der Rechte des Menſchen, daß keine engliſche Conſtitution exiſtirt, ſondern daß das Volk erſt eine Conſtitution zu machen hat. „„Eine Conſtitution „iſt etwas, das einer Regierung vorhergeht; ſie iſt die Acte, durch die das „Volk eine Regierung ſchafft und derſelben Gewalt ertheilt, und wodurch „es die Grenzen und die Ausübung der ſo ertheilten Gewalt beſtimmt.““

Wann aber hat je das Volk von England, in seinem ursprünglichen Charakter eines Constituenten, durch einen ausdrücklich dazu erwählten Ausschuß erklärt und gesagt: „Wir, das Volk dieses Landes, constituiren und setzen dieses fest, als das System und die Form unserer Regierung." Die Regierung hat anmaßlich sich selbst constituirt, und nie ist sie vom Volke selbst constituirt worden, dem allein das Recht zu constituiren zusteht.

Ich will hier den Eingang der Bundes-Constitution der Vereinigten Staaten von Nord-Amerika hersetzen. Im zweiten Theile der Rechte des Menschen habe ich die Art gezeigt, wie die Constitution entworfen und nachher genehmigt worden; und dahin verweise ich die Leser. — Der Eingang lautet, wie folgt:

„Wir, das Volk der Vereinigten Staaten; eine vollkommnere Eini„gung zu schließen, Recht und Gerechtigkeit zu befestigen, innere Ruhe „zu sichern, für gemeinschaftliche Vertheidigung zu sorgen, die allge„meine Wohlfahrt zu befördern, den Segen der Freiheit uns und un„serer Nachkommenschaft zu sichern, verordnen und errichten diese „Constitution für die Vereinigten Staaten von Amerika."

Dann folgen die verschiedenen Artikel, welche die Art bestimmen, wie die verschiedenen Bestandtheile der Regierung, der gesetzgebende und vollziehende, gewählt werden, die Zeit, wie lange sie dauern und die Gewalt, die sie haben sollen, auch die Art, wie künftige Zusätze, Veränderungen oder Verbesserungen zu und in der Constitution gemacht werden sollen. In dem Lande also ist jede Verbesserung, die in der Staatswissenschaft gemacht werden kann, eine Folge der festgesetzten Ordnung. Nur unter Regierungen, die auf Anmaßung und falschen Grundsätzen gebaut sind, darf man weder über Regierungs-Systeme und Prinzipien nachdenken und forschen, noch ihre verschiedenen Vorzüge und Mängel zeigen, ohne als ein Pasquillant und Aufrührer bezeichnet zu werden. Die Bezeichnungen wurden zu einem Stück der gegen Locke, Hampden und Sydney angestellten Klage gemacht, und werden fernerhin gegen alle gute Menschen dazu gemacht werden, so lange schlechte Regierungen fortdauern.

Mehr als hundert Jahre lang hat die englische Regierung mit vielem Gepränge, über das, was sie ihre Vortrefflichkeit und Vollkommenheit nennt, Herausforderungen gemacht. Schwerlich ist eine Rede des Königs oder der Parlaments-Glieder zum Vorschein gekommen, worin dieser Handschuh nicht hingeworfen wurde, und zuletzt bot man der Welt mit Herausforderungen Trotz. Aber jetzt offenbart es sich, daß Alles Dunst und eitle Großprahlerei war, oder daß es zur Absicht hatte Mißbräuche und Mängel zu verbergen und dem Volke Steuern abzulocken. Ich habe den Handschuh aufgenommen und habe für das Publikum in einer klaren, offenen und redlichen Manier das Mangelhafte, sowohl in dem Grundsatz, als in der Ausführung des Systems, gezeigt; aber siehe! die Kämpfer der Civilliste haben Reisaus genommen und schicken den Obersachwalter, die Herausforderung abzuläugnen, nämlich die Annahme derselben zu einem Angriff zu verdrehen und ihre Aemter und Pensionen durch eine Verfolgung zu vertheidigen.

Ich will hier diesen Theil meines Gegenstandes ruhen lassen und einige besondere, die jetzt schwebende Verfolgung betreffende Nachrichten mittheilen, woraus die Unterzeichner der Adresse sehen werden, daß sie als Werkzeuge der verfolgenden Partei und deren Creaturen gebraucht sind.

Da die Original-Ausgabe des ersten und zweiten Theiles der „Rechte des

Menschen" kostbar gedruckt war (nach heutiger Art, Pamphlets zu drucken, damit sie Herrn Burke's Betrachtungen über die französische Revolution beigebunden werden könnte), so schloß der hohe Preis den gemeinen Mann vom Kaufen aus; und mir wurden aus verschiedenen Gegenden mehrere Vorstellungen gemacht, eine wohlfeile Ausgabe des Werkes zu veranstalten. Die Einwohner von Sheffield baten, zweitausend Exemplare für sich drucken lassen zu dürfen, wozu ich ohne Bedenken meine Einwilligung gab. Dasselbe Ersuchen kam mir von Rotherham, Leicester, Chester und verschiedenen Städten in Schottland; und James Mackintosh, Verfasser des Buches Vindiciae Gallicae, eröffnete mir den Wunsch der Landschaft Warwickshire, zu erlauben, zehntausend Exemplare für sich drucken zu lassen. Ich hatte bereits eine wohlfeile Ausgabe nach Schottland geschickt; und da ich das Begehren zunehmen sah, so beschloß ich, als die beste Art, es zu befriedigen, eine sehr starke Auflage in London unter meiner eigenen Aufsicht zu veranstalten, wodurch der Druck correcter würde, und der Preis niedriger, als er beim Druck mehrerer kleinen Auflagen, jede von nur wenigen tausend Abdrücken, werden könnte.

Mit der wohlfeilen Ausgabe des ersten Theiles wurde gegen die Mitte des April (1792) angefangen, und von dem Augenblicke an, erwartete ich, eher aber auch nicht, eine gerichtliche Verfolgung, und der Erfolg hat bewiesen, daß ich mich nicht geirrt. Ich hatte damals Gelegenheit, an Hrn. Thomas Walker in Manchester zu schreiben, und nachdem ich ihn mit meinem Vorhaben, das Werk zum gemeinnützigen Unterrichte zu vervielfältigen, bekannt gemacht hatte, entdeckte ich ihm, welche Folgen ich davon besorgte: daß, weil der theure Preis des Werkes eine ausgedehnte Circulation verhinderte, die Hofpartei, nicht im Stande, die Pläne, Beweise und Grundsätze darin zu bestreiten, das Stillschweigen gewählt hatte; daß ich aber erwartete, sie würde durch angemaßte Verfolgung des Verfassers oder des Herausgebers, oder beider, einen Versuch machen, die Masse der Nation, besonders die Armen, des Rechtes zu lesen zu berauben. Bei dem Herausgeber beliebten sie anzufangen.

Inzwischen verging fast ein Monat, ehe ich von ihrem Vorhaben einige Nachricht bekam. Ich hielt mich zu der Zeit in Bromley in Kent auf, reiste von da gerade nach London (den 14. Mai) und ging zu Jordan, dem Herausgeber der Original-Ausgabe. Er hatte den Abend eine Citation bekommen, am folgenden Montage vor der Königsbank zu erscheinen. Die Ursache war nicht angegeben; da ich aber gleich auf das Buch rieth, so versprach ich wiederzukommen, ging den folgenden Morgen hin, bestellte zugleich einen Anwalt und übernahm die Kosten der Vertheidigung. Nachher erfuhr ich, daß er von diesem Anwalt abgegangen war, einen andern angenommen und sich mit dem Fiscal der Schatzkammer verglichen hatte; ich gestattete ihm dabei freien Willen, und er ließ das Schuldig über sich aussprechen. Das mochte er thun, wenn es ihm so beliebte, und ich mache ihm darüber keinen Vorwurf. Ich glaube, seine Vorstellung von dem Worte Schuldig war blos, daß es ihn für den Herausgeber erklärte, ohne alle Rücksicht auf das Verdienst oder Unverdienst des Werkes; denn wäre es anders zu deuten, so würde es abgeschmackter Weise einen Herausgeber in ein Geschwornengericht und sein Bekenntniß in einen Ausspruch desselben über das Werk verkehren. Dies wäre der feinste Kunstgriff, parteiische Geschworne zusammen zu bringen.

Den 21. Mai nahm die Verfolgung gegen mich als Verfasser ihren Anfang, indem man eine Citation, den 8. Juni vor der Königsbank zu erscheinen, in meiner Wohnung in der Stadt niederlegte; und an eben dem
Tage [am 21. Mai] **erging auch die Proclamation.** So spielten der Hof von St. James und die Königsbank zu gleicher Zeit einander
in die Hände, und das Possenspiel der Adressen rückte aus dem Hinterhalte
hervor; und dieses Verfahren wird mit dem entheiligten Namen Gesetz
belegt. Solch ein brausendes Auffahren, nach einem Ministerial-Schlum-
mer von schier achtzehn Monaten, kann keine andere Ursache haben, als
erlangte Kundschaft von dem Betreiben der wohlfeilen Ausgabe und ge-
fühlte Besorgniß über das zunehmende Wachsthum politischer Kenntnisse.

Mir wurde von verschiedenen Juristen sowohl, als andern Gelehrten,
stark gerathen, in einer Klagschrift gegen die Bekanntmacher der Proclamation diese als eine Bekanntmachung anzugreifen, die darauf abzielte,
den Ausspruch einer Jury über einen derzeit schwebenden Rechtshandel zu
leiten, oder vielmehr zu dictiren; aber es schien mir viel besser, durch das
Vergangene dazu berechtigt, mich der Gelegenheit zu bedienen, der Proclamation und den Adressen auf ihrem eigenen Boden zu begegnen, und öffentlich das so unverantwortlich angefeindete und gelästerte Werk zu vertheidigen.
— Und in meinem Gewissen überzeugt, wie ich's denn bin, daß das Werk,
betitelt „Rechte des Menschen", so weit entfernt, als es boshaft oder irrig
dafür ausgegeben worden, ein falsches, verruchtes und aufrührerisches Pasquill zu sein, ein Werk ist, voll von unwiderstehlichen Wahrheiten, von
Principien sowohl der reinsten Sittlichkeit, als des allgemeinsten Wohlwollens, und von Beweisen, die keine Widerrede gestatten, — hiervon,
sage ich, gewissenhaft überzeugt, und meinen Blick auf nichts anderes, als
Glückseligkeit des Menschengeschlechts geheftet, habe ich jetzt dadurch, daß
ich dem Publikum eine wohlfeile Ausgabe beider Theile des Werkes gegeben,
die Sache so öffentlich, als nur möglich, der Prüfung ausgesetzt. Jeder-
man lese und urtheile selbst, nicht blos über das Verdienst oder Unverdienst
des Werkes, sondern über die darin enthaltenen, auf ihn selbst und seine
Glückseligkeit sich beziehenden Gegenstände.

Den Betrug der monarchischen und jeder erblichen Regierung darstellen;
den Druck der Steuern vermindern; Pläne zur Erziehung hülfloser Kinder und zur gemächlichen Versorgung abgelebter und kümmerlicher Personen
vorschlagen; sich bemühen, Nationen mit einander zu verschwistern; das
fürchterliche Kriegführen vertilgen; allgemeinen Frieden, Civilisirung und
Gewerbe befördern; die Ketten des politischen Aberglaubens zerbrechen und
den seiner eigenen Würde beraubten Menschen wieder emporheben; — wenn
das Anzüglichkeiten sind, so sei mein Leben das Leben eines Pasquillanten
und meine Grabschrift Pasquillant.

Von allen schwachen und übel gewählten Maßregeln, wozu Furcht, Unwissenheit oder Vermessenheit verleiten konnten, sind die Proclamation und
das Adressen-Project zwei der verkehrtesten. Sie dienten dazu, eben das
Werk bekannt zu machen, welches die Beförderer dieser Maßregeln unbekannt zu halten wünschten; zugleich aber thaten sie dem Urtheil des Volkes
Gewalt an, indem sie es aufforderten, zu verdammen, was sie ihm verboten zu kennen, und richteten die Stärke ihrer Partei auf den gewagten Ausgang, den Klugheit verhütet haben würde. Auf der Provinzial-Versamm-
lung in Middlesex fanden sich nur hundert und achtzehn, die die Adresse

unterschrieben. Ohne Zweifel erwarteten sie, daß Tausende zu ihrer Fahne strömen und gegen die „Rechte des Menschen" zu Felde ziehen würden. Aber es ist sehr wahrscheinlich, daß Menschen in allen Ländern nicht so blind gegen ihre Rechte und ihren Vortheil sind, als Regierungen glauben.

Da ich solchergestalt die außerordentliche Art, wie die Hofpartei zum Angriff ausrückte, gezeigt habe, so fahre ich fort, einige Bemerkungen über die Verfolgung und über die Art des Verfahrens bei Special-Juries mitzutheilen.

Zuerst also: ich habe ein Buch geschrieben; wenn dies nicht widerlegt werden kann, so kann es auch nicht verdammt werden. Aber ich betrachte die Verfolgung nicht als besonders gegen mich, sondern als gegen das allgemeine Recht gerichtet, oder gegen das Recht eines Jeden, Systemen und Prinzipien der Regierung nachzuforschen, und deren verschiedene Vorzüge und Mängel zu zeigen. Wenn die Presse nur dazu frei ist, einer Regierung zu schmeicheln, wie Burke gethan hat, und zu erheben, was gewisse Hof-Schmarotzer eine „preiswürdige Constitution" zu nennen belieben, aber nicht frei, zu untersuchen, welche Irrthümer und Mißbräuche sie enthält, oder ob eine Constitution wirklich vorhanden sei, oder nicht, so ist das keine andere Freiheit, als die in Spanien, Rußland oder in der Türkei; und eine Jury würde in diesem Falle keine Jury sein, zu richten, sondern eine Inquisition, zu verdammen.

Ich habe behauptet und durch klare und deutliche Beweise bekräftigt, daß jede Nation zu allen Zeiten das Recht besitzt, eine solche Regierungsform, welche mit ihrer Neigung, ihrem Interesse und ihrer Glückseligkeit am besten übereinstimmt, festzusetzen, und nach Gelegenheit, wie sie will, zu verändern. Wollen Juries der Nation dies Recht absprechen? Thun sie es, so sind sie Verräther, und ihr Ausspruch wäre null und nichtig. Gestehen sie aber das Recht zu, so müssen sie auch die Mittel zugestehen; denn es wäre die höchste Ungereimtheit, zu sagen, das Recht existire, aber die Mittel nicht. Die Frage ist denn: welches sind die Mittel, den Besitz und die Ausübung dieses Rechtes der Nationen zu sichern? Die Antwort wird sein: unverletzliche Handhabung des Rechts, frei zu untersuchen, denn Untersuchung dient immer dazu, Irrthum zu entdecken und Wahrheit an's Licht zu bringen.

Ich habe als eine einzelne Person meine Meinung gesagt, was ich nicht blos für das Beste, sondern auch für das wahre Regierungssystem halte; das repräsentative nämlich, und ich habe Gründe für diese Meinung angeführt.

Erstlich: im repräsentativen System wird keine Bedienung von übermäßiger Macht oder ausschweifender Besoldung an einzelne Männer geknüpft; folglich entstehen dort die innern Zwiste und bürgerlichen Kriege nicht, wodurch monarchisch regierte Länder häufig zerrüttet werden, und wovon Englands Geschichte so viele Beispiele aufstellt.

Zweitens: das repräsentative System steht in beständiger Reife, da hingegen die monarchische Regierung allen Zufällen des einzelnen Menschen, von der Kindheit an bis zum Kindischwerden, ausgesetzt ist.

Drittens: das repräsentative System läßt nur Männer zur Regierung zu, die ihrem Amte völlig gewachsen sind, und entfernt die ungeschickt befundenen. Im erblichen System dagegen kann einer Nation ein Nichtswürdiger oder ein Idiot auf eine ganze Lebenszeit aufgehalset werden, ohne daß sie auf einen bessern Nachfolger hoffen darf.

Viertens: dort existirt kein Recht, eine erbliche Regierung, oder mit andern Worten, erbliche Nachfolger festzusetzen, weil erbliche Regierung immer so viel heißt, als zukünftige Regierung, und die Sache immer die ist, daß die später Lebenden ganz dasselbe Recht haben, sich eine Regierung zu machen, das die vor ihnen.Lebenden hatten; und daher sind alle Gesetze, die eine erbliche Regierung festzusetzen versuchen, auf Anmaßung und politische Fiction gegründet.

Wenn diese Sätze wahr sind (und ich fordere Jeden auf, das Gegentheil zu beweisen!), wenn sie zur Absicht haben, das Menschengeschlecht zu unterrichten, aufzuklären, von Irrthum, Unterdrückung und politischen Aberglauben zu befreien, welches die Gegenstände waren, die mir bei ihrer Bekanntmachung vor'm Auge schwebten: so würde die Jury, die diese Sätze falsch, verrucht und boshaft nannte, sich einer Ungerechtigkeit gegen ihr Land und gegen mich, wo nicht eines Meineides schuldig machen.

Dragonetti, in seinem Tractat über Tugenden und Belohnungen, hat einen Paragraph, der in jedem Lande beherzigt zu werden verdient. „Die „Wissenschaft des Politikers,‟ sagt er, „besteht darin, den wahren Punkt „der Glückseligkeit und Freiheit zu firiren. Männer, die eine Regierungs- „art ausfänden, welche durch die wenigsten National - Kosten die „größte Summe individueller Glückseligkeit hervorbrächte, „würden den Dank aller Zeitalter verdienen.‟ Wenn Juries aber es sich zum Geschäfte machen sollen, dem Untersuchen zu wehren, die Wahrheit zu unterdrücken und das Erlangen der Kenntnisse zu verhindern, so wird diese gepriesene Schutzwehr der Freiheit das tüchtigste Werkzeug der Tyrannei.

Unter den Künsten, die bei der Barre und von der Bank gebraucht worden, einer Jury die Augen zu blenden und einen Ausspruch zu bewirken, dem sonst kein gewissenhafter Mann beistimmen könnte, ist es eine der wirksamsten gewesen, Wahrheit ein Pasquill zu nennen, und zu verstehen zu geben, daß die Worte „falsch,‟ „verrucht‟ und „boshaft,‟ die doch zu einem furchtbaren und hochtönenden Theil der Klage gemacht sind, für die Erwägung einer Jury nicht gehören. Warum sind denn diese Worte mit eingerückt, wenn es nicht ist, um zu hintergehen und vorsätzlich bösen Leumund zu machen?

Ich kann mir keine größere Verletzung der Ordnung und keine abscheulichere Spötterei über Sittlichkeit und menschlichen Verstand denken, als wenn ich einen Mann sehe, wie er basißt auf dem Richterstuhl, in einem veralteten läppischen Anzuge, der der Versammlung Ehrfurcht einflößen soll; wie er Zeugen und Jury-Männer auf Wahrheit und Gerechtigkeit in Eid nimmt, nachdem er selber einen Amtseid darauf abgelegt; wie er dann eine Anklage vorlesen läßt, worin ein Mann beschuldigt wird, verruchter und boshafter Weise ein gewisses falsches, verruchtes und aufrührerisches Buch geschrieben und bekannt gemacht zu haben; wie er jetzt aber, nachdem dies Alles mit einer Feierlichkeit geschehen, als sähe er das Auge der Allmacht gleich einem Lichtstrahl durch die Decke des Gebäudes schießen, in einem Augenblicke das Ganze zu einem Possenspiele umkehrt, den Jury-Männern, um einen sonst nicht gefällten Ausspruch zu erhalten, vorschwatzt, die Beschuldigung von falsch, verrucht und aufrührerisch wolle nichts sagen, Wahrheit liege außer der Frage, und ob der Angeschuldigte Wahres oder Falsches gesprochen, ob sein Zweck ebel oder verrucht gewesen, das sei einerlei, und wie er endlich, zum Beschluß der schändlichen Inquisitions-Scene, eine veraltete, mit ihrer Ekelhaftigkeit zu seinem Verfahren passende Formel citirt, oder ein eigenes Gutachten abgibt, und das Eine wie das Andere fälschlich — „Gesetz" nennt. Ohne sehr zu zweifeln, war's wohl solch ein Richter, dem der feierlichste aller Verweise gegeben wurde: „Gott wird dich schlagen, du getünchte Wand."

Ich gehe jetzt weiter, einige Anmerkungen über das, was man eine Spezial-Jury nennt, vorzulegen. — Was man ein Special-Verdict (Ausspruch der Special-Jury) nennt, darüber werde ich nichts weiter anmerken, als daß es in der That kein Verdict ist. Es ist ein Versuch der Jury oder der Bank, die Ausübung des der Jury allein anvertrauten Rechtes zu übertragen oder zu erringen.

Ueber das Wesen der Special-Jurys finde ich lauter verschiedenartige Meinungen; ich werde also die Materialien vorlegen, welche ich zu sammeln im Stande gewesen bin.

Zuförderst erwähne ich, daß diese Art Rechtspflege von neuerer Erfindung, und ihr Ursprung, wie ich mir habe sagen lassen, folgender ist:

Vormals, wenn Kaufleute Zwist mit einander bekamen und denselben vor Gericht brachten, wobei es sich traf, daß die Natur ihres Gewerbes und die Methode Kaufmanns-Rechnungen zu führen, andern Personen außer ihrem Gewerbkreise nicht hinlänglich bekannt war, wurde es nöthig von der gewöhnlichen Weise, wie Jurys angeordnet werden, abzugehen und solche Leute zu einer Jury auszusuchen, deren Sachkunde sie, den Fall zu entscheiden, fähig machte. Seit dieser Einführung wurden Special-Jurys allgemeiner; da indessen über ihre Gesetzmäßigkeit einige Zweifel erhoben waren, so erging unter Georg dem Zweiten eine Acte, wodurch sie als gesetzmäßig bestätigt, und zugleich auf alle Fälle, nicht allein zwischen Privat-Personen, sondern auch auf Fälle, in welcher die Regierung selbst Kläger ist, ausgedehnt wurden. Sehr wahrscheinlich erwuchs hieraus der so allgemein gehegte Verdacht, daß parteiische Leute zu Geschworenen gewählt werden; weil in Fällen, in welchen die Krone, wie es heißt, Kläger ist, nach dieser Acte der Ober-Kron-Beamte, der seinen Dienst unter der Krone verrichtet, entweder selbst die ganze Jury ernennt oder auf ihre Ernennung großen Einfluß hat.

Das Verfahren geschieht auf folgende Weise:

Wenn bei Gericht entweder von dem Ankläger oder von dem Vertheidiger auf eine Special-Jury angetragen ist, so bewilligt oder versagt das Gericht sie nach Gutdünken.

Wird sie zugestanden, so gibt der Sachwalter der um sie eingekommenen Partei dem Sachwalter der Gegenpartei Nachricht, und es wird Tag und Stunde bestimmt, wenn sie auf der Gerichtsstube vor dem Ober-Kron-Beamten sich einfinden sollen. Letzterer schickt zu dem Sheriff oder dessen Stellvertreter, der das Verzeichniß der wahlfähigen Grundeigenthümer in Bereitschaft hält. Aus diesem Verzeichnisse werden acht und vierzig Namen genommen, und davon einer jeden Partei Abschrift zugestellt; nachher wird wieder ein Tag bestimmt, und wenn dann die Sachwalter zum Zweitenmal erscheinen, so streicht jeder zwölf Namen aus. Ist diese Liste solchergestalt von acht und vierzig auf vier und zwanzig herabgesetzt, so machen

II. U

die erſten zwölf, die im Gericht erſcheinen und ihre Namen angeben, die Special-Jury für den Fall aus. Die erſte Handlung, wobei acht und vierzig Namen aus dem Verzeichniß genommen werden, heißt die Jury ernennen (nominating the Jury), und die Herunterſetzung derſelben auf vier und zwanzig heißt die Jury ſtreichen (striking the Jury).

Nachdem ich ſo das Allgemeine des Proceſſes vorgezeichnet, komme ich jetzt auf das Beſondere, und hier iſt die erſte Frage: wie werden die acht und vierzig Namen aus dem Verzeichniſſe genommen? denn hierin liegt die Haupturſache des Argwohns über das, was man unter dem Jury-Packen (packing a Jury, parteiiſche Geſchworene zuſammenbringen) verſteht.

Entweder müßten ſie nach einer beſonders von den Parteien beliebten, oder nach einer allgemeinen, vorher bekannten und feſtgeſetzten Regel, oder nach dem Ausſpruch einer Perſon genommen werden, die in ſolchem Fall ſowohl Amts halber als in anderer Hinſicht gar nicht intereſſirt bei dem Ausgange ſein ſollte.

In Sachen zwiſchen Kaufleuten und in allen Rechtshändeln zwiſchen Privatperſonen iſt der Ober-Kron-Beamte als Beamter eine gleichgültige Perſon, und mag er als ſolcher der rechte Mann dazu ſein, zwiſchen die Parteien zu treten und denſelben eine Liſte mit acht und vierzig Namen vorzulegen, von denen jede zwölf ausſtreiche. Das Ding nimmt aber einen ganz verſchiedenen Charakter an, wenn die Regierung ſelbſt Kläger iſt. Der Ober-Kron-Beamte iſt dann ein Beamter, der unter dem Kläger ſeinen Dienſt verrichtet; und ſonach iſt es kein Wunder, daß der Verdacht der Parteilichkeit bei Beſetzung der Jurys in dergleichen Fällen ſo überwiegend geweſen ſein mag.

Dieſer wird noch an Stärke zunehmen, wenn die Verfolgung gegen den Verfaſſer oder Herausgeber eines Werkes angelegt iſt, das von Reformen, von Einziehung überflüſſiger Aemter und Bedingungen u. ſ. w. handelt, weil nämlich Jeder, der ein Amt hat, das jenem Verdacht ausgeſetzt iſt, hierbei als Partei intereſſirt wird; und das ſogenannte Kron-Amt mag, wenn man unterſucht, wohl zu den dort begezeichneten gehören.

Ich habe behaupten gehört, der Ober-Kron-Beamte hätte das Buch, worin die Namen verzeichnet ſtehen, als wie von ungefähr zu öffnen, und daraus acht und vierzig in einer Reihe folgende Namen, denen das Wort Kaufmann oder Esquire angehängt iſt, zu nehmen. Die erſtern von dieſen haben gewiß alle Fähigkeit, wenn es ein Rechtshandel zwiſchen Kaufleuten iſt, und dies hat Beziehung auf den Urſprung des Gebrauchs, und auf weiter nichts. Das Wort Esquire betreffend iſt Jedermann in England ein Esquire, der ſich Esquire nennen will; und der vernünftige Theil der Menſchen läßt das Wort fahren. Aber es kommt darauf an, ob das Verfahren bei Aushebung der acht und vierzig Namen durch ein gegebenes Geſetz beſtimmt ſei, oder ob die Gerichtsſtube darüber blos einen Gebrauch eingeführt habe, oder endlich, ob die Aushebung gänzlich von dem Bedünken und der Wahl des Ober-Kron-Beamten abhänge. Eins von den beiden letzteren ſcheint der Fall zu ſein, weil die bereits erwähnte Acte Georgs des Zweiten weder eine Regel vorſchreibt, noch auf ein älteres Geſetz zurückweiſt, ſondern blos ſagt: „Special-Jurys ſollen von nun an geſtrichen werden, wie Special-Jurys gewöhnlich geſtrichen worden und werden.

Mit dieſer Acte ſcheint man die Nation recht hinters Licht geführt zu haben. Für die dringenden Umstände des Augenblicks eingerichtet, da sie gemacht wurde, im dritten Regierungsjahre Georgs des Zweiten, als die Erbitterung der Parteien sehr hoch gestiegen war, diente sie dem damaligen Minister Walpole dazu, bei den Verfolgungen der Krone die Jurys nach seiner Willkür zu handhaben, indem sie ihn nicht hinderte der Ernennung der acht und vierzig Männer mit dem in Ansehung der Privatpersonen hergebrachten Gebrauch übereinstimmend zu machen; und auf diese Weise schlich sie, weniger verdächtig, sich in den Gerichtsgebrauch ein. In jetzigen Zeiten mag die Erlangung einer Special-Jury durch einen Beamten der Regierung, wie zum Beispiel durch einen Ober-Kron-Beamten, ohne Parteilichkeit in Sachen zwischen Kaufleuten oder anderen Privatpersonen geschehen, aber sehr unpassend und verdächtig wird sie, wenn die Regierung selber Partei in einer Sache ist. Und es muß über das Ganze ein sonderbarer Widerspruch sich hervorthun, daß die Regierung einen Beamten zur Anstellung einer gerichtlichen Verfolgung, und einen anderen zur Ernennung der acht und vierzig Personen Behufs der Jury, beide Männer **Beamten der Civilliste**, halten sollte, und gleichwohl noch immer mit dem pompösen Namen des „**herrlichen Rechts der Schlichtung durch Jurys!**" belegte.

In der Sache des Königs gegen Jordan, wegen Bekanntmachung der **Rechte des Menschen**, trug der Obersachwalter auf eine Special-Jury an, und der Ober-Kron-Beamte ernannte selber die acht und vierzig Personen, und nahm sie aus einer Stelle des Verzeichnisses, wo es ihm beliebte. Zur Verhandlung kam es zufälliger Weise nicht, weil Jordan seine Einreden zurücknahm; wäre es aber dazu gekommen, so möchte es Anlaß zu Erörterungen für Special-Jurys gegeben haben, die zwar wohl keinen Eindruck auf die Königs-Bank, aber bei gegenwärtiger Stimmung zu untersuchen, desto merklicher auf das Land gemacht hätten; und in allen National-Reformen ist dies der rechte Punkt, wobei man anfangen muß. Setze ein Land zurecht, so wird es bald seine Regierung zurechtsetzen. Unter den von der Regierung aus eigenem Antriebe den Special-Jurys beigemischten Ungehörigkeiten ist es eine gewesen, daß sie den Geschworenen einen Schmaus und jedem nachher noch eine oder zwei Guineen gab, je nachdem der Ausspruch wider oder für die Verfolgung ausgefallen war; und man hat längst bemerkt, daß in London und Westminster Leute sind, die, weil sie so häufig bei Special-Jurys gesehen werden, aus dem Aufwarten ein Gewerbe zu machen scheinen.

Doch zu viel schon von Special-Jurys. Was die gemeine Jury (Common Jury) betrifft, wiefern diese bei der gegen den Verfasser oder den Herausgeber der Rechte des Menschen von der Regierung angestellten Verfolgung während der Amtsführung der jetzigen Sheriffs stattfinden dürfte, habe ich die Frage zu thun: „ob den jetzigen Sheriffs von London, die durch ihre „Theilnahme an dem Ausbringen der Adresse in Middlesex (war die Zahl „der hundert und achtzehn Unterzeichneten gleich gering und unbedeutend) „öffentlich schon im Voraus ein Urtheil über die Sache gefällt haben, füg-„lich und mit Recht die Macht anvertraut werden könne, eine Jury anzu-„halten, daß sie in einem Proceß solcher Art endlich entscheide."

Aber die ganze Materie scheint wenigstens mir einer ausgedehnten, nicht blos auf Jurys sich beziehenden Betrachtung werth; denn die Frage ist, ob irgend ein Theil der ganzen Nation, der, wie eine Jury von zwölf Männern, eines Ortes auserlesen wird über eine auf Regierungs-Systeme und Prinzipien sich beziehende Materie mit Fug für die ganze Nation urtheilen, und entschieden könne? Und ob dies nicht Anwendung der Jurys auf Zwecke sei, worauf die Institution der Jurys nicht gerichtet war? Zum Beispiel:

Ich habe behauptet, Jeder, der Steuern bezahlt, hat deswegen ein Recht, Theil an der Regierung zu verlangen, und die Einwohner von Manchester, Birmingham, Sheffield, Leeds, Hallifax u. s. w. hätten folglich eben ein solches Recht als die Einwohner von London. Sollen denn zwölf Männer zwischen Templebar und Whitechapel ausgeklaubt, weil zufällig da das Buch zuerst erschien, über die Rechte der Einwohner in jenen Städten, oder derer in andern Städten oder Flecken der Nation entscheiden?

Ich komme jetzt von den Jurys auf den Inhalt der Information oder Verfolgung, um darüber einige Bemerkungen zu geben.

Die Rechte des Menschen haben zwei Theile. Den ersten hielt der Ankläger fürs Beste nicht zu berühren; aus dem zweiten hat er einige kurze Paragraphen ausgesondert, die zusammen kaum zwei Seiten vom Druck der wohlfeilen Ausgabe machen. Diese Paragraphen betreffen hauptsächlich gewisse Thatsachen, als die Revolution von 1688, und die Thronbesteigung Georgs des Ersten, gemeinlich genannt aus dem Hause Hanover, oder dem Hause Braunschweig, oder aus, Gott weiß! was für einem Hause. Die Beweise, Pläne und Grundsätze, die das Werk enthält, hat er nicht anzutasten gewagt, sie reichen über seine Sphäre.

Wobei der Ankläger am längsten zu verweilen schien, die Klage zu begründen, war die im ersten Jahre Wilhelms und Mariens passirte Acte, mit der Aufschrift: „Eine Acte, die Rechte und Freiheiten der Unterthanen erklärend und die Kronfolge festsetzend." Allgemeiner ist sie unter dem Namen „Bill der Rechte" bekannt.

Ich habe sie eine Bill des Unrechts und der Beleidigung genannt. Meine Gründe, und zugleich meine Beweise sind folgende:

Die Methode und das Prinzip, wornach diese Bill bei Erklärung der Rechte und Freiheiten verfährt, stehen im geraden Widerspruche mit Rechten und Freiheiten; sie ist ein anmaßlicher Versuch, die Nachkommenschaft ganz und gar dieser zu berauben; denn ihre Erklärung lautet so: „Die „geistlichen und weltlichen Lords sammt den Gemeinen unterwerfen, „im Namen des ganzen Volkes, in aller Demuth und Treue „sich und ihre Erben und Nachkommen auf immer!" das ist, dem Oranier Wilhelm und dessen Frau Maria, sammt deren Erben und Nachfolgern. Eine sonderbare Art, Rechte und Freiheiten zu erklären! Das Parlament, welches diese Erklärung im Namen und von Seiten des Volkes that, hatte ja von diesem keine Vollmacht dazu; und was den Ausdruck betrifft, die Nachkommen auf immer, so hatten beide, das Parlament und die damalige Generation des Volkes, in keinerlei Fällen Recht oder Befugniß über diese Nachkommen. Es war Anmaßung und Usurpation. Ich habe im ersten Theile sehr weitläufig die Gründe wider das Prinzip dieser Bill ausgeführt; der Ankläger hat meine Ausführung stillschweigend gelten lassen, und kommt nun hinterher mit einer Klage über die Autorität der Bill angestiegen.

Es ist auch zu bemerken, daß die Erklärung in dieser Bill, so verächtlich und unvernünftig sie ist, blos wider die Familie Stuart und deren Mithelfer gerichtet war. Man hatte damals noch keine Idee davon, daß die Nachkommenschaft in einem Zeitraume von hundert Jahren ein anderes viel besseres Regierungs-System entdecken, und daß jede Art erblicher Regierung fallen würde, wie Päpste und Mönche vorher gefallen waren. Hieran, sage ich, dachte man damals nicht, und daher ist die Anwendung, die man gegenwärtig von der Bill macht, eine neue, irrige und ungesetzliche Anwendung derselben, nicht besser, als ob man eine neue Bill ex post facto machte.

Um beständig eine kostbare, ungeheure Civilliste und eine Mummerei unnützer, altväterischer Stellen und Aemter auf öffentliche Kosten zu erhalten und fortzupflanzen, haben die Hofleute von jeher den Kniff gebraucht, England immer an das eine oder andere Individuum, vulgo König, zu hängen, mag dies auch nicht einmal die Fähigkeit zu einem Unter-Constabel besitzen. Das Thörichte und Abgeschmackte hiervon leuchtet täglich mehr und mehr ein; und doch fahren diese Leute fort, zu handeln, als wenn in der öffentlichen Meinung sich gar nichts geändert hätte. Sie hören Einer den Unsinn des Andern an, und meinen, die ganze Nation rede eben solch Rothwelsch.

Laßt solche Leute, wenn es ihnen Vergnügen macht, das Haus Oranien oder das Haus Braunschweig preisen. Sie würden jedes andere Haus, das ihre Absichten begünstigte, nicht weniger preisen, und eben so gute Gründe dafür angeben. Aber was geht dies Haus, oder jenes Haus, oder irgend ein Haus die Nation an? „Um frei zu sein, ist es einer Nation genug, daß sie es sein will." Ihre Freiheit hängt ganz von ihr selber ab, und nicht von irgend einem Hause oder Individuum. Ich frage nicht in welchem Lichte diese Schiffsladung fremder Häuser Andern erscheine, aber ich will sagen, in welchem sie mir erscheint.—Es ist, als wenn die Bäume des Waldes zur Brombeerstaude sagten: Komm und herrsche Du über uns.

So viel von ihren beiden Häusern. Ich habe jetzt von zwei andern Häusern zu reden, die auch in der Information vorkommen, und diese sind das Haus der Lords und das Haus der Gemeinen. Hier, vermuthe ich, denkt der Obersachwalter mir das Verbrechen, entweder Wahres oder Falsches gesprochen zu haben, zu beweisen; denn was von beiden geschehen sei, darauf kömmt es nach der heutigen Auslegung von Pasquillen nicht an: eine Lehre, die zur Blosstellung ihrer äußersten Ungereimtheit nur noch gestatten müßte, einen Mann gerichtlich zu verfolgen, weil er eine höchst falsche und verruchte Wahrheit kund gemacht.

Ich schreibe das Folgende aus einem Protocoll-Extract ab, wörtlich, wie es da und in der Information steht, mit des Obersachwalters in Klammern eingeschlossenen gravirenden Erläuterungen, und hoffe, der Beamte von der Civilliste wird, wenn er es dem Hofe vorliest, diesen warnen, und auch selber sich in Acht nehmen, nicht zu lachen.

Die Information lautet, daß „Thomas Paine, ein verruchter, boshaf„ter, aufrührerischer und übelgesinnter Mensch, durch Gewalt und Waffen „und höchst verruchte Arglist, ein gewisses falsches, ärgerliches, boshaftes „und aufrührerisches Pasquill geschrieben und verbreitet in dessen einem „Theile, nach Sinn und Inhalt, wie folgt, gesagt wird:

„Die beiden Häuser, welche das englische Parlament (meinend das Par„lament dieses Königsreichs) ausmachen, scheinen wirklich in eines zu„sammengeflossen zu sein, und als Gesetzgebung keinen eigenen Geist zu „haben. Der Minister (meinend den Minister, der vom Könige dieses

„Reiches zur Verwaltung der Regierung desselben bestellt ist), wer er auch
„sein mag, berührt es (meinend die zwei der Häuser des Parlaments die-
„ses Königreichs) wie mit einer Opiumruthe und schläfert es (meinend die
„zwei Häuser des Parlaments dieses Königsreichs) in Gehorsam." —
Da ich nicht boshaft genug bin, ihre Ruhe zu stören, obwohl es Zeit wäre,
daß sie erwachten, so überlasse ich die zwei Häuser und den Obersachwalter
ihren süßen Träumen und schreite zu einer neuen Materie.

Die Herren, an die ich mich zunächst wende, sind die, wie sie sich titulirt
haben: „Freunde des Volkes", deren Versammlungen in dem Freimaurer-
Gasthofe London gehalten werden.

Einer der vorzüglichsten Theinehmer dieser Gesellschaft ist Hr. Grey,
der auch im Parlamente, glaube ich, einer der unabhängigsten ist. Ich ent-
nehme diese Meinung lieber aus dem, was Burke mir vormals gesagt hat,
als aus eigener Erfahrung. Zu jenem war Folgendes die Veranlassung:

Ich war in England, als die Spiegelfechterei um Nootka-Sund aus-
brach, und schrieb den Tag, nachdem des Königs Botschaft, wie man es
nennt, ins Parlament geschickt worden war, ein Billet an Burke, daß ich,
unter der Bedingung, wir wollten von der französischen Revolution nicht
reden (denn er schrieb damals an dem Buche, das ich seitdem beantwortet
habe) nächster Tage bei ihm einsprechen, und ihm einige mir bekannte
Data, jene Angelegenheit betreffend, mittheilen wollte; denn es kam mir
als gar so außerordentlich vor, daß Männer, die sich Repräsentanten nennen, so unbedachtsam als damals das Parlament that, zufahren oder „in
Gehorsam geschläfert" sein, und die Nation in Kosten und vielleicht in
Krieg stürzen sollten, ohne auf den Vorfall oder auf den Gegenstand, von
welchen beiden ich einige Kenntniß hatte, auch nur die Mühe des Untersu-
chens zu verwenden.

Als ich Burke sah und ihn mit der Lage der Sache bekannt machte, sprach
er besonders von Hrn. Grey, als dem fähigsten Manne, solche Dinge im
Parlamente weiter zu bringen; „denn," sagt Burke, „ich bin nicht der rechte
Mann dazu, weil ich mit Pitt wegen Hastings Proceß in einem Tractat
stehe." Ich hoffe, der Obersachwalter wird gestehen, daß Burke damals in
Gehorsam geschläfert war. — Aber wiederum auf die genannte
Gesellschaft zu kommen.

Ich kann mich nicht überzeugen, daß das Hauptmotiv dieser Gesellschaft
irgend etwas mehr sei als dasjenige, wodurch jede vorige Parlaments-
Opposition regiert worden, und wodurch die jetzige hinreichend bekannt ist.

Weil es ihrem Jagen nach Macht und Aemtern im Parlamente nicht
geglückt hat, so haben sie jetzt (und eben nicht sehr manierlich) den Platz
draußen zu besetzen sich bemüht, welches von ihnen nie geschehen wäre,
hätten nicht vorher schon Andere dasselbe gethan. Sie scheinen mir mit
weniger Geradheit als Schlauheit den Fortgang einer gewissen veröffentlichten Schrift bewacht zu haben, und da sie sahen, daß diese einen Geist
des Nachforschens erweckt und sich schnell verbreitet hatte, so thaten sie
Schritte vorwärts, um die Gelegenheit zu benutzen und Hr. For nannte
dann dieselbe Schrift ein Pasquill. Hierdurch machte er ein Pasquill auf
sich selbst. Politiker von diesem Schlage, solche, meine ich, die allen Parteien ein gleich freundliches Gesicht machen, und erst sehen, wie's abläuft,
die findet man in jedem Lande, und nimmer hat man noch erfahren, daß
sie nicht mehr Uebles als Gutes anrichten. Sie verwickeln die Geschäfte,

zersplittern sie so, daß nichts herauskömmt, verwirren das Volk und es trifft sich gemeiniglich, daß sie gerade weit genug gehen, sich die Minorität zu Feinden zu machen, ohne jedoch weit genug zu kommen, die Freundschaft der Majorität zu gewinnen.

Die Erklärungen dieser Gesellschaft vom 25. April und 5. Mai zeigen jedem Leser eine geflissene Beibehaltung aller der Punkte, die wahre Mißbräuche sind. Sie erwähnen nicht einmal die Ausschweifung der Regierung, die empörende Liste unnöthiger und mit keiner Arbeit verknüpften Aemter und Pensionen, die ungeheure Größe der Civilliste, das Uebermaß der Steuern noch sonst irgend eine die Nation wesentlich berührende Materie; und einige in dieser Gesellschaft vorgefallene Reden lassen mich nicht erwarten, daß es zu ihren Plänen gehöre, diese Classe von Reformen zur Ausführung zu fördern. Keine Oppositionspartei that dies auch je, wenn sie zum Besitz der Macht gelangt war.

Es ist aber, indem ich diese freien Anmerkungen hinwerfe, keineswegs meine Absicht, Streit mit dieser Gesellschaft anzufangen, deren gegen mich bewiesene Unhöflichkeit ich von Reformatoren, die nach Aemtern jagen, erwarten durfte. Ich freue mich über die Stellung, die sie eingenommen haben, und ich wünsche, daß jeder von ihnen so aufrichtig, von fremdem Einfluß frei, und für's Ganze beseelt handeln möge, wie ich gehandelt habe. Welche Reformen, und durch welche Mittel sie auch immer bewirkt werden, so werden sie Andern, und nicht mir zum Besten gereichen. Ich habe kein Interesse bei der Sache, als das Interesse meines Herzens. Die Rolle, die ich gespielt habe, ist ganz die Rolle eines Freiwilligen gewesen, ohne Verbindung mit Parteien; und ich werde, wenn die Zeit kommt, eben so ehrenvoll abgehen, als ich aufgetreten bin.

Die Reform des Parlaments durch Zuthun des darum zu ersuchenden Parlaments, welches der Vorschlag der Gesellschaft ist, halte ich für ein abgedroschenes Lieblingsstück, dessen die Nation überdrüssig geworden ist, und wobei die Parteien einander hintergehen. Die Reform ist kein Gegenstand für die Entscheidung des Parlaments, denn keine Regierung hat ein Recht, sich selbst zu verändern, weder im Ganzen, noch im Einzelnen. Das Recht und die Ausübung dieses Rechtes gehören einzig der Nation, und das eigentliche Mittel ist eine in dieser Hinsicht vom ganzen Volke gewählte National-Convention. Durch diese wird der Wille der Nation bekannt werden, ob zu reformiren sei, oder nicht, oder woran die Reform vorgenommen, oder wie weit sie ausgedehnt werden solle; und ein anderes Mittel, denselben bekannt werden zu lassen, gibt es nicht. Adressen oder Verbindungen, die hier und dort herkommen oder entstehen, sind keine Beweise des allgemeinen Willens.

Es ist indessen gewiß, daß die Meinungen der Menschen über Systeme und Prinzipien der Regierungen fast in allen Ländern sich ändern. In England ist binnen reichlich einem Jahre die entstandene Veränderung viel größer, als man geglaubt hätte; und täglich und stündlich bringt sie weiter. Still, wie der Gedanke, verbreitet sie sich über das Land. Die ungeheuren Kosten der Regierung haben, indem sie sich fühlbar machten, Männer zum Denken gereizt, und die Proclamation hat Eifersucht und Mißvergnügen zu vermehren gedient. Solchen Zerrüttungen nun vorzubeugen, wie sie nur zu oft und zu plötzlich aus erstickter Unzufriedenheit hervorbrechen, wäre es das beste, daß der allgemeine Volkswille ganz ungehindert Gelegenheit hätte, öffentlich dargelegt und erkannt zu werden.

Verderbt, wie es der Zustand der Repräsentation in England ist, wird er es mit jedem Tage mehr, weil die nicht repräsentirten Theile der Nation an Volksmenge und Eigenthum zunehmen, die repräsentirten aber abnehmen. Die Schätzung ist daher nicht ohne Grund, daß, wie von sieben Personen nicht eine repräsentirt wird, der unrepräsentirte Theil wenigstens vierzehn von den einkommenden siebenzehn Millionen Steuern bezahlt; denn obgleich die Lehen= und Zinsgüter zur Landtaxe angesetzt sind, so haben die Besitzer derselben keine Repräsentanten. Sollte einmal, aus dem Grunde der mangelnden Repräsentation, über die Verbindlichkeit, Taxen zu bezahlen, ein allgemeiner Zweifel rege werden, so wären es dann weder die Repräsentanten verödeter Burgflecken, noch Special=Juries, die über die Frage entscheiden könnten. Dies ist ein möglicher Fall, der vorhergesehen und wegen der Verdrießlichkeiten, worin sein Eintreffen viele Leute führen dürfte, verhütet werden sollte.

Ich gestehe, von Bitten um Rechte habe ich keine Vorstellung. Was auch die Rechte des Volkes sind, so hat das Volk ein Recht zu denselben, und keiner hat ein Recht, weder sie vorzuenthalten, noch sie zu bewilligen. Regierungen sollten auf Prinzipien der Gerechtigkeit errichtet sein, die jede Gelegenheit zu solchen Ansuchungen ausschlössen; denn immer sind sie, wo sie erscheinen, wirkliche Anklagen.

Ich wünsche, daß Herr Grey, da er sich dem Geschäfte unterzogen hat, das Ganze desselben seiner Betrachtung würdigen möge. Er wird dann sehen, daß das Recht, die Repräsentation zu reformiren, nicht dem Parlamente beiwohnt, und daß ihm consequenter Weise kein anderer Vorschlag übrig bleibt, als der, daß das Parlament die Erwählung einer Convention vom ganzen Volke e m p f e h l e n sollte. Ob inzwischen das Parlament sie empfiehlt oder nicht, das Recht der Nation würde dadurch weder vermehrt noch vermindert.

Von dem unrepräsentirten Theil sollte man nun vollends gar keine Bittschriften an's Parlament erwarten. Eben so gut könnte man verlangen, daß Manchester, Sheffield und andere Städte Bittschriften an die alten Burgflecken schicken sollten, als sie dergleichen an die Repräsentanten solcher Burgflecken sendeten. Jene beiden Städte allein bezahlen mehr Steuern, als alle die verfallenen Burgflecken zusammen, und es ist kaum zu erwarten, daß sie den Burgflecken oder den Feilhabern derselben ihre Aufwartung machen werden.

Es sollte auch bemerkt werden, daß das englische Parlament aus zwei Häusern besteht, die beiderseits immer eins dem andern das Recht abgesprochen haben, in Dinge sich zu mischen, die den Zustand des Einen derselben, besonders den der Wahl, betreffen. Eine Reform in der Repräsentation kann demnach zufolge des Grundsatzes, den die Häuser jedes für sich angenommen haben, kein Gegenstand einer Parlamentsacte werden, weil ein solcher Modus jenes Einmischen in sich schlösse, wogegen das Haus der Gemeinen seinerseits protestirt hat; sondern sie muß nach dem Grundsatze sowohl der Form als des Rechtes aus einer National=Convention hervorgehen.

Möge Herr Grey oder ein Anderer sich hinsetzen und seine Gedanken sammeln, ein Gesuch an's Parlament um Reform des Parlaments auf-

zuſetzen; er wird bald das Thörichte des Verſuchs einſehen. Er wird finden, daß nicht vom Fleck zu kommen iſt, daß er ſeine Gedanken nicht verbinden kann, um etwas hervorzubringen, das Sinn habe; ſeine Worte
werden, wie er ſie auch ſtelle, unvermeidlich zwei gerade ſich widerſprechende
Ideen enthalten: die eine den Grund darlegend und die andere die Bitte
um eine Reform ausdrückend, werden ſie, beide zuſammengeſtellt, ſo lauten: „Die Repräſentation im Parlamente iſt ſo äußerſt
„verderbt, daß wir dieſem nicht länger unſer Ver-
„trauen ſchenken können; — und im Vertrauen auf
„die Gerechtigkeit und Weisheit des Parlaments bit-
„ten wir demnach" ꝛc.

Die Schläfrigkeit, mit der jeder frühere Vorſchlag, das Parlament bittend anzugehen, aufgenommen wurde, zeigt ſattſam, daß die Nation, ſah
ſie auch die Verkehrtheit der Maßregel nicht ganz deutlich, doch auch den Vortheil nicht klar ſehen konnte, den man ihr davon verſprach. Hieran ſchließt
ſich eine andere Bemerkung, daß nämlich, je verderbter das Parlament iſt,
deſto ſchwächer die Neigung ſein wird, es zu erſuchen. Dieſe Gleichgültigkeit, ſo betrachtet, als ſie betrachtet werden ſollte, iſt der ſtärkſte Tadel,
den das Publikum ausdrücken kann. Es ſagt gleichſam: „Ihr ſeid nicht
werth, zu reformiren."

Gehe nur einer im Staatskalender die königlichen Beamten in beiden
Häuſern durch, und unterſuche die Art, wie die Civilliſte wirkt: es wird
ihm kein Räthſel bleiben, woher dieſe Gleichgültigkeit und dieſer Mangel
des Zutrauens auf der einen Seite und das Sträuben gegen Verbeſſerun-
gen auf der andern Seite entſteht.

Außer der zahlreichen Liſte von Beſoldeten im Staatskalender, die ſo
ohne Scham und Scheu die Nation anſtieren, gibt es eine unbekannte Anzahl von verkappten Penſionären, die das Parlament noch verdächtiger
machen.

Wer hätte vermuthet, daß der Herr Burke, vormals ein ſtarker Eiferer
gegen geheimen Einfluß und beſtochene Stimmenmehrheiten, ein heimlicher
Penſionär werden könne? Ich will hier erzählen, welche Bewandtniß es
damit hat, nicht in der kleinlichen Abſicht, ihn bloszuſtellen, ſondern um
zu zeigen, wie wenig eine Bitte an Männer fruchten würde, von denen
mehr als die Hälfte, ſo weit die Nation gegenwärtig wiſſen kann, mit ihm
in demſelben Fall ſich befinden mag.

Gegen das Ende von Lord North's Adminiſtration brachte Burke eine
Bill in's Parlament, die unter dem Namen „Burke's Reform-Bill" allgemein bekannt iſt, und unter andern folgende Vorſchrift enthält: „daß
„keinem eine Penſion über dreihundert Pfund jährlich, und daß zuſam-
„men in einem Jahre nicht über ſechshundert Pfund an Penſionen (von
„denen, ſowie zugleich von den Namen der neu hinzugekomme-
„nen Penſionäre, dem Parlamente binnen zwanzig Tagen nach
„dem Anfange einer jeden Sitzung eine Liſte vorzulegen) bewilligt werden
„ſoll, bis die ganze Penſionsliſte auf neunzigtauſend Pfund reducirt ſein
„wird." Nachher iſt eine proviſoriſche Clauſel beigefügt worden, „daß
„der erſte Commiſſär der Schatzkammer befugt ſein ſoll, jede Penſion oder
„jährliche Rente ohne Namen, wovon er eidlich verſichert, daß
„ſolche Penſion oder jährliche Rente nicht unmittelbar oder mittelbar einem

„Mitgliede des Hauses der Gemeinen zufließt, bei der Schatzkammer in „Rechnung zu bringen."

Kaum aber ging die Administration zu Ende und gewann die Partei, mit der Burke es hielt, die Oberhand, so wurde Burke selbst, wie es aus den Umständen scheint, die ich darlegen will, ein verkappter Pensionär, auf ähnliche Art, als wenn eine Pension unter John Nole's Namen bewilligt, aber heimlich von Tom Stiles zu erheben und zu genießen wäre. Der Name Edmund Burke kommt in der Bewilligungs-Acte nicht vor; kaum aber war die Pension erhalten, so sollte sie durch Verkaufen oder Versetzen auf einmal zu Geld gemacht werden, und der Herr, auf dessen Namen die Pension steht, wandte sich deswegen an ein öffentliches Büreau. Dies brachte unglücklicherweise den Namen Edmund Burke heraus, und mit diesem den wirklichen Pensionär von 1500 Pfund jährlich. Wenn Leute ausposaunen, was sie die Segnungen der Constitution nennen, so sollte man wissen, auf welche Gattung von Segnungen sie anspielen.

Was die Civilliste anbelangt, so ist nicht anzunehmen, daß ein einzelner Mensch zum Essen, Trinken oder zu andern Bedürfnissen jährlich eine Million braucht. Die Sache ist, daß mehr als die Hälfte dieser Summe jährlich zwischen Hofbedienten und Hofmitgliedern in beiden Häusern auf Aemter und Stellen vertheilt ist, deren eine bürgerlich gesinnte, vernünftige und männliche Regierung durchaus zu keinem ihrer Zwecke bedarf. Was nützen zum Beispiel in der Regierungskunst ein Lord-Kammerherr, ein Aufseher und eine Aufseherin der Garderobe, ein Stallmeister, ein Falkenier, und hundert solche Dinge? Den Gesetzen erwächst aus solchem Popanz keine neue Kraft, oder besondere Vorzüge.

Unter den Ausgaben der Civilliste für 1786 (die man in John Sinclairs History of the Revenue nachsehen kann) sind vier besondere Ausgabeposten für diese Mummerei eines Amtes der Kammerherren:

der erste von	£38,778 17 Sch.	
der zweite von	3,000 —	„
der dritte von	24,069 19	„
der vierte von	10,000 18	„ 3 Pence.
Zusammen .	£75,849 14 Sch. 3 Pence.	

außerdem noch £1119 zu Almosen angesetzt.

Aus diesem Pröbchen mag man das Uebrige errathen. Der Hoffalkenier (es werden keine Falken gehalten, und wenn es geschähe, so wäre es nicht recht, daß das Volk sie zu füttern hingeben sollte, was mancher nothdürftig zu Brod für seine Kinder braucht) hat allein £1372 10 Sch. Gehalt.

Und außer einer Liste von andern Artikeln dieser Art, groß genug, um ein Buch Papier anzufüllen, betragen die Pensionslisten allein £107,404 13 Sch. und 4 Pence, welches mehr ist, als die ganze Bundesregierung in Amerika kostet.

Zwei Items sind unter jenen, die ich zu finden nicht erwartet hatte, und die in unsern Tagen, da man sich um den Einfluß der Civilliste bekümmert, beleuchtet werden sollten. Der eine ist ein Jahrgeld von tausend und siebenhundert Pfund an die nonconformistischen Geistlichen in England, und von achthundert Pfund an die in Irland.

Dies ist das Factum; die Vertheilung geschieht, wie mir gesagt worden, folgendermaßen: Die ganze Summe der 1700 Pfund wird einer Person, einem nonconformistischen Geistlichen in London, ausbezahlt; dieser vertheilt sie unter acht andere und diese acht vertheilen sie weiter nach Belieben. Die Laien und mehrere von den vornehmsten Geistlichen der Nonconformisten haben dies lange als etwas Entehrendes angesehen und es zu verhüten gesucht; die heimliche Ausbezahlung dauert aber noch immer fort. Wenn man sich der recht ekelhaften Adressen erinnert, die bisweilen von zusammengetretenen Nonconformisten eingereicht werden, so muß die natürliche Vermuthung darauf fallen, daß die Empfänger des Geldes gleich den Bischöfen und anderen Hofgeistlichen nicht müssig sind, dieselben zu befördern. — Wie das Geld in Irland vertheilt wird, weiß ich nicht.

Die ganze geheime Geschichte der Civilliste zu erzählen, ist bei dieser Schrift meine Absicht nicht. Hier ist es genug ihren generellen Charakter und die Masse ihres kräftigen Einflusses darzulegen. Nothwendig wird sie ein Gegenstand der Reform werden; und daher ist genug gesagt worden, um zu zeigen, daß bei solcher Bewandtniß ein Gesuch ans Parlament weder guten Erfolg versprechen, noch eigentlich zu Stande kommen kann.

Dergleichen Reformen werden weder von der Partei gefördert werden, die im Besitz solcher Stellen ist, noch von der Opposition, die darauf lauert, und was eine alleinige Reform der Repräsentation betrifft, unter der Vorstellung, daß ein anderes Parlament, von dem gegenwärtigen verschieden gewählt, immer aber ein dritter Bestandtheil von demselben System, und der Controle der beiden andern Theile unterworfen, solche Mißbräuche abschaffen sollte, dies ist durchaus Täuschung; denn nicht allein läßt es wegen der Formalität sich nicht ausführen, sondern es wäre auch unweise, ein anderes Corps Männer eben der Verdorbenheit auszusetzen, von der das gegenwärtige angesteckt ist.

Ließen alle Dinge, die einer Reform bedürfen, sich durch eine alleinige Reform der Repräsentation ins rechte Geleis bringen, so würde es viel schicklicher sein, die zum gegenwärtigen Parlamente gehörigen Personen selbst aufzufordern, alle die Mißbräuche abzuschaffen, als sie zu bloßen Werkzeugen für ein künftiges Parlament zu machen, welches die Reform ausführen soll. Wem es an Tugend mangelt, die Mißbräuche abzuschaffen, dem fehlt es auch daran, Mittel zur Abschaffung auf die Bahn zu bringen; und aus Noth muß die Nation einen Weg anderer Art einschlagen.

Da ich die elende Beschaffenheit des Parlaments und die Unschicklichkeit, einen mißlungenen Versuch zu wiederholen, solchergestalt zu zeigen, mich bemüht habe, so komme ich zu dem noch übrigen Theile meines Gegenstandes.

Jede Constitution eines Landes sollte eine Bestimmung enthalten, die bei außerordentlichen Gelegenheiten auf die souveräne und ursprünglich constituirende Macht, das heißt, auf die Nation verwiese. Das Recht, irgend etwas an einer Regierung zu ändern, kann, wie bereits angemerkt ist, der Regierung nicht beiwohnen, sonst dürfte die Regierung selbst sich machen, wozu sie wollte.

Auch sollte als eingeräumt anzunehmen sein, daß eine Nation wohl Ungebührlichkeiten entweder in dem Uebermaße der Besteurung, oder in der Verwendung der Staatsgelder, oder in sonst etwas fühlen, aber darum

Anfangs nicht hinlänglich versichert sein mag, in welchem Theile der Regierung der Fehler steckt, oder wo das Uebel wurzelt. Man kann den Fehler hier vermuthen, und beim Nachsuchen ihn dort entdecken, oder theilweise an mehreren Stellen. Diese Dunkelheit ist natürlich mit den sogenannten vermischten Regierungen verwebt.

Auf welcherlei Weise inzwischen die Reform zu bewerkstelligen sein möge, so muß ihr schlechterdings eine vollständige Kenntniß aller der Ursachen vorangehen, die sie nothwendig machen, sonst fährt man aufs Geradewohl zu, oder man fällt nichtswürdiger Hinterlist in die Schlingen. In Betreff dessen läßt sich nicht vermuthen, daß ein Gesuch ans Parlament diese Kenntniß fördern könnte. Das Parlament selbst steht in dem Verdacht, die Ursache, oder mit die Ursache der zu hebenden Mißbräuche zu sein; und man kann, weder erwarten, noch darf man fordern, daß es gegen sich selbst Aufklärung gebe. Die Untersuchung demnach, die nothwendig der erste Schritt in dem Geschäfte ist, kann nicht dem Parlamente anvertraut, sondern muß von besonders erlesenen Männern geleitet werden, die kein Verdacht irgend einer Bestechung oder eines Einflusses trifft.

Anstatt denn elende Wahlflecken und lächerliche Gemeinheiten um Adressen anzugehen, oder nach Unterschriften von ein paar abhängigen Eingesessenen das Land zu durchstreichen, würde die Erwählung eines National-Convents die wahre und wirksame Art sein, auf einmal ans Ziel zu gelangen und den Sinn der Nation zu erfahren. Auf diese Weise würde, wie schon bemerkt worden, der allgemeine Wille, ob und was zu reformiren sei oder nicht, oder wie weit es damit gehen solle, bekannt werden, und andere Mittel, ihn zu erkennen, gibt es nicht. Ein solcher Convent, von der Nation bevollmächtigt und unterstützt, würde Befugniß haben Auskunft über alle Sachen zu verlangen, die einer Untersuchung bedürfen; und kein Minister oder sonst einer würde ihnen diese zu verweigern wagen. Man würde dann sehen, ob siebenzehn Millionen Steuern nöthig sind, und wozu sie verwendet werden. Die heimlichen Pensionäre müßten dann die Larve abziehen, und die Quelle des Einflusses und der Bestechung, wenn dergleichen da ist, würde der Nation aufgedeckt werden, nicht um zu rächen, sondern um zu bessern.

Stellt man sich auf diesen öffentlichen und nationalen Standpunkt, so werden alle Einwürfe gegen partiale Adressen auf der einen und Privatverbindungen auf der andern Seite wegfallen. Die Nation wird über ihre eigenen Reformen Beschlüsse fassen; und das Geschrei über Parteien und Factionen wird lächerlich werden.

Der Plan und die Organisirung eines Convents ist leicht auszuführen.

Zuförderst kann die Zahl der Einwohner in jeder Grafschaft hinreichend aus der Zahl der zur Haus- und Fenster-Taxe angesetzten Häuser entnommen werden, und diese, verglichen mit der Zahl der zu wählenden Deputirten, wird den Maßstab für die Zahl der Mitglieder geben, die jede Grafschaft zum National-Convent zu wählen hat.

Wenn sieben Millionen Einwohner in England sind, und tausend Glieder zum Convent gewählt werden sollen, so wird z. B. eine Grafschaft von hundert und fünfzig tausend Einwohnern ein und zwanzig Deputirte schicken.

So wie, den allgemeinen Sinn der Nation zu erfahren, der Wahl eines Convents ganz andere Regeln als den Parlamentswahlen zu Grunde liegen müssen; so wird auch die Art, welche jenem Zwecke am besten entspricht, mit Schwierigkeiten nicht zu kämpfen haben, die aus ungereimten Gewohnheiten und angemaßten Rechten entspringen. Jedermann wird mit dem Andern einerlei Recht haben, er lebe in einer Stadt oder auf dem Lande. Die Gewohnheit, Rechte an einen Ort zu knüpfen, oder, mit anderen Worten: Sachen zu beseelen, anstatt, unabhängig von einem Orte, Personen — ist zu ungereimt, um auf eine vernünftige Widerlegung Anspruch zu machen.

So wie in der Nation Jeder vom ein und zwanzigsten Jahre an Steuern bezahlt, entweder aus dem Vermögen, das er besitzt, oder aus dem Ertrage seiner Arbeit, der ihm für Vermögen gilt; und wie er persönlich jedem Gesetze des Landes unterworfen ist; so hat Jeder dasselbe Recht, seine Stimme zu geben, und kein Theil der Nation und kein Individuum hat ein Recht, das Recht des Andern zu bestreiten. Wer es thäte, der sollte auf gewisse Jahre mit dem Verluste seines eigenen Rechtes dafür büßen; diese Strafe paßte für das Verbrechen.

Wenn es angeordnet wird, daß die Ausübung des Stimmrechtes mit einem gewissen Jahre anfängt, so steht diese, weil denn nur ein vorzeitiger Tod die Ausübung hindern kann, so fest als möglich, und die Gleichheit der Rechte wird als ein Grundsatz und durch die Acte, welche die Ausübung ordnet, anerkannt. Ist aber das Eigenthum der Maßstab, so sind die Ansprüche auf Rechte höchst unsicher. „Der Reichthum macht seine Flügel und fliegt davon," und die Rechte fliegen mit ihm; und so vermißt der Mensch diese, gerade, wenn sie ihm das Meiste werth sind.

Ein seltsames Gemisch von Tyrannei und Feigheit ist es, woher Ausschließungen entsprungen sind und woburch sie fortdauern. Was anfänglich Kühnheit war, Böses zu thun, wird nachher feige List, und zuletzt Furchtsamkeit. Die Repräsentanten in England scheinen gegenwärtig zu handeln, als wenn sie sich scheuten, Recht zu thun; schon darum auch, weil die Nation dadurch zum Gefühl all' des Ueblen, was sie erbuldet hat, erwachen möchte. Diese Erscheinung dient zu zeigen, daß eben dasjenige Verhalten, welches die öffentliche Sicherheit eines jeden Einzelnen am besten gründet, nämlich eine strenge Anhänglichkeit an Grundsätze, auch die Sicherheit der Regierung gründet, und daß Sicherheit sonst ein leerer Name ist. Wenn der Reiche den Armen um seine Rechte plündert, so wird dieses dem Armen ein Beispiel, den Reichen um sein Eigenthum zu plündern; denn dem Einen sind seine Rechte so sehr, als dem Andern seine Schätze ein Eigenthum, und das wenige Alles ist dem Einen so theuer, als das Viele dem Andern. Nur durch Beobachtung richtiger Prinzipien lassen Menschen sich bewegen, gerecht gegen einander zu sein, und man wird immer finden, daß, wenn der Reiche die Rechte des Armen, dann der Arme das Eigenthum des Reichen in Schutz nimmt. Die Zusicherung muß aber, um von Wirkung zu sein, wechselseitig in bündiger Form geschehen.

Ausschließungen sind nicht allein ungerecht, sondern werden in ihren Folgen öfters auch schimpflich für den ausschließenden sowohl, als für den ausgeschlossenen Theil. Wenn Menschen den Antheil Anderer an der Ausübung eines Rechtes für sich zu erhalten suchen, so sollten sie wenigstens ihrer Fähigkeit, das übernommene Geschäft ganz ohne Anderer Beihülfe auszurichten, gewiß sein; denn sonst verlieren sie dadurch am Ende selber. In England hat sich dies an dem Monopol des Wahlrechts bestä-

II. X

tigt. Der monopolisirende Theil ist zu schwach gewesen, die parlamentarische Repräsentation, der die Macht zu besteuern anvertraut war, in gebührendem Stande zu erhalten, und hat dadurch eben so viel Steuern auf sich, als auf den ausgeschlossenen Theil geladen.

Es ist über Ausschließungen vom Stimmen, aus wirklichen Verbrechen entspringend, Vieles gesagt worden, und es wird noch immer Vieles darüber zu sagen sein; triebe man aber die Unterscheidung aufs Höchste, so würde ein großer Theil der gegenwärtigen Wähler zusammt ihren Gewählten, für unfähig zum Stimmen erklärt werden müssen; denn von allen Verbrechen ist für die Moral der Gesellschaft keines zerstörender als Bestechung. Es ist also Höflichkeit gegen solche Leute, dies Capitel zu überspringen und ihnen bequeme Gelegenheit zu geben, einen Charakter wieder zu erlangen oder vielmehr zu erschaffen.

Die ganze Art zu wählen in England ist das Gegentheil von dem, was sie sein sollte, und die Niederträchtigkeiten, die bei den Wahlen vorgehen, sind eine natürliche Folge von der Umkehrung aller Ordnung des Systems. Der Candidat sucht den Wähler, statt daß der Wähler einen Repräsentanten aufsuchen sollte; und die Wähler, sieht man, interessiren sich für den Candidaten, statt daß dieser das Interesse der Wähler wahrnehmen sollte. Der Candidat bezahlt dem Wähler seine Stimme, statt daß die Nation den Repräsentanten ihre Zeit und Wartung der öffentlichen Geschäfte vergüten sollte. Klagen über unrechtmäßige Wahlen werden von den Candidaten angestellt, als wenn nicht die Wähler, sondern Er der gekränkte Theil wäre; und als wenn das Wählen nicht für sie, sondern für ihn ein Recht wäre, nimmt er sich heraus durch Ablehnung der Wahl das Wahlgeschäft irgendwann abzubrechen.

Die Vereinbarung zwischen zwei Candidaten (Hrn. Fox und Lord Hood) bei der letzten Wahl in Westmünster war eine anstößige Verletzung der Prinzipien. Die Candidaten maßten sich die Rechte der Wähler an; denn blos die Wähler und keineswegs die Candidaten konnten das Recht haben, eine solche Vereinbarung unter sich zu treffen. Aber die Prinzipien der Wahl und Repräsentation sind in allen ihren Stufen so gänzlich verwischt, daß selbst Widersinnigkeit ihre Kraft in Verwunderung zu setzen verloren hat.

Weder aus so geleiteten Wahlen, noch aus Adressen verödeter Wahlflecken, noch aus Provinzial-Versammlungen, die von Staatsbeamten und Pensionisten veranstaltet sind, kann die Gesinnung der Nation erkannt werden. Es ist immer Bestechung, die an sich selbst appellirt. Aber ein Convent von tausend Personen, offen und redlich gewählt, würde jeden Punkt zu einer endlichen Entscheidung bringen.

Provinzial-Versammlungen können blos von müssigen oder in der Nähe wohnenden Leuten besucht werden, und die Zahl dieser bei solchen Gelegenheiten ist, mit dem Ganzen verglichen, nur ein Tropfen im Eimer. Der einzige naturgemäße Dienst, den solche Versammlungen leisten könnten, wäre eine schickliche Eintheilung des Landes in Distrikte, und nachdem diese geschehen, sollte jeder Distrikt nach Zahl der Einwohner seine Quote von Stellvertretern zum National-Convent wählen; und jeder Wähler sollte in dem Sprengel, wo er wohnt, entweder durch Ballotiren oder durch Ausrufen, wie es denn vorher ausgemacht wäre, seine Stimme geben.

Ein National-Convent, so eingerichtet, würde den Sinn und die Meinungen eines jeden Theiles der Nation, sammeln und offenherzig darlegen.

Die Regierungskunst und das allgemeine Beste des Ganzen und verschiedener Theile desselben würden dann einer umfassenden und vernunftmäßigen Erörterung, frei von verführender Parlamentssprache, unterzogen werden.

Aber, obgleich in allen Deliberationen dieser Art die Menschen ein Recht haben, über Gegenstände des allgemeinen Wohles mit nachzudenken und durch Gründe einander zu überreden, so gibt doch in Ansehung der Befolgung die Mehrheit der Meinungen eine Regel für das Ganze, und nach dieser richtet jeder gute Bürger seine Handlungen ein.

Burke — als wenn er wüßte (was jeder heimliche Pensionär zu erfahren Gelegenheit hat), daß die im jetzigen Systeme vorwaltenden Mißbräuche zu offenbar sind, um bemäntelt werden zu können, und daß die Mehrheit der Meinungen, wenn die Mißbräuche einmal öffentlich sollten aufgedeckt werden, eine allgemeine und wirksame Reform verlangen würde — hat dem Ausfall vorzubauen gesucht, indem er einer Mehrheit einer Nation, das Recht wie die Allheit zu handeln, ungescheut abspricht. Verweilen wir hierbei mit einem Gedanken!

Jede Sache, als ein Gegenstand der Berathschlagung vorgebracht, läßt nothwendig irgend eine Art der Entscheidung erwarten. Durch gemeinschaftliche Uebereinstimmung, aus absoluter Nothwendigkeit entspringend, beruht dieselbe auf einer Mehrheit der Meinungen; weil ohne diese keine Entscheidung und folglich keine Ordnung möglich ist. Dies ist vielleicht der einzige Fall, worin das Menschengeschlecht, sonst noch so veränderlich in seinen Ideen über andere Sachen, mit Bestand einstimmig sein kann; denn diese Art der Entscheidung fließt aus dem ersten ursprünglichen Rechte jedes mitinteressirten Individuums, einem Rechte, welches zuerst von jedem Einzelnen durch Ablegung eines Votums ausgeübt wird, und ob dieses Votum mit der Minderheit oder Mehrheit zusammentrifft, ist eine zufällige Nebensache, die das ursprüngliche Recht der Individuen weder vermehrt, noch vermindert. Bei jeder Debatte, Untersuchung oder Nachforschung ist vorausgesetzt, daß man nicht vorher weiß, auf welche Seite die Mehrheit der Stimmen fallen wird, und indem also diese Art der Entscheidung Jedem das Recht zu stimmen sichert, gestattet sie Jedem einen gleichen Antheil an der Bestimmung des schließlichen Ausfalls.

Unter den Dingen, die sich der Erwägung eines National-Convents aufbringen werden, ist eines, welches ganz in England zu Hause gehört, aber so durchaus ein Wust von seltsamer Verwirrung ist, daß es beim ersten Anblick gar keiner Reform fähig zu sein scheint, ich meine den Zustand der sogenannten Gesetze.

Inzwischen, wenn wir der Ursache dieser jetzt so allgemeinen gerügten Verwirrung nachspüren, so finden wir auf der Stelle nicht allein das Abhülfsmittel für die Gegenwart, sondern auch das Vorbeugungsmittel für die Zukunft.

Zuförderst schreibt sich die Verwirrung von der ungereimten Anmaßung her, daß die Macht jedes Parlamentes ewig sei; die Gesetze maßen sich etwas Aehnliches an, ihnen ist kein Zeitpunkt einer gesetzlichen oder natürlichen Erlöschung gesetzt, und so abgeschmackt in Grundsätzen und unanwendbar in der Ausübung manche von ihnen geworden sein mögen, so werden sie immer doch, falls sie nicht ausdrücklich aufgehoben sind, als ein mitbestehender Theil der ganzen Masse betrachtet. Auf solche Art umfaßt die Sammlung dessen, was Gesetz heißt, einen Zeitraum von meh re - r e n h u n d e r t J a h r e n, und darin veraltete Gesetze, sich widerspre- chende Gesetze, lächerliche Gesetze und jede andere Gattung von verges- senen und wiedererinnerten Gesetzen; und, was das Ding noch schlimmer macht, die Verwirrung wächst mit dem Laufe der Zeit. *)

Um dieser ungestalteten Mißgeburt Form zu geben, und einem Rückfall derselben in wüstes Chaos vorzubeugen, sind zwei, und in der That nur höchst einfache Dinge nothwendig:

Erstens, die ganze Masse der Gesetze durchzusehen, und nur die der Bei- behaltung werthen auszulesen, die übrigen aber zu cassiren und mit jenen von dieser Reform eine neue Zeitrechnung zu beginnen.

Zweitens, jedesmal nach Verlauf von ein und zwanzig Jahren (oder wie viel man will) eine ähnliche Durchsicht vorzunehmen, und die ferner zweck- mäßigen Gesetze von einer neuen Zeitrechnung an zu ediren, die unbrauch- baren aber abzusondern und aufzuheben. Auf solche Weise kann es keine ver- altete, und kaum einmal sich wirklich oder scheinbar widersprechende Ge- setze geben, und Jedermann wird wissen, bis wie weit in der Zeit er nach allen gültigen Gesetzen zurückzuschauen hat.

Es ist merkwürdig, daß jede Wissenschaft in ein bequemes System ge- bracht und die Erlernung derselben durch leichte Anweisungen vereinfacht wurde, während nur die Gesetze eine verkehrte Wendung nehmen, und jähr- lich mehr verwickelt, schwierig, verworren und dunkel werden.

Unter den Stellen, die der Ober-Sachwalter aus den „Rechten des Menschen" in seine Information übertragen hat, ist eine, wo ich gesagt: „ordentliche Gesetze g i b t es kaum in England."

Da ich nicht weiß, ob der Ober-Sachwalter diesen Ausdruck, deswegen, weil er w a h r ist, oder deswegen, weil er falsch ist, für ehrenrührig erklären will, so begnüge ich mich hier mit der Anmerkung, daß, hätten die Kalen- der-Schreiber nicht mehr Urtheilskraft, als die Gesetzgeber angewandt, das Studium der Kalender heut zu Tage eben so viel Kopfbrechen, als das Studium der Gesetze kosten, und man von Kalender-Sammlungen wie jetzt von Sammlungen der Statuten hören würde; durch die einfache Ope- ration aber, das Veraltete wegzuwerfen, und nur das Brauchbare noch be- stehen zu lassen, wird alles zu wissen Nothwendige in den Raum eines Jahres zusammengetragen; und so können auch Gesetze für einen gewissen Zeitraum gesammelt werden.

Ich schließe hier dieses Sendschreiben, so weit es die Adressenten, die Proclamation und die gerichtliche Verfolgung angeht. Nun für die Gesell- schaft, die sich „Freunde des Volkes" betitelt, noch ein paar Anmerkungen.

Daß die Regierungskunst besser als in vorigen Zeiten verstanden zu wer- den beginnt, und daß das Zeitalter der Täuschung, des politischen Aber- glaubens, der Berückung und der Mysterien im Vorübergehen ist, sind Dinge, deren Wahrheit sowohl in England als in andern Ländern die täg- liche Erfahrung beweist.

Wie es demnach unmöglich ist, den stillen Fortgang der Meinung zu be- rechnen, und eine Nation, nachdem sie ihre Denkungsart verändert hat,

---

*) Unter Heinrich dem Vierten wurde ein Gesetz gemacht, das Todesstrafe dem bestimmte, „der Gold oder Silber vervielfältigte, oder Zauberkunst oder Goldmacherei triebe." und dies Gesetz behauptete zweihundert sechs und achzig Jahre lang seinen Platz unter den Sta- tuten. Darauf wurde es als ein lächerliches und entehrendes Gesetz abgeschafft.

fernerhin durch Lug und Trug zu regieren, so ist es, Volksunzufriedenheit und Bewegungen zu verhüten, die einzig wahre Methode, durch jeden geraden und vernünftigen Beweisgrund so viel Licht als möglich über die Sache zu verbreiten, und zugleich die Mittel zur Erforschung der allgemeinen National-Gesinnung zu eröffnen, wozu es, wie bereits gesagt, kein kräftigeres gibt, als einen National-Convent. In diesem wird die individuelle Meinung einen Mittelpunkt gefunden haben, auf den sie sich stützen kann, und wird damit sich beruhigen.

Die oben erwähnte Gesellschaft (die aus Leuten von verschiedenen Schattirungen, vornemlich aber aus sogenannten Toriten besteht) scheint mir entweder aus Mangel an Urtheil schlechte Gründe gewählt, oder mit schlauem Vorbehalt gehandelt zu haben. Jetzt amüsirt sie das Volk mit einer neuen Phrase: „die Reform temperiren und moderiren," das heißt, **die Mißbräuche so lange als möglich schützen. „Können wir „nicht Alles, so laßt uns doch Einiges halten."**

Wer ist es, der Reformen scheut? Fürchtet das Volk eine zu starke Verminderung der Steuern? Fürchtet es eine zu schnelle Abschaffung der Stellen und Pensionen ohne Amtsverrichtung? Fürchtet der Arme eine zu gemächliche Versorgung? Ist dem ausgedienten Taglöhner, oder dem alten und abgelebten Handwerker vor der Aussicht bange, aus dem Ueberschuß der Steuern jährlich zehn Pfund zu erhalten? Scheut sich der Soldat, seinen Abschied und wöchentlich drei Schillinge auf Lebenszeit zu nehmen? Schaudert den Matrosen vor Abschaffung der Preßbefehle? — Die Gesellschaft nimmt irrig die Furcht der Stimmenverkäufer, Beamten und Pensionäre für die Furcht des Volkes, und ihr Temperiren und Moderiren ist darauf berechnet, sich der Lage der Ersteren anzupassen.

Hinter diesen Worten „Temperiren" und „Moderiren," (mäßigen) steckt entweder politische Feigheit, oder Schlauheit, oder Verführung. — Ein Ding, das mäßig gut ist, ist weniger gut, als es sein sollte. Mäßigung ist allerdings eine Tugend; aber Mäßigung in Grundsätzen ist eine Art Laster. Allein wer soll darüber richten, was eine temperate und moderate Reform sei? Die Gesellschaft der Volksfreunde ist der Stellvertreter eines Nicht-Körpers; auch kann der unvertretene Theil der Nation denen im Parlament, deren Wahl ohne ihn geschieht, die Macht dazu nicht übertragen; selbst also nach dem Grundsatze der Gesellschaft muß zu einem National-Convente Zuflucht genommen werden.

For hat der von Grey vorgeschlagenen Motion, wegen einer Reform des Parlaments, den Mangel eines Planes vorgeworfen. In der That enthält sie keinen Plan zu einer Reform. Dieser kommt aber leicht von selbst; und wenn er allen Parteien angemessen ist, so beugt er den Gefahren vor, die sonst aus Privat- oder Volksmißvergnügen entspringen möchten.

Thomas Paine.

Abhandlung über die ersten Grundsätze der Regierung.

Es gibt keinen für Jedermann wichtigeren Gegenstand zur Betrachtung, als den der Regierung. Eines Jeden Sicherheit, sei er reich oder arm, und im großen Maße sein Glück, sind damit verknüpft; es ist deshalb sein Interesse ebenso, wie seine Pflicht, sich mit ihren Grundsätzen und mit der Ausübung derselben, wie sie sein sollte, bekannt zu machen.

Jede Kunst und Wissenschaft, wenn auch im Anfange nicht völlig bekannt, wurde studirt, verbessert und zu dem gebracht, was wir Vollkommenheit nennen, durch die fortschreitende Arbeit aufeinanderfolgender Geschlechter; aber die Regierungswissenschaft hat still gestanden. Es wurde keine Verbesserung im Prinzip gemacht, und kaum eine in der Praxis, bis die amerikanische Revolution begann. In allen Ländern Europa's (ausgenommen in Frankreich) bestehen noch die nämlichen Formen und Systeme, welche in den entfernten Zeitaltern der Unwissenheit errichtet wurden, und ihr Alter wird an die Stelle des Prinzips gesetzt; es ist verboten, ihren Ursprung zu untersuchen, oder nach welchem Rechte sie bestehen. Wenn gefragt wird, wie sich dies zutrug, so ist die Antwort leicht; sie sind nach einem Prinzip errichtet, welches falsch ist, und sie wenden ihre Macht an, um die Entdeckung davon zu verhindern.

Ungeachtet des Geheimnisses, in welches die Regierungswissenschaft, um das Menschengeschlecht zu knechten, zu plündern und zu betrügen, gehüllt wurde, ist sie von allen Dingen am wenigsten geheimnißvoll und sehr leicht verständlich. Die geringste Fähigkeit kann nicht verlegen sein, wenn sie ihre Nachfragen am rechten Punkt beginnt. Jede Kunst oder Wissenschaft hat irgend einen Punkt, oder ein Alphabet, bei welchem das Studium der Kunst oder Wissenschaft anfängt, und durch dessen Hilfe der Fortschritt erleichtert wird. Dieselbe Methode sollte in Rücksicht auf die Regierungswissenschaft befolgt werden.

Anstatt denn den Gegenstand im Anfange durch die zahlreichen Unterabtheilungen, in welche verschiedene Regierunsformen, wie Aristokratie, Demokratie, Oligarchie, Monarchie u. s. w. classificirt wurden, zu verwirren, wird es besser sein, mit dem zu beginnen, was man die ursprünglichen Eintheilungen nennt, oder mit denjenigen, unter welchen alle die verschiedenen Regierungsformen begriffen werden können.

Ursprüngliche Eintheilungen gibt es blos zwei:

Erstens: Regierung durch Erwählung und Vertretung.

Zweitens: Regierung nach der Erbfolge.

Alle die verschiedenen Regierungsformen und Systeme, wie zahlreich und verschieden sie immer sein mögen, reihen sich unter die eine oder die andere dieser ursprünglichen Eintheilungen; denn entweder bestehen sie nach dem System der Vertretung oder nach dem der Erbfolge. Was das zweideutige Ding betrifft, welches gemischte Regierung genannt wird, so wie die gegenwärtige Regierung Hollands und die gegenwärtige Regierung Englands, so macht es keine Ausnahme von der allgemeinen Regel, weil die Theile, wenn man sie getrennt betrachtet, entweder vertretend, oder erblich sind.

Wenn wir denn unsere Untersuchung an diesem Punkte beginnen, so haben wir zuerst in die Natur dieser zwei ursprünglichen Eintheilungen einzubringen. Wenn sie gleich richtig nach dem Prinzip sind, so ist es blos Sache der Meinung, welche wir vorziehen. Wenn die Eine erweislich besser ist, als die Andere, so leitet dieser Umstand unsere Wahl; aber wenn eine derselben so absolut falsch sein sollte, daß sie gar kein Recht für ihr Bestehen hätte, so ist die Sache mit einem Male abgemacht, weil, wenn die Verwerflichkeit Einer Sache bewiesen ist, wo blos zwei dargeboten sind, von

benen eine angenommen werden muß, die Verwerfung der Einen einer Annahme der Andern gleich kommt.

Die Revolutionen, welche sich jetzt in der Welt ausbreiten, haben ihren
Ursprung in diesem Zustande der Sache, und der gegenwärtige Krieg ist
ein Kampf zwischen dem Wahlsystem, welches sich auf die Rechte des Volkes, und dem Erbsystem, welches sich auf Anmaßung gründet. Was das
betrifft, was man Monarchie, Königthum und Aristokratie nennt, so bezeichnen dieselben weder als Dinge, noch als Ausdrücke, das Erb=System
hinlänglich; sie sind blos untergeordnete Dinge oder Zeichen für das Erb=
System, welche von selbst fallen, wenn jenes System kein Recht, zu bestehen, hat. Gäbe es keine solchen Ausdrücke, wie Monarchie, Königthum
und Aristokratie, oder wären andere Ausdrücke an ihre Stelle gesetzt, so
würde das Erb=System, wenn es fortdauern würde, dadurch nicht verändert werden. Es würde dasselbe System sein unter irgend einem andern
Titel und Namen, wie jetzt.

Der Charakter der gegenwärtigen Revolutionen unterscheidet sich daher
am bestimmtesten dadurch, daß er sich auf das System der vertretenden Regierung, im Gegensatze zur erblichen, gründet. Keine andere Unterscheidung berührt das ganze Prinzip.

Nachdem ich auf diese Weise den Fall überhaupt eröffnet habe, gehe ich
weiter, um zuerst das Erb=System zu prüfen, weil es in Bezug auf Zeit
den Vorrang hat. Das Wahl=System ist die Erfindung der modernen
Welt; und damit in Bezug auf meine eigene Meinung kein Zweifel auf-
steigen möge, so erkläre ich dieselbe vor der Hand als darin bestehend,
daß es im Euklid keine Aufgabe gibt, welche mathe-
matisch richtiger ist, als die, daß erbliche Regierung
kein Recht zu bestehen hat. Wenn wir daher einem
Manne die Ausübung erblicher Macht nehmen, so nehmen wir ihm das weg, was zu besitzen er nie das Recht
hatte, und worauf ihm kein Gesetz oder Gebrauch einen Anspruch geben konnte, oder je geben kann.

Die Beweise, welche bisher gegen das Erb=System angewendet worden
sind, wurden vornemlich auf seine Ungereimtheit und Unzulänglichkeit für
die Zwecke einer guten Regierung gegründet. Nichts kann unserm Urtheil
oder unserer Einbildungskraft eine Gestalt von größerer Ungereimtheit darstellen, als wenn wir sehen, daß die Regierung einer Nation in die Hände
eines Knaben fällt, wie dies häufig geschieht, der arm an der nothwendigen Erfahrung und oft wenig besser ist, als ein Narr. Es ist ein Schimpf
für jeden Mann von Jahren, Charakter und Talenten in einem Lande.
Im Augenblicke, wo wir über das Erb=System nachzudenken anfangen,
fällt es in's Lächerliche; lasset nur eine einzige Idee erstehen, und Tausende
werden bald folgen. Unbedeutenheit, Unvermögen, Aberwitz, Kindheit,
Mangel an moralischem Charakter, kurz alle Mängel, seien sie ernsthaft,
oder lächerlich, vereinigen sich dazu, das Erb=System als eine lächerliche
Gestalt darzustellen. Jedoch schreite ich, indem ich die Lächerlichkeit der
Sache den Betrachtungen des Lesers überlasse, zum wichtigeren Theil der
Frage, nämlich ob ein solches System ein Recht, zu bestehen hat.

Um überzeugt zu sein, daß ein Ding das Recht hat, zu bestehen, müssen
wir überzeugt sein, daß es ein Recht hatte, zu beginnen. Wenn es kein
Recht hatte, zu beginnen, so hat es kein Recht, fortzudauern. Aus wel-

chem Rechte begann also das Erbfolge-System? Lasset einen Mann diese
Frage an sich selbst stellen, und er wird finden, daß er sich selbst nicht mit
einer Antwort zufrieden stellen kann.

Das Recht, welches irgend ein Mann, oder irgend eine Familie hatte,
sich selbst zum Regenten einer Nation aufzustellen und sich erblich zu machen, war kein anderes, als das Recht, welches Robespierre hatte, dasselbe
in Frankreich zu thun. Wenn er keines hatte, hatten sie auch keines.
Wenn sie irgend eines hatten, hatte er eben so viel; denn es ist unmöglich,
ein größeres Recht in irgend einer einzelnen Familie zu entdecken, vermöge
dessen eine erbliche Regierung ihren Anfang nehmen konnte. Die Capets,
Guelfen, Robespierre's, Marats stehen in Bezug auf die Rechtsfrage alle
auf derselben Linie. Das Recht gehört keiner ausschließlich.

Es heißt, sich der Freiheit einen Schritt nähern, wenn man bemerkt,
daß erbliche Regierung nicht als ausschließliches Recht einer Familie den
Anfang nehmen konnte. Der nächste Punkt wird der sein, ob dieselbe,
wenn sie einmal begonnen hat, durch den Einfluß der Zeit zu einem Recht
werden konnte.

Das hieße einen Unsinn annehmen; denn es heißt entweder die Zeit an
die Stelle des Prinzips setzen, oder dieselbe über das Prinzip stellen, während keine Zeit mehr Verwandtschaft mit dem Prinzip oder Einfluß auf dasselbe hat, als das Prinzip auf die Zeit. Das Unrecht, welches vor tausend Jahren begann, ist eben so unrecht, als ob es heute begänne; und
das Recht, welches heute seinen Ursprung nimmt, ist eben so recht, als ob
es die Sanction von tausend Jahren hätte. Die Zeit ist in Beziehung auf
Grundsätze ein ewiges Jetzt: sie hat keine Wirkung auf dieselben, sie verändert nichts an ihrer Natur und ihren Eigenschaften. Aber was haben
wir mit tausend Jahren zu thun? Unsere Lebenszeit ist nur ein kurzer
Abschnitt dieser Periode, und wenn wir das Unrecht in Existenz finden, sobald wir zu leben anfangen, so ist dies der Zeitpunkt, in welchem dasselbe
für uns anfängt; und unser Recht, ihm zu widerstehen, ist dasselbe, als
ob es nie vorher bestanden hätte.

Da eine erbliche Regierung weder als ein natürliches Recht irgend einer Familie beginnen, noch nach ihrem Anfang irgend ein Recht von der Zeit ableiten konnte, so haben wir blos zu untersuchen, ob bei irgend einer Nation
ein Recht besteht, dieselbe aufzustellen, und durch das, was Recht genannt
wird, zu sichern, wie dies in England geschehen ist? Ich antworte Nein
und behaupte, daß irgend ein Gesetz oder irgend eine zu diesem Zwecke gemachte Constitution eine Handlung des Verraths gegen das Recht irgend
eines Minderjährigen in der Nation, zur Zeit, wo sie gemacht wird, und
gegen die Rechte aller nachfolgenden Generationen ist. Ich werde über
jeden dieser Fälle sprechen. Zuerst von den Minderjährigen zur Zeit, wo
dieses Gesetz gemacht wird; zweitens von den Generationen, welche folgen
werden.

Eine Nation begreift in gesammter Auffassung alle Individuen, sie mögen sein, von welchem Alter sie wollen, von denen, die eben geboren werden, bis zu denen, die eben sterben, in sich. Von diesen wird ein Theil
minderjährig, der andere majorenn sein. Das durchschnittliche Lebens-
alter ist nicht gerade in jedem Klima oder Land das nämliche: aber im Allgemeinen ist die Minorität an Jahren die Majorität an Zahl; d. h. die
Zahl der Personen unter einundzwanzig Jahren ist größer, als die Zahl

der älteren Personen. Dieser Unterschied in der Zahl ist nicht nothwendig zur Aufstellung des Prinzips, welches ich darzulegen denke; aber es dient dazu, die Gerechtigkeit desselben nachdrücklicher zu zeigen. Das Prinzip würde eben so wahr sein, wenn die Majorität an Jahren auch die Majorität an Zahl wäre.

Die Rechte der Minderjährigen sind so geheiligt, wie die Rechte der Volljährigen. Der Unterschied liegt ganz und gar in dem verschiedenen Alter der zwei Parteien, und nicht in der Natur der Rechte; die Rechte sind dieselben Rechte, und müssen unverletzt als das Erbe der Minderjährigen aufbewahrt werden, wenn sie das gesetzliche Alter erreicht haben. Während der Minderjährigkeit der Minderjährigen sind ihre Rechte unter der geheiligten Vormundschaft der Alten. Die Minderjährigen können sie nicht abgeben, die Vormünder können sie derselben nicht entsetzen; folglich haben die Volljährigen einer Nation, welche die Gesetzgeber ihrer Zeit sind, und welche in dem Laufe des Lebens derjenigen, welche noch minderjährig sind und welchen sie bald Platz machen müssen, nur um wenige Jahre voran sind, kein Recht und können keines haben, ein Gesetz zu machen, um erbliche Regierung, oder, um deutlicher zu sprechen, erbliche Nachfolge der Regenten aufzustellen und festzusetzen; weil es ein Versuch ist, jeden Minderjährigen in der Nation zu der Zeit, wo solch ein Gesetz gemacht wird, seiner Erbschaft von Rechten, wenn er majorenn wird, zu berauben, und ihn einem Regierungssystem zu unterwerfen, in welches er weder einwilligen, noch gegen welches er Einsprache erheben kann.

Wenn eine Person, welche zu der Zeit, in welcher solch ein Gesetz vorgeschlagen wird, minderjährig ist, zufällig wenige Jahre früher geboren worden, so daß sie zur Zeit des Vorschlags im Alter von einundzwanzig Jahren wäre, so würde ihr Recht, Einwürfe gegen dasselbe zu machen, dessen Ungerechtigkeit und tyrannische Prinzipien bloszustellen und gegen dasselbe zu stimmen, von allen Seiten anerkannt worden sein. Wenn deshalb das Gesetz dahin wirkt, ihn zu verhindern, dieselben Rechte auszuüben, wenn er nachher majorenn wird, wie er ein Recht gehabt haben würde, dieselben auszuüben, wäre er zu jener Zeit majorenn gewesen, so ist dies unleugbar ein Gesetz, um die Rechte jeder Person in der Nation wegzunehmen und zu vernichten, welche zu der Zeit, wo solch ein Gesetz gemacht wird, minderjährig sein wird, und folglich kann das Recht, ein solches Gesetz zu machen, nicht bestehen.

Ich komme nun darauf, über die Regierung durch Erbfolge zu sprechen, wie dieselbe sich zu den nachfolgenden Generationen verhält, und zu zeigen, daß in Bezug auf die Nachkommenschaft einer Nation eben so, wie bei Minderjährigen, kein Recht bestehen kann, sie aufzustellen.

Eine Nation, wenn auch fortwährend bestehend, ist fortwährend in einem Zustande der Erneuerung und Nachfolge. Sie ist niemals stetig. Jeder Tag bringt neue Geburten hervor, führt Minderjährige vorwärts zur Reise und alte Personen vom Schauplatze ab. In dieser immer strömenden Fluth von Generationen gibt es keinen Theil, der dem andern an Autorität überlegen ist. Könnten wir die Idee fassen, daß irgend eine solche Ueberlegenheit vorhanden wäre, auf welchen Zeitpunkt oder auf welches Jahrhundert der Welt sollten wir sie stellen? Welcher Ursache haben wir sie zuzuschreiben? Durch welches Zeugniß sollen wir sie beweisen? An welchem Merkmal sollen wir sie erkennen? Eine einfache Betrachtung wird uns lehren, daß unsere Vorfahren, wie wir selbst, nur Miethsleute in dem großen Eigenthum von Rechten waren. Das unumschränkte Lehen lag nicht in ihnen, liegt nicht in uns; es gehört der ganzen Menschenfamilie durch alle Zeitalter an. Wenn wir anders als so denken, so denken wir entweder als Sclaven, oder wie Tyrannen. Wie Sclaven, wenn wir denken, daß irgend eine frühere Generation das Recht hatte, uns zu binden; wie Tyrannen, wenn wir denken, daß wir Autorität haben, die Generationen zu binden, welche uns folgen sollen.

Es kann nicht von der Sache abschweifen heißen, wenn wir versuchen zu definiren, was unter einer Generation verstanden werden soll, in dem Sinne des Wortes, wie es hier gebraucht ist.

Als ein natürlicher Ausdruck ist seine Bedeutung hinlänglich klar. Vater, Sohn, Enkel sind so viel bestimmte Generationen. Aber wenn wir von einer Generation sprechen, als die Personen beschreibend, in welchen gesetzliche Autorität liegt, zum Unterschied von einer andern Generation derselben Bezeichnung, welche ihnen nachfolgen soll, so umfaßt sie alle diejenigen, welche zu der Zeit, von welcher an wir rechnen, über das Alter von ein und zwanzig Jahren hinaus sind, und eine Generation dieser Art wird in Autorität bleiben zwischen vierzehn und ein und zwanzig Jahren lang, d. h. bis die Zahl der Minderjährigen, welche majorenn geworden sind, größer sein wird, als die Zahl der Personen, welche von dem früheren Geschlechte übrig bleiben.

Zum Beispiel, wenn Frankreich in diesem oder in irgend einem andern Augenblick vier und zwanzig Millionen Seelen hat, so werden zwölf Millionen männlichen und zwölf weiblichen Geschlechtes sein. Von den zwölf Millionen, welche männlich sind, werden sechs Millionen ein und zwanzig Jahre Alt und sechs unter diesem Alter sein, und die Autorität zu regieren wird in den ersten sechs liegen. Aber jeder Tag wird eine Veränderung machen und in ein und zwanzig Jahren wird Jeder dieser Minderjährigen das gesetzliche Alter erreicht haben und der größere Theil des früheren Geschlechts wird dahin gegangen sein; die Majorität der dann lebenden Personen, in welchen die gesetzliche Autorität ruht, wird nun aus denjenigen bestehen, welche ein und zwanzig Jahre vorher keine gesetzliche Existenz hatten. Diese werden ihrerseits Väter und Großväter sein und in den nächsten ein und zwanzig Jahren (oder in weniger) wird ein anderes Geschlecht von Minderjährigen, welche majorenn geworden sind, ihnen nachfolgen, und so fort.

Da dies immer der Fall ist, und da jede Generation einer andern an Recht gleich ist, so folgt daraus natürlicher Weise, daß keine derselben ein Recht haben kann, Regierung durch Erbfolge festzustellen, weil dies voraussetzen hieße, daß sie ein größeres Recht als die übrigen besäße, nämlich das, auf ihre eigene Autorität hin zu befehlen, wie die Welt in der Folge regiert werden und wer sie regieren solle. Jedes Zeitalter und jede Generation sind und müssen (dem Rechte nach) so frei sein, in allen Fällen für sich selbst zu handeln, als das Zeitalter und die Generationen, welche ihnen vorhergingen; die Eitelkeit und die Anmaßung über das Grab hinaus zu regieren, ist die lächerlichste und unverschämteste aller Tyraneien. Der Mensch hat kein Anrecht auf den Menschen und eine Generation hat auch kein Anrecht auf die Generationen, welche ihr folgen.

Im ersten Theile der Rechte des Menschen habe ich von der Regierung nach Erbfolge gesprochen; ich werde hier diesen Gegenstand mit einem Auszuge aus jenem Werke schließen, welcher denselben unter die zwei folgenden Rubriken bringt: (Siehe Menschenrechte I Seite 65 bis 66).

Die Geschichte des englischen Parlaments liefert ein Beispiel dieser Art, und zwar eines, welches mitgetheilt zu werden verdient, da es den auffallendsten Beweis gesetzgeberischer Unwissenheit und Mangel an Grundsatz liefert, welcher in irgend einem Lande gefunden werden kann. Der Fall ist folgender:

Das englische Parlament von 1688 importirte einen Mann und seine Frau von Holland, Wilhelm und Maria, und machte dieselben zum König und zur Königin von England. Nachdem es dies gethan hatte, machte das besagte Parlament ein Gesetz, um die Regierung des Landes den Erben von Wilhelm und Maria zu übertragen, lautend wie folgt:

„Wir die geistlichen und weltlichen Lords und Gemeinen unterwerfen uns im Namen des Volkes von England in aufrichtigster Treue und Demuth uns selbst und unsere Erben und Nachkommen Wilhelm und Maria, ihren Erben und Nachkommen für immer." Und in einem späteren Gesetz, wie durch Edmund Burke angeführt wurde, bindet das besagte Parlament im Namen des damals lebenden Volkes von England, das besagte Volk, dessen Erben und Nachkommen an Wilhelm und Maria, ihre Erben und Nachkommen bis ans Ende der Zeiten.

Es ist nicht hinreichend, daß wir über die Unwissenheit solcher Gesetzmacher lachen, sondern es ist nothwendig, daß wir ihren Mangel an Grundsatz verwerfen. Die Wahlversammlung von Frankreich (1789) verfiel in dasselbe Laster, wie das Parlament von England und maßte sich an, eine Erbfolge in der Familie der Capets, als Acte der Constitution jenes Jahrs, festzustellen. Daß jede Generation für die Zeit, in der sie lebt, ein Recht hat, sich selbst zu regieren, wie es ihr gefällt, muß immer zugegeben werden, aber Regierung durch Erbfolge, ist Regierung für ein anderes Geschlecht von Menschen und nicht für sich selbst; und da diejenigen, auf welche sie wirkt, noch nicht in Existenz oder noch minderjährig sind, so ist auch das Recht, eine Regierung für sie aufzustellen, noch nicht in Existenz, und die Anmaßung eines solchen Rechtes ist Verrath gegen die Rechte der Nachkommenschaft.

Ich schließe hier die Beweise über die erste Rubrik, nämlich über Regierung durch Erbfolge, und gehe zur zweiten über, zur Regierung durch Wahl und Vertretung, oder, wie man sich genau ausdrücken könnte, zur repräsentativen Regierung zum Unterschied von erblicher Regierung.

Aus dem Wegfall der ersten Regierungsform zu schließen, d. h. wenn erbliche Regierung kein Recht hat zu bestehen, und daß sie keines hat, kann bewiesen werden, so ist die vertretende Regierung, natürlich als die vernünftige, zugegeben.

Wenn wir eine Regierung durch Wahl und Vertretung betrachten, so belustigen wir uns nicht dadurch, daß wir fragen: wann, wie, oder mit welchem Rechte sie begann; ihr Ursprung liegt stets vor Augen. Der Mensch ist selbst der Ursprung und der Beweis des Rechtes. Es gehört ihm durch das Recht seiner Existenz, und seine Person ist die Urkunde davon.

Die wahre und einzig wahre Grundlage der vertretenden Regierung ist die Gleichheit der Rechte. Jedermann hat ein Recht zu einer Stimme und nicht mehr, bei der Wahl der Repräsentanten. Der Reiche hat nicht mehr Recht, den Armen vom Stimmrecht oder vom Wählen und Erwählt-zuwerden auszuschließen, als der Arme hat, den Reichen auszuschließen; und wo dies auf einer von beiden Seiten versucht oder vorgeschlagen wird, so ist dies eine Frage der Gewalt und nicht des Rechts. Wer ist der, der einen Andern ausschließen wollte? Der Andere hat ein Recht, ihn auszuschließen.

Das, was jetzt Aristokratie genannt wird, bedeutet eine Ungleichheit der Rechte; aber wer sind die Personen, welche das Recht haben, diese Un-gleichheit festzustellen? Werden die Reichen sich selbst ausschließen? Nein! Werden die Armen sich selbst ausschließen? Nein! Nach welchem Rechte können irgend Welche ausgeschlossen werden? Es würde eine Frage sein, ob irgend ein Mensch, oder eine Classe von Menschen ein Recht habe, sich selbst auszuschließen; aber sei dies, wie es wolle, so können sie kein Recht haben, sich einander auszuschließen. Die Armen werden den Reichen kein solches Recht geben, noch die Reichen den Armen; und sich dies anmaßen, heißt sich nicht allein willkürliche Macht, sondern das Recht, Räuberei zu begehen, anmaßen.

Persönliche Rechte, von welchen das Recht für Repräsentanten zu stim-men Eins ist, sind gewissermaßen ein Eigenthum der heiligsten Art; und derjenige, welcher sein pecuniäres Eigenthum anwenden wollte, oder sich auf den Einfluß verlassen würde, welchen ihm dasselbe gibt, um einen An-dern seines Eigenthums von Rechten zu entsetzen, oder zu berauben, ge-braucht dieses pecuniären Eigenthums eben so, wie er Feuerwaffen gebrau-chen würde und verdient, daß es ihm genommen werde.

Ungleichheit der Rechte wird durch eine Vereinigung eines Theiles der Gesellschaft, um einen andern Theil von seinen Rechten auszuschließen, er-zeugt. Sobald es zu einem Artikel einer Constitution oder eines Gesetzes gemacht werden wird, daß das Recht zu stimmen oder zu wählen, oder ge-wählt zu werden, ausschließlich den Personen gehören soll, welche eine ge-wisse Quantität von Eigenthum besitzen, sei es wenig oder viel, so ist dies eine Vereinigung der Personen, welche diese Quantität besitzen, um diejenigen, welche nicht die nämliche Quantität besitzen, auszuschließen. Es heißt dies, sich selbst mit einer Macht als selbstgeschaffener Theil der Gesell-schaft zum Ausschlusse der Uebrigen bekleiden.

Es kann immer für bestimmt angenommen werden, daß diejenigen, welche einer Gleichheit der Rechte entgegentreten, nie meinen, daß diese Ausschließung sie selbst treffen solle; und wenn wir den Fall auf diese Weise betrachten, so ist die Aristokratie, wenn wir die Eitelkeit der Sache verzei-hen, lächerlich. Diese sich selbst schmeichelnde Eitelkeit wird durch einen anderen, nicht weniger selbstsüchtigen Gedanken ermuthigt, nämlich, daß die Opponenten glauben, sie spielen ein sicheres Spiel, in welchem es für sie nur Gelegenheit gibt, zu gewinnen, und keine, zu verlieren; daß unter al-len Umständen die Lehre von der Gleichheit sie selbst mit einschließt, und daß sie, wenn sie auch nicht mehr Rechte erlangen können, als diejenigen, welchen sie opponiren und welche sie ausschließen möchten, sie doch im schlimmsten Falle nicht weniger Rechte haben würden. Diese Meinung ist bereits Tausenden verderblich gewesen, welche nicht zufrieden mit glei-chen Rechten, mehr suchten, bis sie alle verloren, und an sich selbst jene

entwürdigende U n g l e i ch h e i t erfuhren, die sie Andern aufzulegen gedachten.

Wie man die Sache auch betrachte, ist es gefährlich und unpolitisch, Eigenthum zu einem Maßstabe des Stimmrechtes zu machen. Wenn die
Summe oder der Werth des Eigenthums, in Folge deren dieses Recht stattfinden soll, beträchtlich ist, so wird dies eine Majorität des Volkes ausschließen und dieselbe zu einem gemeinsamen Interesse gegen die Regierung
und gegen diejenigen, welche sie ausschließen, vereinigen, und da die Macht
immer in den Händen der Majorität liegt, so kann dieselbe eine solche Regierung und diejenigen, welche sie unterstützen, sobald es ihr gefällig ist,
über den Haufen werfen.

Wenn, um diese Gefahr zu vermeiden, eine kleine Quantität Eigenthum
als Maßstab des Rechts bestimmt ist, so ist es eine Schmach für die Freiheit, indem dieselbe zur Mitbewerberin von Zufall und Kleinigkeiten gemacht wird. Wenn eine Zuchtstute glücklicher Weise ein Füllen, oder ein
Maulthier zur Welt bringt, welches dadurch, daß es die fragliche Summe
werth ist, seinem Eigenthümer das Recht zu stimmen gibt, oder es durch
ihren Tod von ihm nimmt, wer hat dann ursprünglich jenes Recht? Der
Mann oder das Maulthier? Wenn wir betrachten, auf wie vielerlei Wegen Eigenthum ohne Verdienst erworben, und ohne Verbrechen verloren
werden kann, so sollten wir die Idee von uns stoßen, es zu einem Merkmal
von Rechten zu machen.

Aber der beleidigende und kränkende Theil der Sache ist, daß diese Ausschließung vom Rechte zu stimmen, einen Makel auf den moralischen Charakter der ausgeschlossenen Personen ausspricht, und dies ist, was ihre
Theil der Gesellschaft das Recht hat über den andern auszusprechen. Kein
äußerlicher Umstand kann dies rechtfertigen; Reichthum ist kein Beweis
von moralischem Charakter, noch Armuth ein Beweis des Mangels desselben. Im Gegentheil, Reichthum ist oft der muthmaßliche Beweis von Un-
ehrlichkeit, und Armuth der negative Beweis von Unschuld. Wenn daher
Eigenthum, sei es viel oder wenig, zu einem Merkmal gemacht wird, so sollten die Mittel, durch welche es erworben wurde, ebenfalls zu einem Merkmale gemacht werden. Der einzige Grund, nach welchem Ausschließung
von dem Rechte zu stimmen mit Gerechtigkeit übereinstimmt, würde der
sein, dies denjenigen für eine gewisse Zeit als Strafe aufzuerlegen, welche
vorschlagen sollten, dieses Recht Anderen zu nehmen. Das Recht für Vertreter zu stimmen, ist das ursprüngliche Recht, durch welches alle anderen
Rechte beschützt werden. Denn dieses Recht wegnehmen, heißt einen
Mann zur Sclaverei zurückführen, denn Sclaverei besteht darin, daß man
der Gegenstand des Willens eines Andern ist, und der, welcher keine
Stimme bei der Wahl der Vertreter hat, befindet sich in diesem Falle.
Deshalb ist der Vorschlag, irgend eine Menschenclasse ihrer Freiheit zu berauben, eben so verbrecherisch, als ihr Eigenthum wegzunehmen. Wenn
wir von Recht sprechen, so sollen wir dies immer mit der Idee von Pflicht
vereinigen: Rechte werden Pflichten durch Gegenseitigkeiten. Es wird
meine Pflicht, das Recht, welches ich genieße, einem Andern zu sichern, und
es ist seine Pflicht, es mir zu sichern; und diejenigen, welche die Pflicht verletzen, verfallen gerechter Weise in einen Verlust der Rechte.

Wird der Fall von einem politischen Gesichtspunkte aus betrachtet, so liegt
die Stärke und dauernde Sicherheit einer Regierung in dem Verhältnisse

II. Y

der Zahl des Volkes, das für ihre Aufrechterhaltung interessirt ist. Die wahre Politik besteht deshalb darin, die Gesammtbevölkerung durch eine Gleichheit an Rechten zu interessiren, denn die Gefahr entsteht durch die Ausschließungen. Es ist möglich, Leute, von dem Recht zu stimmen, auszuschließen, aber es ist unmöglich, sie von dem Rechte auszuschließen, gegen diese Ausschließung sich zu empören; und wenn alle andern Rechte weggenommen sind, so tritt das Recht der Empörung in Kraft.

So lange die Menschen überzeugt werden konnten, daß sie keine Rechte hätten, oder daß Rechte nur einer gewissen Classe von Menschen gehörten, oder daß die Regierung ein Ding sei, welches nach Recht in sich selbst bestehe, war es nicht schwierig, dieselben durch Autorität zu regieren. Die Unwissenheit, in welcher sie gehalten und der Aberglaube, in dem sie unterrichtet wurden, lieferten die Mittel, dies zu thun; aber wenn die Unwissenheit geschwunden ist und der Aberglaube mit ihr; wenn sie bemerken, daß Betrug mit ihnen gespielt wurde; wenn sie überlegen, daß der Pflanzer und der Fabrikant die Grundquellen alles Reichthums sind, der in der Welt existirt, nächst dem, was die Natur willkürlich hervorbringt; wenn sie beginnen, ihr Gewicht nach ihrer Nützlichkeit und ihren Rechten, als Glieder der menschlichen Gesellschaft zu fühlen, dann ist es nicht länger möglich, sie wie vorher zu regieren. Die gemachte Entdeckung des Betruges kann nicht ungeschehen gemacht werden. Dies zu versuchen, heißt das Gelächter herausfordern, oder den Untergang einladen.

Daß das Eigenthum immer ungleich sein wird, ist gewiß. Fleiß, Ueberlegenheit der Talente und Gewandtheit der Verwaltung, äußerste Mäßigkeit, glückliche Gelegenheiten, oder das Gegentheil davon, oder die Mittelstraße dieser Dinge werden immer diese Wirkung verursachen, ohne daß man an die rauh und schlecht klingenden Dinge, wie Geiz und Unterdrückung, zu erinnern braucht; und nebenbei gibt es einige Menschen, welche, obgleich sie Reichthum nicht verachten, sich nicht zu den mühsamen Mitteln, ihn zu erwerben, herablassen, noch sich mit ihm weiter, als es ihre Unabhängigkeit verlangt, beschweren wollen; während in Anderen eine Gier liegt, ihn durch alle nicht strafbaren Mittel zu erlangen; er macht das einzige Geschäft des Lebens aus, und sie folgen ihm wie einer Religion. Alles, was in Bezug auf Eigenthum staatlich gefordert wird, besteht darin, daß dasselbe ehrlich erlangt und nicht verbrecherisch angewendet werde; aber es ist immer eine verbrecherische Verwendung, wenn es zum Maßstabe für ausschließliche Rechte gemacht wird.

Bei Anstalten, welche rein pecuniär sind, so wie bei einer Bank, oder einer Handelsgesellschaft, werden die Rechte der Mitglieder, aus welchen diese Gesellschaft besteht, gänzlich durch das Eigenthum, welches sie in derselben anlegen, geschaffen, und keine anderen Rechte werden in der Regierung dieser Gesellschaft vertreten, als solche, die aus jenem Eigenthum entstehen; noch hat diese Regierung Competenz über irgend Etwas Anderes als Eigenthum.

Aber der Fall ist gänzlich verschieden von der Institution einer Staats-Regierung, welche auf dem Systeme der Vertretung organisirt ist. Solch eine Regierung hat Competenz über alle Dinge und über jeden Mann, als Mitglied der National-Gesellschaft, ob er Eigenthum hat, oder nicht; und deshalb erfordert das Prinzip, daß jeder Mann und jede Art von Recht vertreten sei, von welchen das Recht, Eigenthum zu erwerben und zu besitzen, blos Eines, und zwar nicht von der wesentlichsten Art ist. Die Beschützung der Person eines Menschen ist heiliger, als die Beschützung des Eigenthums, und nebenbei muß die Fähigkeit, irgend eine Arbeit zu verrichten, durch welche er einen Lebensunterhalt erwirbt, oder seine Familie erhält, der Natur der Sache nach auch als Eigenthum betrachtet werden. Sie ist ein Eigenthum für ihn, er hat sie erworben, und sie ist so sehr Gegenstand des Schutzes für ihn, als äußerliches Eigenthum, daß ohne jene Fähigkeit besessen wird, der Gegenstand des Schutzes einer andern Person sein kann.

Ich habe immer geglaubt, daß die beste Sicherheit des Eigenthums, sei es viel oder wenig, darin besteht, daß man von jedem Theile der Gesellschaft so weit als es möglich geschehen kann, jede Ursache zur Klage und jeden Beweggrund zur Gewalt entfernt; und dies kann blos durch eine Gleichheit der Rechte geschehen. Wenn Rechte sicher sind, so ist in Folge dessen Eigenthum auch sicher. Aber wenn Eigenthum zum Vorwand für ungleiche und ausschließliche Rechte gemacht wird, so schwächt dies das Recht, Eigenthum zu halten und fordert Unwillen und Gewaltthätigkeit heraus; denn es ist unnatürlich zu glauben, daß Eigenthum unter der Garantie einer Gesellschaft, die durch den Einfluß dieses Eigenthums in ihren Rechten gekränkt ist, je sicher sein kann.

Die Ungerechtigkeit und schlechte Politik, Eigenthum zum Vorwand für ausschließliche Rechte zu machen, kommt der unerklärlichen Albernheit gleich dem bloßen Schalle den Begriff von Eigenthum zu geben, und ihm gewisse Rechte zu ertheilen; denn was ist ein Titel anderes, als ein Schall? Die Natur gibt der Welt oft einige außerordentliche Menschen, welche durch Verdienst und allgemeine Zustimmung zum Ruhme gelangen, als Aristoteles, Sokrates, Plato; sie waren wahrhaft groß und edel. Aber wenn die Regierung eine Fabrik von Edeln aufrichtet, so ist dies eben so albern, als wenn sie es unternähme, weise Männer zu fabriciren. Ihre Edeln sind alle aus einer Falschmünzerei.

Da ehrlich erlangtes Eigenthum durch eine Gleichheit von Rechten am besten gesichert ist, so hängt schlecht erworbenes Eigenthum von dem Schutze eines Monopols von Rechten ab; wer einen Andern seines Eigenthums beraubt hat, wird sich demnächst bestreben, ihm seine Rechte zu entwinden, um jenes Eigenthum zu sichern; denn wenn der Räuber der Gesetzgeber wird, so hält er sich für sicher. Jener Theil der Regierung von England, der das Haus der Lords genannt wird, war ursprünglich aus solchen Personen zusammengesetzt, die die Räubereien, von denen ich sprach, begangen haben, es war eine Gesellschaft zum Schutze des Eigenthums, welches sie gestohlen hatten.

Aber neben dem Verbrecherischen des Ursprungs der Aristokratie hat dieselbe einen schädlichen Einfluß auf den physischen und moralischen Charakter eines Menschen. Wie Sclaverei entkräftet sie die menschlichen Fähigkeiten; denn, wie der Geist niedergedrückt durch die Sclaverei, schweigend seine elastischen Kräfte verliert, so wird er, wenn er im entgegengesetzten Extrem durch Dünkel sich aufbläht, unfähig, dieselben Kräfte auszuüben und schrumpft zu Unvermögen zusammen. Es ist unmöglich, daß ein Geist, der mit Bändern und Titeln beschäftigt ist, jemals groß sein kann. Das Kindische der Gegenstände verzehrt den Menschen.

Es ist zu jeder Zeit nothwendig, und besonders während des Fortschritts einer Revolution, und bis richtige Ideen sich durch Gewohnheit feste Begründung verschafft haben, daß wir unsern Patriotismus häufig durch Bezugnahme auf die ersten Grundsätze wieder neu beleben. Dadurch, daß wir Dingen bis zu ihrem Ursprung nachspüren, lernen wir sie verstehen; und dadurch, daß wir jene Richtungslinie und jenen Ursprung stets vor Augen haben, vergessen wir sie nie.

Eine Untersuchung des Ursprungs von Rechten wird uns deutlich machen, daß Rechte nicht Gaben eines Mannes an den andern, noch einer Classe von Menschen an die andere sind; denn wer ist der, welcher der erste Geber sein konnte? oder durch welchen Grundsatz oder auf welche Autorität hin konnte er das Recht besitzen, zu geben? Eine Erklärung von Rechten ist weder eine Erschaffung, noch eine Schenkung derselben. Sie ist eine Bekanntmachung des Grundsatzes, durch den sie bestehen, gefolgt von einer Zergliederung dessen, was die Rechte sind; denn jedes Civil=Recht hat ein natürliches Recht zu seiner Grundlage, und es schließt den Grundsatz einer gegenseitigen Versicherung dieser Rechte, von einem Menschen dem andern gemacht, ein. Da es daher unmöglich ist, irgend einen Ursprung von Rechten anderweitig, als in dem Ursprung des Menschen zu entdecken, so folgt natürlich daraus, daß Rechte dem Menschen blos in Folge seiner Existenz gehören, und sie müssen deshalb für jeden Menschen gleich sein. Der Grundsatz einer Gleichheit von Rechten ist klar und einfach. Jeder Mann kann ihn verstehen, und dadurch, daß er seine Rechte versteht, lernt er seine Pflichten; denn wo die Rechte der Menschen gleich sind, muß jeder Mann zuletzt die Nothwendigkeit einsehen, die Rechte Anderer als die wirksamste Sicherheit für seine eigenen zu beschützen. Aber wenn wir bei Bildung einer Constitution von dem Grundsatze gleicher Rechte abweichen, oder eine Beschränkung derselben versuchen, so tauchen wir uns in ein Labyrinth von Schwierigkeiten, aus welchen es blos dadurch, daß wir zurückgehen, einen Ausweg gibt. Wo sollen wir anhalten? oder durch welchen Grundsatz sollen wir die Linie auffinden, die den Unterschied zwischen den Menschen desselben Landes, von welchen ein Theil frei und der andere nicht frei sein soll, zieht? Wenn Eigenthum zum Maßstabe gemacht werden soll, so ist dies eine Abweichung von jedem moralischen Grundsatz der Freiheit, weil es der bloßen Materie Rechte beilegt, und den Menschen zum Agenten dieser Materie macht. Es hieße überdies das Eigenthum als den Apfel der Zwietracht ausstecken und nicht allein Krieg gegen dasselbe erregen, sondern rechtfertigen; denn ich behaupte den Grundsatz, daß, wenn Eigenthum als ein Werkzeug gebraucht wird, um die Rechte derjenigen anzunehmen, welche zufälliger Weise kein Eigenthum besitzen mögen, so wird es zu einem ungesetzlichen Zwecke gebraucht, ebenso wie dies Feuerwaffen in einem ähnlichen Falle sein würden.

In einem natürlichen Zustande sind alle Menschen gleich an Rechten, aber sie sind nicht gleich an Stärke; die Schwachen können sich nicht gegen die Starken schützen. Deshalb entstand die Institution der bürgerlichen Gesellschaft, um eine Gleichförmigkeit von Kräften herbeizuführen, welche für die Gleichheit der Rechte eine Parallele und eine Garantie sein soll. Die Gesetze eines Landes, wenn sie richtig construirt sind, entsprechen diesem Zwecke. Jedermann hält den Arm des Gesetzes zu seinem Schutze für wirksamer als seinen eigenen; und deshalb hat jeder Mann das gleiche Recht bei Bildung der Regierung und der Gesetze, durch welche er regiert und gerichtet werden soll. In ausgedehnten Ländern und Gesellschaften wie in Amerika und Frankreich kann dieses Recht des Einzelnen blos durch Abordnung ausgeübt werden, das heißt durch Wahl und Vertretung; und daher entsteht das Institut der vertretenden Regierung.

Bisher hatte ich mich auf Dinge, welche sich blos auf Grundsätze beziehen, beschränkt. Erstens, daß erbliche Regierung kein Recht hat zu bestehen, daß sie auf keinen Rechtsgrund hin festgestellt werden kann, und daß sie eine Verletzung aller Grundsätze ist; und Zweitens, daß Regierung durch Wahl und Vertretung ihren Ursprung in den natürlichen und ewigen Rechten des Menschen hat; denn ob der Mensch für sich allein sein eigener Gesetzgeber ist, wie er es im Zustande der Natur sein würde, oder ob er seinen Antheil an der gesetzgebenden Souveränität, wie dies in kleinen Demokratien der Fall sein könnte, wo sich Alle zur Bildung der Gesetze, durch welche sie regiert werden sollten, versammeln könnten, persönlich ausübt; oder ob er dieselbe ausübt durch die Wahl von Personen, welche ihn in einer National-Versammlung von Repräsentanten vertreten; so ist doch der Ursprung des Rechts in allen Fällen derselbe. Dem ersten, dem alleinstehenden Menschen fehlt, wie vorher bemerkt, die Macht; das Zweite ist blos in Demokratien von geringer Ausdehnung anwendbar, und das Dritte ist der größte Maßstab, nach welchem eine menschliche Regierung eingesetzt werden kann.

Nächst den Dingen, welche auf Grundsätzen beruhen, gibt es Dinge, die sich auf Meinung beziehen, und es ist nothwendig einen Unterschied zwischen beiden zu machen. Ob die Rechte der Menschen gleich sein sollen, ist keine Sache der Meinung, sondern des Rechts, folglich des Grundsatzes; denn die Menschen haben ihre Rechte nicht als Bewilligungen von einander, sondern Jeder ist zu seinem Rechte in und durch sich selbst befugt. Die Gesellschaft ist die Beschützerin, aber nicht die Geberin. Und da in ausgedehnten Gesellschaften, wie in Frankreich und Amerika, das Recht des Einzelnen in Bezug auf Regierungssachen nur durch Wahl und Vertretung ausgeübt werden kann, so folgt natürlich, daß das einzige Regierungs-System, das mit den Grundsätzen übereinstimmt, da, wo die einfache Demokratie unausführbar ist, das vertretende System ist. Aber, was den organischen Theil anbelangt, oder die Art und Weise, in welcher die Regierung eingetheilt und geordnet werden soll, so ist dies ganz und gar Sache der Meinung. Es ist nothwendig, daß alle Theile mit dem prinzipgleichen Rechte übereinstimmen; und so lange dieser Grundsatz treu gehalten wird, so kann kein sehr wesentlicher Irrthum stattfinden, auch kann kein Irrthum lange in jenem Theile anhalten, der in den Bereich der Meinung fällt.

In allen Meinungssachen erfordert es der gesellige Vertrag, oder der Grundsatz, durch welchen die Gesellschaft zusammengehalten wird, daß die Majorität der Meinungen die Regel des Ganzen wird, und daß die Minorität derselben praktischen Gehorsam leistet. Dies ist vollkommen mit dem Grundsatze gleicher Rechte übereinstimmend; denn erstens hat Jedermann ein Recht, eine Meinung abzugeben, aber Niemand hat ein Recht zu fordern, daß seine eigene die Uebrigen regieren solle; zweitens kann man nicht annehmen, daß es schon vorher bekannt sei, für welche Seite einer Frage, ob dafür oder dagegen die Meinung jedes Mannes sich erklären wird, er mag vielleicht bei einigen Fragen in der Mehrheit, bei andern in der Minderheit sein, und nach derselben Regel, nach welcher er Gehorsam in dem einen Falle erwartet, muß er ihn im andern leisten.

Alle Unordnungen, welche während des Fortschritts der Revolution in Frankreich entstanden sind, haben ihren Ursprung nicht in dem **Grund-satze gleicher Rechte**, sondern in der Verletzung desselben Grundsatzes. Der Grundsatz gleicher Rechte ist wiederholt verletzt worden, und zwar nicht von der Majorität, sondern von der Minorität, und diese **Minorität bestand sowohl aus Leuten, welche Eigenthum besaßen, als auch aus solchen, welche Nichts besaßen.** Eigenthum ist des-halb sogar nach der bereits gemachten **Erfahrung ebenso-wenig ein Maßstab des Charakters, als der Rechte.** Es wird manchmal geschehen, daß die Minorität Recht und die Majorität Un-recht hat, aber sobald als die Erfahrung beweist, daß dies der Fall ist, so wird sich die Minorität zu einer Majorität vermehren, und der Irrthum wird sich durch die ruhige Wirkung von Meinungsfreiheit und Gleichheit der Rechte selbst verbessern. Nichts kann daher einen Aufruhr rechtfertigen, auch kann derselbe nie nothwendig sein, wo die Rechte gleich und die Mei-nungen frei sind.

Verschiedene Methoden stellen sich bei einer Frage dieser Art zur Befol-gung dar, und obgleich es noch an Erfahrung fehlt zu bestimmen, welches die beste ist, so hat sie, denke ich, hinreichend entschieden, welches die schlech-teste ist. Jene ist die schlechteste, welche in ihren Berathungen und Be-schlüssen der Uebereilung und Leidenschaft eines Individuums unterworfen ist; und wenn die ganze Gesetzgebung in Einen Körper zusammengedrängt ist, so ist dies ein Individuum in Masse. In allen Fällen der Berathung ist es nothwendig, einen Körper im Rückhalt zu haben, und es würde bes-ser sein, die Vertretung durch das Loos in zwei Theile zu theilen, welche einander gegenseitig revidiren und verbessern sollen, als daß Alle gleichzeitig sitzen und auf einmal berathen.

Die vertretende Regierung ist nicht nothwendiger Weise auf irgend eine besondere Form beschränkt. Der Grundsatz ist bei allen Formen, in die sie geordnet werden kann, derselbe. Die gleichen Rechte des Volkes sind die Wurzel, aus welchen das Ganze erwächst, und die Zweige können so gerichtet werden, wie es die gegenwärtige Meinung oder die zukünftige Er-fahrung am besten bestimmen mag. Was das **Hospital der Unheil-baren** (wie Chesterfield es nennt), das britische Haus der Pairs, betrifft, so ist dies ein Auswuchs, der aus Verderbtheit entsteht, und es besteht nicht mehr Verwandtschaft oder Aehnlichkeit zwischen all den Zweigen eines ge-setzgebenden Körpers, die im Rechte des Volkes ihren Ursprung haben, und dem vorher besagten Hause der Pairs, als zwischen einem regelmäßigen Glied des menschlichen Körpers und einem krebsartigen Ueberbein.

Was seinen Theil der Regierung anbetrifft, welcher die Executive ge-nannt wird, so ist es zuerst nothwendig, die genaue Bedeutung des Wortes festzustellen.

Es gibt blos zwei Theile, in welche die Gewalt eines Staates geschieden werden kann: Erstens, diejenige des Wollens, das heißt Gesetze geben; zweitens, die des Handelns, das heißt sie ausführen, oder ins Werk setzen. Die erstere stimmt mit den intellectuellen Fähigkeiten des menschlichen Geistes überein, und sie bedenkt und beschließt, was geschehen soll; die zweite cor-respondirt mit den physischen Kräften des menschlichen Körpers und bringt jenen Entschluß zur Ausführung. Wenn die erstere entscheidet und die letztere führt nicht aus, so ist dies ein Zustand der Entkräftung; und wenn bie letztere, ohne die Vorherbestimmung der ersteren handelt, so ist dies ein Zustand des Wahnsinns. Das executive Departement ist deshalb so zu sagen im Dienste, und es ist dem gesetzgebenden untergeordnet, so wie es der Körper dem Geiste im Zustande der Gesundheit ist; denn es ist unmöglich die Idee von zwei Souveränitäten zu begreifen, eine Souveränität, die will, und eine Souveränität, die handelt. Die Executive ist nicht mit der Gewalt begabt zu berathen, ob sie handeln soll, oder nicht; sie hat keine willkürliche Autorität in der Sache; denn sie kann nicht anders handeln, als die Gesetze es vorschreiben, und sie ist verpflichtet, in Gemäßheit mit denselben zu handeln. Und aus diesem Gesichtspunkte betrachtet ist die Executive aus allen den officiellen Departements, welche die Gesetze ausführen, zusammengesetzt, und von diesen ist dasjenige, welches das richterliche genannt wird, das oberste.

Aber die Menschen haben sich einen Gedanken in den Kopf gesetzt, daß irgend eine Art von Autorität nothwendig sei, um die Ausführung der Gesetze zu beaufsichtigen und darauf zu sehen, daß sie treulich vollzogen werden; und dadurch, daß wir diese beaufsichtigende Autorität mit der officiellen Executive verwechseln und verwirren, werden wir wegen der Bedeutung des Ausdrucks executive Macht verlegen. — Alle Theile in den Regierungen der Vereinigten Staaten von Amerika, welche die executive Macht genannt werden, sind keine andern, als die Autoritäten zur Beaufsichtigung der Ausführung der Gesetze, und sie sind in so weit von der gesetzgebenden Macht unabhängig, daß sie die Gesetzgebung blos durch die Gesetze kennen, und durch keinen andern Mittelweg von ihr controllirt und geleitet werden können.

Aber auf welche Weise diese beaufsichtigende Autorität ernannt, oder zusammengestellt werden soll, ist eine Sache, welche in den Bereich der Meinung fällt. Einige mögen die eine Methode, Andere die andere vorziehen; und in allen Fällen, wo es sich nur um die Meinung und nicht um das Prinzip handelt, bildet die Majorität der Meinungen die Regel für Alle. Es gibt jedoch einige Momente, welche von der Vernunft abgeleitet und von der Erfahrung bewahrheitet werden können, welche dazu dienen, unsere Entscheidung in Bezug auf die Frage zu leiten: Erstens, daß man einen Einzelnen mit außerordentlicher Macht bekleiden solle, denn außer, daß er dadurch versucht wird, sie zu mißbrauchen, wird auch dadurch in der Nation ein Streben und Ringen um das Amt hervorgerufen; das Zweite ist, daß man die Macht nie lange in die Hände einer Anzahl von Individuen lege. Die Unbequemlichkeit, welche, wie man voraussetzen könnte, häufige Aeuderungen begleiten, sind weniger zu befürchten, als diejenigen, welche aus langer Fortdauer entstehen.

Ich werde diese Abhandlung schließen, indem ich einige Bemerkungen über die Mittel zur Bewahrung der Freiheit mache; denn es ist nicht allein nothwendig, daß wir dieselbe einführen, sondern wir müssen sie auch erhalten.

· Es ist erstens nothwendig, daß wir einen Unterschied zwischen den Mitteln machen, welche zum Sturze des Despotismus gebraucht wurden, um den Weg zur Begründung der Freiheit zu bahnen, und den Mitteln, die angewandt werden müssen, nachdem der Despotismus gestürzt ist.

Die Mittel, welche im ersten Falle gebraucht wurden, sind durch die Nothwendigkeit gerechtfertigt. Diese Mittel sind im Allgemeinen Aufstände;

denn so lange die bestehende despotische Regierung in irgend einem Lande fortdauert, ist es kaum möglich, daß irgend andere Mittel gebraucht werden können. Es ist eben so gewiß, daß sich zu Anfang einer Revolution die Revolutionspartei eine willkürliche Ausübung von Macht erlaubt, welche mehr durch Umstände, als durch Grundsatz geregelt ist, und würde dieses Verfahren fortdauern, so würde Freiheit nie eingeführt, oder würde, wenn sie eingeführt wäre, bald wieder gestürzt werden. Man kann bei einer Revolution nie erwarten, daß jeder Mann seine Ansichten im Augenblick ändern soll. Es gab noch nie irgend eine Wahrheit, oder irgend einen Grundsatz, der augenblicklich so unwiderstehlich war, daß alle Menschen ihn auf einmal glaubten. Zeit und Vernunft müssen gegenseitig zur endlichen Feststellung irgend eines Grundsatzes zusamenwirken: und deshalb haben diejenigen, welche vielleicht zuerst überzeugt sein mögen, kein Recht, Andere zu verfolgen, bei denen die Ueberzeugung nicht so schnell vor sich geht. Der moralische Grundsatz von Revolutionen ist zu belehren und nicht zu zerstören.

Wäre eine Constitution von zwei Jahren festgestellt worden (wie es hätte geschehen sollen), so würden die Gewaltthätigkeiten, welche seither Frankreich verwüstet, und dem Charakter der Revolution geschadet haben, nach meiner Meinung verhindert worden sein. Die Nation würde dann ein Band der Vereinigung gehabt haben, und jeder Einzelne würde die Richtschnur der Aufführung, welcher er folgen sollte, gekannt haben; aber statt dessen wurde eine revolutionäre Regierung, ein Ding, das weder Grundsatz noch Autorität hatte, an ihre Stelle gesetzt; Tugend und Verbrechen hingen vom Zufalle ab; und das was heute Patriotismus war, wurde morgen Verrath. Alle diese Dinge folgten dem Mangel einer Constitution; denn es ist die Natur und die Absicht einer Constitution, die Parteiregierung durch die Feststellung eines allgemeinen Grundsatzes, welcher die Macht und das Treiben der Parteien verhindern, begrenzen und controlliren soll, und der zu allen Parteien sagt: So weit sollst du gehen und nicht weiter. Aber in Ermanglung einer Constitution blicken die Menschen ausschließlich auf die Parteien, und statt daß Grundsätze die Partei regieren, regiert die Partei die Grundsätze.

Eine Sucht zu bestrafen, ist immer gefährlich für die Freiheit; sie bringt die Menschen dazu, selbst die besten Gesetze zu übertreiben, sie falsch auszulegen und falsch anzuwenden. Wer seine eigene Freiheit sicher stellen will, muß selbst seinen Feind vor Unterdrückung bewahren; denn wenn er diese Pflicht verletzt, so stellt er ein Beispiel auf, das ihn selbst treffen wird.

Paris, im Juli 1795.   Thomas Paine.

Rede

gehalten in der französischen National-Versammlung am 7. Juli 1795, worin er sich auf das vorhergehende Werk bezieht.

Auf den Antrag des Bürgers Lanthenas, „daß Thomas Paine die Erlaubniß bewilligt werde, seine Ansichten über die Erklärung der Rechte und die Constitution auszusprechen," bestieg Thomas Paine die Tribüne; und da keine Opposition gegen den Antrag gemacht wurde, so las einer der Secretäre, welcher neben Paine stand, dessen Rede ab, von welcher Folgendes eine wörtliche Uebersetzung ist:

„Bürger! Die Wirkungen eines bösartigen Fiebers, an welchem ich während einer strengen Gefangenschaft in Luremburg darniederlag, haben mich bisher verhindert, meinen Posten im Schoße der Versammlung einzunehmen, und nur die Erhabenheit des Gegenstandes, der zur Verhandlung vorliegt, und keine andere Rücksicht auf der Welt konnte mich veranlassen, jetzt die mir angewiesene Stellung einzunehmen.

„Eine Erzählung der Drangsale, welche ich erfahren habe, und der kritischen Lagen, in welche ich in Folge der französischen Revolution versetzt wurde, werden für das, was ich jetzt der Versammlung vorzulegen Willens bin, die unzweideutigsten Beweise meiner Aufrichtigkeit und der Wahrheit jener Grundsätze liefern, welche im Allgemeinen auf mein Betragen Einfluß gehabt haben.

„In England wurde ich wegen Vertheidigung der französischen Revolution verbannt, und in Frankreich habe ich eine strenge Einkerkerung erduldet, weil ich eine ähnliche Handlungsweise befolgte. Während der Schreckensherrschaft wurde ich acht lange Monate hindurch in strenger Gefangenschaft gehalten, und blieb so über drei Monate nach der neuen Aera des 10. Thermidore. Ich muß jedoch anführen, daß ich weder in England, noch in Frankreich von dem Volke verfolgt wurde. Diese Behandlung war in beiden Ländern die Wirkung des Despotismus, der in den betreffenden Regierungen bestand. Aber selbst, wenn meine Verfolgung von dem ganzen Volke ausgegangen wäre, so würden meine Grundsätze und meine Handlungsweise dennoch sich gleich geblieben sein. Prinzipien, auf welche die Tyrannei Einfluß hat, und der Controlle derselben unterworfen sind, haben ihre Grundlage nicht im Herzen.

„Vor wenigen Tagen überlieferte ich Ihnen auf dem gewöhnlichen Wege der Vertheilung eine kurze Abhandlung, betitelt: „Abhandlungen über die ersten Grundsätze der Regierung". Dieses kleine Werk beabsichtigte ich mehr dem Volke von Holland, welches zur Zeit, wo ich es zu schreiben begann, entschlossen war, eine Umwälzung seiner Regierung zu bewerkstelligen, als dem Volke Frankreichs zu widmen, welches diesen glorreichen Zweck lange vorher erreicht hatte. Aber es finden sich in der Constitution, welche die Versammlung zu bestätigen im Begriffe ist, gewisse Artikel und in dem Berichte, welcher ihr vorausging gewisse Punkte, welche der Vernunft so zuwiderlaufend und mit den wahren Grundsätzen von Freiheit so unverträglich sind, daß sie diese Abhandlung, welche für einen andern Zweck aufgezeichnet wurde, auf die gegenwärtige Gelegenheit anwendbar machen. In dieser Meinung erkühnte ich mich sie Ihrer Betrachtung anheimzustellen.

„Wenn es Mängel in der Constitution gibt, so wäre es besser, dieselben jetzt auszumerzen, als das Ergebniß ihrer nachtheiligen Tendenz abzuwarten; denn es ist gewiß, daß der Plan der Constitution, welcher ihnen dargeboten wurde, weder mit dem großen Zwecke der Revolution übereinstimmend, noch mit den Meinungen der Individuen, welche dieselbe verwirklichen, verwandt ist.

„Die Hälfte des Volkes in einer Nation ihrer Rechte zu berauben, ist eine leichte Sache in der Theorie, oder auf dem Papiere, aber es ist ein äußerst gefährlicher Versuch und selten in der Ausführung möglich.

„Ich werde jetzt auf die Bemerkungen übergehen, die ich über diesen Gegenstand zu machen habe, und ich verpflichte mich, dieselben weder zahlreich, noch weitschweifig zu machen.

„Meiner Ansicht nach umfaßt eine Constitution zwei verschiedene Theile oder Gegenstände: den Grundsatz und die Anwendung; und es ist nicht allein eine wesentliche, sondern eine unerläßliche Bedingung, daß die Anwendung aus dem Grundsatze fließe und mit demselben übereinstimme. Nun behaupte ich, daß das Gegentheil hiervon in dem Plane der Constitution unter Berathung der Fall ist. Der erste Artikel z. B. vom politischen Zustand der Bürger sagt:

„„Jeder Mann, welcher in Frankreich geboren und Einwohner desselben ist, welcher im Alter von ein und zwanzig Jahren ist, seinen Namen in das Civil-Register seines Cantons eingeschrieben hat, welcher nachher Ein Jahr auf dem Territorium der Republik gelebt hat, und welcher irgend eine direkte Steuer, sei sie nun Real- oder Personal-Steuer, bezahlt, ist ein französischer Bürger.““

„Ich möchte hier fragen, wenn blos diejenigen, welche unter obige Beschreibung kommen, als Bürger zu betrachten sind, welche Benennung sie dem übrigen Theile des Volkes zu geben beabsichtigen? Ich meine unter Theil des Volkes, auf welchen der hauptsächliche Antheil der Arbeit fällt, und auf welche das Gewicht indirekter Besteurung in der Wirklichkeit vorzüglich drücken wird. In der Construction des socialen Organismus ist diese Volks-Classe jener privilegirten Classe, deren einzige Eigenschaft ihr Reichthum oder Landbesitz ist, unendlich überlegen. Denn was ist Handel ohne Kaufleute? Was ist Land ohne Bebauung? Was sind die Erzeugnisse eines Landes ohne Manufacturen? Aber um zu dem Gegenstande zurückzukehren.

Erstens ist dieser Artikel mit den drei ersten Artikeln der Erklärung der Rechte, welche der Constitutional-Acte vorausgeht, unverträglich.

Der erste Artikel der Erklärung der Rechte sagt:

„Der Zweck der Gesellschaft ist das öffentliche Wohl, und die Einsetzung der Regierung geschieht deswegen, um jedem Einzelnen den Genuß seiner Rechte zu sichern."

Aber der Artikel der Constitution, auf welchen ich eben die Aufmerksamkeit gelenkt habe, schlägt als Zweck der Gesellschaft nicht das öffentliche Wohl, oder mit andern Worten das Wohl Aller, sondern ein theilweises Wohl, oder das Wohl nur Weniger vor; und die Constitution sorgt einzig und allein für das Wohl dieser Wenigen zum Ausschlusse der Vielen.

Der zweite Artikel der Erklärung sagt:

„Die Rechte eines Menschen in der Gesellschaft sind Freiheit, Gleichheit und Sicherheit seiner Person und seines Eigenthums."

. Aber der in der Constitution angeführte Artikel hat eine directe Richtung, das Gegentheil dieses Grundsatzes festzustellen, in so fern man von den durch diese Ungleichheit ausgeschlossenen Personen sagen kann, daß sie weder Freiheit noch Sicherheit gegen Unterbrückung besitzen; sie sind gänzlich der Laune und der Tyrannei der Uebrigen übergeben.

Der dritte Artikel der Erklärung der Rechte sagt:

„Die Freiheit besteht in solchen freiwilligen Handlungen, welche Andern nicht schädlich sind."

Aber der Artikel der Constitution, über welchen ich Bemerkungen gemacht habe, bricht diesen Schlagbaum nieder. Er befähigt die Freiheit eines Theiles der Gesellschaft, die Freiheit des andern zu zerstören.

Nachdem ich so die Unvereinbarlichkeit dieses Artikels mit der Erklärung der Rechte angedeutet habe, werde ich darauf übergehen, Anmerkungen über jenen Theil des nämlichen Artikels zu machen, welcher eine directe Steuer zu einer nothwendigen Eigenschaft für Erlangung des Bürgerrechtes macht.

Eine moderne Erläuterung über den Gegenstand der öffentlichen Einkünfte hat die Abgaben oder Steuern in zwei Classen, directe und indirecte, eingetheilt, ohne im Stande zu sein, die Unterscheidung oder die Verschiedenheit zwischen ihnen genau zu erklären, weil die Wirkung beider dieselbe ist.

Diejenigen werden als indirecte Abgaben bezeichnet, welche auf die Consumenten gewisser Artikel fallen, auf welche die Abgabe gelegt ist, weil der Consument, da die Abgabe im Preise begriffen ist, dieselbe bezahlt, ohne es zu bemerken.

Dieselbe Bemerkung ist auf die Territorial-Abgabe anzuwenden. Die Land-Eigenthümer werden, um sich zu entschädigen, ihre Miethsleute übernehmen; der Bauer wird natürlich dieselbe Verpflichtung auf den Müller übertragen, indem er den Preis des Getreides erhebt; der Müller auf den Bäcker, indem er den Werth des Mehls vergrößert; und der Bäcker auf den Consumenten, indem er den Preis des Brodes steigert. Die Territorial-Abgabe ist deswegen, obgleich sie direct genannt wird, in ihren Folgen indirect.

Zu dieser Abgabe trägt der Land-Eigenthümer blos im Verhältniß zur Menge des Brodes und anderer Vorräthe, die in seiner Familie verzehrt werden, bei. Das Uebrige wird von der großen Masse des Volkes, welche jedes Individuum der Nation in sich begreift, aufgebracht.

Aus der logischen Unterscheidung zwischen directer und indirecter Besteuerung kann, das gebe ich zu, einiger Vortheil für Auditoren der öffentlichen Rechnungen u. s. w. entstehen, aber ich leugne, daß eine solche Unterscheidung (welche, nebenbei gesagt, ohne einen Unterschied ist) für das Volk im Allgemeinen irgend einen praktischen Nutzen hervorbringen kann. Sie sollte deshalb nicht als Grundsatz in der Constitution zugelassen werden.

Neben diesem Einwurf gibt sich diese Verordnung nicht den Anschein, als ob sie das Bürgerrecht erklären, sichern oder feststellen wolle. Sie überträgt der Laune oder der Bescheidenheit der Gesetzgebung die Macht auszusprechen, wer oder wer nicht die Gerechtsame eines Bürgers ausüben soll; und dies kann wirksam geschehen entweder durch die Auflegung einer directen oder indirecten Abgabe, die den selbstsüchtigen Ansichten der Gesetzgeber angemessen ist, oder durch die Art und Weise, die so aufgelegten Abgaben zu collectiren.

„Es kann weder ein Miethsmann, der ein ausgedehntes Pachtgut inne hat, noch ein Kaufmann oder Fabrikant, welche in ihren respectiven Geschäften ein großes Kapital angelegt haben, diesem Systeme gemäß je das Recht eines Bürgers erlangen. Auf der andern Seite kann irgend ein Mensch, welcher durch Erbschaft oder Gewandtheit Besitz von ein paar Ackern Land oder von einem elenden Wohnsitz erlangt hat, die Gerechtsame eines Bürgers frohlockend ausüben, obgleich er vielleicht weder den hundertsten

Theil des Werthes oder Eigenthums eines einfachen Handwerkers besitzt, noch in irgend einem Verhältnisse zu den Erfordernissen des Staates beiträgt.

„Die Verachtung, in welcher bei der alten Regierung kaufmännische Geschäfte standen, und die niedere Meinung, welche von Kaufleuten und Fabrikanten gehegt wurde, trugen nicht wenig zu ihrer Verlegenheit und ihrem wirklichen Sturze bei; und dennoch, obgleich die Uebel, welche aus dieser Aufführungsweise entstanden, so augenscheinlich sind, ist, seltsam genug, ein Artikel ihnen zur Annahme vorgeschlagen, welcher eine offene Tendenz hat, einen in der Monarchie erblichen Fehler wieder herzustellen.

„Ich werde jetzt auf den zweiten Artikel desselben Tickets übergehen, mit welchem ich meine Bemerkungen schließen werde.

„Der zweite Artikel sagt: „„Jeder französische Soldat, welcher in einem oder mehreren Feldzügen der Sache der Freiheit gedient hat, wird für einen Bürger der Republik gehalten, ohne Rücksicht oder Bezug auf andere Eigenschaften.““

„Es möchte scheinen, als ob die Committee durch diesen Artikel sich aus einem Dilemma zu ziehen wünscht, in welches sie durch den vorhergehenden Artikel gestürzt wurde. Wenn Leute von einem festgestellten Grundsatze abgehen, so sind sie gezwungen zu Kniffen und Ausflüchten ihre Zuflucht zu nehmen, indem sie beständig ihre Mittel wechseln, um die Uebereinstimmung ihrer Zwecke zu bewahren, und da es selten geschieht, daß das erste Hülfsmittel für die Entehrung des Grundsatzes völligen Ersatz gewährt, so müssen sie ein zweites zu Hülfe rufen, von stärkerer auffallenderer Natur, um die Unzulänglichkeit des ersteren zu ergänzen. Auf diese Weise fahren die Gesetzgeber fort, Irrthum auf Irrthum und Kunstgriff auf Kunstgriff zu häufen, bis die Masse so schwerfällig und ungestalt und ihre Verlegenheit so verzweifelt wird, daß sie gezwungen sind als letztes Auskunftsmittel das nämliche Prinzip, welches sie verletzt hatten, zu Hülfe zu nehmen. Die Committee war genau in dieser Lage, als sie diesen Artikel erfand, und mir, ich gestehe es, erscheint das Betragen eher auffallend, als wirksam und nützlich.

„Nicht für sich allein, sondern für seine Familie marschirte der französische Bürger in der Morgendämmerung der Revolution (denn damals wurde in der That jeder Mann als Bürger betrachtet) wie ein Soldat an die Grenzen und schlug einen Einfall der auswärtigen Feinde zurück. Er dachte nicht dabei, daß er sich dadurch der Freiheit für den Rest seiner irdischen Laufbahn freuen und durch seine eigene Handlung seine Nachkömmlinge von diesem unschätzbaren Segen ausschließen könnte. Nein! Er wünschte sie als eine Erbschaft seinen Kindern zu hinterlassen, und daß auch sie dieselbe ihren entferntesten Nachkommen einhändigen möchten. Wenn jetzt ein Franzose, welcher in seiner Person den Charakter eines Soldaten und Bürgers vereinigte, von der Armee zu seiner friedlichen Heimath zurückkehren würde, so müßte er seine Familie in folgender Weise anreden:

„„Es thut mir leid, daß ich Euch nicht einen kleinen Theil von dem, was ich dadurch erworben habe, daß ich meine Person der Wildheit unserer Feinde blosstellte, und daß ich ihre Anschläge zu nichte machte, hinterlassen kann. Ich habe dazu geholfen, die Republik zu begründen, und, o! schmerzhafte Erinnerung! alle Lorbeeren, welche ich im Felde gewonnen habe, sind verwelkt, und alle Privilegien, zu welchen mich meine Anstren-

gungen berechtigt haben, gehen nicht über die Periode meiner eigenen Existenz hinaus."" Auf diese Weise ist die Maßregel, welche als Auskunftsmittel angenommen wurde, für das, worauf die Erfinder derselben specu-
lirten, unzulänglich; denn indem sie die Leidenschaft des Soldaten
versöhnen, haben sie den Vater den schmerzhaftesten Empfindungen unterworfen, indem sie ihn nöthigen, eine Generation von Sclaven zu adoptiren.

„Bürger! sehr viel ist dringend nachgesucht worden, um Aufstände zu
verhindern. Ich bin überzeugt, daß Niemand einen größeren Abscheu davor hat, als ich selbst, und es thut mir leid, daß irgend Vorwürfe gegen
mich ausgestoßen worden sein sollten, als den Beförderer von Gewaltthätigkeit irgend einer Art. Der ganze Verlauf meines Lebens und Wirkens
straft diese Verläumdungen Lügen, und bezeugt, daß ich ein Freund der
Ordnung und der Gerechtigkeit bin.

„Ich hoffe, daß sie diesen Erguß meiner Gefühle der lebhaften Sorge für
die Ehre und den Erfolg der Revolution zuschreiben werden; ich habe kein
anderes Interesse als das, was darauf hinzielt, die Lage des Menschengeschlechtes zu verbessern. Die Revolution, so weit sie mich betrifft, hat
mehr Verlust und Verfolgung hervorgebracht, als mir zu beschreiben, oder
Ihnen wieder gut zu machen möglich ist. Aber in Hinsicht auf den Gegenstand und die Betrachtung konnte ich mich der Erklärung meiner Gefühle
nicht enthalten.

„Wenn Sie die Grundlage der Revolution zerstören, wenn Sie Grundsätze bei Seite legen und Gelegenheitsmittelchen an deren Stelle setzen, so
verlöschen Sie meiner Meinung nach jenen Enthusiasmus und jene Energie, welche bisher das Leben und die Seele der Revolution gewesen sind;
und sie werden an deren Stelle nichts als eine kalte Gleichgültigkeit und
einen Egoismus setzen, welche dann wieder in Intriguen, List und Ver-
weichlichung ausarten werden.

„Aber um alle Rücksichten von persönlicher oder untergeordneter Natur
abzulegen, ist es für das Wohl der Republik wesentlich, daß der practische
oder organische Theil der Constitution mit ihren Grundsätzen übereinstimme;
und da dies bei dem Plane, welcher Ihnen vorgelegt wurde, nicht der Fall
zu sein scheint, so ist es unumgänglich nothwendig, daß derselbe einer Committe zur Revision übergeben werde, welche instruirt sein sollte, ihn mit der
Erklärung der Rechte zu vergleichen, um den Unterschied zwischen beiden zu
bestimmen und solche Aenderungen zu machen, welche beide vollständig
übereinstimmend und verträglich mit einander erscheinen lassen."

Das Sinken und der Sturz des englischen Finanz-Systems.

„Am Rande, nein sogar im Abgrunde des Bankerotts."

Debatten im Parlament.

Nichts, sagt man, ist gewisser als der Tod, und nichts ungewisser als die
Zeit des Sterbens; doch können wir immer einen Zeitraum festsetzen, über
welchen hinaus der Mensch nicht leben kann, und innerhalb dessen er in
irgend einem Augenblicke sterben wird. Wir sind im Stande dies zu thun,

nicht durch irgend einen prophetischen Geist, oder durch ein Vorhersehen des Ereignisses, sondern durch Beobachtung dessen, was in allen Fällen menschlicher oder thierischer Existenz sich ereignete. Desgleichen, wenn irgend ein anderer Gegenstand, z. B. ein Finanz-System in seinem Fortschreiten eine Reihe von Merkmalen aufweist, welche Verfall andeuten, so ist seine endliche Auflösung gewiß, und deren Zeitraum kann nach den Merkmalen berechnet werden, welche er darbietet.

Diejenigen, welche bisher über das englische Finanz-System (das Fundir-System) geschrieben haben, waren allgemein von der Idee durchdrungen, daß sein Untergang zu einer oder der andern Zeit eintreten würde. Sie gaben jedoch keine Thatsachen für ihren Ausspruch, sondern sprachen denselben als Vorhersagung, oder blos als Meinung aus, in der Ueberzeugung, daß die ewige Dauer eines solchen Systems eine natürliche Unmöglichkeit sei. In dieser Art hat Doctor Price davon gesprochen, und Smith hat in seinem „Wohlstand der Nationen" in derselben Art gesprochen; nämlich als blose Meinung, ohne Thatsachen. „Das Zunehmen," sagt Smith, „der ungeheuren Schulden, welche gegenwärtig alle die großen Nationen Europas (er sollte Regierungen gesagt haben) niederdrückt, und durch die Länge der Zeit höchst wahrscheinlich ruiniren wird, ist ziemlich allgemein gewesen. Aber diese allgemeine Art zu sprechen, obgleich sie einigen Eindruck machen konnte, brachte keine Ueberzeugung mit sich.

Es ist nicht meine Absicht, irgend etwas vorher zu sagen; aber ich werde aus bereits bekannten Thatsachen, aus Merkmalen und Handlungen, welche das englische Fundir-System bereits öffentlich gezeigt hat, darthun, daß es nicht bis zum Lebensende des Herrn Pitt dauern wird, vorausgesetzt, er erreiche das gewöhnliche Alter eines Menschen. Wie viel eher es fallen mag, überlasse ich Andern vorherzusagen.

Mögen Finanz-Männer die Credit-Systeme verändern, wie sie wollen, es bleibt dennoch wahr, daß jedes Credit-System ein Papiergeld-System ist. Zwei Versuche mit Papiergeld sind bereits da gewesen, der eine in Amerika, der andere in Frankreich. In diesen beiden Fällen wurde das ganze Capital ausgegeben, und dieses ganze Capital, welches man in Amerika Continental-Geld, und in Frankreich Assignaten nannte, erschien im Umlauf; die Folge davon war, daß die Menge so ungeheuer groß und so unverhältnißmäßig zur Menge der Bevölkerung und zu der Menge von Gegenständen wurde, auf welche es angewendet werden konnte, daß der Markt, wenn ich es so ausdrücken kann, davon vollgepfropft war, und sein Werth fiel. Fünf bis sechs Jahre entschieden das Schicksal dieser Versuche. Das nämliche Schicksal würden Gold und Silber gehabt haben, wenn Gold und Silber in eben so überflüssiger Weise, wie es beim Papiergeld geschah, ausgegeben und auf ein Land hätte beschränkt werden können, wie es beim Papiergeld immer der Fall ist, da es außer dem Lande keine Circulation hat; oder dasselbe würde, um in einem größeren Maßstabe zu sprechen, in der Welt geschehen, könnte die Welt mit Gold und Silber so vollgepfropft werden, wie es Amerika und Frankreich mit Papiergeld waren.

Das englische System unterscheidet sich von demjenigen Amerikas und Frankreichs durch den einzigen besonderen Umstand, daß sein Capital aus dem Gesichte gehalten wird, das heißt es erscheint nicht im Umlauf. Würde das ganze Capital der National-Schuld, welche zu der Zeit, wo ich dies schreibe, fast ein hundert Millionen Pfund Sterling beträgt, in Anweisungen oder Scheinen ausgegeben, und diese ganze Menge in Umlauf gesetzt werden, wie es in Amerika und Frankreich geschah, so würden diese englischen Anweisungen oder Scheine bald im Werthe sinken, wie es jene in Amerika und Frankreich gethan haben; und das in einem höheren Grade, weil ihre Menge noch unverhältnißmäßiger zu der Volksmenge Englands sein würde, als es in irgend einem der beiden anderen Länder der Fall war. Ein nominelles Pfund Sterling in solchen Scheinen würde nicht einen Penny werth sein.

Aber obgleich das englische System dadurch, daß es so das Capital aus dem Gesichte hält, vor dem schnellen Untergange bewahrt ist, wie in dem Falle Amerikas und Frankreichs, so nähert es sich dennoch dem gleichen Schicksal und wird es mit der gleichen Gewißheit erreichen, obgleich durch langsameren Fortschritt. Der Unterschied liegt ganz und gar in dem Grade der Eile, nach welchem die beiden Systeme ihrem Schicksale sich nähern, was, um in runden Zahlen zu sprechen, zwanzig zu eins ist; das heißt, das englische System, nämlich jenes, welches, anstatt das Capital auszugeben, dasselbe sondirt, enthält eine Fähigkeit in sich, zwanzig Mal länger auszuhalten, als die Systeme, welche von Amerika und Frankreich angenommen wurden, und nach Ablauf jener Zeit wird es in dasselbe allgemeine Grab des Papiergeldes, das Potters Field, sinken.

Das gegebene Verhältniß von zwanzig zu eins, was ich für diese Voraussetzung annehme, ist der Unterschied zwischen einem Capital und seinem Interesse zu fünf Procent. Das Interesse zwanzig Mal genommen, ist gleich dem Capital. Die Vermehrung des Papiergeldes in England, steht im Verhältniß zur Vermehrung des Interessen auf jede neue Anleihe; und deshalb ist der Fortschritt der Auflösung zwanzig Mal langsamer, als wenn das Capital unmittelbar ausgegeben und in Umlauf gesetzt würde. Alle zwanzig Jahre des englischen Systems sind einem Jahre des französischen und amerikanischen Systems gleich.

Nachdem ich auf diese Weise das Dauer-Verhältniß der beiden Systeme, nämlich des Fundirens auf Interesse, und des Ausgebens des ganzen Capitals, ohne Fundiren auf zwanzig zu eins angegeben habe, komme ich darauf die Symptome des Verfalls in dem sich schon der Auflösung nähernten englischen System zu untersuchen und sie mit den ähnlichen im französischen und amerikanischen System zu vergleichen.

Das englische Fond-System begann vor hundert Jahren, in welcher Zeit sechs Kriege stattfanden, mit Einschluß des Krieges, der im Jahre 1697 endigte.

1. Der Krieg, welcher, wie ich eben gesagt habe, 1697 endigte.
2. Der Krieg, welcher 1709 begann.
3. Der Krieg, welcher 1739 begann.
4. Der Krieg, welcher 1756 begann.
5. Der amerikanische Krieg, welcher 1775 begann.
6. Der gegenwärtige Krieg, welcher 1793 begann.

Die National-Schuld war am Schlusse des Krieges, der 1697 endigte, ein und zwanzig und eine halbe Million. (S. Smith's Wohlstand der Nationen, Kapitel über öffentliche Schulden.) Wir sehen dieselbe sich jetzt schnell über vierhundert Millionen nähern. Wenn zwischen diesen beiden

Extremen von ein und zwanzig Millionen und vierhundert Millionen, die verschiebenen Unkosten aller erwähnten Kriege einbegriffen, irgend ein allgemeines Verhältniß besteht, welches arithmetisch den Belauf der Schulden zu Ende jedes Krieges eben so gewiß als die Thatsache ihres Vorhandenseins zu bestimmen im Stande ist, so wird dieses Verhältniß auch auf gleiche Weise bestimmen, was der Belauf der Schuld in allen zukünftigen Kriegen sein wird, und den Zeitraum genau angeben, innerhalb welchem das Fundir-System in einem Bankerott der Regierung sein Ende nehmen wird; denn das Verhältniß, welches ich anführe, ist das Verhältniß, welches die Natur der Sache für sich selbst festgestellt hat.

Man dachte bisher nicht daran, daß irgend ein solches Verhältniß bestände, oder bestehen könnte, das ein Problem dieser Art lösen, das heißt, welches bestimmen könnte, ohne irgend Kenntniß der Thatsachen zu haben, was die Kosten irgend eines früheren Krieges gewesen sind, oder was die Kosten irgend eines zukünftigen Krieges sein werden; aber es ist nichts besto weniger wahr, daß ein solches Verhältniß besteht, wie ich es zugleich mit der Art und Weise seiner praktischen Anwendung zeigen werde.

Das Verhältniß, auf welches ich hindeute, ist weder eine arithmetische Progression, wie die Zahlen

$$2, \ 3, \ 4, \ 5, \ 6, \ 7, \ 8, \ 9$$

noch eine geometrische Progression, wie die Zahlen

$$2, \ 4, \ 8, \ 16, \ 32, \ 64, \ 128, \ 256,$$

sondern es bildet Reihe mit einer Steigerung jeder vorhergehenden Zahl um die Hälfte, wie die Zahlen

$$8, \ 12, \ 18, \ 27, \ 40, \ 60, \ 90, \ 135.$$

Jeder Mann kann bemerken, daß die zweite Zahl zwölf durch die vorhergehende Zahl acht, und die Hälfte von acht hervorgebracht, und daß die dritte Zahl achtzehn auf dieselbe Weise durch die vorhergehende Zahl zwölf und die Hälfte von Zwölf entstanden ist, u. s. w. Man kann ebenfalls sehen, wie schnell sich die Summe vergrößert, je nachdem das Verhältniß fortschreitet. Der Unterschied zwischen den beiden ersten Zahlen ist nur vier; aber der Unterschied zwischen den beiden letzten ist fünf und vierzig; und auf diese Weise kann man sehen, mit welcher unermeßlichen Geschwindigkeit sich die National-Schuld vermehrt hat, und fortfahren wird, sich zu vermehren, bis sie die gewöhnliche Fähigkeit der Berechnung übersteigt und sich in Zahlen verliert.

Ich komme nun darauf, das Verhältniß als eine Regel zur Bestimmung aller dahingehörigen Fälle anzuwenden.

Ich begann mit dem Kriege, der 1697 endigte, und welcher der Krieg war, in welchem das Fundir-System seinen Anfang nahm. Die Kosten dieses Kriegs waren ein und zwanzig und eine halbe Million, um die Kosten des nächsten Krieges zu bestimmen, addire ich zu ein und zwanzig und eine halbe Million die Hälfte davon (zehn und dreiviertel Millionen), was zwei und dreißig und eine viertel Million für die Kosten dieses Kriegs ausmacht. Diese zwei und dreißig und ein viertel Millionen zu der ersten Schuld von ein und zwanzig und einer halben Million addirt, bringt die National-Schuld auf drei und fünfzig und dreiviertel Millionen. Smith (Kapitel über öffentliche Schulden) sagt, daß die National-Schuld zu jener Zeit drei und fünfzig Millionen betrug.

Ich fahre fort, um die Kosten des nächsten Kriegs, jenes von 1739, zu berechnen, dadurch, daß ich, wie in dem ersteren Falle, die Hälfte der Kosten des vorhergehenden Kriegs zu denselben addire. Die Kosten des vorhergehenden Krieges waren zwei und dreißig und eine viertel Million; der geraden Zahlen wegen sage zwei und dreißig Millionen; die Hälfte derselben macht 16, zusammen 48 Millionen als Unkosten jenes Kriegs.

Ich gehe weiter, um die Kosten des Kriegs zu bestimmen, indem ich dem Verhältniß gemäß die Hälfte zu den Kosten des vorhergehenden Kriegs addire. Die Kosten des vorhergehenden Kriegs wurden zu acht und vierzig angenommen, die Hälfte derselben (vier und zwanzig) macht zusammen zwei und siebenzig Millionen, als Kosten jenes Kriegs. Smith (Kapitel über öffentliche Schulden) sagt: Die Kosten des Kriegs von 1756 waren zwei und siebenzig und eine Viertel Million.

Ich gehe weiter, um die Kosten des amerikanischen Kriegs von 1775 zu bestimmen, indem ich, wie in den früheren Fällen, die Hälfte der Kosten des vorhergehenden Kriegs zu denselben addire; die Kosten des vorhergehenden Kriegs waren zwei und siebenzig Millionen; die Hälfte derselben (sechs und dreißig) macht hundert und acht Millionen als Kosten jenes Kriegs. Im letzten Bande Smith's (Kapitel über öffentliche Schulden) sagt er: „Die Kosten des amerikanischen Kriegs waren mehr als hundert Millionen.

Ich komme nun zur Bestimmung der Kosten des gegenwärtigen Kriegs, vorausgesetzt, daß er so lange daure, als frühere Kriege es gethan haben, und daß das Fundir-System nicht vor diesem Zeitraume zusammenbreche. Die Kosten des vorhergehenden Kriegs waren hundert und acht Millionen, die Hälfte derselben (vier und fünfzig) macht ein hundert zwei und sechzig Millionen als Kosten des gegenwärtigen Kriegs. Derselbe zeigt Merkmale, diese Summe zu überschreiten, vorausgesetzt, daß das System nicht zusammenbricht; denn die Anleihen des letzten Jahrs und des gegenwärtigen Jahrs sind zwei und zwanzig Millionen für jedes, was das Verhältniß, verglichen mit den Anleihen des vorhergehenden Kriegs überschreitet.

Nicht aus Unfähigkeit, sich Anleihen zu verschaffen, wird das System zusammenbrechen; im Gegentheil es ist die Leichtigkeit, mit welcher die Anleihen angeschafft werden können, welche dieses Ereigniß beschleunigt. Die Anleihen sind ganz und gar Papiergeldgeschäfte; und es ist das Uebermaß derselben, was mit beschleunigender Eile jene fortschreitende Herabsetzung des Werths des fundirten Papiergelds herbeibringt, welche das Fundir-System auflösen wird.

Ich fahre fort, die Unkosten zukünftiger Kriege zu bestimmen, und ich thue dies blos, um die Unmöglichkeit der Fortdauer des Fundir-Systems und die Gewißheit seiner Auflösung zu zeigen.

Die Kosten des nächsten Kriegs nach dem gegenwärtigen, dem Verhältniß gemäß, welches die vorhergehenden Fälle bestimmte, werden sein:

	243 Millionen
Kosten des zweiten Kriegs	364 "
" " dritten "	546 "
" " vierten "	819 "
" " fünften "	1228 "

Zusammen: 3200 Millionen,

welche blos zu vier Procent den namhaften Betrag von hundert und acht

und zwanzig Millionen erfordern werden, um die jährlichen Interessen, außer den Interessen der gegenwärtigen Schuld, und den Kosten der Regierung, welche in dieser Rechnung nicht mit eingeschlossen sind, zu bezahlen.
Gibt es einen Mann, der so verrückt und so dumm ist, daß er annehmen
könnte, dieses System könne fortdauern?

Als ich zuerst den Gedanken faßte, ein allgemeines Verhältniß zu suchen,
das als Maßstab für alle Fälle des Funding-Systems anwendbar sei, so hatte
ich, insofern es die Bestimmung der verschiedenen Stufen seiner Annäherung zur Auflösung betrifft, keine Erwartung, daß irgend ein Verhältniß
gefunden werden könnte, welches demselben mit so viel Genauigkeit, als
dies es thut, anpassen würde. Ich ward bloß durch die Beobachtung auf
den Gedanken gebracht, daß das Funding-System in beständigem Fortschreiten sei, und daß man annehmen könne, jedes Ding, was im Zustande des Fortschritts sei, würde wenigstens irgend ein allgemeines Mes-
sungsverhältniß zulassen, welches sich ohne sehr große Abweichungen anwenden ließe. Aber wer könnte vorausgesetzt haben, daß fallende Systeme,
oder fallende Meinungen ein anscheinend eben so wahres Verhältniß zulie-
ßen, als das Sinken fallender Körper. Ich habe dies Verhältniß eben so
wenig gemacht, als Newton das Verhältniß der Schwerkraft gemacht hat.
Ich habe es bloß entdeckt, und die Art und Weise es anzuwenden erklärt.

Um auf Einen Blick das rasche Fortschreiten des Funding-Systems zum
Untergang zu zeigen, und die Narrheit Derjenigen, welche blind an dessen
Fortdauer glauben, und welche sich listiger Weise bestreben, jenen Glauben
auch Andern aufzubringen, bloßzustellen, zeige ich in nachstehender Tabelle die
Kosten eines jeden der sechs Kriege, seit das Funding-System begann, wie sie
nach dem Verhältniß bestimmt wurden, und die Kosten der sechs Kriege,
welche noch kommen sollen, bestimmt nach dem nämlichen Verhältniß.

Erste sechs Kriege.		Zweite sechs Kriege.	
1. — — 21 Millionen		1. — — 243 Millionen	
2. — — 33	„	2. — — 364	„
3. — — 48	„	3. — — 546	„
4. — — 72	„ *)	4. — — 819	„
5. — — 108	„	5. — — 1228	„
6. — — 162	„	6. — — 1842	„

Total: 444 Millionen Total: 5042 Millionen.

Diejenigen, welche den hohen Grad kennen, in welchem sich selbst ein
kleines Verhältniß, welches in Progressionen steigt, sich auf die Länge hin
vermehrt, werden an dieser Tabelle nichts Wunderbares finden. Diejeni-

---

*) Die wirklichen Kosten des Kriegs von 1739 erreichten nicht die Summe, welche durch
das Verhältniß bestimmt ist, aber da es eine natürliche Neigung jeder Sache ist, wenn sie
in ihrem Laufe gehindert wird, das, was sie durch das Hinderniß verloren hat, durch eine
neue Anstrengung zu überwinden; so war dies in Bezug auf diesen Krieg und den nächsten
(1756) zusammengenommen betrachtet der Fall; denn die Kosten des Kriegs von 1756 stellten
das Gleichgewicht des Verhältnisses, als ob es nicht verhindert worden wäre, wieder her.
Ein Umstand, welcher dazu dient, die Wahrheit des Verhältnisses zu beweisen, als wenn
keine Verhinderung stattgefunden hätte. Der Krieg von 1739 wurde schlaff geführt. Die
Anstrengungen waren unter dem Werthe des Geldes zu jener Zeit; denn das Verhältniß
ist der Maßstab zu der Entwerthung des Geldes in Folge des Funding-Systems, oder was
auf das Nämliche hinausläuft; es ist der Maßstab der Vermehrung des Papiergeldes.
Jede hinzugefügte Quantität desselben, ob in Banknoten oder anderweitig, vermindert den
wirklichen, obgleich nicht den nominellen Werth der frühern Menge.

gen, welche mit dem Gegenstande nicht bekannt sind, und nicht wissen, was sie sonst sagen sollen, dürften geneigt sein, sie abzuleugnen; aber weder ihre Meinung einerseits, noch meine Meinung auf der andern Seite kann Einfluß auf das Ergebniß haben. Die Tabelle zeigt den natürlichen Gang des Fundir-Systems zu seiner unrettbaren Auflösung. Angenommen, die gegenwärtige Regierung von England würde fortfahren und weiter gehen, wie sie es seit dem Anfange des Fundir-Systems gethan hat, so würde ich nicht zwanzig Schillinge für hundert Pfund in Fonds, welche in zwanzig Jahren von jetzt bezahlt werden sollen, geben. Ich sage dies nicht prophezeihend; ich lege die Thatsachen vor, auf welche der Glaube gegründet ist, und welche Thatsachen zu wissen im Interesse eines Jeden liegt, der irgend etwas mit den Fonds zu thun hat, oder seinen Nachkommen Eigenthum vermachen will, welches in der zukünftigen Zeit bezahlt werden soll.

Man möchte vielleicht fragen, wie es kommt, daß, da Regierung oder Minister nach keinem Verhältniß verfuhren, wenn sie Anleihen oder Schulden machten, und da Niemand ein Verhältniß beabsichtigte, oder an ein solches dachte, dennoch eins da ist? Ich antwortete, daß das Verhältniß in der Nothwendigkeit begründet liegt, und ich werde jetzt erklären, was diese Nothwendigkeit ist.

Es wird immer geschehen, daß der Preis der Arbeit, oder des Products der Arbeit (sei dieses Product, was es will) im Verhältniß zu der Menge des Geldes in einem Lande sein wird, vorausgesetzt, daß die Dinge ihren natürlichen Lauf haben. Vor der Erfindung des Fundir-Systems gab es kein anderes Geld, als Gold und Silber; und da die Natur diese Dinge mit sparsamer Hand, und in jährlichen regelmäßigen Quantitäten aus den Minen austheilt, so standen die verschiedenen Preise von Sachen zu jener Zeit im Verhältniß zu der Menge des Geldes derselben Zeit und waren beinahe so fest, daß sie sich in irgend fünfzig oder sechzig Jahren jener Periode nur wenig veränderten.

Das Fundir-System war ein Ersatzmittel für Gold und Silber, und jenes Ersatzmittel war Papier, und die Menge vermehrte sich, wie sich die Interessen auf die angehäuften Anlehen vermehrten. Das Erscheinen einer neuen und hinzugefügten Geldsorte in der Nation begann bald den relativen Werth, welchen Geld und die Dinge, welche man damit kaufen kann, vorher gegenseitig hatten, zu nichte zu machen. Jedes Ding schien im Preise zu steigen; aber das Steigen war zuerst gering und langsam, wie der Unterschied der einfachen Zahlen zwischen den beiden ersten Zahlen 8 und 12, verglichen in den beiden letzten Zahlen in der Tabelle 90 und 135. Dies war jedoch hinreichend, sich in einem großen Geschäft fühlbar zu machen. Wenn daher die Regierung dadurch, daß sie sich in einen neuen Krieg einließ, ein neues Darlehen brauchte, so war sie genöthigt eine höhere Anleihe zu machen als die frühere, um mit den erhöhten Preisen, auf welche die Dinge gestiegen waren, im Gleichgewicht zu bleiben; und da die neue Anleihe die Quantität des Papiers im Verhältniß zu der neuen Quantität der Interessen, vermehrte, so trieb sie die Preise der Dinge noch höher hinauf, als vorher. Die nächste Anleihe war wieder größer, um jenen noch mehr erhöhten Preis auszugleichen, und all dies auf dieselbe Weise, obgleich nicht im nämlichen Grade, wie jede neue Emission von Continental-Geld in Amerika, oder von Assignaten in Frankreich, größer war, als die vorhergehende, um mit dem Steigen der Preise Schritt zu halten, bis der Kampf nicht länger aufrecht erhalten werden konnte. Hierin liegt die Nothwendigkeit, von welcher ich eben gesprochen habe. Diese Nothwendigkeit schreitet mit sich vergrößernder Schnelligkeit vorwärts, und das Verhältniß, das ich aufgestellt habe, ist der Maßstab dieser Beschleunigung, oder, um in der technischen Sprache des Gegenstandes zu reden, es ist der Maßstab der zunehmenden Entwerthung des fondirten Papiergeldes, welche zu verhindern unmöglich ist, so lange die Quantität jenes Geldes und der Banknoten fortfährt, sich zu vermehren. Was sonst als dies konnte den Unterschied erklären zwischen einem Kriege, der ein und zwanzig Millionen, und einem andern, der ein hundert und sechszig Millionen kostet.

Der Unterschied kann nicht durch außerordentliche Anstrengungen, oder außerordentliche Thaten erklärt werden. Der Krieg, welcher ein und zwanzig Millionen gekostet hat, war der Krieg der Verbündeten, geschichtlich die große Allianz genannt, bestehend aus England, Oestreich und Holland, zur Zeit Wilhelms III. gegen Ludwig XIV., und worin die Verbündeten Sieger waren. Der gegenwärtige ist ein Krieg von weit größerer Conföderation, einer Conföderation von England, Oestreich, Preußen, dem deutschen Reiche, Spanien, Holland, Neapel und Sardinien, acht Mächten gegen die französische Republik allein; und die Republik hat die ganze Conföderation geschlagen. Aber um auf meinen Gegenstand zurückzukommen.

Es heißt in England, daß der Werth des Papiers mit dem Werthe des Goldes und Silbers auf gleicher Stufe bleibt. Aber der Fall ist nicht richtig angegeben, denn die Thatsache ist die, daß das Papier den Werth des Geldes auf eine Ebene mit sich selbst herabgezogen hat. — Gold und Silber werden weder so viel von irgend einem käuflichen Artikel heutzutage kaufen, als wenn kein Papier erschienen wäre, noch so viel, als sie in irgend einem Lande Europas kaufen werden, wo es kein Papier gibt. Wie lange dieses Zusammenhängen von Geld und Papier fortdauern wird, bildet eine neue Frage, weil es täglich das System einem plötzlichen Tode aussetzt, unabhängig von dem natürlichen Tode, den es sonst erleiden würde.

Ich betrachte jetzt das Fundir-System als in die letzten zwanzig Jahre seiner Existenz vorgerückt. Der einzige Umstand, wenn es keinen andern gäbe, daß ein Krieg jetzt nominell einhundert und sechszig Millionen kostet, welcher zur Zeit, wo das System anfing, nur ein und zwanzig Millionen kostete, oder daß die Anleihe für nur ein Jahr (mit Einschluß des Darlehens an den Kaiser) jetzt nominell größer sein sollte, als die sämmtlichen Kosten jenes Kriegs, zeigt den Zustand von Entwerthung, in welchen das Fundir-System gelangt ist. Seine Entwerthung steht im Verhältnisse von acht zu eins, verglichen mit dem Werthe des Geldes, als das System begann, was gleich dem Werthe ist, in welchem die französischen Assignaten vor einem Jahre (März 1795), verglichen mit Gold und Silber, standen. Deswegen sage ich, daß das englische Fundir-System die letzten zwanzig Jahre seines Bestehens angetreten hat; indem ich jede zwanzig Jahre des englischen Systems mit jedem einzelnen Jahre der französischen und amerikanischen Systeme, wie eben bemerkt, vergleiche.

Abermals angenommen, der gegenwärtige Krieg werde endigen, wie es frühere Kriege gethan haben, und ohne weder Revolution noch Reformen in England hervorzubringen, so müßte in dem Zeitraum von den zwanzig Jahren, welche ich anführe, wenigstens ein anderer Krieg erwartet werden;

denn es hat sich seither noch nie ereignet, daß zwanzig Jahre ohne einen Krieg vergaugen sind, und das insbesondere seit die englische Regierung in die deutsche Politik gepfuscht und eine Neigung gezeigt hat, die Welt und die Handelswelt mit ihrer Seemacht zu beschimpfen. Der nächste Krieg wird die Nationalschuld auf beinahe siebenhundert Millionen stellen, deren Interessen zu vier Procent acht und zwanzig Millionen sein werden; die Abgaben für die Kosten der Regierung (wie sie dann sich stellen werden) ungerechnet, und sie werden natürlich in demselben Verhältnisse steigen, was die Abgaben wenigstens auf vierzig Millionen bringen wird, und wenn ein anderer Krieg beginnen sollte, so wird er dieselben schnell über fünfzig hinaustreiben; denn in den letzten zwanzig Jahren des Funbir-Systems, ebenso wie in dem letzten Jahre der amerikanischen und frauzösischen Systeme, ohne Fonds, werden alle großen Stöße zu wirken anfangen.

Ich habe aber erwähnt, daß Papier in England den Werth des Goldes und Silbers bis zu einem Niveau mit sich selbst herabgezogen hat; und daß dieses Herabziehen des Gold- und Silbergeldes den Schein hervorgebracht hat, als ob sich der Werth des Papiergeldes aufrecht erhielte. Dieselbe Erscheinung und derselbe Irrthum fand in Amerika und in Frankreich statt und dauerte eine beträchtliche Zeit nach dem Anfange ihrer Papier-Systeme fort, und die wirkliche Entwerthung des Geldes lag unter jenem Irrthum verborgen.

Man sagte in Amerika zu jener Zeit, daß Alles theuer würde; aber Gold und Silber konnten damals jene Artikel nicht billiger kaufen, als Papier; deßhalb wurde es nicht Entwerthung genannt. Die Idee von Theurung stellte sich statt der Idee von Entwerthung auf. Das Nämliche war in Frankreich der Fall. Obgleich jedes Ding im Preise stieg, bald nachdem die Assignaten erschienen, so konnten jene theuere Dinge doch nicht wohlfeiler mit Gold und Silber gekauft werden als mit Papier, und es hieß bloß, die Dinge wären theuer. Ebenso ist immer noch das Gerede in England. Sie heißen es Theurung. Aber sie werden bald finden, daß es eine wirkliche Entwerthung, und daß diese Entwerthung die Wirkung des Funbir-Systems ist; welches dadurch, daß es eine solche fortwährend wachsende Masse Papieres zum Umlauf auf einander häuft, den Werth des Goldes und Silbers mit sich herunterzieht. Aber Gold und Silber werden in der Länge der Zeit gegen die Entwerthung sich erheben, und sich von dem Werthe des Papieres trennen; denn der Verlauf aller solcher Systeme scheint der zu sein, daß das Papier am Anfange und Gold und Silber am Ende die Herrschaft ergreifen.

Aber diese Nachfolge in der Herrschaft von Gold und Silber auf Papier bildet eine Crisis, welche für das Funbir-System viel verhängnißvoller ist, als für ein anderes System, nach welchem Papier ausgegeben werden kann; denn, um genau zu sprechen, es ist nicht blos eine gefährliche Crisis, sondern ein Zeichen des Todes. Es ist ein Todesstreich für das Funbir-System. Es ist eine Revolution in allen seinen Geschäften.

Wenn Papier ausgegeben wird, ohne auf Interesse gegründet zu sein so können Ausgaben desselben, nachdem sein Werth von Gold und Silber abgesondert ist, fortgesetzt werden, wie wir in den beiden Fällen von Amerika und Frankreich gesehen haben. Aber das Funbir-System beruht ganz und gar darauf, daß der Werth des Papieres dem von Gold und Silber gleich ist, was so lange geschehen wird, als das Papier fortfahren kann, den

Werth von Gold und Silber auf daſſelbe Niveau herabzuziehen, auf welches es ſelbſt herabſinkt, und nicht länger. Aber ſelbſt in dieſem Zuſtande, dem des beiderſeitigen Herabſinkens, wird der Miniſter, wer er immer ſein mag, ſich mit wachſenden Schwierigkeiten beunruhigt finden, weil die Anleihen und Abgaben, die zum Dienſte jedes folgenden Jahres beſtimmt werden, in ſeinen Händen verſchwinden werden, ehe das Jahr abläuft, oder ehe ſie angewendet werden können. — Dies wird ihn zwingen, zu Ausgaben von dem, was Schatzkammer und Flottenſcheine genannt werden, ſeine Zuflucht zu nehmen, welche dadurch die Maſſe des Papieres in Umlauf noch vermehren, die Entwerthung noch ſchneller vor ſich bringen werden.

Man ſollte wiſſen, daß Abgaben in England nicht in Gold oder Silber, ſondern in Papier (Banknoten) bezahlt werden. Jeder Mann, welcher irgend eine beträchtliche Menge Abgaben bezahlt, als: Mälzer, Brauer, Deſtillateurs (ich appellire wegen der Wahrheit dieſes an irgend welche Zolleinnehmer in England, oder an Herrn Whitebread) wird wiſſen, daß dieß der Fall iſt. Es gibt nicht Gold und Silber genug in der Nation, um die Abgaben in gemünztem Gelde zu bezahlen, wie ich zeigen werde; und folglich gibt es nicht Geld genug in der Bank, um die Noten zu bezahlen. Das Intereſſe der fondirten Nationalſchuld wird in der Bank mit der nämlichen Sorte von Papier bezahlt, in welchem die Abgaben eingenommen werden. Wenn die Leute eine gegenſeitige Zurückhaltung finden werden, wie dies geſchehen wird, Gold und Silber für Banknoten zu geben, oder wenn ſie finden, daß den Letzteren der geringſte Vorzug vor den Erſteren gegeben wird, ſo werden ſie wegen Zahlung an die Bank gehen, wohin zu gehen ſie ein Recht haben. Sie werden dies, Jeder für ſich ſelbſt, als eine von der Klugheit gebotene Maßregel thun, und die Wahrheit oder Täuſchung des Fundir-Syſtems wird dann bewieſen werden.

Ich habe im vorhergehenden Paragraph geſagt, daß es nicht Gold und Silber genug in der Nation gibt, um die Abgaben in gemünztem Gelde zu bezahlen und daß folglich nicht genug in der Bank ſein kann, um die Noten auszulöſen. Da ich nicht wünſche, irgend Etwas auf Behauptung zu ſtützen, ſo appellire ich wegen der Wahrheit dieſes an die Publikationen des Herrn Eden (jetzt Lord Auckland genannt) und George Chalmer's, Secretär des Handels- und Colonial-Raths, wovon Jenkinſon (jetzt Lord Hawkesbury genannt) Präſident iſt. [Dieſe Art Leute verändern ihre Namen ſo oft, daß es eben ſo ſchwer iſt, ſie zu kennen, als einen Dieb.] Chalmer's gibt die Menge von Gold- und Silbergepräge nach den Prägeberichten der Münze an, und nach dem er das wieder geprägte leichte Gold in Abzug gebracht hat, ſagt er, daß der Belauf von Gold- und Silber-Münze in England ungefähr zwanzig Millionen ſei. Es wäre beſſer geweſen, er hätte dies nicht bewieſen, beſonders wenn er bedachte, daß der Staats-Credit ein ſchlafender Verdacht ſei. Die Menge iſt viel zu klein.

Von dieſen zwanzig Millionen (was nicht der vierte Theil des Goldes und Silbers iſt, was ſich in Frankreich befindet, wie dies in Herrn Neckars Abhandlung über die Finanzen geſagt iſt) kann angenommen werden, daß wenigſtens drei Millionen in Irland, Schottland, Weſtindien, Neufoundland u. ſ. w. ſind. Die Menge in England kann deshalb nicht mehr als ſechszehn Millionen ſein, was vier Millionen weniger iſt, als der Betrag der Abgaben. Aber wenn man auch zugiebt, daß es ſechszehn Millionen sind, so kann nicht mehr als der vierte Theil davon in London sein, wenn man betrachtet, daß jede Stadt, jeder Flecken, jedes Dorf und Landhaus in der Nation einen Theil davon haben muß, und daß alle die großen Manufacturen, welche meistens baares Geld erfordern, außerhalb London sind. Von diesen vier Millionen in London muß jeder Bankier, Kaufmann, Handelsmann, kurz jedes Individuum Etwas haben. Es müßte in der That ein armer Krämer sein, der nicht einige Guineeen in seiner Schublade hätte. Die Menge baaren Geldes in der Bank kann daher, bei der Augenscheinlichkeit der Umstände, nie zwei Millionen, höchst wahrscheinlich nicht mehr als eine Million sein; an diesem schwachen Zweige, der stets dem Brechen ausgesetzt ist, hängt das ganze Fundir-System von vierhundert Millionen, nebst vielen Millionen in Banknoten. Die Summe der Bank ist nicht hinreichend, auch nur ein Viertel von einem jährlichen Interesse der Nationalschuld zu bezahlen, wenn dies die Gläubiger in baarem Gelde verlangen, oder wenn sie baar Geld für die Banknoten fordern würden, in welchen die Interessen bezahlt werden. Ein Umstand, der sich stets zutragen kann.

Das Vergnügen, welches die Posse des Fundir-Systems so lange im Gange gelassen hat, ist, daß die Interessen regelmäßig bezahlt werden; aber da die Interessen stets in Banknoten bezahlt werden und da Banknoten zu dem Zweck stets gedruckt werden können, so beweist diese Art von Zahlung Nichts. Der Kern der Frage ist: kann die Bank baar Geld für die Banknoten geben, mit welchen die Zinsen bezahlt werden? Wenn sie dies nicht kann, und es ist augenscheinlich, daß sie es nicht kann, so müssen einige Millionen Banknoten unbezahlt bleiben, und jene Inhaber von Banknoten, welche sich zuletzt melden, werden am schlimmsten daran sein. Wenn die jetzige Quantität von baarem Gelde in der Bank ausbezahlt würde, so ist es beinahe unmöglich abzusehen, wie eine neue Quantität in dieselbe gelangen soll. Durch Abgaben wird keine hinein kommen, denn die Abgaben werden alle in Banknoten bezahlt; und würde die Regierung Banknoten bei Bezahlung von Abgaben zurückweisen, so wird der Credit von Banknoten auf einmal verloren sein, kein baares Geld wird durch Discontirung kaufmännischer Wechsel entstehen, denn jeder Kaufmann wird diese Wechsel in Banknoten und nicht in baarem Gold bezahlen. Es ist deshalb kein Hülfs-Mittel für die Bank übrig geblieben, einen neuen Zuschuß von baarem Gelde zu erlangen, nachdem die gegenwärtige Quantität ausbezahlt ist. Aber neben der Unmöglichkeit, die Interessen der Fonds-Schuld in baarem Gelde zu bezahlen, gibt es viele Tausend Personen in London und auf dem Lande, welche Inhaber von Banknoten sind, die auf dem ehrlichen Wege des Handels in ihre Hände kamen, aber keinen Antheil an den Fonds haben; und da solche Personen Nichts damit zu thun gehabt haben, die Anforderung an die Bank zu vergrößern, wie diejenigen, welche für ihr eigenes Privat-Interesse, wie Boyd und Andere, Verträge auf neue Anleihen schließen, oder abschließen zu wollen vorgeben, so werden die Inhaber glauben, daß sie einen gerechten Anspruch darauf haben, daß ihre Banknoten zuerst bezahlt werden sollen. Boyd in Frankreich war sehr schlau, daß er sein Papier in Geld umwechselte. Er wird eben so schlau sein, das Nämliche in London zu thun; denn er hat rechnen gelernt; und dann wird er wahrscheinlich nach Amerika abreisen.

Ein Einstellen der Bezahlung an der Bank ist nichts Neues. Smith

in seinem Wohlstand der Nationen, sagt: „daß in dem Jahr 1696 Staats-
schatzscheine stark fielen, um fünfzig und sechszig pCt. — Banknoten um
zwanzig pCt., und die Bank stellte die Zahlung ein." Was sich 1696 ereignete, kann sich 1796 wieder zutragen. Der Zeitraum, in welchem es
geschah, war der letzte Krieg unter König Wilhelm. Sie verhinderte nothwendiger Weise die Ausgabe von Schatzkammer- und Flotten-Scheinen
und das Erheben einer neuen Anleihe; und der Frieden, welcher das Jahr
darauf geschlossen wurde, fand wahrscheinlich in diesem Umstand seine Beschleunigung und rettete die Bank vom Bankerott. Smith, indem er von
den Verhältnissen der Bank spricht, sagt bei einer andern Gelegenheit:
„Diese große Compagnie wurde auf die Nothwendigkeit zurückgeführt, in
Sixpence-Stücken zu bezahlen." Wenn eine Bank dies Ausfluchts-Mittel
ergreift, in Sixpence-Stücken zu bezahlen, so ist dies ein Geständniß der
Insolvenz.

Es ist bemerkenswerth, daß jeder Fall von Finanzbankerott, seit das Pa-
piersystem bekant ist, entweder eine gänzliche oder theilweise Umwälzung in
der Regierung hervorgebracht hat. Ein Finanzbankerott der Assignaten
stürzte die revolutionäre Regierung und brachte die gegenwärtige französische
Constitution hervor. Ein Finanzbankerott des alten Congresses von Amerika, und die Verlegenheit, welche derselbe über den Handel brachte, stürzte
das System der alten Consöderation und brachte die Federal-Consöderation
hervor. Wenn wir also Schlüsse aus dem Vergleich von Ursachen und
Ereignissen zulassen, so wird der Bankerott der englischen Finanzen eine
Veränderung in der Regierung des Landes hervorbringen.

Was Herrn Pitt's Plan betrifft, die Nationalschuld durch Verwendung
einer Million jährlich zu diesem Zwecke, abzubezahlen, während er derselben
jährlich mehr als zwanzig Millionen hinzufügt, so ist dies das Nämliche,
als ob man einen Mann mit hölzernen Beinen anstellte, einem Hasen nach-
zulaufen: je länger er läuft, desto weiter bleibt er von ihm entfernt.

Wenn ich sagte, daß das Funbir-System die letzten zwanzig Jahre seiner
Existenz angetreten habe, so meinte ich damit gewiß nicht, daß es zwanzig
Jahre dauern und dann, wie eine Pachtzeit, ablaufen würde. Ich dachte
damit jenes hinfällige Alter zu beschreiben, in welchem der Tod jeden Augenblick zu erwarten ist und das Leben nicht mehr lange dauern kann. Aber
der Tod des Credits, oder jener Zustand, welcher Bankerott genannt wird,
ist nicht immer durch jene aufeinanderfolgenden Stufen sichtlicher Abnahme
bezeichnet, welche die Abnahme des natürlichen Lebens bezeichnet. Im
Fortschreiten des natürlichen Lebens kann das Alter die Jugend weder nachahmen, noch den Verlust der jugendlichen Fähigkeiten verbergen. Aber es
ist anders in Bezug auf den Tod des Credits; denn obgleich alle Annähe-
rungen an Bankerott in der That in Verhältnissen bestehen mögen, so
lassen sie es doch zu, durch den Schein verborgen zu werden. Nichts ist gewöhnlicher, als einen Mann, der gestern noch Credit besaß, heute bankerott
zu sehen; jedoch kaum ist der wirkliche Stand seiner Angelegenheiten bekannt, so kann Jedermann sehen, daß er lange vorher zahlungsunfähig
war. In London, dem größten Theater des Bankerotts in Europa, wird
dieser Theil des Gegenstandes wohl und einbringlich verstanden werden.

Herr Pitt spricht beständig von Credit und nationellen Hülfsquellen.
Dies sind zwei der erdichteten Erscheinungen, durch welche die Annäherun-
gen an den Bankerott verborgen werden. Was er Credit nennt, kann,

wie ich eben gezeigt habe, in einem Zustand von Insolvenz bestehen, und ist immer das, als was ich es vorher beschrieben habe, schlafender Verdacht.

Was die nationellen Hülfsquellen betrifft, so hat Herr Pitt, wie alle englischen Finanz-Männer, welche ihm seit dem Fundir-System vorangingen, die Natur einer Hülfsquelle im Allgemeinen mißverstanden; d. h. sie haben dieselben beständig mit der Täuschung des Fundir-Systems verwechselt; aber die Zeit klärt die Täuschung auf.

Was er eine Hülfsquelle nennt und was sie eine nannten, ist keine Hülfsquelle, sondern ein Vorwegnehmen einer Hülfsquelle. Sie haben das vorher weggenommen, was in einer andern Generation eine Hülfsquelle gewesen sein würde, wäre der Gebrauch derselben nicht vorher weggenommen worden. Das Fundir-System ist ein System der Vorherwegnahme. Diejenigen, welche es vor hundert Jahren aufstellten, nahmen die Hülfsquellen Denjenigen weg, welche hundert Jahre nachher leben sollten, denn das heutige Volk hat die Interessen der Schulden, welche zu jener Zeit gemacht wurden, und aller Schulden, die seither gemacht wurden, zu bezahlen. Aber es ist die letzte Feder, welche dem Pferde den Rückgrat bricht. Hätte das System hundert Jahre vorher begonnen, so würde der jetzige Betrag der Abgaben, um das jährliche Interesse zu vier Procent zu bezahlen, (könnten wir annehmen, daß ein so verrücktes System auf diese Weise fortgedauert hätte) zweihundert und zwanzig Millionen jährlich sein: denn das Kapital der Schuld würde dem Verhältniß gemäß, das die Kosten der Kriege für die vergangenen hundert Jahre bestimmte, 5486 Millionen betragen, aber diese vorher, ehe es diese Periode erreicht haben würde, der Cours der Banknoten in Folge der unermeßlichen Menge derselben (denn eine solche nominelle Revenue hätte blos in Papier eingetrieben werden können) so niedrig oder niedriger, als es das Continental-Papiergeld in Amerika, oder die Assignaten in Frankreich gewesen sind, stehen; und was die Idee betrifft, dieselben für Gold und Silber auszuwechseln, so ist dieselbe zu albern, als daß man ihr widerspräche.

Sehen wir nicht, daß die Natur in allen ihren Wirkungen die eingebildete Basis verwirft, auf welche das Fundir-System gebaut ist? Sie handelt stets nach erneuerter Aufeinanderfolge und nie nach anhäufender Addition, indem sie ewig fortschreitet. Thiere und Pflanzen, Menschen und Bäume existirten seit Anbeginn der Welt: aber ihre Existenz wurde durch die Aufeinanderfolge von Generationen fortgeführt und nicht dadurch, daß die nämlichen Menschen und die nämlichen Bäume, welche zuerst bestanden, in dauernder Existenz blieben; und um Raum für die neuen zu machen, entfernt sie die alten. Jeder Dummkopf kann dies sehen. Blos ein Dummkopf von Grundstock-Mäkler irrt sich. Er hat sich eingebildet, daß die Kunst das kann, was die Natur nicht kann. Er lehrt ihr ein neues System: daß es für den Menschen nicht nothwendig ist, zu sterben; daß der Plan der Schöpfung nach dem Plane des Fundir-Systems betrieben werden kann; daß er durch fortwährende Hinzufügung neuer Wesen, gleich neuen Anleihen, verfahren kann und Alle in ewiger Jugend zusammen leben können. Geh' und zähle die Gräber, Du Dummkopf, und lerne die Narrheit Deiner Rechenkunst einsehen.

Aber neben diesen Dingen liegt etwas sichtlich Possenhaftes in der ganzen Operation des Leihens. Es ist kaum mehr als vier Jahre her, daß eine solche Fäulniß von Bankerott sich über London verbreitete, daß der ganze kaufmännische Stand wankte, Handel und Crebit standen still und die Sachen lagen so, daß die Regierung, um einen allgemeinen Bankerott zu verhindern, oder aufzuschieben, den Kaufleuten sechs Millionen in Re- gierungs-Papier borgte, und jetzt borgen die Kaufleute der Regierung zwei und zwanzig Millionen in ihrem Papier; und zwei Parteien, Boyd und Morgan, Leute, die wenig bekannt sind, streiten sich, wer von ihnen die Darleiher sein sollen. Was für eine Posse ist dies! Dies re- ducirt die Operation des Leihens auf eine Papieraushülse, bei welcher die Mitbewerber sich streiten, nicht wer leihen, sondern wer unterzeichnen soll, weil für das Unterzeichnen Etwas zu bekommen ist.

Jeder englische Grundstock-Mäkler und Minister prahlt mit dem Crebite Englands; sein Crebit, sagen sie, ist größer, als der irgend eines Landes in Europa. Hiefür giebt es einen guten Grund; denn es giebt kein an- deres Land in Europa, das durch eine solche Täuschung bethört werden konnte. Das englische Fundir-System wird ein Denkmal der Bewunde- rung bleiben, nicht so sehr wegen der Ausdehnung, in welcher es betrieben, sondern wegen der Narrheit, daß an dasselbe geglaubt wurde.

Diejenigen, welche früher vorausgesagt hatten, daß das Fundir-System aufbrechen würde, wenn sich die Schuld auf hundert oder hundert und fünf- zig Millionen belaufen sollte, irrten blos darin, daß sie zwischen Zahlungs- Unfähigkeit und wirklichem Bankerott keinen Unterschied machten: denn die Zahlungs-Unfähigkeit fing an, sobald die Regierung unfähig wurde, die Interessen in baarem Gelde zu bezahlen, oder baares Geld für die Bank- noten zu geben, in welchen die Interessen bezahlt wurden, ob diese Unfähig- keit bekannt war, oder nicht, oder ob sie vermuthet wurde, oder nicht. Zahlungs-Unfähigkeit findet immer vor dem Bankerott Statt: denn Ban- kerott ist Nichts weiter, als die Veröffentlichung dieser Zahlungs-Unfähig- keit. In den Geschäften eines Einzelnen geschieht es oft, daß Zahlungs- Unfähigkeit mehrere Jahre vor dem Bankerott vorhanden ist, und daß die Zahlungs-Unfähigkeit verborgen weiter getrieben wird, bis der Einzelne nicht fähig ist, einen Schilling für das Pfund zu bezahlen. Eine Re- gierung kann den Bankerott länger von sich abhalten, als ein Einzelner, aber Zahlungs-Unfähigkeit wird unvermeidlich Bankerott hervorbringen, ob bei einem Einzelnen, oder einer Regierung. Wenn also die Quantität der, auf Verlangen zahlbaren Banknoten, welche die Bank ausgegeben hat, größer ist, als die Bank bezahlen kann, so ist die Bank zahlungsunfähig: und wenn diese Zahlungs-Unfähigkeit erklärt ist, so ist dies Bankerott.*

---

* Unter den Täuschungen, welche der Nation durch ihre Minister und durch keinen mehr, als durch Herrn Pitt aufgebunden wurden, um ihren Geschäften einen falschen Anstrich zu geben, ist ein schectiges, amphibienartiges Ding, die Handelsbalance genannt. Diese sogenannte Handelsbalance ist aus den Zollhaus-Büchern gezogen, in welchen Ein- träge von allen Ladungen, welche jährlich eingeführt, und von allen Ladungen, welche jähr- lich ausgeführt werden, gemacht sind. — Und wenn der Werth der Ausfuhr dem Preise nach, welchen der Versender oder das Zollhaus auf dieselbe gesetzt hat, größer ist, als der Werth der Einfuhr, welche auf die gleiche Weise geschätzt wird, so sagen sie, die Handels- balance sei sehr zu ihren Gunsten.

Die Zollhausbücher beweisen regelmäßig genug, daß sie viele Ladungen ausgeführt, und so viele eingeführt wurden, — aber dies ist Alles, was sie beweisen, oder zu beweisen be- absichtigt waren. Sie haben Nichts mit der Balance des Gewinns, oder Verlustes zu thun, und es ist Unwissenheit, deswegen an sie zu appelliren: denn der Fall ist der, daß je größer der Verlust des einen Jahres ist, desto höher wird die sogenannte Handelsbalance dem

Ich komme jetzt darauf, die verschiedenen Wege zu zeigen, auf welchen Banknoten in Umlauf kommen. Ich werde nachher eine Schätzung der gesammten Quantität oder des Betrags von Banknoten, welche in diesem Augenblicke existiren, geben.

Eine Bank handelt in drei Eigenschaften: als Wechselbank, als eine Depositenbank, und als eine Bank für die Regierung.

1stens. Als eine Wechselbank. Die Bank discontirt kaufmännische Wechsel auf zwei Monate. Wenn ein Kaufmann einen Wechsel hat, der nach Verlauf von zwei Monaten verfallen wird, und vor dieser Zeit Zahlung braucht, so streckt ihm die Bank die Bezahlung vor, indem sie von derselben fünf Procent jährlich abzieht; der Wechsel bleibt in der Bank als Sicherheit oder Pfand, und nach Verlauf von zwei Monaten muß er ausgelöst werden. Dies Geschäft geschieht gänzlich in Papier; denn der Nutzen der Bank als Wechselbank entsteht ganz und gar daraus, daß sie Gebrauch von Papiergeld macht. Die Bank giebt dem Kaufmann bei Discontirung des Wechsels Banknoten und der Einlöser des Wechsels bezahlt der Bank Banknoten, wenn er ihn einlöst. Es geschieht sehr selten, daß wirkliches Geld zwischen ihnen passirt.

Wenn der Nutzen einer Bank z. B. zweimal hunderttausend Pfund wäre, (eine große Summe, um blos durch Auswechslung einer Sorte Papier gegen eine andere gemacht zu werden, welche ebenfalls zeigt, daß die Kaufleute dieses Platzes um Geld zu Zahlungen gedrängt sind, anstatt daß sie Geld übrig haben, um es der Regierung zu leihen) so beweist dies, daß die Bank vier Millionen jährlich, oder 666,666 £ alle zwei Monate discontirt; und da in der Bank Pfänder nie länger als zwei Monate bleiben, zum Werth von 666,666 £ auf einmal, so sollte der Betrag von Banknoten in Umlauf, auf einmal nicht über diesen Betrag hinausgehen. Dies ist hinreichend, um zu zeigen, daß die gegenwärtige, unermeßliche Menge von Banknoten, welche durch jede Stadt, jeden Flecken, jedes Dorf, und jedes Landhaus in England vertheilt sind, nicht durch das Discontiren erklärt werden kann.

2tens. Als eine Depositenbank. Geld in der Bank deponiren, bedeutet, es der Bequemlichkeit wegen darin niederlegen, um es jeden Augenblick, wo es dem Deponenten gefällt, herausziehen und an seine Ordre bezahlen lassen zu können. Wenn das Discontogeschäft groß ist, ist das Depositengeschäft nothwendig klein. Kein Mann deponirt und verlangt Disconto

---

Zollhausbüchern nach erscheinen. z. B. die ganze Handelsflotte des Mittel-Meeres wurde dieses Jahr durch die Franzosen weggenommen — folglich werden diese Ladungen in den Zollhausbüchern nicht als Einfuhr erscheinen, und deshalb wird die Handels-Balance, worunter sie den Profit derselben verstehen, um so viel größer erscheinen, als der Verlust beträgt; und hätte auf der andern Seite kein Verlust stattgefunden, so würde der Profit um so viel geringer erschienen sein. Alle die Verluste, welche zur See an zurückkehrenden Ladungen, durch Zufälle, durch Elemente, oder durch Wegnahme geschehen, machen die Balance desto höher als Seite der Ausfuhr, und würden dieselben zur See alle verloren geben, so würde es scheinen, daß Alles, was in den Zollhausbüchern steht, Nutzen sei. Ebenso vermehrt jede Ladung von Ausfuhr, welche verloren geht und die Absendung einer andern verursacht, auf gleiche Weise die Seite der Ausfuhr und erscheint als Nutzen. Dieses Jahr wird die Handels-Balance hoch erscheinen, weil die Verluste durch Wegnahme und Stürme groß gewesen sind. Die Unwissenheit des englischen Parlaments, diesen gemeinen Betrug der Minister über die Handels-Balance anzuhören, ist erstaunlich. Es zeigt, wie wenig dasselbe von den National-Angelegenheiten weiß, und Herr Grey könnte eben sowohl griechisch zu demselben sprechen, als Anträge wegen des Zustandes der Nation machen. Parlamentsmitglieder verstehen blos Fuchsjagden und Spielgesetze.

zu gleicher Zeit; denn dies wäre, wie wenn er Zins für Geld, daß er hinleiht, statt für solches, welches er borgte, bezahlte. Die Depositen, welche jetzt auf der Bank gemacht werden, bestehen fast ganz in Banknoten, und vermehren folglich in Nichts die Fähigkeit der Bank, die Banknoten, welche zur Bezahlung eingereicht werden, auszuzahlen; und nebenbei sind die Depositen nicht mehr das Eigenthum der Bank, als das baare Geld, oder die Banknoten in eines Kaufmanns Comptoir das Eigenthum seines Buchhalters sind. Es kann daher keine große Zunahme der Banknoten, über das hinaus, was die Disconto-Geschäfte zugeben, auf Rechnung der Depositen gesetzt werden.

3tens. Die Bank handelt als Bankier für die Regierung. Dies ist die Verwandtschaft, welche jede öffentliche Bank zu ruiniren droht. Durch diese Verwandtschaft geschieht es, daß der Credit einer Bank weit über das, was er sein sollte, und noch weiter über ihre Zahlungsfähigkeit hinausgetrieben wird. Durch diese Verwandtschaft kommt es, daß solch eine ungeheure, überflüssige Menge Banknoten in Umlauf gekommen ist, welche, statt daß sie ausgegeben wurden, weil Vermögen in der Bank war, ausgegeben wurden, weil keines darin war.

Wenn der Staatsschatz leer ist, was fast alljährlich in jedem Kriege geschieht, so sind seine Kassen auf der Bank auch leer. In diesem Zustande der Leere nimmt der Minister Zuflucht zur Ausgabe dessen, was man Schatzkammer- und Flotten-Scheine nennt, was fortwährend eine neue Vermehrung von Banknoten erzeugt, und welche dem Publikum aufgeschwindelt werden, ohne daß Vermögen in der Bank ist, um sie zu bezahlen. — Diese Schatzkammer- und Flotten-Scheine (welche, wie ich gesagt habe, ausgegeben werden, weil der Staatsschatz und seine Kassen auf der Bank sind und die Forderungen nicht bezahlen können, welche einkommen) sind nichts Anderes, als eine Anerkennung, daß der Inhaber berechtigt sei, so viel Geld zu empfangen. Sie können mit einer Abrechnung verglichen werden, in welcher der Schuldner die Balance, welche er schuldig ist, und für welche er eine Handschrift gibt, anerkennt; oder mit einer Anweisung zur Erhebung von Geld verglichen werden.

Manchmal discontirt die Bank diese Scheine, wie sie kaufmännische Wechsel discontiren würde; manchmal kauft sie dieselben von den Inhabern zum laufenden Preis; und manchmal stimmt sie mit dem Minister darüber überein, den Inhabern Zinsen darauf zu bezahlen und sie im Umlauf zu erhalten. In jedem dieser Fälle kommt eine neue Menge von Banknoten in Umlauf und wird, wie ich gesagt habe, dem Publikum aufgeschwindelt, ohne daß auf der Bank Vermögen wäre, womit dieselbe als Bankier der Regierung die Scheine bezahlen könnte; und nebenbei hat jetzt die Bank kein eigenes Geld, denn das Geld, welches ursprünglich gezeichnet wurde, um mit demselben den Credit der Bank bei ihrer ersten Errichtung zu beginnen, ist der Regierung geliehen worden und schon lange verbraucht.

Die Bank (sagt Smith) handelt nicht blos als gewöhnliche Bank, sondern als eine große Staatsmaschine; sie empfängt und bezahlt den größeren Theil der Leibrenten, welche den Gläubigern des Publikums ausgesetzt sind. (Es ist bemerkenswerth, daß das Publikum oder die Nation immer für die Regierung gesetzt ist, wenn man von Schulden spricht.) Sie setzt (sagt Smith) Staatsschatz-Scheine in Umlauf und bezahlt der Regierung den jährlichen Betrag der Grund- und

Malzsteuer voraus, welche häufig erst mehrere Jahre nachher eingehen. (Diese Vorausbezahlung geschieht auch in Banknoten, für welche kein Vermögen auf der Bank ist.) „Bei diesen verschiedenen Operationen (sagt Smith) mag ihre Schuld an das Publikum sie manchmal ohne irgend einen Fehler ihrer Directoren genöthigt haben, die Circulation der Papiergeld-Banknoten zu übertreiben." Wie ihre Schuld an das Publikum sie veranlassen konnte, dieses Publikum mit Schuldscheinen, welche sie nicht bezahlen kann, zu überschütten, und dadurch die Individuen desselben Publikums dem Ruin auszusetzen, ist zu paradox, um erklärt werden zu können, denn auf den Credit hin, welchen Individuen der Bank geben, indem sie deren Noten annehmen und umsetzen, und nicht auf ihren eigenen Credit hin, oder ihr eigenes Vermögen, denn sie hat keines, schwindelt die Bank. Wenn es jedoch die Pflicht der Bank ist, das Publikum dieser Gefahr auszusetzen, so ist es wenigstens ebenso die Pflicht der Einzelnen dieses Publikums, nach ihrem Gelde zu sehen, Sorge für sich selbst zu tragen, und es den Beamten, Pensionirten, Regierungs-Contrahenten, der Reeves-Association und den beiden Häusern des Parlaments, welche auf den ersten Wink des Ministers für die Weggabe des Geldes gestimmt haben, zu überlassen, den Credit aufrecht zu erhalten, wenn sie können, und für denselben sollten ihre Besitzungen, einzeln und zusammengenommen, so weit sie reichen, in Anspruch genommen werden.

Es bestand immer und besteht noch eine geheimnißvolle, verdächtige Verwandtschaft zwischen den Ministern und den Directoren der Bank, welche sich auf keine andere Weise, als durch die fortwährende Vermehrung von Banknoten erklärt. Ohne deßhalb in irgend weitere Einzelnheiten verschiedener Erfindungen, nach welchen Banknoten ausgegeben oder unter das Publikum geworfen werden, einzugehen, fahre ich fort, wie vorerwähnt, eine Schätzung der ganzen Menge von Banknoten in Umlauf zu geben.

Wie sehr auch Regierungen geneigt sein mögen, aus dem Volke Geld durch Abgaben zu erpressen, so gibt es eine Grenze für diese Gewohnheit, welche in der Natur der Dinge begründet liegt. Diese Grenze ist das Verhältniß zwischen der Menge von Geld einer Nation, sei diese Menge von Geld, welche sie wolle, und der größten Menge von Abgaben, welche erhoben werden können. Das Volk hat noch andern Gebrauch für das Geld, außer der Bezahlung von Abgaben; und dasselbe kann nur einen verhältnißmäßigen Theil seines Geldes für Abgaben entbehren, wie es blos einen verhältnißmäßigen Theil für Hausmiethe, Kleidung oder für irgend einen anderen Gebrauch entbehren kann. Diese Vrhältnisse finden sich von selbst und stellen sich fest, und zwar mit solcher Genauigkeit, daß, wenn irgend ein Theil sein Verhältniß überschreitet, alle die andern Theile es fühlen.

Vor der Erfindung des Papiergeldes (Banknoten) gab es kein anderes Geld als Gold und Silber, und die größte Menge von Geld, welche während dieser Periode jemals durch Abgaben erhoben wurde, überschritt nie den vierten Theil der Menge des Geldes in der Nation. Die Abgaben zur Zeit Wilhelms III. erreichten nie vier Millionen vor Erfindung des Papiergeldes, und die Menge des Geldes in der Nation wurde zu jener Zeit auf ungefähr sechzehn Millionen geschätzt. Dieselben Verhältnisse begründeten sich in Frankreich. Vor der gegenwärtigen Revolution gab es kein Papiergeld in Frankreich und die Abgaben wurden in Gold und Silber eingezogen. Die höchste Quantität von Abgaben überschritt nie zwei und zwanzig Millionen Pfund Sterling, und die Menge des Gold- und Silbergeldes in der Nation zu jener Zeit war, wie Herr Nekar aus den Prägeberichten der Münze in seiner Abhandlung über die Verwaltung der Finanzen, angiebt, ungefähr neunzig Millionen Sterling. Um über diese Gränze von dem vierten Theil zu gehen, waren sie in England genöthigt, Papiergeld einzuführen; und der Versuch in Frankreich, wo Papier nicht eingeführt werden konnte, dieselbe Grenze zu überschreiten, stürzte die Regierung.

Dieses Verhältniß eines Viertels ist daher die Grenze, welche die Natur der Sache für sich selbst feststellt, sei die Menge des Geldes in einer Nation mehr oder weniger.

Der Betrag der Abgaben in England ist zu dieser Zeit völlig zwanzig Millionen, und deshalb beträgt die Menge von Gold, Silber und Banknoten zusammengenommen achtzig Millionen. Die Menge von Gold und Silber, wie durch Lord Hawkesbury, Secretär (George Chalmers), angegeben wurde, ist, wie ich vorher gezeigt habe, zwanzig Millionen, und deshalb ist der Gesammtbetrag von Banknoten in Umlauf, die alle auf Verlangen zahlbar gemacht sind, sechszig Millionen. Diese ungeheure Summe wird den dummsten Grundstockmäkler in Erstaunen setzen und die Leichtgläubigkeit des gedankenlosesten Engländers überwältigen; aber wäre es nur ein Drittel dieser Summe so kann die Bank keine halbe Krone fürs Pfund bezahlen.

Es liegt etwas Sonderbares in der Bewegung dieser modernen, complicirten Maschine, dem Fundir-System; und erst jetzt fängt sie an, die völlige Ausdehnung ihrer Bewegungen zu entfalten. Im ersten Theil ihrer Bewegungen legt sie eine große Gewalt in die Hände der Regierung und im letzten Theil nimmt sie dieselben gänzlich hinweg.

Das Fundir-System begann damit, Revenüen unter dem Namen Anleihen zu erheben, vermittelst welcher die Regierung zugleich verschwenderisch und mächtig wurde. Die Darleiher nahmen den Namen Creditoren an, und obgleich es bald entdeckt wurde, daß Leihen so viel wie Regierungs-Jobberie war, so hielten sich diese vorgeblichen Darleiher, oder die Personen, welche sich nach der Hand die Fonds verkauften, nicht allein für Creditoren, sondern sogar für die einzigen Creditoren.

Aber von solcher Art war die Wirkung dieser complicirten Maschine des Fundir-Systems, daß sie unbemerkt eine zweite Generation von Creditoren, zahlreicher und furchtbarer und nebenbei reeller als die erste Generation, hervorgebracht hat; denn jeder Inhaber einer Banknote ist ein Creditor, und ein wirklicher Creditor, und die Schuld, welche er zu fordern hat, ist auf Verlangen zahlbar gemacht; die Schuld, welche die Regierung daher an Individuen zu bezahlen hat, besteht aus zwei Theilen; der eine derselben aus vierhundert Millionen, welche auf Verlangen zahlbar sind. Der eine heißt die fundirte Schuld, der andere ist die Schuld, welche für Banknoten zu bezahlen ist.

Die zweite Schuld (jene welche in Banknoten enthalten ist), wurde größtentheils zu Bezahlung der Interessen von der ersten Schuld gemacht, so daß in der That wenige oder gar keine Interessen von der Regierung bezahlt wurden. Die erste war Täuschung und Betrug. Die Regierung machte zuerst bei einer Volksklasse Schulden in der Form von Anleihen und steckte sich dann heimlicher Weise vermittelst Banknoten, um die Interessen zu bezahlen, bei einer anderen Classe in Schulden. Bei Contrahirung der ersten Schuld handelte die Regierung für sich selbst und machte die Bank zu einer Maschine, um die zweite zu contrahiren. Diese zweite Schuld ist es, welche den Sitz der Gewalt und die Ordnung der Dinge verändert; denn sie gibt sogar einem kleineren Theil der Inhaber von Banknoten die Macht (wenn sie keinen anderen Grund, als den Widerwillen gegen Pitt's und Grenville's Aufruhrbills hätten), irgend eine Maßregel der Regierung, die sie für ihr Interesse schädlich fanden, zu controliren, und zwar nicht durch volksthümliche Gesellschaften, sondern durch die leichte und einfache Operation, der Regierung ihren Credit zu entziehen, das heißt dadurch, daß sie einzeln von der Bank für jede Banknote, die in ihre Hände kommt, Bezahlung verlangen. Weshalb sollten Pitt und Grenville erwarten, daß die nämlichen Leute, welche sie beschimpfen, und welchen sie schaden zu gleicher Zeit fortfahren sollten, die Maßregeln Pitt's und Grenville's zu unterstützen, dadurch daß sie ihren, Zahlung versprechenden, Schuldscheinen Credit gäben? Keine neuen Ausgaben von Banknoten könnten vor sich gehen, so lange die Bezahlung der alten verlangt wird und das baare Geld in der Bank täglich zusammenschmilzt; auch könnten weder der Regierung oder dem Kaiser neue Vorschüsse zu Betreibung des Kriegs, noch überhaupt irgend eine neue Ausgabe von Schatzkammerscheinen gemacht werden. „Die Bank," sagt Smith „ist eine große Staats=Maschine;" und in demselben Paragraphen sagt er: „Die Festigkeit der Bank ist gleich der der britischen Regierung;" was eben so viel sagen will, als daß die Festigkeit der Regierung der der Bank gleich ist, und nicht mehr. Wenn also die Bank nicht bezahlen kann, so ist der Erzschatzmeister des heiligen römischen Reichs (S. R. J. A.*) ein Bankerotteur. Als die Narrheit Titel erfand, so gab sie auf deren Geeignetheit nicht Obacht; denn so lange die englische Regierung in den Händen von Erzschatzmeistern gewesen ist, ist sie immer dem Bankerott entgegengegangen; und was den Erzschatzmeister=Nachfolger betrifft, so ist er schon lange ein Bankerotteur gewesen. Welch' eine elende Aussicht hat England vor Augen!

Vor dem Kriege gab es 1755 keine Banknoten von weniger als zwanzig Pfund. Während jenes Kriegs wurden Banknoten von fünfzehn und von zehn Pfund gemacht, und jetzt seit Beginn des gegenwärtigen Kriegs sind sie bis zu dem niedern Betrage von fünf Pfund ausgegeben worden. Diese Fünfpfund=Noten werden hauptsächlich unter kleinen Krämern, Marktleuten, Miethern kleiner Häuser, Kostgängern u. s. w. circuliren. Alle die hohen Abtheilungen des Handels, so wie die, welche sich in günstigen Lebensumständen befinden, wären, wie Smith sich ausdrückt, bereits mit Banknoten überfüllt. Kein Platz blieb offen, in welchen man eine neue Menge von Banknoten hineindrängen konnte, als unter die niederen Volksklassen, welche ich eben erwähnt habe, und dies konnte am Besten durch das Prägen von Fünfpfund-Noten bewirkt werden. Dieses Betragen gleicht dem eines grundsatzlosen Zahlungsunfähigen, welcher am Abgrunde des Bankerotts im Betrage von vielen Tausenden die geringe

---

*) Theil der Inschrift auf einer englischen Guinee auf den König von England als Churfürsten von Hanover bezüglich.

Summe von fünf Pfund von den Dienern seines Hauses borgt, und am nächsten Tage sich bankerott erklärt.

Aber welche augenblickliche Unterstützung oder Hülfe die Minister und ihre Bank auch von der niedrigen Erfindung ihrer Fünfpfund-Noten erwarten mögen, so wird sie die Unfähigkeit der Bank die höheren Noten zu bezahlen, doch nur vergrößern und den Untergang Aller beschleunigen; denn selbst die kleinen Abgaben, welche sonst mit Geld bezahlt wurden, werden jetzt mit Banknoten bezahlt werden. Und die Bank wird bald kaum noch anderes Geld in Besitz haben, als das, was die Haarpulver-Guineen Abgabe einbringt.

Die Banknoten sind derjenige Theil der Finanzen, welcher die ernsteste Aufmerksamkeit verdient, was man die fundirte National-Schuld nennt, so ist sie eine Kleinigkeit im Vergleich mit ihnen; dennoch ist über die Banknoten nie gesprochen worden. Aber gewiß sollte es bekannt sein, auf welche Autorität hin, ob auf die des Ministers, oder der Directoren, und auf welche Grundlage solche unermeßliche Quantitäten ausgegeben werden. Ich habe den Betrag auf sechszig Millionen angegeben, ich habe Thatsachen für diese Schätzung beigebracht; und nebendem bekräftigt die augenfällige Menge derselben, welche die des Goldes und Silbers in der Nation weit übersteigt, die Angabe. Wäre es nur ein Drittel von sechszig Millionen, so könnte die Bank keine halbe Krone fürs Pfund bezahlen; denn es kann, wie vorher gesagt, kein neuer Zuschuß von Geld in die Bank kommen, da man alle Abgaben in Papier bezahlen wird.

Als das Fundir-System begann, wurde nicht bezweifelt, daß die Anleihen, welche geborgt worden waren, wieder bezahlt werden würden. Die Regierung beförderte nicht allein diesen Glauben, sondern sie begann, dieselben abzubezahlen. Mit der Zeit wurde dieses Verfahren aufgegeben, und es ist nicht schwierig zu sehen, daß die Banknoten denselben Weg gehen werden; denn der Betrag derselben ist bloß eine andere Schuld unter einem anderen Namen, und die Wahrscheinlichkeit ist vorhanden, daß Herr Pitt zuletzt vorschlagen wird, sie zu fundiren. In diesem Falle werden die Banknoten nicht so werthvoll sein, als französische Assignaten. Die Assignaten haben ein solides Eigenthum in den National-Domänen im Hinterhalt; Banknoten haben aber keines; und außerdem müssen dann die englischen Staatseinkünfte wieder auf das Herabsinken, was ihr Betrag war, ehe das Fundir-System begann — das heißt zwischen drei und vier Millionen; eine derselben würde der Erzschatzmeister für sich selbst brauchen, und der Erzschatzmeister-Thronfolger würde drei Viertel Millionen mehr brauchen, um seine Schulden zu bezahlen. „In Frankreich," sagt Sterne, „ordnet man diese Dinge besser."

Ich habe nun das englische Finanz-System den Augen aller Nationen blosgestellt; denn dieses Werk wird in allen Sprachen veröffentlicht werden. Indem ich dies that, übte ich eine Art von Gerechtigkeit gegen jene zahlreichen Bürger neutraler Nationen aus, welche durch dieses betrügerische System hintergangen wurden, und welche bei den zu erwartenden Folgen ihr Vermögen auf dem Spiele stehen haben.

Als ein einzelner Bürger Amerikas, und so weit als ein einzelner Bürger gehen kann, habe ich (wenn ich den Ausdruck ohne unmoralische Meinung gebrauchen kann) die seeräuberischen Plünderungen, welche durch die englische Regierung an dem amerikanischen Handel begangen wer-

ben, gerächt. Ich übe für Frankreich in Bezug auf den Finanz=Ge=
genstand Wiedervergeltung aus, und ich schließe, indem ich auf Herrn Pitt
die Worte, welche er gegen Frankreich gebrauchte, zurückwerfe und sage:
daß das englische Finanz=System „am Rande, nein sogar im Ab=
grunde des Bankerotts ist."

Paris, den 8. April 1796.   Thomas Paine.

Beweggründe, Louis Capet am Leben zu lassen, nach= dem er dem National=Convent überliefert worden war.

Bürger Präsident!

Mein Haß und mein Abscheu gegen die Monarchie sind genügend be=
kannt; aus Prinzipien der Vernunft und Ueberzeugung e n t s p r u n g e n,
können dieselben nur mit meinem Leben e n d i g e n; aber mein Mitleid
für den Unglücklichen, ob Freund oder Feind, ist eben so lebhaft und auf=
richtig.

Ich selbst stimmte für ein gerichtliches Verhör gegen Louis, denn es war
nothwendig, durch T h a t s a c h e n die Welt von der Perfidie, Verderbtheit
und Abscheulichkeit des monarchischen Systems zu überzeugen, und die un=
endliche Menge der vorgebrachten Beweise enthüllte und zeigte dasselbe in
den grellsten und gräßlichsten Farben. Wir ersehen daraus, daß eine
Monarchie, in welche Form sie auch immer gekleidet sein mag, absolute
oder c o n s t i t u t i o n e l l e, nothwendiger Weise ein Centrum wird, wel=
ches jede Gattung von Verderbtheit um sich vereinigt, und daß das Ge=
schäft der Könige nicht weniger die Moralität im menschlichen Herzen zer=
stört, als das Geschäft des Henkers alles Zartgefühl vernichtet. Ich
erinnere mich, daß, während meiner Anwesenheit in einem andern Lande,
ein Ausspruch von M. Autheim bei den Jakobinern tiefen Eindruck auf
mich machte, um so mehr, da er ganz mit meinen Ideen harmonirte.
„Macht", sagte er, „heute einen König aus mir, und ich werde morgen ein
Räuber sein!"

Nichtsdestoweniger bin ich zu glauben geneigt, daß Louis Capet, wäre
er in einer liebenswürdigen und achtungswerthen Umgebung geboren und
erzogen worden, hätte er Gelegenheit gehabt, die Pflichten eines häuslichen
Lebens auszuüben, ja, wäre er so gestellt gewesen, so kann ich nicht glau=
ben, daß derselbe sich der socialen Tugenden ermangelnd gezeigt hätte. Es
l i e g t in der m e n s c h l i c h e n N a t u r, daß wir in einem Zustande
der G ä h r u n g, wie in dem jetzigen, weniger nachsichtig gegen seine
Laster, oder besser gesagt, gegen die monarchischer Regierungen sind; wir
bemerken dieselben mit vergrößertem Abscheu und Zorn, nicht, weil die=
selben schlimmer, als die seiner Vorgänger, sondern weil unsere Augen
jetzt geöffnet sind und der Schleier des Blendwerks endlich zerronnen ist.
Dennoch ist der bejammernswerthe Zustand der Erniedrigung, in welchen
Louis jetzt gesunken ist, o h n e Z w e i f e l weit weniger seiner eigenen,
als vielmehr der Schuld der constituirenden Versammlung zuzumessen,
welche ihn nach ihrem eigenen Gutdünken, ohne Zustimmung oder Geheiß
des Volkes, wieder auf den Thron setzte.

Ich war in Paris zur Zeit der Flucht oder Abbankung Louis des Sechzehnten und als er gefangen zurückgebracht wurde. Der Vorschlag, ihm
die höchste Gewalt wieder zu verleihen, setzte mich in Erstaunen und
Bestürzung, und obgleich damals kein Bürger von Frankreich, ergriff
ich dennoch als Weltbürger alle mir zu Gebote stehenden Mittel,
um dies zu verhindern.

Eine kleine Gesellschaft, nur aus fünf Personen zusammengesetzt, von
welchen zwei jetzt Mitglieder des National-Convents sind, gab sich zu jener
Zeit den Namen des „republikanischen Clubs." Diese Gesellschaft oppo-
nirte gegen die Wiedereinsetzung Louis', nicht sowohl wegen seiner eigenen Vergehungen, als um hauptsächlich das Gebäude der Monarchie
zu stürzen, und auf seinen Ruinen das republikanische System und eine
gleichmäßige Repräsentation aufzurichten.

In dieser Absicht entwarf ich in englischer Sprache einige Vorschläge,
welche mit unbedeutenden Abänderungen übersetzt und von Achilles Du-
chatlet, gegenwärtig Generallieutenant in der Armee der französischen Republik, zu damaliger Zeit eines von den fünf Mitgliedern unserer kleinen
Gesellschaft, unterzeichnet wurde. (Die Unterschrift eines Bürgers wurde
bei jeder Drucksache durch das Gesetz verlangt.)

Das Schriftstück wurde von Malouet mit Unwillen zerrissen, und in
diesem nämlichen Zimmer als ein Anklage-Artikel gegen die Person, welche
es unterzeichnet hatte, gegen den Autor und seine Anhänger hervorgebracht;
doch so groß war die Umwälzung der Begebenheiten, daß dieselbe Schrift
jetzt gerade für einen entgegengesetzten Zweck aufgenommen und vorgelegt
wird: nämlich um die Nation an die Irrthümer jenes unglücklichen Tages
zu erinnern, an jenen unglücklichen Irrthum, Louis den Sechzehnten damals nicht von ihren Küsten verbannt zu haben, und heute nicht sein Exil,
statt seinen Tod zu bevorworten.

Das fragliche Schriftstück war in folgenden Worten abgefaßt:

„Brüder und Mitbürger!

„Die heitere Ruhe, das gegenseitige Zutrauen, welches zur Zeit der
Flucht des letzten Königs unter uns herrschte, die Gleichgültigkeit, mit der
wir ihn zurückkehren sahen, sind unzweideutige Beweise, daß die Abwesenheit des Königs mehr wünschenswerth ist, als seine Gegenwart, und daß
er nicht nur eine politische Ueberflüssigkeit, sondern auch eine bittere Last ist,
welche die ganze Nation schwer drückt.

„Lasset uns hierin nicht durch Sophismen betrogen werden; alles, was
sich auf diese Sache bezieht, ist in vier Punkten enthalten.

„Er hat dem Thron entsagt, indem er von seinem Posten floh. Abbankung und Desertion sind nicht durch die Länge der Abwesenheit bestimmt,
sondern durch die alleinige That der Flucht. In dem vorliegenden Falle
ist die That Alles, die Zeit Nichts.

„Die Nation kann ihr Zutrauen nie einem Manne zurückgeben, welcher
das in ihn gesetzte Vertrauen verrathen, seinen Eid gebrochen, eine heimliche Flucht ersonnen hat, sich einen falschen Paß verschafft, unter dem
Kleide eines Kammerdieners einen König von Frankreich verborgen und
seinen Lauf gegen eine Grenze gerichtet hat, die mit Verräthern und De-
serteuren bedeckt ist, augenscheinlich beabsichtigend, in unser Land mit einer
Macht zurückzukehren, die hinreichend sei, seine eigenen despotischen Gesetze einzuführen.

„Ob diese Flucht als seine eigene That betrachtet werden sollte, oder als die Handlung derjenigen, welche mit ihm flohen; ob der Entschluß aus seinem eigenen Antriebe entsprungen, oder ob er ihm durch Andere eingegeben worden — ist zur Sache unwesentlich. Ob Narr oder Heuchler, Idiot oder Verräther, er hat sich der wichtigen Verrichtungen, die ihm auferlegt waren, gleich unwürdig gezeigt.

„In jedem Punkte, wie wir die Frage auch betrachten, hat er die zwischen uns bestandenen gegenseitigen Verpflichtungen aufgelöst. Er besitzt keine Autorität mehr. Wir schulden ihm keinen Gehorsam mehr. Wir sehen in ihm jetzt nichts mehr, als eine gleichgültige Person; wir können ihn nur als Louis Capet betrachten.

„Die Geschichte Frankreichs bietet wenig Anderes, als eine lange Reihe öffentlicher Trübsale dar, die ihren Ursprung in den Lastern seiner Könige haben.

„Wir sind die unglücklichen Opfer gewesen, die unaufhörlich von ihnen und durch sie gelitten haben. Das Verzeichniß ihrer Unterdrückungen war vollständig; doch um das Maaß ihrer Verbrechen zu füllen, beburfte es noch des Verraths. Jetzt ist auch diese einzige Leere gefüllt, die entsetzliche Liste ist voll, das System ist erschöpft, es sind keine Irrthümer übrig geblieben, die sie noch begehen könnten. Ihre Regierung ist folglich am Ende.

„Welches Amt in einer Regierung muß das sein, zu dessen Ausübung man weder Fähigkeit noch Erfahrung gebraucht? Welches, dem verzweifelten Zufall der Geburt überlassen, gleich gut verwaltet würde, ob es von einem Idioten, einem Wahnsinnigen, einem Tyrannen, oder von einem Guten, einem Tugendhaften, einem Weisen besetzt ist? Ein Amt dieser Art ist vollkommen bedeutungslos, ein leeres Schaugepränge und ohne allen Nutzen. Lasset Frankreich denn, zu vernünftigem Alter gelangt, nicht länger durch leeren Wortschwall verlockt werden! Lasset Frankreich bedächtig prüfen, ob ein König, wie unbedeutend und verächtlich er auch selbst sei, nicht zu gleicher Zeit äußerst gefährlich werden kann.

„Die dreißig Millionen, welche es kostet, einen König in dem Glanze eines albernen, brutalen Luxus zu erhalten, bieten eine leichte Gelegenheit, die Abgaben zu verringern, welche Einschränkung das Volk sowohl erleichtern, als auch den Fortschritt politischer Verderbtheit Einhalt thun würde. Die Größe einer Nation liegt nicht, wie Könige behaupten, in dem Glanz der Throne, sondern in dem Bewußtsein ihrer eigenen Würde und in einem gerechten Abscheu gegen die Thorheiten und Verbrechen, welche unter dem Deckmantel der Königswürde Europa bis jetzt verwüstet haben.

„Was die persönliche Sicherheit von Louis Capet anbetrifft, so ist diese um so mehr gesichert, da Frankreich sich nicht so herabwürdigen würde, Rache an einem Elenden zu nehmen, der sich selbst entehrt hat. Indem man eine gerechte glorreiche Sache vertheidigt, ist es nicht möglich, sie zu entwürdigen, und die allgemeine Ruhe, welche jetzt herrscht, ist ein unleugbarer Beweis, daß ein freies Volk sich zu achten versteht.

Nachdem ich jetzt die Principien und die Bemühungen der Republikaner zu jener fatalen Periode, als Louis wieder in den vollen Besitz der vollziehenden Macht eingesetzt wurde, die während seiner Flucht suspendirt gewesen war, erklärt habe, will ich auf den vorliegenden Gegenstand zurückkommen und auf die beklagenswerthe Lage, in welche der Mann jetzt wirklich verwickelt ist.

Was zu jener Zeit, von welcher ich gesprochen habe, vernachläſſigt worden iſt, hat jetzt die Nothwendigkeit ſelbſt bewerkſtelligt. Die vorſätzlichen verrätheriſchen Mängel in der früheren Conſtitution ſind an's Licht gekommen. Die beſtändige Beſürchtung vor Verrath und Hinterliſt hat die Nation aus ihrem Schlaf gerüttelt, und endlich eine zweite Revolution bewirkt. Das Volk hat die Königswürde zu Boden geſchmettert, um nie, nie wieder aufzuſtehen. Es hat Louis Capet vor das Tribunal gebracht, und der ganzen Welt gegenüber ſeine Intriguen und ſeine Cabalen, ſeine Falſchheit, ſeine Verderbtheit und ſeine tief gewurzelte Niederträchtigkeit dargethan als die unvermeidlichen Begleiter monarchiſcher Regierungen. Es bleibt uns noch eine Frage zu beantworten übrig: was ſoll mit dieſem Manne geſchehen?

Was mich anbetrifft, ſo bekenne ich aufrichtig, daß, wenn ich die unverantwortliche Thorheit betrachte, welche ſeinen Händen die executive Gewalt wieder anvertraute, ihm, der über und über mit Verrath und Meineid bedeckt war, ſo fühle ich mich mehr geneigt, die conſtituirende Verſammlung zu verdammen, als den unglücklichen Gefangenen Louis Capet.

Doch von allen andern Berückſichtigungen abgeſehen, iſt da ein Umſtand in ſeinem Leben, der eine große Anzahl ſeiner Vergehen tilgen oder doch wenigſtens verdecken ſollte, und gerade dieſer Umſtand bietet der franzöſiſchen Nation eine geſegnete Gelegenheit dar, ſich von dem Joche der Könige zu befreien, ohne ſich mit dem Blute derſelben zu beflecken.

Es iſt Frankreich allein, dem die Vereinigten Staaten die Unterſtützung ſchulden, welche dieſe Staaten befähigte, das ungerechte und tyranniſche Joch Britanniens abzuſchütteln.

Das Streben und der Eifer, welche Frankreich zeigte, die Vereinigten Staaten mit Soldaten und mit Geld zu verſorgen, waren eine natürliche Folge ſeines Durſtes nach Freiheit. Doch da die Nation damals durch die Irrſäle ihrer eigenen Regierung zurückgehalten war, ſo konnte ſie nur vermittelſt des monarchiſchen Organs handeln. Dieſes Organ, was auch in anderer Hinſicht der Zweck geweſen ſein mag, hat eine gute Handlung gethan. Laſſet denn die Vereinigten Staaten die Freiſtatt und das Aſyl Louis Capets werden. Er möge dort, von dem Elend und den Verbrechen der Königswürde weit entfernt, in dem beſtändigen Anſchauen des öffentlichen Gedeihens lernen, daß das wahre Regierungs-Syſtem nicht auf Könige, ſondern auf gleicher und ehrenwerther Repräſentation beruht.

Indem ich dieſen Umſtand erzähle und dieſen Vorſchlag zu machen wage, betrachte ich mich als Bürger beider Länder. Ich mache ihn als amerikaniſcher Bürger, der die Dankbarkeit fühlt, die er jedem Franzoſen ſchuldet. Ich mache ihn eben ſo als ein Mann, der, obgleich er der Feind von Königen iſt, nicht vergeſſen kann, daß ſie ebenfalls den menſchlichen Schwachheiten unterworfen ſind.

Ich unterſtütze meinen Vorſchlag als Bürger der franzöſiſchen Republik, weil es mir als die beſte und politiſchſte Maßregel erſcheint, die man annehmen kann.

So weit meine Lebenserfahrung geht, habe ich immer beobachtet, daß die große Maſſe des Volkes durchſchnittlich immer für Gerechtigkeit iſt, ſowohl in ihrer Abſicht, als auch in ihrem Zwecke. Doch die wahre Methobe, dieselbe ins Werk zu setzen, zeigt sich nicht immer im ersten Augenblicke.

„Zum Beispiel, die englische Nation seufzte unter dem Despotismus der Stuarts. Carl der Erste verlor sein Leben dadurch. Doch Carl der Zweite wurde in den vollen Besitz der Macht wieder eingesetzt, die sein Vater verloren hatte.

Vierzig Jahre nachher trachtete dieselbe Familie, ihre alten Unterdrückungen wieder einzuführen, und die Nation verbannte den ganzen Stamm aus allen ihren Gebieten. Dieses Hülfsmittel war wirksam. Die Stuart-Familie versank in Dunkelheit, vermischte sich mit der Menge und erlosch zuletzt.

Zwei Brüder von Louis Capet haben sich selbst aus diesem Lande verbannt, doch sie sind gezwungen, den Geist und die Etikette der Höfe zu bewahren, an denen sie sich aufhalten. Sie können keine Ansprüche auf ihre eigene Rechnung machen, so lange Louis Capet lebt.

Monarchie in Frankreich war ein System, schwanger mit Verbrechen und Mord, das alle natürlichen Bande auflöste, sogar diejenigen, wodurch der Bruder mit dem Bruder verbunden ist. Wir wissen, wie oft Einer den Andern ermordete, um sich den Weg zur Macht zu bahnen. Da die Hoffnungen, welche die Emigrirten in Louis den Sechzehnten setzten, geschwunden sind, so beruhen die letzten, welche noch geblieben, auf seinen Tod. Und ihre Lage macht sie geneigt, diese Katastrophe herbei zu wünschen, damit sie noch einmal sich um einen thätigen Chef schaaren können, um noch einen neuen Versuch unter den Fahnen des vormaligen Monsieur d'Artois zu wagen.

Daß solch ein Unternehmen sie in einen neuen Abgrund von Leiden und Schande stürzen würde, ist nicht schwierig vorauszusehen; doch es dürfte mit gegenseitigem Verluste begleitet sein, und es ist unsere Pflicht als Gesetzgeber, nicht einen Tropfen Blut zu vergießen, wenn unser Zweck eben so wirksam ohne dasselbe erreicht werden kann.

Es ist bereits vorgeschlagen worden, die Todesstrafe abzuschaffen. Diese Sache wird ihre Vertheidiger allenthalben finden, wo es aufgeklärte Politiker und Menschenfreunde gibt.

Monarchische Regierungen haben das menschliche Geschlecht erzogen und dasselbe mit den blutigen Kunstverfeinerungen der Bestrafung vertraut gemacht, und gerade diese Bestrafung, welche die Augen so lange beleidigte und die Geduld des Volkes peinigte, ist es, die es jetzt selbst aus Rache gegen seine Bedrücker anwendet. Doch es geziemt uns, sorgfältig gegen die Abscheulichkeiten und gegen die Verkehrtheit monarchischer Beispiele auf unserer Hut zu sein. Da Frankreich die erste der europäischen Nationen gewesen ist, welche die Königswürde abgeschafft hat, so lasset sie auch die erste sein, welche die Todesstrafe abschafft und eine mildere und wirksamere Art der Strafe an deren Stelle setzen.

In diesem besonderen Falle, der unserer Betrachtung vorliegt, mache ich die folgenden Vorschläge: 1) daß der National-Convent das Verbannungsurtheil über Louis Capet und seine Familie aussprechen soll; 2) daß Louis Capet bis zum Ende des Krieges im Gefängnisse bleiben und nach dieser Epoche das Verbannungsurtheil an ihm vollstreckt werden soll.

II. 2 B

An den Staatssecretär Dundas.

London, ben 6. Juni 1792.

Sir!

Da Sie ben 25. Mai im Hause ber Gemeinen, die Debatte über die Proclamation wegen Unterbrückung solcher Bekanntmachungen, welche diese Proclamation (ohne eine namhaft zu machen) verrucht und aufrührisch nennt, eröffnet, und diese schimpfende Beiwörter den Werken unter dem Titel: „Rechte des Menschen" beigelegt haben, so glaube ich einen anderen Grund anführen zu dürfen, warum ich dieses Schreiben an Sie richte.

Daher auch fange ich mit der Erklärung an, daß ich nicht glaube, daß in den Schriften irgend eines alten oder neuern Verfassers über Regierungs-sachen ein Geist von lebhafterem Wohlwollen und eine stärkere Einschär-fung der moralischen Grundsätze zu finden sei, als in denen, die ich bekannt gemacht habe. Diese haben, Sir, einen Mann zum Verfasser, ber in ver-schiedenen Ländern und unter verschiedenen Regierungs-Systemen gelebt, den Bau der letzteren studirt hat, und insoweit ein besserer Kenner dieser Sachen ist, als Sie, aus Mangel an solchen Gelegenheiten, es sein können; einen Mann überdies, dessen Herz von keiner Hinterlist weiß.

Wenn der Augenblick herannaht, in bem es der erquickendste Trost ist, auf eine hervorragend tugendhafte und verdienstvolle Handlung einen Rück-blick werfen zu können, so wird es mir Wonne sein, unter andern mich zu erinnern, daß ich die „Rechte des Menschen" geschrieben habe. — Was Proclamationen oder fiscalische Verfolgungen, was Leute, die Aemter be-sitzen oder barnach haschen, davon sagen mögen, wird weder bei der Welt, noch bei mir ihren Charakter ändern.

Nach dieser vorausgeschickten Erklärung lasse ich Bemerkungen folgen, nicht besonders über das, was Behuf der Proclamation Sie, Sir, sondern über das, was ein Anderer, durch Ihre Motion veranlaßt, gesagt hat, und fange bei Herrn A b a m *) an.

Dieser klagt mich an, als hätte ich nicht gethan, was ich w i r k l i c h ge-than habe, und weswegen er mich würde n i c h t angeklagt haben, wenn ich, wie er sagt, es gethan h ä t t e.

Man lese seine Worte im „Morning Chronicle" vom 26. Mai, wo er sagt: „Er habe reiflich über Constitutionsschriften nachgedacht, und wollte „keineswegs behaupten, daß wissenschaftliche Bücher über Regierungswesen, „wenn sie gleich Lehrsätze oder Systeme empfehlen, die von unserer (ber „englischen) Constitutionsform abweichen, mit Fug und Recht gerichtlich „verfolgt werden dürften; wenn er dies wollte, so müßte er auch (was er „nicht will) H a r r i n g t o n wegen seiner Oceana, T h o m a s M o r e „wegen seiner Utopia, und H u m e wegen seiner Idee einer vollkommenen „Republik verdammen. Herrn P a i n e's Schrift aber (fährt Herr „Abam fort) sei ganz etwas Anderes, denn er beschmutze das Heiligste in „der Constitution, zerstöre jedes Prinzip der Subordination, und s e t z e „d a f ü r n i c h t s A n d e r e s h i n."

---

*) A b a m, Mitglied des Unterhauses, nicht A b a m s ber Amerikaner. Durch eine Verwechselung der Namen hatten die beutschen Zeitungen ben letzteren als ben Verfasser einer Schrift gegen P a i n e genannt. Anm. des Uebers.

Ich merke schon, daß Herr Adam den zweiten Theil der „Rechte des Menschen" nicht gelesen hat, und sehe mich genöthigt, entweder eine irrige Beschuldigung haften zu lassen, oder mich dagegen zu vertheidigen. Das Letztere ziehe ich sicherlich vor.

Wenn ich nun dem Herrn Adam beweise, daß ich in meinem Raisonnement über Regierungs-Systeme im zweiten Theil der „Rechte des Menschen," so deutlich als mich dünkt, daß Worte sich Begriffen anschmiegen, ein gewisses Regierungs-System bezeichnet habe, welches nicht in der Theorie allein, sondern schon vollständig in wirklicher Ausübung vorhanden, in beiderlei Rücksicht frei von allen Mängeln und Gebrechen der englischen Regierung ist, und mit dem achtzigsten Theil der Steuern, die das gegenwärtige System der englischen Regierung aufzehrt, das Volk auf einen höheren Grad Glückseligkeit führt; so, hoffe ich, wird er so gerecht sein, das Nächstemal im Unterhause aufzustehen und zu bekennen, er habe geirrt, als er behauptete, ich hätte nichts Positives aufgestellt und jedes Prinzip der Subordination zerstört. Dies zur Einleitung zu meiner nun folgenden Vertheidigung.

Im zweiten Theile der „Rechte des Menschen" habe ich Regierungen in zwei Classen oder Systeme getheilt: in das erbliche und in das stellvertretende System.

Im ersten Theile habe ich zu zeigen mich bemüht,—und ich fordere Jeden heraus, es zu widerlegen—daß es kein Recht zur Errichtung einer erblichen Regierung, oder mit andern Worten erblicher Regenten gibt; weil erbliche Regierung immer noch eine zukünftige Regierung bedeutet, und der Fall immer der ist, daß die Nachlebenden eben das Recht der Vorlebenden haben, sich eine Regierung zu wählen.

Im zweiten Theile der „Rechte des Menschen" habe ich diese Beweisgründe nicht wiederholt, weil sie unwiderlegbar sind; sondern habe mich eingeschränkt, das Fehlerhafte der sogenannten Erbregierung oder Erbthronfolge zu zeigen: daß diese ihrer Natur nach Menschen in die Hände gerathen muß, die aus Mangel an Prinzipien oder an Fähigkeit nicht würdig oder nicht tauglich zum Regieren sind. —Jakob der Zweite ist ein unvergessenes Beispiel des ersten Falles; die Wahrheit des letztern zu bestätigen, kann man fast überall in Europa Beispiele finden.

Um noch auffallender die Ungereimtheit des Erbfolge-Systems zu zeigen, setze ich folgenden Fall: Man nehme fünfzig Menschen, wie man sie trifft, so sage ich, es wird etwas sehr Außerordentliches sein, wenn man darunter Einen findet, den seine Prinzipien und Talente, zusammen vereint (denn Einer kann Prinzipien, der Andere Talente haben), zu einem Mann erheben, dem die Nation mit Erfolg ein außerordentliches Amt anvertrauen darf. Wenn nun ein tauglicher Charakter kaum an Einem Menschen unter fünfzig zu finden wäre, so würde er, die Amtsführung eines jeden Individuums, im Durchschnitt zu zwanzig Jahren angenommen, bei dem ältesten Sohn einer Familie nur einmal in tausend Jahren anzutreffen sein. Herr Adam spricht von etwas in der Constitution, was er das Heiligste nennt; ich hoffe doch, er versteht darunter nicht die Erbfolge, eine Sache, die mir als eine Verletzung jeder Naturordnung und des Menschenverstandes vorkommt.

Wenn ich in die Geschichte blicke, und die Menge von sonst tugendhaften Menschen ansehe, die im Kampfe für Schurken und Narren ihr Leben ge-

laſſen und ihre Familien zu Grunde gerichtet haben, welches ſie nicht gethan, wenn ſie irgend über das Syſtem raiſonnirt hätten; ſo kenne ich kein
größeres Gut, was ein Einzelner dem Menſchengeſchlechte zuwenden kann,
als kräftiges Beſtreben, die Ketten des politiſchen Aberglaubens zu zerbrechen. Dieſe Ketten zerfallen auch ſchon, und Proclamationen nebſt Verfolgungen werden die Auflöſung nur beſchleunigen.

Nachdem ich von dem Erbfolge-Syſtem als von einem ſchlechten, jedem
Gebrechen unterworfenen Syſteme geredet habe, ſo komme ich jetzt auf das
Repräſentativ-Syſtem; und dies wird Herr Abam in dem zweiten Theile
der „Rechte des Menſchen" nicht nur als die beſte, ſondern als die einzige
Regierungs-Theorie aufgeſtellt finden, worunter die Freiheiten des Volkes
dauerhaft ſicher ſein können.

Aber es iſt unnöthig von bloßer Theorie noch zu ſprechen, da ſchon eine
wirkliche Regierung, errichtet auf dieſer Theorie, das heißt auf den Men-
ſchenrechten, vorhanden und bereits an die zwanzig Jahre da iſt. Herr
Pitt ſagt in einer ſeiner neueſten Reden: „Nie wäre eine auf dieſen
„Rechten errichtete Regierung da geweſen, noch könnte ſie da ſein; wenn ſie
„um Mittag aufginge, würde ſie zur Nacht untergehen." Dem Herrn Pitt
fehlen noch die erſten Schulkenntniſſe in dieſer Wiſſenſchaft. Sein Thun
iſt auf Mittel eingeſchränkt geweſen, Einkünfte zu erzwingen, und
ſein Ruhm aufs Wieviel. Der Ruhm des Syſtems aber, von welchem
ich rede, iſt nicht: wie viel, ſondern: wie wenig.

Das Repräſentativ-Syſtem rein und mit keinem erbfolgeriſchen Un-
ſinne vermiſcht, fing in Amerika an. Ich will gegenwärtig die Wirkungen
dieſes und des engliſchen Syſtems, welche jedes derſelben während des
amerikaniſchen Krieges, und ſeit dem Friedensſchluſſe geäußert hat, mit einander vergleichen.

So kräftig iſt jenes Syſtem; da es erſtlich alle Theile des ausgedehnte-
ſten Landes verbindet und zu einem Ganzen verkettet, und zweitens keine
andere als zur Regierung fähige Männer zuläßt, jeden unfähig befundenen
alſo ausſtößt; ſo ſetzte es Amerika in Stand, alle gegen daſſelbe von der
engliſchen Erbregierung gemachten Entwürfe und Pläne gänzlich umzu-
ſtoßen und zu zertrümmern. Die Revolution und die errungene Unabhängigkeit Amerikas ſind ein Beweis dieſer Thatſache, bei der ich alſo nicht
weitläufiger zu ſein brauche. Dagegen bitte ich Herrn Abam auf das
Folgende zu achten, wo ich die ſeit dem Schluſſe des Krieges geäußerte Wirkungen beider Regierungs-Syſteme vergleiche.

Amerika hat in ſeinem Innern faſt ſieben Jahre lang die Verwüſtungen
des Kriegs ausgehalten, England nicht: England trug nur ſeinen Theil
der Kriegskoſten; Amerika dagegen nicht nur Koſten, ſondern auch die durch
beide Armeen verurſachte Zerſtörung des Eigenthums. Kein Haus wurde
während dieſes Zeitraums gebaut, viele tauſende wurden zerſtört. Die
Höfe und Pflanzungen längſt der Küſte, über tauſend Meilen weit, wurden
verwüſtet. Der Handel wurde vernichtet. Die Schiffe wurden genommen oder verfaulten im Hafen. Der Credit der Grundſtücke war über
neunzig Procent gefallen, das heißt hundert Pfund Werth waren nicht
für zehn Pfund anzubringen. Kurz, Amerika ſah am Ende des Kriegs
ſich um hundert Jahr zurückgeſetzt, welches mit England nicht der Fall war.

Aber das Ende war, daß eben dies repräſentative Regierungs-Syſtem,
wiewohl nachher beſſer organiſirt. welches Amerika zum Erobern ſtark

machte, diesem Staat auch die Kraft gab, sich schnell wieder zu erholen, und Amerika stellt jetzt unter diesem Regierungs-System eine blühendere Lage dar, und eine glücklichere und schöner harmonirende Gesellschaft, als deren unter einem andern irgend ein Land sich rühmen kann. Die Städte sind neu aufgebaut, viel besser als vorher; die Ländereien und Pflanzungen stehen lachender als je; der Handel verbreitet sich über die Welt, und die Fonds sind von weniger als zehn Procent hinauf zu hundert und zwanzig gestiegen. Herr Pitt und seine Collegen schwatzen von Dingen, die bei seiner kindischen Administration vorgefallen sind, ohne zu wissen, was für größere Dinge sich anderswo und unter andern Regierungs-Systemen ereignet haben.

Jetzt will ich eine Berechnung der Kosten beider Systeme, nach ihrem gegenwärtigen Etat, darlegen; doch zuförderst muß wohl angemerkt werden, daß die Regierung in Amerika ist, was sie sein soll, ein Gegenstand der Ehre und des Zutrauens, nicht ein Gewerbe, Gewinn daraus zu machen.

Der ganze Betrag der Steuern in England (ohne die Ausgaben der Hebung, der Pfändungen, Verurtheilungen und Pfandeinlösungen, der Geldbußen, Honorarien, Processe und Denuntiationen, welches einige der gesegneten Mittel sind, sie zu erzwingen) beläuft sich netto auf siebzehn Millionen. Von dieser Summe gehen ohngefähr neun Millionen fort, zur Bezahlung der Zinsen der National-Schuld, und der Rest, ungefähr acht Millionen, dient zur Bestreitung der jährlichen Ausgaben.

Die Ausgaben aller Departements der allgemeinen Repräsentativ-Regierung der Vereinigten Staaten in Nord-Amerika, einer Strecke Landes, beinahe zehnmal größer als England, betragen zweihundert vier und neunzigtausend fünfhundert acht und fünfzig Dollars; im englischen Gelde den Dollar zu 4 Schilling 6 Pence gerechnet: 66,275 Pfund 11 Sch. Sterling, auf folgende Art repartirt:

Ausgaben des executiven Departements.

Die Behörde der Präsidenz, wobei der Präsident nichts für sich erhält . . . . £5625 — Sch.

Vice-Präsident . . . . 1125 — „

Oberrichter . . . . 900 — „

Fünf associirte Richter . . . . 3937 10 „

Neunzehn Districts-Richter und ein Obersachwalter . . . . 6873 15 „

Gesetzgebendes Department.

Die Glieder des Congresses, sechs Dollars (1 Pf. 7 Sch.) täglich, ihre Secretaire, Schreiber, Kapellane, Boten, Thürhüter 2c. . . . 25,515 — „

Schatz-Department.

Secretair, Assistent, Controlleur, Auditeur, Schatzmeister, Registrator, Anleihenverwalter in jedem Staate, nebst den nöthigen Schreibern, Comtoristen 2c. . . . . 12,825 — „

Staats-Department mit Inbegriff der auswärtigen Angelegenheiten.

Secretair, Schreiber 2c. . . . . 1406 5 „

Kriegs-Departement.

Secretair, Schreiber, Zahlmeister, Commissio-
nair 2c. • • • • • • • •   1462 10 „

Commission zur Abmachung alter Rechnungen.

Das ganze Büreau, Schreiber 2c. • • • • •   2598 15 „

Zufällige und Neben-Kosten.

Feurung, Schreibmaterialien, Druckkosten .   4006 16 „

Zusammen: £66,275 11 Sch.

Wegen der Einfälle der Indianer in die westlichen Besitzungen muß der
Congreß jetzt außer einem Regiment zu Fuß und einem Bataillon Artillerie, welche beständig gehalten werden, noch sechstausend Soldaten besolden.
Dies erhöht die Ausgaben des Kriegs-Departements auf 390,000 Dollars, oder 87,795 Pf. Sterling. Wird aber erst Friede mit den Indianern geschlossen sein, so wird der größte Theil dieser Ausgaben wegfallen,
und der ganze Betrag der Regierungskosten nicht auf 100,000 Pfund steigen, welches denn, wie oben gesagt, nur den achtzigsten Theil der Regierungskosten in England ausmacht.

Ich bitte die Herren Abam und Dundas, und jeden, der von Constitutionen und Segnungen, und Königen und Lords, und Gott weiß,
wovon nicht all, so viel Redens macht, diese Angaben zu betrachten. Hier
ist eine Regierungsform und ein System, besser organisirt und administrirt
als irgend eine Regierung in der Welt, für weniger als hunderttausend
Pfund jährlich; und doch genießt jedes Mitglied des Congresses täglich, als
eine Erkenntlichkeit für seine Zeit und Dienstleistungen, 1 Pf. 7 Sch.,
welches beinahe fünfhundert im Jahr austrägt.

Dies ist eine Regierung, die nichts zu fürchten hat. Sie braucht keine
Proclamationen, die Leute vom Schreiben und Lesen abzuhalten; bedarf
keines politischen Aberglaubens, sich zu erhalten. Durch Aufmunterung
zu Discussionen über alle Regierungssachen, und durch geschützte Preßfreiheit wurden die Grundsätze der Regierung in Amerika kennen gelernt, und
das Volk genießt jetzt sein hohes Glück unter ihr. Man hört von keinen
Unruhen, Aufläufen und Unordnungen in diesem Lande, weil keine Ursachen dazu vorhanden sind. Solche Dinge sind nie Wirkungen der Freiheit, sondern des Zwanges, des Drucks und der übermäßigen Abgaben.

In Amerika existirt die Classe der armen und elenden Leute nicht, die so
zahlreich über ganz England zerstreut sind, und denen eine Proclamation
erst sagen muß, daß sie glücklich sind. Die Ursache hiervon liegt großentheils in der Verschiedenheit, nicht der Proclamationen, sondern der Regierungen und Steuern in diesem und jenem Lande. Was die arbeitenden
Menschen in Amerika gewinnen, das legen sie zu ihrem Gebrauch und zur
Erziehung ihrer Kinder an. Sie zahlen es nicht, so eben gewonnen, als
Abgaben hin, um Hoffratzen und eine ellenlange Liste von Beamten und
Pensionären zu unterhalten; auch haben sie die männliche Lehre gefaßt,
Jeder sich selbst, und folglich Einer den Andern Werth zu schätzen; darum
lachen sie über die eingebildeten Dinge, Könige und Lords genannt, und
über alle höfischen Lumpenkniffe.

Wenn die Inhaber der Amts- und Gnadengehalte, oder die es zu werden trachten, sich in Lobpreisungen über eine Regierung ergießen, so ist

das kein Zeichen einer guten Regierung. Die Pensionsliste allein beträgt in England (s. Sinclair's History of the Revenue, S. 6 im Appendix) einmal hundert siebentausend vierhundert und vier Pfund, welches mehr ist, als die Ausgaben der ganzen amerikanischen Regierung ausmachen. Und ich bin jetzt mehr als zuvor überzeugt, die für das Manuscript des zweiten und den ferneren Verlag des ersten Theiles der „Rechte des Menschen" mir gebotenen tausend Pfund haben durch schnelle Unterbrückung bewirken sollen, was man jetzt gerichtlich zu erreichen versucht. Die Verbindung, worin der Mann, der mir das Anerbieten machte, mit der königlichen Druckerei steht, kann zum Theil dazu dienen, die Sache näher zu erforschen, wenn das Ministerium die gerichtliche Verfolgung auszuführen belieben sollte. Aber zur Sache wieder.

Ich habe im zweiten Theile der „Rechte des Menschen" gesagt, und wiederhole hier, daß der Dienst eines Mannes, dieser heiße König, Präsident, Senator, Gesetzgeber, oder wie man sonst will, einem Lande im gewöhnlichen Laufe der Geschäfte mehr als zehntausend Pfund jährlich nicht werth sein kann. Wir haben einen bessern Mann, der mehr Hoheit des Charakters zeigt, als ich je von einem Könige gehört habe, und der nicht die Hälfte dieser Kosten verursacht; denn von dem Gehalte seines Postens, der auf 5625 Pfund festgesetzt ist, nimmt er nichts, und nur zufällige Ausgaben werden davon bestritten. Der Name, den man einem Manne beilegt, ist an sich ein leeres Ding; Werth und Charakter, ohne welche Könige, Lords und Präsidenten nur klingende Namen sind, machen allein ihn schätzbar.

Aber ohne mich um Constitutionen einer Regierung zu kümmern, habe ich im zweiten Theil der „Rechte des Menschen" gezeigt, daß zwischen England, Frankreich und Amerika ein Bündniß zu Stande kommen kann und die Ausgaben der englischen Regierung auf anderthalb Millionen eingeschränkt werden können; nämlich:

Kosten der Regierung	. .	500,000 Pfund.
Landmacht	. . . . .	500,000 „
Seemacht	. . . .	500,000 „

1,500,000 Pfund.

Und selbst diese Summe ist fünfzehnmal größer, als die Ausgaben der Regierung in Amerika sind, größer auch, als der Etat der ganzen englischen Einrichtung im Frieden vor etwa hundert Jahren war. So ungeheuer hat seit der Revolution, und besonders seit dem Jahre 1714, die Last und der Druck der Steuern zugenommen!

Um darzuthun, daß 500,000 Pf. zur Bestreitung aller Civilkosten der Regierung hinreichen, habe ich in mehrerwähnter Schrift folgenden Ueberschlag für jeden Staat von Englands Größe angeführt:

Erstlich sind dreihundert redlich erwählte Repräsentanten zu allen Zwecken einer Gesetzgebung hinreichend, und einer größeren Anzahl vorzuziehen. Jedem Repräsentanten 500 Pfund für ein ganzes Jahr ausgesetzt, wegen Ausbleibens die Taggelder gekürzt, sechs Monate im Jahr Sitzung der ganzen Anzahl: dies machte

75,000 Pfund.

Die Dienst-Departements könnten unmöglich die folgende Anzahl mit den

	Transport	75,000 Pfund.

beigelegten Gehalten übersteigen,
nämlich:

drei Beamte, jeder 10,000 Pf. . .	30,000	„
zehn, jeder 5,000 Pf.	50,000	„
zwanzig, jeder 2,000 Pf. . . .	40,000	„
vierzig, jeder 1,000 Pf.	40,000	„
zweihundert, jeder 500 Pf. . . .	100,000	„
dreihundert, jeder 200 Pf. . . .	60,000	„
fünfhundert, jeder 100 Pf. . . .	50,000	„
siebenhundert, jeder 75 Pf. . . .	52,500	„

497,500 Pfund.

Wenn eine Nation wollte, so möchte sie auch von allen diesen Gehalten vier Procent abziehen, an die herauskommenden zwanzigtausend Pfund ein Amt knüpfen, und Den, der es bekleidete, König oder Majestät. . . . (or Majesty, or Madjesty), gleichviel wie, betiteln.

Die anderthalb Millionen inzwischen als ein reichlicher Fond angenommen, für alle Ausgaben einer Regierung unter jeder möglichen Form, so wird, nach Berichtigung der Zinsen für die Nationalschuld, noch ein Ueberschuß von sechs und einer halben Million aus den jetzigen Taxen übrig bleiben; und nicht mehr von Systemen, sondern von Ausgeben und Sparen redend, beziehe ich mich auf den zweiten Theil der „Rechte des Menschen," wo die Art gezeigt worden, welche mir zur Anwendung dieses Ueberschusses die beste zu sein scheint.

Die erste Wirkung würde nämlich sein, die Armensteuer, welche zwei Millionen beträgt und von den Haus-Eignern aufgebracht wird, ganz abzuschaffen und den Armen dafür aus dem Ueberschusse der Taxen vier Millionen in baarem Gelde nach Verhältniß der bejahrten Leute und der Kinder in jeder Familie zukommen zu lassen.

Ich habe die Zahl der Personen beiderlei Geschlechts von fünfzig Jahren und darüber in England zu 420,000 angeschlagen, und den dritten Theil davon, nämlich 140,000, für arme Leute angenommen.

Lange Berechnungen zu vermeiden, habe ich die eine Hälfte von diesen für solche gerechnet, die zwischen fünfzig und sechzig, und die andere für solche, die sechzig Jahre und darüber alt sind. Jedem von der ersten Klasse sechs, und von der letztern zehn Pfund jährlich,

70,000 à 6	420,000 Pfund,
70,000 à 10	700,000 „

macht die Summe von 1,120,000 Pfund.

Von den 4 Millionen bleiben nun noch 2,880,000 Pfund übrig. Zur Benutzung dieser Summe habe ich zwei verschiedene Methoden vorgeschlagen; die eine: in Verhältniß der Zahl von Kindern einer Familie für jedes Kind jährlich drei bis vier Pfund zu zahlen; die andere: das Geld nach Maßgabe der Lebensbedürfnisse in verschiedenen Districten zu vertheilen. In beiden Fällen würde, die unterstützten bejahrten Leute mitgerechnet, ein Drittel aller Familien in England gänzlich von Steuern, und zudem jeder Haus-Eigner von der Bürde von Armensteuer befreit werden.

Die ganze Zahl der Familien in England, jeder Familie fünf Seelen gegeben, beträgt eine Million viermalhunderttausend. Von dieser nehme ich ein Drittel, nämlich 466,666 für arme Familien an, die gegenwärtig vier Millionen Steuern bezahlen, wozu die ärmste wenigstens 4 Guineen jährlich beiträgt; die übrigen dreizehn Millionen Steuern, rechne ich, werden von den andern beiden Dritteln aufgebracht. Der in dem Buche angegebene Plan ist nun, erstlich, die Summe von vier Millionen besagtermaßen den Armen zu erlassen, oder, weil sie nach jetziger Art, Steuern von Consumtions-Artikeln zu erheben, unmöglich von den übrigen Staats-Revenuen zu trennen ist, sie ihnen zurückzuzahlen; und zweitens, nebst der Armensteuer die Haus- und Fenster-Taxe abzuschaffen, auch die Commutations-Taxe in eine fortrückende Abgabe auf große Landstücke zu verwandeln; von welchen Allem das Detail in jenem Buche auseinandergesetzt ist, worauf Herr Adam sich wolle verweisen lassen. Hier genügt mir zu sagen, daß dies, verglichen mit der jetzigen Lage der Dinge, für eine Stadt mit einer Bevölkerung wie Manchester einen Vortheil von ungefähr fünfzigtausend Pfund, und so verhältnißmäßig für alle Plätze im ganzen Lande bringen wird. Dies ist wahrlich doch vernünftiger, als jene Summen zu sammeln, um sie von üppigen und verworfenen Höflingen und in nächtlichen Schwärmereien auf Palmail ꝛc. verthun zu lassen.

Ich will diesen Theil meines Briefes mit einer Stelle aus dem zweiten Theile der „Rechte des Menschen" schließen, die Herr Dundas (ein Mann, der sich auf Kosten der Nation in Ueppigkeit herumwälzt) mit dem Beiworte „verrucht" gebrandmarkt hat:

„Durch Ausführung dieses Planes werden die Armengesetze, diese Werk-
„zeuge bürgerlicher Tortur, überflüssig und die unnöthigen Prozeßkosten er-
„spart werden. Die Herzen der Menschen werden nicht durch zerlumpte,
„hungrige Kinder, und Personen von siebenzig und achtzig Jahren, die um's
„Brod betteln, gefoltert werden. Der sterbende Arme wird nicht von Ort
„zu Ort geschleppt werden, um seinen letzten Athem auszuhauchen, von Kirch-
„spiel an Kirchspiel gewiesen. Wittwen werden Unterhalt für ihre Kinder
„finden und nicht bei dem Tode ihrer Männer gleich Schuldigen und Ver-
„brechern auf den Schub gebracht, und die Kinder nicht länger als Plage
„und Vermehrung des Elends ihrer Aeltern betrachtet werden. Man wird
„die Wohnungen der Elenden kennen, weil es zu ihrem Vortheil gereicht,
„und die Menge kleiner Verbrechen, diese Folge des Elends und der Ar-
„muth, wird abnehmen. Die Armen sowohl als die Reichen werden als-
„dann bei der Erhaltung der Regierung interessirt sein, und die Ursache
„und Furcht vor Tumult und Aufstand aufhören. Ihr, die ihr in Ge-
„mächlichkeit sitzt und im Ueberflusse schwelgt, — und es gibt deren in der
„Türkei und in Rußland so gut als in England, — zu euch selbst sagt:
„Sind wir nicht wohl daran? Habt ihr an diese Dinge gedacht! Wenn
„ihr es thut, so werdet ihr aufhören, nur für euch selbst zu sprechen und
„zu fühlen."

Nach Zurückbezahlung der vier Millionen, Abschaffung der Armen-, Häuser- und Fenster-Steuern und Veränderung der Commutationssteuer bleibt noch gegen anderthalb Millionen Ueberschuß. Durch eine Alliance zwischen Frankreich, England und Amerika wird die Unterhaltung einer Kriegsmacht zu Wasser und zu Lande großentheils unnöthig werden, und da die Menschen, die zum Kriegsdienste erzogen oder lange dazu gewöhnt sind, doch immer gemeinschaftlich mit den Uebrigen, Bürger einer Nation bleiben und an allen Plänen zum National-Besten Theil zu nehmen Recht haben, so ist in dem zweiten Theil der „Rechte des Menschen" festgesetzt worden, von jenem Ueberschusse jährlich 507,000 Pfund hierzu auf folgende Art anzuwenden:

An fünfzehntausend verabschiedete Solbaten, jedem 3 Schillinge wöchentlich auf Lebenszeit, abzugsfrei	117,000 Pfund.
Soldvermehrung für die im Dienste bleibenden Soldaten, jährlich	19,500 „
Den Officieren der verabschiedeten Corps, auf Lebenszeit, so viel wie den Soldaten	117,000 „
Au fünfzehntausend außer Dienst gesetzte Matrosen, jedem 3 Schillinge wöchentlich, auf Lebenszeit	117,000 „
Soldvermehrung für die bleibenden Matrosen, jährlich	19,500 „
Den Officieren des verabschiedeten Theils der Marine, lebenslänglich	117,000 „
	507,000 Pfund.

Die Grenzen eines Briefes, wie dieser, erlauben mir nicht, tiefer in's Detail zu gehen. Ich richte ihn an Herrn Dundas, denn dieser stellte sich an die Spitze der Debatte und wünscht, wie ich vermuthe, von Allen gesehen zu werden; mein Zweck aber ist, die Beschuldigung des Herrn Abam von mir abzuwälzen.

Dieser sieht, wie schon anfangs erwähnt, die Schriften von Harrington, Moore und Hume für rechtfertige, legale Werke an, weil sie durch Vergleichung raisonniren, ob sie gleich dabei Regierungs-Pläne und Systeme aufstellen, die das englische System nicht nur verlassen, sondern dasselbe auch übertreffen; und beschuldigt mich, daß ich, anstatt ein anderes in die Stelle des wegraisonnirten zu setzen, alles zu verwirren suche. Diese Beschuldigung ist durchaus falsch. Nicht nur habe ich durch Vergleichung des repräsentativen mit dem erbfolglichen System raisonnirt, sondern ich bin noch weiter gegangen; denn ich habe ein Beispiel einer Regierung aufgestellt, die ganz auf Repräsentation gegründet ist, die weit größern Lebensgenuß gewährt, achtzig mal weniger Steuern fordert und unter der ein viel höherer Credit herrscht, als unter dem englischen Regierungssystem. Die Fonds sind in England seit dem Kriege von 54 auf 97 Pfund gestiegen und fielen seit der Proclamation einmal auf 87 Pfund; dagegen sind sie in Amerika nach dem Kriege von 10 auf 120 Pfund gestiegen.

Seine Beschuldigung, „daß ich jedes Prinzip der Subordination zerstöre," ist gerade eben so grundlos. Eine einzige Stelle aus meinem Werke kann das beweisen, die ich hieher setze:

„Vormals, wenn Zwiespalt über Regierungen entstand, nahm man „zum Schwerte Zuflucht, und es erfolgten Bürgerkriege. Diesen wilden „Gebrauch verbannt das neue System, und man nimmt zu Na„tional-Conventionen Zuflucht. Erörterung und allgemei„ner Wille entscheiden die Frage; willsährig unterwirft sich die Privat„meinung, und ununterbrochen wird Ordnung erhalten."

Daß zwei verschiedene Beschwerden zu gleicher Zeit vorgebracht werden, eine von einem Mitgliede der Gesetzgebung, daß etwas nicht gethan sei, die andere von dem Ober-Sachwalter, daß dieses gethan sei, ist ein seltsames Gemisch von Widersprüchen. Hier in diesem Briefe habe ich mich, oder vielmehr das Werk, gegen den erstern gerechtfertigt, und die Rechtfertigung gegen den letztern wird zu seiner Zeit auch unternommen werden. Inzwischen geht das Werk in jedem Falle seinen Gang.

Zum Schlusse noch dies. Ich fand gegen den zweiten Theil der „Rechte des Menschen", da er fertig war, nur einen einzigen Einwurf zu machen, daß der Plan und die Grundsätze darin, weil sie für wenigstens neun und neunzig von hundert in der Nation Vortheile mit sich führen, dem Handeln aus geraden und uneigennützigen Grundsätzen der Ehre nicht Spielraum genug lassen würden; aber die nun angefangene gerichtliche Verfolgung hat glücklicher Weise diesen Einwurf gehoben, und die Freunde des Werks, die es billigen und in Schutz nehmen, fühlen jetzt, neben dem Antriebe des National-Interesses, auch den unmittelbaren Antrieb der Ehre.

Ich bin, Herr Dundas,
nicht Ihr gehorsamster Diener, sondern
das Gegentheil.

Thomas Paine.

— ◆ —

An Lord Onslow,

Lordlieutenant der Grafschaft Surry, über die kürzlich erlassene herrliche Proclamation, oder dem Vorsitzenden, welcher der am 18. Juni zu Epsom abzuhaltenden Versammlung präsidiren soll.

London, den 17. Juni 1792.

Sir!

Ich lese in den öffentlichen Blättern folgende Anzeige:

„An den Adel, die Gentlemen, die Geistlichkeit, die Freigutsbesitzer,
„und andere Einwohner der Grafschaft Surry."

„Auf Ersuchen und Verlangen verschiedener Freigutsbesitzer der Graf-
„schaft ersuche ich Sie, in Abwesenheit des Sherifs in der zu Epsom,
„Montag den 18. dieses um 12 Uhr Mittags zu haltenden Versammlung uns
„die Ehre ihrer Gegenwart zu schenken, um eine allerunterthänigste Adresse
„an Se. Majestät, betreffend den Ausdruck unserer dankbaren Billigung
„der von Sr. Majestät auf die öffentliche Wohlfahrt, durch die letzte aller-
„gnädigste Proclamation gegen die Feinde unserer glücklichen Constitution,
„gerichteten väterlichen und wachsamen Aufmerksamkeit in Erwägung zu
„ziehen.

(Unterzeichnet) Onslow Cranley."

In der sichern Voraussetzung, daß diese Anzeige ebenso unrühmlichen Ursprungs als die Proclamation, worauf sie sich bezieht, nichtsdestoweniger etwas bedeuten und einen Zweck befördern soll; und bei der bereits angefangenen (weisen oder unweisen, gerechten oder ungerechten) gerichtlichen Verfolgung gegen ein Werk unter dem Titel: „Rechte des Menschen", dessen Verfasser zu sein ich die Ehre und das Glück habe, fühle ich mich genöthigt, diesen Brief an Sie zu richten und zu verlangen, daß er den Herren, die die Anzeige zu der Versammlung in Epsom einladet, öffentlich vorgelesen werde.

Ich schließe, daß das von gerichtswegen verfolgte Werk eben dasselbe ist, welches durch besagte Proclamation unterdrückt werden sollte. Wenn dem also ist, so werden die Versammlungsglieder der Grafschaft Surry durch einige Leute berufen, ein Werk zu verdammen, und zugleich verbietet ihnen die Proclamation, dies Werk kennen zu lernen: auch werden sie ferner um Hülfe und Beistand ersucht, zu verhindern, daß andere Leute es kennen lernen. — Bei solchen Umständen muß wohl der Verfasser, zu seiner eigenen Rechtfertigung sowohl, als um die Versammlungsglieder vor dem Betruge durch falsche Angaben und Darstellungen zu bewahren, einen Abriß der Grundsätze und Pläne geben, die das Werk enthält.

Das Werk, Sir, von dem die Rede ist, enthält erstlich eine Untersuchung allgemeiner Regierungsgrundsätze.

Es unterscheidet auch zwei Regierungs-Systeme, das erbfolgliche und das stellvertretende; diese beiden Systeme werden mit einander verglichen.

Es zeigt, daß die sogenannte Erbregierung nicht als ein Gegenstand des Rechtes existiren kann, weil erbliche Regierung immer eine künftige bedeutet, und da es immer der Fall ist, daß die nach uns Lebenden eben dasselbe Recht haben, eine Regierung zu etabliren, wie ihre Vorfahren.

Es zeigt auch die Gebrechen, denen eine erbliche Regierung unvermeidlich unterworfen ist, daß sie ihrer Natur nach Menschen in die Hände fallen muß, die aus Mangel an Grundsätzen nicht würdig, oder aus Mangel an Fähigkeit nicht tauglich sind. Die englische Geschichte erinnert an Jakob den Zweiten und Mehrere als Beispiele der Unwürdigkeit; und Beispiele von Unfähigkeit findet man überall in Europa.

Dann zeigt es, daß das Repräsentativ-System das einzige wahre Regierungs-System ist; daß es auch das einzige System ist, die Freiheiten eines Volkes dauerhaft sicher zu stellen; ferner, daß es das einzige ist, von dem mit gleicher Wahrscheinlichkeit sich erwarten läßt, daß es zu allen Zeiten keine als in Ansehung ihrer Grundsätze und Fähigkeiten bewährte Männer zur Regierung zuläßt, und Leute vom Gegentheil ausschließt.

Das Werk zeigt auch durch Pläne und Berechnungen, die bisher noch Keiner, selbst bei der jetzigen gerichtlichen Verfolgung nicht einmal der Ankläger, weder geleugnet noch befehdet hat, daß die jetzigen Steuern um wenigstens sechs Millionen vermindert, die Armen, deren Classe ich zu einem Drittel der ganzen Volkszahl anschlage, gänzlich von Steuern befreit, und die Steuern der übrigen zwei Drittheile beträchtlich erleichtert werden könnten; daß dürftige Greise gemächlich versorgt, und die Kinder armer Eltern schicklich erzogen; daß fünfzehntausend Landsoldaten und eben so viel Matrosen mit drei Schilling wöchentlich aus einem Ueberschuß der Taxen, entlassen, auch ihren Officieren verhältnißmäßige Jahrgelder ausgesetzt, und die Besoldungen der übrigen Soldaten und Matrosen erhöhet werden können; daß es besser ist, hierzu den Ueberschuß der Steuern anzuwenden, als ihn von tagediebischen, nichtswürdigen Beamten und Gnadensöldlingen vergeuden zu lassen; und daß die Revenüe von, wie man sagt, zwanzigtausend Pfund jährlich, die der Herzog von Richmond aus der Kohlensteuer zieht, ein grober Betrug gegen das Volk in London ist, und augenblicklich aufhören sollte.

Dies, Sir, iſt eine gedrängte Darſtellung der Grundſätze der Pläne, die das jetzt verklagte Buch enthält, und zu deren Unterbrückung die Proclamation erlaſſen zu ſein ſcheint. Da ich aber unmöglich alle Gegenſtände des Buches in dem Raum eines Briefes vor Augen rücken kann, und die Verſammlungsglieder den Werth oder Unwerth derſelben, ehe ſie darüber mittelbar oder unmittelbar Beſchlüſſe faſſen, billiger Weiſe doch erſt kennen ſollten, ſo bitte ich um die Ehre Ihnen hundert Abbrücke vom zweiten Theil der „Rechte des Menſchen,‟ wie auch tauſend Exemplare meines Briefes an Herrn Dundas zuzuſtellen, zu deren Uebermachung nach Epſom in dieſer Abſicht ſchon Anſtalt getroffen iſt, und erſuche den Vorſitzenden ergebenſt, die Mühe der Vertheilung gefälligſt auf ſich zu nehmen, und die zur Verſammlung kommenden Herren meiner aufrichtigſten Wünſche für ihre ſo wie für die allgemeine Glückſeligkeit der Nation, zu verſichern.

Ich komme nunmehr auf das zu reden, was perſönliche Beziehung auf mich hat. Die Delicateſſe ſollte mir vielleicht dies verbieten, aber der Zweck der Zuſammenberufung der Verſammlung ſcheint mir ſo unverträglich mit der Gerechtigkeit zu ſein, die ein Mann dem andern ſchuldig iſt, daß ich (ſowohl der Herren wegen, die ſich einſtellen möchten, als meinetwegen) mich frei und unverholen darüber zu erklären für angemeſſen halte.

Ich habe den Herren bereits geſagt, daß gegen ein Werk, deſſen Verfaſſer zu ſein ich die Ehre und das Glück habe, eine gerichtliche Verfolgung eingeleitet worden iſt, und ich habe gute Gründe zu glauben, daß die Proclamation, zu deren Erwägung die Herren eingeladen ſind, um eine Dankadreſſe darüber einzureichen, in der Abſicht entworfen iſt, Eindruck auf die Geſchwornen zu machen, die in jener Sache Recht ſprechen werden, kurz, daß ihnen durch die Proclamation ein Urtheilſpruch in den Mund gelegt wird. Und ich betrachte die Anſtifter der kommenden Verſammlung zu Epſom als Stützen und Helfershelfer deſſelben unehrenhaften, nach meiner Meinung geſetzwidrigen, und, wie ich jetzt zeigen werde, ſehr künſtlich angelegten Vorhabens.

Wäre eine Zuſammenkunft der freien Landbeſitzer der Grafſchaft Middleſer angeſagt worden, ſo würden die Herren, die dazu erſchienen wären, ſich der Qualität beraubt haben, als Geſchworne in einem Gerichte zu ſitzen, vor welches nachher die Sache gebracht werden ſollte. Durch Berufung einer Zuſammenkunft aber außerhalb der Grafſchaft Middleſer iſt dieſes künſtlich vermieden worden, und die Gentlemen von Surry werden vorgeladen, als wär es dabei die Abſicht, zu einem Urtheilſpruch, wie ihn ohne Zweifel die Anſtifter der Zuſammenkunft gerichtlich zu erhalten wünſchen, den Ton anzugeben, und die Geſchwornen in dieſer Richtung von Außen her zu inſtuiren.

Ich bin, Sir, mit vieler Hochachtung vor den zur Verſammlung Eingeladenen,

dieſer Herren und Ihr

gehorſamſter und ergebener Diener

Thomas Paine.

An Onslow Cranley, gewöhnlich genannt Lord Onslow.

London, ben 21. Juni 1792.

Sir!

Als ich an Sie den Brief schrieb, den Herr Horne Tooke Ihnen als Vorsitzender bei der auf den 18. d. M. nach Epsom beschiedenen Versammlung zu überbringen die Güte hatte, war meine Erwartung, daß Sie mir die Gerechtigkeit erzeigen würden, die öffentliche Verlesung des Briefes zu erlauben oder zu empfehlen, nicht groß. Ich habe wohl gemerkt, daß die Unterschrift: Thomas Paine, etwas in sich furchtbares für geschäftslose Beamten und Pensionäre hat; und als Sie bei Eröffnung des Briefes die Versammlung benachrichtigten, daß er von Thomas Paine unterzeichnet war, und im Tone der Ausrufung hinzufügten: „dem gemeinschaftlichen Feinde unser Aller!" sagten Sie eine große Wahrheit; in ihrem Leben haben Sie nie etwas Wahreres gesagt, wenn Sie den Ausdruck auf Leute von Ihrem Gepräge einschränken, auf Menschen, die in Unthätigkeit und Schwelgerei vom Raube und vom Schweiße des Publikums leben.

Der Brief ist seitdem im „Argus" und wahrscheinlich in mehreren Zeitungen gedruckt erschienen. Er wird sich selbst rechtfertigen; sollte es ihm aber dazu an etwas fehlen, so wird Ihr Betragen in der Versammlung das Mangelnde ergänzt haben. Sie bestätigten daselbst hinreichend, daß meine Vermuthung nicht fehlgegriffen war, die Versammlung sei berufen worden, um auf einem Umwege der gerichtlichen Verfolgung zu Hülfe zu kommen, die gegen ein Werk angefangen ist, dessen guter Ruf lange das Andenken des Pensionärs, an den ich schreibe, überleben wird.

Wenn Hofpartisane Versammlungen berufen, um unter Androhung gerichtlicher Verfolgung gegen ein Individuum der Nation, das Recht zu entziehen, über Regierungssysteme und Prinzipien nachzuforschen, Irrthümer und Fehler auseinander zu setzen, so gibt dies einen Beweggrund mehr, jenes angetastete Recht heilig zu erhalten.

Die Grundsätze und Beweise, die das erwähnte Werk, „Rechte des Menschen," enthält, standen, stehen noch und werden auch, wie ich glaube, immer unwiderlegt dastehen. In redlicher und offener Manier sind sie der Welt vorgelegt worden, und Menschen von dem besten Charakter aus allen Religionsbekenntnissen und aus allen Ständen des Lebens (Stellenjäger und Pensionäre ausgenommen) haben schon ihren öffentlichen Beifall dem Werke in größerer Menge zugerufen, als alle Jury's der nächsten zehn Jahre in England sich erwerben werden; und ich habe fernerhin gute Ursachen, zu glauben, daß die Freunde des Werkes, die es in der Stille und laut gut heißen, schon weit zahlreicher sind, als die gegenwärtigen Wähler im Umfange der Nation.

Nicht weniger als vierzig sein sollende Widerlegungen sind erschienen und eben so plötzlich verschwunden; kaum besinnt man sich noch auf ihre Titel, obgleich ihre Bemühungen durch all die täglichen Verunglimpfungen unterstützt waren, die der Hof und die Ministerial-Blätter seit anderthalb Jahren gegen das Werk, so wie gegen den Verfasser ausschütteten; und nun, da jeder Versuch einer Widerlegung und selbst das Verleumden fehlgeschlagen ist, ist man darauf verfallen, das Werk ein Pasquill zu taufen, und die zurückgetriebene Partei hat ihren Angriff kleinmüthig durch gerichtliche Verfolgung, Jury's und lumpichte Adressen erneuert.

Ein langer Brief, Sir, wird Ihnen, wie ich wohl weiß, nicht angenehm sein; Ihrer Gemächlichkeit also zu schonen, will ich ihn so kurz fassen, als ich füglich kann, und schließend den Gegenstand da aufnehmen, wobei Herr Horne Tooke durch die Aufhebung der Versammlung zu Epsom unterbrochen wurde.

Dieser Gentleman behauptete, daß die Lage, in der Sie sich befinden, es für Sie unschicklich machte, thätig in einer Scene zu erscheinen, die zu sehr Ihr Privat-Interesse verriethe; daß Sie königlicher Kammerdiener wären mit tausend Pfund Gehalt jährlich, Pensionär mit dreitausend Pfund — hier hemmte ihn der kleine, aber geräuschvolle Cirkel, den Sie um sich versammelt hatten. Erlauben Sie mir, Sir, diesen Worten zum Besten Ihrer Nachbarn eine Erklärung beizufügen; dann noch ein Paar Anmerkungen dazu, so werde ich den Brief schließen.

Als die englischen Zeitungen neulich erzählten, die Kaiserin von Rußland habe einem ihrer Günstlinge einen großen Strich Landes mit so und so viel tausend Bauern zum Eigenthum geschenkt, so brach Jedermann in Unwillen und Abscheu aus. Wenn wir aber die in England übliche Art mit der in Rußland, die uns so abscheulich vorkommt, vergleichen, so wird die Sache wohl hier und dort beinahe dieselbe sein; zum Beispiel:

So wie alle Revenuen in England durch Besteuerung aus dem Beutel des Volkes gezogen werden, so wird alles, was Gaben und Verwilligungen heißt (und dazu gehören Pensionen und Pfründen-Aemter) aus diesem Fond bezahlt. Der Unterschied also zwischen den beiden Arten ist nur, daß in England das Geld durch die Regierung gesammelt und dann an Pensionäre verschenkt wird, in Rußland aber den Pensionären selbst das Einsammeln überlassen ist. Die kleinste Summe, die in einer Grafschaft, so nahe bei London, als Surry, die ärmste Familie jährlich nach einem Ueberschlage zu den Taxen beiträgt, ist nicht weniger als fünf Pfund; und da Ihr Titular-Amt von tausend und Ihre Pension von dreitausend Pfund jährlich mit den Taxen achthundert solcher armen Familien davongeht, so ist es dasselbe, als ob Ihnen, wie in Rußland, die achthundert Familien geschenkt wären, und Sie in Ihrem Namen das Geld eingesammelt hätten. Wollen Sie einwenden, Sie wären nicht besonders auf die Einwohner in Surry, sondern auf die Nation überhaupt angewiesen, so wäre das ein nichtsbedeutender Einwand; denn da der Pensionäre mehrere sind, als der Grafschaften, so kann jeder als auf die angewiesen betrachtet werden, in der er lebt.

Die Ehre oder Glückseligkeit, die Sie darin finden können, der Prinzipal-Arme Ihrer Nachbarschaft zu sein und größere Ausgaben zu verursachen als zehn Meilen bei Ihnen herum alle Dürftigten, Betagten und Schwachen zusammengenommen, gönne ich Ihnen. Ich sehe zugleich, wie wenig wunderbar es ist, daß Sie wacker auf ein Buch zuschlagen, welches solche Mißbräuche bei der Wurzel angreift. Kein Wunder Ihr Widerstreben gegen Reformen, Preßfreiheit und Recht zur Untersuchung. Ihnen und Ihresgleichen sind das furchtbare Dinge; Nachdenken müßte Sie aber doch lehren, daß Sie, statt zu handeln, alle Ursache haben, sich still zu verhalten.

Indem ich nunmehr Ihre Höflichkeit erwiedert und Ihre Geduld genug ermüdet habe, nehme ich Abschied von Ihnen. Sie haben sich die Mühe, diesen Brief zu lesen, selber aufgeladen, weil Sie die Vorlesung meines vorigen in der Versammlung hintertrieben. Dies bemerke ich nur; aber um das folgende bitte ich, nämlich das nächste Mal, da Sie mich „einen gemeinschaftlichen Feind" nennen, noch hinzuzufügen, „von uns tagediebischen Stellenjägern und Pensionären." Ich bin, Sir ꝛc. ꝛc.

Thomas Paine.

An das Volk von Frankreich.

Paris, 25. September 1792, im ersten Jahr der Republik.

Mitbürger!

Mit tiefgefühlter Dankbarkeit nehme ich die doppelte Ehre an, von der letzten Nationalversammlung zum Bürger Frankreichs aufgenommen und von meinen Mitbürgern zum Mitgliede der National-Convention gewählt worden zu sein. Angenehm überrascht durch diese Zeugnisse mir als einem Individuum erzeigter Achtung fühle ich meine Glückseligkeit erhöht, indem ich die Kluft gesprengt sehe, die durch Landesgrenzen den Patriotismus theilte, und die Bürger-Eigenschaft wie Pflanzen auf Erdstriche beschränkte.

Wären mir in Zeiten der National-Ruhe diese Ehren erwiesen worden, so hätte ich meine Rührung darüber an den Tag zu legen kein anderes Mittel gehabt, als sie anzunehmen und zu genießen; sie kommen aber mit Umständen begleitet, die mir ehrenhafte Gelegenheit geben, in der stürmischen Stunde des Ungemachs als Bürger einzutreten. Ich komme nicht, um Ruhe zu genießen. Ueberzeugt, daß Frankreichs Sache die Sache des ganzen Menschengeschlechts ist, und daß Freiheit nicht durch einen Wunsch erkauft werden kann, theile ich froh mit Euch die vom Siege unzertrennlichen Gefahren und Ehren.

Ich weiß schon lange, daß der Augenblick einer großen Veränderung, wie der am 10. August zu Stande gebrachten, unvermeidlich ein Augenblick des Schreckens und der Verwirrung ist. Durch Hoffnung, Argwohn und Furcht hin- und hergeworfen, ängstigen sich die Gemüther unaufhörlich, bis die Veränderung vollbracht ist. Jetzt aber laßt uns mit ruhigem und festem Muthe vorwärts blicken, und der Sieg ist gewiß. Es ist nicht mehr die armselige Sache der Könige, oder dieses oder jenes Einzelnen, was Frankreich und Frankreichs Krieger zu Thaten auffordert. Es ist die große Angelegenheit Aller. Es ist die Gründung einer neuen Epoche, die von der Erde den Despotismus vertilgen, und auf dauernden Grundsätzen des Friedens und bürgerlichen Bandes die große Republik des Menschen errichten wird.

Mein Schicksal hat mich an dem Ausbruche und der Vollendung einer Revolution, der Revolution in Amerika, Theil nehmen lassen. Der Ausgang und die Erfolge dieser Revolution sind aufmunternd für uns. Wohlstand und Glückseligkeit haben nachher in diesem Lande geblüht und es reichlich für alle erlittenen Drangsale und bekämpfte Gefahren entschädigt.

Die Grundsätze, von welchen diese Revolution ausging, haben sich über Europa verbreitet, und eine allwaltende Vorsehung wirkt die Umschaffung der Alten Welt durch die Grundsätze der Neuen. Entfernung von allen übrigen Theilen der Erdkugel verhindert die Verbreitung solcher Grundsätze jenseits der Grenzen; aus Amerika konnten sie also nicht herüberreichen. Es ist eine selbst erworbene Ehre, daß Frankreich nunmehr die Fahne der Freiheit für alle Nationen erhebt, und in Schlachten für seinen Herd, für die Rechte des ganzen menschlichen Geschlechtes kämpft.

Derselbe Geist des Ausdauerns, der Amerika den glücklichen Ausgang sicherte, wird ihn Frankreich sichern; es ist unmöglich, daß eine Nation unterjocht werde, die frei zu sein entschlossen ist. Die kriegerischen Umstände, die sich jetzt gegen Frankreich vereinigen, sind etwas, das die Despoten der Erde nicht kennen, worüber sie keine Berechnungen entwerfen können. Sie wissen nicht, was es heißt, gegen eine Nation fechten. Sie sind nur gewohnt Einer gegen den Andern Krieg zu führen, wissen aus System und Praxis, wie der Succeß des Despoten gegen den Despoten zu berechnen ist; und damit hat ihre Kenntniß und Erfahrung ein Ende.

In einem Streit wie dem jetzigen entfaltet sich aber eine neue und grenzenlose Verschiedenheit der Umstände, die alle dergleichen Cabinets-Calcüle vereitelt. Wenn eine ganze Nation die Waffen ergreift, so kennt der Despot nicht den Umfang der Macht, gegen die er ausrückt. Die Nothwendigkeit winkt nur, so stehen schon frische Heere da. Die Schwierigkeiten vermehren sich in dem Grade als der eindringende Feind sie vermindert glaubt, und wenn er sie besiegt zu haben wähnt, stürzen sie wie Fluten über ihn her.

Der einzige Krieg, der einige Aehnlichkeit mit dem gegenwärtigen hat, ist der amerikanische Revolutionskrieg. Von Amerikas Seite war er, wie er jetzt von Seiten Frankreichs ist, ein Krieg der ganzen Nation. — Dort eroberten die Eroberungs-Anschläge des Feindes den Feind selbst. Seine im Anfange erfochtenen Siege bereiteten ihm Niederlagen. Vorgedrungen bis er nicht wieder zurück konnte, befand er sich mitten unter einer Nation von Armeen.

Wäre den Oestreichern und Preußen jetzt vorzuschlagen, daß man sie ins Herz von Frankreich geleiten, und sie da so vortheilhaft als sie könnten sich postiren lassen wollte, sie würden zu bald die Gefährlichkeit einsehen, um das Erbieten anzunehmen; und eben dieselbe Gefahr würde ihrer warten, könnten sie durch andere Mittel dahingelangen. Auf welcher militärischen Politik gründet sich denn ihr Versuch, durch Gewalt zu erringen, was, wenn es ihnen angeboten würde, sie ausschlügen? Aber Vernunft gegen Despoten brauchen, heißt die Vernunft wegwerfen. Das beste Argument ist ein muthiges Gefaßtsein.

Der Mensch kennt nie die Mittel, wodurch Vorsehung die Ordnung der Dinge einrichtet. Das Zudringen fremder Despoten kann dazu dienen, in ihre eigenen mit Sclaverei gedrückten Länder die Grundsätze einzuführen, die sie zu unterdrücken kommen. Freiheit und Gleichheit sind ein zu großer Segen des Himmels, um blos Frankreichs Erbtheil zu bleiben. Für Frankreich ist es eine Ehre ihr erster Kämpfer zu sein; und mit mächtiger Stimme kann es jetzt seinen Feinden zurufen: „O, Ihr Oestreicher, Ihr Preußen! die „Ihr jetzt Eure Bajonnette gegen uns zückt! es ist für Euch, es ist für ganz „Europa, es ist für das ganze Menschengeschlecht, und nicht für Frankreich „allein, daß Frankreich das Panier der Freiheit und Gleichheit erhebt!"

Das öffentliche Wohl litt bisher durch die Widersprüche in der Constitution der ersten constituirenden Versammlung. Diese Widersprüche dienten dazu, die Meinungen im Lande zu theilen, und die großen Prinzipien der Revolution in andern Ländern zu verdunkeln. Wenn aber diese Widersprüche werden weggeräumt und die Constitution gleichförmig der Declaration der Rechte gemacht sein, wenn die Kindereien der Monrachie, Königlichkeit, Regentschaft und Erbfolge mit allen ihren Abgeschmacktheiten ausgemerzt sein werden, dann wird eine neue Morgenröthe über der Erde aufgehen, und der Revolution wird ihr allgemein verstandener Werth neue Lebenskraft einflößen.

Das Feld, welches sich Frankreich jetzt öffnet, erstreckt sich weit über die Gränzen dieses Landes. An jeder Nation erhält Frankreich einen Genossen, wie es jeden Hof zum Feinde bekommen hat. Es schwebt jetzt die Sache aller Nationen gegen die Sache aller Höfe. Die Schrecken, die der Despotismus fühlte, erzeugten heimlich eine Verbindung der Despoten, und den Angriff auf Frankreich hat Furcht von ihnen hervorgebracht.

Beim Eintritt in diese große Scene, größer als irgend eine, worin je eine Nation zu handeln berufen war, laßt uns sagen zu dem wogenden Gemüthe: „Sei ruhig!" Laßt uns mehr durch Unterrichten strafen, als durch Rächen. Laßt uns durch Großmüthigkeit der Freundschaft einweihen die neue Aera, und gegrüßt sei uns mit der Einigkeit der nahe Erfolg.

Euer Mitbürger

Thomas Paine.

———

An das französische Volk und an die Armee Frankreichs.

Wenn wir plötzlich von außergewöhnlichen Maßregeln, welche durch hergebrachte constitutionelle Regeln nicht autorisirt, und allein durch das höchste Gesetz unbedingter Nothwendigkeit zu rechtfertigen sind, überrascht werden, so müssen wir, um uns ein richtiges Urtheil darüber zu bilden, unsere Untersuchung auf die Zeit, die ihnen vorherging und sie veranlaßte, hinleiten. Indem ich nun die Ereignisse des achtzehnten Fructidor aus diesem Gesichtspunkte betrachte, will ich den Zustand der Dinge vor dieser Periode ins Auge fassen. Ich beginne mit der Einführung der Constitution des Jahres III der französischen Republik.

Noch niemals hat menschliche Weisheit eine besser organisirte Verfassung erdacht. Sie ist in ihrer Organisation frei von all den Fehlern und Gebrechen, mit welchen andere Regierungsformen mehr oder weniger behaftet sind. Ich will zuerst vom gesetzgebenden Körper sprechen, weil die Gesetzgebung in natürlicher Ordnung der Dinge die oberste Gewalt ist; die ausübende Gewalt, ist die oberste Verwaltungsbehörde.

Nach der französischen Verfassung ist der gesetzgebende Körper in zwei Kammern getheilt, der Beruf der einen (des Raths der Fünfhundert) ist es, Gesetze zu entwerfen, und vorzuschlagen, das Geschäft der andern (des Rathes der Alten) besteht darin, die vorgeschlagenen Gesetze zu revidiren, anzunehmen oder zu verwerfen. Diese Einrichtung gibt alle mögliche Sicherheit, daß die Uebereilung oder Leidenschaftlichkeit, von zu schneller und zu lebhafter Einbildungskraft erzeugt, durch ruhige und besonnene Ueberlegung verbessert werde. Es ist selten, daß unsere ersten Gedanken, über irgend ein Thema, hinlänglich klar und richtig sind.

Die Politik, alljährlich ein Drittel der Gesetzgeber neu zu wählen, gehört, wenn auch weder in Theorie noch in Praxis ganz neu, doch zu den neuesten Fortschritten in der Regierungswissenschaft. Sie verhindert einerseits jene gewaltsamen Bewegungen und jenen überstürzten SystemWechsel, in die eine Nation durch das gleichzeitige Ausscheiden alle Mitglieder der Gesetzgebung, und durch eine auf einmal vorgenommene Neuwahl, geschleudert werden könnte. Andrerseits verhindert sie ein Sichbilden jenes Gemein-Interesses, welches eine ganze gesetzgebende Versammlung, deren repräsentative Existenz gleichzeitig aufhört, in Versuchung führen könnte, das Recht des Fortbestehens zu usurpiren. Ich komme nun auf die ausübende Gewalt zu sprechen.

Es ist ein unumstößlicher Grundsatz, daß jede der Abtheilungen, welche zusammen die Regierung ausmachen, ihrer Einrichtung nach stets einen Zustand geistiger Reife repräsentiren sollte. Es würde uns der Gedanke lachen machen, daß ein Rath der Fünfhundert, oder ein Rath der Alten, ein Parlament, oder eine National-Versammlung, alle Kinder am Gängelbande, und in der Wiege, oder Alle gleichzeitig krank, wahnsinnig, taub, stumm, lahm oder blind sein sollten, oder daß alle an Krücken gingen, gebeugt von Alter und Kraftlosigkeit. Jede Regierungsform, welche es auch nur möglich machte, daß ein Fall, wie der obige, bei einem ganzen gesetzgebenden Körper stattfinde, würde mit Recht der Spott der ganzen Welt sein; nach demselben Raisonnement wäre es eben so lächerlich, wenn ein solcher Fall in dem Theile der Regierung, welchen man den executiven nennt, einträte; und dennoch ist dies der verächtliche Zustand, welchem eine Executive stets ausgesetzt ist, und welcher auch häufig eintritt, wenn sie in die Hände eines, erblicher König genannten Individuums gelegt ist. Wenn dieses Individuum sich in einem der vorher erwähnten Zustände befindet, dann ist die ganze Executive in demselben Zustande; denn er selbst macht das Ganze aus. Er gewährt dann (als Executive) dasselbe lächerliche Schauspiel, wie ein gesetzgebender Körper, wenn alle seine Mitglieder in demselben Zustande sich befinden. Der Eine ist ein Ganzes, zusammengesetzt aus einzelnen Theilen, der andere ein Ganzes ohne Theile, und Alles, was den Einen (als Theil oder Abtheilung der Regierung) trifft, hat bei ihm dieselbe Folge und Bedeutung, als bei dem Andern.

Da also eine erbliche, König genannte, Executive in sich selbst etwas höchst Abgeschmacktes ist, so ist jede Anhänglichkeit daran eben so albern und abgeschmackt. Sie ist weder Instinct noch Vernunft, und wenn diese Anhänglichkeit das ist, was man in Frankreich Royalismus nennt, dann ist ein Royalist von Charakter jeder anderen Thiergattung untergeordnet; denn was könnte das Geschöpf sein, das weder nach Instinct oder Vernunft handelt? Solch ein Wesen verdient eher unsern Spott, als unser Mitleid, und dann erst, wenn es sich anmaßt, seine Thorheiten in Thaten auszuführen, kann es republikanischen Unwillen reizen. In jedem andern Falle ist es zu verächtlich, um Zorn zu erregen. Was mich selbst anbetrifft, wenn ich die augenfällige Albernheit dieser Sache bedenke, so kann ich es fast kaum glauben, daß in der geistvollen französischen Nation solch ein thörichtes und gemeines Thier als ein Royalist existiren sollte.

Wie es nur eines Ueberblickes bedurfte, um einzusehen, daß alle Theile, welche zusammen eine Regierung ausmachen, stets einen Zustand geistiger Reife repräsentiren müssen, so ist es auch nicht möglich, daß Männer, die nach den Eingebungen der Vernunft handeln, bei Entwerfung einer Verfassung eher eine erbliche Executive zulassen sollten, als eine erbliche Gesetzgebung. Ich will deshalb nun die andern Fälle untersuchen.

Zuerst (indem wir also das System der Erblichkeit verwerfen) fragt es sich, ob die durch Wahl gebildete Executive, aus einem oder mehreren Individuen bestehen solle.

Ein Individuum durch Wahl erhoben, ist fast eben so schlimm als das Erblichkeits-System, abgerechnet, daß man weniger zu befürchten hat, er werde ein Dummkopf sein. Jedoch wird er nie mehr als ein Parteihaupt, und nur für die seiner Partei Angehörenden zugänglich sein. Er wird sich mit Niemand, der an Rang und Stellung ihm gleich ist, berathen können, und wird, wie sich's von selbst versteht, dadurch der Vortheile solcher Berathungen mit Gleichen verlustig gehen. Diejenigen, mit welchen er sich beräth, werden die von ihm selbst ernannten Minister sein, welche, wenn ihr Rath sie mißfällig macht, ihre Entlassung zu erwarten haben. Die Autorität also ist zu groß und der Beruf zu schwierig, als daß das Ganze dem Ehrgeize oder dem Urtheile eines Individuums anvertraut werden sollte; und abgesehen davon, würde der plötzliche und unerwartete Systemwechsel, welcher das Ausscheiden einer individuellen Executive und die Erwählung einer andern zur Folge haben könnte, die nationalen Angelegenheiten in einem Zustande beständiger Unsicherheit erhalten. Wir kommen nun zur Betrachtung einer aus Mehreren gebildeten Executive.

Die Anzahl von Mitgliedern muß hinreichend sein, um diese zu befähigen, mit Vortheil all die verschiedenartigen Gegenstände, welche bei nationaler Verwaltung vorkommen, zu berathen, doch nicht so groß, daß sie das in gewissen Fällen, z. B. Kriegen, nothwendige Amtsgeheimniß gefährden. Stellen wir nun demnach die Pluralität als ein Prinzip auf, so entsteht noch die einzige Frage, in welcher Anzahl soll die Pluralität zur Anwendung kommen?

Drei genügen weder der Verschiedenartigkeit, noch der Masse der Geschäfte. Die Constitution hat sich für Fünf bestimmt, und die Erfahrung hat seit der Einführung der Constitution bis zur Neuwahl des Drittels der gesetzgebenden Versammlung gezeigt, daß diese Anzahl von Directoren, wenn die Wahl eine gute ist, allen Zwecken und Bedürfnissen der nationalen Executive genüge; es würde deshalb eine größere Anzahl nur eine unnöthige Ausgabe veranlassen. Der Erfolg hat es gezeigt, daß die Maßregeln des Directoriums während dieser Periode gut und in kräftigem Zusammenwirken ausgeführt wurden. Dies beweist wiederum, daß sie auch wohl überlegt waren, und es zeigt ebenso, daß in Bezug auf Berathung eine Anzahl von Fünf genügend ist; andererseits wurden auch die Geheimnisse, wo dergleichen (wie bei der irländischen Expedition) vorkamen, wohl verschwiegen, und deswegen ist diese Anzahl auch nicht so groß, als daß sie jede etwa nöthige Geheimhaltung gefährden könnte.

Der Grund, weshalb die beiden Kammern so zahlreich sind, liegt nicht in der Masse der Geschäfte, sondern darin, daß alle Theile der Republik sich in der National-Vertretung vereinigt wiederfinden sollen.

Nächst dem allgemeinen Prinzip der Repräsentativ-Verfassung besteht die Vortrefflichkeit der französischen Constitution in der Gewährung von Mitteln und Wegen, jenen Mißbrauch der Gewalt zu verhüten, welcher dadurch entstehen könnte, daß sie zu lange in denselben Händen bleibt.

Diese weise Vorsicht herrscht überall in der Constitution vor. Nicht allein werden ein Drittel der Mitglieder der gesetzgebenden Versammlung jährlich durch Neuwahl ersetzt, auch der Präsident beider Kammern wird allmonatlich neu gewählt, ebenso ein Mitglied des Directoriums jährlich, und dessen Präsident vierteljährlich. Die, welche die Constitution entwarfen, können nicht beschuldigt werden, besonders für sich gesorgt zu haben. In dieser Beziehung ist die Constitution so unparteiisch abgefaßt, als ob ihre Begründer zu sterben gedachten, sobald sie ihr Werk beendigt hätten.

Das einzige Gebrechen der Constitution ist die Beschränkung des Wahlrechts, und es kömmt zum großen Theil von der Beschränkung dieses Rechtes her, daß die letzten Wahlen nicht allgemein gut ausgefallen sind.

Ich hoffe, meine alten Collegen werden diesen meinen jetzigen Ausspruch verzeihen, wenn sie sich meiner Gründe gegen diesen Mißgriff erinnern, zur Zeit, als die Verfassung im Convente berathen wurde.

Ich will diesen Theil des Gegenstandes mit einigen Bemerkungen über den abgeschmacktesten und dümmsten Gemeinplatz oder Glaubenssatz, der sich jemals der Welt aufdrängte, schließen, daß nämlich eine republikanische Regierungsform allein für ein kleines Land, und für ein großes allein die Monarchie sich eigne. Fraget Diejenigen, die dies behaupten, nach ihren Gründen, weshalb dem so ist, und sie können Euch keine angeben.

Laßt uns denn die Sache selbst prüfen. — Soll die Masse der Kenntnisse einer Regierung im richtigen Verhältniß mit der Ausdehnung des Landes, der Verschiedenheit und der Großartigkeit seiner Angelegenheiten sein, so folgt als unläugbares Resultat, daß dieses abgeschmackte Dogma falsch und dessen Gegentheil wahr ist. Wenn das, was man Monarchie nennt, überhaupt für irgend ein Land geeignet ist, so kann es nur für ein kleines Land sein, dessen Geschäfte gering, einfach, und alle der Auffassung eines Einzigen zugänglich sind. Kommen wir zu einem Lande von großer Ausdehnung, dessen Angelegenheiten wichtig, zahlreich und verschieden sind, dann ist es das republikanische Repräsentativ-System allein, welches in der Regierung ein solches Maß von Kenntnissen ansammeln kann, wie es zum größtmöglichen nationalen Vortheil erforderlich ist. Montesquieu, der eine große Vorliebe für die republikanische Regierungsform hatte, verschanzte sich hinter dieses alberne Dogma; denn er hatte, wenn er von Republiken sprach, beständig die Bastille vor Augen, und deswegen gab er vor, nicht für Frankreich zu schreiben. Condorcet ließ sich von derselben Vorstellung beherrschen; aber es war ja auch nur Vorsicht, denn sobald er nur günstige Gelegenheit fand, sich frei auszusprechen, so that er es auch. Wenn ich dies von Condorcet sage, so weiß ich es als eine bestimmte Thatsache. In einer in Paris im Jahre 1792 herausgegebenen Zeitung, betitelt „der Republikaner, oder der Vertheidiger repräsentativer Regierungsform, befindet sich ein Thomas Paine unterzeichneter Artikel. Dieser Artikel wurde von mir und Condorcet gemeinschaftlich abgefaßt. Ich schrieb das Original in Englisch und Condorcet übersetzte es. Der Zweck und die Absicht war, die Abgeschmacktheit und Falschheit des oben erwähnten Dogmas klar zu machen.

Nach einer solchen klaren, wenn auch kurzen Andeutung der hohen Vorzüge der Constitution und der Ueberlegenheit des repräsentativen Regierungs-Systems über jedes andere (wenn überhaupt ein anderes den Namen System verdient) will ich nun von den Verhältnissen sprechen, welche seit Begründung der Constitution, bis zu dem Ereignisse am 18. Fructidor dieses Jahres, stattfanden.

Fast so schnell, wie der junge Tag die Dunkelheit zerstreut, veränderte die Begründung der Constitution die ganze Sachlage in Frankreich. Sicherheit folgte auf Schrecken, Wohlstand auf Elend, Ueberfluß auf Hungersnoth und Vertrauen wuchs mit jedem Tage, bis das neu erwählte Drittel der Gesetzgeber eintrat. Eine Reihe von Siegen, ohne Beispiel in der Weltgeschichte, folgten fast zu schnell auf einander, um sie zählen, und zu zahlreich, um sich ihrer erinnern zu können. Die Coalition, überall besiegt und vernichtet, zerfiel wie ein Erbfloß in der Hand eines Riesen. Während jener Periode geschah Alles in einem so großartigen Maßstabe, daß die Wirklichkeit wie ein Traum erschien, und die Realität die Phantasiegebilde eines Romans übertraf. Man könnte bildlich sagen: der Rhein und der Rubicon (Deutschland und Italien) antworteten einander in wechselnden Triumphgesängen und die Echos der Alpen verbreiteten die Feierklänge fernhin. Ich will hier eine erhabene Schilderung nicht dadurch herabwürdigen, daß ich von der englischen Regierung viel Notiz nehme. Seltsam genug klingt es, wenn man sagt, daß sie in der Größe ihrer Winzigkeit kroch, intriguirte und in Corruption Schutz und Hülfe suchte.

Die Heldenthaten jener Tage würden jeder Nation Throphäen, und ihren Helden Lorbeerkränze verleihen, doch ihren vollen Glorienschein erhalten sie erst von dem Prinzipe, das sie propagirten, und von dem hohen Zwecke, den sie erreichten. Zerstörung, Ketten und Sclaverei bezeichneten den Gang früherer Kriege; an Eroberungskriege im Interesse der Freiheit wurde niemals gedacht. Die herabwürdigende Unterwerfung unglücklicher und unterjochter Völker zu erlangen, und ihnen unter Hohn und Demüthigungen das nackte Leben nur zu lassen, darin bestand der Haupttriumph früherer Eroberer. Doch die Besiegten als Brüder aufzunehmen, ihre Ketten zu brechen, ihnen zu sagen, daß sie frei wären, und ihnen zu lehren frei zu sein, das war ein neues Kapitel in der Geschichte der Menschheit.

Mitten in diesen nationalen Triumphen, als nur noch zwei Feinde übrig blieben, die beide um Frieden nachsuchten, und von denen Einer bereits die Präliminarien unterzeichnet hatte, begannen die Wahlen des neuen Drittels. Alles war den Neuerwählten leicht gemacht. Alle Schwierigkeiten waren überwunden, ehe sie noch in die Regierung eintraten. Sie kamen während der siegreichen Tage der Revolution, Alles, was ihnen oblag, war, nicht Unheil anzurichten.

Es war indeß leicht vorauszusehen, daß die Wahlen nicht allgemein gut ausfallen würden. Man erinnerte sich wohl noch der schrecklichen Tage Robespierres; doch die Dankbarkeit, welche man denen schuldete, die ihnen ein Ende gemacht hatten, war vergessen.

Tausende, welche durch stillschweigende Billigung während jener furchtbaren Begebenheiten, vom Unglück verschont geblieben waren, maßten sich jetzt das Verdienst an, am lautesten dagegen zu sein. Ihre Freiheit im Gewähren lassen verwandelte sich in Muth, nachdem die Gefahr vorüber war. Sie schrien laut gegen die Schreckensherrschaft, als wären sie die Helden gewesen, die sie gestürzt hatten, und machten sich durch thörichtes Ueberschreiten aller Mäßigung lächerlich. Die größten Schreier dieser Sorte, mit denen ich zusammentraf, waren gerade diejenigen, welche nicht im Geringsten gelitten hatten. Sie spielten jetzt alle Rollen, zu allen Zeiten und gegen Jedermann, bis sie zuletzt sich über alle Grundsätze hinwegsetzten. Es waren die wirklichen Republikaner, welche während der Robespierreschen Zeit am meisten litten. Die Verfolgung begann gegen sie am 31. Mai, und hörte nur durch die Anstrengungen der kleinen überlebenden Anzahl auf.

Bei den verwirrten Verhältnissen, wie sie vor der jüngsten Wahl herrschten, war die öffentliche Meinung in einen der Täuschung leicht zugänglichen Zustand gerathen, und es war fast natürlich, daß der Heuchler die beste Aussicht haben würde, zu dem neuen Drittel gewählt zu werden. Wenn Diejenigen, welche seit ihrer Erwählung durch ihre contre-revolutionären Maßregeln die öffentlichen Angelegenheiten in Verwirrung gebracht haben, sich vorher ausgesprochen und erklärt hätten, so würde man sie nicht erwählt, sondern angeklagt haben. Betrug war nöthig zu ihrem Erfolge. Die Constitution war kräftig begründet, man betrachtete die Revolution als vollendet, und den Krieg als am Vorabende seiner Beendigung. In solcher Lage suchte die Masse des Volkes, ermüdet durch eine langwierige Revolution, Ruhe, und richtete bei ihren Wahlen ihr Augenmerk auf ruhige Männer. Unglücklicher Weise fand sie aber Heuchler. Würde wohl eine der Primärversammlungen für den Bürgerkrieg gestimmt haben? Gewiß nicht. Und doch haben die Wahlversammlungen einiger Departements Männer erwählt, deren Maßregeln seit ihrer Erwählung keine anderen Zwecke anstrebten, als den Bürgerkrieg herbeizuführen. Entweder diese Wahlmänner haben die Constituenten der Primär-Versammlungen betrogen, oder sie haben sich selbst in der Wahl ihrer Abgeordneten getäuscht.

Daß in dem neuen Drittel einige entschiedene, wenn auch geheime Verschwörer waren, unterliegt nicht dem geringsten Zweifel. Doch ist die Vermuthung wohl am richtigsten, daß ein großer Theil durch den eiteln Gedanken, sie könnten es besser, als ihre Vorgänger, machen, verführt wurde. Anstatt der Erfahrung zu vertrauen, machten sie Experimente. Der Geist des Widerspruchs machte sie geneigt, Maßregeln, die den früheren gerade entgegengesetzt waren, beizustimmen, und zwar ohne zu sehen, ja vielleicht ohne zu argwöhnen, wohin sie führen würden.

Kaum waren die Mitglieder des neuen Drittels in Paris angekommen, als man mit größter Erwartung ihrem Benehmen entgegen sah. Von allen Parteien wurden ihre Bewegungen bewacht, und es war ihnen unmöglich einen unbeachteten Schritt zu thun. Es lag in ihrer Hand, viel Gutes oder großes Uebel zu stiften. Ein festes und männliches Auftreten ihrerseits, im Vereine mit demselben Verfahren von Seiten des Directoriums und ihrer Collegen, würde den Krieg beendigt haben. Doch durften sie keinen Augenblick zögern. Wer in solcher Lage zögert, ist verloren.

Die erste öffentliche Handlung des Rathes der Fünfhundert, war die Erwählung Pichegrus zu seinem Präsidenten. Er wurde mit einer sehr bedeutenden Majorität erwählt, die öffentliche Meinung war ihm günstig. Auch ich war einer von denen, die darüber ungemein erfreut waren. Wenn jedoch zu der Zeit der Abfall Pichegrus dem Prinzen Conde, und folglich auch Pitt, bekannt war, so zeigt dies uns die Gründe, welche alle Friedensunterhandlungen verzögerten. Sie nahmen diese Wahl für ein Signal der Contre-Revolution, und erwarteten diese, und die Pichegru, in Voraussetzung und im Vertrauen auf seine Rechtlichkeit, erwiesene Ehrenbezeugung, nahmen sie irrthümlicher Weise für ein Zeichen nationaler Empörung. Sie beurtheilten die Dinge nach ihren eigenen thörichten Ansichten über Regierungswesen, und leiteten Erscheinungen von Ursachen her, zwischen denen in Wirklichkeit gar keine Verbindung bestand. Ihrerseits war Alles eine Comödie von Irrthümern gewesen, die Schauspieler hatte man von der Bühne gejagt.

Zwei oder drei Dekaden der neuen Sitzungen gingen vorüber, ohne daß etwas Erhebliches stattfand, bald aber begannen die Sachen klar zu werden. Das Erste, was die öffentliche Meinung überraschte, war, daß man nichts mehr von Friedensunterhandlungen hörte, und daß die öffentlichen Angelegenheiten ins Stocken geriethen. Es war nicht die Absicht der Verschwörer, daß der Friede zu Stande komme; da es indeß nothwendig war, diese Absicht zu verbergen, so suchte man aus der Constitution allerlei Vorwände der Hinhaltung herauszuklauben. Vergebens machte ihnen das Directorium die Lage der Finanzen und die Bedürfnisse der Armee klar. Das mit diesem Geschäfte beauftragte Committee vergeudete seine Zeit mit einer Reihe nutzloser Berichte, und setzte seine Sitzungen nur fort, um deren mehr anzufertigen. Alles, was zu thun nöthig war, wurde unterlassen, und Alles Ungebührliche versucht. Pichegru selbst beschäftigte sich mit Bildung einer Nationalgarde zum Schutze der Räthe, ein verdächtiges Krieges-Signal. Camille Jordan brachte seine Zeit mit Priestern und Glocken hin, außerdem mit den Emigranten, deren Bekanntschaft er während seines zweijährigen Aufenthaltes in England gemacht hatte. Willot und Dellarue griffen das Directorium an; ihre Absicht war, einen der Directoren zu entsetzen, und einen andern ihrer eigenen Partei hineinzubringen. Ihre Motive in Bezug auf das hohe Alter von Barras (welcher gerade so alt ist, als er zu sein wünscht, ihnen aber ein wenig zu alt und erfahren gewesen ist) waren zu klar, als daß man sie nicht hätte durchschauen sollen.

Während dieses Zustandes des Aufschiebens und Hinhaltens, wurde die öffentliche Meinung, von Besorgnissen erfüllt, lebhaft aufgeregt, und sah, ohne eigentlich zu wissen, was es sein könne, außerordentlichen Ereignissen entgegen. Sie sah, denn sie konnte nicht umhin, dies zu sehen, daß die Dinge nicht lange in dem Zustande, in welchem sie waren, bleiben konnten; aber sie fürchtete, jedes gewaltsame Ereigniß. Jener Geist der Tändelei, dem sie sich in ihrer Sicherheit nur zu sehr hingegeben hatte, und welchen, wahrscheinlich die neuen Bevollmächtigten als Gleichgültigkeit gegen den glücklichen Fortgang der Revolution ausgelegt hatten, nahm eine ernste Miene an, welcher der Verschwörung keine Hoffnung auf Unterstützung gewährte; dennoch aber schritt sie weiter vor. Sie griff mit demselben schlechten Erfolge zu neuen Maßregeln; je weiter sie ging, desto mehr entfernte sich die öffentliche Meinung von ihr. Rund umher sahen die Verschwörer nichts, was sie hätte ermuthigen können.

Die Hartnäckigkeit indeß, mit der sie in ihren wiederholten Angriffen auf das Directorium fortfuhren durch Erlaß von Gesetzen zu Gunsten der Emigranten und widerspenstigen Priester, und indem sie Alles thaten, was mit der unmittelbaren Sicherheit der Republik unverträglich war, und nur den Feind zur Fortsetzung des Krieges ermuthigen mußte, ließ keine andere Deutung zu, als daß etwas faul war im Rathe der Fünfhundert. Dies wurde von Tag zu Tag durch die Verhältnisse zu klar, um nicht geſehen zu werden, und zu ſtark, um fort raiſonnirt werden zu können. Selbſt als Irrthümmer (um nichts Schlechteres davon zu ſagen) hatten ſie keinen Anſpruch auf Entſchuldigung: denn wo Einſicht zur Pflicht wird, da wird Unwiſſenheit zum Verbrechen.

Die angeſeheneren Republikaner, welche beſſer im Stande waren, als die Andern, die politiſche Lage zu erkennen, fingen an, beſorgt zu werden, und vereinigten ſich unter dem Namen des conſtitutionellen Cirkels zu einer Geſellſchaft. Es iſt dies der einzige Verein, von dem ich in Frankreich Mitglied geweſen bin; ich ſchloß mich ihm an, weil es nothwendig geworden war, daß die Freunde der Republik ſich um das Banner der Conſtitution ſchaarten. Ich traf hier mit mehreren der früheſten Patrioten der Revolution zuſammen; ich meine nicht aus dem letzten Club der Jakobiner, ſondern von dem erſten dieſes Namens. Jene Faction im Rathe der Fünfhundert, welche im Volke keinen Anhalt fand, begann über die Sachlage erſchreckt zu werden, und verſchanzte ſich aus Furcht vor dieſer Geſellſchaft durch Erlaß eines Geſetzes zu deren Auflöſung. Die Conſtitutionalität dieſes Geſetzes war mindeſtens zweifelhaft, indeß die Geſellſchaft beſchloß, um nicht durch ihr Beiſpiel die bereits zu aufgeregten Verhältniſſe aufs Aeußerſte zu treiben, ihre Verſammlungen auszuſetzen.

Bald aber trat eine Sache von viel größerer Wichtigkeit auf. Es war dies der Marſch der vier Regimenter, von denen einige auf ihrem Wege innerhalb ungefähr zwölf Lieues von Paris vorbeizumarſchiren hatten; dies war die Grenze, welche die Conſtitution als ſtete Entfernung der bewaffneten Macht vom geſetzgebenden Körper beſtimmt hatte. Unter andern Verhältniſſen würde dieſer Umſtand kaum beachtet worden ſein. Verſchwörer jedoch faſſen leicht Argwohn, und die Furcht, welche dieſe Partei bei jener Gelegenheit an den Tag legte, konnte unſchuldigen Männern gar nicht in den Sinn gekommen ſein; auch würden ſchuldloſe Männer nicht mit dem Directorium über die Sache in der Weiſe, wie ſie es thaten, gezankt haben. Die Frage, welche ſie mit Nachdruck zur Debatte brachten, hatte zum Zweck, dem Directorium das Geheimniß zu entreißen, wohin die Beſtimmung jener Truppen war, und dies ſo dem Feinde bekannt zu machen. Die Führer jener Faction nahmen an, daß dieſe Truppen gegen ſie marſchiren würden, und die Haltung, welche ſie in Folge deſſen annahmen, wäre hinlänglich geweſen, dieſe Maßregel zu rechtfertigen, wenn ſie wirklich ſtattgefunden hätte. Aus welchem andern Grunde, als dem Bewußtſein ihrer hinterliſtigen Pläne konnten ſie etwas fürchten? Die Truppen hatten ſich zu allen Zeiten als tapfere Vertheidiger der Republik, und offen erklärte Freunde der Verfaſſung gezeigt, das Directorium ebenſo; wenn alſo die Faction nicht einen andern Charakter hatte, ſo konnte weder Furcht noch Argwohn bei ihnen aufkommen.

Alle dieſe Manöver in der Verſammlung geſchahen unter der Verſicherung der größten Anhänglichkeit an die Conſtitution; dies mußte nothwendig ihren geheimen Plänen ſchaden. Es iſt unter einer volksthümlichen Regierung ungemein ſchwierig, und faſt unmöglich eine Verſchwörung anzuzetteln, und noch viel ſchwieriger, ihren Erfolg zu ſichern. Die verſtellten und erdichteten Vorwände, unter denen die Verſchwörer in ſolchen Fällen dem Volke gegenüber handeln müſſen, lähmt die Thätigkeit aller Kräfte und gibt ſelbſt natürlichem Muthe den Anſchein der Furchtſamkeit. Sie ſind nicht zur Hälfte die

Männer, welche sie, wo Verstellung nicht nöthig ist, sein würden. Es ist unmöglich im selben Augenblicke ein Heuchler und ein Tapferer zu sein.

Die Faction hatte sich durch die Unklugheit ihrer Maßregeln wegen des Truppenmarsches, und über die Erklärung der Officiere und Soldaten, die Republik und die Constitution gegen alle offenen und geheimen Versuche zu deren Sturz, aufrecht zu halten, mit der Armee überworfen, und wirklich gegen sie Partei genommen. Einerseits wurden Gesetze in Vorschlag gebracht, die Emigranten und widerspänstigen Priester als freie Bürger zuzulassen, andrerseits das Militär von Paris fern zu halten, und die Soldaten, welche ihre Ergebenheit für die Republik erklärt hatten, zu bestrafen. Inzwischen giengen alle Friedensunterhandlungen zurück; der Feind, welcher fortwährend seine Streitkräfte vermehrte, wartete ab, um aus etwa eintretenden Ereignissen seinen Vortheil zu ziehen. Abgesehen von der zeitweisen Einstellung der Feindseligkeiten, war es ein Zustand, schlimmer als Krieg.

Wenn dies keine Verschwörung war, so hatte es wenigstens ganz das Aussehen davon, und war im Stande, dieselben Uebel zu erzeugen. Jene Faction mußte wohl die Gefahren sehen, denen sie hartnäckig die Republik aussetzte, und dennoch behielt sie unverändert dieselbe Haltung. Während dieses Zustandes kündigten die der Faction ergebenen Zeitungen wiederholt den nahen Abschluß des Friedens mit Oestreich und England an, und versicherten oftmals, er wäre bereits abgeschlossen. Diese Falschheit konnte keinen andern Zweck haben, als die Augen des Volkes gegen die Gefahren, denen es ausgesetzt war, verschlossen zu halten.

Faßte man alle Zustände zusammen, so schien es unmöglich, daß ein solcher Umstand lange dauern konnte, und zuletzt beschloß man, ihn zu Ende zu bringen. Es sind gute Gründe für die Ansicht da, daß man beabsichtigte, die Affaire vom 18. Fructidor (4. September) zwei Tage früher stattfinden zu lassen; bei Erinnerung jedoch, daß der 2. September ein trauervoller Tag in den Annalen der Revolution war, wurde sie aufgeschoben. Als der Tag der Entscheidung kam, da gewahrte die Faction zu ihrem Unglück, daß sie keinen Anhang im Volke besaß. Sie hatte ihr eigenes Unglück gesucht, und mußte nun die Folgen tragen. Auswärtige Feinde, ebenso wie die innern, wenn es solche gibt, sollten von den Ereignissen dieses Tages lernen, daß alle Erwartung auf Hülfe von irgend einem Theile des Volkes zur Unterstützung einer Contre-Revolution, Täuschung ist. Im Zustande der Sicherheit mögen die Gedankenlosen, welche vor der Schreckensherrschaft zittern, die Grundsätze der Freiheit verspotten (und sie haben dies auch gethan). Aber es ist etwas ganz anderes, sich einem thörichten Gelächter hinzugeben, oder ganz und gar seiner Freiheit zu entsagen.

Betrachtet man die Begebenheit des 18. Fructidor im politischen Lichte, so ist sie nur durch das höchste Gesetz unbedingtester Nothwendigkeit zu rechtfertigen. Diese Nothwendigkeit, abgesehen von dem Ereigniß, ist es, welche man beklagen muß. Das Ereigniß an sich selbst, ist ein freudiges.

Gleichviel, ob die Machinationen im Rathe der Fünfhundert eine Verschwörung Einiger, unterstützt durch die Verkehrtheit Vieler, war, oder ob sie tiefere Wurzeln hatte, die Gefahren waren dieselben. Es war unmöglich, so fortzufahren. Alles stand auf dem Spiel, alle nationalen Geschäfte und Angelegenheiten waren ins Stocken gerathen. Die Sache war zu der einfachen Alternative gekommen: soll die Republik durch die geheimen Machinationen einer Faction gestürzt, oder durch eine außergewöhnliche That gerettet werden?

Während der amerikanischen Revolution, und zwar nachdem die Constitutionen der einzelnen Staaten entworfen und angenommen waren, kamen ganz besondere Fälle vor, welche es nöthig machten, in einer Weise zu verfahren, welche im Friedenszustande hochverrätherisch gewesen wäre. Zu einer Zeit bekleidete der Congreß den General Washington mit diktatorischer Gewalt. Zu andrer Zeit stellte die Regierung von Pennsylvanien ihre Amtsthätigkeit zeitweise ein, und proclamirte Kriegsrecht. Die unumgängliche Nothwendigkeit allein konnte diesen außerordentlichen Maßregeln als Entschuldigung dienen. Wer war es aber, der in Frankreich die Nothwendigkeit solcher Ausnahmemaßregeln herbeiführte? Es war eine Faction, die dies that, und noch dazu Angesichts glücklicher Erfolge und allgemeinen Wohlergehens. Ihre Handlungsweise kann nicht entschuldigt werden; und nur diese Faction ist von jener außerordentlichen Maßregel betroffen worden. Das Volk hat keine Unannehmlichkeiten dadurch erlitten. Wenn es manche Leute gibt, welche mehr als Andere hartem Verfahren abgeneigt sind, so habe ich wohl ein Recht, mich zu ihnen zu rechnen, dies beweiset durchweg mein ganzes politisches Leben; dennoch kann ich, wenn ich die ganze Sachlage zusammenfasse, nicht einsehen, was anders oder was besser hätte geschehen sollen, als was wirklich stattfand. Es war ein gewaltiger, in einer großen Crise geführter Schlag, welcher in einem Augenblicke und ohne den Verlust auch nur eines Menschenlebens alle Hoffnungen des äußeren Feindes vernichtete und im Innern die Ruhe wieder herstellte.

Die Begebenheit wurde durch das Abfeuern zweier Kanonenschüsse um vier Uhr Morgens verkündigt; dies war das einzige Geräusch, das man den ganzen Tag über hörte. Es erregte natürlich den Wunsch der Pariser, dessen Ursache zu erforschen. Bald erfuhren sie es, und wie sie es aufnahmen, war leicht zu deuten. Es war, als ob ein Volk, welches eine Zeitlang durch Furcht vor irgend einem unbekannten schrecklichen Ereigniß niedergedrückt war, sich plötzlich dadurch erleichtert und befreit fühlte, daß es findet, was es ist. Jeder ging seinem Geschäfte nach, oder befriedigte ruhig seine Neugierde. Es herrschte überall die glückliche Ruhe jenes Tages, als Ludwig der Sechszehnte im Jahre 1791 heimlich davonlief, und ebenso wie jener Tag diente es dem Volke die Augen zu öffnen.

Betrachten wir noch einmal die verschiedenen Ereignisse, die Verschwörungen sowohl als Bewegungen, die in dieser Revolution auf einander folgten, so werden wir sehen, wie die ersteren elend zu Grunde gegangen, und die Folgen der letzteren milder geworden sind. Der 31. Mai und seine Folgen waren schrecklich. Das Ereigniß vom 9. und 10. Thermidor, wenn auch glorreich für die Republik, indem es den abscheulichsten und grausamsten Despotismus, der jemals gewüthet hat, stürzte, führte dennoch lange Zeit strenge Wiedervergeltung nach sich. Die Bewegungen vom Germinal und Prairial des Jahres 3, und vom Vendemaire des Jahres 4, waren von viel geringerer Bedeutung als die vorhergehenden, und betrafen nur einen kleinen Theil des Volkes. Die von Pichegru und seinen Gefährten war in einem Augenblick ohne Blutvergießen und ohne die geringste Unbequemlichkeit für das Volk unterdrückt worden.

Diese Begebenheiten in ihrer Aufeinanderfolge bezeichnen den Fortschritt der Republik von Unordnung zur Stabilität. In allen Theilen der britischen Besitzungen herrscht gerade das Gegentheil. Dort sind die Bewegungen im Zunehmen begriffen, jede neue ist bedeutender als die vorhergegangene. Jene der Seeleute wäre fast der Sturz der Regierung gewesen. Doch die mächtigste von allen ist die unsichtbare Bewegung in der Bank. Sie wirkt mit der Schweigsamkeit der Zeit und der Sicherheit des Todes. Alles was in Frankreich vorkommt, ist heilbar, bei jenen aber ist die Hülfe der Natur und Kunst gleich vergeblich.

Möge das Ereigniß vom 18. Fructidor durch die Nothwendigkeit, von der es hervorgerufen wurde, sich selbst rechtfertigen, und durch seine glücklichen Folgen sich selbst verherrlichen. Ich will nun einen flüchtigen Blick auf die gegenwärtige Lage der Dinge werfen.

Wir haben durch das Hinausziehen der Friedensunterhandlungen gesehen, daß man von ihnen in dem Zustande, wie die Dinge vor dem 18. Fructidor waren, nichts erwarten konnte. Die Armeen hatten Wunder verrichtet, doch diese Wunder waren durch die elenden Umtriebe jener Faction erfolglos gemacht worden. Neue Anstrengungen sind nun nothwendig, um den Schaden, den jene Faction angerichtet, wieder gut zu machen. Die Wahlkörper in einigen Departements, welche durch unweise Wahl, oder durch verderblichen Einfluß bewogen, ungeeignete Deputirte in die Gesetzgebung gesandt haben, müssen dem Vaterlande Sühne leisten. Das Uebel entstand bei ihnen, das Geringste, was sie nun thun können, ist, unter den Ersten zu sein, um es wieder gut zu machen.

Es ist indeß vergeblich, ein Uebel, das geschehen ist, zu beklagen. Es liegt im Kummer weder Politik noch Männlichkeit, und es kömmt wohl häufig, daß ein Fehler in der Politik, ebenso wie ein Irrthum im Kriege, uns zu größerem Vortheile führen kann, als wir ohne ihn erreicht hätten. Der Feind, durch den Fehler ermuthigt, erwartet zu viel davon, und wird deßhalb durch erneuerte Kraftanstrengung doppelt getäuscht und geschlagen. England, unfähig zu siegen, hat sich zu Bestechung herabgelassen, und ist erfolglos in dem letzten, wie in dem ersten, in einer schlimmeren Lage als zuvor. Indem es ohne Unterlaß in seinen Verbrechen fortfährt, häuft es das Maß seiner Sünden, und vergrößert die Opfer, welche es um Frieden zu erlangen, bringen muß. Nur die hartnäckigste Bornirtheit konnte es bewogen haben, sich die günstige Gelegenheit, die ihm geboten war, entschlüpfen zu lassen. Außer der Aussicht auf neue Ausgaben ist England jetzt, um mich Herrn Pitts eigenen bildlichen Ausdrucks über Frankreich zu bedienen, nicht allein an dem Rande, sondern in dem Abgrunde des Bankerotts. Es gibt kein Geheimniß mehr in Betreff des Papiergeldes. Nennt es Assignaten, Mandate, Schatzkammerscheine, oder Banknoten, es ist doch immer dasselbe. Die Zeit hat das Räthsel gelöst, Erfahrung sein Schicksal besiegelt.

Die Regierung jenes unglücklichen Landes zeigt so offen ihre Treulosigkeit, daß es sich kaum der Mühe lohnt, auf irgend welche Bedingungen mit ihr Frieden zu schließen. Was nützt denn Frieden mit einer Regierung, welche den Frieden nur dazu benutzen wird, so viel als möglich ihre zerrütteten Finanzen und ihren vernichteten Credit zu verbessern, um dann aufs Neue den Krieg zu beginnen? Viermal in einem Zeitraume von kaum zehn Jahren hat, seit Beendigung des amerikanischen Krieges, die anglogermanische Regierung Englands auf neuen Krieg gesonnen. Zuerst im Jahre 1787 mit Frankreich wegen Hollands; nachher mit Rußland und mit Spanien wegen des Nootka-Sundes, und zum zweiten Male gegen Frankreich zur Unterdrückung seiner Revolution. Zuweilen gebraucht diese Regierung Preußen gegen Oesterreich, ein anderes Mal Oesterreich gegen Preußen, und stets das eine oder andere, oder beide, gegen Frankreich. Friede mit einer solchen Regierung ist nur eine betrügerische Einstellung der Feindseligkeiten.

Die häufigeren Kriege Englands während des letzten Jahrhunderts müssen irgend einen Grund gehabt haben, welcher vor dieser Periode nicht existirte. Diesen Grund zu entdecken ist nicht schwer. Es ist die unheilvolle Verschmelzung eines Kurfürsten des deutschen Reiches mit einem Könige Englands zu einer Person; es muß dies nothwendig, früher oder später, ein Gegenstand der Aufmerksamkeit Frankreichs werden. Man erkennt es allgemein, daß keine Nation ein Recht habe, sich in die innern Regierungs-Angelegenheiten einer andern einzumischen; von diesem Gesichtspunkte aus hat Frankreich kein Recht, England vorzuschreiben, welches dessen Regierungsform sein soll. Ob es solch ein Ding, wie einen König, haben will, ob dieser König ein Mann oder ein Esel sein soll, das geht Frankreich durchaus nichts an. Ob aber ein Kurfürst des deutschen Reiches König von England sein soll, das ist eine Frage äußerer Politik, in die Frankreich und jede andere Nation, die in Folge dessen Nachtheil und Schaden erleidet, sich hineinzumischen ein Recht hat.

Gerade aus dieser unheilvollen Vereinigung von Kurfürst und König entstehen zum großen Theil die Wirren, welche das Festland Europa's beunruhigen; und in Bezug auf England ist diese Vereinigung die Ursache seiner unermeßlichen Nationalschuld, des Ruins seiner Finanzen und des Bankerottes seiner Bank. Alle Intriguen auf dem Festlande, in denen England Partei nimmt oder verwickelt ist, entstehen und wirken durch das Medium dieser anglo-germanischen Vereinigung. Man wird sie nothwendig auflösen müssen. Möge der Kurfürst sich in sein Kurfürstenthum zurückziehen, und die Welt wird Frieden haben.

England selbst hat Beispiele der Einmischung in Angelegenheiten dieser Art gegeben, und sogar in Fällen, wo der Nachtheil nur erst befürchtet wurde. Es ließ sich auf einen langen und kostspieligen Krieg gegen Frankreich ein (der Erbfolgekrieg genannt), um zu verhindern, daß ein Enkel Ludwigs des Vierzehnten König von Spanien werde, weil es sagte, es wird mir nachtheilig sein, und beständig hat es seitdem gegen den sogenannten Familien-Vertrag gekämpft und intriguirt. Im Jahre 1787 bedrohte es Frankreich mit Krieg, um eine Verbindung Frankreichs mit Holland zu hindern, und in allen seinen gegenwärtigen Friedensvorschlägen dictirt es Separationen. Würfe es jedoch einen Blick auf den anglo-germanischen, hannoverische Erbfolge genannten, Vertrag bei sich zu Hause, so könnte es nicht umhin, einzusehen, daß Frankreich früher oder später nothwendig diesen Gegenstand aufnehmen und die Rückkehr des Kurfürsten in sein Kurfürstenthum zu einer der Bedingungen des Friedens machen muß. Es wird kein dauernder Friede zwischen beiden Ländern sein, bis dies geschehen, und je eher es geschieht, desto besser wird es für beide sein.

Ich bin in keiner Gesellschaft, in der dieser Gegenstand besprochen wurde, gewesen, welche ihn nicht in demselben Lichte, wie angeführt, betrachtete.

Sogar Barthelemy, als er zuerst in das Directorium eintrat (und Barthelemy war niemals wegen seines Patriotismus ausgezeichnet), erkannte in meinem Beisein und in Gesellschaft mit Derche, Legationssecretär zu Lille, an, daß die Vereinigung eines deutschen Kurfürsten und Königs von England in Einer Person den Interessen Frankreichs nachtheilig wäre. Ich erwähne dies indeß nicht aus dem Wunsche, um die Friedensunterhandlungen zu erschweren. Das Directorium hat ein Ultimatum festgestellt; wird indeß dies Ultimatum verworfen, so ist die Verpflichtung, daran festzuhalten, aufgehoben, und man mag ein neues aufstellen. So schlecht hat Pitt die ihm gebotene günstige Gelegenheit zu benutzen verstanden, daß jede spätere Unterhandlung ihm schlechtere Bedingungen, als die früheren, geboten hat. Hätte das Directorium ihn bestochen, so könnte er dessen Interessen nicht besser dienen, als er es jetzt thut. Er dient ihm, wie Lord North den Amerikanern diente; dies endete dort mit der Abschaffung seines Herrn. *)

So weit hatte ich geschrieben, als die Unterhandlungen zu Lille abgebrochen wurden; in Folge dessen verschob ich die Veröffentlichung, damit die in diesem Briefe enthaltenen Gedanken sich nicht in der Zwischenzeit unbescheiden aufdrängen möchten. Das von dem Directorium als Friedensbedingung vorgeschlagene Ultimatum war gemäßigter, als die Regierung Englands zu erwarten berechtigt war. Jene Regierung, obschon sie den Krieg herbeigeführt und zuerst durch Fortsendung des Gesandten Chauvelin †) die Feindseligkeiten begonnen hatte, faselte früher, von Frankreich **Entschädigung für das Vergangene und Bürgschaft für die Zukunft zu verlangen.** Frankreich hätte seinerseits diese verletzende Zumuthung zurückgeben können; es that es indeß nicht. Da es England war, welches in Folge seines Bankerottes den Frieden nachsuchte, so bot ihn Frankreich unter den einfachen Bedingungen, daß England die Inseln, die es genommen, wieder herausgebe. Das Ultimatum ist verworfen und die Unterhandlungen abgebrochen worden. Der muthige Theil der Franzosen wird tant mieux, um so besser, sagen.

Wie dem Volke Englands beim Abbrechen der Unterhandlungen, welche gänzlich von seiner Regierung ausgegangen waren, zu Muthe ist, das wird es selbst am besten wissen; so viel ich indeß die Verhältnisse der beiden Nationen kenne, sollte Frankreich ein Friede mit England vollkommen gleich-

---

*) Als Pitt's Vater Mitglied des Hauses der Gemeinen war, sprach er sich eines Tages während eines früheren Krieges heftig gegen die gewaltige und ruinirende Kostspieligkeit der deutschen Connexionen, als Folge der hannoverischen Erbfolge, aus; und indem er ein Bild von der Mythe des Prometheus entlehnte, rief er heftig aus: „So ist Britannien, wie Prometheus, an den nackten Felsen Hannovers angeschmiedet, während der kaiserliche Adler an seiner Lebenskraft zehrt!"

†) In dem zu Paris geschlossenen Handelsvertrage zwischen England und Frankreich wurde bestimmt, daß, wenn eine der Parteien den Gesandten fortsende, die andere dies als einen Act der Feindseligkeit annehmen solle. Die Kriegserklärung des Convents (Febr. 1793, dessen Mitglied ich damals war, und so die Sache genau kenne) wurde in genauer Uebereinstimmung mit diesem Tractate gemacht; denn es war keine Kriegserklärung gegen England, sondern eine Erklärung, daß die französische Republik im Zustande des Krieges gegen England sich befinde, indem die erste feindselige That von England begangen worden. Die Erklärung wurde unmittelbar bei Chauvelin's Rückkehr nach Frankreich und in Folge davon gemacht. Hr. Pitt sollte sich besser, als er es thut, von den Verhältnissen unterrichten, ehe er so viel Gewäsch darüber, oder über die Fortsendung Malmesbury's, der nur auf einem Urlaubsbesuche war, macht.

giltig sein. Jeder Tag gibt Frankreich neue Kräfte und seinem Feinde neue Verlegenheiten. Die Hülfsquellen des einen nehmen zu, während die des andern sich erschöpfen. England ist jetzt zu demselben Papiergeld-System gezwungen, von dem Frankreich sich eben glücklich befreit hat; wir kennen Alle das unvermeidliche Loos dieses Systems. Nicht ein Sieg über einige Schiffe, wie der an der Küste von Holland, gibt einem Papiergeld-System die geringste Stütze oder Hülfe. Bei dem Eintreffen dieser Mittheilung in England steigen die Staatspapiere auch nicht einen Penny. Die Regierung war erfreut, doch ihre Gläubiger schwiegen.

Es ist wirklich schwer, ein anderes Motiv für die Handlungsweise der englischen Regierung zu finden, als Thorheit und Wahnwitz. Von jeder Berechnung und Vorhersagung des Hrn. Pitt ist gerade das Gegentheil eingetroffen, dennoch aber weissagt er weiter. Er weissagte mit all der feierlichen Bestimmtheit eines Zauberers, daß in Frankreich in wenigen Monaten ein Bankerott ausbrechen werde. In der Sache selbst hatte er schon Recht, er irrte sich aber im Orte, denn der Bankerott trat ein, aber in England, und zwar während die Worte noch kaum von seinen Lippen verklungen waren. Um zu erkennen, was geschehen wird, braucht man nur zu wissen, was Hr. Pitt weissagt; kehrt man dies um, so wird er ein wahrer Prophet.

In solch unglücklicher Lage befindet England sich gegenwärtig, daß, wie groß auch die Uebel des Krieges für das Volk sein mögen, für die Regierung die Schwierigkeiten, die dem Frieden folgen würden, wahrlich nicht geringer sind. So lange der Krieg währt, hat Hr. Pitt einen Vorwand, die Bank zu schließen. Da jedoch dieser Vorwand nicht länger dauern könnte, als der Krieg, so fürchtet er, daß der Friede den völligen Bankerott der Regierung an den Tag bringen und der betrogenen Nation die verderblichen Folgen seiner Handlungsweise enthüllen würde. Friede wäre ihm ein Tag der Rechnungablegung, und er scheut sie, wie ein bankerotter Schuldner eine Versammlung seiner Gläubiger scheut. Krieg gibt ihm viele Vorwände, Friede würde ihm keinen einzigen gewähren; und so ist er wegen der Folgen des Friedens besorgt. Sein Verfahren in der Unterhandlung zu Lille ist leicht zu erklären. Nicht um der Nation willen verlangt er einige der genommenen Inseln zurückzubehalten; denn was bedeuten einige Inseln einer Nation, welche bereits für ihr eigenes Bestes deren zu viele hat, oder was sind sie im Vergleiche mit den Kosten eines neuen Feldzuges in dem gegenwärtigen Zustande der Entwerthung der englischen Staatspapiere? Und am Ende müßten diese Inseln doch wieder herausgegeben werden. Nein, es ist nicht um der Nation willen, daß er sie fordert. Es ist allein um seinetwillen. Es ist gleichsam, als ob er zu Frankreich sagte: gib mir irgendwie einen Vorwand, schütze mich vor Schande, wenn der Tag meiner Abrechnung kommt.

Jeder, der das englische Regierungswesen kennt, weiß, daß jeder Minister einige Furcht vor dem hat, was man in England das Abwickeln der Rechnungen bei dem Ende eines Krieges nennt, d. h. die schließliche Regulirung aller durch den Krieg veranlaßten Ausgaben; kein Minister hatte jemals so viel Grund zur Furcht, als Hr. Pitt. Ein verbranntes Kind scheut das Feuer, und Pitt hat hierin einige Erfahrung.

Das Abwickeln der Rechnungen am Ende des amerikanischen Krieges war so schwierig, daß, obschon Hr. Pitt nicht Veranlassung dieses Krieges gewesen und mit großer Popularität ins Ministerium eingetreten war, er diese Popularität dennoch gänzlich verlor, indem er (wie er unvermeidlich mußte) das weitläufige Geschäft der Abwicklungen unternahm. War dies der Fall bei Regulirung der Rechnungen seiner Vorgänger, wie viel mehr hat er dann zu fürchten, wenn die zu regulirenden Rechnungen seine eigenen sind. Jedermann in schlechten Verhältnissen haßt die Regulirung von Rechnungen, und Pitt, in seiner Eigenschaft als Minister, gehört in diese Kathegorie.

Laßt uns indeß die Angelegenheiten von einem allgemeineren Standpunkte aus betrachten, als von der Lage eines Ministers. Dann werden wir finden, daß England, bei Vergleich seiner Stärke mit der Frankreichs, wenn beide Nationen geneigt sind, sich auf's Aeußerste anzustrengen, keine Aussicht auf möglichen Erfolg hat. Die Anstrengungen, welche England während des letzten Jahrhunderts machte, entsprangen nicht aus natürlicher Fähigkeit, sondern aus erkünstelter Anticipation. Es stürzte die Zukunft in Schulden und verschlang in einer Generation die Hülfsquellen mehrerer zukünftigen Geschlechter. Und dennoch konnte das Unternehmen nicht fortgeführt werden. Anders ist es in Frankreich. Sein ausgedehntes Territorium und seine große Bevölkerung machen die Last leicht, welche ein Land wie England zum Bankerott führen würde.

Nicht das Gewicht eines Dinges, sondern die Anzahl seiner Träger ist es, welche ihren Schultern die Last leicht oder schwer macht. Eine halb so große Landbesteurung, als die gegenwärtige in England, würde in Frankreich fast viermal so viel aufbringen, als gegenwärtig in England davon erhoben wird. Diese Scale ist leicht verständlich, und nach diesem Maßstabe können alle andern Zweige productiven Einkommens beurtheilt werden. Beurtheile nun den Unterschied der natürlichen Fähigkeit beider Länder.

Englands Stärke liegt in seiner Flotte, diese Flotte indeß kostet ungefähr acht Millionen Pfund Sterling jährlich, und ist eine von den Ursachen, die seinen Bankerott beschleunigt haben. Dies beweiset die Geschichte der Flotten-Bills. Mächtig indeß, wie England hierin ist, muß jedoch auch der Kampf der Flotten am Ende durch die Fähigkeit jedes Landes, seiner Flotte die größte Stärke zu geben, entschieden werden; und Frankreich ist im Stande eine zweimal so große Flotte als die englische zu unterhalten, und mit weniger als der Hälfte der Kosten (nach Kopfzahl auf jeden Einwohner berechnet), welche die jetzige Flotte Englands verursacht.

Wir wissen alle wohl, daß man eine Flotte nicht so schnell schaffen kann, als eine Armee. Die durchschnittliche Dauer einer Flotte indeß, wenn man Verderb durch Zeit, Stürme, Ereignisse und Unfälle zusammenfaßt, ist weniger als zwanzig Jahre; jede Flotte muß innerhalb dieser Zeit neu geschaffen werden; Frankreich kann nach Ablauf weniger Jahre eine Flotte von doppelter Stärke als die englische schaffen und unterhalten, und das Verfahren der englischen Regierung wird es dazu treiben.

Doch wozu nützen Flotten anders als Einfälle zu machen oder zu verhindern? Kaufmännisch betrachtet, sind sie Verluste. Sie gewähren dem Handel der Länder, die sie besitzen, im Vergleiche mit den Kosten ihrer Unterhaltung, kaum einigen Schutz, und sie mißhandeln den Commerce neutraler Nationen.

Während des amerikanischen Krieges wurde der Plan einer bewaffneten Neutralität entworfen, und zur Ausführung gebracht. Er war indeß un-

paſſend, koſtſpielig und erfolglos. Deßhalb wäre alſo das Problem zu lö-
ſen, ob nicht der Handel in ſich ſelbſt die Mittel ſeiner eigenen Beſchützung
enthielte? Dies iſt gewiß der Fall, wenn die neutralen Nationen dieſe
Mittel gehörig zur Anwendung bringen wollen.

Statt einer bewaffneten Neutralität ſollte der Plan gerade das
Gegentheil, eine unbewaffnete Neutralität, ſein. Zuvörderſt ſind
die Rechte neutraler Nationen ſo leicht zu erklären und zu beſtimmen. Es
ſind ſolche, wie ſie von den Nationen in ihrem gegenſeitigen Verkehre in
Friedenszeiten ausgeübt werden. Dieſe ſollten und könnten von Rechtswegen, in Folge eines Krieges zwiſchen zwei oder mehreren dieſer Nationen,
nicht beeinträchtigt werden.

Nehmen wir dies als ein Prinzip an, ſo käme es dann darauf an, ihm
Wirkſamkeit zu geben. Der Plan der bewaffneten Neutralität ſollte dies
durch Androhung von Krieg bewirken; eine unbewaffnete Neutralität jedoch kann dies durch viel leichtere und mächtigere Mittel ausführen.

Würden ſich die neutralen Nationen unter ehrenvoller Verpflichtung ge-
genſeitiger Treue vereinigen, und würden ſie öffentlich der Welt erklären,
daß, wenn eine kriegführende Macht, ein Schiff oder Fahrzeug, welches
den Bürgern oder Unterthanen einer, der jene Aſſociation bildenden Mächte
gehört, beläſtigen oder aufbringen würde, daß dann die ganze Aſſociation ihre
Häfen der Flagge dieſer feindſeligen Nation verſchließen, und ſo lange nicht
erlauben würde, daß irgend Güter, Waaren, Handels-Artikel, producirt
oder fabricirt von der feindlichen Nation, oder derſelben angehörend, in irgend einen der in der Aſſociation inbegriffenen Häfen eingeführt werden,
bis der beeinträchtigten Partei Entſchädigung geleiſtet iſt; daß die Entſchädigung der dreifache Werth des Schiffes und der Ladung ſein ſolle; und
außerdem, daß alle Rimeſſen in Geld, Gütern und Wechſeln der feindlichen Nation ſo lange vorenthalten werden ſollen, bis beſagter Schadener-
ſatz geleiſtet iſt. Würden die neutralen Nationen nur, wie ihr direktes Intereſſe erheiſcht, dies thun, ſo dürfte England, abhängig in Kriegszeiten von
neutralen Nationen, es nicht wagen, ſie zu beläſtigen, und Frankreich würde
es nicht thun. Während ſie indeß einzeln, aus Mangel eines gemeinſa-
men Syſtems, England geſtatten müſſen, ſie zu beläſtigen, weil ſie einzeln
zu ſchwach ſind, ihm Widerſtand zu leiſten, verſetzen ſie Frankreich in die.
Nothwendigkeit, daſſelbe zu thun. Das höchſte aller Geſetze in allen Fällen iſt das Geſetz der Selbſterhaltung.

Da der Handel der neutralen Nationen ſolchergeſtalt durch die Mittel,
welche der Handel naturgemäß in ſich ſelbſt birgt, beſchützt wäre, ſo würden
alle Seeoperationen Englands und Frankreichs darauf beſchränkt ſein, ſich
gegen einander zu richten; und in dieſem Falle bedarf es keines Geiſtes der
Prophezeihung, zu entdecken, daß Frankreich zuletzt die Oberhand behalten
müſſe. Je eher dies geſchieht, deſto beſſer wird es für beide Nationen, und
für die ganze Welt ſein.　　　　　　　　　　　　Thomas Paine.

An den Rath der Fünfhundert.

Bürger Repräsentanten!

Obschon ich in meinen gegenwärtigen Verhältnissen nicht zu der Anleihe behufs der Landung in England subscribiren kann, so erlauben mir meine Mittel doch eine kleine patriotische Gabe darzubringen. Ich sende hundert Livres, mit ihnen meine besten Herzenswünsche für den Erfolg der Landung und ein freiwilliges Anerbieten jedes Dienstes, den ich zu deren Förderung leisten kann.

Es kann weder für Frankreich, noch für die Welt eher dauernden Frieden geben, als bis die Tyrannei und Corruption Englands gestürzt, und England, wie Italien, eine Schwester-Republik geworden ist. Jene Männer, welche, ob in England, Schottland oder Irland, so mit Verbrechen überladen sind, wie Robespierre es in Frankreich war, haben, gleich ihm, keine anderen Hülfsmittel, als durch Begehung neuer Verbrechen; die Volksmassen aber sind Freunde der Freiheit, sie sind von Steuern und Tyrannei niedergedrückt, doch sie verdienen es, frei zu sein.

Genehmigen Sie, Bürger Repräsentanten, die Glückwünsche eines alten Collegen wegen der Gefahren, welche wir glücklich überstanden haben, und wegen unserer gegenwärtigen erfreulichen Aussichten.

Gruß und Hochachtung.

Thomas Paine.

An den Staats=Secretär Dundas.

Zweiter Brief.

Calais, den 15. September 1792.

Mein Herr!

Ich halte es für nöthig Sie von nachstehenden Ereignissen in Kenntniß zu setzen. Nachdem das Departement Calais mich zum Mitgliede des französischen National-Convents erwählt hatte, reiste ich am 13. dieses Monats von London ab in Gesellschaft des Herrn Frost von Spring Garden, und Herrn Audibert, eines der Municipal-Beamten von Calais, welcher mir das Certificat meiner Erwählung überbracht hatte. Nach unserer Ankunft in Dover waren wir kaum fünf Minuten im York Hotel gewesen, als sich die Begebenheit zutrug, welche ich jetzt berichten werde. Wir hatten unser Gepäck aus dem Wagen genommen und nach dem Zimmer, in dem wir waren, gebracht. Hr. Frost, der Veranlassung hatte hinauszugehen, wurde auf dem Gange von einem Herrn angehalten, der ihm erklärte, er müsse in das Zimmer zurückkehren; dies geschah; der Herr kam mit ihm herein und schloß die Thüre ab; ich war in dem Zimmer geblieben. Herr Audibert war ausgegangen, um sich zu erkundigen, wenn das Packetboot absegeln werde. Der Herr sagte nun, er wäre Zolleinnehmer, es läge eine Denunciation gegen uns vor, weshalb er unser Gepäck wegen verbotener Sachen durchsuchen müsse. Er legte seine Bestallung als Einnehmer vor. Herr Frost begehrte die Denunciation zu sehen; dies verweigerte er bestänbig, troß wiederholten Begehrens. Der Einnehmer rief nun mehrere Beamten herein und begann zuerst mit Durchsuchung unserer Taschen. Er nahm Herrn Aubibert, der inzwischen zurückgekommen war, Alles, was er in dessen Tasche fand, und legte es auf den Tisch. Alsdann durchsuchte er Herrn Frost (welcher unter andern auch die Schlüssel zum Koffer in seiner Tasche hatte) und zuletzt mich in derselben Weise. Herr Frost wollte hinausgehen, er erwähnte es und ging auf die Thüre zu, als sich der Einnehmer vor die Thür postirte, und erklärte, daß Niemand das Zimmer verlassen solle. Nachdem die Schlüssel Herrn Frost fortgenommen waren (ich hatte die Schlüssel meiner Koffer ihm schon vorhergegeben, damit er, wenn es nöthig sein sollte, das Gepäck nach dem Zollhause begleiten möchte) verlangte der Einnehmer, wir sollten die Koffer öffnen, indem er uns zu dem Zwecke die Schlüssel übergab; wir schlugen dies ab, wenn er uns nicht vorher die Denunciation vorlegte; was er wiederum verweigerte. Er öffnete darauf selbst die Koffer, und nahm jede Schrift und Brief, gleichviel ob offen oder versiegelt, heraus. Auf unsere Vorstellungen über das Unpassende und Ungesetzliche, daß Zollbeamte Schriften und Briefe, Dinge, über welche sie gar kein Recht der Controlle hatten, mit Beschlag belegten, erwiederte er, die Proclamation gäbe ihm dazu Befugniß und Recht.

Unter den Briefen, welche er aus meinem Koffer nahm, waren zwei versiegelt, die mir von dem amerikanischen Minister in London zur Besorgung übergeben worden; davon war einer an den amerikanischen Minister in Paris, der andere an einen Privatmann adressirt; ferner ein Brief an mich vom Präsidenten der Vereinigten Staaten und vom Staats-Secretär in Amerika, welche ich durch den gegenwärtigen amerikanischen Minister in London empfangen hatte, und welche freundschaftliche Privatmittheilungen waren; ein Brief von dem Wahlkörper des Departements Calais, welcher die Anzeige meiner Erwählung in den National-Convent enthielt, und ein Schreiben vom Präsidenten der National-Versammlung, der mich in Kenntniß setzte, daß ich auch für das Departement der Oise erwählt sei.

Als wir fanden, daß alle unsere Vorstellungen über das Unpassende und Ungesetzliche, unter dem Vorwande des Suchens nach verbotenen Waaren, Schriften und Briefe mit Beschlag zu belegen, und uns selbst mit Gewalt festzuhalten, vergeblich waren (denn der Beamte rechtfertigte sich mit der Proclamation und der Denunciation, welche letztere er zu zeigen verweigerte), begnügten wir uns, ihm zu versichern, daß er seine Handlungsweise zu verantworten haben würde, und überließen es ihm, nach seinem Belieben zu verfahren.

Es kam uns vor, als ob der Einnehmer nach der Anweisung einer andern im Gasthause anwesenden Person verfuhr, und daß entweder er nicht wünschte, daß wir diese Person sähen, oder daß diese Person sich nicht vor uns zeigen wollte; denn mehrere Male verließ der Einnehmer auf einige Minuten das Zimmer, und wurde auch einige Male hinausgerufen.

Nachdem er aus den Koffern alle Briefe und Papiere ganz nach seinem Belieben genommen hatte, begann er sie durchzulesen. Den ersten Brief, den er in dieser Absicht vornahm, war der vom Präsidenten der Vereinigten Staaten an mich gerichtete. Während er dies that, bemerkte ich, es wäre ganz merkwürdig, daß General Washington mir keinen freundschaftlichen Privatbrief schreiben könne, ohne daß er von einem britischen Zollhausbeamten gelesen würde. Darauf legte Herr Frost seine Hand auf das

Briefblatt, sagte dem Einnehmer, er solle es nicht lesen, und nahm ihm den Brief fort. Herr Frost sah nach dem Schlußsatze des Briefes und sagte: „Ich will Ihnen diesen Theil vorlesen." Der genaue Wortlaut desselben war, wie folgt: „„Und da Niemand ein größeres Interesse an dem Glücke des menschlichen Geschlechtes nehmen kann, als ich, so ist es mein höchster Herzenswunsch, daß die aufgeklärte Politik dieses Zeitalters allen Menschen jene Segnungen zu Theil werden lasse, zu denen sie berechtigt sind, und so den Grund zum Glücke künftiger Geschlechter lege.""

Da jetzt alle anderen Briefe und Schriften auf dem Tische lagen, so raffte der Einnehmer sie zusammen und war im Begriff damit das Zimmer zu verlassen. Während das bereits Erzählte vorging, hatte ich mich damit begnügt, den Beobachter zu spielen, und nur wenig gesprochen; als ich indeß sah, daß er mit den Briefen das Zimmer verlassen wollte, sagte ich ihm, daß diese Schriften und Briefe theils mein Eigenthum, theils meiner Besorgung anvertraut wären, und da ich sie nicht aus Händen lassen dürfe, so müßte ich darauf bestehen, ihn zu begleiten.

Hierauf fertigte er eine Liste der Schriften und Briefe an, und verließ das Zimmer, indem er Briefe und Schriften einem der Beamten übergab. Nach einer kurzen Zeit kehrte er zurück, und nach einer nichtssagenden, besonders die Proclamation betreffenden Unterhaltung sagte er, er sehe ein, die Proclamation wäre nicht wohl begründet, und er fragte uns dann, ob wir die Briefe und Schriften selbst wieder in den Koffer hineinlegen wollten; was wir abschlugen, da wir sie nicht herausgenommen hatten; er that es nun selbst, und gab uns die Schlüssel zurück.

Indem ich diese Dinge zu Ihrer Kenntniß bringe, beklage ich mich nicht über das persönliche Verfahren des Einnehmers, oder eines seiner Beamten. Ihr Betragen war so höflich, als solch eine außerordentliche Art von Geschäft es nur zuließ.

Mein Hauptbeweggrund, Ihnen hierüber zu schreiben, ist, Sie zu Ergreifung von Maßregeln zu veranlassen, damit dergleichen in Zukunft verhütet werde, nicht nur der Betheiligten Privatpersonen wegen, sondern auch in der Absicht, um für die ganze Nation die Wiederholung solch unangenehmer Folgen zu vermeiden, wie sie früher oft aus gleich unbedeutenden Begebenheiten im Völkerverkehr eintraten.

Ich erwähne alles dies nur, so weit es mich selbst anbetrifft; da die Störung indeß noch zwei andere Herren traf, so ist es wahrscheinlich, daß sie, als Individuen ein wirksameres Verfahren, sich Recht zu verschaffen, ergreifen werden.

Ich verbleibe, Sir, u. s. w.

Thomas Paine.

N. S. Unter den mit Beschlag belegten Papieren war auch eine Abschrift von des General-Staatsanwalts Anklage gegen mich wegen Veröffentlichung der Rechte des Menschen, und eine Druckcorrectur meines Briefes an die Unterzeichner der Adresse, welche bald veröffentlicht werden sollen.

An den Sheriff der Graffchaft Suffex, oder an den Herrn, welcher bei der in Lewes am 4. Juli abzu= haltenden Verſammlung den Vorſitz führen wird.

London, den 30. Juni 1792.

Mein Herr!

In den Zeitungen aus Lewes vom 25. Juni habe ich die von verſchiede= nen Perſonen und auch vom Sheriff unterzeichnete Anzeige geleſen, daß im Stadthauſe zu Lewes eine Verſammlung abgehalten werden ſoll, in der Abſicht, wie die Anzeige angiebt, eine Adreſſe wegen der jüngſten Procla= mation zur Unterdrückung von Schriften, Büchern u. ſ. w., vorzu= legen. Da ich ferner erſehe, daß eines meiner Werke, betitelt „Menſchen= Rechte" (worin unter Anderm die gewaltige Vermehrung der Steuern, Beamten und Penſionäre als unnöthig und drückend nachgewieſen wird), die beſondere in beſagter Anzeige angedeutete Schrift iſt, ſo erſuche ich den Sheriff, oder in deſſen Abweſenheit den Präſidenten der Verſammlung, oder jeden andern Anweſenden, dieſen Brief öffentlich der Verſammlung, welche in Folge dieſer Ankündigung ſtattfinden wird, vorzuleſen.

Meine Herren!

Es iſt länger als achtzehn Jahre her, ſeitdem ich anſäſſiger Einwohner der Stadt Lewes war. Meine Stellung als Steuer-Einnehmer unter Ihnen, mehr als ſechs Jahre lang, ſetzte mich in den Stand, das häufige und mannichfache Elend gewahr zu werden, welches durch die Laſt der Steuern ſogar ſchon damals verurſacht wurde. Mitleid fühlend, wie ich damals that, und wie es ja auch ſo natürlich iſt, für die traurige Lage An= derer, kann ich mit Genugthuung und Vergnügen erklären, und Jeder, der damals unter meiner amtlichen Aufſicht ſtand, und noch am Leben iſt, wird es bezeugen können, mit welch ſtrenger Rechtlichkeit und zarter Rück= ſicht ich die Amtspflichten, die mir oblagen, erfüllte. Der Name Thomas Paine iſt in den Regiſtern der Friedensrichter von Lewes in keiner Streit= ſache oder wegen Strenge gegen die Perſonen, welche er in der Stadt oder auf dem Lande amtlich beauſſichtigte, zu finden; hierüber können Hr. Fuller und Hr. Shelley, die wahrſcheinlich in der Verſammlung ſein werden, wenn es ihnen beliebt, volles Zeugniß ablegen. Dem zu widerſprechen ſind ſie gewiß nicht im Stande.

Nachdem ich mich nun der angenehmen Erinnerung an einen Platz hin= gegeben habe, in dem ich vormals, und auch jetzt noch, unter Reich und Arm viele Freunde, und höchſt wahrſcheinlich auch einige Feinde hatte, komme ich zu dem wichtigeren Inhalte meines Briefes.

Seit meinem Scheiden von Lewes hat Glück oder die Vorſehung mich in einen Wirkungskreis gebracht, der mir bei meiner anfänglichen Lebens= ſtellung unmöglich in den Sinn kommen konnte.

Ich habe das ſchöne und fruchtbare amerikaniſche Land verwüſtet und von Blut überſchwemmt werden, und in Folge deſſen die engliſchen Steuern gewaltig erhöhen und vermehren ſehen; und Alles dies zum großen Theil auf Antrieb derſelben Claſſe von Beamten, Penſionären und Höflingen, welche jetzt durch ganz England Adreſſen wegen der letzten unverſtänd= lichen Proclamation anregen.

II. 2 E

Ich habe auch in jenem Lande ein Regierungssystem errichten sehen, das frei von Verderbniß, jetzt über ein zehnmal so großes Ländergebiet, als das Englands, mit weniger Kosten, als die Pensionen allein in England betragen, in Anwendung gebracht wird, und unter dem mehr Freiheit genossen, ein glücklicherer gesellschaftlicher Zustand erhalten und ein allgemeineres Wohlergehen befördert wird, als unter irgend einem andern jetzt in der Welt existirenden Regierungssysteme. Da ich das, was ich hier ausspreche, so bestimmt weiß, so hätte ich mir selbst Mangel an Pflichtgefühl und Liebe zur Menschheit vorzuwerfen, wenn ich es nicht ohne Zagen und Zögern und gleichsam von den Dächern herab zum Besten Anderer verkündete.

Nachdem ich nun flüchtig angedeutet habe, was seit meiner Abwesenheit von Lewes gleichsam unter meinen Augen vorgegangen ist, komme ich zu dem Gegenstande, welcher der gegenwärtigen Versammlung näher liegt.

Hr. Edmund Burke, der, wie ich in einer späteren Schrift nachweisen werde, seit ungefähr zehn Jahren als heimlicher Pensionär mit fünfzehnhundert Pfund Sterling jährlich gelebt hat, publicirte vorletzten Winter ein Buch im offenbaren Widerspruche mit den Grundsätzen der Freiheit, wofür er den Beifall der Classe Menschen, welche jetzt Adressen in Anregung bringen, erndtete. Bald nachdem sein Buch erschienen war, veröffentlichte ich als Antwort darauf den ersten Theil des Werkes, betitelt „Menschen-Rechte," und war so glücklich, die öffentlichen Danksagungen mehrerer Vereine, Gesellschaften und Corporationen und zahlreicher Individuen, vom besten Charakter, von jedem Glaubensbekenntniß in Religion und von jeder Stellung in der Gesellschaft, zu empfangen, allein Beamte und Pensionäre ausgenommen.

Letzten Februar veröffentlichte ich den zweiten Theil der „Menschen-Rechte," und er fand noch größeren Beifall unter den wahren Freunden der Völkerfreiheit; er ging tiefer auf das Regierungswesen ein und stellte, mehr als dies im ersten Theil geschehen war, die Regierungsmißbräuche blos. Natürlich erregte dies die Besorgniß aller Derjenigen, welche, nicht fühlend den schweren Steuerdruck, welcher auf der Masse des Volkes lastet, in Trägheit und Ueppigkeit dahinleben, und allein nach Bevorzugungen bei Hofe, nach Sinecuren und Pensionen, entweder für sich oder für ihre Verwandten, haschen.

Ich habe in jenem Werke nachgewiesen, daß die Steuern wenigstens um sechs Millionen ermäßigt werden können, und selbst dann noch würden die Unkosten der Regierung in England zwanzig Mal größer sein, als sie in dem Lande sind, von dem ich bereits gesprochen. Daß ferner die Armen gänzlich von Steuern befreit werden können, indem man ihnen deren Betrag in baarem Gelde, zur Rate von drei bis vier Pfund per Kopf jährlich, für Erziehung und Ausbildung der Kinder der armen Familien (die ein Drittel der ganzen Nation ausmachen) wieder erstattete. Und ebenso sechs Pfund jährlich allen armen, heruntergekommenen Handelsleuten, oder andern, im Alter von fünfzig bis sechzig, und zehn Pfund denen über sechzig Jahre. Daß in Folge dieser, aus dem Ueberschuß der Steuern zu bestreitenden Zahlungen die Armensteuer unnöthig sein würde, und daß es besser sei, den Ueberschuß der Steuern zu diesem heilsamen Zwecke zu verwenden, als ihn an faule, lasterhafte Höflinge, Beamte und Pensionäre zu verschwenden.

Dies, meine Herren, ist ein Theil der in diesem Werke enthaltenen Pläne und Principien. Diese Versammlung soll jetzt, in indirecter Weise, einer Adresse dagegen ihre Zustimmung geben, in der Absicht, dieses Werk und diese Prinzipien als r u c h l o s und a u f r ü h r e r i s ch zu brandmarken. Damit jedoch das Buch für sich selbst sprechen möge, bitte ich um Erlaubniß, meinen Brief mit nachstehendem wortgetreuen Auszuge daraus zu schließen:

„Durch Ausführung dieses Planes werden die Armengesetze, diese Werk-
„zeuge bürgerlicher Tortur, überflüssig und die unnöthigen Prozeßkosten er-
„spart werden. Die Herzen der Menschen werden nicht durch zerlumpte,
„hungrige Kinder und Personen von siebenzig und achtzig Jahren, die um's
„Brod betteln, gefoltert werden. Der sterbende Arme wird nicht von Ort
„zu Ort geschleppt werden, um seinen letzten Athem auszuhauchen, von
„Kirchspiel an Kirchspiel gewiesen. Wittwen werden Unterhalt für ihre
„Kinder finden und nicht bei dem Tode ihrer Männer gleich Schuldigen
„und Verbrechern auf den Schub gebracht werden, und die Kinder nicht
„länger als Plage und Vermehrung des Elends ihrer Aeltern betrachtet
„werden. Man wird die Wohnungen des Elenden kennen, weil es zu
„ihrem Vortheile gereicht, und die Menge kleiner Verbrechen, diese Folge
„des Elends und der Armuth, wird abnehmen. Die Armen sowohl als
„die Reichen werden alsdann bei der Erhaltung der Regierung interessirt
„sein, und die Ursache und Furcht vor Tumult und Aufstand aufhören.
„Ihr, die ihr in Gemächlichkeit sitzt und im Ueberflusse schwelgt, — und
„es gibt deren in der Türkei und in Rußland so gut als in England, —
„zu euch selbst sagt: Sind wir nicht wohl daran? Habt ihr an diese Dinge
„gedacht! Wenn ihr es thut, so werdet ihr aufhören, nur für euch selbst
„zu sprechen und zu fühlen."

Ich habe nun, meine Herren, das angeführt, was mir nöthig schien, der Erwägung dieser Versammlung zu unterbreiten. In dem, was ich thue, oder bei dem Schreiben dieses Briefes an Sie, habe ich kein anderes Interesse, als das des Herzens. Ich glaube, daß die vorgeschlagene Adresse darauf abzielt und dazu geeignet ist, der Beamtenwirthschaft, dem Pensionsunwesen, der übermäßigen Besteuerung und politischer und sittlicher Verderbniß Beifall und Aufmunterung zu geben. Viele von Ihnen werden sich erinnern, daß, während ich unter Ihnen lebte, Niemand offener und fester in Vertretung der Prinzipien der Freiheit war, als ich. Auch jetzt gehe ich denselben Weg und werde nie von ihm weichen.

Ich habe, meine Herren, nur ein Gesuch; es ist dies, daß jene, welche die Versammlung veranlaßten, f r e i a u s s p r e ch e n und sagen mögen, ob sie in der Adresse, welche Sie gegen Schriften, die die Proclamation ruchlos nennt, einreichen wollen, das Werk, betitelt „Menschen-Rechte," meinen, oder ob dies nicht der Fall ist.

Ich verbleibe
mit aufrichtigen Wünschen für Ihr Glück
Ihr Freund und Diener
Thomas Paine.

An Sir Archibald Macdonald, Staats-Anwalt.
Erster Brief.
Mein Herr!

Ich habe zwar einigen Grund, zu glauben, daß sie nicht der ursprüngliche Anstifter und Beförderer der gegen das Werk, betitelt „Menschen-
Rechte," begonnenen gerichtlichen Verfolgung sind, insofern diese Verfolgung entweder den Verfasser, Herausgeber, oder das Publikum betreffen
soll; da sie jedoch hierin als officielle Person figuriren, so adressire ich diesen Brief an Sie, nicht als Sir Archibald Macdonald, sondern als Staats-
Anwalt.

Sie fingen mit einem Prozesse gegen den Herausgeber, Jordan, an, und
der für Ergreifung dieser Maßregel am 25. Mai vor Herrn Secretär Dundas im Hause der Gemeinen, bei Gelegenheit der Debatte über die Proclamation, angeführte Grund war, wie er sagte, daß Th. Paine nicht aufzufinden war, oder Worte, wie gleichbedeutend. Th. Paine, mein Herr,
weit entfernt davon, sich zu verbergen, ging niemals einen Schritt auf die
Seite, oder veränderte auch nur im geringsten seine gewöhnliche Handlungsweise, um irgend einer Maßregel, welche Sie in Bezug auf ihn zu
nehmen für gut fänden, zu entgehen. Allein auf die Reinheit seiner Absichten und die allgemeine Nützlichkeit der Prinzipien und Pläne, welche
seine Schriften enthalten, vertraut er wegen des Ausgangs, und er wird
sie in keiner Weise durch Ausflüchte entehren. Die Zimmer, welche er
vergangenen Winter, als er das Werk schrieb, bewohnte, hat er ununterbrochen bis jetzt bewohnt, und die Sachwalter des Staates wußten, wo sie
ihn finden konnten; dafür ist der Beweis in ihrem eigenen Bureau, selbst
schon am 21. Mai, vorhanden, und ebenso in dem Bureau meines eigenen Anwaltes.

Zugegeben indeß, um des Argumentes willen, daß der Grund, gegen
den Herausgeber vorzugehen, wirklich so war, wie Dundas anführte, daß
Th. Paine nemlich nicht zu finden war, dann kann dieser Grund jetzt nicht
mehr existiren.

Sobald mir mitgetheilt wurde, daß es im Werke war, eine Anklage gegen
mich, als den Verfasser eines, wie ich glaube, der nützlichsten und lehrreichsten
Bücher, die je veröffentlicht wurden, einzuleiten, wies ich meinen Anwalt
an, vor Gericht zu erklären, daß ich mich stellen würde, und da ich der Anklage offen und ehrlich, mit reinem und redlichem Gewissen, entgegen treten
werde, so darf ich mit Recht erwarten, daß man von Seiten der Anklage
zu keinen kleinlichen Manövern Zuflucht nehmen wird, um auf die spätere
Entscheidung in Bezug auf den Verfasser unpassenden Einfluß zu üben.
Vielleicht könnte Ihnen diese Bemerkung undeutlich vorkommen; ich bin
jedoch im Besitze gewisser Dinge, welche deutlich zeigen, daß der Prozeß
gegen den Herausgeber nur ein Schein-Prozeß sein soll. Wenn also Personen, die in dem Prozesse interessirt sind, ihre Sache so schwach gefunden
haben, daß es ihnen vortheilhaft däuchte, sich auf Unterhandlungen mit dem
Herausgeber einzulassen, entweder dahin gehend, daß er sich gleichsam ohne
Vertheidigung dem Geschwornenspruche füge, um dann später bei dem Prozesse gegen mich selbst den so erlangten Spruch als Beispiel und Präcedenz-
fall zu benutzen (oder zu einem andern, mir nicht völlig bekannt geworde-

nen Zweck); wenn, sage ich, ich argwöhnen muß, daß dem so sei, so
werde ich gewiß die Vertheidigung, die ich sonst zu seinem, des Herausgebers, Besten gemacht oder unterstützt hätte, unterlassen; ich werde die
Unterhändler sich selbst überlassen, und die ganze Vertheidigung für den
wirklichen Prozeß aufsparen.

Damit jedoch in dieser Angelegenheit wenigstens mit dem Anschein von
Billigkeit und Offenheit verfahren werde, welche dieselbe vor der Nation,
deren Sache sie in Wirklichkeit ist (denn es ist das Recht öffentlicher Prü-
sung und Discussion, welches in Frage gestellt wird), rechtfertigen soll,
mache ich Ihnen den Vorschlag, den Prozeß gegen den Herausgeber fallen
zu lassen, und da die Ursache oder der Vorwand, den Prozeß gegen ihn zu
führen (daß Th. Paine nicht zu finden ist), nicht mehr existiren kann, den
ganzen Prozeß gegen mich zu richten, mit dem die Anklage-Partei schwerlich eine Privat-Unterhandlung wird anknüpfen können.

Ich werde der Sache volle Gerechtigkeit angedeihen lassen, sowohl der
Nation, als meines eigenen Rufes willen.

Ein anderer Grund, den Prozeß gegen den Herausgeber fallen zu lassen,
liegt darin, daß er gar keinen Erfolg haben kann. Erstens, weil ein Geschwornengericht in London gar nicht über die Thatsachen einer Veröffentlichung außerhalb der Jurisdiction Londons entscheiden kann; deshalb
könnte das Werk stets aufs Neue in jeder Grafschaft des Landes herausgegeben werden, und jeder Fall würde einen besondern Prozeß erfordern,
und in der Zeit, daß drei- oder vierhundert Prozesse stattgefunden hätten,
würden der Nation die Augen geöffnet sein, und sie würde erkennen, daß
das in Frage stehende Werk einen Plan enthält, der am besten geeignet ist,
alle Mißbräuche der Regierung auszurotten, und die Steuern des Volkes
um mehr als sechs Millionen jährlich zu ermäßigen.

Zweitens, weil, wenn auch die Herren in London in ihren speciellen
Fächern und Berufen und darin, wie man Lieferungs-Contracte mit der
Regierung für sich selbst als Individuen recht vortheilhaft schließt, sehr er-
fahren sein mögen, so dürfte doch der übrige Theil der Nation nicht geneigt
sein, sie für hinlänglich geeignet oder berechtigt zu halten, für die ganze
Nation über Reformpläne, über Regierungs-Systeme und Prinzipien zu
entscheiden. Dies würde in der That aus einer Jury einen National-
Convent machen, anstatt daß man einen National-Convent erwählen sollte,
und es würde ein Vorbild für die wahrscheinlich folgende Tyrannei von
Juries werden, unter dem Vorwande, ihre Rechte aufrecht zu erhalten.

Daß die Möglichkeit, Juries auf betrügerische Weise zusammenzubrin-
gen, stets vorhanden ist, wird Niemand in Abrede stellen; deswegen wird in
allen Fällen, in denen die Regierung als Ankläger auftritt, ganz besonders in solchen, in denen das Recht freier öffentlicher Untersuchung und
Prüfung der Regierungs-Systeme und Prinzipien durch einen Geschwornenspruch zu unterdrücken versucht wird, oder in denen, wo der Inhalt des
angeklagten Werkes die Reform der Mißbräuche und Abschaffung der
Sinecuren und Pensionen ist, in allen diesen Fällen, sage ich, wird der
Spruch der Geschwornen selbst ein Gegenstand der Discussion werden, und
deswegen gibt dies noch einen Grund mehr, den Prozeß gegen den Herausgeber fallen zu lassen, und gegen mich allein vorzugehen; um so mehr noch,
da es auch kein Geheimniß ist, daß eine Unterhandlung zu geheimen Zwecken
mit jenem stattgefunden hat. Ich werde eine viel kräftigere Vertheidigung

machen können, als, wie ich glaube, sein Uebereinkommen mit dem Schatz-Sachwalter ihm zu machen gestatten würde.

Ich glaube, daß Burke, weil er sich überwunden fand, und nicht im Staube war, irgend Etwas auf die „Menschen-Rechte" zu erwidern, einer der Anstifter dieser Anklage gewesen ist; ich werde ihm dieses Compliment erwidern, indem ich in einer künftigen Schrift nachweisen werde, daß er seit ungefähr zehn Jahren ein heimlicher Pensionär mit 1500 Pfund jährlich gewesen ist.

Auf diese Weise wird das öffentliche Vermögen vergeudet und die Furcht vor öffentlicher Prüfung hervorgebracht.

Ich verbleibe   Ihr gehorsamster Diener
Thomas Paine.

Agrarische Gerechtigkeit
im Gegensatz zu
Agrarischem Gesetz und Agrarischem Monopol.

Agrarische Gerechtigkeit.*)

Die Segnungen dessen, was man das civilisirte Leben nennt, zu schätzen, und zugleich den Uebeln, welche es erzeugt, zu steuern, sollte stets eine der wichtigsten Bestrebungen aufgeklärter Gesetzgebung sein.

Ob der Zustand, welchen wir hochmüthiger, und vielleicht irrthümlicher Weise Civilisation nennen, dem allgemeinen Glücke der Menschen mehr förderlich als nachtheilig gewesen, das ist eine Frage, die schwer zu beantworten ist. Auf der einen Seite bestechen glänzende Erscheinungen den Beobachter, auf der andern erschreckt ihn das äußerste Elend; beides sind Folgen der Civilisation. Den größten Reichthum und die bitterste Armuth findet man in den Ländern, welche wir die civilisirten nennen.

Um zu verstehen, wie die Zustände in der Gesellschaft sein sollten, muß man sich klare Begriffe über den natürlichen und ursprünglichen Zustand des Menschen erwerben, wie er in unsern Tagen unter den Indianern Nordamerikas existirt. In jenem ursprünglichen Zustande begegnen wir keinem solchen Gemälde menschlichen Elendes, wie es Mangel und Armuth unsern Blicken auf allen Landstraßen und in allen Städten Europas darstellen. Armuth ist also ein Product dessen, was wir civilisirtes Leben nennen. Es existirt im Naturzustande nicht. Auf der andern Seite gewährt der Naturzustand nicht jene Vortheile, welche durch Ackerbau, Kunst, Wissenschaft und Fabrikwesen entstehen.

---

*) Veranlassung zur Veröffentlichung der folgenden Schrift war eine von Watson, Bischof von Landaff, gehaltene Predigt, betitelt: „Die Weisheit und Güte Gottes in Erschaffung der Reichen und Armen;" mit einem Anhange, enthaltend: „Betrachtungen über die gegenwärtige Lage Englands und Frankreichs."

Der in dem Titel dieser Predigt enthaltene Irrthum bestimmte mich dieses Werk über „Agrarische Gerechtigkeit" zu veröffentlichen. Es ist ein Irrthum zu sagen: „Gott schuf Reiche und Arme, er erschuf nur den Mann und das Weib, und gab ihnen die Erde zu ihrem Erbtheil."

Das Leben des Indianers ist, im Vergleiche zu dem des armen Europäers ein beständiger Festtag; doch erscheint es dem Leben des Reichen gegenüber erbärmlich und elend. Die Civilisation also, oder das, was man so nennt, hat nach zwei verschiedenen Richtungen hin gewirkt, indem sie einen Theil der Gesellschaft reicher und den andern ärmer und elender gemacht hat, als es das Loos beider im Naturzustande gewesen wäre.

Es ist stets möglich aus dem Naturzustande in den civilisirten überzugehen, nie aber kann man aus der Civilisation in den Naturzustand zurückkehren.

Der Grund hiervon ist, daß der Mensch, indem er sich im Naturzustande seinen Lebensunterhalt durch die Jagd erwirbt, dazu einer zehnfach größeren Bodenfläche bedarf, als genügen würde, ihn im civilisirten Zustande zu ernähren, wenn der Boden urbar gemacht und angebaut ist. Wenn deshalb ein Land, in Folge der größeren Hülfsquellen, welche Ackerbau, Kunst und Wissenschaften gewähren, stark bevölkert wird, so ist es nothwendig diesen Zustand zu erhalten, denn sonst könnte vielleicht nur ein Zehntel seiner Bewohner Subsistenzmittel finden. Was jetzt geschehen muß, ist also, die Uebel zu heben, um die Vortheile zu erhalten, welche für die Gesellschaft durch Uebergang aus dem Naturzustande in den, welchen wir den civilisirten nennen, entstanden sind.

Wenn wir die Sache so basiren, so müßte es das Grundprinzip der Civilisation gewesen, und noch jetzt sein, daß der Zustand eines Jeden seit dem Beginne der Civilisation in die Welt Gekommenen, nicht schlechter sei, als wenn er in dieser Periode geboren wäre. Es ist jedoch eine Thatsache, daß der Zustand von Millionen in jedem Lande Europas gegenwärtig viel trauriger ist, als wenn sie vor der Epoche der Civilisation in die Welt gekommen, oder in unsern Tagen unter den Indianern Nordamerikas geboren wären. Ich werde nachweisen, wie dies gekommen.

Es ist ein unbestreitbarer Satz, daß die Erde im Naturzustande das gemeinschaftliche Eigenthum aller Menschen war, und daß sie ohne die Civilisation es auch fortwährend geblieben wäre. In diesem Zustande würde jeder Mensch bei seiner Geburt Eigenthum erlangt haben. Mit den Uebrigen zusammen würde er den gemeinschaftlichen Besitz des Bodens und all seiner vegetabilischen und animalischen Producte auf Lebenszeit haben. Aber, verglichen mit seiner Ernährungsfähigkeit im Cultur-Zustande, vermag, wie vorher erwähnt, der uncultivirte Boden, nur eine geringe Anzahl von Bewohnern zu ernähren. Da es nun unmöglich ist, die Verbesserung durch Anbau von dem Boden, auf dem die Verbesserung gemacht ist, zu sondern, so entstand aus dieser untrennbaren Verbindung der Begriff des Grundeigenthums; und dennoch ist es wahr, daß es nicht der Boden selbst, sondern nur der Werth der Verbesserung ist, welcher individuelles Eigenthum geworden. Es schuldet deswegen jeder Besitzer cultivirten Landes der Gesellschaft eine Bodenrente (ich wüßte keine passendere Bezeichnung, den Gedanken auszudrücken) für das Land, welches er inne hat, und von dieser Bodenrente nun soll der Fond, den ich in diesem Plane vorschlage, gebildet werden.

Es geht sowohl aus der Natur der Verhältnisse, als auch aus historischer Ueberlieferung hervor, daß der Begriff des Grundeigenthums mit dem Beginn des Ackerbaus entstand, und daß vorher Grundeigenthum etwas gänzlich Unbekanntes war. In dem ursprünglichen Zustande des Menschen, als Jäger, konnte es nicht existiren. Auch in dem darauffolgenden Zustande, dem der Hirten, existirte es nicht; nach der Bibel, so weit wir derselben in wahrscheinlichen Dingen Glauben schenken können, waren weder Abraham, Isaak, Jakob, noch Hiob Landbesitzer. Ihr Eigenthum, stets speciell hergerechnet, bestand in Heerden, mit denen sie von Ort zu Ort zogen. Auch die häufigen Streitigkeiten zu jener Zeit über den Besitz und Genuß einer Quelle in den wasserarmen Ebenen Arabiens, wo jenes Volk lebte, beweisen, daß es damals keinen Grundbesitz gab. Niemand gestand es zu, daß man den Boden als Eigenthum beanspruchen könne.

Es konnte auch ursprünglich durchaus kein Grundeigenthum existiren. Der Mensch schuf die Erde nicht, und wenn er auch natürlich das Recht besaß, sie zu occupiren, so durfte er doch niemals den geringsten Theil als sein specielles, ewiges Eigenthum absondern. Der Schöpfer errichtete kein Land-Bureau, welches die ersten Besitzesurkunden ausfertigen sollte. Wie entstand nun der Begriff des Landbesitzes?

Ich antworte wie vorher: Der Begriff des Grundeigenthums entstand, als der Ackerbau begann; durch die Unmöglichkeit die Verbesserung durch Ackerbau von dem Boden, auf welchem diese Verbesserung gemacht worden war, zu trennen. In jener Zeit überstieg der Werth der Verbesserung so sehr den Werth des uncultivirten Bodens, daß er ihn (den Bodenwerth) gewissermaßen absorbirte, bis zuletzt das gemeinschaftliche Besitzesrecht Aller in dem individuellen Recht des Anbauers verloren ging. Dennoch existiren diese verschiedenen Rechtstitel, und sie werden unverändert fortbauern, so lange die Welt bestehen wird.

Nur durch Erforschung jeder Sache bis zu ihrem Entstehen gewinnen wir richtige Begriffe darüber, und nur durch letztere vermögen wir die Grenze zwischen Recht und Unrecht zu unterscheiden, und Jedem, was ihm gebührt, zuzuerkennen.

Ich habe diese Abhandlung agrarische Gerechtigkeit betitelt, um sie von agrarischem Gesetze zu unterscheiden. Nichts wäre in der That ungerechter, als ein agrarisches Gesetz in einem cultivirten Lande; denn wenn auch jeder Mensch, als Bewohner der Erde, im ursprünglichen Zustande derselben ein Miteigenthumsrecht besitzt, so folgt daraus noch nicht, daß er auch Miteigenthümer des cultivirten Bodens ist. Nachdem man das oben angeführte System einmal angenommen, wurde jener Theil des Bodenwerthes, welcher Product der Cultur war, Eigenthum der Anbauer, ihrer Erben oder Käufer. Dieser Werth hatte ursprünglich keinen Eigenthümer. Während ich also auf der einen Seite das Recht derer vertheidige, und mich für deren hartes Schicksal interessire, welche durch die Einführung des Grundbesitz-Systems ihres natürlichen Erbtheils beraubt sind, vertheidige ich auf der andern Seite ebenso das Recht des Besitzers auf den Besitztheil, der ihm gebührt.

Ackerbau gehört zu den größten Fortschritten, die je durch Menschenerfindung gemacht sind. Er hat den Werth des Bodens verzehnfacht. Das Landmonopol aber, das mit ihm begann, ist Ursache der größten Uebel.

Es hat dies überall mehr als die Hälfte der Menschen ihres natürlichen Erbtheils beraubt, ohne ihnen schuldigermaßen eine Entschädigung für diesen Verlust zu gewähren, und so hat es einen Grad von Armuth und Elend erzeugt, wie er vorher nie existirte.

Indem ich die Sache der auf diese Weise Beraubten vertheidige, ist es ein Recht und nicht ein Almosen, für das ich streite. Und zwar ist es ein Recht, das am Anfange vernachlässigt, nachher nicht eher geltend gemacht werden konnte, bis die Vorsehung durch eine Revolution im Regierungs-Systeme den Weg dazu angebahnt hatte. So laßt uns denn Revolutionen durch Gerechtigkeit ehren, und ihre Prinzipien durch Segnungen zur allgemeinen Geltung bringen.

Ich habe nur in einigen Worten den Werth und die Rechtskraft der Sache angedeutet. Ich gehe nun zu dem Plane über, den ich vorschlagen will, nämlich:

Einen National-Fond zu schaffen, aus dem jeder Person, die das ein-undzwanzigste Jahr zurückgelegt hat, die Summe von fünfzehn Pfund Sterling, als theilweise Entschädigung für den Verlust ihres natürlichen Erbtheiles durch Einführung des Grundbesitz-Systems gezahlt werden soll.

Und ebenso die Summe von jährlich zehn Pfund lebenslänglich jedem jetzt Lebenden, der fünfzig Jahr alt ist, und ebenso allen Andern, wenn sie dieses Alter erreichen.

Mittel, durch welche der Fond beschafft werden soll.

Ich habe schon das Prinzip aufgestellt und begründet, daß die Erde in ihrem uncultivirten Zustande stets war und bleiben würde gemeinschaftliches Eigenthum aller Menschen; daß in diesem Zustande jeder Mensch bei seiner Geburt Eigenthum erlangt haben würde, und daß das Grundeigenthums-System durch seine untrennbare Verbindung mit der Cultur und mit dem civilisirten Leben das Eigenthum aller derjenigen, welche es so beraubte, absorbirt hat, ohne ihnen pflichtschuldigermaßen eine Entschädigung für diesen Verlust zu gewähren.

Der Tadel jedoch trifft nicht die gegenwärtigen Besitzer. Kein Vorwurf sollte ihnen gemacht werden, wenn sie nicht etwa, indem sie der Entschädigung und Gerechtigkeit widerstreben, das Verbrechen zu dem ihrigen machen. Der Fehler liegt im System, leise und unbemerkt hat es sich der Herrschaft bemächtigt, indem ihm später das agrarische Gesetz des Schwertes zu Hülfe kam. Das Uebel aber kann sich im Laufe der Generationen durch sich selbst reformiren, ohne das Eigenthum der gegenwärtigen Besitzer zu stören oder zu vermindern, und doch kann, wie ich nachweisen werde, die Operation des Fonds beginnen, und schon im ersten Jahre seiner Begründung, oder bald nachher in voller Wirksamkeit sein.

Der Plan ist, wie bereits angeführt, daß die Zahlungen an Jeden, ob reich oder arm, gemacht werden. Es ist dies am besten, und verhindert gehässige Classificirungen. Es ist auch gerecht, daß es so sein sollte, denn diese Entschädigungs-Summe vertritt die Stelle des natürlichen Erbtheils, welches als ein Recht Jedem gebührt, außer dem Besitzthum, das er selbst producirt oder ererbt haben mag. Diejenigen, welche das Geld nicht nehmen wollen, können es dem allgemeinen Fond zuweisen.

Wenn wir es also für einen anerkannten Grundsatz nehmen, daß Niemand, der seit dem Beginn der Civilisation in die Welt gekommen, sich in einer schlechteren Lage befinden dürfe, als wenn er vor dieser Periode geboren wäre; und daß es damals, so wie jetzt, Beruf der Civilisation ist, geeignete Vorkehrungen zur Verwirklichung dieser Grundsätze zu treffen, so sehen wir ein, daß dies nicht anders erreicht werden kann, als wenn wir dem gegenwärtigen Grundbesitze so viel entziehen, als der Werth des natürlichen Erbes beträgt, welches es absorbirt hat.

Es könnten zu diesem Zwecke verschiedene Verfahrungsweisen in Vorschlag kommen, eine jedoch scheint die beste, nicht nur deswegen, weil ihre Wirkungen keinen gegenwärtigen Besitzer stören, und mit den Steuerzahlungen und Anleihen, die für Regierungs- und revolutionäre Zwecke nöthig sind, nicht collidiren, sondern auch weil sie am wenigsten mühsam und dennoch am wirksamsten sein wird, und weil ferner die Entziehung zur günstigsten Zeit geschieht, nämlich dann, wenn der Grundbesitz durch den Tod des Besitzers in den Besitz eines Andern übergeht. In diesem Falle gibt der Erblasser nichts auf; der neue Besitzer zahlt nichts; und es ist für den letzteren nur in so fern wichtig, als das Monopol der Bodenvererbung, zu der niemals eine Berechtigung existirte, in ihm zu erlöschen anfängt. Ein edler Mann könnte nicht wünschen, daß es fortdaure, und jeder Gerechte wird sich freuen, es abgeschafft zu sehen.

Mein Gesundheitszustand hindert mich genügende, auf die Wahrscheinlichkeitslehre gegründete Nachforschungen anzustellen, worauf man sonst Berechnungen mit einem gewissen Grade von Sicherheit basiren könnte. Was ich deswegen hierüber sage, ist mehr das Resultat der Beobachtung und des Nachdenkens, als das statistischer Berichte und Mittheilungen. Ich glaube indeß man wird finden, daß es wohl hinlänglich mit der Wirklichkeit übereinstimmt.

Nehmen wir zuerst das Alter von einundzwanzig Jahren als die Epoche der Selbstständigkeit, so ist alles Eigenthum einer Nation, das mobile und immobile, stets im Besitze derer, die älter sind. Es wird nun als Grundlage der Berechnung nöthig, den Durchschnitt von Jahren zu wissen, welchen die Menschen über einundzwanzig Jahre hinaus leben. Ich nehme diesen Durchschnitt auf ungefähr breißig Jahre an; denn wenn auch viele Personen, vierzig, fünfzig und sechzig Jahre über einundzwanzig hinaus leben, so sterben andere doch viel früher.

Nehmen wir also breißig Jahre als den Durchschnitt, so wird dies ohne bedeutende Abweichung nach der einen oder andern Seite hin den Zeitdurchschnitt geben, in welchem das ganze Besitzthum oder Capital einer Nation, oder eine dem gleiche Summe im Wege der Erblassung durch eine totale Revolution gegangen, das heißt durch Absterbung an völlig neue Eigenthümer übergegangen sein wird; denn wenn auch in vielen Fällen einzelne Theile dieses Capitals vierzig, fünfzig oder sechzig Jahre in dem Besitze einer Person bleiben werden, so werden andere Theile vor Ablauf dieser breißig Jahre zwei- und dreimal gewechselt haben, wodurch jener Durchschnitt herauskömmt; weil, wenn das halbe Capital einer Nation zweimal in breißig Jahren wechseln würde, so brächte dies denselben Fond hervor, als wenn das Ganze einmal während dieser Zeit wechselte.

Angenommen also, daß breißig Jahre die durchschnittliche Zeit sind, in der das ganze Capital einer Nation, oder eine dem gleiche Summe, einmal seine Eigenthümer wechselt, so wird der breißigste Theil hiervon die Summe sein, welche jedes Jahr wechselt, d. h. welche durch Absterben an neue Besitzer übergeht; und da somit diese letzte Summe bekannt und der davon zu ziehende Procentsatz bestimmt ist, so wird dies den jährlichen Be-

trag oder das Einkommen des proponirten Fonds geben, welcher in der angedeuteten Weise verwendet werden soll.

Indem ich die Rede des englischen Ministers Pitt, bei Vorlegung dessen,
was man in England das Budget nennt (der Finanzplan für das Jahr
1796), durchblicke, finde ich eine Schätzung des Nationalvermögens jenes
Landes. Diese Schätzung des Nationalvermögens liegt zu meiner Benutzung bereit, und ich benutze sie als eine statistische Thatsache. Ist einmal eine Rechnung, basirt auf das bekannte Capital einer Nation, in Com-
bination mit ihrer Seelenzahl gemacht, so wird dies auch für jede andere
Nation als Scala dienen, im Verhältniß, als ihr Capital und ihre Seelenzahl mehr oder weniger beträgt. Ich benutze um so lieber diese statistische Schätzung Pitt's, um diesem Minister aus seiner eigenen Berechnung zu beweisen, wie viel besser man Geld benutzen kann, als es, wie er
gethan, an den unsinnigen Plan der Wiederherstellung bourbonischer Könige zu verschwenden. Was, in des Himmels Namen, kümmert sich das
englische Volk um bourbonische Könige! Besser ist es, daß man dem Volke
Brod gebe.

Pitt gibt an, das mobile und immobile Nationalvermögen Englands betrage dreizehnhundert Millionen Pfund Sterling, was ungefähr
ein Viertel des National-Capitals von Frankreich, mit Einschluß von Bel-
gien, ausmacht. Das Resultat der letzten Ernte in diesen Ländern zeigt,
daß der Boden Frankreichs ergiebiger, als der englische Boden ist, und daß
er eher vier- oder fünfundzwanzig Millionen, als der englische sieben oder
sieben und eine halbe Million ernähren kann.

Der dreißigste Theil dieses Capitals von 1,300,000,000 Pfund Sterl.
ist 43,333,333 Pfund; es ist dies jener Theil, welcher alljährlich in jenem
Lande durch Absterben seine Eigenthümer wechseln wird, und die Summe,
welche im Verhältniß von Vier zu Eins alljährlich in Frankreich wechselt,
würde ungefähr 173,000,000 Pfund betragen. Von dieser jährlich wechselnden Summe von 43,333,333 Pfund muß man den Betrag des darin
absorbirten unkultivirten Bodenwerthes abziehen, welchen man nach Recht
und Billigkeit nicht für mehr oder weniger, als den zehnten Theil annehmen sollte.

Stets wird ein Theil des Besitzthums, welches auf diese Weise durch Absterben alljährlich seine Besitzer wechselt, in gerader Linie auf Söhne und
Töchter, und ein anderer Theil auf Seitenverwandte vererbt werden; es
wird sich herausstellen, daß dies ungefähr im Verhältniß von Drei zu Eins
stattfindet, d. h. ungefähr dreißig Millionen der obigen Summe werden
auf Erben in gerader Linie, und die übrige Summe von 13,333,333 Pf.
an entferntere Verwandte und theilweise an Fremde vererbt werden.

In Betracht nun, daß jeder Mensch mit der Gesellschaft verwandt ist,
und daß Verwandtschaft in dem Maße an Ausdehnung zunimmt, als der
nächste Blutserbe dem Erblasser mehr fern steht, so ist es in Uebereinstimmung mit den Geboten der Civilisation zu bestimmen, daß da, wo keine
directen Erben vorhanden sind, die Gesellschaft selbst, außer dem ihr
von Rechtswegen gebührenden Zehntel noch einen Erbschaftsantheil haben
soll. Betrüge nun dieser Mehrantheil von fünf bis zehn oder zwölf Procent (je nachdem der nächste Blutsverwandte dem Erblasser näher oder ferner
stände), so daß es mit dem Heimfallserbe, das stets der Gesellschaft und
nicht der Regierung zufallen sollte, noch einen Zusatz von zehn Procent im

Durchschnitt ausmachte, dann würde der Ertrag der jährlichen Summe von 43,333,333 sich wie folgt belaufen:

Von £ 30,000,000 zu 10 pCt. . . . . . £ 3,000,000.
„ „ 13,333,333 zu 10 pCt., mit Zufü-
gung von noch extra 10
pCt. . . . . „ 2,666,666.

£ 43,333,333.   £ 5,666,666.

Nachdem ich so den jährlichen Betrag des proponirten Fonds gewonnen habe, will ich zunächst von der Bevölkerung und deren Zahlenverhältniß zu diesem Fonds sprechen, und sie mit den Zwecken, zu welchen der Fond dienen soll, vergleichen.

Die Bevölkerung Englands übersteigt nicht sieben und eine halbe Million, und die Anzahl der Personen über fünfzig Jahre würde in diesem Falle ungefähr 400,000 sein. Auch würden nicht mehr als diese Anzahl die angebotenen 10 Pfund Sterling jährlich annehmen, wenn sie auch dazu berechtigt wären. Ich kann mir nicht denken, daß viele von Denen, die ein jährliches Einkommen von zwei- oder dreihundert Pfund haben, es annehmen würden. Da wir es jedoch häufig sehen, daß reiche Leute selbst in hohem Alter plötzlich verarmen, so würde ihnen alsdann das Recht zustehen, alle ihnen zukommenden Rückstände einzufordern. Vier Millionen also von der obigen jährlichen Summe von 5,666,666 Pfund würden für die 400,000 Personen, zu zehn Pfund jährlich für Jeden, erforderlich sein.

Ich komme nun auf die Personen zu sprechen, welche alljährlich das einundzwanzigste Lebensjahr erreichen. Wenn alle die, welche sterben, über einundzwanzig Jahre wären, so müßte, um die Bevölkerung auf gleicher Höhe zu halten, die Anzahl der alljährlich das einundzwanzigste Lebensjahr Erreichenden der jährlichen Anzahl der Sterbefälle gleichkommen. Die Mehrzahl jedoch stirbt unter einundzwanzig, und deshalb wird die Anzahl der jährlich das einundzwanzigste Jahr Erreichenden nicht einmal der Hälfte der Sterbefälle gleichkommen. Auf eine Bevölkerung von sieben und einer halben Million wird die Anzahl der Sterbefälle ungefähr 220,000 jährlich sein. Die Anzahl der das einundzwanzigste Lebensjahr Erreichenden wird daher jährlich ungefähr 100,000 sein. Alle von diesen werden die proponirten fünfzehn Pfund aus den bereits erwähnten Gründen nicht erhalten, obschon sie, wie im ersten Falle, dazu berechtigt sein würden. Angenommen nun, daß der zehnte Theil es ablehnte, würde sich die Rechnung so stellen:

Jährlicher Fond . . . . £ 5,666,666.
An 400,000 alte Leute, zu
£ 10 jedem . . . . £ 4,000,000.
An 90,000 Personen von 21
Jahren, zu £ 15 jedem „ 1,350,000. „ 5,350,000.

Verbleibt £ 316,666.

Es gibt in jedem Lande eine Anzahl blinder und lahmer Personen, die gänzlich unfähig sind, ihren Lebensunterhalt zu gewinnen. Da jedoch stets die größere Anzahl der Blinden sich unter denen befinden wird, die über fünfzig Jahre alt sind, so wird man für sie unter dieser Kathegorie sorgen.

Die restirende Summe von 316,666 Pfund wird die Unterstützung für die Lahmen und Blinden unter fünfzig Jahren, ebenfalls zur Rate von zehn Pfund jährlich, bestreiten.

Nachdem ich nun die erforderlichen Calculationen durchgenommen und die Specialitäten des Planes angeführt habe, will ich mit einigen allgemeinen Bemerkungen schließen.

Ich streite nicht für Almosen, sondern für Recht, nicht für eine Prämie, sondern für Gerechtigkeit. Der Contrast zwischen Reichthum und Elend, der dem Beobachter beständig aufstößt und dessen Auge beleidigt, gleicht einer innigen Verbindung lebendiger und todter Körper. Obschon sich Niemand weniger aus Reichthum machen kann, als ich, so liebe ich ihn dennoch wegen des Guten, das man damit stiften kann. Es gilt mir gleich, wie reich manche sein mögen, vorausgesetzt, daß nicht andere in Folge dessen elend seien. Es ist auch unmöglich, Reichthümer mit allem Glücke, das sie gewähren können, zu genießen, während man beständig so viel Elend und Unglück wahrnimmt. Der Anblick des Elendes, die dadurch erweckten unangenehmen Empfindungen, welche, wenn auch zeitweise unterdrückt, doch nie zum Schweigen gebracht werden können, sind ein größerer Verlust für das Glück des Reichthums, als der proponirte Abzug von zehn Procent zu diesem Fond. Wer nicht das Eine hergeben würde, um den Andern los zu werden, der hat gar kein Mitleiden, nicht einmal mit sich selbst.

Einzelne Personen haben in jedem Lande reich ausgestattete wohlthätige Anstalten etablirt. Wenn man jedoch die große Ausdehnung des hülfsbedürftigen Elendes betrachtet, so kann das, was der Einzelne thun kann, nur wenig Hülfe gewähren. Er mag seinem Gewissen, nicht aber seinem Herzen genug thun. Er mag Alles, was er besitzt, hingeben, und das Alles wird nur wenig helfen. Nur indem man die Civilisation nach Gesetzen organisirt, die gleichsam wie ein System von Flaschenzügen wirken, wird man in den Stand gesetzt, die ganze Schwere des Elends zu heben und fortzuschaffen.

Der hier vorgeschlagene Plan wird das Ganze umfassen. Er wird sofort dreien Kathegorien des Elends Hülfe gewähren, und dieselben verschwinden machen, indem er ihnen unmittelbare Hülfe gewährt, nämlich den Blinden, den Lahmen und den bejahrten Armen. Er wird dem heranwachsenden Geschlechte Mittel gewähren, um sein Verarmen zu verhüten, und er wird dies ausführen, ohne andere nationale Maßregeln zu stören oder zu hindern. Um zu zeigen, daß dem wirklich so sein wird, ist es genügend, zu bemerken, daß die Operation und Wirkung des Planes stets so sich herausstellen wird, als ob jedes Individuum freiwillig sein Testament machte, und über sein Eigenthum in der hier vorgeschlagenen Weise verfügte.

Es ist jedoch Gerechtigkeit, und nicht Wohlthätigkeit, welche das Prinzip des Planes bildet. In allen großen Angelegenheiten ist es nöthig, ein Prinzip zu haben von ausgedehnterer und allgemeinerer Wirksamkeit, als Wohlthätigkeit, und besonders in Bezug auf Gerechtigkeit sollte es nicht dem Belieben einzelner Individuen überlassen bleiben, ob sie Gerechtigkeit üben wollen oder nicht. Betrachten wir nur den Plan aus dem Gesichtspunkte der Gerechtigkeit, so müßte er Gesetz-Erlaß des ganzen Volkes sein,

II. 2 F

hervorgehend ohne Zwang aus den Prinzipien der Revolution, sein Ansehen müßte national und nicht blos individuell sein.

Ein Plan nach diesem Prinzipe würde der Revolution durch die Energie,
die aus dem Bewußtsein der Gerechtigkeit entspringt, zum Vortheil gereichen. Er würde auch die nationalen Hülfsquellen vervielfachen, denn Eigenthum, wie Vegetation, vermehrt sich durch Ableger. Es ist ein außerordentlich großer Unterschied, ob ein junges Paar mit Nichts, oder mit
fünfzehn Pfund für Jeden, seine bürgerliche Existenz anfängt. Mit diesen Mitteln könnten sie eine Kuh kaufen und Geräthe, um einige Acker
Land zu cultiviren, und anstatt der Gesellschaft zur Last zu fallen, wie dies
stets der Fall ist, wenn mehr Kinder erzeugt werden, als man ernähren
kann, würde man ihnen so auf den Weg geholfen haben, nützliche Bürger
zu werden. Auch würden sich die National-Domänen viel besser verkaufen, wenn Unterstützung in Geld gewährt würde, um sie in kleinen Par-
zellen zu cultiviren.

In unsern mit Unrecht Civilisation genannten Zuständen wird einigermaßen für die gesorgt (und das Verfahren verdient eben so wenig Wohlthätigkeit, als gesunde Politik genannt zu werden), welche arm und elend
geworden, jedoch nur erst dann, wenn sie in diesen Zustand gerathen sind.
Würde es nicht schon allein in Bezug auf Oekonomie viel besser sein, Mittel aufzusuchen, ihr Verarmen zu verhüten? Dies wird am besten geschehen, wenn man Jedem bei Erreichung des einundzwanzigsten Lebens-
jahres ein kleines Erbtheil gibt und so die Mittel, Etwas anzufangen. Die
düstere Außenseite der Gesellschaft mit ihrem buntscheckigen Gepräge größten Reichthums und tiefster Armuth zeigt, daß ihr außerordentliche Gewalt
angethan ist, und ruft die Gerechtigkeit zur Abhülfe herbei. Die große
Masse der Armen in allen Ländern ist zu einer erblichen Race geworden,
und es ist ihnen fast unmöglich, durch eigene Anstrengung aus diesem Zustande herauszukommen. Es sollte auch der Beobachtung nicht entgehen,
daß diese Masse sich alljährlich in den Ländern, welche man die civilisirten
nennt, vermehrt. Es sinken beständig mehr Personen in Armuth, als
sich aus ihr erheben.

Obschon bei einem Plane, dessen Grundprinzipien Gerechtigkeit und
Humanität sind, Interesse nicht in Betracht kommen sollte, so ist es doch
stets für die Begründung eines Planes von Vortheil, wenn man nachweisen kann, daß er auch für das Interesse günstig wirkt. Der Erfolg
jedes proponirten und der allgemeinen Erwägung unterbreiteten Planes
wird am Ende von der in seiner Unterstützung interessirten Menge, im
Verein mit der Gerechtigkeit seiner Prinzipien, abhängen. Der hier proponirte Plan wird Allen nützen, ohne Jemanden zu schaden. Er wird das
Interesse der Republik mit dem des Bürgers innig vereinigen. Für die
zahlreiche Classe, welche durch das System des Grundbesitzes ihres natürlichen Erbes beraubt ist, wird er ein Act nationaler Gerechtigkeit sein. Denen, welche im Besitze eines mäßigen Vermögens sterben, wird er eine
Tontine für ihre Kinder sein, von größerem Nutzen, als die Geldsumme,
welche sie in den Fond gezahlt haben, und er wird der Anhäufung des
Reichthums einen Grad von Sicherheit geben, wie keine der alten, jetzt in
ihren Fundamenten wankenden Regierungen Europa's ihn gewähren
kann.

Ich glaube, daß in keinem Lande Europa's mehr als eine Familie unter zehn beim Tode des Familienvaters ein reines Eigenthum von fünfhundert Pfund Sterling zurückbehält. Allen diesen ist der Plan von Vortheil. Dieses Besißthum würde fünfzig Pfund in den Fond zu zahlen haben, und wären nur zwei unmündige Kinder, so würden sie bei ihrer Mündigkeit jedes fünfzehn Pfund (also dreißig Pfund zusammen) empfangen, und nach ihrem fünfzigsten Jahre zu zehn Pfund jährlich berechtigt sein. Der Fond wird sich aus der übergroßen Anhäufung des Besißes ansammeln und erhalten, und ich bin überzeugt, daß die Besißer solchen Eigenthums in England, obgleich doch zuletzt der Vortheil auf ihrer Seite bleibt, indem ihnen dadurch neun Zehntheile ihres Reichthums gesichert sind, dennoch gegen den Plan protestiren werden. Mögen sie indeß, ohne auf eine nähere Untersuchung, wie sie zu diesem Besißthum gekommen, einzugehen, sich daran erinnern lassen, daß sie die Anstifter dieses Krieges gewesen, und daß Hr. Pitt dem englischen Volke bereits mehr neue, jährlich zu zahlende Steuern auferlegt hat (und das noch, um den Despotismus Oestreichs und der Bourbonen gegen die freien Institutionen Frankreichs aufrecht zu erhalten), als hinreichend wäre, alle in diesem Plane proponirten Summen zu decken.

Die in diesem Plane aufgestellten Berechnungen beruhen sowohl auf beweglichem, wie auf liegendem Eigenthum. Den Grund, aus welchem Grundbesiß zur Beisteuer verpflichtet ist, habe ich bereits erklärt, und die Ursache, um deren Willen bewegliches Eigenthum in die Berechnung hineingezogen wird, ist, wenn auch auf einem andern Prinzip, doch eben so wohl begründet. Land, wie bereits gesagt, ist das freie Geschenk des Schöpfers, gemeinschaftlich an alle Menschen. Bewegliches Eigenthum ist die Folge und Wirkung der Gesellschaft, und es ist dem Individuum eben so unmöglich bewegliches Eigenthum ohne die Mitwirkung der Gesellschaft zu erwerben, als ursprünglich den Boden zu schaffen. Man trenne ein Individuum von der Gesellschaft, und gebe ihm eine Insel oder ein Festland zu Besißthum, und er kann kein persönliches Eigenthum erwerben. Er kann nicht reich werden. So unzertrennbar sind in allen Fällen die Mittel mit dem Zwecke verbunden, daß da, wo die ersten nicht vorhanden sind, man nicht die letzten erreichen kann. Es erlangt also Jedermann eine Anhäufung beweglichen Eigenthums (außer dem, was er mit eigenen Händen producirt) nur durch das Leben in der Gesellschaft, und nach jedem Grundsaße der Gerechtigkeit, der Dankbarkeit und der Civilisation schuldet er einen Theil dieser Anhäufung wieder der Gesellschaft, von welcher das Ganze herkam. Dies heißt die Sache auf ein allgemeines Prinzip basiren, und es ist vielleicht am besten so zu verfahren, denn wenn wir die Sache genau untersuchen, so werden wir finden, daß die Anhäufung beweglichen Eigenthums in vielen Fällen die Wirkung zu geringer Bezahlung für die Arbeit, welche es producirte, ist. In Folge dessen geht der Arbeiter im Alter zu Grunde, und der Arbeitgeber schwelgt im Ueberfluß. Es ist vielleicht unmöglich, den Lohn der Arbeit mit dem Nußen, den sie producirt, in ein genaues und richtiges Verhältniß zu bringen; und man wird auch, als Entschuldigung für die Ungerechtigkeit anführen, daß, würde ein Arbeiter täglich eine Zulage am Arbeitslohn erhalten, so würde er es weder fürs Alter zurücklegen, noch inzwischen besser daran sein. Mache deshalb die Gesellschaft zum Schaßmeister, die es für ihn in einem gemeinschaftlichen Fond aufbewahren soll; denn es ist ja kein Grund, daß, weil er allein lei-

nen guten Gebrauch davon für sich machen würde, ein Anderer es ihm fortnehmen sollte.

Jener gesellschaftliche Zustand, welcher überall in Europa herrscht, ist
eben so ungerecht in seinem Prinzip, als schrecklich in seinen Folgen, und es
ist dieses Bewußtsein, und die Befürchtung, daß solche Zustände, sobald
Prüfung und Forschung beginnt, in keinem Lande fortdauern können,
welche die besitzenden Classen jeden Gedanken an Revolution fürchten läßt.
Es ist die damit verbundene Gefahr und nicht die Prinzipien einer Revolution, welche ihren Fortschritt verzögert. Da dies nun der Fall, so ist es,
sowohl zum Schutze des Eigenthums, als auch der Gerechtigkeit und Humanität wegen erforderlich, ein System zu etabliren, welches, während es den
einen Theil der Gesellschaft vor Elend schützt, zugleich den andern vor Be-
raubung sichert.

Die abergläubische Ehrfurcht und knechtische Verehrung, welche früher
den Reichthum umgaben, schwinden überall und geben die Besitzer den Gefahren der Revolutionen preis. Wenn Reichthum und Glanz, anstatt die
Masse zu bezaubern, nur Widerwillen erregen, wenn sie, anstatt Bewunderung hervorzurufen, als eine Beleidigung des Elendes betrachtet werden,
und wenn dessen anmaßendes Schaugepränge nur dazu dient, seine Berechtigung in Frage zu ziehen, dann ist der Besitz in einer kritischen Lage, und
dann kann der Besitzer nur in einem gerechten Systeme Sicherheit suchen
und finden.

Um die Gefahr zu entfernen, muß man den Haß beseitigen. Dies kann
nur geschehen, wenn man aus dem Besitz nationale, sich auf Jedermann
erstreckende Segnungen entstehen läßt. Wenn der größere Reichthum der
Einzelnen den National-Fond im selben Verhältniß vergrößerte, wenn es
ersichtlich wird, daß die Vergrößerung dieses Fonds von dem individuellen
Wohlstande abhängt, und wenn es, je mehr der Einzelne Reichthum erwirbt,
um so besser für die Massen sein wird, dann, und nur dann wird jener
Haß schwinden, und Eigenthum auf dem dauerhaften Fundamente des
nationalen Interesses und Schutzes sicher basirt sein.

Ich habe kein Eigenthum in Frankreich, welches dem von mir proponirten Plane unterworfen werden könnte. Was ich besitze, und das ist nicht
viel, ist in den Vereinigten Staaten von Nordamerika. Sobald jedoch
dieser Plan ins Leben tritt, will ich dazu hundert Pfund Sterling in Frankreich einzahlen, dieselbe Summe will ich zu jeder Zeit in England beitragen, wenn eine ähnliche Einrichtung dort begründet wird.

Eine Revolution in den allgemeinen Verhältnissen der Civilisation ist die
nothwendige Begleiterin von Revolutionen im Regierungs-System. Sei
die politische Umwälzung in einem Lande vom Schlechten zum Guten, oder
umgekehrt, stets muß das, was man in jenem Lande Civilisation nennt,
mit der politischen Umwälzung in Einklang gebracht werden, um ihr den
Erfolg zu sichern. Despotische Regierungsformen erhalten sich durch eine
entwürdigte Civilisation, in welcher Erniedrigung des menschlichen Geistes,
und Elend der Masse des Volkes, die besondern Kennzeichen sind. Solche
Regierungen betrachten den Menschen nur als Thier, glauben, daß die Anwendung der Geisteskräfte nicht sein Recht sei, und daß Alles, was er
mit den Gesetzen zu thun hat, darin bestehe, ihnen zu gehor-
chen;*) in politischer Beziehung legen sie mehr Gewicht darauf, den Geist

---

*) Ausspruch von Horsley, eines englischen Bischofs, im englischen Parlament.

des Volkes durch Armuth zu brechen, als sie durch Verzweiflung es zur Wuth zu treiben fürchten.

Eine Umwälzung in den Verhältnissen der Civilisation wird der politischen Revolution Frankreichs ihre Vollendung geben. Schon breitet sich schnell und allgemein die Ueberzeugung aus, daß das richtige Regierungs-System die Repräsentativ-Verfassung sei. Jeder erkennt ihre Vernunftmäßigkeit, und ihre Berechtigung wird selbst von den Gegnern gefühlt. Und wäre erst ein aus diesem Regierungs-Prinzipe hervorgegangenes Civilisations-System so organisirt, daß Jeder, der im republikanischen Staate geboren wird, einige Mittel ererbt, um seine bürgerliche Existenz anzufangen, und außerdem die Gewißheit hat, von Leiden, welche unter andern Regierungen das hülflose Alter erwarten, zu entgehen; dann wird die französische Revolution einen Vertheidiger und einen Verbündeten in den Herzen aller Nationen haben.

Eine Armee von Prinzipien wird da hineinbringen, wo es einer Armee von Soldaten nicht möglich ist, sie wird siegen, wo diplomatische Unterhandlung erfolglos wäre; weder der Rhein, der Canal, noch der Ocean können ihren siegreichen Fortschritt aufhalten. Sie wird über den Weltkreis marschiren und siegreich sein.

Mittel den vorgeschlagenen Plan zur Ausführung zu bringen und ihn gleichzeitig für das öffentliche Wohl förderlich zu machen.

1) Jeder Canton wird in seinen Primär-Versammlungen drei Personen als Beauftragte des Cantons erwählen, diese sollen Kenntniß nehmen und Register anlegen von Allem, was im Cantone vorgeht, in Uebereinstimmung mit der zur Ausführung dieses Plans durch das Gesetz zu erlassenden Verordnung.

2) Das Gesetz wird die Art und Weise bestimmen, auf welche die Hinterlassenschaft der mit Tode Abgegangenen ermittelt werden soll.

3) Nach geschehener Ermittelung des Nachlasses wird der Haupterbe, oder älteste Miterbe, wenn diese münbig sind, oder andernfalls der Testaments-Vollstrecker, den Commissären des Cantons eine Obligation ausstellen, daß er den zehnten Theil des Nachlasses binnen Jahresfrist, nach Wahl der Erben in vier gleichen vierteljährigen Raten, oder früher, einzahlen wird. Die Hälfte des ganzen Nachlasses soll als Unterpfand dienen, bis diese Obligation eingelöst ist.

4) Die Obligation soll im Büreau der Commissäre des Cantons registrirt, und die Original-Obligationen in der National-Bank zu Paris deponirt werden. Die Bank soll vierteljährlich den Betrag der Obligationen in ihrem Besitz veröffentlichen, und ebenso die Obligationen, welche ganz oder theilweise seit der letzten vierteljährlichen Veröffentlichung eingelöst worden.

5) Die National-Bank soll Banknoten, gesichert durch die in ihrem Besitze befindlichen Obligationen, ausgeben. Die so erlassenen Noten sollen zur Bezahlung der Pensionen an alte Leute und zur Entschädigung der die Volljährigkeit Erreichenden verwandt werden. Es ist wohl vernünftig und edel vorauszusetzen, daß Personen, welche dessen nicht bringend bedürfen, ihre Ansprüche an den Fond suspendiren werden, bis er, wie gewiß zu

erwarten, kräftiger bastehen wird. Es wird zugleich vorgeschlagen, ein Ehren-Register für die Namen derjenigen, welche so ihre Ansprüche, wenigstens während des gegenwärtigen Krieges, suspendiren, in jedem Cantone anzulegen.

6) Da die Erbnehmer immer ihre Obligationen in vier vierteljährlichen Zahlungen, oder früher, wenn sie wollen, einlösen müssen, so wird stets nach Ablauf des ersten Vierteljahres bei der Bank Metallgeld zur Einwechslung der einkommenden Banknoten eingehen.

7) Die so auf die bestmöglichste Sicherheit auf reelles Eigenthum im vierfachen Werthe der Obligationen, auf welche sie ausgegeben sind, in Umlauf gesetzten Noten, noch mehr gehoben durch das beständig der Bank zu jeder verlangten Einlösung eingehende Metallgeld, werden dauernden Werth und Geltung in allen Theilen der Republik erlangen. Sie können deshalb bei Steuer- oder Anleihe-Zahlungen als baares Geld angenommen werden, weil die Regierung stets Metallgeld dafür auf der Bank erhalten kann.

8) Es wird nöthig sein, daß im ersten Jahre der Ausführung des Planes die Einzahlung der zehn Procent in Metallgeld geschehe. Nach Ablauf des ersten Jahres jedoch mögen die Erbnehmer zehn Procent entweder in den auf den Fond ausgegebenen Noten, oder in Metallgeld zahlen. Geschehen die Zahlungen in Metallgeld, so wird dies als Depositum zur Einwechslung eines gleichen Werthbetrags in Noten liegen; geschehen die Zahlungen in den Noten des Fonds, so wird es eine entsprechende Nachfrage hierin veranlassen, und so wird die Wirkung des Plans selbst die Mittel beschaffen, zu seiner Ausführung.

Thomas Paine.

An den Staatsanwalt über den Prozeß gegen den zweiten Theil der „Menschenrechte.“

Zweiter Brief.

Paris, im 11. Jahre der Republik.

Mein Herr!

Da zwischen Männern, die einander fremd sind, kein persönliches Gefühl des Hasses existiren kann, so schreibe ich Ihnen diesen Brief als an einen Mann, gegen den ich keinen Groll hege.

Sie haben als Staatsanwalt einen Prozeß gegen mich, als Verfasser der „Menschenrechte,“ begonnen. Hätte nicht meine Pflicht in Folge meiner Erwählung in den französischen National-Convent mich von England abberufen, so würde ich dort geblieben sein, die Ungerechtigkeit dieses Prozesses zu beweisen; nicht um meiner selbst willen, denn ich mache mir nichts aus dem Prozeß, sondern um die Grundsätze, welche ich in dem Buche aufgestellt habe, zu vertheidigen.

Die Pflichten, von denen ich jetzt in Anspruch genommen werde, sind zu wichtig, als daß sie mir gestatteten mich um Ihren Prozeß viel zu kümmern; wenn ich Muße habe, werde ich nicht abgeneigt sein, Ihnen darin entgegen zu treten. In meinem jetzigen Verhältniß aber ist es mir persönlich höchst gleichgültig, ob Sie mit dem Prozeß vorgehen, oder nicht, oder ob Sie einen Urtheilsspruch der Geschworenen für sich erhalten, oder nicht. Wenn Sie ein Urtheil für sich erlangen (was mir ganz lieb sein soll, wenn Sie es bekommen können), so kann dies mich weder in meiner Person, noch in meinem Eigenthum, oder in meinem Rufe anders berühren, als etwa den letzten zu erhöhen; und in Bezug auf Sie selbst ist es eben so vernünftig, daß Sie ein Urtheil gegen den Mann im Monde nachsuchen, als gegen mich. Ich sehe auch nicht recht ein, daß Sie den Prozeß gegen mich eben so fortführen könnten, wie Sie dies gegen Einen von Ihrem eigenen Volke, welcher sich einer Anklage wegen davongemacht hätte, wohl hätten thun können; was zu Dover vorging, beweist sattsam, daß meine Abreise von England kein Geheimniß war.

Meine jetzige nothwendige Abwesenheit von Ihrem Lande in Folge meiner Pflicht hier, gewährt eine gute Gelegenheit darzuthun, ob der Prozeß gegen Thomas Paine, oder gegen das Recht des englischen Volkes, Regierungs-Systeme und Prinzipien zu prüfen, beabsichtigt war; denn da ich jetzt nicht der Gegenstand der Anklage sein kann, so muß das Fortführen des Prozesses darthun, daß etwas Anderes der Gegenstand sei; dies etwas Anderes kann nur das englische Volk sein; denn nur auf seine Rechte, und nicht auf mich, kann ein Urtheil Wirkung äußern; wenn dies überhaupt möglich ist. Seien Sie deshalb so offen, den Geschworenen zu sagen (wenn sie es für gut finden, den Prozeß fortzuführen), wer es eigentlich ist, den Sie anklagen, und wen das Urtheil treffen wird.

Ich habe jedoch andere Gründe als die erwähnten, Ihnen diesen Brief zu schreiben, und wie Sie auch dieselben auslegen mögen, sie kommen gewiß aus gutem Herzen. Die Zeit, mein Herr, wird zu ernst, um mit Hof-Prozessen zu spielen, und mit Volksrechten Kurzweil zu treiben. Die schrecklichen Beispiele, die hier an Männern statuirt wurden, die vor kaum einem Jahre sich für eben so sicher hielten, als irgend ein Richter, Geschworener, oder Staatsanwalt jetzt in England, sollten von Männern in Ihrer Stellung wohl erwogen werden. Daß die englische Regierung ein so großer, wenn nicht der vollendetste Betrug ist, als jemals seit Entstehung von Regierungen stattgefunden, kann Ihnen gewiß nicht fremd sein; wenn nicht etwa die beständige Gewohnheit, dies zu sehen, Ihre Sinne abgestumpft hat. Wenn es Ihnen auch belieben sollte, es nicht zu sehen, so beginnt doch das Volk, es klar und schnell zu erkennen, und der Fortschritt ist größer, als Sie glauben möchten. Ist es denn möglich, daß Sie oder ich glauben können, oder daß Vernunftgründe einen Andern glauben machen können, daß die Fähigkeiten solch eines Mannes, wie Herr Guelph (König von England), oder eines seiner lasterhaften Söhne für die Regierung einer Nation nöthig sind? Ich spreche zu Ihnen, wie ein Mann zum andern sprechen sollte, und ich weiß auch, ich spreche aus, was andere Leute zu denken anfangen.

Daß Sie keinen Geschwornenspruch für sich erlangen können (und wenn es wirklich geschähe, würde es auch nichts bedeuten), ohne die Geschwornenliste betrügerisch zusammenzusetzen (wir wissen Beide, daß solche Ränke vorkommen), das zu glauben habe ich sehr gute Gründe. Ich bin in Kaffeehäuser und an öffentliche Plätze, an denen ich unbekannt war, gegangen, in der Absicht, die öffentliche Meinung kennen zu lernen, und noch nie sah ich eine Gesellschaft von zwölf Männern, welche das Buch verdammten;

oft aber habe ich eine größere Anzahl als zwölf gefunden, die es billigten. Es scheint mir, dies ist eine gute Weise, die wirklichen Ansichten.im Volke kennen zu lernen. Seien Sie deshalb nicht das Werkzeug zwölf Männer in eine Lage zu bringen, welche ihnen späterhin nachtheilig werden könnte. Ich spreche dies nicht aus Politik, sondern aus Wohlwollen. Wenn es Ihnen jedoch gut dünkt, mit dem Prozesse vorzugehen, so ersuche ich Sie, diesen Brief im Gerichtshofe vorzulesen, wonach der Richter und die Geschwornen thun mögen, was ihnen beliebt. Da ich mich selbst nicht als Gegenstand der Anklage betrachte, so kann ich auch durch die Entscheidung in keiner Weise betroffen werden; dennoch, obschon ein Fremder in Ihrem Lande, werde ich zur Aufrechterhaltung der Rechte der Nation gegen die gerichtliche Verfolgung eben so viel Geld beitragen als jeder Andere, und nur allein um dieses Zweckes willen werde ich es thun.

Thomas Paine.

Da ich nicht Zeit habe, Briefe umzuschreiben, belieben Sie die Correcturen zu entschuldigen.

N. S. Ich beabsichtigte, wenn ich in England geblieben wäre, die Anklage mit meinen Bemerkungen dazu vor dem Gerichtstage zu veröffentlichen; da ich indeß anderweitig in Anspruch genommen werde, so behalte ich mir dies vor, bis nach Beendigung des Prozesses; dann werde ich ausführlich auf Alles erwiedern, was Sie vorbringen werden.

Ueber die Zweckmäßigkeit Ludwig den Sechszehnten zur Untersuchung zu ziehen.

Paris, den 20. November 1792.

Bürger Präsident!

Da ich nicht genau weiß, an welchem Tage der Convent die Debatte über den Prozeß Ludwigs des Sechszehnten aufnehmen wird, und wegen meiner Unfähigkeit, mich im Französischen auszudrücken, nicht auf der Tribüne sprechen kann, so bitte ich um Erlaubniß, die eingeschlossene Schrift Ihren Händen übergeben zu dürfen, welche meine Ansichten über diesen Gegenstand enthält. Mit um so größerem Eifer thue ich das, weil Umstände darthun werden, wie sehr es Frankreich interessirt, daß Ludwig der Sechszehnte fortfahre, sich guter Gesundheit zu erfreuen. Ich würde mich glücklich schätzen, wenn der Convent die Güte hätte, diese Schrift heute früh vorlesen zu hören, da ich vorschlage, eine Abschrift davon nach London zu schicken, um in die englischen Zeitungen eingerückt zu werden.

Ein Secretär liest die Ansichten Thomas Paine's vor.

„Ich bin der Meinung, daß Ludwig der Sechszehnte in Untersuchung gezogen werden sollte, nicht, daß dieser Rath von einem Geiste der Rachsucht eingegeben ist, sondern weil mir diese Maßregel gerecht, gesetzlich und mit gesunder Politik übereinstimmend erscheint. Wenn Ludwig der Sechszehnte unschuldig ist, so wollen wir ihm Gelegenheit geben, seine Unschuld zu beweisen; ist er schuldig, so mag der Nationalwille entscheiden, ob er begnadigt oder bestraft werden soll; außer den Gründen jedoch, welche Ludwig den Sechszehnten persönlich betreffen, sind noch andere, welche seine Untersuchung nothwendig machen. Diese Gründe werde ich jetzt darlegen in der Sprache, die ihnen angemessen ist. Ich versage mir den Gebrauch zweideutiger Ausdrücke und bloßer Höflichkeitsformeln. Unter den gekrönten Räubern Europas wurde eine Verschwörung angestiftet, welche nicht allein die Freiheit Frankreichs, sondern ebenso die aller andern Länder bedrohte. Alles leitet zu der Ansicht hin, daß Ludwig der Sechszehnte ein Genosse dieser Verschwörerbande war. Sie haben diesen Mann in Ihrer Gewalt, und gegenwärtig ist er der Einzige, dessen wir uns versichern können. Ich betrachte Ludwig den Sechszehnten in demselben Lichte, wie die zwei ersten in der Affaire des Juwelen-Büreaus festgenommenen Diebe, ihre Untersuchung machte es möglich, die ganze Bande, zu der sie gehörten, zu entdecken. Wir haben gesehen, wie die unglücklichen Soldaten Oestreichs und Preußens, und der andern Mächte, welche uns den Krieg erklärten, von ihrem Herde gerissen und wie die elendesten Thiere zur Metzelei geschleppt wurden, um mit ihrem Blute die gemeinschaftliche Sache der gekrönten Räuber aufrecht zu halten. Dieselben belasteten die Bewohner jener Länder mit Steuern, die Kosten des Krieges zu bestreiten. Alles dies wurde nicht allein für Ludwig den Sechszehnten gethan. Einige der Verschwörer haben offen gehandelt; es sind jedoch Gründe für die Ansicht vorhanden, daß die Verschworenen aus zwei Classen von Räubern bestanden, solche, welche die Waffen ergriffen, und solche, welche der Sache ihre geheime Aufmunterung und Unterstützung gewährten, und es ist unerläßlich nothwendig, daß Frankreich und ganz Europa alle diese Mitschuldigen kenne.

Kurz nachdem sich der National-Convent constituirt hatte, gab der Minister der auswärtigen Angelegenheiten eine Beschreibung aller Regierungen Europas, sowohl derjenigen, welche ihre Feindseligkeit offen zeigten, als auch jener, welche mit geheimnißvoller Behutsamkeit auftraten. Wir haben bereits zum Theil die geheime Handlungsweise des Herrn Guelph (Churfürsten von Hanover) erkannt, und schwerer Argwohn lastet auf demselben Manne, auf seinem Hof und seinen Ministern, in seiner Eigenschaft als König von England.

Herr Calonne ist stets mit freundlicher Aufnahme an seinem Hofe begünstigt worden. Die Ankunft des Herrn Smith, Pitt's Secretär in Coblenz zur Zeit, als sich die Emigranten dort versammelten, die übertriebene Freude, welche der Hof zu St. James bei dem falschen Berichte der Niederlage Dumouriez's (als er dies durch Lord Elgie, damals großbritannischer Minister in Brüssel, mittheilen ließ) an den Tag gelegt hatte, — alle diese Umstände machen ihn außerordentlich verdächtig; die Untersuchung Ludwigs des Sechszehnten wird wahrscheinlich klarere Beweise liefern.

Die lang vorhandene Befürchtung einer Revolution in England könnte meiner Ansicht nach allein jenen Hof abhalten, eben so offen in seinen Operationen als Oestreich und Preußen zu sein. Noch ein anderer Grund könnte hinzugefügt werden, die nothwendig folgende Verminderung des Credits, durch welche Hülfe allein die alten Regierungen neue Darlehen erhalten konnten; denn im Verhältniß als die Wahrscheinlichkeit einer Revolution zunimmt, müßte Jeder, der an den neuen Darlehen Theil nimmt, sein Geld zu verlieren fürchten.

Jedermann weiß, daß der Landgraf von Hessen nur so lange kämpft, als er bezahlt wird, seit mehreren Jahren ist er im Solde des Hofes von St. James gewesen. Könnte die Untersuchung gegen Ludwig den Sechszehnten an den Tag bringen, daß jener abscheuliche Menschenverkäufer, aus den vom englischen Volke erhobenen Steuereinkünften bezahlt worden ist, so hieße es nur Gerechtigkeit gegen jene Nation üben, sie von dieser Thatsache in Kenntniß zu setzen; es würde gleichzeitig Frankreich eine genaue Kenntniß des Charakters jenes Hofes geben, welcher seit seiner Verbindung mit Deutschland nie aufgehört hat, eine der intriguantesten zu sein.

Ludwig der Sechszehnte als Individuum ist zu gering für die Beachtung der Nation, wenn man ihn aber als ein Mitglied jener Verschwörerbande, als einen Verbrecher, dessen Prozeß alle Nationen der Welt zur Erkennung und Verabscheuung des unglückseligen monarchischen Systems und der Complotte und Intriguen ihrer eigenen Höfe bringen könnte, dann sollte und müßte er zur Untersuchung gezogen werden.

Wären die Verbrechen, um derenwillen Ludwig der Sechszehnte angeklagt ist, nur durchweg seine eigenen persönlichen, ohne Bezug zu allgemeinen Verschwörungen, und beschränkt auf die Angelegenheiten Frankreichs, dann könnten jene Motive von Unverletzlichkeit, dieser Thorheit der Jetztzeit, mit einigem Schein von Vernünftigkeit zu seinen Gunsten vorgebracht werden; da er indeß nicht allein um Frankreichs willen angeklagt wird, sondern wegen seiner Verschwörung gegen ganz Europa, so sollten wir jedes Mittel in unserer Macht anwenden, die ganze Ausdehnung jener Verschwörung zu entdecken. Frankreich ist jetzt eine Republik, es hat seine Revolution vollendet, jedoch kann es so lange nicht alle hieraus entstehenden Vortheile genießen, als es von despotischen Regierungen umgeben ist, deren Armeen und Flotten es ebenso zwingen Truppen und Kriegsschiffe in steter Bereitschaft zu halten. Es ist deswegen Frankreichs unmittelbares Interesse, daß alle Nationen so frei seien, wie es selbst, und daß die Revolutionen allgemein werden; und weil die Untersuchung Ludwigs des Sechszehnten durch die Schändlichkeit der Regierungen im Allgemeinen den Beweis der Nothwendigkeit der Revolutionen liefern kann, so sollte es eine so herrliche Gelegenheit nicht unbenutzt vorübergehen lassen. Die Despoten Europas haben Bündnisse geschlossen, ihre Macht sich gegenseitig zu erhalten, und die Unterdrückung der Nationen zu verewigen; dies ist das Ziel, welches sie sich selbst gesteckt haben, indem sie einen Einfall in das französische Gebiet machten. Sie fürchten die Wirkungen der Revolution im Schoße ihrer eigenen Länder, und in der Hoffnung dies zu verhindern, wollten sie den Versuch machen, diese Revolution zu vernichten, ehe sie ihre völlige Reife erlangt hatte. Dieser Versuch ist erfolglos gewesen. Frankreich hat bereits ihre Armeen besiegt; noch aber liegt ihm ob, das Specielle dieser Verschwörung zu erforschen, zu entdecken, und den Blicken der Welt jene Despoten bloßzustellen, welche die Niederträchtigkeit begingen, daran Theil zu nehmen; und die Welt erwartet von Frankreich diesen Act der Gerechtigkeit.

Dieses sind meine Beweggründe zu verlangen, daß Ludwig der Sechszehnte gerichtet werde, und allein von diesem Gesichtspunkte aus erscheint mir seine Untersuchung wichtig genug, die Aufmerksamkeit der Republik auf sich zu ziehen.

Was die sogenannte Unverletzlichkeit anbetrifft, so wollte ich, daß solch eines Grundes gar keine Erwähnung geschehe. Ich sehe in Ludwig dem Sechszehnten nichts weiter als ein beschränktes, schwachköpfiges Individuum, schlecht erzogen, wie alle seine Collegen, wie man sagt, häufigen Ausschweifungen im Trunke ergeben, und das die National=Versammlung unkluger Weise wieder auf einen Thron erhob, der nicht für dasselbe gemacht war. Wenn wir ihm später etwas Mitleiden erweisen, so soll dies nicht eine Folge der komischen, albernen Idee einer beanspruchten Unverletzlichkeit sein.

Thomas Paine.

Rede im National=Convent über die Frage: „Soll ein Aufschub der Urtheils=Vollstreckung gegen Ludwig den Sechszehnten stattfinden, oder nicht?"

Ich habe für die Einkerkerung Ludwigs des Sechszehnten und für seine Verbannung nach dem Kriege gestimmt; und ich befürchte sehr, daß die schleunige Vollziehung des Urtheilsspruches an demselben eher als eine That der Rache, als eine Maßregel der Gerechtigkeit betrachtet werden wird. Ich wünschte, der Convent hätte so gestimmt, wie es die Nation gethan haben würde; ich meine für Einkerkerung.

Die Vereinigten Staaten hegen die größte Verehrung für Ludwig, dem sie ihre Freiheit verdanken, und ich stehe ihnen dafür ein, daß der Urtheilsspruch gegen Ludwig alle Amerikaner bestürzt machen und niederbeugen wird. Bedenken Sie, daß jene es allein sind, welche Ihnen alles Bauholz und alle Kriegsbedürfnisse liefern können, deren Sie in dem Seekriege, den Sie zu erklären im Begriffe stehen, bedürfen werden. Der Norden Europas steht bereit, seine Streitkräfte gegen Sie zu führen. Sie beabsichtigen, einen Gesandten nach Philadelphia zu senden; es ist mein aufrichtiger Wunsch, daß er den Amerikanern ankündigen möge, daß der National=Convent Frankreichs allein aus Freundschaft für Amerika eingewilligt hat, die Urtheilsvollstreckung gegen Ludwig aufzuschieben.

Bürger, laßt einen benachbarten Despoten nicht die Genugthuung haben einen Mann das Schaffot besteigen zu sehen, der die Fesseln der Amerikaner gebrochen hat.

Ueber Louisiana und Emissäre.

Die neuesten Nachrichten von New Orleans in einem Briefe des Major Claiborne, datirt vom 29. August, lauten:

„Es ist nur noch einige Minuten vor Postschluß; ich habe bisher gewartet, um Ihnen noch, falls sie einträfen, einige Berichte vom Natchitoches zu geben; es sind indeß keine Depeschen von Gouverneur Claiborne eingegangen, auch hören wir gar nichts mehr von dem (spanischen) Gouverneur Taros und seinen neunhundert Mann.

„New Orleans ist vollkommen ruhig und die Einwohner in Stadt und Land (Louisiana) erfreuen sich beständig guter Gesundheit."

Carpenters Emissär-Zeitung behauptete vor einigen Tagen, daß die größte Unzufriedenheit in Louisiana herrschte, daß Bonaparte dies benutzen und sich jenes Landes bemächtigen würde. Es sollte Jeder, der falsche Nachrichten als wahr mittheilt und verbreitet, zur Verantwortung gezogen werden. Die Presse ist frei zur Discussion über Prinzipien, aber nicht zum Lügen.

Pierpoint Edwards hat die Lügner und Allarmisten von Connecticut vorgenommen, und ich hoffe, er wird die von New York nicht entwischen lassen.

Wir haben in allen unseren großen Städten und Seehäfen eine große Anzahl von Männern, besonders Manufacturwaarenhändler, die Compagnons oder Agenten britischer Kaufleute sind; diese Leute möchten uns gern mit Frankreich und Spanien in Verwickelungen bringen, und keine Lüge ist ihnen zu schlecht, um diesen Zweck zu fördern. Sie sollten sich indeß lieber davonmachen; denn sollte, wie sie vorhersagen, Bonaparte wirklich kommen, so müßten sie fürchten, daß er ihnen die Jacken putzen, und sie die Kosten zahlen lassen würde. Und was den Carpenter anbetrifft, so wird seine Nase auf den Mühlstein kommen. Indeß wenn man den Kerl packt, so wird er Angeber werden und seine Brodherren anklagen. Hier, wird er sagen, ist die Liste meiner Subscribenten, falle über sie her. Ich will Dir sagen, wo sie wohnen, und wo ihr Eigenthum ist.

Die beständigen Schmähungen und Gemeinheiten in Carpenters Zeitung gegen Frankreich und Spanien sollten nicht geduldet werden. Wenn er es thun muß, so möge er nach seinem eigenen Lande zurückkehren, und es dort thun. Frankreich hat sich stets ehrenhaft gegen die Vereinigten Staaten benommen, und wir dürfen in dieser Beziehung vollkommen ruhig sein. Durch seine Unterstützung im Revolutionskriege gelang es uns, die Briten fortzutreiben, und hat es Lust herzukommen, um die Schurken und britischen Emissäre, welche die Vereinigten Staaten und Frankreich mit einander in Streit zu bringen suchen, fortzutreiben, so werden wir New York nicht befestigen, um dies zu verhindern. Mögen diejenigen die Kosten der Befestigung tragen, welche es der Gefahr aussetzen. Die billigste Weise New York zu befestigen wird die sein, die Schurken, die es beunruhigen zu verbannen. Wenn wir ein friedliches Volk sind, uns nur um unsere eigenen Angelegenheiten bekümmern, und andere Nationen und Regierungen in Ruhe lassen, dann werden wir keiner Befestigungen bedürfen; jedoch wenn wir Schutz und Aufmunterung fremden Emissären geben, dann müssen wir Verlegenheiten erwarten.

Es ist nur kurze Zeit her, seit das britische Ministerium mehrere seiner Emissäre in einige der deutschen Staaten, um Verschwörungen gegen Frankreich anzuzetteln, sandte; und als die französische Regierung dies ausfand, sandte sie eine bewaffnete Macht und ließ diese Emissäre gefangen nehmen. Zwei der englischen Minister an diesen deutschen Höfen mußten fliehen. Der englische Minister Drake in München war einer von diesen. Nicht, weil New York entfernter von Frankreich ist, kann man hier Verschwörungen mit mehr Sicherheit anstiften; auch sollten dergleichen nicht geduldet werden. Zwei- oder dreitausend französische Soldaten würden New York bald säubern, und eine ganze Schiffsladung von Verschwörern fortführen. Die Federalisten, welche Carpenter (dieses Emissärs Name ist Cullen) aufmuntern, schneiden in ihr eigenes Fleisch.

Dieser Mann, Carpenter (denn unter diesem Namen geht er zur Zeit),
ist jetzt ein offner britischer Emissär. Er ist überall herumgewesen, um
Abenteuer zu suchen, und jetzt hat er seinen Wohnsitz in New York aufgeschlagen, um seinen Hochverrath gegen den Frieden der Vereinigten Staaten zu begehen. In seiner höchsten Thorheit, Verrücktheit und Unwissenheit hat er in zwei oder drei seiner letzten Zeitungsnummern (anfangend
mit dem 6. October) vorgeschlagen, daß die Vereinigten Staaten sich England zu einem Kriege gegen Frankreich und Spanien anschließen, und mit
ersterem ein Bündniß eingehen sollen. Niemand wird ein Schurke, der
nicht auch ein Narr wird, und bei Emissären ist dies immer der Fall.
Sieht dieser alberne Kerl nicht, daß alle jene Mächte auf dem europäischen
Festlande, welche Bündnisse mit England schlossen, ruinirt worden sind?
Die letzte Coalitions-Armee gegen Frankreich bestand, England ausgeschlossen, aus fünfmalhunderttausend Mann, und jede einzige der bei dieser
Verbindung betheiligten Mächte hat es bitter zu bereuen gehabt. Der
deutsche Kaiser hat seine Würde eingebüßt. Der Kaiser von Rußland ist
zu Demüthigung und Frieden gezwungen worden. Die Besitzungen des
Hauses Oestreich sind auf einen geringen Umfang beschränkt, und der ihm
übrig bleibende Theil ist zu Tributzahlungen verpflichtet worden. Der
König von Neapel hat seine Besitzungen verloren. Der Churfürst von
Hanover hat sein Churfürstenthum eingebüßt.

Dies sind die Früchte von Bündnissen mit England. Doch trotz all dieser uns in das Gesicht starrender Beispiele von Ruin will dieser Emissär
der Verderbtheit, Carpenter, oder Cullen, oder wie sonst sein Reisename
sein mag, daß die Vereinigten Staaten um Englands Willen ihr Haupt in
den feurigen Ofen eines Krieges stürzen. Dieser Emissär sollte sich lieber
davonmachen, denn es sind unter uns Leute, die ihn kennen.

Thomas Paine.

Den 11. October 1806.

Aufforderung an die Federalisten, ihre Grundsätze auszusprechen.

Die alten Namen Whig und Tory haben den neueren Bezeichnungen
Republikaner und Federalisten (Verbundene), zusammengezogen
Feds, Platz gemacht. Das Wort Republikaner enthält eine Bedeu-
tung, obschon keine sehr bestimmte, ausgenommen, daß es der Gegensatz
von Monarchist ist; das Wort Federalist jedoch bedeutet nichts. Es ist
ein bloßer Name ohne Sinn. Es könnte auf eine Diebsbande, verbündet
Räubereien auszuüben, oder auf jede andere Vereinigung angewendet
werden. Wenn Männer politische Parteien bilden, so pflegten sie ihre
Grundsätze aufzustellen. Die Feds jedoch erklären nicht, welches ihre
Grundsätze sind, woraus wir schließen könnten, daß sie entweder keine
Grundsätze haben und bloße Brummer sind, oder daß ihre Prinzipien zu
schlecht sind, um mitgetheilt zu werden. Ihr Streben indeß ist, die Gewalt
zu erlangen, und ihre Vorsicht besteht darin, den Gebrauch, den sie davon
machen wollen, zu verheimlichen. Solchen Leuten sollte man nicht trauen.

II. 2 G

Die Republikaner hingegen sind offen und freimüthig in Aufstellung ih=
rer Grundsätze; denn diese sind solcher Natur, daß sie keiner Verheimlichung
bedürfen. Je mehr sie veröffentlicht und verstanden werden, um so mehr
werden sie gebilligt.

Die Prinzipien der Republikaner sind, das repräsentative Regierungs=
System aufrecht zu halten, und als Erbtheil ihren Kindern zu hinterlassen,
in Frieden und Freundschaft mit allen Nationen, als das sicherste Mittel
zur Vermeidung von Krieg, zu leben, niemals sich in die Kriege anderer
Nationen hineinzumischen, und alle fremden Bündnisse zu vermeiden.
Alle Streitigkeiten mit fremden Nationen, wenn es geht, lieber durch Er=
klärung und Unterhandlung, als mit dem Schwerte zu ordnen und zu
schlichten; nicht mehr Steuern zu erheben, als für den anständigen Unter=
halt der Regierung nöthig ist; Jedermann für seine Dienstleistungen zu
bezahlen, und nicht mehr Diener zu haben, als gerade nöthig sind.

Die Republikaner stellen es als ein festes, unbestreitbares Prinzip auf,
daß die Souveränität in dem Volke liegt, und daß die Personen, welche sie
erwählen, die Repräsentanten jener Souveränität sind. Sie wollen von
so etwas, wie erbliche Regierung, oder geborne Regenten, nichts wissen.
Die Ungerechtigkeit abgerechnet, kann man vor der Geburt solcher Regen=
ten doch niemals wissen, ob sie weise Männer, oder Narren sein werden.

Die Republikaner fordern jetzt die Federalisten heraus, ihre Prinzipien
auszusprechen. Da die Federalisten jedoch dies bis jetzt noch niemals ge=
than haben, und höchst wahrscheinlich auch nie thun werden, so haben wir
ein Recht auf ihre Prinzipien von ihrer bisherigen Handlungsweise zu
schließen.

Die Federalisten opponirten der Abschaffung der inländischen Steuern,
welche während der stummen, kostspieligen und grundsatzlosen Verwaltung
des John Adams aufgelegt wurden; obschon es damals klar ersichtlich war,
und die Erfahrung seitdem es als eine Thatsache bestätigt hat, daß diese
Steuern nur dem Zwecke entsprachen, Aemter für Versorgung einer An=
zahl ihrer Anhänger auf Kosten der Nation zu schaffen. Von dieser ihrer
Handlungsweise schließen wir, daß die Federalisten, wenn sie wieder die
Gewalt erlangten, aufs Neue das Land mit inländischen Steuern belasten
würden.

Die Federalisten brachten, während sie im Amte waren, den Plan, eine
stehende Armee zu errichten, in Vorschlag, sie stimmten dafür, und um
das Land zu veranlassen in eine und für sich unpopuläre Maßregel zu
willigen, so erhoben und verbreiteten sie das lügenhafte Gerücht, daß Frank=
reich im Begriff stände, eine Armee zum Einfall in die Vereinigten Staa=
ten abzusenden, und, um zu verhüten, daß sie in dieser Lüge entdeckt wür=
den, und um das Land in Unwissenheit zu erhalten, erließen sie ein Gesetz,
das allen Handel und Verkehr mit Frankreich verhinderte. Da der Grund,
weshalb eine stehende Armee gebildet werden sollte, nicht existirte, selbst nicht
einmal in ihrer eigenen Meinung, denn es war eine absichtliche Lüge, so
haben wir das Recht daraus zu schließen, daß die Absicht der federalistischen
Partei bei der Bildung dieser Armee dahin ging, das repräsentative Re=
gierungs=System zu stürzen und eine Kriegs= und Steuer=Regierung nach
den verderbten Grundsätzen des englischen Systems zu gründen, und daß,
wenn sie wieder zur Gewalt gelangen könnten, sie wieder denselben Versuch
machen würden.

Was sonst die Ungereimtheiten, Widersprüche und Falschheiten der federalistischen Faction anbetrifft, so sind sie zu zahlreich, um gezählt zu werden. Als Spanien den Hafen New Orleans für die Bürger der Vereinigten Staaten schloß, da schrie die federalistische Partei im Congresse nach Krieg, und ihre Zeitungen hallten von diesem Schrei wieder. Die Faction im Congreß und außerhalb erklärte, New Orleans wäre von solch gewaltiger Wichtigkeit, daß ohne dasselbe die westlichen Staaten ruinirt werden müßten. Beobachtet jetzt aber die Sinnesänderung. Kaum war die Abtretung New Orleans und des Gebietes von Louisiana durch friedliche Unterhandlungen erlangt, und für vielfach geringeren Preis, als die Kosten eines Krieges, mit aller Unsicherheit seines Erfolges betragen haben würden; als gerade dieselbe Partei sich selbst Lügen strafte, und den Platz als werthlos darstellte. Ihrer Ansicht nach war er werth, daß man mit großen Kosten darum kämpfe, nicht aber ihn auf friedliche Weise für vergleichsweise geringen Preis erlange. Man sagt von einem Diebe, daß er lieber eine Börse stehlen als finden möchte, und das Verfahren der Federalisten bei dieser Gelegenheit stimmt mit diesem Spruche vollkommen überein. Alle diese Ungereimtheiten jedoch werden verständlich, wenn wir uns erinnern, daß die Führer der federalistischen Faction eine englische Faction sind, und daß sie gleich einem Trabanten den Veränderungen ihres Oberhauptes folgen. Es ist ihr beständiges Streben gewesen, und ist es noch jetzt, die Vereinigten Staaten in einen Krieg mit Frankreich oder Spanien zu verwickeln. Es ist dies ein englischer Plan, und die Zeitungen der Faction bringen jede Beleidigung, die Worte nur geben können, um Frankreich zu Feindseligkeiten zu reizen. Der von ihnen vorgehaltene Popanz ist, daß Bonaparte Louisiana angreifen wird. Es ist dies eine Erfindung des britischen Emissärs Cullen, alias Carpenter, und die Vereinigung der Federalisten, wenigstens einiger von ihnen, mit diesem verächtlichen Emissär verdächtigt ihren eigenen Charakter.

Die Republikaner, wie vorher erwähnt, sind dreist, offen und aufrichtig in Aufstellung ihrer Grundsätze. Sie sind keine heimlichen Lauscher. Mögen nun auch die Federalisten ihre Prinzipien aufstellen.

Gesunder Menschenverstand.

Den 17. October 1806.

——————

Preßfreiheit.

Der Verfasser der folgenden Schrift schreibt nie über Prinzipien, ohne den Lesern etwas mitzutheilen, das, wenn nicht neu, doch auf neue Weise dargestellt ist. Die Preßfreiheit ist ein Gegenstand von der höchsten Wichtigkeit. Er würde mich erfreuen, und ohne Zweifel der Nation einen wesentlichen Dienst leisten, wenn er seine Ideen darüber ausführlich veröffentlichte.

(Cheetham, vom 20. October 1806.)

Ueber den Ausdruck Preßfreiheit.

Schreiber dieses erinnert sich einer ihm von Hrn. Jefferson gemachten Bemerkung in Bezug auf die englischen Zeitugen, welche damals (1787), als Jefferson Gesandter in Paris war, höchst pöbelhaft schmähsüchtig waren. Diese Bemerkung trifft mit gleicher Stärke die amerikanischen federalistischen Zeitungen. Sie lautet: daß die Zügellosigkeit der Presse dieselben Wirkungen hervorbringt, welche durch Beschränkung derselben bezweckt werden. „Wenn die Beschränkung," sagte er, „verhindert, daß die Dinge mitgetheilt werden, so verhindert die Zügellosigkeit, daß man daran glaubt, wenn sie mitgetheilt werden." Wir haben in diesem Staate einen Beweis der Wahrheit dieser Bemerkung. Die Anzahl der federalistischen Zeitungen in Stadt und Staat New York sind mehr als fünf zu eins gegen die Anzahl der republikanischen Blätter, und dennoch geht die Majorität der Wahlen immer gegen die federalistischen Zeitungen; es ist dies deutlicher Beweis, daß diese Zeitungen durch ihre Zügellosigkeit das öffentliche Vertrauen verloren haben.

Wer über den Charakter von Nationen Beobachtungen angestellt hat, der wird es im Allgemeinen wahr finden, daß das Wesen einer Nation oder einer Partei an dem Charakter ihrer Presse besser und genauer zu erkennen ist, als an irgend einer andern öffentlichen Sache. Wenn ihre Presse zügellos ist, so sind ihre Sitten nicht gut. Niemand glaubt einem gemeinen Lügner oder einem gemeinen Verleumder.

Nichts ist gewöhnlicher bei Herausgebern (besonders von Zeitungen), als das beständige Schreien „Freiheit der Presse," als ob sie, als Herausgeber, mehr Rechte als andere Leute haben sollten. Da der Ausdruck „Preßfreiheit" in diesem Lande aufgenommen ist, ohne recht verstanden zu werden, so will ich dessen Ursprung angeben und zeigen, was er bedeutet. Der Ausdruck stammt von England, und die Sache verhielt sich, wie folgt: Vor dem, was man in England die Revolution nennt, welche im Jahre 1688 stattfand, konnte in jenem Lande kein Buch veröffentlicht werden, ohne zuerst die Erlaubniß des von der Regierung zur Beaufsichtigung der zur Veröffentlichung bestimmten Werke aufgestellten Beamten eingeholt zu haben. In Frankreich war es ebenso, mit dem Unterschiede, daß dort vierzig waren, die man Censoren nannte, während in England nur Einer war, den man den Imprimateur nannte.

Zur Zeit der Revolution wurde das Amt des Imprimateurs abgeschafft, und da Werke dann, ohne erst die Genehmigung des Regierungsbeamten zu erlangen, veröffentlicht werden konnten, so war die Presse in Folge dieser Abschaffung, wie man sagte, frei, und von diesem Umstande rührt der Ausdruck „Preßfreiheit" her. Die Presse, welche einer Zunge für das Auge gleicht, kam nun auch genau in dieselbe Lage, wie des Menschen Zunge. Es sucht Niemand vorher Erlaubniß nach, etwas zu sagen, was er denkt, jedoch wird er nachher für die Rohheiten, die er vorbringen dürfte, verantwortlich. Und ebenso, wenn ein Mann die Presse Rohheiten aussprechen läßt, so ist er dafür ebenso verantwortlich, als ob er sie mündlich ausgedrückt hätte. Hr. Jefferson hat in seiner Einsetzungs-Rede gesagt: „Irrthum in Meinungen könnte geduldet werden, wenn die Vernunft frei ist, ihn zu bekämpfen." Dies ist gute Philosophie in Fällen von Irrthum. Es ist jedoch ein Unterschied zwischen Irrthum und Zügellosigkeit.

Einige Advokaten haben bei Vertheidigung ihrer Clienten (die meisten Advokaten kämpfen wie Schweizer-Soldaten auf jeder Seite) oft ihre Ansicht, wie sie Preßfreiheit verständen, ausgesprochen. Der Eine sagte, es wäre dies, der Andere jenes, u. s. w., gerade nach dem Falle, den sie vertheidigten. Diese Männer nun hätten doch wissen sollen, daß der Ausdruck „Preßfreiheit" von einem bestimmten Umstande herkam, der Abschaffung des Amtes eines Imprimateurs, und daß Ansicht mit dieser Sache nichts zu thun hat. Der Ausdruck bezieht sich auf die Thatsache des Veröffentlichens, frei von vorheriger Beschränkung, und nicht im geringsten auf die veröffentlichte Schrift, sei sie gut oder schlecht. Das Volk im Allgemeinen, oder, in Folge einer Anklage, ein Geschwornengericht, wird über das Veröffentlichte den Spruch fällen.

Am 19. October 1806.

Gesunder Menschenverstand.

———

Der Emissär Cullen, alias Carpenter.

In Cullen's, fälschlich der „Volksfreund" betitelter Emissär-Zeitung vom October befindet sich ein „Hamilton" unterzeichneter Artikel, in welchem mehrere offenbar verfälschte Anführungen aus einem meiner im New Yorker „Amerikanischen Bürger" vom 11. Oct. veröffentlichten und „Mittheilung" überschriebenen Artikel gemacht sind. Diese Fälschungen werden betrügerischer Weise dem Publikum als wortgetreue Auszüge aus jener „Mittheilung" vorgeführt.

Am Sonnabend den 18. October fertigte ich eine Abschrift dieser Fälschungen an und ersuchte einen meiner Freunde, *) zu Cullen, oder Carpenter, oder was sonst sein Reisename sein mag, zu gehen, ihm besagte Fälschungen und auch ein von mir in meinem eigenen Namen geschriebenes Billet vorzulesen, in welchem ich anfragte, ob jene Fälschungen und der „Hamilton" unterzeichnete Artikel von ihm herrührten, oder zu erklären, wer der Verfasser wäre.

Der Herr, der es übernahm, Carpenter in dieser Angelegenheit zu besuchen, ging am nächsten Tage nach seinem (Carpenters) Büreau, konnte aber nicht erfahren, wo er wäre. Er ließ ihm nun durch den im Büreau angestellten Manne sagen, daß er am nächsten Montag wieder kommen würde und daß er Hrn. Carpenter etwas mitzutheilen hätte. Dem gemäß ging er am Montage wieder hin, Carpenter war jedoch wieder nicht zu finden. Er ließ den früheren Bescheid für Dienstag, und ging zum dritten Male hin, aber Carpenter war nicht zu finden. Er erkundigte sich nun bei den Personen in dem Büreau, die dorthin zu gehören schienen, wo Carpenter verweilte oder wohnte. Sie sagten, sie wüßten es nicht, jedoch glaubten sie, es wäre weit ab. Sie sagten darauf, er möchte seine Botschaft ihnen mittheilen; das Vorhaben des Herrn aber war, Carpenter selbst zu sprechen und ihm meine Zuschrift vorzulesen, und da er drei Mal

———

*) Hrn. Walter Morton.

II. 2 a 2

ba gewesen, und fand, daß Carpenter sich versteckt hielt, so ging er weg, und ich ersuchte ihn, nicht mehr hinzugehen.

Ein Emissär ist immer versteckten Charakters. Sein Geschäft ist Lügen und Betrügen. Er scheut die Oeffentlichkeit und fürchtet, jede Nachfrage nach ihn geschähe in der Absicht, ihn festzunehmen. Mein in dem „Amerikanischen Bürger" vom 11. October erschienener und „Mittheilung" überschriebener Artikel, welchen Cullen oder Carpenter in seiner Nummer vom 13. October verfälscht hat, war in der Absicht geschrieben, den New Yorkern einige Besorgniß vor der Gefahr einzuflößen, der sie sich dadurch aussetzten, daß sie dem Emissäre einer kriegführenden Nation zum Schaden einer andern, mit derselben im Kriege befindlichen, Schutz und Ermuthigung gewährten.

Die Vereinig. Staaten sagen, daß sie eine neutrale Nation sein wollen, und als solche können sie nicht einen Emissär irgend einer der kriegführenden Nationen beherbergen. Wenn die Auslieferung dieses Emissärs von der beleidigten Partei gefordert wird, dann muß die Nation, welche ihn aufgenommen hat, entweder ihn ausliefern, oder im Weigerungsfalle die Folgen riskiren. Nationen reguliren ihre Streitigkeiten nicht durch Prozesse, denn es gibt keinen Gerichtshof, wo man dergleichen Prozesse führen könnte. Sie beklagen sich zuerst über irgend eine wirkliche oder vermeintliche Beleidigung, und wenn dies nicht von der Regierung, gegen welche sie sich beklagen, entschuldigt und redressirt wird, dann helfen sie sich allein, denn Nationen, in Bezug zu einander, sind gleich Individuen im Naturzustande. Wir haben kein Gesetz in Bezug auf Emissäre; deshalb sind Emissäre gleichsam vogelfrei, und sie müssen sich in das Schicksal fügen, daß sie gerade trifft. Sie sind nicht zu Schutz berechtigt. Sie verletzen, wie Spione, die Gesetze des Gastrechts, und setzen den Ort, der sie beherbergt, Gefahren aus.

In dem vorerwähnten, „Mittheilung" überschriebenen Artikel, sagte ich, daß das britische Ministerium Gesandte in einige der deutschen Staaten sende, um Verschwörungen anzuzetteln, und daß die französische Regierung, als sie dies ausfand, eine bewaffnete Macht absandte und jene Emissäre verhaftete, und daß zwei der englischen Gesandten an den erwähnten deutschen Höfen aus dem Lande fliehen mußten. Drake, der englische Gesandte in München, wäre einer von diesen gewesen. Nicht weil New York, sagte ich ferner, weiter von Frankreich entfernt ist, kann man hier Verschwörungen mit größerer Sicherheit anstiften; überdies sollte man sie auch gar nicht dulden. Zwei- oder dreitausend französische Soldaten würden bald New York säubern, und eine Ladung von Verschwörern fortführen. — Unter andern Fälschungen hat Carpenter auch diese Stelle verfälscht, welche eine Warnung gegen die Gefahr seiner Beherbergung war, und er machte daraus eine Einladung an zwei- oder dreitausend französische Soldaten, herüberzukommen und die „Kaufleute" zu plündern. Sollte Carpenter wegen Lügens angeklagt und verurtheilt werden, so kann er sich nicht beklagen, daß sein Urtheil hart wäre. Lügen ist jedoch so natürlich die Muttersprache eines Emissärs, daß Wahrheit ihm wie eine fremde Sprache ist. Die Fälle, welche ich in Bezug auf die vom britischen Ministerium nach Deutschland gesandten Emissäre angeführt, hätte die Federalisten von New York veranlassen sollen, sich gut vorzusehen, und um ihrer eigenen Sicherheit willen Carpenter weder zu unterstützen, noch zu ermuthigen. Dies wäre für die Männer, welche sich Federalisten nennen, um so nothwendiger, als ihr eigener politischer Charakter sehr zweideutig ist. Sie haben niemals erklärt, was eigentlich ihre Grundsätze sind, oder zu welchem Zwecke sie sich verbunden haben. Ihre Sprache ist Schmähung, anstatt Vernunftgründe; und in so weit ihre Handlungsweise ihre Beweggründe offenbart, denn Prinzipien haben sie keine, so sind ihre Führer eine englische Faction, die den Frieden der Vereinigten Staaten nicht wünscht.

Carpenter kam ungefähr zur selben Zeit nach den Vereinigten Staaten, als Pitt, dessen Gemeinheit seiner Unwissenheit gleicht, seine Emissäre nach Deutschland sandte. Carpenter ist der Nachfolger von Procupine; er gleicht ihm an Gemeinheit, aber nicht an Witz. Der Eine war talentvoll, der Andere hat nicht Talent genug, ein Schurke zu sein. Ich will mich auf keinen Streit mit diesem Emissär einlassen. Ich entlarve ihn nur, und warne die Federalisten, oder vielmehr Diejenigen, welche von dieser Faction getäuscht worden sind, gegen ihn auf ihrer Hut zu sein; nachdem ich dies gethan habe, lasse ich sie gehen. Die Republikaner haben nichts zu fürchten. Sie reizen nicht zu Verschwörungen gegen eine befreundete Macht auf.

Am 28. October 1806.

Thomas Paine.

Mittheilungen über Cullen.

Zufälliger Weise kennt Duane, der Herausgeber der „Philadelphia Aurora," den Emissär Cullen, welcher unter dem Namen Carpenter geht, und Herausgeber einer Zeitung in New York ist, die er nach Emissär-Weise den „Volksfreund" nennt. Ich sende Ihnen einige Auszüge aus der „Aurora" vom 28. October, in Bezug auf diese Emissärschaft; sie lauten, wie folgt:

„Zwei der anglo-federalistischen Redacteure von New York sind über ihren neuen Gefährten Cullen (der sich Carpenter nennt) hergefallen. Cullen hat seine englische Agentschaft zu deutlich durchblicken lassen; Coleman sagt ihm dies; er tadelt Cullen keineswegs wegen dessen Wunsch und Streben, ein Offensiv- und Defensiv-Bündniß mit England zu fördern, sondern weil er die Sache so offenkundig gemacht und so den Gefühlen und Interessen des Volkes opponirt hat, wovon die schlimmste Folge, seiner Ansicht nach, der Ruin der anglo-federalistischen Partei sein wird. Der New-Yorker Commercial Advertiser (kaufmännische Anzeiger) ist auch sehr streng gegen Cullens englische Sympathien, und kämpft mannvoll gegen dieses englische Emissär-Unwesen. Cullen fühlt es, und kommt mit hochmüthigem Geschwätz heraus. Er sagt, seine Abreise von England geschah eines Unglücks wegen; jedoch welche Art von Unglück dies war, das sagt er nicht.

„Cullen brüllt ganz wacker wegen seines persönlichen Betragens, wovon, wie er weiß, der Redacteur dieser (der „Aurora") einen ergötzlichen Bericht geben könnte, wenn er geneigt wäre, sich mit Privat-Anekdoten zu befassen.

„Vielleicht gab es in Calcutta nie einen so schmutzigen und liederlichen Menschen, als den jetzt so zarten Herrn Cullen, alias Carpenter. Dieser Cullen, mit dem der Verfasser dieses Artikels (Duane) in Indien niemals Gemeinschaft hatte, den er jedoch häufig in dem angedeuteten Zustande sah und bedauerte, redete den Herausgeber dieser Zeitung (der „Aurora") in der Gallerie des englischen Hauses der Gemeinen im Winter 1795 an. Der Herausgeber dieser Zeitung (der „Aurora") war damals Berichterstatter für ein geistvolles Blatt, der „Telegraph" genannt. Ein anderer Herr, der auch Berichterstatter für eine Zeitung war, gab, als er diesen Cullen mit dem jetzigen Herausgeber dieser Zeitung (der „Aurora") in Unterhaltung begriffen sah, den folgenden freundlichen Wink: „Kennen Sie diesen Cullen?" „Ich war niemals mit ihm persönlich bekannt; ich habe ihn in Calcutta gesehen und habe dort viel über ihn gehört." „Ich sage Ihnen," erwiederte der Herr, „daß, wenn Sie mit diesem Manne umgehen, so müssen Sie alle Ihre jetzigen Bekanntschaften aufgeben, denn keiner der respectablen politischen Schriftsteller wird sich mit ihm abgeben." Der Wink war gänzlich unnöthig, und das ganze Gespräch (ich meine das Gespräch mit Cullen) beschränkte sich darauf, daß er dem Redacteur dieser Zeitung (der „Aurora") seinen Namen sagte, und daß er dieselbe Person wäre, welche er früher in Calcutta gesehen hätte. Dies (sagt der Redacteur der „Aurora") ist der bescheidene Charakter (nemlich Cullen, jetzt Carpenter), welcher von Zartgefühl und Wahrheitsliebe wie Mutter Cole von Religion und Keuschheit faselt. (NB. Mutter Cole ist die heuchlerische alte Kupplerin, die in Foote's Lustspiel „der Unmündige" vorkommt.)

„Es ist (fährt die „Aurora" fort) nur ein sehr geringer Unterschied zwischen Cullen und Coleman, — sie folgen beide denselben Regeln der Politik; Grundsätze haben sie keine, und der wahre Grund ihrer Zänkerei ist, daß der New Yorker Antheil der Million, welche, wie Cobbett (das ist Porcupine) sagt, von England in Amerika verausgabt wird, nicht ausreichen will, so viele Concurrenten zu bezahlen."

Daß die föderalistische Faction mit dem Emissär Cullen verbündet ist, beweist der Umstand, daß sie die Anzeigen der Namen der Männer, welche sie zu Charter-Beamten vorschlägt, in sein Blatt einrücken läßt. Sie fängt jetzt an ihn abzudanken. Zwei der föderalistischen Redacteure, Coleman und Lewis, haben beide gegen ihn geschrieben. Wie ist diese Veränderung zu erklären? Denn jede Veränderung muß einen Grund haben.

Ein Schriftsteller im „Amerikanischen Bürger" vom 28. October, unter der Signatur: „ein Republikaner", vermuthet, daß die Ursache Eifersucht gegen Cullen, als ihrem literarischen Nebenbuhler, ist; doch dazu wäre kein Grund vorhanden, denn Cullen ist nur ein unbedeutendes Geschöpf. Die „Philadelphia Aurora" vom 28. schließt, daß es ein Streit wegen der Theilung der Beute sei, über die Theilung der Million Pfund Sterling, welche, wie Cobbett (Porcupine) sagt, die englische Regierung in Amerika verausgabt. Welche Thorheit, dies zu thun! Denn wenn auch die große Mehrheit der Zeitungsdrucker gekauft oder gemiethet werden kann, jedes Ding zu drucken, so kümmern sich doch die Landleute, welche die Hauptstütze des Landes sind, nicht im Mindesten um das Geschrei der Drucker, noch um das unsinnige Geschwätz anonymer Sudler. Sie lachen nur über solche Dinge. Die Presse ist zu gemein geworden, um Vertrauen zu finden, wenn nicht der Verfasser bekannt ist.

Ohne jedoch irgend eine andere Ursache zu muthmaßen, weswegen die Federalisten Cullen abgedankt haben, ist die Sache einfach die, daß das, worauf dieser Emissär ausging, ein Offensiv- und Defensiv-Bündniß mit Britannien, der Ruin der Kaufleute gewesen sein würde, deren größerer Theil zur federalistischen Partei gehört. Diese Männer, wenn auch unwissend in der Politik, haben aus Gewohnheit einiges Talent für Speculation, und wenn sie nicht stockblind waren, so konnten sie nicht umhin, einzusehen, daß, wenn solch ein Bündniß geschlossen würde, das ganze Fracht-Geschäft gänzlich verloren gehen würde, denn die Vereinigten Staaten würden nach diesem Bündnisse nicht mehr eine neutrale Nation sein, noch als solche behandelt oder betrachtet werden. Und da Leute, wenn sie zu denken anfangen, nicht bei dem ersten Gedanken innehalten, denn ein Gedanke erzeugt den andern, so würden sie bald sehen, daß der Handel mit Bordeaux, welcher bedeutender, als der Handel mit London ist, auch verloren sein würde, und wenn sie etwas weiter denken, so würden sie entdecken, daß Amsterdam und alle Häfen des europäischen Continents den amerikanischen Schiffen so verschlossen sein würden, als sie jetzt den englischen Schiffen verschlossen sind. Verbündete müssen das nemliche Schicksal theilen.

Ob Coleman und Lewis dies einsahen, ehe die Faction, zu der sie gehören, es entdeckte, das mögen sie unter sich ausmachen. Sie mochten ja auch fürchten, daß die beständige Beschimpfung und die Gemeinheiten in Cullens infamer Zeitung gegen die französische Nation von der französischen Regierung und deren Gesandten in Washington nicht immer unbeachtet bleiben würden oder könnten.

Am 5. November 1806.

Gesunder Menschenverstand.

Die Federalisten fangen an, sich zu bessern.

Es ist einige Hoffnung vorhanden, daß die Federalisten sich zu bessern anfangen; bereits sind sie herabgestiegen von dem großen Laster des directen Lügens, und sie haben es mit dem bescheidenen Laster, Lügen-Fragen zu machen, versucht. Daß diese Reformation bereits begonnen hat, haben die New Yorker „Abend-Post," einige andere federalistische Zeitungen und ein gewisses federalistisches Blatt in Philadelphia dargethan, indem sie an Thomas Paine folgende Lügen-Fragen machten:

„Wissen Sie etwas von einer gewissen, dem erecutiven Directorium der derzeitigen französischen Republik von einem damals in Frankreich lebenden amerikanischen Bürger überreichten Denkschrift, in welcher das Directorium aufgefordert wurde, eine mächtige Armee herüber zu schicken, um Amerika zu revolutioniren? Unter andern Beweggründen führte die Denkschrift auch an, daß in den Vereinigten Staaten eine englische und französische Partei wäre, und daß die französische Partei sich unmittelbar nach der Ankunft der Armee mit derselben vereinigen würde.

„Wissen Sie, daß diese Denkschrift einen tiefen Eindruck auf die Directoren machte, und daß sie dem Bürger Pichon, vormaligem französischen Geschäftsträger in den Vereinigten Staaten, überwiesen wurde?

„Wissen Sie, daß das Directorium nur mit größter Mühe zum Aufgeben des Planes, Amerika zu revolutioniren, veranlaßt werden konnte, und daß es ihn auch nicht eher aufgab, als bis ihm glaubwürdig versichert wurde (bitte, wer versicherte es ihm), daß die Bürger aller Parteien sich vereinigen und der (jeder) einfallenden Armee Widerstand leisten würden?

„Wissen Sie (hier folgt ein großer Zwischenraum, ausgefüllt mit Sternen, so nämlich: ***), doch, wie sollten Sie wohl von diesen Dingen etwas wissen; außerdem dürften drei Fragen auf einmal wohl gerade so viel sein, als Sie gut beantworten können."

Lügen-Fragen zu stellen, ist ein Anzeichen von Besserung bei den Federalisten, denn es ist nicht ganz so schlecht, als Lügen zu sagen. Aber es steht nur zu fürchten, daß sie Rückfälle bekommen werden. Da ihre Genesung von dem schrecklichen Zustande, in dem sie sich befanden, von Interesse für das Publikum ist, so wird es zweckmäßig sein, dann und wann ein Bulletin über ihren Gesundheitszustand zu veröffentlichen.

Da eine Lügenfrage zuweilen durch eine aufrichtige Frage über Etwas, das wahr ist, beschämt werden kann, so frage ich diese: ob John Adams, als er und der damalige federalistische Congreß das Gesetz zur Aufhebung des Tractates mit Frankreich erließen, die 6 Millionen Livres an Frankreich bezahlte, welche Oberst John Laurens und Thomas Paine im August 1781 von Frankreich nach Boston brachten, wovon zwei und eine halbe Million in Silbergeld waren, und in der Bank zu Philadelphia, deren damaliger Präsident Thomas Willing war, niedergelegt wurden; das Uebrige war in Kleidern und Kriegsbedürfnissen, genug um ein Schiff und eine Brig damit voll zu laden; außerdem was noch in der französischen Fregatte war, welche das Geld herbrachte?

Die Sache ist diese, daß seit „den Zeiten, die die Seelen der Menschen prüfen," sich eine Sorte dünkelhafter federalistischer Undankbarer bemerkbar gemacht hat, welche von jenen Zeiten nichts wissen. Schreiber dieses, den Jedermann kennt, könnte noch viel mehr erzählen, wenn ihn nicht Klugheit zurückhielte; die albernen Federalisten jedoch sind stets unklug. Sie begehen fortwährend Dummheiten und zwingen zu Erklärungen, welche zu verschweigen die Klugheit erheischt.

Am 10. November 1806.   C—N. S.—

An einen Freund des Friedens.

Der „Amerikanische Bürger" vom 5. November sagt: „In dem „Volksfreund" (der Zeitung des Emissärs Cullen, alias Carpenter) von gestern, in dem „Kaufmännischen Anzeiger" (Commercial Advertiser) und der „Abend-Post" erschien ein zwei Spalten langer Aufsatz, unterzeichnet: Ein Freund des Friedens, welcher von Anfang bis zu Ende voll bitterer Schmähungen gegen die National-Administration ist, weil sie nicht den Hafen von New York befestigt. Dieser Aufsatz aus federalistischer Feder, höchst wahrscheinlich aus Herrn Kings, geflossen, erschien am selben Morgen in seiner Excellenz Commobitäts-Zeitung, der „Morgen-Chronik". (Siehe „Volksfreund" und „Morgen-Chronik" von gestern.)

Die erste Bemerkung, die sich über diesen Gegenstand darbietet, ist die Wahl der Zeitung, in welcher der oder die Schreiber des vorerwähnten zwei Spalten langen Aufsatzes ihren Artikel veröffentlichten. Sie wählten zu diesem Zwecke die Zeitung des Emissärs Cullen, alias Carpenter, dessen Zeitung erstens beständig voll von Beschimpfungen und Gemeinheiten gegen die National-Administration ist, an welche die vorgeschlagene Adresse der federalistischen Faction wegen Befestigung des Hafens von New York gerichtet werden soll; es zeigt dies, daß diese vorgeschlagene Adresse nur ein Kniff ist, um das Volk zu amusiren. Zweitens strotzt die Zeitung dieses Emissärs, welchen die anglo-federalistische Partei beschützt (denn sie ist es, welche ihn beschützt, und nicht das Volk) beständig von den pöbelhaftesten und frechsten Schimpfreden auf die französische Nation, die französische Regierung, und deren Gesandten zu Washington; und jetzt verlangt dieser Emissär und seine Verbündeten von den Bürgern aller andern Staaten, daß man sich wegen der Vertheidigung New Yorks gegen die befürchteten Folgen ihrer eigenen Schmähungen in Kosten setze; denn das ist die einzige Gefahr, welcher der Ort ausgesetzt ist. Zweitens strotzt die Zeitung dieses

Die Bewohner von Boston, Philadelphia, Baltimore, Charleston und andern Handelsstädten, welchen alle Kriegsschiffe zugänglich sind, verlangen nicht, daß New York sich wegen der Besestigung ihrer Plätze in Kosten setze; weshalb verlangt denn eine Faction in New York dies von ihnen? Die Antwort ist, daß diese Städte, obschon sie auch ihre localen Streitsachen haben, nicht den Emissär einer kriegführenden Nation gegen eine andere kriegführende Nation bei sich aufnehmen. Dies aber thut eine federalistische Faction in New York.

Die Faction sagt in ihrer vorerwähnten Adresse, daß es zu den wichtigsten Pflichten einer Regierung gehöre, das Staatsvermögen zu Schutz- und Sicherheitsmaßregeln gegen Einfälle und Beleidigung von Außen zu verwenden. Es ist jedoch die Faction selbst, welche diese Beleidigung anthut, indem sie beständig die französische Nation und Regierung beschimpft, und jetzt verlangt sie Schutz gegen die befürchteten Folgen dieser Beschimpfung. Es ist eine Beleidigung Frankreichs, den Emissär Cullen, alias McCullen, alias Carpenter (denn unter allen diesen Namen ist er gegangen) zu beherbergen, und es würde ebenso eine Beleidigung Englands sein, einen französischen Emissär zu beherbergen. Eine neutrale Nation verletzt ihre Neutralität, wenn sie den Emissär einer kriegführenden Nation bei sich aufnimmt. Ein solches Verfahren war Ursache des Sturzes der Schweiz. Basel, in der Schweiz, war das Quartier der britischen Emissäre.

Wenn Rufus King, der Verfasser des vorerwähnten albernen Schriftstücks ist (denn es ist wirklich albern und langweilig geschrieben), so muß er wissen, denn er ist, Gott weiß es! selbst Gesandter bei fremden Höfen gewesen, daß jeder Gesandte angewiesen ist, seiner Regierung, wenn Gelegenheit zur Beförderung da ist, einen wöchentlichen Bericht einzusenden, von Allem, was bei der Nation, zu der er gesandt ist, vorgeht, und was zu den Interessen der Nation, welche er repräsentirt, in Beziehung steht. Es werden folglich die Manöver der anglo-federalistischen Faction in New York der französischen Regierung bekannt sein; indeß gleichzeitig wird jene Regierung aus der diesen Manövern gemachten Opposition erkennen, daß sie das Werk einer gemeinen und verächtlichen Partei, und nicht des Volles sind. Und in so weit als Schreiber dieses (der dieselbe Person ist, welcher die Flugschrift „Gesunder Menschenverstand," Anfang des Januars 1776 und die verschiedenen Nummern der „Crisen" während jenes Krieges schrieb) diesen Manövern Opposition gemacht und den Unterschied zwischen der Faction und dem Volke dargethan hat, in so weit ist er der Freund des Volkes gewesen. Was die Faction selbst anbetrifft, so macht sich Thomas Paine gar nichts aus ihr, er ist jedoch höflich genug gewesen, sie vor ihrer Gefahr zu warnen. Wenn Rufus King, falls er der Verfasser des Artikels in Cullens Zeitung vom 4. November, und in der „Morgen-Chronik" vom selben Tage ist, in deutlichen Worten das, was er darin indirect andeutet, daß Thomas Paine zwei- oder dreitausend französische Soldaten einlud, die Stadt zu plündern, sagen will, dann wird Thomas Paine den Rufus King mit einem Proceß wegen Lügens beehren. Eine Faction muß wirklich in einer beklagenswerthen Lage sich befinden, wenn sie genöthigt ist in Lügen Hülfe zu suchen. Sie sollte sich erinnern, daß nichts leichter ist, als eine Lüge zu sagen, und nichts schwerer als eine Lüge, nachdem sie gesagt, aufrecht zu halten.

Jedoch all diese Affectation wegen der Befestigung New Yorks ist nur ein federalistischer Wahlkniff. Weshalb dachten sie nicht daran während der Administration des John Adams, oder Washingtons? Weshalb nehmen Sie diesen Gegenstand jetzt auf, und thaten es damals nicht? New York ist nicht in größerer Gefahr jetzt, als es damals war, auch ist es nicht in mehr Gefahr, als irgend eine andere Seestadt oder ein anderer Handelsplatz in der Union, außer es wäre denn die Gefahr, in welche die Faction es durch Aufnahme und Ermuthigung des Emissärs einer kriegführenden Nation gegen uns andere bringt.

Doch angenommen, um der Annahme willen, die anderen Staaten würden einwilligen, sich den Kosten der Befestigung New Yorks zu unterziehen, welches sie gewiß nicht thun werden, denn alle atlantischen Staaten haben selbst Seehandelsplätze; wie, frage ich nun, ist New York zu befestigen? denn ich stelle die Ausführbarkeit seiner Befestigung in Abrede. Es ist mehr die Natur, als die Kunst, welche Plätze vertheidigungsfähig macht, und die Lage New Yorks läßt keine Vertheidigung zu. Wäre eine fremde Macht geneigt es anzugreifen, so würde sie es nicht von vorn mit Kriegsschiffen angreifen. Sie würden entweder auf dem East- oder dem North-River, oder auf beiden an der Stadt vorbeifahren, ihre Truppen einige Meilen oberhalb der Stadt landen, und dann zur Stadt heruntermarschiren, oder sie würden zu diesem Zwecke auf dem East-River herunterkommen, oder sie würden auf dem östlichen Ufer von Long Island landen, quer durch die Insel marschiren, und den East-River in Böten, welche sie mit sich führen würden, passiren. Wenn die Federalisten-Partei ihren Vertheidigungsplan, wenn sie überhaupt einen hat, vorlegen wollte, so wird ihnen Schreiber dieses die Albernheit dieses Planes zeigen, er glaubt, daß er mehr davon versteht, denn er hat mehr befestigte Plätze gesehen, als sie.

Die Sache ist die: New York hat die schlechteste Lage für eine Vertheidigung, die man nur wählen könnte. Der ursprüngliche Plan war, die Stadt bei Harlem zu erbauen, welches sowohl für den Handel, als auch für die Vertheidigung eine bessere Lage als die Inselspitze, wo die Stadt jetzt steht, ist. Die Gewässer des North- und East-Rivers vereinigen sich vermittelst des Flusses zu Kingsbridge in Harlem, und der Markt würde so dem Lande sieben bis acht Meilen näher sein, als er jetzt ist.

Den 13. November 1806.

Gesunder Menschenverstand.

Bekanntmachungen,

betreffend den Betrüger Cullen, alias McCullen, alias Carpenter, den Genossen der New Yorker Federalisten.

In früheren diesen Betrüger betreffenden Mittheilungen bemerkte ich, daß Duane, Redacteur der Philadelphier Aurora, denselben in England und in Indien gekannt hatte. Ehe ich Duane's fernere Berichte über ihn mittheile, will ich erzählen, was ich hier in New York über ihn gehört habe.

Ungefähr vor vier Jahren kam dieser Mann nach New York, und logirte in einem Hause, wo damals einer meiner Freunde wohnte. Zu der Zeit ging Cullen unter dem Namen McCullen, und wie das bei Leuten seines Schlages oft vorkommt, daß, wenn der Branntwein hineingeht, das Bischen Verstand hinausgeht, so verrieth er sich häufig dummer Weise selbst. Großprahlerisch sagte er dann, es wären ihm vom englischen Ministerium große Summen Geldes angeboten worden, damit er nicht gegen dasselbe schreibe. Er ging, als er eines Tages in golbener Laune war, auf sein Zimmer, legte englische Regimentsuniform an, und kam dann, sich zu zeigen. (N. B. Er ist Regiments-Vice-Zahlmeister gewesen und ist der Sohn des Logenschließers am Crown Street Theater in Dublin).

Auf seiner Reise von New York besuchte er Duane in Philadelphia, um ihm Druckschriften zu verkaufen; er ersuchte ihn nebenbei seinen Namen zu verschweigen und ihn nicht bloszustellen. Duane erwiederte (siehe die Aurora vom 1. November): „Was die Enthüllung ihres Geheimnisses anbetrifft, so haben Sie kein Recht, mir Verschwiegenheit aufzulegen. Es wird jedoch von Ihnen selbst abhängen, Veranlassung zum Schweigen oder zur Veröffentlichung in dieser Sache zu geben; und zwar wird dies gänzlich von dem Zwecke Ihrer Hierherkunft, und von Ihrer ferneren Handlungsweise abhängen."

Cullen: „Meine Absicht ist, mich um Parteien oder Politik nicht zu bekümmern, ich wünsche ein hübsches Landgut in der Nähe von Washington, wenn möglich zu kaufen, und, gänzlich fern von Politik, mit der ich ein für allemal fertig bin, meine Mußestunden mit literarischer Beschäftigung auszufüllen."

Duane: „In diesem Falle könnte ich keine Ursache haben, mich um Sie oder Ihren Namen zu kümmern; — gestatten Sie mir indeß zu bemerken, ich bin, wie ich Sie und Ihre politischen Verbindungen in England kenne, sehr zu dem Argwohne geneigt, daß Sie in ganz anderer Absicht in dieses Land gekommen sind."

Cullen: Keineswegs. Ich bin mit Politik ein für allemal fertig."

Duane: „Wenn Sie in der Absicht, die Sie anführen, hierher gekommen sind, und ich werde es nicht bestreiten, als bis sich triftige Gründe

II. 2 H

für das Gegentheil zeigen, wenn Sie hier nicht als ein Feind bürgerlicher Freiheit, als ein Emissär des englischen Ministers (bezüglich auf Pitt, der Emissäre nach Deutschland sandte) gekommen sind, und hier nicht dieselbe politische Richtung wie in London verfolgen, dann werde ich Ihr Geheimniß bewahren; jedoch sage ich Ihnen, daß, wenn Sie entweder versuchen, sich in die politischen Angelegenheiten dieses Landes hineinzumischen, oder die Prinzipien der Regierung anzugreifen, dann werde ich mich nicht allein verpflichtet halten, Sie öffentlich bloßzustellen, sondern Sie der Welt in offenster und rücksichtslosester Weise zu schildern."

Duane kaufte die Druckschrift und endigte die Unterhaltung.

Duane fährt nun in seinem Berichte über diesen Emissär fort, indem er sagt, daß er (Cullen) im Solde der officiellen Zeitung des britischen Schatzamts war, daß Windham, der Gönner Porcupines, auch sein Gönner war, daß sein Name Cullen und nicht Carpenter ist, daß er ein Irländer, jedoch ein Vertheidiger Englands (Betreffs der Unterbrückung Englands gegen Irland) wäre. „Ein so mit Infamie gebrandmarkter Mensch," fährt Duane fort, mag der Aufmunterung und Unterstützung der Föderalisten werth sein; die amerikanische Nation aber wird, nachdem sie mit dem Charakter dieses Emissärs so genau bekannt geworden, zugleich den Werth seiner Schriften, und die Ansichten seiner Gönner zu würdigen verstehen."

Hier endet Duane's Bericht über ihn in der Aurora vom 1. November.

In der Aurora vom 6. November nimmt Duane diesen Gegenstand wieder auf: „Es ist," sagt er, „ein Act öffentlicher Gerechtigkeit diesen Kerl Cullen, alias Carpenter, zu verfolgen auf allen seinen Schleichpfaden. Es ist eine Schmach für die Gesellschaft, einen solchen Betrüger zu unterstützen; ihn in einer unserer Hauptstädte (New York) zu dulden, ist ein Schandfleck auf dem Land, seinen Sitten und seinen Gerechtigkeitssinn. Während dieser Cullen den Charleston Courier herausgab, nahmen wir nur selten von ihm Notiz; jedoch sein Betragen dort wurde solcher Art, daß es einen wohlunterrichteten Mann zu einer Schilderung Cullens veranlaßte. Bald darauf verließ Letzterer den Platz.

„Wir haben sein Verfahren, seit man ihn in Besitz einer Zeitung in New York gesetzt hat, scharf beobachtet, weil jene Stadt das Haupt-Stelldichein des englischen Einflusses und das besondere Asyl des alten Torythums ist."

Aurora vom 7. November: „Der englische Emissär Cullen in New York hat niemals etwas von seiner amtlichen Thätigkeit als Vice-Zahl-Meister, ernannt von Herrn Windham (Porcupine's Gönner) erwähnt. Wir müssen wohl vermuthen, daß sein „Unglück" in diesem Amte seine Uebersiedelung nach den Vereinigten Staaten und die Veränderung seines Namens in Carpenter veranlaßte." -

Hier endigen die Auszüge aus der Aurora. Die Handlungsweise und der Charakter dieses Cullen, alias McCullen, alias Carpenter, sind so sehr verdächtig, daß, Falls er nicht einigermaßen befriedigende Auskunft über sich selbst geben kann, mit welchen Empfehlungen er hierher kam, und Falls er nicht irgend einen respektabeln Mann veranlassen kann, für ihn Zeugniß zu geben und einzustehen, man ihm nicht den Aufenthalt in der Stadt gestatten sollte. Sein Verweilen wird Verdruß bringen. Er ist gezeichnet mit allen verdächtigen Merkmalen eines Betrügers, und er zeigt den Charakter eines Emissärs.

Da er britischer Unterthan, nicht Bürger der Vereinigten Staaten und ein Fremder unter falschem Namen ist, wird Hr. Erskine, britischer Gesandter, ihn unter seinen Schutz nehmen und für ihn einstehen? Wenn nicht, so wird es am Besten sein ihn fortzusenden. Es heißt dies Cullen eine Begünstigung gewähren, welche er nicht verdient.

Es ist ein Umstand, der nicht leicht zu erklären ist, daß zur selben Zeit als Herr Erskine, ein Mann von gutem Rufe und angesehenen Familien-Verbindungen, zu Washington mit einer Sendung an die Regierung der Vereinigten Staaten eintrifft; sich ein Betrüger unter einem falschen Namen, und versehen mit britischer Regiments-Uniform, damit beschäftigt, in der infamsten Sprache bestialischer Trunkenheit dieselbe Regierung, mit welcher Herr Erskine zu unterhandeln beauftragt ist, zu beschimpfen. Kann Rufus King, oder ein anderer Unglücksmensch dies erklären?

Gesunder Menschenverstand.

Den 19. November 1806.

Ueber den Emissär Cullen.

Es geht aus einem Artikel im „Oeffentlichen Anzeiger" hervor, daß Cullen, alias Carpenter, oder wie sonst, wenn er überhaupt einen hat, sein Name sei, eine Criminal-Klage gegen den Drucker oder Herausgeber des „Oeffentlichen Anzeigers" erhoben hat; jedoch worauf die Anklage ist, wird darin nicht angegeben. Es wird hieraus mancher Vortheil und manches Vergnügen entspringen. Er wird sich identificiren und nachweisen müssen, wer er ist, mit welchen Empfehlungen er nach Amerika kam, und, wenn er kann, einige respectable Personen vorbringen, die für ihn Zeugniß ablegen. Wir haben nicht die Freiheit als ein Asyl für Betrüger begründet. Hr. Duane, von Philadelphia, kannte ihn in England und Indien, und er kann beweisen, daß er damals nicht unter demselben Namen, wie jetzt, ging, und der Mann, welcher seinen Namen wechselt, ist ein Betrüger. Das Gesetz kann von solchen Personen nur Notiz nehmen, um sie zu bestrafen.

Thomas Paine wird auch dann, wenn der Prozeß vorkommt, wissen, wo er ihn finden kann, denn er entzog sich allen Nachforschungen, welche er, Paine, anstellte, ihn oder seinen Wohnsitz aufzufinden. Die Sache ist diese: Cullens Zeitung hatte einen von Th. Paine verfaßten und in dem „Bürger" veröffentlichten Artikel über die Gefahr, welcher sich eine neutrale Nation durch Aufnahme des Emmissärs, oder eines muthmaßlichen Emissärs einer kriegführenden Nation gegen die andere aussetzt, verfälscht. Dieser Artikel wurde in Cullens, hinterlistiger Weise der „Volksfreund" benannter Zeitung verfälscht. Th. Paine schrieb diese Fälschungen ab und ersuchte einen seiner Freunde, einen Kaufmann in Johnstreet, zu Cullen zu gehen, ihm die Fälschungen vorzulesen und von ihm die Nennung des Verfassers zu fordern. Der Herr ging nach der Druckerei, jedoch Cullen, alias Carpenter, war nicht da. Der Herr machte die Bestellung, daß er am nächsten Tage wiederkommen würde und daß er Herrn Carpenter eine Mittheilung zu machen hätte. Er ging auch wieder hin, jedoch Carpenter war nicht da. Er fragte nun die Leute im Bureau, wo Carpenter wohnte: sie sagten, sie wüßten es nicht, glaubten jedoch, es wäre ziemlich weit ab. Darauf ließ der Herr zum dritten Male die Bestellung, daß er am nächsten Tage wiederkommen würde. Er ging nochmals hin, jedoch Cullen war weder zu finden, noch konnte man seine Wohnung angeben. Th. Paine wird jetzt wissen, wo er ihn finden kann.

Dieser Mann mit zwei oder drei Namen hat seine Entschädigungsforderung auf breitausend Dollar gestellt. Eine Manier, reich zu werden, ist, erst ein Schurke zu sein und hinterher wegen Bloßstellung solcher Schurkereien klagbar zu werden. Weshalb machte er denn nicht eine Entschädigungsforderung von Einmalhunderttausend Dollar? Ein solches Beispiel ist ja auch schon da.
Am 8. April 1807.

Ueber die Angelegenheiten Englands.

Die englische Nation und Regierung zeigen der Welt jetzt ein sonderbares Schauspiel. Ihr König und das Cabinet zanken sich, und ihre Anhänger in diesem Lande, die Federalisten- und Tory-Partei, wissen nicht, welche Seite sie nehmen sollen. Die militärischen Angelegenheiten Englands sind in eben so üblem Zustande als die häuslichen. Sie haben selbst diesen Krieg begonnen, und jetzt wissen sie nicht, wie mit Ehren herauszukommen. Alle ihre Pläne hat Buonaparte gegen sie selbst gekehrt. Grenville, in seiner Rede über den Streit zwischen dem König und dem Cabinet (s. „Oeffentlichen Anzeiger" vom Montag den 25. Mai), spricht von dem elenden Zustande der Coalition gegen Frankreich auf dem Festlande. Alsdann sieht er dem Eintritt zweier Ereignisse, die er für wahrscheinlich hält, mit Besorgniß entgegen. Das eine, Friede auf dem Festlande, das andere, die Fortdauer des Krieges mit England, zwei Ereignisse, wie er sagt, „besonders gefährlich für dieses Land." Der Krieg auf dem Festlande war von der englischen Regierung angestiftet worden, um den Einfall in England abzuwehren, und da alle Parteigenossen, die England auf dem Festlande hatte, geschlagen wären, so wäre es wahrscheinlich, sie würden, wenn sie könnten, Frieden schließen. Das ist es, was Grenville fürchtet.

Die mörderische Schlacht zwischen den Franzosen und Russen bei preußisch Eylau, die letzte, von der wir Nachricht haben, und in der, wie die Febs und Tories sagen, die Franzosen geschlagen wurden, fand am 8. Februar statt. Grenville's Rede im englischen Parlamente datirt vom 23. März, sechs Wochen und einen Tag nach der Schlacht, und in dieser Rede spricht er von „der totalen Vernichtung der preußischen und der festen Begründung der französischen Macht; er sagt jedoch keine Sylbe über irgendwie von den Russen errungene Vortheile, und so müssen wohl die armen Febs und Tories irgend eine neue Lüge erfinden.

Würde Friede auf dem Continent eintreten und der Krieg mit England fortdauern, dann deutet Grenville auf die Möglichkeit einer feindlichen Landung in England hin. „Im Falle eines feindlichen Einfalles (sagt er) möchte es nöthig sein, Truppen von einem Theile des Reiches nach einem andern zu schaffen." Wir ersehen hieraus, daß er sich nicht darauf verläßt, daß die englische

Flotte die Landung verhindern könnte. Jene Flotte kostet jährlich 68,000,000 Dollars, und man hält sie nicht für fähig, die Landung der französischen Kanonenböte zu verhindern; und dennoch schreien unsre federalistischen Thoren beständig nach einer amerikanischen Flotte. Da sie dies jedoch thun, um dem Publikum zu schmeicheln und es zu betrügen, so sorgen sie wohl dafür, die Kosten einer Flotte nicht blicken zu lassen. Das gegenwärtige jährliche Einkommen der Vereinigten Staaten ist ungefähr 12,000,000 Dollars. Der größere Theil hiervon wird zur Abtragung der durch den Revolutionskrieg veranlaßten, und der ferneren, durch die unvorsichtige Administration Washingtons und Adams' verursachten Schulden verwandt. Der Rest dient für die laufenden Ausgaben des Jahres, wovon die Sparsamkeit der gegenwärtigen Verwaltung einige hunderttausend Dollar gerettet hat. Würden wir uns jedoch auf das lächerliche Project einer Flotte einlassen, so würde das neue Steuern zum Betrage von 50,000,000 Dollars jährlich erfordern. Dies verbergen die Feds den Augen des Volkes. Doch wir wollen zu den Angelegenheiten Englands zurückkehren.

Im Jahre 1714 sandte die englische Nation, denn die Prinzipien des Regierungswesens wurden damals nicht verstanden, nach einem Manne und seiner Familie in Hanover, nach Georg dem Ersten, hinüber zu kommen und sie zu regieren. Der arme Mann wußte nichts von England; er war nie dort gewesen, wußte nichts von seinen Gesetzen und konnte kein Wort englisch sprechen; und wenn er, was oft geschah, in Leidenschaft gerieth, so pflegte er seinen Hut mit dem Fuße im Zimmer umherzuschleudern.

Sein Sohn, Georg der Zweite, glich ihm ganz in Betreff seiner geistigen Unfähigkeit, jedoch war er nicht so friedfertig. Georg der Erste führte keine Kriege gegen seinen Hut; da Georg der Zweite indeß dachte, er verstände etwas von der Kriegsführung, so ließ er sich häufig auf Continental-Kriege ein, mit welchen England, als Nation und als Insel, nichts zu thun haben sollte; und der jetzige Pfründner, Georg der Dritte und Letzte, hat fast nie Friede gehalten, er ist aber schlau genug, zu Hause zu bleiben, und andere Nationen gegen einander zu hetzen; die armen Engländer müssen die Kosten bezahlen, bis sie kaum selbst mehr Brod zu essen haben. Dies ist die kurze Geschichte der Guelphen oder Whelfen von Hanover.

Für die Beschimpfung, über welche sich Grenville und das Cabinet beklagt, und für den Schaden und das Elend, welches die Nation durch das schlechte und aberwitzige Betragen des jetzigen Pfründners leidet, haben sie sich selbst, oder besser ihren Vätern und Großvätern, welche sie von Hanover importirten, zu danken, und das Beste, was die Nation jetzt thun kann, ist, sie fortzusenden. Dann dürfte sie Frieden haben.

Am 1. Juni 1807.

Einer, der England kennt.

An das Volk von New York.

Die Erwählung der Charter-Beamten wurde im letzten Jahre durch den Befestigungs-Wahlkniff der Federalisten und Guids siegreich durchgeführt, und jetzt soll dem Volke wieder durch einen neuen Obstructions-Wahlkniff geschmeichelt und hinterher dasselbe betrogen werden.

Die einzige und beste Weise der Obstruction (künstliche Schließung des Flusses gegen feindliche Schiffe) ist die von Franklin im Jahre 1776 für ben Delawareſtrom in Vorſchlag gebrachte; ein Bericht hierüber wurde im „Oeffentlichen Anzeiger" vom 6. gegeben, welcher in der Philadelphia „Aurora" vom 8. Auguſt nochmals veröffentlicht wird. *)

Der jetzt in New York in Vorſchlag gebrachte Plan 111, durch Blöcke, das heißt feſte Körper von Stein oder Erde, in der Art der Werfte die Obſtruction zu bewirken. Dies wurde zuerſt von Selah Strong, Präſident des Corporations-Committee's angedeutet, und Herr Stevens von Hoboken nimmt in einer Schrift, welche viele richtige Bemerkungen über Schiffe und Batterien enthält, dieſelbe unglückliche Idee der Obſtruction durch Blöcke auf. Blöcke ſollen fünf und zwanzig oder dreißig Fuß im Geviere oder größer ſein, und in der Entfernung von fünfzig bis ſechszig Fuß von einander. Und der Redacteur des New Yorker Amerikaniſchen Bürgers, indem er Herrn Smith's Artikel in ſeiner Nummer vom letzten Sonnabend einleitet, ſagt, weshalb nicht, um die Sicherheit doppelt

---

*) Ueber Obſtructionen gegen Schiffe.

Die beſte und einzig zweckmäßige Art von Obſtructionen gegen die Schiffe des Feindes iſt das von Doctor Franklin für die Vertheidigung des Delaware in Vorſchlag gebrachte und im Jahre 1776 ausgeführte Verfahren.

Dies beſtand aus einem Gerüſte, deſſen Boden eine dicke Planke von ungefähr 20 oder 25 Fuß im Gevierte bildet. Auf dieſem Boden waren zwei oder drei Balken von 7 oder 8 Zoll im Gevierte, mit eiſernen Spitzen verſehen und in der Richtung A B ſtehend, befeſtigt. Die Balken waren queer durch die Enden mit einander verbunden und durch aufrecht ſtehende Stützen gehalten. Wenn ſie zum Verſenken fertig waren, ſo wurden ſie nach dem Orte hingeflößt und hinlänglich mit Steinen beſchwert, um ſie ſinken zu machen. Nachdem ſie ſo hineingeſenkt waren, drückten ſie ſich durch ihre eigene Laſt in den Boden des Fluſſes hinein und wurden ſo feſt. Sie verſenkten ſich in Entfernung von ungefähr 20 Fuß von einander verſenkt. Eine Einfahrt von 40 oder 50 Fuß wurde im Fahrwaſſer des Fluſſes für unſere eigenen Schiffe gelaſſen, und ein Gerüſte, bereit zum Verſenken, ſobald die Schiffe des Feindes erſcheinen würden, in der Nähe der Einfahrt vor Anker gelegt. Es waren ſtets Lootſen da, unſere eigenen Schiffe hindurchzuführen. Man nannte ſie chevaux de frize pilots; es kam jedoch vor, daß ein Schiff, entweder durch die Nachläſſigkeit des Lootſen, oder durch den Eigenſinn des Capitäns, der ohne Lootſen durchgehen wollte, auf eine der mit eiſernen Spitzen verſehenen Gabeln rann und ſank. Es hatte ein großes Loch durch den Bug.

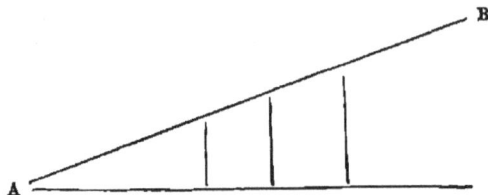

Dieſes und die Kanonenböte waren die Vertheidigung des Delaware, und ſie waren ſo wirkſam, daß General Howe, als er mit ſeiner Armee von New York ſegelte, um Beſitz von Philadelphia zu nehmen, es vermied, den Delaware heraufzufahren; er fuhr durch die Cheſapeate-Bai bis nach dem Elkfluſſe hinauf, und marſchirte von da nach Philadelphia zu Land.

Wenn die Tiefe des Waſſers zwiſchen Robins Riff und Mud Flat nicht mehr als ſechs-und-dreißig Fuß iſt, dann kann es, ſo wie es der Delaware wurde, abgeſperrt werden, vorausgeſetzt, daß auch Kanonenböte da ſeien, um zu verhindern, daß der Feind die Obſtructionen fortnehme oder zerſtöre. Der Verſuch jedoch, durch Ausfüllen des Fahrwaſſers mit Steinen daſſelbe zu erreichen, würde ein endloſes Unternehmen ſein. Die Obſtructionen im Delaware wurden in kurzer Zeit, ich glaube in höchſtens zwei oder drei Monaten, vollendet. Die Gerüſte ſind bald gemacht, da die Arbeit an ihnen nur gering iſt.

Ein alter Freund von 76.

ſicher zu machen, und uns wirklichen Schutz zu gewähren, die Obſtruction durch Blöcke, oder auf andere Weiſe ganz quer durch von Robins Riff
bis nach Mud Flat errichten.

Dies würde ganz gewiß feindliche Schiffe verhindern zur Stadt zu kommen; doch eben ſo ſicher iſt es, daß es auch die Fluth verhindern würde, bis
zur Stadt zu kommen, daß es die Werfte von New Yorf trocken legen und
der Ruin aller Städte am Nord-Strom, welche ihres Handels willen vom
Fluthwaſſer abhängen, ſein würde. Dies iſt den Erfindern der Obſtructionen durch Blöcke nie eingefallen; Plänemacher jedoch ſollten an Alles
denken, ſonſt werden ſie Zerſtörung anrichten. Wenn Selah Strong's
Plan angenommen wird, ſo iſt New York ruinirt; denn die Obſtructionen
durch Blöcke können nachher nicht wieder entfernt werden.

Jede in dem Laufe eines Fahrwaſſers verurſachte Veränderung, ſei es in
der natürlichen Strömung eines Fluſſes oder in der Strömung einer Fluth,
wird eine andere Veränderung an einem andern Orte hervorbringen.

Geht die Obſtruction quer durch die natürliche Strömung eines Fluſſes,
wie die Obſtruction eines Mühlen-Teiches, ſo wird das Waſſer beſtändig
ſteigen, bis es entweder über die Obſtruction fortgeht, oder es wird das
Land oberhalb überſchwemmen; denn da der tägliche Zufluß von der Quelle
beſtändig derſelbe bleibt, ſo wird es ſich irgendwie einen Abfluß verſchaffen
müſſen.

Iſt die Obſtruction gegen die Fluth gerichtet, ſo wird dies zur Folge haben, daß die Fluth an dem Orte, wo die Obſtruction iſt, ſo hoch wie vorher und nicht höher ſteigen wird; aber dem Fahrwaſſer oberhalb der Obſtruction wird das Fluthwaſſer gänzlich entzogen ſein.

Die Steinpfeiler einer Brücke vermindern die Menge und Ausdehnung
des Fluthwaſſers oberhalb der Brücke. Dies iſt Jedem wohl bekannt, der
nur die geringſte Kenntniß von Waſſerbaukunſt hat. Um indeß auch be-
ſtimmte Thatſachen zu wiſſen, braucht man nur Salmon's Geographie,
oder Guthrie's geographiſche Grammatik nachzuſchlagen, und man wird in
ihren Berichten über Ströme und Brücken in England finden, daß, ehe
Weſtminſter Brücke gebaut wurde, was im Jahre 1738 anfing, die Fluth
bis nach Kingſton, ohngefähr ſiebenzehn oder achtzehn Meilen oberhalb
Weſtminſter, hinaufſtrömte; ſeitdem jedoch die Brücke erbaut worden,
ſtrömt die Fluth nicht höher als bis Richmond, welches vier Meilen unterhalb Kingſton iſt. Wenn alſo die Pfeiler einer Brücke die Menge des
Fluthwaſſers vermindern, und deſſen Ausbreitung auf eine Strecke von
ſechszehn oder achtzehn Meilen, um vier Meilen verkürzte, was muß denn
die Wirkung einer völligen oder auch nur theilweiſen Obſtruction des
Fahrwaſſers zwiſchen Robins Riff und Mud Flat, vermittelſt Blöcke, auf
die Werfte bei der Stadt und auf den langen Lauf des North Rivers ſein?

Bei Erſinnen von Obſtructions-Plänen iſt es unerläßlich nothwendig,
zwei Dinge in Betracht zu ziehen. Das eine iſt, die geringſtmögliche Hem-
mung des Waſſerlaufes auf- und abwärts; das andere iſt, daß die Obſtruction eine ſolche ſei, die nachher wieder entfernt werden könne. Beides
bedachten die Block-Plänemacher nicht; doch in dem Plane Fränklins iſt
Beides berückſichtigt. Seine Gerüſte äußerten nur geringe Wirkung auf
die Fluth oder die Strömung; und nachdem der Feind fortgegangen war,
wurden ſie wieder herausgenommen; doch alle Menſchenmacht und Kunſt
würde nicht im Stande ſein, ungeheure Stein- oder Erdblöcke, von fünf und

zwanzig oder dreißig Fuß Gevierte, die mehrere Fuß unter der Wasserober-
fläche versenkt sind, fortzuschaffen.

Wenn der Canal zwischen Robins Riff und Mud Flat nicht mehr als
sechs und dreißig Fuß tief ist, so kann er auf dieselbe Weise, wie es beim
Delaware geschah, obstruirt, und die Obstructionen können durch Kanonen-
böte und Batterien beschützt werden; die Miliz kann, so wie die Norfolker
thaten, das Ufer vertheidigen. Wenn Männer jedoch sich mit fabelhaften
Befestigungs-Plänen beschäftigen, oder wenn sie hinter oder innerhalb
Obstructionen wie Schildkröten in ihre Schalen kriechend, um nicht von den
Krähen gehackt zu werden, auf der Lauer liegen, so sieht dies ganz wie
Feigheit aus. Dies ist nicht der Geist der Zeiten, die die Seelen der
Menschen prüfen.

Thomas Paine.

Den 18. August 1807.

———————

Antwort an Cheetham.

Der Redacteur des New Jorker Amerikanischen Bürgers, James Cheetham, hat, ganz in Uebereinstimmung mit seiner gewöhnlichen Manier des
Schmähens und Schimpfens, in seiner Zeitung vom letzten Donnerstag
einen weitläuftigen Artikel veröffentlicht, den er ohne Zweifel für vorzüglich hält, weil er boshaft ist. Dieser Artikel im „Bürger" ist ein Angriff
auf meinen Aufsatz im New Jorker „Oeffentlichen Anzeiger" vom letzten
Dienstag gegen den Anschlag, Obstructionen im Fahrwasser mittelst großer
Stein- oder Erdblöcke zu machen, weil solche Obstructionen „das Aufströ-
men der Fluth verhindern, die Werfte bei der Stadt trocken legen würden,
und der Ruin aller Städte am North River, deren Handel vom Fluth-
wasser abhinge, sein würden."

Herr Cheetham sagt, daß die völlige, in dieser Zeitung (nämlich seiner
eigenen) empfohlene Obstruction dem Hafen Schaden zufügen würde, das
ist wohl ein Gedanke, der Jedem in dieser Stadt, dem Ungebildeten, wie
dem Intelligenten, in den Sinn gekommen ist." Weshalb konnte James
Cheetham es denn nicht sehen? Hätte er es aber eingesehen, so würde er
gewiß einen solch dummen Plan nicht in Vorschlag gebracht haben.

Herr Cheetham hat dies nur in der Absicht gesagt, damit ich nicht das
Verdienst haben sollte, der Erste oder Einzige zu sein, welcher die Gefahr
entdeckte; in diesem seinem boshaften Eifer aber hat er sich selbst geschmäht,
denn er hat bewiesen, daß jeder Mann in der Stadt, der Ungebildete, wie
Intelligente, mehr Verstand hat als James Cheetham. Wie schnell andere Männer die Gefahren dieses Anschlags erkennen mögen, weiß ich
nicht; ich schrieb meine Einwände dagegen am selben Tage, an welchem der
Artikel erschien, es war dies am Sonnabend, ich gab das Manuscript
Herrn Walter Morton, einem Freunde, am Sonntag für den „Oeffentlichen Anzeiger." Herr Morton gab dem Drucker den Artikel am Montag Morgen.

Herr Cheetham in seiner Wuth Jeden und Jedes, das nicht ihm gehört,
anzugreifen (denn er ist ein Mann von bösem Temperament, und man
sieht ihm dies an seinen rohen und abschreckenden Gesichtszügen an —
Gott hat Cain gezeichnet) hat mich wegen meiner politischen Werke ange-

griffen, und indem er dies that, hat er die Armuth seines Verstandes, eben so sehr als bei der ersten Sache dargethan.

Er führt die folgende Stelle aus einem von mir verfaßten und im „Oeffentlichen Anzeiger" vom 1. Juni veröffentlichten kurzen anonymen Artikel an:

„Im Jahre 1714 sandte die englische Nation (denn die Prinzipien freien Regierungswesens wurden zu jener Zeit nicht gehörig verstanden) nach einem Manne und seiner Familie in Hanover, nach Georg dem Ersten, daß er hinüberkomme und sie regiere."

Herr Cheetham in seinen Bemerkungen über diese Stelle sagt:

„Es ist wahr, daß man nach dem Dummkopfe Georg dem Ersten sandte, jedoch die unterstrichenen Zeilen, nämlich: denn die Prinzipien freien Regierungswesens wurden zu jener Zeit nicht gehörig verstanden, sind eine Schmähung der ehrwürdigen Verstorbenen. Im Jahre 1714 wurden die Prinzipien freier Regierung in England eben so gut, als jetzt irgendwo in der Welt verstanden."

James Cheetham ist ein solch milzsüchtiger John Bull, daß er nicht so viel Urtheil hat, die Resultate seiner eigenen Angaben einzusehen: denn wenn im Jahre 1714 die Prinzipien freier Regierung in England eben so gut verstanden wurden, als jetzt irgendwo in der Welt, einschließlich Amerikas, dann würde man gewiß nicht nach einem Dummkopfe in Hanover gesandt haben, um die Nation zu regieren! Da die Engländer aber doch nach einem Schwachkopfe in Hanover, um sie zu regieren, sandten, so beweist dies, daß die Prinzipien freier, das heißt repräsentativer Regierungsform, nicht zu jener Zeit in England verstanden wurden. Weiterhin spricht Herr Cheetham viel über Locke, und sagt, daß alle diejenigen, welche seit Locke's Zeit über politische Grundlehren geschrieben hätten (Herr Paine mit inbegriffen) nichts weiter als Nachbeter seiner Ideen und Doctrinen wären. Dies ist John Lullism ganz und gar.

Er sagt auch, daß Herr Paine in seinem „Gesunden Menschenverstand" und in seinen „Menschenrechten" in Bezug auf erbliche und Wahlregierung den Ideen Locke's ganz genau nachgefolgt ist." Das könnte vielleicht so sein; ich habe jedoch niemals Locke weder gelesen, noch jemals sein Werk auch nur in Händen gehabt, und nach dem, was ich von Horne Toole darüber hörte, fühlte ich mich gar nicht veranlaßt, es zu lesen. Es ist ein speculatives, kein praktisches Werk, und sein Styl ist schwerfällig und langweilig, wie alle Schriften Locke's.

Ich vermuthe Locke hat von erblicher und Wahl-Monarchie gesprochen, jedoch die repräsentative Regierung, wie sie im „Gesunden Menschenverstande" und in den „Menschenrechten" grundsätzlich dargelegt worden, ist ein ganz verschieden Ding von erblicher Monarchie. Weit entfernt, davon Ideen von Locke oder sonst Jemand zu entlehnen, war es in England ohngefähr im Jahre 1773 der alberne Ausspruch eines wahren John Bull, der mich zuerst bewog, meine Gedanken der Forschung über Regierungs-Systeme zuzuwenden. Indem jener über den damaligen König von Preußen, Friedrich, den man den Großen nannte, sprach, bemerkte er: „Er hat gerade das rechte Zeug für einen König, in ihm steckt ein halber Teufel." Das brachte mich zum Nachdenken, ob nicht ein Regierungs-System existiren könnte, das nicht den Teufel erforderte; meine Untersuchungen waren von Erfolg gekrönt, ohne Hülfe von irgend Jemand. Viel kann man von Albernheit lernen, und ich erwarte noch von James Cheetham etwas zu lernen. Geschieht dies, so werde ich es ihm durch den „Oeffentlichen Anzeiger" zu wissen thun.

Beim Schluße meines Artikels, den Herr Cheetham mit seinem Spleen begeifert hat, sprach ich gelinden Tadel gegen diejenigen aus, welche, anstatt sich in Waffen und Geschützwesen zu üben, damit sie, wenn New York angegriffen würde, vorbereitet wären, es zu vertheidigen, sich beständig mit imaginären Befestigungen beschäftigten, und hinter Obstructions-Anschlägen auf der Lauer lägen. Da Herr Cheetham sich unter dieser Claße inbegriffen vermuthete (und er hatte darin Recht), so machte er seiner Meinung nach eine kraftvolle Erwiederung. Jedoch indem er dies thut, verräth er, wie stets, seinen Mangel an Kenntniß sowohl des Geistes, als der Ereignisse jener Zeiten, von denen er spricht.

„Ich möchte nicht," sagt Herr Cheetham, „jenen Herrn (nämlich mich) der Feigheit beschuldigen, der sich während der „Zeiten, die die Seelen der Menschen prüften," im sicheren Zufluchtsorte nur mit seiner Feder beschäftigte, und niemals gegen den Feind zur Muskete griff."

Dieser Stelle nach muß Herr Cheetham gemuthmaßt haben, daß, als sich der Congreß in den Zeiten, die „die Seelen der Menschen prüften," von Philadelphia nach Baltimore flüchtete, ich als Secretär der auswärtigen Angelegenheiten mit ihm floh.

Erstens, existirte aber das Committee für auswärtige Angelegenheiten zu der Zeit gar nicht.

Zweitens, diente ich die ganze Zeit hindurch, die „die Seelen der Menschen prüfte," von Anfang bis zu Ende in der Armee.

Bald nach der Unabhängigkeitserklärung am 4. Juli 1776 empfahl der Congreß, es solle aus der Miliz und den Freiwilligen von Jersey, Pennsylvanien und Maryland ein Corps von zehntausend Mann gebildet werden. Es sollte das „fliegende Lager" genannt werden, weil es überall, wo erforderlich, operiren sollte. Ich ging mit einer Division von Pennsylvanien, unter General Roberdeau. Wir waren in Perth Amboy stationirt, und später in Bergen; und als die Dienstzeit des „fliegenden Lagers" ablief, und diese Truppen nach Hause gingen, ging ich nach Fort Lee, und diente als Adjutant des Generals Green, welcher in Fort Lee befehligte, und während der ganzen düsteren Zeit jenes prüfungsschweren Feldzuges diente ich unter ihm.

Ich fing die erste Nummer der Crisen, beginnend mit dem wohlbekannten Ausspruche („dies sind die Zeiten, die die Seelen der Menschen prüfen") in Newark an, nach dem Rückzuge von Fort Lee, so fuhr ich fort an jedem Platze, wo wir Halt machten, daran zu schreiben, und ließ es am 19. December in Philadelphia drucken, sechs Tage vor Gefangennahme der Hessen bei Trenton, was mit der Affaire zu Princeton in der darauffolgenden Woche der unglücklichen Zeit ein Ende machte.

Es ist deswegen also unwahr, daß ich im sicheren Zufluchtsorte mich nur mit meiner Feder beschäftigte in den Zeiten, die „die Seelen der Menschen prüften." Hätte ich es aber wirklich gethan, so würde ich doch nicht die Feigheit so öffentlich bekannt gemacht haben, wie James Cheetham es thut. Indem er von der Affaire der Kriegsschaluppe Driver bei Charleston in Süd-Carolina sprach, sagte er in seiner Zeitung, daß, wenn es dem Driver und seinen Cameraden einfallen sollte, hierher (nach New York) zu kommen, so müßten wir uns ergeben. Welche verabscheuenswerthe Feigheit, daß ein Mann den Gedanken fassen sollte, eine Stadt von zwanzigtausend kräftigen Männern, von denen viele so dick von Figur sind als er selbst, sollte sich einer Kriegsschaluppe von etwa hundert und fünfzig Mann Besatzung ergeben.

Von jetzt ab wird Herr Cheetham sich in Acht nehmen, alte Revolutions-Persönlichkeiten anzugreifen, deren unentmuthigte Unerschrockenheit während der Zeiten, die „die Seelenkraft der Menschen prüften," auch für ihn eine Heimath schuf.

New York, den 21. August 1807.   Thomas Paine.

—⚬—

Auszug aus einem Briefe an Dr. Mitchel, Senator für den Staat New York, geschrieben, unmittelbar nach der Freisprechung Aron Burrs.

Zeit, Erfahrung und Ereignisse haben dargethan, daß der Artikel in der Bundes-Constitution, welcher Bestimmungen über die richterliche Gewalt enthält, undeutlich, mangelhaft und der Verbesserung bedürftig ist.

Diesem Artikel gemäß bleiben die Richter im Amte so lange sie (das heißt unter der Bedingung) sich gut betragen, doch hat die Constitution keine der Gewalten autorisirt, von diesem guten Betragen, oder von dessen Uebertretung Kenntniß zu nehmen. Jedes Gesetz, und eine Constitution ist höchstes Gesetz, bestimmt, während es das Vergehen specificirt, gleichzeitig die Art der Abhülfe. Die Bundes-Constitution jedoch ist in diesem wichtigen Punkte mangelhaft. Deshalb nun wird beschlossen:

Daß die folgende Verbesserung des Artikels der Bundes-Constitution, welcher über die richterliche Gewalt bestimmt, den einzelnen Staaten Behufs deren Zustimmung und Mitwirkung vorgeschlagen werde, nämlich:

Daß nach den Worten, wie sie jetzt im Artikel stehen: „die Richter der Ober- und Untergerichte sollen ihre Aemter, so lange sie sich gut betragen, behalten," hinzugefügt werde, jedoch um triftiger Gründe willen, welche indeß keine genügende Veranlassung zur öffentlichen Anklage geben, kann der Präsident auf Ansuchen einer Majorität in beiden Häusern des Congresses jeden Richter absetzen.

Es ist passend, hier die Bemerkung zu machen, daß das Volk der Vereinigten Staaten keinen Antheil bei Ernennung von Richtern hat, und auch nach deren Ernennung nicht die geringste Macht über dieselben ausüben kann. Und wenn ihre Repräsentanten im Congreß nicht in Betreff des guten Betragens der Richter das Recht der Beaufsichtigung und Kenntnißnahme haben, kann dürfen die Richter eigenmächtig und gefährlich werden. Sie sind den Intriguen eines fremden Feindes, oder einer corrupten mit jenem Feinde verbündeten, oder eine Trennung der Union beabsichtigenden Partei zugänglich. Es ist wohl recht und billig anzunehmen, daß diejenigen, welche die Constitution entwarfen, niemals an dies Alles dachten, als sie die Richter von unserer eigenen Executive unabhängig machten.

                                                       Ihr
Im August 1807.   Thomas Paine.

Verweis an James Cheetham.

Wenn James Cheetham, Redacteur des New Yorker „Amerikanischen Bürgers" denkt, mich in einen Streit mit ihm hineinzuziehen, dann ist er sehr im Irrthume. Erstens sehe ich ihn für zu gering an, und seine wohlbekannte, gemeine und pöbelhafte Weise macht jeden Streit mit ihm unehrenhaft, außerdem würde es mir zu viel Zeit rauben, alle seine dummen Schnitzer zu berichtigen. Er kann nichts schreiben, ohne grobe Fehler zu machen, auch kann er nicht die Wahrheit schreiben, wovon ich noch ein Beispiel anführen will.

Er führt die folgende Stelle aus dem ersten Theile der „Menschenrechte" an, und baut alsdann darauf eine falsche Behauptung.

„Jedes Zeitalter und jede Generation muß so frei für sich selbst handeln können, als die Zeitalter und Generationen, die ihm vorhergingen. Die Eitelkeit und Anmaßung über das Grab hinaus herrschen zu wollen, ist die lächerlichste und unverschämteste aller Tyranneien. Kein Mensch ist des Andern Eigenthum, so gehört auch dies zukünftige Geschlecht nicht dem gegenwärtigen."

Nachdem Herr Cheetham diese kurze Anführung gemacht, sagt er: „Herr Paine wirft dann und wann einen flüchtigen Blick auf die Lächerlichkeit einer erblichen Regierungsform; jedoch die eben angeführte Stelle ist der einzige in den Menschenrechten enthaltene Versuch, vernünftige Beweisgründe dagegen vorzubringen."

Ist James Cheetham ein Schwachkopf, oder ist er durch seinen Neid und seine Bosheit von dem Geiste absichtlicher Lüge besessen worden?

Die kurze Stelle, welche er angeführt hat (dies ist aus der Mitte eines Abschnittes genommen), ist auf der dritten, und in einigen Ausgaben auf der vierten Seite des ersten Theils der Menschenrechte. Sie enthält ein allgemeines Prinzip, auf welchem die Argumente und Angaben gegen erbliche Nachfolge im Verlaufe jenes Werkes begründet sind.

Hätte Herr Cheetham das Werk Menschenrechte weiter durchgesehen, so würde er an eine Stelle gekommen sein, welche mit den Worten schließt: „Erbfolge kann als Rechtssache nicht aufgestellt werden." Dann heißt es weiter:

„Um zu einer klaren Entscheidung über diesen Gegenstand zu gelangen (nämlich, daß Erbfolge als Rechtssache nicht aufgestellt werden kann), ist es zweckmäßig die Generation, die es auf sich nimmt, eine Familie mit erblicher Gewalt einzusetzen, allein und gesondert von den zukünftigen Generationen zu betrachten, und ferner die Eigenschaft, in welcher diese Generation in Bezug auf die nachfolgenden Geschlechter handelt, in Erwägung zu ziehen.

Die Generation, welche einen Mann erwählt, und ihn mit dem Königstitel, oder irgend einer andern Auszeichnung, bekleidet, an die Spitze der Regierung stellt, handelt, weise oder thöricht, nach eigener Wahl, frei für sich selbst. Der Mann nun, der so erhoben ist, ist dies nicht durch Erbfolge, sondern er ist auserkoren und ernannt, und die Generation, die ihn erhoben hat, lebt nicht unter einer erblichen Regierung, sondern unter einer Regierung, die sie selbst erwählt und begründet haben. Würde die Generation, die ihn erhoben, und die von ihr auserkorne Person ewig leben, so könnte niemals eine Erbfolge entstehen; es kann demzufolge Erbfolge nur bei dem Absterben der ursprünglichen Parteien eintreten.

„Da deswegen in Bezug auf die erste Generation von Erbfolge gar nicht die Rede sein kann, so wollen wir jetzt die Eigenschaft, in welcher diese Generation in Bezug auf die nachwachsende und alle folgenden handelt, in Erwägung ziehen.

„Sie maßt sich Eigenschaften an, auf welche sie weder Recht, noch Anspruch hat. Sie wird aus einem Gesetzgeber ein Testamenterlasser, sie thut, als ob sie ihr Testament machte, welches nach dem Tode der Testatoren, in Bererbung der Regierung, in Wirksamkeit treten soll; und nicht allein versucht sie es, dies so zu vererben, sondern sogar über die nachfolgende Generation eine neue Regierungsform, verschieden von der, unter welcher sie selbst lebte, einzusetzen. Sie selbst, wie bereits bemerkt, lebte nicht unter einer erblichen Regierung, sondern unter einer von ihr selbst erwählten und begründeten, und nun versucht sie Kraft eines Testamentes oder letzten Willens, welchen zu machen sie keine Autorität hat, dem nachwachsenden und allen künftigen Geschlechtern das Recht und die freie Selbstbestimmung zu rauben, nach welchen sie selbst gehandelt hat."

Ohne für jetzt fernere Auszüge aus dem Werke Menschenrechte über das Capitel der Erbfolge zu geben, müßte schon das hier Angeführte James Cheetham mit Scham über die Falschheiten, die er vorgebracht hat, bedecken. Da aber er ein Mann, der kein Ehrgefühl besitzt, auch kein Schaamgefühl kennt, so wird Herr Cheetham auch im Stande sein, dies ohne Erröthen zu lesen.

Mehrere Schriftsteller vor Locke hatten über die Unsinnigkeit des Erbfolge-Systems geschrieben; dabei aber blieben sie stehen. Buchanan, ein schottischer Historiker, der mehr als hundert Jahre vor Locke lebte, tadelt Malcomb II., König von Schottland, und seinen Vater Kenethus, weil er die Krone Schottland in seiner Familie erblich machte. „In Folge dessen," sagt Buchanan, „muß das Königreich häufig von einem Kinde oder einem Narren beherrscht werden, während vordem die Schotten den Prinzen der königlichen Familie zu erwählen pflegten, der am besten geeignet, sein Volk zu regieren und zu beschützen."

Ich weiß jedoch von keinem Verfasser oder Werke der vor dem Erscheinen des „Gesunden Menschenverstandes" und der „Menschenrechte," die „Erbfolge" wegen ihrer Ungesetzlichkeit angegriffen und blosgestellt hätte; es ist dies der stärkste aller Gründe dagegen; denn wenn das Recht, sie einzusetzen nicht existirt, und das existirt sicherlich nicht (denn es ist die Begründung einer Regierungsform, nicht für die Gründer selbst, sondern für zukünftige Geschlechter), dann ist alle Debatte über den Gegenstand mit einem Male beendigt. James Cheetham hat indeß nicht Verstand genug, dies einzusehen.

Er hat sich etwas über Locke in den Kopf gesetzt, und er behält es auch; denn er führt nicht ein einziges Citat zur Unterstützung seiner aufs Gerathewohl gemachten Behauptungen in Betreff Locke's an.

„Ganz besonders," sagt Cheetham, „verdanken wir Locke, der im Jahre 1689 seine unvergleichliche Abhandlung über Regierungswesen schrieb; fast all die politische Aufklärung, welche uns zu unserer Revolution führten."

Dies ist eben so ehrenrührig als falsch. Der Revolutions-Kampf begann mit Opposition gegen die Anmaßung des britischen Parlaments für

Amerika in allen Fällen gesetzlich bindliche Beschlüsse zu fassen, und in Locke, welcher im Jahre 1689 schrieb, kann nichts enthalten sein, das auf einen solchen Fall Bezug hätte. Die Theesteuer, welche ben Ausbruch der Feindseligkeiten herbeiführte, war nur ein Versuch von Seiten der britischen Regierung, die Einführung jenes angemaßten Rechtes, welches man die Erklärungs-Acte nannte, zu erzwingen. James Cheetham schwatzt von Zeiten und Verhältnissen, von denen er nichts weiß; denn er kam hierher erst mehrere Jahre nach dem Kriege; wenn er jedoch von der Revolution spricht, so gebraucht er stets die Worte wir und uns, oder unsere Revolution. Wenn man in England dünkelhafte Wichtigthuerei lächerlich machen will, so pflegt man zu sagen: „Was für einen langen Schwanz hat unsere Katze!

Das amerikanische Volk machte seine Revolution, ohne aus Locke's Schriften gelernt zu haben, auch wurde, so viel ich weiß, weder sein Name, noch sein Werk jemals während der Revolution auch nur erwähnt. Es war die Revolution in Amerika ein neuer Fall, ohne irgend ein früheres Beispiel; das Volk hatte seinen Weg, so gut es eben ging, bei dem Lichte, das sich aus ihm selbst entwickelte, zu suchen. Ich kann es wahrheitsgemäß und mit Stolz sagen, daß ich meinen Theil dazu beitrug. Locke wurde von den ersten Ansiedlern in Süd-Carolina beauftragt, eine Regierungsform für jene Provinz zu entwerfen; es war ein solch ungereimtes aristokratisches Zeug, daß man es verwarf. Vielleicht weiß Herr Cheetham nichts hiervon; er kann es jedoch, wenn er nachforschen will, erfahren.

Herr Cheetham sagt heuchlerischer Weise: „Ich rathe Herrn Paine als Freund, nicht mehr zu schreiben."

In Erwiederung dieser Höflichkeit in Worten, will ich ihm etwas zu seinem Besten mittheilen, nämlich, daß er seit längerer Zeit in der Achtung der Republikaner beständig sinkt. Gute Prinzipien behaupten sich von selbst; jedoch die Schmähungen und Gemeinheiten in Cheethams-Zeitung haben allen seinen Subscribenten Anstoß gegeben. Ein anderer Beschwerdegrund ist, daß seine Zeitung nicht die politischen Ereignisse zeitig berichtet. Er bringt die Neuigkeiten von Europa erst dann, wenn sie längst in jeder andern Zeitung erschienen sind. Dafür gibt es wahrscheinlich zwei Gründe: als John Bull gefallen ihm die Neuigkeiten von Europa nicht, und dann zieht er es, als literarischer Subler, vor, seine Zeitung mit seinem eigenen Zeuge zu füllen.

Wahrscheinlich wird man ihn auffordern, zu erklären, auf welcher Vertragsbasis (denn es hat ganz das Ansehen eines Uebereinkommens) die vertraute Freundschaft zwischen ihm und dem anglo-irischen Emissär Cullen, alias Carpenter, entstand und fortdauerte. Es zeigen sich bei ihm jetzt Symptome, daß er Cullens Nachfolger werden will, gerade wie Cullen auf Cobbet folgte. Da jetzt in New York eine gut redigirte republikanische Zeitung (der „Oeffentliche Anzeiger") existirt, so kann Herr Cheetham für seine Possenreißereien nicht mehr denselben Spielraum, wie früher, haben.

Thomas Paine.

Den 5. September 1807.

Cheetham und seine Tory-Zeitung.

Es zeigen sich bei Cheetham häufig Symptome, daß er der Nachfolger Cullens, alias Carpenter ist, so wie Cullen der Nachfolger von Cobbet, alias Porkupine war. So wie jener sucht er die Vereinigten Staaten in einen Streit mit Frankreich zum Besten Englands zu verwickeln. In seiner Zeitung vom 21. September bringt er einen langen Schmah-Artikel gegen Frankreich unter der Aufschrift „Bemerkungen" über die Rede des französischen Staatskanzlers an den französischen Senat. Es ist dies eine Sache, um die sich Cheetham, als adoptirter amerikanischer Bürger, nicht zu kümmern hat, und als ein John Bull ist es höchst unverschämt von ihm hierher zu kommen, um seiner Galle gegen Frankreich Luft zu machen. Jedoch Cheetham kann einmal nicht leben, ohne zu zanken, und nicht schreiben, ohne zu schimpfen. Er ist eine Schmach für Republikaner, deren Grundsatz es ist, mit allen Nationen in Frieden und Freundschaft zu leben, und sich nicht in die innern Angelegenheiten derselben zu mischen.

Cheetham scheint es zu bedauern, daß auf dem europäischen Festlande Friede hergestellt ist, und er zeigt seinen Aerger darüber in dem folgenden durchweg gemeinen Artikel.

„Das französische Volk," sagt er, „athmet jetzt die Luft des Friedens, jedoch unter einem Drucke, der schwerer, systematischer, soldatischer und allgemeiner ist (Cheetham versteht nichts davon) als jener, von welchem es vor dem Beginne der langen Calamität niedergehalten wurde." Dies ist gerade in der Manier eines dummen, vorurtheilsvollen John Bull gesprochen, der sich auf seiner Insel isolirt und unkundig der Welt, alle Nationen, außer der englischen, für Sclaven hält; wohingegen doch die fernstehenden wohl einsehen, daß unter allen von ihrer eigenen Regierung geknechteten Völkern keines so niedergedrückt ist, als gerade das englische Volk. Wäre Cheetham bis jetzt in England geblieben, so würde er nunmehr die Muskete aufzunehmen haben; dies wäre ihm schrecklich gewesen; denn da alle Zänker Feiglinge sind, so müßte der Geruch des Pulvers Cheetham so widrig sein, als der Geruch eines Stinkthieres andern Thieren.

Die Gefahr, welcher New York durch die beständigen Schmähungen gegen Frankreich in solchen Zeitungen, wie die von Cullens ausgesetzt war, bestand darin, daß die französische Regierung sich veranlaßt fühlen könnte, New York als eine britische Colonie, was es während des Revolutions-Krieges war, zu betrachten, und es vom Handel mit dem europäischen Festlande auszuschließen, gerade so, wie sie Britannien ausschloß. Cheetham folgt den Fußstapfen Cullen's.

Die französische Nation hat unter allen ihren Regierungswechseln sich stets freundlich und freundschaftlich gegen die Vereinigten Staaten gezeigt. Wir haben keine Ursache zum Streite mit Frankreich. Es geschah durch die Unterstützung Frankreichs mit Truppen, Geld und Schiffen *), daß die Revolution und Unabhängigkeit der Vereinigten Staaten so vollständig gesichert wurde, und es ist kaum zu dulden, daß ein vorurtheilsvoller und

---

*) Sechstausend Mann französischer Truppen unter General Rochambeau, und ein und dreißig Linienschiffe unter Admiral de Grasse wirkten bei der Gefangennahme Cornwallis und seiner Armee zu Yorktown in Virginien mit; dies machte dem Kriege ein Ende.

sauertöpfischer John Bull sich unter uns niederlassen sollte, um eine befreundete Macht zu schmähen und zu beschimpfen.

Den 25. September 1807.

Der Emissär Cheetham.

Cheetham kann jetzt in keinem andern Lichte, denn als britischer Emissär, oder als Nachfolger des Betrügers Cullen, alias Carpenter, den Cheetham in seiner Zeitung als einen honetten Mann ausgab, betrachtet werden. Da Cheetham jetzt findet, daß die Republikaner sich von ihm losmachen, so macht er Signale, daß er als britischer Parteigänger beschäftigt zu werden wünscht.

In seiner Zeitung vom 29. und 30. Dezember bringt Cheetham zwei lange Artikel über das Embargo, welches, wie er zu beweisen sich abmüht, nicht in Folge irgend eines Streites mit England, sondern in Folge einiger gebieterischer Forderungen von Seiten Frankreichs auferlegt ist. Dieser John Bull ist ein Dummkopf in diplomatischen Angelegenheiten.

Cheetham sagt: „Herrn Monroe's Depeschen, welche dem Congresse vorgelegt wurden, und welche nach des Congresses Meinung kein Embargo autorisirten, sind London den 10. October datirt. Nach der Ansicht des Congresses, und ich darf wohl sagen: auch Herrn Monroe's, war ein sofortiger Krieg mit England keineswegs wahrscheinlich."

So lange ist Cheetham gewohnt gewesen, falsche Berichte mitzutheilen, daß Wahrheit ihm wie eine fremde Sprache klingt.

Der Präsident legte die Depeschen des Herrn Monroe vom 10. October dem Congresse vor, da sie jedoch täglich neuern Nachrichten, und auch die Ankunft des Herrn Monroe mit dem Eintreffen des Schooners „die Revenge" erwarteten, so nahm der Congreß es als vorbereitende Mittheilungen auf, kam jedoch über deren Inhalt zu keinem Entschlusse.

Cheetham sagt, daß der „Leopard," welcher Herrn Monroe's Depeschen von 10. October überbrachte, von London am 16. October segelte, und daß die „Revenge" am selben Tage von London nach Cherbourg segelte, zu welcher Zeit, wie Cheetham sagt, keine Wahrscheinlichkeit eines sofortigen Krieges mit England vorhanden war. In einem Briefe vom 15. October, den ich von London erhielt, und in der „Philadelphia Aurora" und in dem „N. J. Oeffentlichen Anzeiger" publicirte, sagt der Schreiber, indem er über das britische Ministerium spricht: „Das Maß ihrer Ruchlosigkeit ist fast voll, sie bräuchen nur Krieg mit Amerika anzufangen, um es zu füllen, und man glaubt hier (in London), daß diese Maßregel beschlossen ist. Sie werden keine Zugeständnisse machen, es sei denn, um hinters Licht zu führen." Der Brief ist einen Tag vor dem Absegeln der Revenge von London datirt, und ich vermuthe, er kam mit diesem Schiffe; Cheetham jedoch erzählt seinen Lesern, daß zu der Zeit keine Wahrscheinlichkeit eines Krieges mit Amerika vorhanden war. Cheethams Berichte können niemals Glaubwürdigkeit beanspruchen.

Schreiber dieses weiß, daß, als die „Revenge" mit der Proclamation des Präsidenten und den Instructionen an Herrn Monroe absegelte, sie Ordre hatte nach Frankreich zu gehen. Man erwartete, sie würden in beiden Ländern ungefähr einen Monat aufgehalten werden, und hier ungefähr am 16. November zurück sein.

Ihre Fahrt von London nach Frankreich würde Herrn Monroe Gelegenheit (denn auswärtige Gesandte correspondiren nicht per Post, sondern nur per Expreß) gewähren, Herrn Armstrong in Paris die Pläne und Anschläge des britischen Ministeriums mitzutheilen.

Bald nach der Ankunft der „Revenge" zu Cherbourg, einem französischen Hafen am Canal, sandte General Armstrong Circuläre an die amerikanischen Consuln in Frankreich, die Abfahrt der amerikanischen Schiffe so sehr als möglich zu beschleunigen. Mehrere Artikel in den englischen Zeitungen, welche auch in die amerikanischen übergingen, führten an, daß das britische Ministerium alle amerikanische Schiffe, welche nach französischen Häfen gingen, oder von da kämen, aufzubringen beabsichtigte. Da Herr Monroe eben so gut, als der Schreiber des Briefes vom 15. October an Thomas Paine hiervon Kenntniß bekommen mußte, so wird er es gewiß an General Armstrong in Paris mitgetheilt haben, und dies erklärt auch Armstrongs Circulär nach Ankunft des Schooners „Revenge" von London.

Wenn Britannien seine Drohungen, amerikanische Schiffe, die nach Frankreich gehen, oder von da kommen, aufzubringen, ausführt, so ist es wahrscheinlich, die französische Regierung werde das Vergeltungsrecht üben, und amerikanische Schiffe, die nach England gehen, oder von da kommen, anhalten; dieser Entschluß von Seiten Frankreichs, würde verhindern, daß amerikanische Schiffe angehalten würden; denn gäbe Britannien hierin das Beispiel, so würde es mehr dabei leiden als Frankreich.

Das britische Blokade-Decret über die Aufbringung neutraler Schiffe, die nach Frankreich gingen, oder von da kämen, sollte am 14. November bekannt gemacht werden; doch die Neuigkeiten mit der Jane von London vom 14. schweigen über den Gegenstand. Die Furcht vor Wiedervergeltung hat höchst wahrscheinlich den Plänen des britischen Ministeriums Halt geboten. Den 7. Janur 1808.

An die federalistische Faction.

Ihr seid auf geradem Wege, das Land zu ruiniren, und Ihr seid solch blinde Politiker, daß Ihr nicht Einsicht genug habt, dies selbst zu erkennen. Der Handel der Vereinigten Staaten hat fünfzehn oder sechszehn Jahre lang unvergleichlich geblüht. Es ist dies jedoch kein dauernder Zustand. Es entstand durch die Kriegsverhältnisse und wird sich höchst wahrscheinlich beim Ende des gegenwärtigen Krieges verändern. Die Federalisten geben auch genug Veranlassung, dies zu beschleunigen.

Es ist höchst wahrscheinlich, daß Bonaparte nach Beendigung des gegenwärtigen Krieges eine Schifffahrts-Acte für Frankreich und die europäischen Länder erlassen und nicht gestatten wird, daß ausländische Waaren nach diesen Ländern in andern Schiffen gebracht werden, als in solchen, die dort zu Hause gehören, wo diese Waaren producirt werden. Auf diesem Grundsatze beruht die englische Schifffahrts-Acte. Ehe dieselbe erlassen war, pflegten die Holländer die Frachtfahrer für die englische Nation zu sein, jedoch diese Acte machte dem ein Ende. Bonaparte sagt, er bedarf Schiffe, Handel und Colonien. Indem er diesem Plane folgt, wird er sie und ebenso Matrosen zu deren Bemannung bekommen, und die Holländer werden die Hauptfrachtfahrer der Länder Europas werden.

Dies wird höchst wahrscheinlich eintreten. Kann nun wohl etwas unweiser und thörichter sein, als das Verfahren der Föderalisten-Partei, die beständig auf Frankreich und Bonaparte schimpft und schmäht, und dieselben recht geneigt macht, den Handel Amerikas niederzudrücken? Es ist Niemand, der in diesem Style der Schmähungen und in Unwissenheit weiter gegangen wäre, als der Betrüger Cheetham. Seine Rolle ist indeß zu Ende, und er wird jetzt in jeder Versammlung in der Stadt als anerkannter britischer Miethling behandelt. Thomas Paine schrieb vor drei oder vier Jahren von New Rochelle an J—n F—s, und ersuchte ihn einen Brief, in welchem Herr Paine seine Meinung über Cheetham aussprach, dem de Witt Clinton zu zeigen; er sagte von Cheetham, „er wäre in der Religion ein Heuchler, und in der Politik ein John Bull," das heißt ein unwissender, eingebildeter, starrköpfiger Engländer; jedoch J—n F—s, welcher kein Mann von energischem Geiste ist, schrieb an Herrn Paine eine Entschuldigung, weil er diesen Brief nicht vorgezeigt habe. Seitdem hat er deswegen sein Bedauern ausgesprochen.

Die Bezirksversammlungen haben sehr recht daran gethan, daß sie Cheetham zurechtsetzten. Das Volk in der Provinz und auswärts wird jetzt erkennen, daß er nicht zu der republikanischen Volks-Partei gehört, und daß er ein englischer Betrüger ist.

Ich kann weder der Bundes-Administration, noch der Regierung des Staates New York dasselbe Compliment machen. Noch immer ist Cheetham ihr Drucker. Es gibt dies den Anschein, als ob sie ihn in seinen Schmähungen Frankreichs und der französischen Regierung ermunterten. Unser erklärter Grundsatz ist, mit allen Nationen in Frieden zu leben, jedoch dies ist eine unpassende Verletzung des Prinzips.

Den 25. August 1808.   T — P — E.

Denkschrift an den Congreß.

An das verehrliche Haus der Repräsentanten.

New York, den 21. Januar 1808.

Der Zweck dieser Zuschrift ist, an die Vereinigten Staaten eine Forderung zu stellen, zu der ich mich wohl berechtigt halte. Ich überlasse es den Volksvertretern im Congresse über die Gerechtigkeit und Billigkeit dieser Forderung zu entscheiden. Die Sache ist folgende:

Gegen das Ende des Jahres 1780 war das Congreß-Geld so entwerthet (ein Papier-Dollar galt nicht mehr als einen Cent), daß es so gut wie unmöglich schien, den Krieg fortzusetzen.

Da die Vereinigten Staaten zu der Zeit mit Frankreich verbündet waren, so war es nöthig Frankreich mit unserer wahren Lage bekannt zu machen. Ich entwarf deswegen einen Brief an den Grafen Vergennes, in dem ich die Sachlage ungeschmeichelt darstellte, und mit dem Gesuche schloß, ob Frankreich nicht den Vereinigten Staaten mit einer Million Pfund Sterling entweder als Hülfsgelder oder als Anleihe aushelfen, und diese Summe außerdem jährlich, während der Dauer des Krieges darleihen könne.

Ich zeigte diesen Brief Herrn Marbois, dem Secretär des französischen Gesandten. Er machte die Bemerkung, daß eine aus dem Lande gesandte

Million die Nation mehr erschöpfe, als zehn im Lande verausgabte. Ich zeigte den Brief alsdann Ralph Jsard, Congreß-Mitglied für Süd-Carolina. Er nahm den Brief von mir und sagte: „Wir wollen versuchen im Congreß etwas dafür zu thun."

Demgemäß bestimmte der Congreß den Obersten John Laurens, derzeitigen Adjutanten des Generals Washington, um nach Frankreich zu gehen und zur Erlangung von Hülfe unsere Lage zu schildern. Oberst Laurens wollte gern diesen Auftrag ablehnen, und den Congreß veranlassen, ihn dem Obersten Hamilton zu übertragen; jedoch wollte der Congreß nicht darauf eingehen.

Nun kam Oberst Laurens zu mir und legte mir die Sache vor; er sagte, er wäre wohl hinlänglich mit den militärisch schlimmen Verhältnissen der Armee, jedoch weder mit politischen Angelegenheiten, noch mit den Hülfsquellen des Landes genügend bekannt; „jedoch," fuhr er fort, „wenn Sie mit mir gehen wollen, so will ich es annehmen." Ich ging darauf ein und die Sache war arrangirt.

Wir segelten im Anfange des Februars 1781 von Boston mit der Fregatte Alliance, Capitain Barry, ab, und trafen Anfangs März in l'Orient ein. Die von Frankreich erlangte Unterstützung bestand in sechs Millionen Livres als Geschenk, und in zehn Millionen, als in Holland, unter Frankreichs Bürgschaft, aufgenommenes Darlehn.

Wir segelten am 1. Juni von Frankreich mit der französischen Fregatte Resolve ab, und kamen am 25. August in Boston an. Wir brachten zwei und eine halbe Million in Silber, ein Schiff und eine Brigg mit Kleidungsstücken und Kriegsvorrath beladen, mit. Das Geld wurde mit sechszehn Gespann Ochsen nach dem National-Bank in Philadelphia transportirt, und es setzte die Armee in den Stand, nach York Town zu marschiren und, in Verbindung mit der französischen Armee unter Rochambeau, die britische Armee unter Cornwallis anzugreifen. Da ich für diesen Dienst nie auch nur einen Cent erhalten, so fühle ich, da sich das Land jetzt in blühendem Wohlstande befindet, mich berechtigt, diese Sache dem Congresse vorzulegen.

Meine politischen Werke beginnen mit der Anfangs Januar 1776 veröffentlichten Flugschrift Gesunder Menschenverstand; es war diese, wie dem Präsidenten und Vice-Präsidenten wohl bekannt ist, Mitveranlassung, daß Amerika sich unabhängig erklärte. Da meine politischen Werke indeß aus meinen Prinzipien entsprangen, so würde ich diese Prinzipien herabwürdigen, wenn ich dafür eine Belohnung forderte. Das Land hat Vortheile davon gehabt; in diesem Bewußtsein fühle ich mich glücklich. Ich muß indeß hier bemerken, daß die bloße Unabhängigkeit Amerikas, hätte ihr eine Regierung, dem verderbten englischen Systeme nachgebildet, folgen sollen, niemals dies warme, stets gleich eifrige Interesse in mir erregt hätte. Die Grundsätze und Absichten, von denen ich bei Abfassung jenes Werkes und aller meiner andern während der Revolution geschriebenen Werke, ausging, waren, wie die Werke selbst am Besten beweisen werden, das repräsentative Regierungs-System vor das Volk zu bringen, und zu beweisen, daß dasselbe das einzige vernünftige sei. Als ich in England die Menschenrechte schrieb, folgte ich demselben Prinzipe.

Es ist eine Beschlußnahme des alten Congresses, während derselbe in New York tagte, vorhanden, welche mir drei tausend Dollars zusichert. Sie ist in schöner Sprache abgefaßt, bezieht sich jedoch auf eine Sache, die es klar ausdrückt. Elbridge Gerry war Vorsitzender des Committee's, welches den Beschluß vorlegte. Sollte der Congreß es für gut halten, diese Denkschrift einem Committee zu überweisen, so werde ich das Committee von dem Specielleren in Kenntniß setzen.

Ich muß ferner anführen, daß die Autorität des alten Congresses kurz vor Beendigung des Krieges so gesunken war, daß er nicht im Stande war, die einzelnen Staaten zusammenzuhalten. Der Congreß konnte nichts weiter thun, als anempfehlen, wovon die Staaten häufig gar keine Notiz nahmen, und thaten sie es schon, so war es niemals einiges und gemeinschaftliches Zusammenwirken.

Nach dem Fehlschlagen des von dem Congresse zur Zinszahlung für ein in Holland abzuschließendes Anlehen, empfohlenen Planes der fünfprocentigen Steuer, schrieb ich an den Kanzler Livingston, derzeitigen Minister der auswärtigen Angelegenheiten, und an Robert Morris, Finanzminister, und schlug, um mit einem Male über die Schwierigkeiten hinwegzukommen, den Plan vor, den Congreß mit continentaler Gesetzgebungskraft zu bekleiden, das heißt, daß er ermächtigt sein solle, Gesetze für die ganze Union zu erlassen, anstatt sie, wie bisher, nur zu empfehlen. Da der vorgeschlagene Plan ihren vollen Beifall fand, so hielt ich mich, in der Reserve, bereit, den Gegenstand jederzeit aufzunehmen, wenn sich eine direkte Veranlassung zeige.

In einer späteren Unterhaltung mit Gouverneur Clinton von New York, jetzigem Vice-Präsidenten, wurde, damit ich mich ganz der Sache annehmen könne, und, um jede Mißdeutung meiner Motive oder Absichten zu verhüten, für gut erachtet, daß es am Besten sei, wenn ich vom Congresse nichts erhielte, sondern es den einzelnen Staaten überließe, mir nach ihrem Belieben ihre Anerkennung zu bezeugen.

Der Staat New York schenkte mir ein Gut, welches ich seit meiner Rückkunft nach Amerika habe verkaufen müssen*), und der Staat Pennsylvanien votirte mir fünfhundert Pfund pennsylvanischer Währung. Jedoch von keinem der Staaten, östlich von New York, oder südlich von Philadelphia, ist mir eine Anerkennung geworden. Sie haben durch mich Vortheil gehabt, sie nahmen ihn an, und somit war Alles zu Ende. Dies wird sich in der Landesgeschichte nicht schön ausnehmen. Die ganze civilisirte Welt weiß, daß ich den Vereinigten Staaten von großem Nutzen gewesen, und ihrer Sache großmüthig und uneigennützig Talente gewidmet habe, die mir ein Vermögen verschafft haben würden.

Ich zweifle sehr, ob die alte und neue Geschichte uns einen Mann zeigt, welcher in der Sache, der er sich widmete, der Sache der Freiheit und Begründung des repräsentativen Regierungs-Systemes, kein persönliches Interesse hatte, und der nach dem Siege dieser Sache weder nach Stellen noch Würden strebte, und der, wie ich gethan, trotz Unannehmlichkeiten, Schwierigkeiten und Gefahren, wovon ich meinen vollen Theil hatte, dennoch seit mehr als dreißig Jahren, unwandelbar denselben Grundsätzen treu blieb.

Thomas Paine.

---

*) An Herrn Schute im Jahre 1806; da indeß Herr Schute bald darauf starb, und es seiner Wittwe nicht convenirte, so nahm Paine es auf ihren Wunsch zurück.

An den Congreß.

New York, den 14. Februar 1808.

Bürger Repräsentanten!

In meiner Denkschrift an den Congreß vom 21. Januar sprach ich von dem Beschlusse des alten Congresses, mir drei tausend Dollar zu bewilligen, und sagte, daß dieser Beschluß sich auf etwas bezöge, das er nicht ganz ausspräche, daß Elbridge Gerry, Vorsitzender des Committee's gewesen war, welches die Resolution vorlegte, und daß, wenn der Congreß meine Denkschrift einem Committee überwiese, ich diesem Committee schreiben und es von den speciellen Umständen in Kenntniß setzen würde. Es bezieht sich auf meine Handlungsweise in der Angelegenheit von Silas Deane und Beaumarchais. Die Sache verhält sich, wie folgt:

Als ich zum Secretär des Committee's der auswärtigen Angelegenheiten ernannt wurde, kamen alle Papiere des geheimen Committees, von denen der Congreß keines vorher gesehen hatte, in meine Hände. Aus dem Briefwechsel dieses Committee's mit Leuten in Europa, besonders mit Arthur Lee, ersah ich, daß die Kriegsvorräthe, von denen Silas Deane und Beaumarchais behaupteten, sie hätten sie gekauft, ein Geschenk des französischen Hofes und aus den Arsenalen des Königs gekommen waren. Da dies jedoch noch vor dem Abschlusse der Allianz, und während der Anwesenheit des englischen Gesandten (Stormont) in Paris war, so hatte der französische Hof gewünscht, daß es geheim bliebe, und deswegen vorgeschlagen, daß eine kleine Quantität Taback, oder andere Producte nach dem Cap (dem Cap française) gesandt werde, um so der Sache den Anschein eines kaufmännischen Geschäftes zu geben, sprach sich dabei wiederholentlich dahin aus, daß dies nur als Deckmantel und nicht als Zahlung bienen solle, da die ganze Sendung unentgeldlich sei. (Siehe Arthur Lee's Brief an das geheime Committe. Siehe auch B. Franklins Brief.)

Da ich nun dies wußte und sah, daß die Forderungen Deane's falsch und betrügerisch waren, so nahm ich den Gegenstand auf und veröffentlichte in Dunlaps Philadelphier Zeitung drei Artikel, überschrieben „der gesunde Menschenverstand an das Publikum, über Herrn Deane's Angelegenheiten." Damals war John Jay Präsident des Congresses, da Herr Laurens, von Ekel und Widerwillen erfüllt, sein Amt niedergelegt hatte.

Nachdem der dritte Artikel erschienen war, kam mir, datirt aus dem Congreß, und unterzeichnet John Jay, ein Befehl zu, lautend, daß Thomas Paine sofort vor der Barre des Hauses erscheine. Ich kam dem nach.

Herr Jay nahm eine Zeitung zu Händen und sagte: „Dies ist Herrn Dunlaps Zeitung vom 29. December. Es ist darin ein Aufsatz, überschrieben „der gesunde Menschenverstand" an das Publikum über Herrn Deane's Angelegenheiten. Ich bin vom Congreß angewiesen Sie zu fragen, ob Sie der Verfasser sind." „Ja, ich bin der Verfasser jenes Artikels." Hierauf stellte Herr Jay dieselbe Frage, betreffs der beiden andern Artikel, und erhielt dieselbe Antwort. Er sagte nun: „Sie können sich entfernen."

Sobald ich fort war, beantragte John Penn von Nord-Carolina, daß Thomas Paine des Amtes als Secretär des Committee's für auswärtige

Angelegenheiten entsetzt werde, und der schwatzhafte Gouverneur Morris unterstützte den Antrag. Als jedoch darüber abgestimmt wurde, fiel er durch, indem die Stimmen für und wider gleich waren. Ich schrieb hierauf an den Congreß, und suchte um eine Untersuchung nach. Herr Laurens stellte zu diesem Zwecke einen Antrag, er wurde jedoch abgelehnt. Am nächsten Tage sandte ich meine Entlassung ein, indem ich dabei bemerkte, daß, da ich es nicht im Einklange mit dem Charakter eines freien Mannes halte, sich einem ohne vorherige Prüfung und Untersuchung ausgesprochenen Tadel zu unterwerfen, ich es deswegen zur Bewahrung jenes Charakters und zur Aufrechthaltung jenes Rechtes für meine Pflicht halte, mein Amt als Secretär des Committee's für auswärtige Angelegenheiten niederzulegen, und somit demselben zu entsagen.

Nachdem lebte ich so gut es eben anging; ich vermiethete mich als Commis bei Owen Biddle in Philadelphia, bis die gesetzgebende Versammlung von Pennsylvanien mich zum Commis der General-Assembly ernannte. Dennoch aber fuhr ich in meinen Veröffentlichungen über Deane's Angelegenheiten fort, bis der Betrug so klar am Tage lag, daß der Congreß sich schämte, ihn ferner zu unterstützen, und er davonlief. Er ging von Philadelphia nach Virginien, und von da zu Schiffe nach Frankreich und dann nach England, wo er starb. Dr. Cutting sagte mir, er habe Gift genommen. Gouverneur Morris, als er sich gelegentlich bei mir wegen seines Verfahrens in dieser Sache entschuldigte, sagte nach meiner Rückkehr von Frankreich mit Oberst Laurens zu mir: „Nun wir waren Alle betrogen, und ich ebenso, wie die Andern."

Da der Gehalt, welchen ich als Secretär des Committee's für auswärtige Angelegenheiten bezog, nur gering, achthundert Dollars jährlich, war, und da dies außerdem durch die Entwerthung des Papiergeldes auf weniger als ein Fünftel des Nominal-Werthes noch so gewaltig geschmälert war, so schrieb ich an den Congreß, der damals (es war nach dem Kriege) in New York seine Sitzung hielt, mich für diese Geldentwerthung, und ebenso für einige beiläufige Auslagen zu entschädigen. Dieser Brief wurde an ein Committee überwiesen, dessen Vorsitzender Elbridge Gerry war.

Darauf kam Herr Gerry zu mir und sagte, das Committee habe sich über diese Sache berathen, und ihre Absicht wäre, einen günstigen Bericht darüber abzustatten, daß sie es aber am Besten hielten, keine Notiz von meinem Briefe zu nehmen, auch auf Deane's Angelegenheit und auf meinen Gehalt sich nicht zu beziehen. Er sagte, sie würden mich entschädigen auch ohne dies. Die Sache wäre diese, daß in den Journalen des Congresses mehrere Anträge, in Bezug auf Deane's Angelegenheiten, einen Tadel über mich auszusprechen, registrirt seien, welche, da sie bereits gedruckt wären, nicht mehr zurückgenommen werden könnten. Deswegen wollten sie einen Bericht abstatten, der sie gänzlich übergeht, ohne den Inhalt meines Briefes zu erwähnen.

Dies, Bürger Repräsentanten, ist die Erklärung der Resolution des alten Congresses. Sie diente als Entschädigung einer gegen mich verübten Ungerechtigkeit, da der Congreß nicht ehrenwerth gegen mich gehandelt hatte. Ich verhinderte indeß, daß Deane's betrügerische Forderung bezahlt wurde, und insofern ist mir das Land zu Dank verpflichtet, ich wurde jedoch das Opfer meiner Rechtlichkeit.

Ich zog es vor, lieber dem Committee diese Erklärungen zu machen, als sie in meiner Denkschrift an den Congreß zu veröffentlichen.

Thomas Paine.

___

An den ehrenwerthen Sprecher des Hauses der Repräsentanten.

New York, den 7. März 1808.

Mein Herr!

Ich weiß nicht, wer zu dem Committee für Forderungen und Ansprüche gehört, wenn es jedoch Leute von jüngerem Datum als die Zeiten, welche „die Seelen der Menschen prüften" sind, und folglich auch zu jung, um zu wissen, in welcher Lage sich das Land damals, als ich den „gesunden Menschenverstand" veröffentlichte, befand (denn ich glaube nicht, daß das Land sich unabhängig erklärt hätte, wenn nicht der Einfluß und die Wirkungen dieses Werkes es besonders dazu veranlaßt hätten), dann sind diese Männer nicht fähig, den ganzen Umfang der von Thomas Paine geleisteten Dienste zu beurtheilen. Der Präsident und Vice-Präsident können Ihnen hierüber Auskunft ertheilen, so auch Herr Smilie, welcher zu der Zeit, von der ich spreche, Mitglied der gesetzgebenden Versammlung von Pennsylvanien war. Er kennt die Unannehmlichkeiten, die mich oft trafen; denn der alte Congreß behandelte mich mit Undankbarkeit. Meine Popularität schien ihnen zuwider zu sein, sie behandelten mich als einen Rivalen, anstatt als einen Freund.

Die Erklärungen, die ich dem Committee bezüglich einer Resolution des alten Congresses während deren Sitzungen in New York gab, sollten dem Congreß bekannt sein; es scheint mir jedoch, als ob das Committee Alles still für sich behält und nichts thut. Sollte meine Denkschrift nur in der Absicht, sie verloren gehen zu lassen, dem Committee für Forderungen und Ansprüche übergeben sein, so wäre dies ein kleinliches und unmännliches Verfahren. Nach so vielen dem Dienste dieses Landes gewidmeten Jahren fühle ich mein Herz gegen Amerika erkalten.

Der Ihrige

freundschaftlichst

Thomas Paine.

N. S. Ich wiederhole mein Gesuch, daß Sie das Committee für Forderungen und Ansprüche auffordern, seinen Bericht abzustatten, und daß der Congreß darüber entscheide.

Inhaltsverzeichniß zum zweiten Bande.